舟山市普陀年鉴

2020

《舟山市普陀年鉴》编纂委员会 编

方志出版社
Publishing House of Local Records

图书在版编目（C I P）数据

舟山市普陀年鉴.2020 /《舟山市普陀年鉴》编纂委员会编.
—北京：方志出版社，2020.12
ISBN 978-7-5144-4753-8

Ⅰ.①舟… Ⅱ.①舟… Ⅲ.①区（城市）—舟山—2020—年鉴
Ⅳ.①Z525.54

中国版本图书馆CIP数据核字（2021）第007037号

舟山市普陀年鉴（2020）

编　　者：《舟山市普陀年鉴》编纂委员会
责任编辑：何明忠

出 版 者：方志出版社
地址　北京市朝阳区潘家园东里9号（国家方志馆4层）
邮编　100021
网址　http://www.zgfzcb.cn
发　　行：方志出版社图书经销中心
电话（010）67110500
经　　销：各地新华书店
印　　刷：舟山市定海同润图文印刷中心

开　　本：889 × 1194　　1/16
印　　张：39
字　　数：1068千字
版　　次：2020年12月第1版　　2020年12月第1次印刷
印　　数：001 ~ 850册

ISBN 978-7-5144-4753-8　　**定价**：300.00元

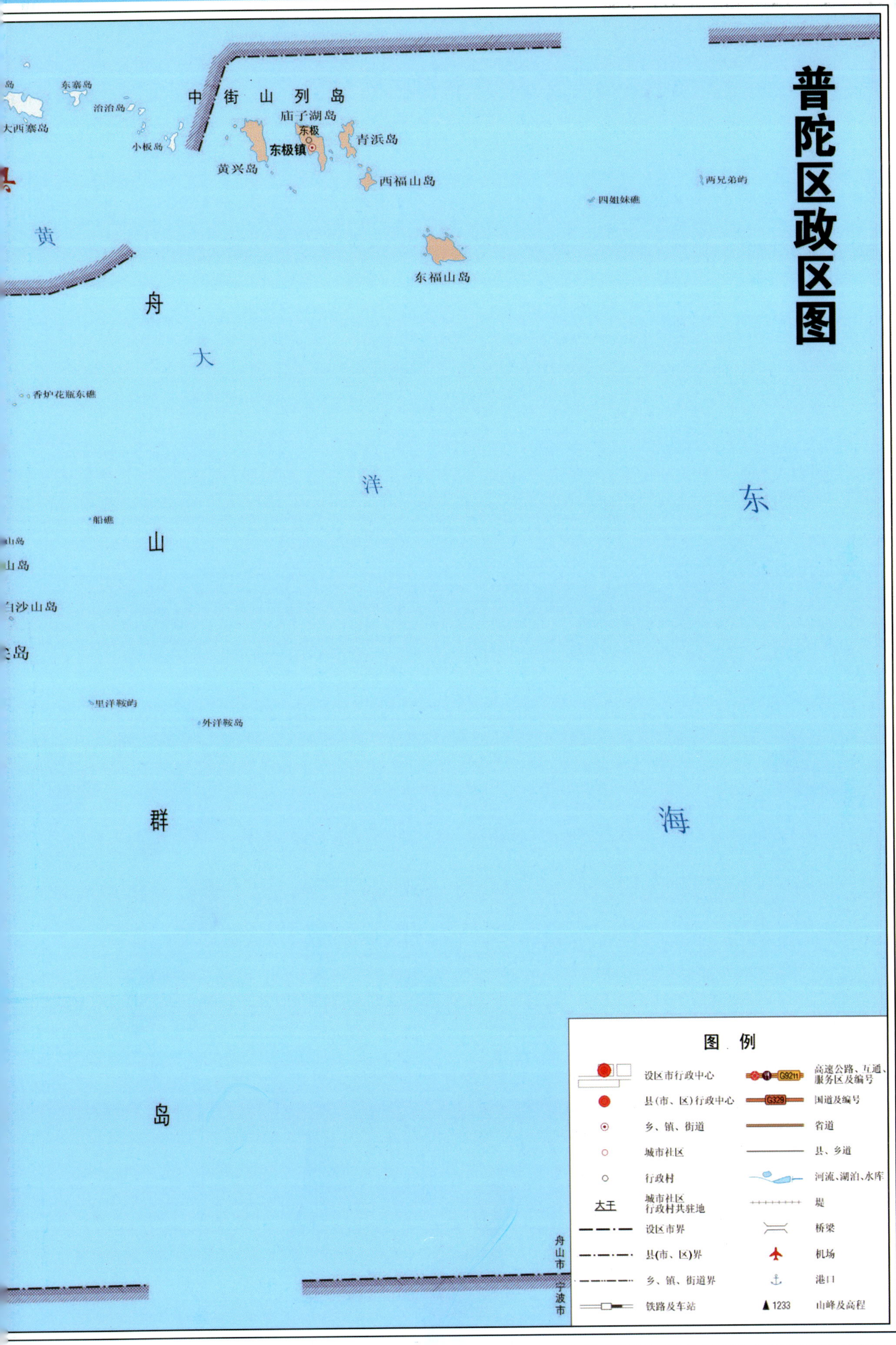

地图审核号：浙S（2014）228号

《舟山市普陀年鉴》编纂委员会

《舟山市普陀年鉴(2020)》编辑部

领导关怀

2019 年 4 月 16 日，中共浙江省委书记车俊（左四）在普陀区社会治理综合服务中心调研 （区社治中心提供）

4 月 17 日，省委书记车俊在东极考察 （沈磊摄）

11 月 1 日，浙江省人民政府原省长、原国家电力监管委员会主席柴松岳出席在朱家尖举行的世界舟山人大会 （沈磊摄）

重要会议

党代会

区委书记张立军在区十三届党代会第三次会议上作报告 （王祖达摄）

1月10日，中国共产党舟山市普陀区第十三次代表大会第三次代表会议暨区委经济工作会议在东港举行 （诸葛晓明摄）

人代会

区长潘晓辉作政府工作报告（区融媒体中心提供

区人大常委会主任戴灵芝作区人大常委会工作报告（区融媒体中心提供）

1月21—24日，舟山市普陀区第十七届人民代表大会第三次会议在东港举行（区融媒体中心提供）

1 月 20—24 日，中国人民政治协商会议第五届舟山市普陀区委员会第三次会议在东港举行 （区融媒体中心提供）

政协会议

区政协主席张禾波作政协工作报告 （区融媒体中心提供）

重大活动

4 月 11 日，第二十九届“普陀山之春”启动仪式暨“慈航普渡·同护净土”禅行普陀活动在普陀山举行 （普陀山镇提供）

4 月 16 日，第十一届中国国际普陀佛茶文化节在普陀塘头佛茶园开幕 （沈磊摄）

4月19—20日,2019世界超级巨星普陀璀璨之夜暨CCAT国际标准舞全国城市联赛——舟山站在普陀体育馆举行 （郑宝森摄）

4月19—22日,2019舟山普陀佛事文化旅游用品博览会在普陀全民健身中心举行 （郑宝森摄）

5 月 17—19 日，“美丽群岛·自在舟山” 2019 中国（舟山群岛）国际游艇展在普陀会展中心举行 （区文广旅体局提供）

6 月 17—19 日，第六届国际深渊探索会议——深渊探索的进展与挑战暨深海高端装备智能制造论坛在普陀举行 （诸葛晓明摄）

6 月 27 日，第二届船舶修造企业安全与发展普陀论坛在普陀区举行（区应急管理局提供）

7 月 19 日，第二十一届中国舟山国际沙雕节在朱家尖南沙正式开园（王祖达摄）

7 月 20—21 日，海浪音乐节暨 2019 桃花岛侠侣爱情文化节在桃花岛塔湾金沙景区举行 （郑宝森摄）

8 月 29 日，2019 国际海岛旅游大会在朱家尖开幕 （区档案馆提供）

9月2日，普陀国际健康产业中心正式开园（区卫生健康局提供）

9月7—8日，东海音乐节在朱家尖南沙举行（朱家尖街道提供）

9月21—23日，第三届舟山市海洋文化产业博览会在普陀会展中心举行（郑宝森摄）

9 月 23 日，第二届中国舟山（普陀）农民丰收节在展茅普陀美丽海岛田园综合体举行 （区档案馆提供）

9 月 29 日晚，舟山市庆祝新中国成立 70 周年大型音舞诗《光辉历程》文艺演出在普陀保利大剧院举行（沈磊摄）

10 月 17—19 日，第三届世界油商大会在朱家尖举行 （区档案馆提供）

10 月 27 日，第十七届中国普陀山南海观音文化节开幕式暨普陀山文化论坛在普陀山剧院举行 （普朱管委会提供）

10月31日至11月1日，2019世界舟山人大会在朱家尖举行（区档案馆提供）

11月15—18日，由区政府主办的2019中国·普陀海洋休闲运动产业博览会在普陀会展中心举行（区文旅集团提供）

11月17日，“普陀农商行杯”2019舟山群岛马拉松在东港鸣枪开跑（诸葛晓明摄）

编辑说明

一、本年鉴以马克思列宁主义、毛泽东思想、邓小平理论、“三个代表”重要思想、科学发展观、习近平新时代中国特色社会主义思想为指导，坚持辩证唯物主义和历史唯物主义的立场、观点和方法，实事求是记述普陀各项事业发展情况。行文一般用记叙或说明文体。力求资料翔实，数据准确，用词朴实，语言精炼，层次分明，集思想性、资料性、科学性、实用性于一体。

二、《舟山市普陀年鉴》是中共舟山市普陀区委、普陀区人民政府主办的集资料、信息、知识于一体的地方综合年鉴。《舟山市普陀年鉴（2020）》是普陀区第十部地方综合年鉴。

三、《舟山市普陀年鉴（2020）》记载时限从2019年1月1日起至2019年12月31日止。部分内容为说明事情本源，适当追溯到2019年以前。

四、本年鉴以普陀区行政区域为界，凡在全区范围内的机关、团体、企事业单位等，不论其归属，一般均记述在内。

五、本年鉴采取分类编辑法，设类目、分目和条目3个层次。全书设特载、专记、区情总述、大事记、中共舟山市普陀区委、区人民代表大会、区人民政府、政协舟山市普陀区委员会、区直机关及街道镇负责人名录、民主党派、群众团体、法治、军事、海洋与渔业、农业农村与水利、工业、旅游、商贸、交通与邮政、港航与口岸管理、开发建设、城乡建设与生态环境保护、综合经济管理、金融、市场监督管理、教育、科学技术、文化与体育、新闻传媒与信息产业、卫生健康、人力资源和社会保障、民政、社会生活、街道镇综情、人物与先进集体等类目。

六、计量单位除个别因情况特殊沿用习惯用法（如土地面积中的“亩”，体育项目中的“公斤”“公里”等）外，均采用国家法定计量单位。如长度用“米”“千米”，面积用“平方米”“公顷”，重量用“克”“千克”“吨”等。

七、本年鉴所用数据，以统计部门提供为准，统计部门没有的，则以职能部门提供为准。本年鉴部分统计数据与之前出版的年鉴不符，是因统计数据有修订所致。区境内勾山区块由浙江舟山群岛新区新城管理委员会千岛街道管辖，普陀山、朱家尖（不含白沙）由浙江舟山群岛新区普陀山－朱家尖管理委员会管辖，故大部分职能部门提供的2019年“全区”数据不含这两个区块。凡用“全区（不含普朱）”表示的一般不包括以上两个区块，而用“全区域”“区境内”表示的则全部包括。“辖区”表述看语境而定，或指普陀区所辖范围，或指某职能部门所管辖区域范围。数据范围有变化尽量注以说明。

八、名称、人名除引文外，均直书其名，不加褒贬之词，必要时加职务、职称。各种名称第一次出现时均用全称，多次使用者在第一次全称时加注简称，后即用简称。文中常用的“中国共产党”简称“中共”，“人民政府”简称“政府”等不再加注说明。“镇、街道、区属功能区管委会”合称“街道镇”。缺省地名的行政区域“区”“全区”等指舟山市普陀区，“市”指舟山市，“省”指浙江省，“新区”指浙江舟山群岛新区。部分单位全称与简称对照见下页《部分组织机构全称、简称对照表》。单位名称用作目（类目、分目、条目）标题，为避免字数过多或过于简化，部分运用半简称的形式（如类目“中共舟山市普陀区委”“区人民政府”等）。

九、表中“任职年月”栏的“续”指2019年1月前已在任。“区直机关及街道镇负责人名录”收录区直属机关正科级以上单位的正科职以上领导。

十、年鉴文体、称谓、数字、纪年、标点符号等均按国家颁布的有关规定书写。

十一、本年鉴采用的文稿，均由区属各有关部门、单位和街道镇落实专人撰写或提供，并经供稿单位领导审核。撰稿人或供稿人姓名加圆括号“（ ）”列在条目后面右下方。

十二、本年鉴采用的照片，多由各撰稿单位提供，部分向个人征集。单位提供的，在照片说明文字后括注该单位提供，单位名称一般用简称；个人摄影作品括注拍摄人姓名。

部分组织机构全称、简称对照表

全　　称	简　　称
中国共产党浙江省委员会	省委(或“中共浙江省委”)
浙江省人民代表大会常务委员会	省人大常委会
浙江省人民政府	省政府
中国人民政治协商会议浙江省委员会	省政协
中国共产党浙江省纪律检查委员会(浙江省监察委员会)	省纪委(省监委)
中国共产党舟山市委员会	市委(或“中共舟山市委”)
舟山市人民代表大会常务委员会	市人大常委会
舟山市人民政府	市政府
中国人民政治协商会议舟山市委员会	市政协
中国共产党舟山市纪律检查委员会(舟山市监察委员会)	市纪委(市监委)
中国共产党舟山市普陀区委员会	区委(或“中共舟山市普陀区委”)
舟山市普陀区人民代表大会常务委员会	区人大常委会
舟山市普陀区人民政府	区政府
中国人民政治协商会议舟山市普陀区委员会	区政协
中国共产党舟山市普陀区纪律检查委员会(舟山市普陀区监察委员会)	区纪委(区监委)
中共舟山市普陀区委员会办公室	区委办
舟山市普陀区人民政府办公室	区政府办
舟山市普陀区人民代表大会常务委员会办公室	区人大办
政协舟山市普陀区委员会办公室	区政协办
中共舟山市普陀区委组织部	区委组织部
中共舟山市普陀区委宣传部	区委宣传部
舟山市普陀区精神文明建设指导中心(区政府创建中心)	区创建中心
区网络安全和信息化委员会办公室	区网安办
中共舟山市普陀区委统一战线工作部	区委统战部
中共舟山市普陀区委政法委员会	区委政法委
舟山市普陀区扫黑除恶专项斗争领导小组办公室	区扫黑办

全　　称	简　　称
中共舟山市普陀区委台湾工作办公室、舟山市普陀区人民政府台湾事务办公室	区台办
舟山市普陀区人民政府外事办公室（区政府港澳事务办公室）	区外事办（区港澳办）
中共舟山市普陀区委舟山市普陀区人民政府信访局	区信访局
中共舟山市普陀区委新经济与新社会组织工作委员会	区委两新工委
中共舟山市普陀区委机构编制委员会办公室	区委编办
中共舟山市普陀区委直属机关工作委员会	区委直属机关工委
舟山市普陀区民族与宗教事务局	区民宗局
舟山市普陀区人民法院	区法院
舟山市普陀区人民检察院	区检察院
舟山市普陀区发展和改革局	区发改局
舟山市普陀区经济和信息化局	区经信局
舟山市公安局普陀区分局	区公安分局
舟山市普陀区社会治理综合服务中心	区社治中心
舟山市普陀区国有资产监督管理委员会	区国资委
舟山市普陀区人力资源和社会保障局	区人力社保局
舟山市普陀区退休职工管理委员会办公室	区退管办
舟山市普陀区住房和城乡建设局	区住建局
舟山市普陀区文化和广电旅游体育局	区文广旅体局
舟山市生态环境局普陀分局	区生态环境分局
舟山市普陀区机关事务管理中心	区机关事务中心
舟山市普陀区审批服务与招投标管理办公室	区审招办
舟山市普陀区供销（集团）总公司（舟山市普陀区供销合作社联合社）	区供销社
舟山市普陀区口岸开放服务中心	区口岸中心
舟山市普陀区沈家门渔港特色小镇开发建设管理办公室	特色小镇办
浙江普陀医院	普陀医院
舟山水产品中心批发市场有限责任公司	舟山国际水产城
舟山市普陀区国有资产投资经营有限公司	区国资公司
东港投资发展集团有限公司	东港集团
舟山普陀城市投资发展集团有限公司	区城投集团
舟山普陀交通投资发展集团有限公司	区交投集团
舟山普陀文化旅游集团有限公司	区文旅集团

全　　称	简　　称
浙江舟山群岛新区六横管理委员会	六横管委会
浙江舟山群岛新区普陀山－朱家尖管理委员会	普朱管委会
舟山市普陀山风景名胜区管理委员会	普陀山管委会
舟山普陀山机场有限公司	普陀山机场
舟山市普陀区融资担保有限公司	区融资担保公司
国家税务总局舟山市普陀区税务局	区税务局
舟山市市场监督管理局普陀分局	区市场监管分局
舟山市自然资源和规划局普陀分局	区资规分局
舟山市港航管理局普陀分局	区港航分局
舟山市港航管理局六横分局	六横港航分局
中华人民共和国舟山沈家门海事处	沈家门海事处
中华人民共和国舟山普陀山海事处	普陀山海事处
舟山出入境边防检查站执勤七队	边检执勤七队
舟山出入境边防检查站执勤三队	边检执勤三队
中华人民共和国舟山海关六横办事处	海关六横办事处
舟山市住房公积金管理中心普陀分中心	区公积金分中心
中国人民银行浙江省分行舟山市普陀区支行	区人民银行
中国银行保险监督管理委员会舟山监管分局普陀监管组	区银保监组
中国人民解放军浙江省舟山市普陀区人民武装部	区人武部
中国人民武装警察部队舟山市边防支队普陀大队	区边防大队
中国人民武装警察部队舟山市消防支队普陀大队	区消防大队
中国人民武装警察部队海警第二支队二大队	海警二大队
中国共产主义青年团舟山市普陀区委员会	团区委
舟山市普陀区妇女联合会	区妇联
舟山市普陀区残疾人联合会	区残联
舟山市普陀区工商业联合会	区工商联
中国国际商会普陀区商会	区国际商会
舟山市普陀区科学技术协会	区科协
舟山市普陀区文学艺术界联合会	区文联
舟山市普陀区社会科学界联合会	区社科联
舟山市普陀区归国华侨联合会	区侨联
舟山市普陀区台胞台属联谊会	区台联

全　　称	简　　称
舟山市普陀区计划生育协会	区计生协会
中国国民党革命委员会舟山市委员会普陀区支部委员会	民革普陀支部
中国民主同盟舟山市委员会普陀区支部	民盟普陀支部
中国民主建国会舟山市工作委员会普陀区支部	民建普陀支部
中国民主促进会舟山市委员会普陀区支部	民进普陀支部
中国农工民主党舟山市委员会普陀区总支部	农工党普陀总支
九三学社舟山市委员会普陀支社	九三学社普陀支社
舟山市普陀区党外知识分子联谊会	区知联会
舟山商贸集团有限公司普陀分公司	普陀商贸分公司
舟山市自来水有限公司普陀营业所	普陀自来水所
舟山市蓝焰燃气有限公司普陀销售分公司	蓝焰普陀燃气公司
中国工商银行股份有限公司舟山普陀支行	区工商银行
中国农业银行股份有限公司舟山普陀支行	区农业银行
中国建设银行股份有限公司舟山普陀支行	区建设银行
中国银行股份有限公司沈家门支行	区中国银行
中国农业发展银行舟山市普陀区支行	区农发行
中国邮政储蓄银行股份有限公司舟山市普陀区支行	邮储银行普陀支行
交通银行股份有限公司浙江自贸区支行	自贸区交通银行
浙江舟山普陀农村商业银行股份有限公司	普陀农村商业银行
浙江舟山普陀稠州村镇银行有限公司	普陀稠州村镇银行
浙江稠州商业银行股份有限公司舟山分行	稠州商业银行舟山分行
中国人民财产保险股份有限公司舟山市普陀支公司	人保财险普陀支公司
中国太平洋财产保险股份有限公司舟山市普陀支公司	太保财险普陀支公司
阳光财产保险股份有限公司舟山市普陀支公司	阳光财险普陀支公司
中国人寿保险股份有限公司舟山市普陀支公司	中国人寿普陀支公司
中国太平洋人寿保险股份有限公司舟山市普陀支公司	太保寿险普陀支公司
中国邮政集团公司舟山市普陀区分公司	普陀邮政公司
中国电信股份有限公司舟山普陀区分公司	普陀电信公司
中国移动通信集团浙江有限公司普陀分公司	普陀移动分司
中国联合网络通信有限公司舟山市普陀区分公司	普陀联通公司
舟山普陀华数广电网络有限公司	普陀华数公司
中国铁塔股份有限公司舟山市分公司普陀区办事处	普陀铁塔办事处

目　录

特　载

专　记

区情总述

大事记

中共舟山市普陀区委

区人民代表大会

区人民政府

政协舟山市普陀区委员会

区直机关及街道镇负责人名录

民主党派

群众团体

法　治

军　事

海洋与渔业

农业农村与水利

工　业

旅　游

商　贸

交通与邮政

港航与口岸管理

开发建设

城乡建设与生态环境保护

综合经济管理

金　融

市场监督管理

教　育

科学技术

文化与体育

新闻传媒与信息产业

卫生健康

人力资源和社会保障

民　政

社会生活

街道镇综情

人物与先进集体

索 引

Contents

Special Reports

Monographs

General Survey of the District

Events

Putuo Committee of Zhoushan Municipality of the CPC

The People's Congress of Putuo District

District Government

Putuo District Committee of the CPPCC

Directors of Organizations Directly Under Putuo District, Sub-districts and Towns

Democratic Parties

Mass Organizations

Law Enforcement

Military Affairs

Marine and Fishery

Agriculture, Rural and Water Conservancy

Industry

Urban and Rural Construction & Ecological Environmental Protection

Comprehensive Economic Management

Financial

Market Supervision and Management

Education

Science and Technology

Culture and Sports

News Media and Information Industry

Health and Hygiene

Human Resources and Social Security

Civil Affairs

People's livelihood

Introduction of Sub-districts and Towns

Figures and Advanced Groups

Index

特　　载

艰苦创业　勇争一流
奋力书写开放活力美丽的幸福普陀新答卷

——2020年1月7日在中共舟山市普陀区第十三次代表大会第四次代表会议暨区委经济工作会议上的报告

区委书记　张立军

中共舟山市普陀区委书记张立军　（区融媒体中心提供）

这次会议的主要任务是，高举习近平新时代中国特色社会主义思想伟大旗帜，全面贯彻落实党的十九大和十九届二中、三中、四中全会以及中央、省委经济工作会议、市委全会精神，认真回顾总结去年全区各项工作，研究部署今年任务，动员全区各级各部门和广大党员干部，艰苦创业、勇争一流，奋力书写开放活力美丽的幸福普陀新答卷。

一、克难攻坚、砥砺奋进，幸福普陀建设成就令人鼓舞

过去一年，面对国内外风险挑战明显上升的复杂局面，区委坚持以习近平新时代中国特色社会主义思想为指引，紧扣“不忘初心、牢记使命”主题教育总要求，深入贯彻新发展理念，谋求高水平开放，推动高质量发展，创造高品质生活，顶住了经济下行的压力，化解了各类风险的严峻挑战，转危为机，逆势而上，切实抓好营商环境优化、新旧动能转换、城市有机更新等大事，经济发展

稳中有进，社会大局和谐稳定，各项事业齐头并进，开放活力的幸福普陀建设取得阶段性成果，蝉联中国最具幸福感城市称号。在全区上下共同努力下，我区荣获国家生态文明建设示范区、国家级创业孵化示范基地、全省新时代美丽乡村建设示范区、首批浙江省全域旅游示范区称号，社会治理综合服务普陀模式作为县域矛盾调处化解样板在全省推广，并获评全国创新社会治理十大典型案例，和美小岛建设入选全省十大县域高质量发展优秀案例。预计全年实现地区生产总值增长6.5%，规上工业增加值增长7%，社会消费品零售总额增长8.5%，城乡居民人均可支配收入分别增长7.5%和8%。

这一年，我们全面优化营商环境，区域发展活力充分激发。研究出台进一步优化营商环境68项举措、促进民营经济高质量发展24条措施以及损害营商环境行为问责办法。全力深化“最多跑一次”改革，在全省首创“渔业船舶交易一件事”“无证外籍人员身份证明开具服务”，在全市率先实现投资项目竣工验收前审批“最多80天”，创新航运企业跨省迁移船舶不停运、“首违不罚”清单、“我来办”金牌专员服务模式等一系列做法，企业开办全流程常态化“一日办结”，民生事项“一证通办”实现全覆盖。自由贸易先行区建设步伐加快。召开区委十三届八次全体（扩大）会议，专题部署打造全面开放、敢于创新、联动发展的自由贸易先行区，油气全产业链、金融小镇、大健康“三位一体”产业加快建设。外锚地综合海事服务取得新突破，通关时效从3天减少至24小时，成为全国自贸区首创案例，全年船用燃料油供应量占到全市的60%以上、全国的1/4。融资租赁、商业保理注册取得政策突破，金融小镇集聚各类金融机构和企业200家。大健康领域政策争取取得新进展，干细胞治疗、中外合作办医、大型乙类医疗设备配置等政策得到省级支持。区域合作拓展深化。积极融入长三角一体化，与上海普陀区、宁波北仑区等地开展经贸、科技等多领域合作。谋划甬舟一体化六横先行区建设，北仑圆山码头签约落地，六横公路大桥列入省实施长三角一体化标志性工程项目。对口合作扶贫力度进一步加大，四川万源顺利通过国家扶贫考核，加强与吉林扶余对口合作。重大项目加快推进。固定资产投资增长6%，24个市重点项目完成年度计划的127%。投资10亿元万洋众创城、投资5.5亿元杉杉普陀天地二期等一批项目开工建设，国电风电及鑫亚、正源等一批技改项目产能开始释放。招商引资取得突破。新引进亿元以上项目14个，全区实际利用市外资金超60亿元，浙能六横LNG接收站、中石化LNG综合利用两个投资超百亿的项目顺利签约。要素供给持续优化。优先保障产业项目落地，大力消化处置批而未供、供而未用土地，获评浙江省土地节约集约利用示范县。人才招引工作成效显著。全年新引进大学以上学历人才2314人，较上年增长8.9%。创业创新的氛围更加浓厚，年度新增各类企业1737家，市场主体突破3万家大关。

这一年，我们加快推进新旧动能转换，经济朝着高质量方向发展。着力做大增量优化存量，坚持传统优势产业提升、新兴产业培育“双轮”驱动，加快构建“2+4+X”产业体系。传统优势产业支撑更加稳健。成功创建省级渔业转型发展先行区、省级农业绿色发展示范区，深化渔业权改革试点，扎实推进国家绿色渔业实验基地建设，实现渔农业总产值120亿元，增长5%。加快自动化智能化技术改造，绿色修造船水平大幅提升，规上船舶修理业产值增长40%。水产品精深加工率达到53%，海洋生物肽产业发展步伐加快。数字产业化固本强基，新增数字经济企业146家，核心产业营业增收30%。数字经济全省排名从81位上升至46位，实现突破性提升。产业数字化提质增效，新增上云企业626家，船舶修造、水产加工行业启动工业互联网试点建设。聚焦新兴产业领域，全力打造产业发展新平台，城西未来智创城谋划启动，普陀国际健康产业中心正式开园，各产业平台引进企业814家，完成年度目标任务的163%。国家级全域旅游示范区建设加快推进，海岛旅游开发步伐加快，蚂蚁岛红色旅游吸引更多游客，A级景区村庄覆盖率达65%，国际海岛旅游大会、舟山群岛马拉松、海浪音乐节等重大活动赛事在我区成功举办。持续加大科技创新力度，新增国家高新技术企业15家、省级科技型中小企业57家，实现高新技术产业增加值14.1亿元，增长13.8%。全面落实国家大规模减税降费政策，切实为基层减负松绑，为企业减税降费5.3亿元。深入推进“三服务”活动，解决了一批企业、群众、基层反映强烈的突出问题，帮扶一批经营困难企业平稳渡过难关。

这一年，我们大力实施城市有机更新，海上花园会客厅更加靓丽。积极参与全省大湾区大花园大通道大都市区建设，获评大花园建设成效明显县区。文明城市创建深入推进，干部群众热情充分激发，市民素质得到较大提升，建立完善长效机制57项，深入开展“全民清洁日”“红色管家”“夜间路长”等特色活动，参与创城的干部群众达22万人次，居民小区环境、农贸市场及周边环境全面提升，车辆违停、门前“三包”落实难等一批棘手问题有效破解。全线推进海上花园城十大攻坚行动，扎实开展“无违建区”创建，“拆违”完成年度目标任务140.9%，“三改”完成年度目标任务166.5%，“四边三化”83个点位得到全面整治。城区415辆人力三轮车平稳退出营运。着力改善老城区居民居住环境，180幢老旧住宅完成改造。交通路网更加通达，岛际交通更加便利，海天大道、329国道、东海西路完成改造，百里滨海大道地面通道、展茅至东港美丽公路顺利通车，创建墩头至桃花、六横大岙至新城长峙、半升洞至东极3条“美丽航线”。深入践行“两山”理论，推动农旅融合发展，普陀田园综合体建设深入推进，成功创建国家森林城市、国家园林城市，扎实做好中央和省级环保督察反馈问题整改，环境空气质量优良率达95.8%，提高4个百分点，集中式饮用水源地水质达标率为100%，基本实现城区居民出行“300米见绿地、500米见公园”。

这一年，我们持续保障和改善民生，群众幸福指数全面提升。坚持以人民为中心的发展思想，精心组织实施十项民生实事和十件关键小事，登步岛陆家岙群众用水困难、海岛物资运输成本过高等一批与群众利益密切相关的难题得到切实解决。促进创业带动就业，城镇登记失业率控制在2.58%，低于全省平均水平。住房保障体系继续完善，保障性安居工程建设超额完成任务，新开工保障性住房800套，基本建成1100套，竣工262套，困难群众居住条件得到有效改善。各类养老机构、居家养老服务机构实现全区域覆盖，老年人多样化服务需求得到更好满足。残疾人无障碍环境持续优化，无障碍社区创建走在全省前列。义务教育均衡化不断推进，教育现代化水平监测全省排名第九，较上年上升4位。“四点钟课堂”全面推广，“城乡携手、同步课堂”建设取得实效，海岛学生与城区学生共享优质教育资源。“健康普陀”深入推进，区域医共体建设成效显著，县域就诊率86.3%，基层就诊率64.2%，分别增长1.2%和6%，创新推出居家护理服务，行动不便的病人实现预约上门护理。切实做好“菜篮子”保供稳价工作，新增东极等3个蔬菜配送海岛，着力解决猪肉价格过快上涨等群众关切问题，全区30种品类菜价与宁波市场持平。现代公共文化服务体系日趋完善，省首批基本公共文化服务标准县区成功创建，庆祝新中国成立70周年系列活动精彩纷呈。幸福社区提质扩面，新建11个市级、12个区级幸福社区，在全市率先实现幸福社区创建全覆盖。

这一年，我们坚持创新县域治理，社会大局保持和谐稳定。积极推进县域治理现代化，持续打造普陀社会治理综合服务中心、“网格化管理、组团式服务”升级版和“海上枫桥”升级版三大工程。社会矛盾纠纷调处化解实现“最多跑一地”，区级中心全年受理各类诉求8.1万件，96.5%跑一次，群众满意率98.6%，民商事案件下降34.9%。社区村体制改革完善工作圆满完成，(股份)经济合作社总数减少103个，实现“一村一社”，减少数量全市第一，渔农村管理体制进一步理顺。平安普陀建设持续深化，扫黑除恶专项斗争深入推进，立体化社会治安防控体系、应急管理体系进一步健全完善，刑事案件立案数下降13.7%，“两抢”案件下降50%，安全生产死亡人数下降21.4%，群众安全感满意度不断提升。化解“两链”风险成效明显，不良率从年初0.58%下降至0.48%，城乡安定有序，社会和谐稳定，连续十四年获评省级平安区。

这一年，我们高标准抓好“不忘初心、牢记使命”主题教育，党的领导和党的建设全面加强。坚持和加强党对一切工作的领导，不断提高党把方向、谋大局、定政策、促改革的能力和定力。把“不忘初心、牢记使命”主题教育作为重大政治任务抓实抓好，全区938

个基层党组织实现主题教育全覆盖，18000余名党员干部受到深刻的思想政治洗礼。不折不扣抓好省委巡视反馈意见整改落实，列出13大类34个方面58个“问题清单”，建立整改责任落实机制，已按期逐一落实整改。率先制定意识形态工作责任制清单，全面加强意识形态责任制巡查。树立一线用人导向，全年提拔或重用一线干部占新提任领导干部的65.4%。推动基层党建“全领域建强、全区域提升”，共成立小区兼合式党支部134个，实现全覆盖，海岛城市基层党建模式获评全国城市基层党建创新优秀案例。做好机构改革“后半篇”工作，积极稳妥推进事业单位改革。深入实施人才强区战略，获评全省市县党政领导人才工作目标责任制考核优秀县区。不断强化政治监督，建立实施区委常委会廉情分析制度。保持正风肃纪反腐高压态势，给予党纪政务处分75人。推进区委巡察制度化、常态化，完成对27家单位的政治巡察。

区委高度重视自身建设。支持和保证区人大、区政协围绕中心履行职能，出台《新时代加强和改进人大、政协工作的意见》，支持群团组织依照法律章程开展工作，强化同各民主党派、无党派人士的合作共事，切实加强党管武装工作，认真做好对台、民族宗教和老干部工作，汇聚起了战胜一切困难、共建幸福普陀的磅礴力量。

回顾总结去年工作，我们真切地感受到，事非经过不知难，成如容易却艰辛，成绩来之不易，应当倍加珍惜。我们深切地体会到，普陀之所以能经受住艰巨考验，勇毅笃行，取得令人鼓舞的成就，既是省委省政府、市委市政府关心支持的结果，也得益于一张蓝图绘到底、接续奋斗奠定的坚实基础，更归功于全区上下的不懈努力、顽强拼搏。在此，我代表区委，向全区各级各部门、广大党员干部和社会各界人士，表示衷心的感谢和崇高的敬意！

在充分肯定成绩的同时，我们必须清醒地认识，前进的道路上还有诸多风险，存在着许多困难与挑战，我们的工作与上级要求和群众期盼相比，还有不少差距。主要体现在：应对复杂多变的宏观环境的能力还有所欠缺，实体经济发展质量不高，国有企业活力不足，经济运行质量和效益有待提升，财政收入增长压力较大。新兴产业发展还不够快，经济新增量贡献率不高，亩均产出与先进地区相比还有较大差距。城市的创新动力还不足，研发经费支出占比较低，人才短板依然制约发展，引才用才留才水平有待进一步提升。招商引资的能力和水平还不足，支撑区域发展的大项目好项目招引储备不足，部分在建项目进度缓慢。公共事业还存在不少短板，老城区、城乡接合部建设步伐有待加快，停车难、城市内涝、渔农村“空心化”等问题尚未得到有效破解。有些党员干部作风不实，缺乏敢闯敢试、改革创新、勇于担当的精气神，不作为的问题不同程度存在，干部队伍干事创业的热情和能力还有很大的提升空间。针对这些发展短板，我们要切实增强责任担当，坚持问题导向，有针对性地下大力气加以解决。

同志们，总结过去是为了更好地开创未来。上级对普陀的发展寄予厚望，全区人民对美好生活有更高期盼。全区党员干部务必增强责任感和使命感，保持清醒头脑和忧患意识，务实进取、奋发有为，把普陀的未来建设得更加美好！

二、把握形势，抢抓机遇，以奋斗的姿态书写新答卷

2020年是全面建成小康社会和“十三五”规划的收官之年，也是实现幸福普陀第一步战略目标的决胜之年。党的十九届四中全会和中央经济工作会议，科学描绘了将新时代改革开放推向前进的宏伟蓝图，系统制定了推进国家治理体系和治理能力现代化的行动纲领，明确提出了明年经济工作的总体要求、政策取向和重点任务。站在新的历史起点，我们将面对更多竞争、更大压力，要始终保持先行者、排头兵的姿态，勇争一流、走在前列，用辩证思维看待前进中的机遇和挑战，坚持问题导向、目标导向、结果导向，稳增长、增动能、补短板、保平安，团结带领全区人民在新时代的“赶考路”上继续前进，确保高水平全面建成小康社会，如期完成幸福普陀第一步目标。

时代是出卷人，我们是答卷人，人民是阅卷人。书写新答卷，是摆在广大党员干部面前的一套时代考题。对普陀来说，这个新答卷就是要让发展更具活力、城市更具品质、生活更加美好、人民更加幸福，当前关键是要做好开放、活力、美丽三篇文章。

十三届区委以开放活力的幸福普陀建设为总目标，围绕“自由贸易先行区、海上花园会客厅”发展定位，内促发展、外强招引，产业体系更加完备，市场活力充分迸发，城乡环境持续改善，发展道路越走越宽。新时期新任务新要求，落实深化新发展理念对普陀的指导实践，在“开放、活力”的基础上，还要进一步做好“美丽”文章。这是建设美丽中国、走向社会主义生态文明新时代的要求，是改善生态环境、不断满足人民对美好生活新期待的重大举措，是加快转变生产生活方式、实现更高质量发展的必然选择，也让幸福普陀建设不断充实，更富内涵、与时俱进。

做好“开放”文章。把“开放”作为幸福普陀的必由之路，强化改革推动、开放带动、区域联动，建成更高水平开放型经济新体系。要抓住发展机遇，树立自贸先行区建设背景下的国际视野和格局，积极承接国家系列战略，融入长三角，加快甬舟一体化建设。要持续深化改革攻坚，以改革促开放，以开放强引育，打造国际海洋产业集聚新高地。让普陀投资环境更佳，生产要素流动更快，抗风险能力更高，综合竞争力更强。

做好“活力”文章。把“活力”作为幸福普陀的鲜明特征，深入实施创新驱动发展战略，转方式、调结构，培育经济发展新动力。要充分利用资源禀赋，推进供给侧结构性改革，带动产业转型升级。要强化平台载体建设，集聚企业产业，加速形成更具吸引力的创新创业环境，激发创新创业活力。让普陀产品有名、企业有盈，产城融合、产业兴旺，“活水码头”名副其实，让普陀引得进人、留得住人，生机迸发、活力流淌。

做好“美丽”文章。把“美丽”作为幸福普陀的魅力所在，深入践行“两山”理论，大力提升城乡品质，扮靓海上花园会客厅。要加快构建全域美丽的绿色发展机制，切实加强生态建设和环境保护。要以创建全国文明城市工作为抓手，提升市民文明素质，提高城市管理水平。要积极谋划未来社区建设，提升人居品质。要深入实施乡村振兴战略，扎实开展美丽乡村、美丽城镇建设。让普陀的天更蓝、水更净、空气更清新，让社会更加和谐，人人享有良好的生活环境。

新时代立稳奋进坐标，新使命激荡奋斗热情。新答卷的主体，是广大党员干部。怎样书写新答卷，完成效果如何，关键在于落实。全区上下必须保持爬坡过坎的压力感、奋勇向前的使命感、干事创业的责任感，把对党忠诚、为民造福作为基本的政治品格，书写好幸福普陀建设的新答卷。

书写新答卷，必须要有更高的要求。当前，面对高质量发展的重任，时间，我们已经等不起；要求，我们已经低不得；标准，我们更是降不了，必须奔着最好最快干。这就需要我们拉高标杆，自我加压，提升发展定位和工作标准，坚决克服“差不多”思想，多点较真精神，多些求精意识，努力把每一项工作做得尽善尽美。下步工作中，我们要高标准制订“十四五”规划，高质量做好各项工作，实现规上工业企业研发机构设立、老旧小区改造、A 级景区村庄创建、小区物业管理、镇村社会治理综合服务中心（站）建设“五个全覆盖”。这“五个全覆盖”涉及经济发展、人居环境、社会治理等方面，看似小事，实则关乎普陀高质量发展，具有很强的示范引领带动作用。也只有抓好这些工作，才能让人民群众有更好的获得感和幸福感。

书写新答卷，必须要有更实的举措。要坚持发展第一要务不动摇，坚定不移用新发展理念引领发展行动，以更实的举措推动高质量发展。要大力抓好招商。加大力度，深挖潜力，依托普陀资源优势、区位优势，增加项目储备，增强发展后劲。在精准招商、产业链招商上下功夫，不断提升招商引资的针对性和成功率，在招大引强选优上下功夫，形成引进一个重点项目、壮大一个优势产业、催生一个新的经济增长点的集群发展效应。要补齐创新短板。当前科技创新仍然是我们发展中最薄弱的环节，创新问题解决不好，就难以做到经济高质量发展。要发挥创新的主引擎功能，发挥企业主体作用，带动新技术、新产业、新产品、新业态、新模式发展。要把创新理念转化为改革的新动力，通过创新强乡村、强企业、强园区，让创新在全社会蔚然成风。要抓好社会治理提升。发挥社会治理“普陀样板”的首创优势和影响力，进一步深化和拓展，探索具有普陀特色、县域特点、海岛特征的社会治理新模式，积极打造社会治理共同体，高水平推进县域治理现代化。

书写新答卷，必须要有更好的状态。良好的精神状态，是做好一切工作的重要前提。普陀人民历来就有着艰苦创业、勇争一流的优秀品质，这种品质已成为我们普陀的人文优势、精神标志、文化基因。当前，幸福普陀的建设道路不可能一帆风顺，有很多坎要过、坡要爬，更需要广大党员干部拥有艰苦创业、勇争一流的精神，具备敢啃骨头、敢涉险滩的勇气，以攻坚克难、百折不挠的信心和决心应对各种考验，以勇立潮头、敢为人先的闯劲和干劲应对各种挑战，盯着排头干、朝着先进赶，努力把普通工作做成特色，把优势工作做成亮点，把亮点工作做成精品，牢牢把握发展的先机和主动权。

综合宏观形势，立足普陀实际，今年全区工作的总体要求是：高举习近平新时代中国特色社会主义思想伟大旗帜，全面贯彻党的十九大、十九届二中、三中、四中全会和中央、省委经济工作会议、市委全会精神，增强“四个意识”，坚定“四个自信”，做到“两个维护”，紧扣高水平全面建成小康社会目标任务，坚持稳中求进工作总基调，坚定践行新发展理念，坚持以人民为中心的发展思想，围绕“自由贸易先行区、海上花园会客厅”两大定位，补齐短板、厚植优势，艰苦创业、勇争一流，奋力书写好开放活力美丽的幸福普陀新答卷。

建议2020年全区经济社会发展的主要预期目标：地区生产总值增长6.6%。规上工业增加值增长7%。固定资产投资增长7%。社会消费品零售总额增长8.5%。一般公共预算收入增长5%。城镇常住居民人均可支配收入和渔农村常住居民人均可支配收入分别增长7.5%和8%。

三、聚焦重点、精准发力，推动各项工作取得新突破

实现今年各项目标任务并不轻松，有很多大事要抓，很多硬仗要打，需要我们集中力量办大事，响鼓重锤抓落实。重点抓好以下几项工作：

（一）全力抓招商扩投资。招商引资是经济发展的“源头活水”。要大力实施招商引资一号工程，以招商引项目、强产业，推动地方经济总量增长、结构升级。一要选准方向。紧抓长三角一体化建设契机，加强与上海自贸试验区联动，在港航产业、健康产业、金融创新等领域开展合作。加快普陀湾（上海）众创码头建设，对接量化硅谷、张江高科等重大科技平台，促进项目、资金、人才等要素自由流动、深度融合。积极参与甬舟一体化先行区建设，加快推进六横LNG接收站等一批重点项目。紧盯自贸先行区“三位一体”产业格局，集聚发展开放型经济新业态。加快油品全产业链建设，做大低硫油仓储、加注等业务，进一步扩大供油船队规模，推进油品储运贸易基地建设。争取浙台经贸区设立保税仓，推动海上电子商务平台项目建设，加快海事产业大楼企业集聚。深化国家健康旅游示范基地建设，加速医疗旅游、健康服务企业落地。二要选优路径。绘制产业招商图谱，加强海洋电子信息、高端装备制造、新能源、新材料、海岛旅游等产业链招商。优化机制、扩大招商队伍、提高招商门槛，着力招引央企、国企、名企，引育区域拉动力强、行业竞争力强、财税贡献能力强的“三强”企业。进一步整合提升产业平台，以商引商、以产聚商。加快城西未来智创城、海洋生态创新谷建设，导入新产业新业态，引导企业改造升级，形成先进制造业发展集聚地；持续提高金融小镇、海事综合服务平台能级，加快融资租赁、商业保理项目落地，船舶交易、航运物流等服务业企业定向集聚；大力发展大健康产业平台、文创产业发展平台等载体，促进新兴产业企业聚集；积极推动沈家门渔港特色小镇、普陀湾众创码头提质增效，着力招引一批优质项目和税源型企业落地。全年力争引进投资亿元以上项目15个以上，其中投资5亿元以上重大产业项目6个以上。三要做优环境。对标国务院发布的《优化营商环境条例》，结合浙江省营商环境评价指标体系，进一步优化我区营商环境，形成更多首创制度成果。纵深推进“最多跑一次”改革，围绕全面实现个人和企业全生命周期“一件事”，推动流程再造、全域通办，力争实现一般企业投资项目全流程审批用时压减至60天以内，小型项目压减至30天以内，标准地项目减至20天以内，民生类事项基层可受理和办理比例达60%以上。持续深化“亩均论英雄”改革，做好低效企业提升整治、闲置土地和厂房存量清零。推进闲置农房盘活利用改革，多模式激活闲置资源。推进国资监管体制改革，深化国企改革，提升国企综合竞争力。聚焦民营企

业、小微企业获得感,更加关注本地企业成长,坚决落实减税降费决策部署,加大金融支持实体经济力度,有效提升信贷投放总量,更好缓解民营和中小微企业成长阵痛。

（二）全力强创新增动能。创新是经济社会发展的第一动力。我们要坚持高质量发展,以创新为引领,充分激发市场活力,打造创新创业优选地。一要加快新旧动能转换。围绕"2+4+X"产业体系,加速传统优势产业提升、新兴战略产业培育。推进绿色修造船基地建设,助推修造船企业开展豪华邮轮、穿梭油轮等高附加值业务,以油泥无害化处理、修船绿色智能装备制造、海事服务等项目为支撑,拉长绿色修船产业链。推进省级水产品精深加工产业创新服务综合体和普陀海洋生物肽产业协同创新中心建设,引导水产企业开展"机器换人"工作,力争全年实现水产品精深加工率55%,自动化装备率60%以上。做好商旅文融合文章,打造消费打卡新场景,推动网红经济、夜间经济发展,激活消费新动力。加快国际影视创新产业园建设,打造综合性会展集群,继续办好舟山群岛马拉松、国际海岛旅游博览会等赛事展会活动,争创省级文旅产业融合试验县(区)。巩固提升传统渔业,加快渔业补链强链,发展休闲渔业,创建国家级海洋牧场,打造全国首个三疣梭子蟹智能养殖基地,推进国家绿色渔业实验基地创新中心建设。持续放大远洋渔业优势,做大金枪鱼、鱿鱼市场全国占比。打响"普陀禅农"品牌,打造精品农业、特色农业,争创省级特色农产品优势区。统筹推进数字经济发展,确保全年数字经济核心产业营收增长35%以上,加快传统产业数字化改造。大力培育发展电子信息产业,拓展海洋卫星通信、大数据、5G技术、物联网、区块链等在我区相关领域的应用。二要增强发展动力。着力抓好具有乘数效应的投资项目,扎实推进"省市县长项目",加快盛达保税燃料油、彩虹鱼深海科技城、金钵盂岛绿色建材等项目建设;强化重大项目攻坚,推进万洋众创城、鲁家峙欢乐海洋大世界、登步岛农旅融合发展等一批重点项目。持续加快高新技术产业投资、生态环保基础设施、交通基础设施投资等重点领域投资。明确目标、列出清单、落实责任、挂图作战,全力扩大有效投资。三要激发企业创新活力。大力补齐研发投入短板,鼓励企业建设研发平台,加大研发经费投入,实现规上工业企业研发机构基本全覆盖,力争研发经费支出增长20%以上。深入实施科技企业"双倍增"计划,激励企业开展创新提质,新增高新技术企业14家、省级科技型企业57家,鼓励企业积极开展"首台套"、省级企业技术中心、浙江制造精品等申报工作,通过创新主体培育,实现高新技术产业增加值增长10%以上。四要强化人才智力支撑。面向创新发展需要,拓宽人才引育渠道,推动人才向企业集聚。打造全市首个"5313"特色人才产业园,量身定制政策,为各类人才安居乐业创造更好条件,形成大众创业、万众创新的生动局面。

（三）全面强治理提效能。打造县域社会治理共同体是推进县域治理现代化的重要内容。要继续发挥社会治理"普陀样板"的首创优势、先发优势,把打造县域社会治理共同体作为主方向,完善党委领导、政府负责、民主协商、社会协同、公众参与、法治保障、科技支撑的社会治理新体系。一是体系更优化。按照"一体化联动、全方位延伸"的目标要求,系统打造区、镇街、村社社会治理综合服务中心(站),充分发挥社会组织、企业平台、公众等多元主体作用,夯实"权责明晰、和谐包容、责任共担、利益共享"的制度保障,形成人人有责、人人尽责、人人享有的有机共同体。提升区社会治理综合服务中心,推动镇街、社区村社会治理综合服务中心(站)全覆盖,一体化推进标准化建设,统一资源共享、统一业务规范、统一绩效考核,打造"最多跑一地、最多跑一次、一次不用跑"的普陀模式。二是方式再创新。健全充满活力的基层群众自治制度,扎实推进普法和依法治区工作,深入开展社会主义核心价值观宣传教育和群众性精神文明创建活动。深化信用体系建设,建立健全守信联合激励和失信联合惩戒制度,构建不敢失信、不能失信、不愿失信的机制和环境。持续推动政府数字化转型,加快"智慧城市"建设,实现对城市运行的智慧管理、对公共资源的高效配置、对异常情形的及时预警和对突发事件的快速处置。三是参与更广泛。加大社会组织培育孵化力度,完善政府购买服务机制,鼓励引导社会组织积极参与社会治理。积极创建省级城乡社区治理和服务创新实验区,办好百姓幸福会所,持续深化"三社联动"。增强行业协会商会自律功能,促进市场主体履行社会责任。扩大志愿服务队伍,鼓励更多志愿者参与送温暖、护环境等公益活动。四是效能再提升。健全完善社会风险预测预警预防和管控体系,持续深化社会治安防控体系建设,重视防范打击新型网络犯罪,坚决打赢防范化解重大风险攻坚战。健全完善矛盾纠纷多元化解体系,推行信访代办制和陪访制,强化调解员队伍建设,努力实现群众诉求解决率、时效率、满意率三提升,群体性事件、信访总量、民商事案件三下降。加快打造"网格化管理、组团式服务"升级版和"海上枫桥"升级版,推动精准管理、精细服务。五是社会更安全。牢固树立安全红线意识,构建统一指挥、专常兼备、上下联动、反应灵敏的应急管理平台,完善反恐防暴、生产安全、消防安全、交通安全等责任和管理制度,建立健全公共安全隐患排查预防控制体系,提高精确预测、精细预警、精准预防和科学处置水平,切实维护城市安全稳定、保障人民安居乐业。

(四)全面提品质美环境。城市品质提升是打造海上花园会客厅的重要抓手。我们要加快打造"两山"理论陆海统筹实践创新基地,把普陀建设成为一座"来了就不想走的城市"。一要提升花园城市形象,实现城市美。坚持"多规合一",全面推进国土空间规划编制,加快地下空间管网综合规划研究,加快推进东港山坡地开发和城北区块建设,拓展城市发展空间。实施沈家门渔港复兴行动,加快打造半升洞高端休闲街区项目,提升滨港路、水产城、墩头码头区块滨海形象。加快创建杉杉普陀天地、东港内湖商圈高品质步行街,推进普陀水街项目,改造提升东大街,打造一批主客共享、能逛能玩的精品街区。全面加快老旧小区改造步伐,今年计划改造老旧小区300幢以上,早日实现老旧小区改造全覆盖。积极创建"无违建区",疏堵结合开展车棚住人整治,积极推进老旧小区加装电梯,全面加强商品房全装修质量监管。提升居民小区管理水平,加快实现小区物业管理全覆盖。加强城市路网更新,推进鲁家峙至东港、展茅至东港公路工程,启动兴普大道南侧城市次干道建设项目。二要做好海岛乡村建设,实现乡村美。深入实施乡村振兴战略,积极培育"两山"理论转化典型,完成省级田园综合体创建,争创省级农村综合改革示范区,着力推进东极四岛综合提升、虾峙国际疗养旅游(度假)岛、柴山岛综合开发等一批海岛产业项目。突出乡村特色,提升整体品质,全区A级景区村庄覆盖率达到90%以上,力争实现全覆盖。扎实开展"美丽城镇"建设,强化海洋公园、海岛公园争创工作,加快打造东极镇美丽城镇样板。实施展茅至东港美丽公路景观提升工程,丰富"美丽交通经济走廊"内容,打造浙江省最美海岛公路风景线。加快陆岛交通码头基础设施建设,启动桃花岛悬鹁鸪岛交通码头工程、东极庙子湖客运码头工程。全力优化客运环境,更新3艘客船,把沈家门客运站打造成"高品质水路客运枢纽样板"。三要加强综合环境整治,实现生活美。建立全国文明城市长效管理机制,坚持全面查漏补缺与重点攻坚破难相结合,全力抓好全国文明城市创建各项工作任务,持续组织开展好"全民清洁日""点位长制""文明交通劝导"等活动,广泛开展各类志愿服务活动,全面提升居民文明素养。全力推进城镇生活垃圾分类工作,全面推广居民小区"撤桶并点""定时投放",城区生活垃圾分类覆盖面达100%,城镇生活垃圾零增长,回收利用率达45%以上,资源化利用率和无害化处置率达100%,成为垃圾"零填埋"城区。加快中央山体公园、江湾滨海公园建设,营造"城在景中,景在城里"的城市形态。统筹推进山水林田海整体保护修复,积极推进东极海岛海洋生态保护与开发建设。强化各级党委政府生态主体责任和部门法律责任,高标准做好第二轮中央环保督察工作。

(五)着力强民生增幸福。建设幸福普陀,民生改善是最真切、最生动、最温暖的诠释。一要着力提高社会事业发展水平。着眼满足群众民生需求,聚焦"一老一小"两大群体,不断在群众幼有所育、学有所教、劳有所得、病有所医、老有所养、住有所居、弱有所扶上取得新进展。大力推进教育现代化,促进学前教育公益普惠、义务教育优质均衡,在东港新建一所初中,办好每一所家门口的学校。深化区域医共体建设,实施基层医疗卫生机构品质提升工程，推动优质医疗资源下沉城乡社区，打造“花园式”海岛卫生院（社区卫生服务中心）样板，实现就医环境、医疗水平“双提升”。积极应对人口老龄化，加强养老基础设施建设，想方设法增加城区养老床位数，提升改造海岛乡镇敬老院，提高居家养老水平，让更多老人享受到更舒心更优质的养老服务。完善购租并举的住房制度，加强人才公寓、保障性住房建设，以多层次供给满足多元化需求。深入推进公共文化服务标准化均等化，完成渔港文旅驿站建设，推动基层公共文化设施“建管用”同步发展，积极争创省级体育现代化强区。二要大力提高社会保障水平。坚持把促进就业放在优先位置，崇尚勤劳、鼓励创新，推动实现更加充分、更高质量的就业。进一步强化政策支持，优化就业用工环境，实施企业职工技能提升工程，推进与四川等地劳务开发扶贫协作，开展高质量充分就业社区创建活动，推动农村电子商务创业就业。充分凸显社会救助兜底保障作用，及时足额发放各类救助资金，为60周岁以上低收入老人提供居家养老服务。继续扩大“残疾人之家”规范化布点，确保全年提供残疾人基本康复服务率达95%以上。三要全力补齐民生短板。加大海岛蔬菜配送服务力度，减少鱼货供应环节，努力让百姓的“菜篮子”“鱼篮子”拎得更轻一点。切实破解停车难问题，加快城区智慧停车项目建设，大力破解区域防涝难题，优化管网泵站设置，推进海绵城市建设，全力改善人居环境。更加注重食品安全，率先在城区建设100家网络餐饮服务“阳光厨房”。开展渔农村饮用水巩固提升工程，破解偏远海岛供水难、水质差问题。

四、坚定不移推进全面从严治党，为幸福普陀建设提供坚强政治保障

实现奋斗目标，关键在加强党的领导，关键在党要管党、从严治党。我们要赢得优势、赢得主动、赢得未来，就必须把各级党组织建设得更加坚强有力，为扎实推进幸福普陀建设、全面建成小康社会提供坚强的政治保障。

（一）坚持思想政治统领。把不忘初心、牢记使命作为加强党的建设的永恒课题，作为全体党员干部的终身课题，把“四个意识”“四个自信”“两个维护”作为根本原则和首要准则，在思想上政治上行动上同以习近平同志为核心的党中央保持高度一致，确保党中央和省委市委重大决策部署在普陀落地生根。进一步抓实理论武装工作，做深做实“潮涌东海”宣讲品牌、双休日课堂和理论中心组等理论学习载体，学深悟透习近平新时代中国特色社会主义思想，发展党校事业，深化蚂蚁岛红色教育基地建设，提升党员干部政治理论水平。持续深化“最美普陀”系列，充分发挥榜样引领作用，提升市民素质，弘扬社会正能量。大力开展“文明细胞”培育工程，积极推进文明单位、文明村镇、文明校园、文明家庭等创建。

（二）建强党在基层的战斗堡垒。推进全区基层党组织建设全面进步全面过硬。把支部建在项目一线、攻坚一线、创城一线，充分发挥党员干部攻城拔寨、攻坚克难的先锋模范作用。做好社区村体制改革完善工作“后半篇”文章，发展壮大村集体经济。探索创新渔农村党建工作模式，发挥好渔农村基层党组织在建设和美小岛、提升治理效能、服务群众“最后一公里”等工作中的作用。继续从严抓好党员管理工作，不断提高发展党员质量，继续抓好党员星级评定，对党员实际表现进行量化细化，加强对不合格党员的专项整顿。

（三）打造忠诚干净担当的高素质干部队伍。深入践行习总书记提出的新时代好干部标准，建设有更宽眼界、更强能力、更大担当的干部队伍。坚持正确的选人用人导向，创新选人用人机制，面向基层、面向实践，大力培养选拔和使用有一线工作实践经验的优秀年轻干部。坚持从严要求管理干部，真心爱护干部，探索形成尽责免责、创新容错机制，为担当者担当、为干事者撑腰。评选一批担当有为好干部和人民满意公务员，让忠诚干净担当、为民务实清廉、奋发有为、实绩突出的干部得到褒奖和重用。按照实干实绩择优导向，稳妥实施公务员职务职级并行工作。

（四）强化作风建设保障。巩固落实中央八项规定精神成果，密切关注“四风”隐形变异新动向，坚持专项治理与制度建设相统一，强化制度执行、维护制度刚性，推动各项制度落地生根见效。更加注重发挥好党员联系群众的优良传统，持续抓好“三服务”这

个主题教育的重要载体，切实为基层、为企业、为群众解决难题，着力整治群众身边不正之风和腐败问题，以干部队伍好作风取信于民。着力纠治以形式主义、官僚主义方式对待党中央决策部署等突出问题，深化“为官不为”“为官乱为”问题专项治理，对不担当、不作为、不落实造成严重后果的毫不手软、坚决问责，确保政令畅通、令行禁止。

（五）深化党风廉政建设和反腐败工作。不断加强政治监督，持续优化全区政治生态。强化责任担当，把党委主体责任、党委书记第一责任、班子成员“一岗双责”和纪委监督责任“四责”协同起来，带动所有监督主体各负其责、齐抓共管。强化基层公权力监督，突出抓好对“关键少数”特别是“一把手”的监督管理，聚焦重大工程重点领域关键岗位强化监督，促进社会共建清廉普陀。统筹纪律监督、监察监督、派驻监督、巡察监督，一体推进不敢腐、不能腐、不想腐。保持正风肃纪反腐高压态势，精准运用监督执纪“四种形态”特别是第一种形态。推进反腐败工作法治化规范化，巩固发展反腐败斗争压倒性胜利。贯彻落实政治巡察“三个聚焦”新要求，落实落细巡察工作主体责任，推进巡察监督与其他监督贯通融合，推进渔农村巡察全覆盖。

党是中国特色社会主义事业的坚强领导核心。区人大、政府、政协和法院、检察院党组以及全区各级党组织都要紧紧围绕区委中心工作，勇于担当、积极作为，共同团结带领党外人士、非公经济人士、民族宗教人士、港澳台同胞、海外侨胞、普陀乡贤以及全区人民，朝着开放活力美丽的幸福普陀建设目标奋勇前进。

同志们，时代的发展，如滚滚长江奔腾不息、永远向前。书写幸福普陀新答卷的光荣使命落在了我们身上，普陀人民的信任和重托落在了我们身上，我们重任在肩、责无旁贷。我们的事业植根于普陀大地，植根于普陀广大干部群众。在普陀这片热土上，正是靠着广大党员干部的苦干实干带头干，靠着人民群众的聪明智慧和辛勤劳动，靠着全社会积极性主动性的充分发挥，创造了一个又一个辉煌。在新的征程上，我们要传承好弘扬好这些优良传统，永不满足、永不懈怠，奋发进取、勇攀高峰，用实际行动诠释信仰的力量，为党旗添彩、为人民谋利、为时代增辉！

同志们，让我们更加紧密地团结在以习近平同志为核心的党中央周围，高举习近平新时代中国特色社会主义思想伟大旗帜，只争朝夕，不负韶华，以富有时代气息的普陀精神凝聚普陀力量，以更加理性务实的普陀行动书写普陀篇章，在革故鼎新、复兴圆梦的伟大实践中创造幸福普陀建设新的辉煌！

政府工作报告

——2020年1月18日在舟山市普陀区第十七届人民代表大会第四次会议上

区长　潘晓辉

舟山市普陀区人民政府区长潘晓辉 （区融媒体中心提供）

一、2019年工作回顾

2019年是新中国成立70周年，是全面建成小康社会的关键一年。面对复杂多变的外部环境和艰巨繁重的改革发展任务，我们在市委、市政府和区委的坚强领导下，在区人大、区政协的监督支持下，团结带领全区干部群众，坚持以习近平新时代中国特色社会主义思想为指导，全面贯彻党的十九大及十九届二中、三中、四中全会精神，紧紧围绕"自由贸易先行区、海上花园会客厅"的发展定位，全力打好"五大会战"、建设"四个舟山"，加快建设开放活力的幸福普陀，较好地完成了区十七届人大三次会议确定的目标任务。预计2019年地区生产总值增长6.5%；一般公共预算收入完成调整后预算的100%；固定资产投资增长6%；规上工业增加值增长7.8%；旅游总收入增长14.9%；社会消费品零售总额增长8.5%；城乡居民人均可支配收入分别增长7.5%和8%。

这一年，我们沉下心、定住神，全力夯实"稳"的底盘，高质量发展基础更牢。修船业逆势上扬，实现规上产值46.6亿元，其中外轮修理产值38.2亿元，分别增长42.1%和62.7%。中远海运重工完成全球首例超大型集装箱船一体化改造工程。全球脱硫改装业务前十强船企，普陀占据3席。扬帆集团7800车汽车滚装船获省级首台(套)产品认定。水产品精深加工比例上升至53%。全省首家海上风电项目建成投产，投资160亿元浙能六横LNG接收站项目启动，投资超百亿元观音文化园即将开园。远洋渔业优势持续放大，产量全省占比60%，金枪鱼交易量全国占比20%。数字经济奋起直追，核心产业营收增长30%，全省排名跃升35位。高新技术产业投资增长89.1%，创近年来新高。成功破解欧华造船司法重整、万邦永跃股权优化、泰莱置业土地盘活等企业纾困难题。

这一年，我们铆足劲、撸起袖，持续提振“闯”的锐气，高水平开放活力迸发。全国首创航运企业跨省迁移“船舶不停运”，东展船运成功落地。全国首单外锚地综合海事服务实现24小时通关，迈出对标新加坡的关键一步。成为全省唯一开放融资租赁企业设立、变更的县（区），衢州金控、临海金控、富阳产投等落地注册，企业数量占全省1/4。自贸区首家商业保理企业落户。生命健康产业在浙江自贸区凸显亮点，国际健康产业中心开园投产。新增各类企业1737家、规上企业135家，市场主体突破3万大关。世界油商大会、国际海岛旅游大会、世界舟山人大会在我区成功举办。中央电视台、人民日报、新华社等主流媒体聚焦点赞普陀百余次，传递了活力湾区的好声音！

这一年，我们重温度、提质感，不断添彩“美”的画卷，高品质生活共建共享。最让我们振奋的是，社会治理“普陀模式”入选全国创新社会治理十大最佳案例。普陀湾众创码头获评全国创业孵化示范基地。和美小岛建设入选全省县域高质量发展十大优秀案例。最让我们暖心的是，校内托管全覆盖、“菜篮子”下海岛等一批民生实事和关键小事顺利实施。教育现代化水平迈进全省前十。人均预期寿命首次突破80岁，达到中高收入国家水平。连续十四年获评省级平安区，蝉联“中国最具幸福感城市”。最让我们自豪的是，成功创建国家生态文明建设示范区，获评省新时代美丽乡村示范区，大花园典型示范建设荣列省政府重点激励事项，开启了美丽蝶变的新征程！

回顾过去的一年，我们主要做了以下工作：

（一）对外开放纵深迈进

争当扩大开放排头兵，加快系列国家战略落地，开放合作水平持续提升。

自贸区建设继续走在前列。深化制度创新，复制推广前两批自贸区经验184项，“海上枫桥”创新成果入选全国自贸区第三批“最佳实践案例”。马峙锚地扩容，条帚门锚地开放，新增加油锚位13个。依托中石化全球船供油业务中心，做大低硫油加注业务，保税燃料油加注量达255万吨，增长4.9%，占全市65%、全国1/4。加快推进普陀国际海事服务基地建设，实华南油、弘通航运等9家企业总部相继落户产业中心，税收突破9000万元。探索打造“海上阿里巴巴”，构建海事服务全产业链线上平台。金融小镇加快建设，集聚金融企业199家。

区域合作拓展深化。开展“海陆普陀”战略合作，推进产业、经贸、科技转换、对接交流、惠民利民“五大行动”，在上海普陀举办招商推介会、“蟹逅普陀”等系列活动，主动融入长三角一体化发展。北仑圆山码头签约落地，六横公路大桥列入省实施长三角一体化标志性工程项目，积极推进甬舟一体化六横先行区建设。山海协作不断深化，磐普产业园在全省生态类园区考核中位列第二。加大与万源东西部扶贫协作力度，精准脱贫有力有效，得到中央扶贫办高度肯定。加强与吉林扶余、前郭对口合作，建成松原农产品线上线下展销中心。

开放型经济量稳质升。落实稳外贸20条政策措施，积极应对中美经贸摩擦，全年外贸出口总额266亿元，增长4.3%。实际利用外资9038万美元，实际到位市外资金60.5亿元。加速浙江国际农产品贸易中心建设，浙台经贸区成功获批进境食用水生动物指定监管场地。临港物流加快发展，港口货物吞吐量达1.08亿吨。和润集团巴西圣路易斯港粮食储贸中心项目进展顺利。

（二）改革攻坚成效明显

以更大的勇气和力度抓改革求突破，发展活力日益增强，营商环境不断改善。

“最多跑一次”改革走深走实。持续深化“互联网＋政务服务”，“网上办”“掌上办”事项实现率均达到100%，海钓证及部分税务事项实现“无人审批”。“一窗受理”向基层全面延伸，民生事项“一证通办”实现全覆盖。一般企业投资项目竣工验收前审批较全省“最多90天”再压缩10天，企业开办只需4小时，水电气报装全市率先实现“一站式”办理。146项个人和企业全生命周期事项实现“一件事”全流程办理。全省首创“渔业船舶交易一件事”“无证外籍人员身份证明开具服务”。存量商品房交易登记实现“60分钟”发证。

重点领域改革稳步推进。扎实开展“亩均论英雄”改革，亩均增加值增长15%、亩均税收增长6%，沈家门渔港特色小镇成功入围全省“亩均效益”领跑者名单。新批工业用地100%“标准地”供地。低效闲置资产整治成效明显，淘汰10家企业落后产能，整治“低散乱”企业和小作坊35家，盘活闲置厂房21.6万平方米、低效商业用房8.1万平方米、农房303幢。消化批而未供土地1322.4亩，闲置土地处置继续走在全市前列，获评全省土地节约集约利用示范县(区)。全面完成政府机构和事业单位改革。深化国有企业改革，国有资本经营预算收入增长8.5%，区国资公司、城投集团获2A主体信用评级。完成社区村体制改革，村级经济合作社缩减54.5%。中街山列岛渔业权改革试点等60项全面深改任务顺利推进。

营商环境持续优化。深入开展“三服务”活动，累计办结各类问题1273个。出台优化营商环境政策68条、支持民营经济发展24条。依托“8718”企业公共服务平台，累计解决企业诉求189条，满意率达100%。全市率先推出“首违不罚”清单。全面落实增值税下调、小微企业和科技型企业普惠性税收减免、工伤保险费下调等政策举措，出口退税实现即报即审即退，全年为企业减负5.3亿元。实施融资畅通工程，在普陀农商行开展“T+0”转贷试点，全区推广“无还本续贷”类业务，推动贷款利率下降0.5个百分点。深入实施小微企业“滴灌工程”，为小微企业新增贷款18.01亿元。积极开展企业帮扶纾困工作，为91家企业解决转贷资金283笔累计26.8亿元。新增股改中心挂牌企业4家。完善人才服务生态链，引进大学以上学历人才2314人，增长8.9%。

(三)新旧动能接续转换

始终把着力点放在实体经济上，优化经济结构、转换增长动力，经济发展质效明显提升。

工业经济转型提质。推进正山紧固件智能工厂、炜驰智能化厂房等28个重点技改项目，累计投入7.1亿元。加快建设绿色修造船基地，万邦永跃超高压水除锈、废水真空回收装置出口新加坡，开创国内绿色修船高端装备“境外首单”。鑫亚6S标准车间、龙山船厂等脱硫塔制造项目正式投产。中创海洋成功落户，开拓新材料、新能源船舶制造新路径。水产品精深加工创新服务综合体加快建设，海洋生物肽产业中心、研发中心挂牌运作，荣和生物、丰宇生物等海洋生物肽项目顺利实施。首开地方政府与西湖大学校地合作先河。新增国家高新技术企业15家、省级科技型中小企业57家，实现高新技术产业增加值14.1亿元，增长13.8%。建设提升万洋众创城等小微企业园5个。新增浙江制造“品字标”认证企业2家，正源入选省企业标准“领跑者”名单。

渔农产业特质凸显。建设国家绿色渔业实验基地创新中心，白沙入围国家级海洋牧场创建单位。建成省级首批渔业转型发展先行区，实现渔业总产值79.1亿元，增长8.3%，其中远洋捕捞产值40.5亿元，增长14.2%。梭子蟹年交易量占全国70%以上。成功创建省级农业绿色发展示范区，完成12个示范项目和“三园一基地”建设任务。推进农旅融合发展，新增乡村旅游精品线路10条，展茅田园综合体成为农旅融合示范样板。出台民宿扶持管理办法，引导海岛民宿品质化、集聚化发展，建成无问西东、陌领·佑舍等一批精品民宿。新增省级美丽牧场1家、高标准农田8000亩。

新兴产业蓬勃发展。推动商旅文体融合发展，杉杉普陀天地二期、宝龙高端休闲街区等项目加快推进，虾峙国际疗养旅游(度假)岛、普陀山自在禅意文旅度假小镇等项目签约。入选省十大海岛公园重点培育对象。520幸福街入围省级高品质步行街试点。舟山群岛马拉松、海浪音乐节、佛茶文化节、普陀幸福购等活动精彩纷呈。推动医疗器械注册人制度等政策落地实施，锐赛生物、雅各医疗、明峰体检等企业开业运营，初步形成细胞技术、医疗器械、健康管理等大健康产业集群。

(四)城市品质逐步提升

围绕打造最干净最美丽城市，推动城市面貌全方位提升，城市客厅更加靓丽。

基础设施加快建设。滨海大道(普陀段)陆上通道、展茅至东港美丽公路顺利通车，鲁家峙至东港公路加快建设。海天大道(普陀段)、329国道(普陀段)、东海西路三大主线完成提升改造，新建、改建城市道路7条，道路环境、通行效率明显提升。东极黄兴等4座交通码头建成投用，沈家门半升洞、朱家尖西岙等客运站场加快建设，西岙至登步客滚航线开通，“六横之星”等豪华高速客船投入运营。普陀山机场新开直飞建德、德清短途航线，航线基本覆盖沿海沿江重点城市，年客流量突破150万人次。

环境面貌日益改善。全力以赴推进创城工作，深入开展“全民清洁日”“红色管家”等特色活动，建立完善长效管理机制57条，居民小区、市场及周边环境明显提升，车辆违停、门前三包难等一批棘手问题得到有效破解。城乡环境综合整治纵深推进，“拆违”“三改”分别完成目标任务的140.9%和166.5%，415辆人力客运三轮车平稳退出营运，洗车行业规范提升。城区垃圾分类覆盖面上升至98.3%。高质量完成29个点位180幢老旧住宅改造，5604户受益。全市率先试点老旧小区加装电梯。完成鲁家峙北岸线二期、东南涂滨海景观亮化工程，建成青龙山公园入口、江湾船厂公园一期。全域建设新时代美丽乡村，新增美丽乡村精品村8个、美丽风景线2条，蚂蚁岛获评省级样板小镇。

污染防治有力有效。打好治气、治水、治土、治废硬仗，生态文明建设深入到城乡的角角落落。重点开展修船行业除锈喷漆等专项行动，环境空气质量优良率提升至96.1%。打造“美丽河湖”，新增品质河道7条，完成2个镇、19个居民小区“污水零直排区”建设，集中式饮用水源地、地表水监测断面水质达标率100%。勾山9000吨/天污水预处理设施建成投运，污水处置能力有效增强。蓝色海湾整治全面完成，入海排污口实现自动在线监测全覆盖。开展土地生态修复，完成海岸线整治修复12公里、废弃矿山生态修复8处。推进污泥和废矿砂专项整治，处置存量危废2.9万吨。高质量完成中央、省生态环保督察及国家海洋督察问题整改。

（五）民生福祉持续增进

始终践行以人民为中心的发展思想，着力优化公共服务供给，群众获得更多实惠。

社会保障更加健全。优化就业服务，新增城镇就业3808人，城镇登记失业率控制在2.58%。普陀退役军人创业园累计入驻创业团队69个，获评第二届全国创业就业服务展优秀项目奖。深化安居工程，新开工保障性住房800套，基本建成1100套，竣工262套，上戚家、小蒲湾等安置房加快建设。推进“菜篮子”提质扩面，做好猪肉保供稳价工作，主要大众品种价格与宁波市场持平。改造渔农村饮水管网13公里，庙子湖海水淡化工程基本建成。提升渔民养老保障水平，发放生活补贴1.01亿元。实施贫困白内障患者康复“光明行动”，532名患者重见光明。新建“残疾人之家”3家，无障碍社区创建走在全省前列。新增养老床位325张，新建示范型居家养老服务中心3家，为老助餐服务覆盖面达71.1%。在全市率先实现幸福社区全覆盖。

社会事业均衡发展。坚持教育优先发展，沈家门小学拆扩建工程建成投用，平阳浦幼儿园民转公办，2所小区配套幼儿园转普惠。扎实推进健康普陀建设，全面完成医共体55项改革任务，开办公立浦西医院，推动优质资源下沉，基层就诊率上升6个百分点。出台鼓励生育二孩政策。健康浙江考核获全市唯一优秀。扎实推进文化建设，成功创建省民间文化艺术之乡，东极获评省非遗主题小镇，桃花获评省文化强镇。完善公共文化服务体系，建成基层综合文化体88家，完成国家数字档案馆创建工作，通过首批省基本公共文化服务标准化建设认定。成功召开普陀乡贤恳谈会，激发广大乡贤回报桑梓情怀。

社会治理不断加强。社会矛盾纠纷调处化解实现“最多跑一地”，区级中心全年受理各类诉求8.1万件，“最多跑一次”实现率96.5%，群众满意率98.6%。严格落实安全生产责任制，事故起数、死亡人数分别下降15.3%、21.4%。全力做好“利奇马”“米娜”等台风抢险救灾工作，损失降至最低。深入开展扫黑除恶专项斗争，破获涉黑涉恶案件58起，刑事立案数下降13.7%。圆满完成新中国成立70周年大庆安保任务。巩固“浙江无欠薪”示范区创建成果，构建和谐劳动关系。推进食品安全放心工程，在全市率先推行“码上识店”智慧监管。强化金融风险监测预警，实现互联网金融风险企业“清零”。处置不良贷款3.5亿元，不良率下降至0.48%。

各位代表，2019年，区人代会票决确定的交通提升、医疗便民、安居惠民、教育服务等十大民生实事项目，件件关乎民生福祉。我们聚焦群众诉求，对标分解、对照细化，精心办好每一件民生实事。努力改善出行条件，新建城区标准候车亭75个，改造农村港湾式停车站12个，更新农村客车24辆。积极破解海岛配药难、用药难问题，健全海岛药品配送与代购机制，医共体内药品匹配率提高至88%以上，特殊（慢性）病种医保用药量放宽至12周。始终关注低保、低保边缘等家庭住房问题，新增租赁补贴家庭560户，补贴标准由480元提高至750元。用心呵护孩子的眼睛，改造学校室内照明灯2.7万盏，改善学生用眼环境。完善公共服务设施，改造农村电商服务站25个，新增城乡充电桩288套，新建、改建城乡公厕50座。

同时，人民武装、双拥、民族宗教、外事侨务、信访、气象、广电、慈善、老龄、工青妇、红十字等社会各项事业全面发展。

一年来，我们全面学习贯彻习近平新时代中国特色社会主义思想，坚持把党的政治建设摆在首位，树牢“四个意识”，坚定“四个自信”，做到“两个维护”。切实抓好省委巡视反馈意见的整改落实。高质量高标准开展“不忘初心、牢记使命”主题教育，区政府领导班子带头学习调研、检视问题、整改落实，创新建立“四个一”机制，一批企业和群众的难事、烦心事得到有效解决。坚持集体学法制度，自觉接受人大、政协和社会各界监督，办理人大代表建议114件、政协委员提案119件。全面推进机关内部“最多跑一次”，加快政府数字化转型。严格落实中央八项规定及其实施细则精神，从严纠治“四风”，“三公”经费支出压减6.5%，区本级发文和会议数量大幅缩减。

各位代表，过去的一年，面对经济下行压力加大、实体经济困难明显增多等风险挑战，我们万众一心加油干，越是艰险越向前，高水平全面建成小康社会取得新进展。这是习近平新时代中国特色社会主义思想指引的结果，是市委、市政府和区委坚强领导的结果，是区人大、区政协大力支持、有效监督的结果，是全区干部群众撸起袖子干出来的结果。在此，我代表区人民政府，向全区人民、驻区部队官兵、各民主党派、各人民团体及社会各界人士表示崇高的敬意！向所有关心支持普陀发展的海内外朋友以及投资普陀的企业家朋友，表示衷心的感谢！

同时，我们也清醒地看到存在的问题和困难：经济发展的质量还不够高，工业转型升级步伐不够快，新兴产业产能释放尚需时日，经济密度与先进地区相比还有较大差距。民营经济活力不足，研发经费支出占比较低，人才短板依然制约发展。改革进入深水区，破除体制机制障碍的创新举措还不够多。财政收支矛盾突出，可用财力不足。招商引资的能力和水平有待提升，大项目好项目储备不足，部分在建项目进度较慢。老城区历史欠账还较多，部分区域防洪排涝能力亟须加强。海岛地区的交通、教育、医疗、养老还有不少短板。同时，个别干部缺乏创新意识，担当作为不够，精神状态和工作作风还跟不上新时代新要求。对此，我们要高度重视，变压力为动力，紧盯问题，精准施策，切实加以解决。

二、2020年工作思路

2020年是高水平全面建成小康社会和“十三五”规划的收官之年，要实现第一个百年奋斗目标，做好今年的工作至关重要。我们必须坚持“稳”字当头，“进”字为重，“好”字为本，“俭”字为要，为发展聚力，为企业赋能，为小康增色，为治理增效，保持经济社会良好发展势头。

今年工作的总体要求是：高举习近平新时代中国特色社会主义思想伟大旗帜，全面贯彻党的十九大、十九届二中、三中、四中全会和中央、省委经济工作会议精神，认真落实市委、市政府和区委决策部署，坚持稳中求进工作总基调，坚定践行新发展理念，推动高质量发展，围绕“自由贸易先行区、海上花园会客厅”两大定位，持续稳企业、增动能、补短板、保平安，奋力书写好开放活力美丽的幸福普陀新答卷，确保高水平全面建成小康社会和“十三五”规划圆满收官。

结合我区实际，建议今年全区经济社会发展的主要预期目标为：地区生产总值增长6.6%；规上工业增加值增长7%；固定资产投资增长7%；旅游总收入增长12%；社会消费品零售总额增长8.5%；一般公共预算收入增长5%；城乡居民人均可支配收入分别增长7.5%和8%；能源和环境指标完成市下达的目标。

（一）聚力固本培元，确保平稳增长

全力推进招商引资“一号工程”。瞄准海岛旅游、先进制造、生命健康等重点产业领域，力争引进亿元以上项目15个。其中，10亿元以上项目4个，30亿元以上项目1个。强化八大产业平台精准招商功能，积极引进总部型、功能型项目，培育楼宇经济，打造税收亿元楼3座以上。重点推进城西未来智创城建设，引进和培育数字智造、数据服务、生命

健康、双创2.0等未来产业。提升海洋生态创新谷承载能级,拓展产业发展空间,加快推进舟山(普陀)万洋众创城等载体建设。进一步创新招商机制,深化数字化、信息化管理,加大绩效考核及奖励力度。全年实际到位市外资金64亿元,实际利用外资1.2亿美元以上。

积极扩大有效投资。推进省市区重点项目建设,确保新开工项目30个,力争重点项目投资超100亿元。加快推进盛达保税燃料油中转加注基地、中石化LNG综合利用等省市县长项目建设,确保落地率50%以上。建成滨海大道(普陀段)、麦哲伦油泥无害化处置、普陀标准渔港等项目,加快半升洞城市阳台、朱家尖航空小镇、恒大童世界、普陀水街等在建重点项目进度,争取桃花岛旅游综合开发、金钵盂绿色建材加工基地、莲花洋如意湾、虾峙国际疗养旅游(度假)岛、登步岛农旅融合发展等项目落地开工。持续优化投资结构,力争交通、高新技术产业、民间项目以及生态环保、城市更新和水利设施四大结构性投资增长10%以上。

以"绣花功夫"精准服务民营企业。持续优化营商环境,全面落实民营企业发展促进条例。建立完善全覆盖、全过程、全天候的"三服务"工作体系,重点解决企业关键问题、高频问题、疑难问题。启动培优工程,加快培育龙头企业和单项冠军,力争产值破亿制造业企业达55家。巩固和拓展减税降费成效,落实一批新的降本减负措施,为企业减负5亿元以上。深入实施融资畅通工程,用好用活"三张名单",提高中小微企业首贷成功率,拓宽抵押、担保方式,降低企业综合融资成本,力争存贷款余额增速达到10%以上,民营和小微企业信贷增量分别达到13亿元和20亿元以上。稳步推进凤凰行动,助推科创企业上市。支持企业创新用工方式,有效破解企业招工难、留工难问题。大力弘扬优秀企业家精神,营造企业家健康成长环境。

(二)聚力创新赋能,推动产业进阶

推进科技创新。全面落实科技新政20条、人才新政16条,力争研发经费支出增长20%以上、专利申请量增长20%以上,加快补齐科技人才短板。深入实施"双倍增"计划,新增高新技术企业15家、科技型中小企业60家。建设海洋高技术服务产业基地,支持丰宇生物争创全市首家国家级企业技术中心、金鹰食品机械创建省级重点企业研究院。鼓励企业广泛开展技术攻关和产品研发,实现重点规上企业研发机构全覆盖。实施"鲲鹏行动"和"科技创新人才推进计划",打造全市首个"5313"特色人才产业园,加快西湖大学工学院舟山基地建设,打造集人才招引、落户、创新创业等功能于一体的创新综合体。做优做强普陀湾众创码头。引进领军型创新创业团队5个、"高精尖"人才10名以上、大学生2300名以上。

提升优势产业。推进华兴水产信息化系统、格林食品智能车间等20个重点技改项目。实施协同创新工程,构建船舶修造、水产加工等产业链上下游企业共同体。继续做大脱硫塔安装、压载水系统改造业务,推动穿梭油轮等高附加值船型研发制造,加快重点船企产能释放,力争船舶修造实现产值85亿元。推动水产品加工企业集聚发展,培育壮大海洋生物肽产业,力争精深加工比例达到55%。探索打造普陀国家级渔港经济区,争创桃花国家级海洋牧场。加快国家绿色渔业实验基地创新中心建设,推动玻璃钢船舶及装备产业健康发展。持续放大远洋渔业优势,更新改造远洋渔船18艘。提升金枪鱼、鱿鱼全国市场占比,建设普陀三疣梭子蟹智能养殖中心,增强"两鱼一蟹"市场竞争力和贡献度。

壮大新兴产业。大力发展数字经济,培育卫星传输服务、海洋电子信息等产业,争取同博科技大数据项目入选工信部示范名录。建设智能工厂、无人车间5个,新增工业机器人应用100台。鼓励企业主动上云、深度用云,打造省级示范企业2家以上。确保数字经济核心产业营收增长35%以上。加快商旅文体融合发展,创建国家全域旅游示范区、省级大花园典型示范建设区,推进省级海岛公园建设,争创沈家门渔港省级特色小镇。积极培育消费新热点,大力发展夜间经济,打造520幸福街、六横龙山酒吧街等新消费集聚区。培育网红经济、会展经济、赛事经济,办好舟山群岛马拉松、全国性海钓赛事、"2020幸福购"等活动。推进文创产业发展平台建设,开发体育消费、康体养生、研学旅游等产品业态,力争文化产业增加值增长17%以上,争创省级文旅产业融合试验县(区)。

提高经济密度。持续深化"亩均论英雄"改革,落实亩均效益综合评价机制,力争规上工业亩均税收、全员劳动生产率、亩均增加值均增长7%以上。淘汰企业落后产能,全面整治亩均税收低于1万元的企业。继续推进低效闲置资产整治五大行动,力争盘活低效厂房2万平方米、低效商业用房5.5万平方米、农房400幢以上,批而未供土地存量下降20%,供而未用、闲置土地有效处置率超50%。优先保障先进制造业用地,鼓励企业兼并重组,引导土地要素向优势产业、优势企业集中。

(三)聚力改革开放,催生发展活力

全面深化"最多跑一次"改革。推动个人和企业全生命周期"一件事"提升、扩容和标准化。进一步简化投资项目审批,力争一般企业投资项目全流程审批用时压减至60天以内,小型项目压减至30天以内,"标准地"项目压减至20天以内。大力推进"网上办、掌上办、一证办、刷脸办"实际应用,推广"无人审批""人机联办",实际网办比例达到90%。加快推进全域通办、岛际通办,持续扩容"10分钟政务服务圈",民生类事项基层可办比例达60%以上。打造"无证明"城市,取消证明材料100项以上。谋划市民中心建设,推进政务服务"只跑一地"。深化"证照分离"改革,实现清单之外行业和领域"零门槛"准入。开展经营范围登记规范化工作,提升企业注册效率。深化国有企业改革,创新国资监管体制,增强国企资本运作能力。

推动自贸区创新发展。出台新一轮创新发展行动方案,形成更多首创制度成果。加快油品全产业链建设,做大低硫油仓储、加注等业务,进一步扩大供油船队规模,实现油品出口总额26亿美元,油品仓储周转量1000万吨。加快国际海事服务基地建设,推动国际邮轮港联动发展,创设浙台经贸区保税仓,推进海上电子商务平台项目建设,实现锚地综合海事服务常态化。扩大金融小镇影响力,建设全国性大宗商品金融创新中心服务基地,推动融资租赁、商业保理、股权投资企业集聚。加快建设国际医疗旅游先行区,争取辅助生殖、进口药械先行试用等政策,提升"普陀论健"知名度,加快大健康产业平台企业集聚。积极融入浙江国际农产品贸易中心建设,扩大舟山国际水产城贸易规模。全面实施稳外贸新政,力争出口额达290亿元,增长10%。

扎实推进区域合作。贯彻落实长三角区域一体化发展规划纲要,推动更多要素向普陀集聚、更多项目纳入上位规划。构建与上海全面接轨机制,在产业、人才、科技、金融、医疗等领域开展合作。深化"海陆普陀"战略合作,打造普陀湾(上海)众创码头,探索"飞地经济"新模式。积极参与全球海洋中心城市建设。加快打造甬舟一体化六横先行区,进一步加强产业、港区、民生等领域互动对接。推进磐普山海协作生态旅游文化产业园建设,打造省级山海协作示范点。继续加强与四川万源东西部扶贫协作和吉林扶余、前郭对口合作,实现互促共进、合作共赢。

(四)聚力提质增靓,统筹城乡建设

提升城市功能品质。深化"多规合一",高水平编制国土空间规划、重点区域控规等专项规划。加快东港山坡地、城北等区块开发,攻坚城中村"清零清场",拓展城市发展空间。提速老旧小区、棚户区、危旧房改造,建好5个安置房项目,竞争性开展既有住宅加装电梯。探索建设未来社区。加快鲁家峙至东港、展茅至东港公路工程,新建城市道路3条,提升改造隧道4座。实施全域增绿计划,新增绿化面积3000亩,加快建设中央山体公园、江湾滨海公园,建成鲁家峙红石体育公园、普陀湾公园。完成沈家门"一港两岸"、东港二期景观亮化提升工程。

实施乡村振兴战略。建设移步换景乡村花园,办好全市美丽乡村现场会。打造六横、东极省级美丽城镇样板,建成新时代美丽乡村17个,力争实现景区村全覆盖。新建、改建交通码头4座、客运站场3处,建设提升农村公路29公里。加快农旅融合发展,提升东极旅游品质,建成展茅田园综合体等3A级景区,打造省级民宿特色村2个,创建蚂蚁岛新时代爱国主义教育基地。打响"普陀禅农"品牌,争创省级特色农产品优势区、省级农业产业强镇。做好社区村体制改革"后半篇"文章。争取新时代美丽乡村综合集成改革试点,更好推动"两进两回",激发乡村活力。深化农村宅基地三权分置,探索集体土地入市。创新"四治融合"乡村治理模式，打造东极、蚂蚁数字海岛，争创省级善治示范村5个、民主法治示范村2个。

狠抓精细化管理。决战全国文明城市创建，完善长效管理制度体系，落实落细各项创建任务，广泛开展志愿服务和实践活动，全面提升文明素养。实施新一轮城乡环境综合整治，持续开展背街小巷、餐饮业油烟排放、外卖和快递行业等专项整治行动。纵深推进“三改一拆”，拆除存量违建8万平方米以上，争创“无违建县(区)”。全面开展城镇生活垃圾分类，建成23个“撤桶并点”“定时投放”示范居民小区，确保城区生活垃圾分类全覆盖，城镇生活垃圾零增长，资源化利用率和无害化处置率达100%。探索无物业管理居民小区自治管理，加快实现小区物业管理全覆盖。建设智慧停车体系，有效缓解停车难题。

持续擦亮生态底色。统筹推进山水林田海整体保护修复，打造“两山”陆海统筹实践创新基地。打好治气硬仗，开展建筑工地及道路扬尘等专项治理，确保环境空气质量持续改善。打好治水硬仗，新增品质河道8条，打造2个镇、40个居民小区“污水零直排区”，加快普陀海洋创新谷5000吨/天污水处理设施建设。打好治土硬仗，加强重金属污染减排和整治，确保污染地块安全利用率达到90%以上。完成废弃矿山生态修复13处、海岸线整治修复6.1公里，确保海岛自然岸线保有率不低于71.8%。打好治废硬仗，开展工业固体废物专项整治，创建无废城区。高质量完成中央和省生态环保督察反馈问题整改。

(五)聚力惠民利民，创造美好生活

优化公共服务供给。突出重点人群就业扶持，新增就业3800人，抓好零就业家庭动态清零，大力实施新时代工匠培育工程和“金蓝领”职业技能提升行动。创建全国义务教育优质均衡县(区)。优化城区教育布局，启动东港新建初中项目。推进学前教育补短提升工程，推动2家民办园转普惠，稳步提高优秀非编幼儿教师待遇。深入实施健康普陀行动，积极融入三甲医院医联体，深化医共体建设，提升县域医疗服务能力。完善公共文化服务体系，提升基层综合性文化服务中心10家。开展古城、古镇、古街复兴行动，挖掘沈家门渔港历史文化底蕴，提升改造东大街，启动建设渔港文旅驿站。创建省体育现代化区，构建“10分钟健身圈”。压实“菜篮子”“鱼篮子”负责制，新建直供店、新鲜水产品平价供应点6家，确保大众品种价格与宁波市场持平。建立健全退役军人服务体系。

补齐民生领域短板。以百姓之心为心，实施三大民生专项攻坚工程。实施排涝保供畅通工程。开展城区防洪排涝能力提升三年行动计划，提升整治流域水系21公里，新建、改建闸站14座，除险加固山塘水库3座。改造渔农村供水管网21公里，启动登步－桃花等岛际输水管道工程，加快建设青浜海水淡化设施，确保渔农村居民喝上好水。实施海岛民生暖心工程。提升基层医疗卫生机构品质，开展乡村医生减负提薪行动，实现万人以上海岛住院服务全覆盖。对重点人群开展流感疫苗自愿免费接种。落实海岛教育三年行动计划，探索海岛教师定向委培机制，实施退休高级教师“银龄讲学”项目。做实城乡教育共同体，建好“互联网＋义务教育”同步课堂，推动城乡孩子同教育同培养。实施弱势群体兜底工程。稳步提高渔民养老保障待遇，确保低收入渔农户收入增长10%以上。完成残疾人托养中心主体工程建设，改善残疾人无障碍环境，确保残疾人基本康复服务率达95%以上。重视解决好“一老一小”问题。新建示范型居家养老服务中心2家，推广医养结合服务。完善3岁以下婴幼儿普惠性托育服务，做好新生儿疾病、儿童发育监测筛查等工作。

深化平安普陀建设。发挥社会治理“普陀样板”的首创优势、先发优势，完善区、镇街、村社三级社会治理服务中心治理网络，构建“矛盾不上交、平安不出事、服务不缺位”的县域社会治理共同体。加快打造“网格化管理、组团式服务”和“海上枫桥”升级版，推动精准管理、精细服务。强化渔业安全管控，创成省级平安渔业示范县(区)。深入开展道路交通、消防、危化品等重点领域安全攻坚战，坚决遏制较大及以上生产安全事故。加强食品安全监管，建设100家网络餐饮服务“阳光厨房”。健全应急指挥体系，组建应急联动指挥中心，建立防洪抗台一体化精准管控机制，提升安全生产和自然灾害防范防治统筹协调能力。加强“慧眼工程”“智安小区”等科技手段应用，完善立体化治安防控体系。坚决打击非法金融活动，严防贷款不良率反弹。促进房地产和建筑业平稳健康发展，加强全装修商品住宅质量监管。严厉打击和防范海上走私违法犯罪行为。坚决打赢扫黑除恶专项斗争攻坚战。争创“星级平安金鼎”，确保社会和谐稳定。

三、实施政府治理效能革命

各位代表，党的十九届四中全会对政府治理能力提出了更高要求。我们必须围绕“善治”目标，加强政府自身建设，提高运用制度干事创业能力，推动县域治理现代化，让有效的政府治理与生动的社会表情同频共振。

把政治建设摆在首位。牢固树立“四个意识”，坚定“四个自信”，坚决做到“两个维护”，建立健全“不忘初心、牢记使命”长效机制。加强政府系统党的建设，把党的领导贯彻落实到政府工作全过程。严格落实意识形态工作责任制。

全面推行依法行政。严格遵守宪法法律，确保政府各项工作在法治轨道上运行。自觉接受人大依法监督、政协民主监督和社会舆论监督，落实重大决策出台前向区人大及其常委会报告制度，办好人大代表建议和政协提案。进一步强化审计监督，用好审计成果。加大政务公开力度，持续提升政府公信力。巩固行政复议体制改革成果，深化法治政府建设。

深入推进政府数字化转型。大力推广“浙里办”“浙政钉”，“浙政钉”覆盖80%以上部门协同任务，掌上执法率达到90%以上。积极参与“舟山大脑”建设，谋划实施一批“跨部门、跨行业、跨领域”的融合应用。利用三维建模等技术，探索社会治理等领域数据资源应用，推动政府决策科学化、高效化、精准化，力争形成优秀数据开放创新案例。探索建立全流程数字化项目管控平台，实现动态实时管理。

完善高效运行机制。高质量编制“十四五”规划，构建经济高质量评价指标体系。推进政府部门间“最多跑一次”改革，政府机关内部90%以上非涉密事项实现“一窗受理、一网通办”。进一步精简文件和会议数量，规范督查检查，切实为基层减负。提高财政政策精准性，实行全面预算绩效管理办法。有效压减办展办会，一般性项目支出压减10%。强化督办机制针对性，实时晾晒工作进展，营造进位争先的良好氛围。

大力建设廉洁政府。认真贯彻落实中央八项规定及其实施细则精神，坚决防止“四风”问题反弹回潮。坚持政府过紧日子，守节用裕民之道，日常公用支出压减5%。认真落实全面从严治党主体责任和“一岗双责”，严防重大工程、重点领域和关键岗位廉政风险，严惩群众身边不正之风和腐败问题，形成风清气正的政治生态。

各位代表，今年我们继续按照民生实事“群众提、代表定、政府办”的理念，经过广泛征集和充分讨论，梳理形成了生态环境优化、医疗便民服务、社会保障服务、就业促进等12项候选项目，提请各位代表票决。我们将根据票决结果，紧扣目标要求，认真抓好落实，把好事办好、实事办实。

各位代表，新思想指引方向，新时代催人奋进。让我们紧密团结在以习近平同志为核心的党中央周围，高举习近平新时代中国特色社会主义思想伟大旗帜，在市委市政府和区委的坚强领导下，只争朝夕、不负韶华，艰苦创业、勇争一流，奋力书写开放活力美丽的幸福普陀新答卷！

名词解释：

“首违不罚”：对情节相对较轻的首次违法行为，在满足相应的适用条件后，市场监督管理部门对该行为不予行政处罚。

“三园一基地”：指放心菜园、生态茶园、精品果园以及绿色粮油基地。

“四个一”机制：指政府各部门结对一家企业当好“保姆”、办成一件实事解决难题、创新一项工作打通堵点、学好一条经验为我所用。

“三张名单”：指需要帮扶纾困的企业名单，需要支持的优质企业名单，量大面广、经营正常又需要资金的中小微企业名单。

“鲲鹏行动”：指以构建科技企业“微成长、小升高、高壮大”的梯次培育机制，加快培育科技型中小企业成长为高新技术企业的行动。

“5313”特色人才产业园：指集聚“5313”行动计划科技创业领军人才项目的产业园。

“两进两回”：指科技进乡村、资金进乡村，青年回农村、乡贤回农村。

“四治融合”:指自治、法治、德治、智治融合的乡村治理体系。

“撤桶并点”:指撤除住宅区大量的、分散的垃圾桶,合并放置在专门的点位,实现分类垃圾桶精准投放、集中管理。

“慧眼工程”:在重点路口、重要路段、广场等公共区域敷设智能化视频系统。

“智安小区”:指分类推进老旧开放式小区、物业封闭式小区、新建住宅小区的技防设施建设,切实提升安全管控能力。

专　　记

“不忘初心、牢记使命”主题教育活动

【概况】 按照中央、省委和市委统一部署，普陀区“不忘初心、牢记使命”主题教育活动于2019年9月12日正式启动，在市委第二巡回指导组指导下，区委对标中央、省委和市委关于主题教育的各项部署要求，印发《关于在“不忘初心、牢记使命”主题教育中部署开展专项整治工作的通知》，组建由纪委、组织、宣传等单位组成的主题教育领导小组办公室，抽调人员成立综合组、联络组、宣传组、整改落实组，组建6个区委巡回指导组，覆盖全区60余家行政机关、国有企事业单位，加强统筹协调、督促指导。全市“不忘初心、牢记使命”主题教育工作会议后，区委召开常委会暨区委“不忘初心、牢记使命”主题教育领导小组第一次会议进行学习传达。9月12日，全区“不忘初心、牢记使命”主题教育工作会议召开，全面启动部署全区主题教育工作开展。

【区委常委带头示范】 2019年，区委常委为全区高质量开展主题教育做好集体承诺。组织区四套班子领导赴蚂蚁岛精神红色教育基地开展初心之行，学习“两书一章”（《习近平新时代中国特色社会主义思想学习纲要》《习近平关于“不忘初心、牢记使命”论述摘编》《中国共产党章程》）等书目，围绕习近平新时代中国特色社会主义思想“八个专题”（政治建设、全面从严治党、理想信念、宗旨性质、担当作为、政治纪律和政治规矩、党性修养、廉洁自律）开展交流研讨，听取专家关于“红船精神”“习近平新时代中国特色社会主义思想”等专题辅导，集中观看《不忘初心学党章》等3部党员教育电视教材。召开一系列座谈会，深入基层一线实地走访开展调研，听取意见。带头剖析检查，重点围绕“十八个是否”，对照党章党规找差距。按照“四对四找”“五对五查”要求，检视剖析，开展批评和自我批评。建立区领导联系点，区四套班子领导每人负责联系1个街道镇，加强督促指导。

【学习教育】 2019年，普陀区印发《中共舟山市普陀区委关于开展“不忘初心、牢记使命”主题教

区四套班子领导到蚂蚁岛开展“初心之行”（区委组织部提供）

育的实施意见》《区委常委会带头深入开展“不忘初心、牢记使命”主题教育的实施方案》，明确必读书目和学时。区四套班子主要领导带头参加学习，人均集中学习达到7天；全区各级领导班子共组织开展集中学习研讨330场次，举办区管干部专题读书班3期，轮训全区科级干部568人；举办基层支部书记示范培训班9期，做到党支部书记全覆盖。各级党组织结合“学习强国”“舟山共产党员E家”和“蚂蚁岛精神进万家”数字电视平台等学习教育载体，通过“我的初心使命——我为党员来送学”主题党日活动等形式，面向离退休党员、伤病残党员、外出党员、流动党员、远洋作业渔民党员等开展送学活动。全区938个基层党组织、18000余名普通党员通过创新学习载体参加主题教育。

【调查研究】　2019年，区四套班子领导开展“包乡走村深化三服务”，带头赴基层开展调研200余次，实现对全区74个村、30个社区的全覆盖。全区各级党员干部广泛开展“四大行动”（走亲连心大走访、发展瓶颈大排查、干部担当大会诊、专题党课大宣讲），共形成调研报告386篇，解决一批久未解决的问题。区委常委到分管领域和基层上党课，重点讲学习体会收获、运用新思想指导实践、推动工作存在的差距和改进工作的思路措施，全区各级领导干部开展党课422次。

【检视问题】　2019年，在学习、调研基础上，全区各级党员领导干部通过自己找、群众提、上级点、互相帮检视问题，列出检视整改清单。全区各级领导班子征集到班子意见建议1038条，个人意见建议2570条；全区各级领导班子自我检视问题974条，班子成员检视问题3529条。在深入检视问题基础上，区委常委组织召开对照党章党规找差距专题会议和“不忘初心、牢记使命”专题民主生活会，对照“十八个是否”和习近平提出的“四个对照”（对照新时代中国特色社会主义思想和党中央决策部署，对照党章党规，对照人民群众新期待，对照先进典型、身边榜样）、“四个找一找”（找一找在增强“四个意识”、坚定“四个自信”、做到“两个维护”方面存在哪些差距；找一找在知敬

区委常委会专题民主生活会　（区委组织部提供）

区委书记张立军讲主题教育党课　（区委组织部提供）

畏、存戒惧、守底线方面存在哪些差距；找一找在群众观点、群众立场、群众感情、服务群众方面存在哪些差距；找一找在思想觉悟、能力素质、道德修养、作风形象方面存在哪些差距）要求，广泛听取意见，从思想、政治、作风、能力、廉政等方面剖析根源，开展批评和自我批评。各级党组织以区委常委会专题民主生活会为标杆，召开专题民主生活会和专题组织生活会。落实双重组织生活制度，全区各级领导干部均以普通党员身份参加所在党支部或党小组的组织生活。

【整改落实】 2019年，普陀区在不担当不作为问题整治方面，问责处理7人；违反中央八项规定精神整治方面，发现问题13起，处理27人，给予党纪政务处分11人，通报曝光典型案例9起11人，发放正风肃纪告知书31份；形式主义、官僚主义整治方面，落实“基层减负年”要求和“无会日”制度规定，削减“文山会海”，区本级文件同比减少38.5%，会议同比减少38.46%；基层党建突出问题整治方面，清理不合格不胜任村干部8人，完成17个后进党组织整转及验收，做好73名组织关系挂靠在区人才交流中心的流动人才党员组织关系清理；扶贫、民生领域整治方面，确定17个整治项目，问责处理28人。

主题教育期间，全区提拔使用12名在基层及重大项目一线的干部。在全区范围内组织开展“担当作为案例”评选活动，共评选出12个优秀案例和9个入围案例。虾峙镇东晓村党总支书记朱永仕，普陀物业小区联合会党委书记、东港街道香榭花园小区“兼合式”党总支书记周永成被授予“浙江省担当作为好支书”称号。在抗击台风“利奇马”“米娜”中，全区各级党组织共组织党员突击队121支，发动党员志愿者1822人。区海洋与渔业局中国渔政33022船被评为全省防台救灾先进集体，六横镇杜庄村党总支书记、村委会主任郑雷飞和舟山市成功之路汽车维修服务有限公司党支部书记、总经理陈国庆被评为全省防台救灾优秀党员干部。

（撰稿：区委组织部）

全国文明城市创建活动

【加强制度建设】 2019年3月20日，中央文明办公布全国文明城市2018年度测评结果，在全国113个地级提名城市中，舟山市以91.78分位列第九。4月，普陀区召开创建全国文明城市推进大会，区委书记张立军作动员部署，明确2019年创建工作目标任务。完善全国文明城市创建（简称“创城”）督查考核办法、日常管理办法、任务清单、问责办法、目标责任分解等一系列工作规范性文件。完善区领导联系街道镇、督查创建工作制度和创建问题呈报单制度，推进重点难点问题有效破解。根据机构改革和2019年创建任务要求，调整专项工作组，由原15个增加到18个。针对创建重点难点问题，每月召开工作例会，不定期召开协调会议、推进会议，研究分析创建工作差距、难点、问题，明确下一步创建工作任务和要求。由区创建中心牵头、各专项工作组具体实施，分两批梳理、新建创建长效机制57项，涵盖组织领导、责任分工、工作督查、群众参与、城市管理、公益宣传等各方面，为巩固创建成果、防止问题反弹提供制度保障。

【落实日常管理】 2019年，普陀区创新监管方式，探索利用信息化手段提高监管效率。区城管局推出“智慧城管”，区住建局推出“智慧工地”等监管平台，提升日常监管效能。执法部门加大执法管理力度，2019年，共处罚机动车违停42567起、未礼让斑马线43152起、占道经营（流动设摊）7568起、小广告乱张贴（乱涂画）4213起，收捕流浪狗1698只，市容市貌整体提升。

【强化监督检查】 2019年，普陀区通过区领导督查、区创建办督查、各专项组督查、“两代表一委员”督查、“随手拍”平台曝光、市民巡访等多种形式，对创建各点位、各项目区块开展地毯式督查。区领导每周对“创城”工作开展督查，强化重要问题协调处理督查，提高班子领导联系的紧密度。区级层面每月开展创建全国文明城市日常管理测评，主要针对各城市社区，涉及背街小巷环境、居民小区环境、市场及周边环境等区域开展集中检查，并对各城市社区进行排名，按新出台的《舟山市普陀区城市社区干部考核办法》，将每月测评排名直接挂钩社区干部年终总收入30%。继续常态化开展督查工作,区创建办组织开展日常督查上千人次,发出督查抄告单328张、创建专报42期。

【组织专项整治】 2019年,普陀区开展创建列检点硬件设施专项排查,对不符合要求的点位、正在改造的点位、因机构改革需要调整的点位进行调整,对改造完成的点位进行充实。各专项工作组牵头推进各领域专项整治行动,人力三轮车清退、电动车主戴头盔、农贸市场和小餐饮店环境整治、整洁村庄行动等整治行动取得阶段性成效,一批难点问题得到破解。针对省文明办检查反馈的问题,逐项进行整改落实,动态性问题已全部整改。

【压实点位责任】 2019年,普陀区制定《文明城市创建攻坚阶段问责办法》,建立区创建办、区纪委、区督考办联合督查机制,对于"思想上不够重视、行动上不够自觉、举措上不够有力"等突出问题,予以抄告并点名通报,并对渔市大街、渔市一路问题所涉7人进行党政问责处理。遵循测评点位全覆盖和一个不落原则,为所有实地测评点位配置责任单位分管领导、结对单位分管领导和点位长,根据点位大小和实际工作需要配备若干名副点位长和工作人员。全区在623个测评点位上共安排620个点位长、5643名点位相关工作人员、1132个结对单位志愿者。

【推进基础工作】 2019年,普陀区推进各类志愿活动,通过开展"全民清洁日""文明礼让斑马线认领""红色管家"等活动,提升志愿者队伍活力。推动志愿者品牌建设,指导并完善学雷锋志愿服务站点等350余个全部点位。扩大志愿者队伍力量,新组建顺丰、申通等快递外卖行业志愿者队伍;招募渔姑渔嫂、离退休干部及学生等充实志愿者队伍。加强培训管理,提升志愿服务质量和水平。加大大型宣传活动策划组织力度,保障每月都有以区(委)名义组织的面向市民群众参与的"普陀有你、越来越好"大型宣传活动。

11月2日,区委书记张立军(右一)参加"全民清洁日"志愿服务活动 (区委宣传部提供)

【开辟宣传阵地】 2019年,普陀区制定并下发《文明城市创建公益宣传方案(2019年)》,新增"建国70周年""舟山有你　越来越好"及公益广告小品雕塑等内容。继续深入挖掘宣传阵地,利用主次干道、商业大街、市场商场、宾馆饭店、建筑工地围墙、社区(小区)、街巷楼宇等,以墙体画、大型喷绘、电子显示屏、灯杆广告牌、楼宇电视、小品雕塑等方式,发布各类公益广告、播放宣传片、张贴宣传画和宣传标语,累计完成城区56条主次干道的公益广告设置,在城区主要道路、重点公共场所、居民小区设置精品公益广告小品雕塑。继续做好《渔都聚焦》监督专栏,针对"创城"过程中"不作为"现象和市民生活中的不文明行为进行曝光,特别对阻碍执法、冲击执法人员、张贴小广告、破坏公共设施等行为和人,由公安部门介入从严处理并曝光。2019年,先后刊播相关负面监督报道86篇。发挥市民巡访员作用,对居民小区、背街小巷、农贸市场等地开展不间断巡访,全年反映各类问题1125条,整改率98%。继续深化创建全国文明城市"随

5 月，"舟山有你，越来越好"文明交通主题宣传月中，普陀交警大队在社区宣传 （区委宣传部提供）

手拍"和"两代表一委员"督查工作平台，随时随地曝光发生在身边的不文明行为。

【推进全民共建】 2019 年，普陀区连续开展三轮入户宣传走访工作，参与模拟调查问卷信息采集 1280 户，分发《文明手册》、创城倡议书等宣传资料 10 万份、《市民文明手册及创建全国文明城市知识问答》15 万册。通过入户走访积极调动群众创建参与积极性，形成人人参与的氛围，群众对创建工作整体满意率达 93%以上。2019 年测评结果，舟山市在全国 113 个城市中排名第九。

（撰稿：区委宣传部）

2019 国际海岛旅游大会

【概况】 2019 国际海岛旅游大会由文化和旅游部、省政府主办，省文化和旅游厅、市政府承办，以"新海岛、新场景、新动能"为主题，围绕海岛旅游，剖析产业现状，思辨发展方向，前瞻未来趋势。8 月 29 日在朱家尖开幕。大会有 7 项主体活动，包括文旅投融资闭门会、欢迎晚宴、开幕式、"一带一路，海上文旅融合"主论坛、"IP 赋能，海岛目的地新思路"分论坛、"黑科技时代，'人、货、场'的重新洗牌"平行论坛、国际海岛文旅产业对接冷餐会。另有"一家人·一桌菜"诗画浙江百县千碗活动、"欢乐东海　激情九月"系列活动等配套活动。25 个国家（地区）的代表团近千人参会。

【会前有关活动】 7 月 17 日，2019 国际海岛旅游大会执委会启动国际海岛文旅产业对接会优选品牌征集活动。评选内容包括文旅优质人气目的地、文旅实力投资机构、文旅实力服务机构、文旅优选住宿品牌、文旅优选在线营销 /OTA 品牌、文旅优选旅行社品牌、文旅优选邮轮品牌、文旅优选装备品牌等。8 月 29 日，2019 国际海岛旅游大会优选品牌榜单在国际海岛文旅产业对接冷餐会上展示并颁奖。

7 月 17 日起，2019 国际海岛旅游大会执委会举办 2019 国际海岛旅游大会创新项目招募。招募范围分演出、文化创意产品、住宿、亲子教育、营销引流、活动、餐饮、体育、夜游、智慧旅游、旅游装备等 10 余类。创新项目展示环节于 8 月 28 日下午进行。

8 月 13 日上午，2019 国际海岛旅游大会新闻发布会在舟山市行政中心召开，介绍 2019 国际海岛旅游大会基本情况及活动亮点，回顾前三届国际海岛旅游大会取得成果。省文化和旅游厅副厅长许澎、副市长方维及有关媒体记者出席会议。

【文旅投融资闭门会】 8 月 28 日下午在朱家尖举行。分"舟山市海岛旅游招商推介""文旅项目创新路演""文旅目的地投资运营研讨会"三部分。新区招商局副局长周敏华详细介绍舟山市 7 个项目的优势资源、基础条件以及期望落地的项目业态和引入合作的投资方。招商局蛇口工业区控股股份有限公司、华彩信集团、上海莲李文化传播有限公司、深之蓝（天津）水下智能科技有限公司嘉宾代表以创新路演形式，向各海岛、文旅目的地的管理方、投资方和运营方进行项目展示，引发资本端、资源端多家企业合作兴趣。蜈支洲岛旅游区、浙江金控高级投资、华盖资本文化基金、雅居乐、同程资本、中交海投嘉宾代表等，就"新项目开发中最关键的问题和规避的风险、如何盘活存量海岛文旅项目资产、投资方希望投资的海岛文旅项目应具备哪些条件"等话题进行深度研讨。

8 月 29 日，2019 国际海岛旅游大会在朱家尖开幕　（沈磊摄）

【开幕式】　8 月 29 日在朱家尖举行。25 个国家（地区）代表团，国内外海岛旅游城市、国际旅行社、航空公司、度假酒店集团、旅游投资商、电商、旅游投资机构的代表等近千名嘉宾参加。副省长成岳冲、斯里兰卡旅游发展事务国务大臣兰吉特·吉纳提萨·阿鲁维哈加、亚太旅游协会（PATA）大中华区主任吴波等上台致辞。文化和旅游部国际交流与合作局副局长郑浩宣读文化和旅游部部长雒树刚贺信。新区党工委书记、市委书记俞东来，省政府副秘书长蔡晓春，省文化和旅游厅厅长褚子育，新区党工委副书记、市委副书记、市长何中伟等出席。省发展和改革委员会副主任徐幸现场发布《浙江省大花园建设规划》。21 项涉及海岛及文旅等领域的项目上台签约，包括浙江海岛公园投资项目、舟山市文旅体项目、国际国内合作项目等，项目总投资约 495.57 亿元。

【旅游论坛】　8 月 29 日上午开幕式后，在舟山国际会议中心大会议厅召开“一带一路，海上文旅融合”主论坛；下午，在舟山国际会议中心大会议厅召开“IP 赋能，海岛目的地新思路”分论坛，在舟山国际会议中心普陀厅召开“黑科技时代，‘人、货、场’的重新洗牌”平行论坛；晚上，在舟山国际会议中心室外天井区召开国际海岛文旅产业对接冷餐会。

【2019 国际海岛旅游大会产品展示会】　8 月 28—30 日召开。分四大展区：论坛专业展区、黑科技体验展区、水上运动展区和新生活方式展区。50 余家参展企业展示国内外前沿文旅及海岛新业态、新产品，包括海上音乐节、房车营地、夜游灯光秀、帆船游艇、ARVR 海上沉浸式体验、水下无人机体验、飞翼体验表演等。

（撰稿：胡孟波）

第三届世界油商大会

【概况】　第三届世界油商大会由省政府主办，商务部、海关总署、国家能源局共同支持，自贸区管委会、省自贸办承办，以“共商油气、共享机遇、共谋发展”为主题，2019 年 10 月 17—19 日在舟山举行。有开幕式、主旨演讲、重大项目签约仪式、7 场专业平行论坛等系列活动，吸引 271 家企业 680 余名嘉宾参会，其中世界五百强企业 62 家。签约项目 21 个，协

海岛旅游项目签约仪式　（沈磊摄）

议涉及总金额567.6亿元。

【会前有关活动】 10月10日，省政府新闻办公室在杭州之江饭店会议中心召开第三届世界油商大会新闻发布会，省政府副秘书长高屹，省商务厅总经济师、省政府自由贸易试验区工作联席会议办公室（简称省自贸办）副主任朱军，自贸区管委会副主任、副市长韩峻，自贸区管委会副主任夏文忠出席发布会介绍有关情况并回答记者提问。

10月17日，副省长朱从玖在朱家尖舟山国际会议中心会见托克集团董事长兼首席执行官卫杰明、埃克森美孚集团全球LNG市场营销总裁魏可孚、BP英国石油公司综合供应与贸易东半球区域首席执行官温莎岚、嘉能可全球油气首席执行官亚历山大·桑纳、道达尔贸易和供应板块全球总裁托马斯·韦梅尔等国际油气企业高层领导，省商务厅厅长、省自贸办主任盛秋平陪同。省商务厅副厅长王坚，省商务厅总经济师、省自贸办副主任朱军出席并参加部分会见。

第三届世界油商大会重大项目签约仪式 （沈磊摄）

【开幕式及重大项目签约仪式】 10月18日在舟山国际会议中心举行。省委副书记、省长袁家军对大会做出批示。省委常委、常务副省长冯飞在开幕式上致辞并作主旨演讲。海关总署副署长张际文、商务部部长助理任鸿斌、国家能源局副局长刘宝华致辞。托克集团董事长兼首席执行官卫杰明、BP集团综合供应与贸易东半球区域总裁温莎岚、中国石油和化学工业联合会化工园区工作委员会秘书长杨挺、埃克森美孚集团全球LNG市场营销总裁魏可孚、上海期货交易所理事长姜岩、嘉能可全球油气首席执行官亚历山大·桑纳、道达尔贸易和供应板块全球总裁托马斯·韦梅尔、浙江石油化工有限公司董事长李水荣等嘉宾作主旨演讲。副省长朱从玖、市委书记俞东来、市长何中伟等领导出席。开幕式后举行重大项目签约仪式。签约项目21个，协议涉及总金额567.6亿元。其中，产业项目16个，合作项目1个，协议涉及总金额336.6亿元；采购贸易项目4个，协议采购贸易金额231亿元。21个签约项目中，世界500强和重大油企项目18个，占签约项目总数的85.7%，涵盖油气储运、油气贸易、低硫油合作、LNG应用等领域，涉及知名企业主要有BP、埃克森美孚、霍尼韦尔、嘉能可、托克、道达尔、

10月18日，第三届世界油商大会开幕式在舟山国际会议中心举行 （沈磊摄）

商船三井、中石化、中石油、中远海运、招商局集团等。

【专业论坛】 10月18日下午,在舟山国际会议中心举办“携手打造浙江国际油气交易中心——融入长三角,服务‘一带一路’”论坛,在舟山国际会议中心举办“构建‘一带一路’国际油气贸易新格局”论坛,在绿城威斯汀酒店举办“全球视野下中国石化产业高质量发展之路”论坛,在希尔顿酒店举办“低硫转换期市场变化及船东选择”论坛,在希尔顿酒店举办“国际船舶LNG发展论坛——政策、技术与市场”论坛,在三盛铂尔曼大酒店举办“国际油气企业法律风险防控与法治化营商环境”论坛,在绿城威斯汀酒店举办“跨越能源不确定性——未来之路”论坛。各论坛围绕自贸区油气全产业链相关产业展开,邀请相应领域的国内外著名企业及研究咨询机构的代表作主题演讲和互动访谈。

(撰稿:胡孟波)

2019舟山群岛马拉松

【赛事概况】 “普陀农商行杯”2019舟山群岛马拉松(简称“舟马”)由中国田径协会、省体育局、市政府主办,市文广旅体局、区政府、普朱管委会承办,省体育竞赛中心为赛事指导单位。11月17日上午7时30分在普陀开跑。比赛以“潮涌东海·自在舟马”为主题,设置马拉松、半程马拉松、健身跑、家庭跑4个项目,13254名运动员参赛,其中全程和半程马拉松外地跑者占73.4%,通过“咕咚”平台参与线上马拉松人数达225475人。有17个国家(地区)的90名境外运动员参赛,境外运动员人数比2018年增加109.3%。2019年“舟马”入选省重点培育品牌体育赛事名录库。

马拉松设置男子、女子前8名名次奖,特设舟山籍男子、女子马拉松运动员前10名名次奖,半程马拉松设置男子、女子前20名名次奖,健身跑及家庭跑选手发给参赛证书、纪念徽章。肯尼亚选手Ahraham Kipkirong Chirchir获男子全程马拉松冠军,成绩2小时20分14秒。肯尼亚选手Chenangatsalome获女子全程马拉松冠军,成绩2小时56分55秒。肯尼亚选手Maruka Linus Nabuswa获半程马拉松男子冠军,成绩1小时04分20秒。肯尼亚选手Jelagat Lilian获半程马拉松女子冠军,成绩1小时14分49秒。

2019舟山群岛马拉松 (郑宝森摄)

【开赛仪式】 11月17日上午在东港举行。省体育局副局长张亚东、副市长方维、区委书记张立军、市政府副秘书长苗成武、市文化和广电旅游体育局党组书记陆深海、市文化和广电旅游体育局局长曹泓、市卫生健康委员会主任杜自力、区长潘晓辉、省农村信用社联合社舟山办事处主任徐鹏峰、国际田联技术官员黄天才、区委副书记张文科等出席。区委副书记、区长潘晓辉主持开赛仪式。7时30分,参加马拉松开赛仪式的领导、嘉宾集体鸣枪,运动员开跑。

【产业融合活动】 普陀区整合挖掘文旅体优势资源,将“舟马”活动与文、旅、商结合。赛事同期,举行2019中国普陀海洋休闲运动产业博览会,展示海洋户外运动装备、海洋休闲线路及特色伴手礼等;举办“诗画浙江·百县千碗——普陀味道”活动,线上限时抢购品鉴券,线下品鉴活动吸引众多跑者和市民前来品尝。在家庭跑项目终点全民健身中心举办亲子运动会。联合周边景区、酒店、商铺等，为赛事参赛选手提供优惠服务，选手在指定时间凭号码布游览周边景点、入住酒店可享受相应折扣；联合“嗨普陀”平台发起“幸福舟马，畅享普陀”幸福购活动，为跑者提供住宿、餐饮、娱乐、旅游等相关优惠。“舟马”比赛期间，全区接待游客8.25万人次，创旅游收入1.21亿元。

【2019中国普陀海洋休闲运动产业博览会】 是2019“舟马”配套活动之一，11月15—18日在普陀会展中心举行。设舟山特色产品展区、国际商品区、竞技运动体验区、体育运动和产品展区、体育科技产品展区、亚洲地理展区六大版块，30多个品类体育项目、100余家体育企业参与。博览会为期3天半，现场观展3万余人次，现场交易额约143万元。

2019中国普陀海洋休闲运动产业博览会　（区文广旅体局提供）

【赛事宣传】 与企鹅体育、新华网、咪咕善跑、一点资讯马拉松频道、今日头条、北京时间等30家媒体平台合作，呈现赛事盛况。各平台直播总时长达200小时。企鹅体育发起“舟马红包雨”专场福利直播，累计发放10.2万份红包，总金额10万元，红包中奖率98%。全网有1147万人次参与互动并收看赛事直播。联合枇杷图片，对赛事进行全程照片直播，对赛事结果、赛事活动、现场展位互动等情况进行展示。截至2019年11月20日，照片直播累计观看人数375490人。中央电视台、新华网、人民网等中央级媒体，腾讯、新浪、搜狐、凤凰等全国性门户媒体，42旅、我要赛、咕咚等国内知名跑步平台，《新体育》等权威体育类杂志，舟山广电、《舟山日报》、《舟山晚报》、普陀融媒体中心等40家媒体发布有关信息，针对2019中国普陀海洋休闲运动产业博览会、“诗画浙江·百县千碗——普陀味道”、亲子运动会、“五年舟马摄影展”等赛事内容进行宣传。“舟山马拉松”百度搜索量326万个，比2018年增长53.99%；马拉松官微发布赛事相关信息109条，微信阅读量共计338443次，其间共新增5428名关注用户。赛事当天有40家各级媒体报道。11月18日，中央电视台体育频道《体育晨报》栏目报道赛事赛果简讯；同日，新华网发布赛事评论稿《马拉松城市观察：立足海岛，打造舟山城市金名片》；11月19日，人民网体育频道刊载原创评论新闻《舟山马拉松：高品质赛事伴城市共成长》。

【赛事保障】 “舟马”赛事共抽调工作人员近5600人。其中：各大高校抽调学生志愿者2360人次，其中赛前220人次，赛事当天2140人（竞赛志愿者1466人、礼仪12人、医疗400人，现场配套服务262人）；国派省派裁判9人，抽调市内学校裁判员172人；安保工作人员2625人；医务人员300人（其中赛道医护人员230人）。对主会场实行硬隔离全封闭，参赛人员背景审查，入场安检和赛道反恐应急处突等工作到位。赛前一天，交警部门通知车辆1100余辆，拖移车辆120余辆。赛事当天设置交通路口管制点125个、沿线管制点92个、交通分流点121个、城区交通疏导点18个，隔离栏24000米，标识标牌60块，锥筒2700个。调整赛事当天全市公交线路，并安排“舟马”专线接驳车辆20辆，为赛道通畅消除后顾之忧。落实赛道用车80辆（含摩托车35辆及驾驶人员），用于竞赛、医疗、直播。落实志愿者接送专车52辆。在保障赛事安全基础上，按应对突发事件和方便市民出行的原则，在重要交通节点和人群密集区域设置豁口。统筹全市 17 家医疗机构、引入第三方悟空智联医疗急救团队共同参与医疗保障工作，设道路医疗急救站（点）34 个，其中固定医疗急救站 5 个、沿途小型医疗点 28 个、恢复区医疗点 1 个，配置医疗救护车 18 辆，设 AED 医疗组 38 组。赛事期间医疗救护反应迅速、处置有效，未发生重大伤亡事件。

【赛事服务】 “舟马”设赛道补给站 23 个，沿途提供功能饮料、矿泉水、海绵、黄瓜、香蕉等常规补给品及能量棒、能量胶、盐丸专业能量补给，还提供观音饼、鱿鱼丝、鱼干等特色补给，设置 64 个移动厕所，6 辆收容车。赛前通过短信、官微高频次提醒跑者注意天气风向、赛道弯道坡度，加强赛前训练和饮食。在参赛物资中发放能量胶、盐丸、雨衣、幸运签、观音饼。完赛康复区内增设更衣室，并提供炒米面、湿饼筒、饭团、鱼丸汤、葆仁堂养生茶及舟山特产紫菜虾皮汤。发放完赛物资包，包括水、饮料、香蕉、菠萝包、能量棒、小鱼干及海鲜包。安排志愿者为选手们进行肌肉拉伸、冰敷等赛后放松服务。在马拉松赛道沿途，设置近 30 处展演点，以啦啦队、旗袍秀、古筝表演、渔歌表演、秧歌腰鼓、音乐加油站等形式，为选手加油。为选手们提供 AI 个人定制短视频下载的赛事服务，打造个人专属“舟马”记忆。

（撰稿人：周琼）

第十一届中国国际普陀佛茶文化节

【概况】 第十一届中国国际普陀佛茶文化节由中国国际茶文化研究会、省农业农村厅、市政府主办，区政府、普陀佛茶文化研究会承办，4 月 16 日在塘头佛茶文化园开幕。开幕式以“善哉普陀”为主题，彰显普陀佛茶文化内涵，展示幸福普陀城市魅力。除开幕式外，文化节还包括 2019 中国普陀招商推介会、2019 中国普陀佛事文化旅游用品博览会、“茶为国饮，品茗悟道”2019 普陀佛茶品茗暨全民饮茶活动 3 项活动。

【开幕式】 4 月 16 日上午在东港塘头佛茶园举行，区长潘晓辉主持。中国国际茶文化研究会会长、十届省政协主席周国富，市茶文化研究会会长徐显伏，省农业农村厅副巡视员陆元林，副市长姜建明，全国政协委员、市政协副主席、中国佛教协会副会长、普陀山佛教协会会长道慈，区委书记张立军，区人大常委会主任戴灵芝，区政协主席张禾波等出席。法国必维、中国二冶、华融金租、树兰集团等 108 家企业负责人，日本、韩国、马来西亚、新加坡等国的国际友人，四川万源、金华磐安等结对单位的领导应邀参加活动。开幕式上举办文艺演出。周国富宣布第十一届中国国际普陀佛茶文化节开幕。

【2019 中国普陀招商推介会】 4 月 16 日下午在普陀希尔顿酒店召开。区长潘晓辉致欢迎辞，区领导戴灵芝、张禾波、李莉、张勇等出席。副区长贺邵兵作招商推介。推介会采用“1+3”形式，即招商推介大会和三大产业经济合作专题促进会，吸引众多企业关注，包括法国必维国际检验集团、捷胜海洋装备股份有限公司、盈科旅游（盈科斑马文化传媒）、

第十一届中国国际普陀佛茶文化节开幕式 （区文广旅体局提供）

浙江自贸区霍普金斯生物科技有限公司等大型跨国公司及中信资本、树兰医疗集团等行业龙头企业、知名民企、金融机构代表等120多家公司,200多名企业代表出席。部分知名企业相关负责人作交流发言。推介会上签约新材料船舶产业中心项目、盈科国际商务法律服务平台项目、必维国际商检中心项目、盛源大型智能环保科技项目、骨组织再生治疗研究中心项目、干细胞GMP实验室整体建设项目、雅各国际医疗科技转化平台项目、油泥综合利用项目、氢能源、氢健康产业示范区项目、桃花岛澜舍精品民宿项目、千亩海上玫瑰博览园项目等,涉及海事、商贸、精准医学、能源、旅游等行业。推介会后,召开文旅产业促进会、科技健康促进会暨首届健康产业沙龙、普陀海洋生物肽产业空间与发展研讨会,参会嘉宾就相关行业热点展开探讨,为普陀“全域旅游”、创建国际医疗旅游先行区、海洋生物肽产业发展出谋划策。

【2019中国普陀佛事文化旅游用品博览会】 4月19—22日在普陀全民健身中心举办。以“欣赏佛系文化之雅,品鉴素食文化之美”为主题,展出面积达1.4万平方米,包含禅茶素食、佛事用具、文创香道等六大特色展区,全国200余家单位参展。现场举办国际素食产业主题论坛、佛教与文化产业创新论坛、公益拍卖会等7场主题活动。博览会中,“非遗”制作工艺钧瓷十二生肖兽首、“百蔬图”系列作品、全球首发禅意素食餐具展、博览会IP形象揭幕发布会尤其引人注目。博览会现场实际成交额152万元,促成签约交易额800余万元。

【“茶为国饮,品茗悟道”2019普陀佛茶品茗暨全民饮茶活动】 4月20日在沈家门北安公园举办。设茶艺展示、茶道表演、普陀佛茶新茶展销会、茶知识科普及奉茶、送茶、赠茶字等活动。吸引10余家本土茶企参加展销。

（撰稿:胡孟波　贝芳宇）

2019年度十大民生实事

【饮用水提标达标工程】 2019年,普陀区建成六横大岙、五星、东岙、棕榈湾、浦西、桃花茅山、东港南岙、虾峙石棚港、小坟坑9个水库水源地物理隔离护栏建设;完成虾峙黄石、虾峙河泥槽、桃花乌石子、东极青浜、东极黄兴5座村级供水站提升改造,正式投入使用;累计完成东港街道农村供水管网、展茅街道上潘孙村、翁家岙村、田公岙村饮用水管网改造13.46千米,受益人口12439人。

【交通提升工程】 2019年,普陀区建成东极黄兴、虾峙双山、白沙大沙头3座陆岛交通码头;白沙客运站和虾峙客运站进场施工,累计完成投资1050万元;百里滨海大道(普陀段)实现地面通车,高架主体合拢;东港芦花至塔岭下公路全线通车;半升洞客运站场提升工程码头部分开展趸船预制施工,陆域部分完成EPC招标;完成农村公路提升改造7千米、农村公路大中修21.8千米,更新农村客车区级24辆;建成城区标准候车亭75个,并配置电子站牌;建成桃花镇、展茅街道等12个农村港湾式停车站。

【“菜篮子”惠民工程】 2019年,普陀区提升改造六横五星畈200亩(约13.33公顷)蔬菜生产基地并通过验收;提升改造城北生活里、展茅、蚂蚁3家渔农村农贸市场,勾山徐家、大干、沙岐等3个农产品集中交易点,东港街道、沈家门街道等10家社区菜店,并通过省级考核验收;对白沙、柴山、葫芦等6个海岛“菜篮子”进行配送服务,累计配送368次。

【医疗便民服务工程】 2019年,普陀区确定医共体慢性病防治药品目录,基层医疗机构与普陀医院常见慢性病防治药品匹配率提高至88%;累计举办中医药适宜技术业务培训88场,全区社区卫生服务中心和乡镇卫生院均已开展中医药适宜技术诊疗服务;11家社区卫生服务中心(乡镇卫生院)对病患需求医保用药均可开具慢性病长处方,一次处方医保用药量放宽至12周。

【惠民安居工程】 2019年,沈家门小蒲湾地块安置房、长地爿地块安置房、陈家后安置房开展桩基施工,城北新塘安置房进行附属工程,东港瑞祥家园安置房完成交付262套;29个老旧小区点位、193幢住宅全面开工,改造完成180幢,完成投资9412万元;出台《普陀区既有住宅加装电梯工作实施意见(试行)》,六横荷花小区完成13幢建筑加装电梯26

部,金洋花园小区试点工作推进。

【社会保障服务工程】 2019年,普陀区残疾人托养中心进场施工;六横镇、虾峙镇2家示范型居家养老服务中心建成并投入运营;为老助餐服务覆盖64个城乡社区,覆盖面达71.1%;城镇新增就业3808人;新增发放低保、低收入租赁补贴560户。

【生态环境优化工程】 2019年,普陀区常态化开展沈家门渔港水域保洁行动,全年打捞杂物、漂浮物566吨;山海华府、海景颐园玉兰园、海景颐园紫薇园、外滩华府、滨海新镜等5个小区成功创建省级高标准生活垃圾分类示范小区;完成鲁家峙东南涂、城北沈芦公路两侧等绿化提升面积12.5万平方米,朱家尖大桥至莲花岛绿道修复1.3万平方米。

【城市品质提升工程】 2019年,普陀区建成沈家门江湾滨海公园、青龙山公园入口改造,鲁家峙红石体育公园完成工程量的85%,启动建设中央山体公园;完成城区道路退让部分和城北汽车站东侧绿地改造3.7万平方米,完成住宅小区退让部分地下管网改造;完成东海西路提升改造、兴舟大道(普陀段)绿化亮化提升;东港纬十二路精品街区道路建设完成70%。

【教育服务提升工程】 2019年,普陀区完成沈家门小学拆扩建工程、桃花中心学校田径场改造工程、平阳浦幼儿园改造装修工程并投入使用;完成中小学幼儿园照明灯具提升改造工程并投入使用;全区义务教育段小学、公立幼儿园“四点钟课堂”校内托管服务全覆盖。

【公共服务设施提升工程】 2019年,普陀区完成改造提升25个电商服务站点,其中沈家门街道、东港街道13个,展茅街道4个,六横镇8个;实现全区53家文化礼堂Wi-Fi全覆盖,40艘岛际交通客船Wi-Fi全覆盖;新增城乡充电桩288套;提升改造城乡公厕50座,其中城区公厕22座、农村公厕28座。

(撰稿:孙斌)

编辑:胡永久 胡孟波

区 情 总 述

区 域

【区域位置】 舟山市普陀区地处浙江省东部，浙江舟山群岛新区东南部，长江、钱塘江、甬江入海交汇处南缘海域。位于北纬29°32′24″～30°15′01″，东经121°55′49″～123°13′12″。区域总面积6728平方千米，其中海域面积6269.4平方千米，陆域面积458.6平方千米（含潮间带69.77平方千米）。东西最大距离123.8千米，南北最大距离78.4千米。

区境东接东海，南到东、西磨盘礁以南与宁波市象山县海域相连，西南至汀子山岛以西与宁波市北仑区海域交接，西缘小干岛、黄杨尖山脊、钓梁围垦区中部一线与定海区为邻，西北至小板门、北至中街山列岛以北与岱山县海域相连。

普陀区邮政编码：316100。电话区号：0580。

【岛屿】 据普陀区海洋海岛保护和开发研究中心《普陀海岛》（2013年6月印刷）载，普陀区有海岛444个（含舟山岛），约占全省海岛总数15.4%，占全市海岛总数31.9%。其中，有居民海岛45个，无居民海岛399个。海岸线总长824.4千米。

境内岛屿自西南向东北呈带状分布。列岛有北部的中街山列岛和南部的梅散列岛。中街山列岛位于舟山群岛东部，有大西寨、东寨、治治、小龟山、小板岛、黄兴、庙子湖、青浜、东福山、西福山、四姐妹、两兄弟等45个岛，大妹妹、小妹妹等60个明礁、41个干出礁、24个暗礁，陆地面积约13.60平方千米，最高东福山海拔324.3米，列岛介于岱衢洋和黄大洋间，从大长涂山以东至两兄弟屿呈东西走向条状排列，小板门以西岛屿归属岱山县，小板门以东岛屿归属普陀区管辖，岛屿土层较薄，岸线陡峭，四周无滩涂，地处近海外缘，风浪大，周围海域为中街山渔场。梅散列岛位于舟山群岛南部，含大尖苍、小尖苍、上横梁、下横梁、和尚山、龙洞、菜子、荦连槌、素连槌、鞋楦头等10个岛、10个礁，南北排列，分布海域长约5.35千米，宽约3.6千米，陆地面积约1.29平方千米，最高大尖苍海拔158.5米，植被以灌木、杂草为主，周围海域为磨盘洋渔场。

2019年有居民海岛基本情况

表1

岛　名	陆地面积（平方千米）	滩地面积（平方千米）	海岸线长（千米）	最高点海拔（米）	2019年年末人口	
					户数	人数
舟山（普陀部分）	91.38			503.6	57387	149702
小　干	4.59	3.01	16.13	88.0	536	1794
鲁家峙	3.12		10.04	89.0	2395	5915
葫　芦	0.91	0.10	8.71	89.0	702	1903
普陀山	11.70	4.48	33.59	283.8	2127	5134
洛迦山	0.36	0.11	3.79	101.7		
黄　兴	2.42		12.87	207.1	464	1043

续表 1

岛　名	陆地面积（平方千米）	滩地面积（平方千米）	海岸线长（千米）	最高点海拔（米）	2019 年年末人口	
					户数	人数
庙子湖	2.62	0.01	12.40	136.5	819	2112
青　浜	1.39		9.69	131.6	806	1906
西福山	0.60		5.50	118.0		
东福山	2.94		9.99	324.3	236	575
柱子山	0.19	0.01	2.55	68.0		
羊峙山	0.20	0.11	2.43	56.0		
朱家尖	61.89	14.46	82.20	378.4	8956	26934
后门山	0.17	0.03	2.65	45.2		
西　峰	1.52	0.91	10.24	187.7		
柴　山	0.88	0.06	4.81	163.0	370	1089
白沙山	1.44	0.30	12.89	98.8	519	1502
外洋鞍	0.02		0.57	48.5		
西　闪	0.37	0.48	3.36	51.0		
登　步	14.50	2.50	24.34	182.8	1949	5715
蚂　蚁	2.23	0.65		157.3	905	3733
悬鹁鸪山	0.70	0.44	6.68	144.3		
桃　花	40.56	5.39	55.62	544.4	5491	16141
东白莲山	1.38	0.60	8.87	104.0	103	294
大双山	0.69	0.38	5.67	150.2	486	1241
西白莲山	0.93	0.37	4.47	120.0	126	385
小双山	0.13	0.10	2.32	37.0		
湖泥山	1.53	0.09	9.31	87.8	499	1463
金钵盂	0.63	0.40	4.38	114.0		
虾　峙	17.14	2.08	59.52	207.4	5742	17932
走马塘	0.71	0.13	6.25	141.3	97	286
牛　山	0.15	0.19	1.96	45.5		
野佛渡	0.19	0.17	2.40	69.9		
六　横	94.46	17.78	86.35	300.1	19018	62824
汀子山	0.15	0.14	1.89	58.5		
佛　渡	7.40	1.72	18.32	183.2	841	2940
凉　潭	1.12		7.62	83.7		
悬　山	6.76	1.05	32.57	158.8	1032	3248
大铜盘	0.02		0.58	25.3		
对面山	0.67	0.26	5.24	121.8		
外青山	0.13		1.70	63.4		
砚瓦山	0.54		5.45	89.3		
笔架山	0.46		6.34	112.5		
大蚊虫	0.79		6.72	105.6		

说明：1.“2019 年年末人口”栏空白的岛屿有人居住但户籍不在该岛；

2. 个别岛屿滩地面积、海岸线长数据暂缺。

【地质地貌】 境内地质属华夏古陆，是浙东华夏褶皱带浙东南沿海隆起带的一部分。地层为中生界侏罗系上统火山沉积岩系所覆盖，新生界第四系也很发育。地貌属舟山群岛－三门湾低山丘陵港湾群岛区。低山丘陵占陆地面积(不含潮间带，下同)约2/3，港湾平原占陆地面积约1/3。低山丘陵中，海拔大于300米高丘占32.35%，海拔高度小于300米低丘占67.65%。海拔最高为桃花岛对峙山(又名安期峰)544.4米。

低山丘陵分布黄壤、红壤2土类，港湾平原分布潮土、盐土、水稻土3土类。植被属中国－日本森林植物亚区和亚热带常绿阔叶林地带。

【海域】 境内有黄大洋、磨盘洋、崎头洋3个海区。黄大洋在区境北部，与岱山县共辖，面积约1000平方千米。磨盘洋在区境南部，与象山县共辖，面积约35平方千米。崎头洋在区境中西部，与宁波市北仑区共辖，面积约166平方千米。

境内港湾、水道众多，水路交通便利。水道28条，以虾峙门、小板门、普沈水道、双屿门、佛渡水道为主要交通航道。

受沿岸流、黑潮暖流两大海流流系和江浙沿岸水团、东海暖水、黑潮次表层水、黄东海混合水4个水团影响，海域水温、盐度、水色、透明度常有变化，适合多种鱼类季节性洄游和生长。

海域底质以粉砂质细砂、粉砂质泥以至泥质粉砂等较细粒物质为普遍，呈现随水深增加而颗粒渐细现象。潮流较急的窄水道底质多为中粗砂，间或有局部水下礁石、砂砾。整个海域海底微向东南倾斜。

【建置沿革】 普陀历为舟山一部分。春秋时属越之"甬东"。战国时楚灭越，遂属楚。秦统一后为会稽郡鄮县东境地。两汉、三国(吴)、晋、南北朝(宋、齐、梁、陈)因之。隋开皇九年(589)，属句章县。唐武德四年(621)，属鄞州；八年(625)，鄞州废，遂属鄮县；开元二十六年(738)，舟山始建翁山县；大历六年(771)，翁山县废，复属鄮县。五代后梁开平三年(909)，复翁山县，普陀属之。宋太平兴国三年(978)，翁山县废，属鄞县；熙宁六年(1073)，舟山建昌国县，普陀属之。元至元十五年(1278)，昌国升县为州。明洪武二年(1369)，昌国州复改为县；二十年(1387)，昌国县废，属定海县。清康熙二十七年(1688)，原定海县改为镇海县，舟山建定海县，普陀属之；道光二十一年(1841)，定海县升为直属厅；民国元年(1912)11月，复改为定海县，普陀仍属之。1953年，普陀始建县，隶于舟山专区。普陀县名得之于境内佛教名山普陀山。1958年12月，撤普陀县，属舟山县。1962年6月复置普陀县，属舟山专区(1967年起，舟山专区改为舟山地区)。1987年3月，普陀县改为舟山市普陀区，延续至今。

普陀县、区政府原驻沈家门镇(2007年起称沈家门街道)，2012年起区政府移驻东港街道。

【地域特色】 普陀地处海岛，气候宜人，空气质量较好，自然风光优美。境内有普陀山国家重点风景名胜区(含朱家尖岛东部28.8平方千米)和省级风景区桃花岛风景区。普陀山以"海天佛国"、中国四大佛教名山之一闻名于世，朱家尖以"沙雕"等内容受国内外游客青睐，桃花岛以"金庸武侠文化"和海岛影视基地驰名，东极、白沙等地以清新自然的海岛风光和淳朴的渔村风情吸引游客。旅游特产有各类海产加工食品、海洋工艺品、普陀佛茶、普陀观音饼等。

境内港口众多，自然条件优越。沈家门港是国家级中心渔港，也是兼集货物吞吐、客运、外贸运输、服务等功能的综合性港口，与挪威的卑尔根港、秘鲁的卡亚俄港并称为世界三大群众性渔港，港泊渔船与鱼货吞吐量居全国首位。沈家门是舟山渔场最大的补给中心，素有"渔都"之称。桃花港(深水良港)、台门港、虾峙港为国家一级渔港。

普陀经济以工业为主导，修造船业和水产加工业等临港工业较有竞争力。旅游业与商贸在经济中占有较大比重。海洋渔业特别是外洋捕捞在全国有举足轻重的地位。

普陀山机场地处朱家尖岛，有跨海大桥与舟山岛相连，并通过舟山西部的5座跨海大桥与大陆运输网连通。海、陆、空立体交通运输使普陀区与外界往来便捷。

普陀在文化上发扬光大海洋文化、民俗文化、佛教文化。"普陀渔民画""普陀船模"走向国内外，“印象普陀”及各种节庆文艺活动吸引众多国内外游客。

（撰稿：胡永久）

气　象

【概况】 普陀属北亚热带季风海洋型气候区，冬夏季长，春秋季短，四季分明，夏无酷暑，冬无严寒，年温差较小，温暖湿润，光照充足，雨量充沛，季风显著。雨量季节分布，春夏多，秋冬少。

按气候学四季标准，普陀区常年四季划分：春季3月26日至6月15日（候平均气温10℃～22℃），冷暖空气交替频繁，风向多变，温度变化大，降水增多；主要灾害性天气有大雾、倒春寒等，偶有冰雹。夏季6月16日至9月30日（候平均气温22℃以上），6月中旬至7月上旬为初夏梅雨期，雨量集中，暴雨增多，出梅后受副热带高压控制，多晴热天气，温度高，日照多，蒸发大；6—8月是雷暴多发期；7—9月是热带风暴或台风主要影响期，常年有3～4个影响普陀区。秋季10月1日至12月10日（候平均气温10℃～22℃），夏季风渐转冬季风，冷空气逐渐转强，气温成波状式下降。冬季12月11日至次年3月25日（候平均气温10℃以下），北方冷空气频繁南下，气温迅速下降，多晴冷天和偏北大风，但无严寒，少冰雪。

2019年平均气温比常年偏高，降水量比常年偏多，日照时数比常年明显偏少，降水日数和雾日均比常年偏多，大风和霾出现日数均比常年偏少。年内影响普陀的主要天气系统有冷空气、连阴雨、梅雨和台风，其中梅雨量比常年偏多八成，台风“利奇马”“米娜”带来的大风、暴雨给普陀社会经济发展造成严重影响。2019年普陀气候属偏差年景。

【气温】 2019年平均气温17.4℃，相比常年偏高0.8℃，连续第七年平均气温高于常年。除6月、7月平均气温比常年分别偏低0.3℃和0.6℃外，其他月份均不同程度偏高，其中12月平均气温比常年偏高1.9℃，偏高值为最大。年极端最高气温为34.3℃，出现在8月17日。年极端最低气温为1.7℃，出现在2月16日和17日，为普陀区有气象记录以来年度最低气温的最高值。

【降水】 2019年全年降水量1780.7毫米，相比常年偏多488.7毫米，偏多37.8%，为有气象记录以来年降水量第二多。降水主要集中在6—10月，表现为梅雨和台风降水。全年各月降水量相比常年，2月、6—10月和12月降水量偏多；4—5月和11月降水量偏少，其中8月降水量309.4毫米，为1981年以来同期最多。

【日照】 2019年日照时数1597.6小时，相比常年偏少322.9小时，偏少16.8%。除5月和9月日照比常年略多，其余月份均偏少。1—2月和6—7月日照时数明显偏少，比常年分别偏少31.4%、69.2%、45.1%和37.2%；2月日照时数33.9小时，为1981年以来同期最少；1月和6月日照也不足100小时；4月、10—11月日照比常年偏少≥10%；仅8月日照超过200小时，为222.7小时。

【冷空气】 2019年影响普陀的冷空气过程有10次，分别出现在1月19—21日（较强），2月6—8日（中等强度），3月20—22日（中等强度），4月9—11日（较强）和22—24日（较强），11月17—19日（强）和24—25日（较强），12月16—18日（较强）、25—27日（强）和30—31日（中等强度）。因基础气温较高，历次冷空气影响，普陀区最低气温均未降至零度或以下，也未出现寒潮和倒春寒天气。但11—12月冷空气频繁，普陀沿海出现8次9级以上大风过程，对海上交通影响较大。

【连阴雨】 2019年1月连续无日照12天，连续降水日数11天。2月连续降水日数18天（2月5—22日），月降水量为有气象记录以来同期第二多，日照时数为历年同期最少。3月上旬仍多雨，降水日数7天，降水量比常年多114%。因连续阴雨，作物长时间处于阴湿无日照环境中，各种病虫害并发，灾损较重。长期阴雨，生产生活诸多不便。

【梅雨】 2019年，普陀区于6月17日入梅，7月17日出梅，均较常年偏晚。梅期30天，较常年偏多9天；年梅雨量为310.9毫米，较常年（170.5毫米）偏多82.3%。梅期共经历6轮强降水过程，暴雨频繁，造成部分区域和道路积水。

【台风】 2019年台汛期（7月1日—10月15日），普陀区降水量

1171.7 毫米，比常年同期多 724.6 毫米，偏多 16.12%。有"丹娜丝""利奇马""玲玲""塔巴""米娜"5 个台风影响普陀，其中"利奇马"和"米娜"影响较大，给普陀社会经济发展造成严重影响。

201905 号台风"丹娜丝"于 7 月 16 日 14 时在菲律宾以东洋面生成，18 日下午进入东海海域，之后沿东经 124 度附近北上，19 日 13 时过北纬 29.8 度后开始转向北到东北方向移动，远离普陀。受其影响，19 日凌晨到上午，普陀沿海出现 9 级东北到北风。

201909 号超强台风"利奇马"于 8 月 10 日 1 时 45 分登陆台州温岭。受其外围影响，8 日夜里至 10 日夜里，普陀出现大暴雨，累计降水量 160 ~ 250 毫米；8—11 日，普陀区及沿海出现大风天气，沿海伴有 12 ~ 13 级大风；10 日 8—14 时，出现局地短时强降水天气，最大小时雨强 69.5 毫米，出现在普陀山岛；舟山浮标站最大波高 11.0 米，最大有效波高 8.0 米。

201913 号台风"玲玲"于 9 月 5—6 日影响普陀，普陀区出现中到大雨，沿海出现 8 ~ 10 级偏北大风。

201917 号台风"塔巴"于 9 月 21—22 日影响普陀。受其与冷空气叠加影响，普陀区普降大雨到暴雨，过程累计降水量 40 ~ 100 毫米；沿海出现 10 ~ 12 级偏北风，其中东亭、虾峙、白沙 3 个站 12 级，东极、龙山、佛渡、蚂蚁、小干 5 个站 11 级，另有 12 个站出现 10 级。

201918 号台风"米娜"于 10 月 1 日 20 时 30 分在沈家门登陆，为 1949 年以来直接登陆普陀的第三个台风，也是 1949 年以来唯一 10 月登陆普陀的台风。受"米娜"影响，普陀区普降大暴雨、局部地区特大暴雨，沿海普遍出现 10 ~ 14 级大风，并出现风、雨、潮三碰头。有 12 个测站雨量在 150 毫米以上，3 个测站雨量在 200 毫米以上，1 个测站出现 250 毫米以上降水（南岙 274 毫米），小时雨强最大达 39.9 毫米，出现在朱家尖西岙。

【雾】 2019 年普陀区大雾日数 72 天，同比常年偏多 35 天。春季 4—5 月出现雾日 22 天，比常年增多 5.2 天，其中 4 月 21—25 日和 5 月 15—18 日出现两次连续浓雾过程，浓雾持续时间长，能见度低，严重影响岛际交通。

【雷暴】 2019 年 8 月，两次历史罕见的东风系统严重影响普陀区，均带来强降水和强雷电。其中，8 月 4 日受东风波影响，普陀区出现大到暴雨和 8 级雷雨大风，过程雨量多站超过 50 毫米，其中白沙 89.9 毫米、西岙 66.4 毫米、普陀山 65.8 毫米，最大小时雨强出现在白沙 30.9 毫米。

（撰稿：金正婷）

环境质量

【城区空气质量】 2019 年度普陀城区环境空气质量优良，全年监测天数 337 天，空气质量优良天数为 324 天，AQI 指数优良率 96.1%。各污染指标分析，首要污染物为细颗粒物（PM2.5）的 2 天，污染超标比例为 0.6%；首要污染物为臭氧的 10 天，污染超标比例 3.0%。影响普陀城区环境空气质量的污染物为细颗粒物和臭氧。

普陀城区酸雨影响仍然严重，2019 年降水 pH 测值范围为 3.98 ~ 6.89，年均值为 4.95，酸雨发生率为 85.5%，酸雨量占总雨量 74.4%。pH 年均值与 2018 年

2019 年普陀城区环境空气主要污染物监测结果

表 2

污染指标	样本数（个）	最大值（毫克/立方米）	最小值（毫克/立方米）	超标数（个）	超标率（%）	季日均值（毫克/立方米）				年均值（毫克/立方米）	空气质量级别
						第一季度	第二季度	第三季度	第四季度		
二氧化硫	360	0.014	0.004	0	0	0.006	0.005	0.004	0.006	0.005	一级
二氧化氮	358	0.059	0.003	0	0	0.019	0.018	0.013	0.021	0.018	一级
可吸入颗粒物	361	0.168	0.008	1	0.3	0.047	0.030	0.027	0.036	0.035	一级
细颗粒物	353	0.103	0.002	2	0.6	0.027	0.017	0.013	0.017	0.019	二级
一氧化碳	362	1.078	0.152	0	0	0.63	0.526	0.435	0.55	0.535	一级
臭　氧	360	0.188	0.024	10	2.8	0.088	0.112	0.089	0.088	0.094	一级

比较下降0.19,酸雨发生率下降3.3个百分点。

【地表水质量】 全区4个市控地表水监测断面(水库1个,河流3条),功能类别芦东水库为Ⅱ类,展茅河、芦花河为Ⅲ类,龙山河为Ⅳ类。监测水质为Ⅱ类的断面2个(芦东水库、芦花河),为Ⅲ类的断面2个(展茅河、龙山河),100%断面满足水环境功能区目标水质要求。

【集中式饮用水水源地水质】 全区有2个县级集中式生活饮用水水源地监测断面(芦东水库、应家湾水库),2个重要乡镇集中式生活饮用水水源地监测断面(沙田岙水库、大使岙水库),功能类别均为Ⅱ类。4个断面监测水质为Ⅱ类的3个(芦东水库、应家湾水库、沙田岙水库),Ⅲ类的1个(大使岙水库),75%断面满足指定功能水质目标要求。

【城市声环境质量】 2019年,普陀区域环境噪声监测网格69个,覆盖面积17.25平方千米,环境噪声昼间平均等效声级51.5分贝,比上年下降0.8分贝,交通噪声昼间平均等效声级64.2分贝,均达到国家控制要求。功能区定点噪声达到国家标准控制要求。

(撰稿:朱赛霞)

区划与人口

【行政区划】 2019年,普陀区境内有六横、桃花、虾峙、东极、普陀山5个镇,东港、沈家门、展茅、朱家尖4个街道办事处,白沙岛、蚂蚁岛、登步岛3个管理委员会(蚂蚁岛、登步岛地属沈家门街道,白沙岛地属朱家尖街道)。是年,改革渔农村社区村体制,区管渔农村由69个社区村调整为74个村,实现一村一经济合作社目标。年末,境内有行政村88个(含舟山新城千岛街道管辖的蒲岙、浦东、曙光),城市社区(居委会)40个

2019年年末社区(居委会)、村一览

表3

街道镇	社区(居委会)或行政村	社区(居委会)、行政村名称
东港街道	城市社区	莲安、安康、中昌、灵秀、兴普、和津、文康
	行政村	芦花、红旗、南岙、永兴、陈家后、葫芦、塘头
沈家门街道	城市社区	荷东、荷外、东大、泗湾、新街、中大、西大、教场、西河、小蒲湾、大蒲湾、中洲、海星、茶湾、墩头、大干、中兴、鲁家峙
	行政村	平阳浦、大山、东岙、泗湾、教场、蒲湾、大干、中弄、鲁家峙、马峙
展茅街道	行政村	茅洋、螺门、晓辉、梁横、沙井、黄杨尖、横街、大展
	居委会	沙井
朱家尖街道	行政村	中欣、莲兴、大洞岙、福兴、莲花、南沙、三和、顺母、莲和、新桉、沙湾、西岙
	居委会	福兴、(曙光农场生活区)
六横镇	城市社区	棕榈湾、台门、蟑螂山、东靖、新民
	行政村	大脉坑、龙山新、沙浦新、洋山新、峧头新、石柱头、嵩山、小郭巨、双屿港、山西、积峙、五星、和润、悬山、岑夏、滚龙岙、青山、青联、双塘新、张家塘、小湖、杜庄、苍洞、梅峙、平峧、高峰、礁潭新、台门、田岙、佛渡
桃花镇	行政村	茅山、盐厂、对峙、公前、青龙、沙岙、塔湾
	居委会	公前
虾峙镇	行政村	晨港、兴港、灵和、东晓、黄石、湖泥
	居委会	灵和
东极镇	行政村	东极

续表 3

街道镇	社区(居委会)或行政村	社区(居委会)、行政村名称
普陀山镇	城市社区	龙沙、白华、中山、合兴
白沙岛管委会	行政村	白沙港
蚂蚁岛管委会	行政村	蚂蚁岛
登步岛管委会	行政村	大岙、竹东、沙头

(含千岛街道管辖的浦西)。区实际管辖六横、桃花、虾峙、东极 4 镇,东港、沈家门、展茅 3 街道,白沙岛、蚂蚁岛、登步岛 3 个管理委员会,渔农村社区村民委员会 69 个,城市社区(居委会)33 个。

【人口】 2019 年年末,普陀区境内户籍人口 111602 户、315794 人,比 2018 年增加 312 户、减少 1554 人。人口密度每平方千米 689 人。男 156158 人、女 159636 人,性别比为 97.82∶100。按年龄分:年龄 0 ~ 17 岁 34549 人,比 2018 年减少 257 人;18 ~ 34 岁 52146 人,比 2018 年减少 3245 人;35 ~ 59 岁 137869 人,比 2018 年减少 1500 人;60 岁及以上 91230 人,比 2018 年增加 3448 人;老龄化率 28.9%,比 2018 年提高 1.2 个百分点。当年出生 1793 人,比 2018 年减少 104 人;死亡 2380 人,比 2018 年减少 159 人;人口自然增长率为 -1.86‰。迁入人口 1085 人,迁出人口 1316 人,人口机械增长率为 -0.73‰。街道镇人口以沈家门街道最多,普陀山镇最少。

(撰稿:胡永久　叶根杰)

2019 年年末普陀区各街道镇人口情况

表 4

街道镇	总户数(户)	总人口(人)
全　区	111602	315794
沈家门街道	35175	87699
东港街道	23191	65819
朱家尖街道	9713	29321
展茅街道	7505	21625
六横镇	19020	62817
虾峙镇	7053	21601
桃花镇	5492	16129
东极镇	2326	5646
普陀山镇	2125	5137

说明:沈家门街道人口包含蚂蚁岛管委会、登步岛管委会人口,朱家尖街道人口包含白沙岛管委会人口。

经济和社会发展

【综合实力】 2019 年,区委、区政府围绕“自由贸易先行区”“海上花园会客厅”发展定位,加快

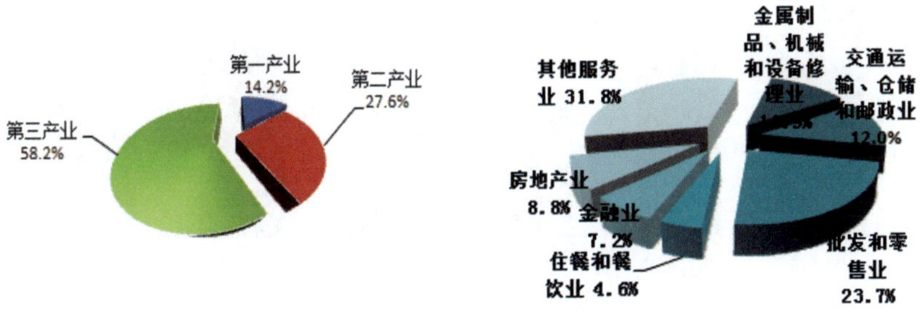

图 1　2019 年普陀区生产总值及第三产业增加值构成

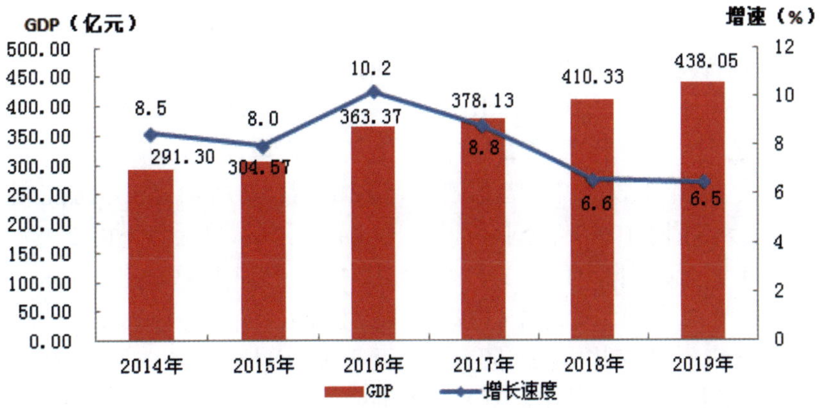

图 2　2014—2019 年普陀区地区生产总值及增长速度

建设“开放活力的幸福普陀”，全区经济持续健康发展，社会保持和谐稳定。全年实现地区生产总值438.05亿元，按可比价计算（下同），比上年增长6.5%。分产业看，第一产业实现增加值62.20亿元，增长5.0%；第二产业实现增加值120.74亿元，增长17.2%；第三产业实现增加值255.11亿元，增长1.5%。三次产业结构比例调整为14.2 ∶ 27.6 ∶ 58.2。按户籍人口计算，人均GDP13.87万元，按年均汇率折算为2.02万美元。按常住人口计算，人均GDP11.15万元，约1.62万美元，高于全国和全省平均水平。

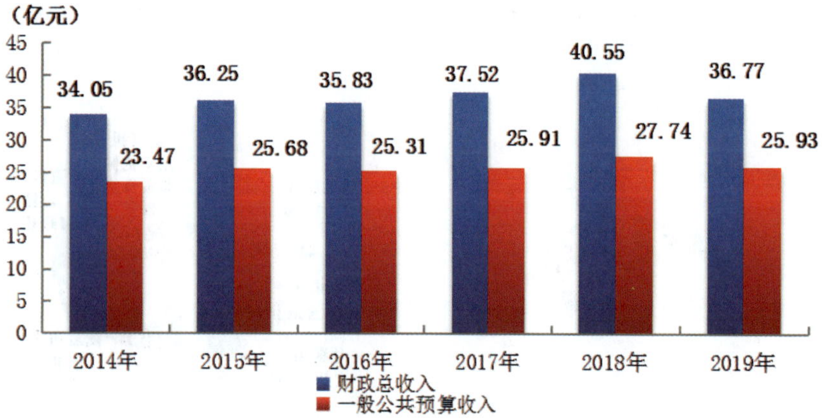

图3　2014—2019年普陀区财政总收入和一般公共预算收入

2019年财政总收入36.77亿元（不含普陀山、朱家尖），比上年下降9.3%；一般公共预算收入25.93亿元，比上年下降6.5%。一般公共预算收入中，增值税7.29亿元，下降10.9%；企业所得税1.64亿元，下降24.1%；个人所得税0.71亿元，下降18.1%。一般公共预算支出66.21亿元，比上年增长8.1%。其中，一般公共服务、卫生健康支出、社会保障和就业支出分别为5.81亿元、4.12亿元、6.01亿元，分别增长9.1%、6.4%、2.4%；教育支出6.70亿元，下降11.1%。本级财政用于民生支出32.26亿元，比上年增长10.2%。

【渔业】 2019年，普陀区渔业总产值111.51亿元（不含渔业服务业），比上年增长6.8%。全年水产品总产量81.79万吨，比上年增长4.0%。其中，国内捕捞产量36.80万吨，下降5.2%。年末有远洋生产渔船453艘，全年远洋渔业产量40.85万吨，增长13.3%。海水养殖面积1555公顷，增长1.6%；海水养殖产量4.1万吨，增长17.1%。

年末机动渔船数2669艘，比上年末减少17艘。其中，生产渔船2183艘，增加41艘。渔船总吨位64.49万吨，比上年下降2.9%。其中，生产渔船总吨位50.58万吨，增长6.1%。渔船总马力91.03万千瓦，增长2.0%。其中，生产渔船73.89万千瓦，增长7.6%。

【农林牧业】 2019年，普陀区农林牧业总产值4.63亿元（含农林牧渔服务业），比上年增长11.3%。其中，农业总产值3.41亿元，增长2.2%；林业总产值0.08亿元，下降1.5%；牧业总产值0.80亿元，增长1倍。全年农作物总播种面积4200公顷，比上年增长4.5%。其中，粮食作物播种面积1060公顷，粮食产量0.48万吨；蔬菜产量2.52万吨；水果产量2.86万吨。全年肉类总产量2327吨，比上年增长1.3倍。其中，猪肉产量2025吨，增长2.3倍。禽蛋产量221吨，下降61.1%。全年生猪饲养量3.80万头，增长89.1%。其中，出栏2.53万头，增长2倍。

【工业和建筑业】 2019年，全区实现工业增加值103.49亿元，比上年增长18.2%。年末规模以上工业企业123家，全年规模以上工业总产值比上年增长4.9%。其中，重工业产值增长7.7%，轻工业产值下降8.9%，新产品产值、高新技术产业和战略性新兴产业分别增长2.0%、8.1%和2.0%。规模以上工业销售产值增长2.8%，产销率98.3%，其中出口交货值增长5.1%。

全年规模以上临港工业产值比上年增长1.9%。其中，船舶修造业产值增长12.8%，水产加工业产值下降8.8%，电力生产业产值增长4.3%。

全区规模以上工业企业实现主营业务收入249.26亿元，比上年增长12.4%；实现利税总额15.59亿元，比上年增长74.7%。其中，利润总额9.96亿元，比上年增长3.3倍。

全年全社会用电量16.25亿千瓦时，比上年增长3.8%。其中，工业用电6.60亿千瓦时，增长4.3%；生活用电3.76亿千瓦时，增长1.3%。

年末全区具有资质等级的总承包和专业承包建筑业企业49家，比上年增加4家。全年全区建筑业增加值47.58亿元，占GDP比重为10.9%。

【固定资产投资和房地产业】2019年，全区固定资产投资比上年增长6.0%。在固定资产投资中，第一产业增长79.0%；第二产业下降14.3%，其中工业下降2.5%；第三产业增长4.9%。从主要投资类别看：工业技改投资增长2.6倍，基础设施投资下降20.6%，建筑安装工程投资增长18.5%，民间资本投资增长31.3%。

全年完成房地产开发投资63.18亿元，比上年增长15.1%。其中，住宅投资48.59亿元，增长11.6%。全年商品房施工面积202.82万平方米，比上年增长66.3%；竣工面积6.22万平方米，下降10.2%；商品房销售面积46.44万平方米，下降16.7%；商品房待售面积16.28万平方米，下降36.5%。

【交通邮电业】2019年年末，普陀区有货物运输船舶513艘，比上年末增加2艘；总运力216.95万载重吨，下降1.2%。全年水、陆货运量14830万吨，比上年增长11.8%；水、陆货运周转量1357.55亿吨千米，增长13.3%。其中，水路货运量12381万吨，水路货运周转量1305.99亿吨千米。水、陆客运量2778万人，比上年下降0.6%；水、陆客运周转量10.13亿人千米，增长4.1%。其中，水路客运量2054万人，水路客运周转量2.20亿人千米。

全年港口货物吞吐量10689万吨，比上年增长1.9%。其中，进口货运量3709万吨，下降4.2%；出口货运量6980万吨，增长5.5%。分主要货物种类看：煤炭吞吐量2100万吨，增长1.3%；铁矿石吞吐量3124万吨，增长0.9%；油品吞吐量666万吨，下降17.4%。

全年实现邮电业务收入4.82亿元，比上年增长5.7%。其中，电信业务收入4.23亿元，增长5.1%。年末全区固定电话用户7.70万户，移动电话用户50.04万户，年末宽带接入用户数18.14万户。全年投递函件23.38万件，包件44.92万件；全年订销报纸期发份数1.92万份，订销杂志期发份数1.51万份。

【旅游业】2019年，全区共接待国内外游客4283.03万人次，比上年增长12.6%。其中，接待海外游客21.46万人次，增长3.3%。普陀山、朱家尖、桃花岛分别接待游客979.61万人次、1096.74万人次和346.27万人次，分别增长7.1%、19.0%和10.0%。全年实现旅游总收入570.82亿元，增长14.9%。年末全区有旅行社55家，限额以上住宿业企业61家，其中星级宾馆5个，客房764间，床位1271张。

【内贸】2019年，全区实现社会消费品零售总额209.60亿元，比上年增长8.5%(因统计口径变动，其他年份数据按同口径调整)。其中，批发和零售业实现零售额170.53亿元，增长8.4%；住宿餐饮业实现零售额39.07亿元，增长9.0%。从限额以上批发和零售业商品销售分类情况看，食品、饮料、烟酒类零售额47.58亿元，下降19.6%；服装鞋帽类8.25亿元，增长53.7%；金银珠宝类0.77亿元，增长44.9%；家用电器和音像器材类2.16亿元，增长54.8%；中西药品类2.40亿元，下降40.3%；汽车类9.46亿元，增长60.8%。

全年批发零售业比上年增长6.2%，其中限额以上企业商品销

图4　2014—2019年普陀区旅游接待人数及增长速度

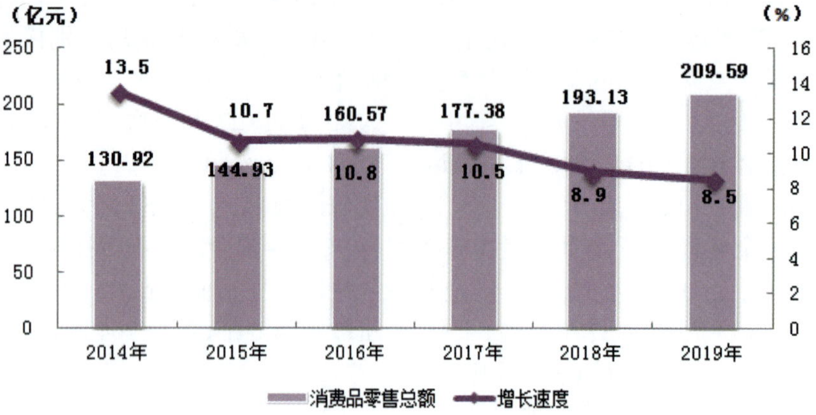

图 5　2014—2019 年普陀区社会消费品零售总额及增长速度

售额下降10.2%。住宿餐饮业比上年增长14.5%，其中限额以上企业营业额增长16.1%。年末全区限额以上批发零售企业101家，限额以上住宿餐饮企业共78家。

年末全区各类消费品市场28个，全年成交额165.87亿元。其中，消费品综合市场11个，全年成交额5.49亿元；农副产品市场14个，全年成交额159.89亿元；工业消费品市场3个，全年成交额0.49亿元。

【进出口贸易】 2019年，全区实现进出口贸易69.28亿美元，比上年下降6.7%。其中，出口40.37亿美元，增长5.1%。从出口类别看，船舶出口11.35亿美元，增长46.1%；油品出口21.39亿美元，增长4.9%；水产品出口6.80亿美元，下降5.0%。从出口地区看，出口到巴拿马、利比里亚、马绍尔群岛和新加坡，出口额分别为6.81亿美元、4.99亿美元、2.80亿美元和2.65亿美元，排名靠前。

全年批准外资项目15个，合同利用外资金额71729万美元，下降60.4%，实际使用外资5982万美元，比上年增长65.3%。

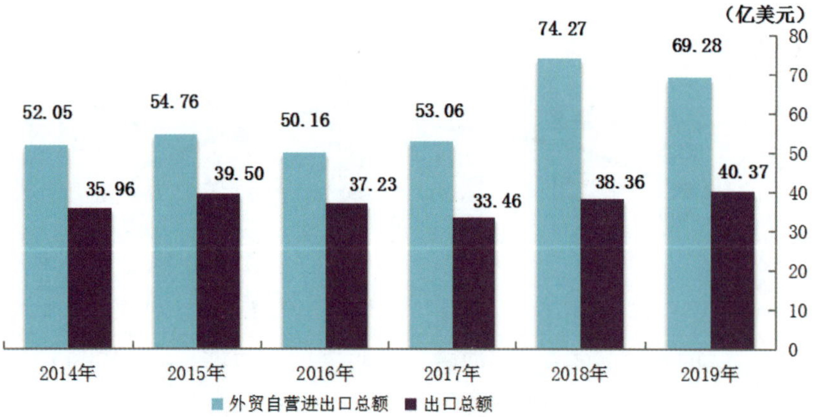

图 6　2014—2019 年普陀区外贸进出口额

【金融和保险业】 年末全区金融机构存款余额（本外币）495.14亿元，比年初增加54.83亿元。其中，单位存款余额191.10亿元，比年初增加7.57亿元；个人存款余额295.82亿元，比年初增加44.14亿元。金融机构贷款余额（本外币）511.80亿元，比年初增加45.38亿元。其中，短期贷款余额174.70亿元，比年初增加17.78亿元；中长期贷款余额335.62亿元，比年初增加28.01亿元。

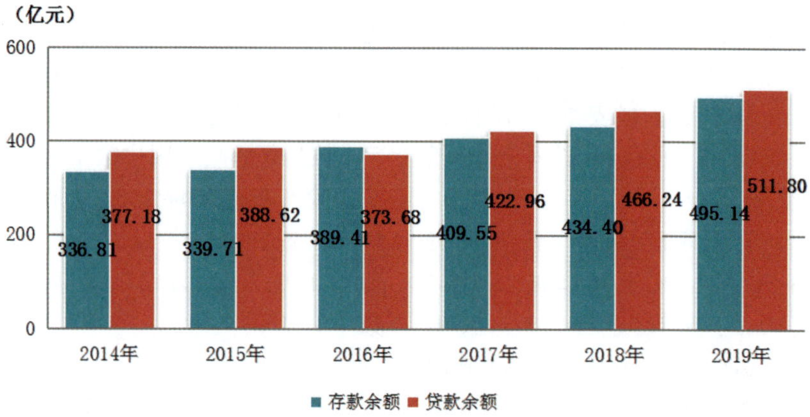

图 7　2014—2019 年普陀区金融机构存贷款余额（本外币）

全年保险公司保费收入7.28亿元，比上年下降1.0%。其中，财产保险费收入2.52亿元，增长4.5%；人身险保费收入4.76亿元，下降3.7%。保险公司赔款支出

2.28亿元，增长9.1%；保险公司给付支出0.72亿元，增长10.0%。

【城乡建设】 2019年年末，普陀区建成区绿地面积767.44公顷，其中公园绿地面积331.26公顷，建成区绿化覆盖率33.47%，绿地率29.1%。日供水能力4.5万吨，全年供水总量3567万吨，其中居民家庭用水1394万吨、工业用水952万吨。全年供气总量28826万立方米。城镇生活垃圾无害化处理率100%。

坚持对标国内外先进城市，重点突出品质，全线推进2019年海上花园城十大攻坚行动。新建东港纵一路、纬十二路等5条城市道路，全长4.9千米。改造城区路面、零星绿地3.7万平方米，地下管网2千米，改造提升城区20座厕所。持续推进拆违攻坚战，全年拆除违法建筑14万平方米，完成年度目标任务141%；完成“三改”33万平方米，完成年度目标任务160%。水环境质量持续巩固，舵岙河通过“美丽河湖”市级验收和省级复核，7条品质河道完成区级验收。2个镇(街道)完成“污水零直排区”建设，19个“污水零直排”小区基本完成工程建设。提升饮用水水源保障，完成东港南岙水库，桃花茅山水库等9个乡镇级以上饮用水水源地全域物理隔离，新增物理隔离栏7.7千米。

【环境保护】 2019年，普陀城区环境空气质量优良，空气质量优良率为96.1%，PM2.5年平均浓度19微克/立方米，轻度污染天数为13天，总体达到二级标准。全区4个市控地表水监测断面地表水质达标率100%，2个县级集中式饮用水源地监测断面全部达到Ⅱ类水质标准。区域环境噪声昼间平均等效声级为51.5分贝，达到国家控制要求。

【党政机构改革】 2019年1月13日，中共舟山市普陀区委、区人民政府印发《舟山市普陀区机构改革方案》。改革后党政机构精简为30个。其中，党委机构7个：纪律检查委员会监察委员会机关、办公室、组织部、宣传部、统一战线工作部、政法委员会、巡察工作领导小组办公室；另有10个区委工作机构与相关机构合署，不计入机构限额。政府机构23个：办公室、发展和改革局、经济和信息化局、教育局、公安分局、民政局、司法局、财政局、人力资源和社会保障局、住房和城乡建设局、交通运输局、农业农村局、商务局、文化和广电旅游体育局、卫生健康局、退役军人事务局、应急管理局、审计局、统计局、综合行政执法局、海洋与渔业局、市自然资源和规划局普陀分局、市市场监督管理局普陀分局；区委区政府信访局(与区委办公室合署办公)、市生态环境局普陀分局不计机构限额。3月19日，中共舟山市普陀区委机构编制委员会印发《关于调整舟山市普陀区科级事业机构的通知》，调整后普陀区有正科级事业单位11个，副科级事业单位17个。

【科学技术与教育】 2019年，全区财政投入科技经费11826万元，比上年增长6.6%。组织实施各类科技计划项目共169项，其中省级113项、市级14项。全年科技成果数14项，申请专利955件，授权367件，其中发明专利授权量114件。国家高新技术企业46家，省级科技型企业279家。

年末全区共有中小学校24所。其中，普通高中3所，全年招生1011人，在校学生2960人；职业高中1所，全年招生470人，在校学生1368人；初中8所，全年招生2203人，在校学生6119人；小学12所，全年招生2797人，在校学生15756人。幼儿园38所，全年招生2680人，在园幼儿8253人。全区3～5周岁幼儿入园率99.7%，学前一年入园率、小学入学率、初中入学率均为100%。小学专任教师大专及以上学历比例99.7%，初中专任教师本科及以上学历比例98.1%。

【文化与体育】 2019年，全区有文化馆(站)8个，影剧院数8个。全年组织文艺活动213次，参加人数14.91万人次。围绕新中国成立70周年等重要时节，举办“我和我的祖国”系列快闪、庆祝中华人民共和国成立70周年大型主题文艺晚会等活动。以区级关键小事为落脚点，完成送戏85场次，送公益文体培训85场次，送书50135册，受益群众17.2万人次。节假日期间，在展茅田园综合体举办“文旅普陀 振兴乡村”展示系列活动，每天吸引游客2万余人。举办海浪音乐节暨2019桃花岛侠侣爱情文化节，吸引观众6000余人。全年电影观众73.7万人次，文化馆(站)免费开放场馆(站)服务19.79万人次，博物馆和沈院接待参观者16.9万人次，海洋系列博物馆接待参观者7.9万人次。年末图书馆藏书335.19万册，图书馆年流通65.14万人次。年末全区有线电视用户共12.46万户，其中城区7.06万户，电视人口综合覆盖率达到100%。室外广播农户覆盖率达到99.3%，通村率100%。

成功举办2019舟山群岛马拉松，吸引1.3万余名马拉松爱好者参与。“舟马”比赛期间全区累计接待游客8.25万人次，创旅游收入1.21亿元。成功举办中国国际标准舞CCAT全国城市联赛舟山站。推进沈家门大干、六横浦西、桃花镇3个多功能运动场、沈家门游泳池等体育设施建设。年末人均体育场地面积约2.48平方米。

【卫生与健康】 2019年年末，全区共有各类医疗卫生机构256个。其中，医院11家，社区卫生服务中心、卫生院12个，社区卫生服务站34个，村卫生室73个。城乡社区卫生服务人口覆盖率100%。卫生技术人员2929人，其中执业（助理）医师1218人、注册护士1017人。医疗床位数1904张。城乡居民人均期望寿命达到80.13岁，孕产妇系统管理率93.97%，7岁以下儿童保健覆盖率99.74%。全年出生人数1793人，死亡人数2380人，人口自然增长率−1.86‰。迁入人口1085人，迁出人口1316人，人口机械增长率−0.73‰。60周岁以上人口为91230人，占总人口28.9%。

【人民生活与社会保障】 据抽样调查，全体居民人均可支配收入52196元，比上年增长8.7%。其中，城镇常住居民人均可支配收入60128元，增长8.5%；渔农村常住居民人均可支配收入36310元，增长8.8%。城镇常住居民年人均生活消费支出31241元，增长7.8%；渔农村常住居民年人均生活消费支出24808元，增长7.2%。城镇居民恩格尔系数33.5%；渔农村居民恩格尔系数31.7%。

全年居民消费价格总水平比上年上涨2.3%。其中，服务项目价格上涨1.6%，消费品价格上涨2.8%。八大类商品中，居住类价格下降0.1%，医疗保健类价格上涨2.8%，食品烟酒类价格上涨4.4%。商品零售价格上涨2.1%。

全年新增就业人数3808人，引导和帮助失业人员再就业1162人。年末城镇登记失业数2270人，登记失业率为1.79%。

年末全区基本养老保险参保人数22.06万人，其中职工基本养老保险参保人数14.96万人、城乡居民社会养老保险参保人数7.10万人。全年支付企业职工养老保险费12.82亿元。基本医疗保险参保人数26.88万人，其中职工基本医疗保险参保人数9.74万人、城乡居民医疗保险参保人数17.14万人，参保率99.6%。工伤保险、生育保险和被征地农民保险参保人数分别为9.40万人、5.26万人和0.55万人。

年末全区各种社会福利收养性单位27个，床位3829张，在院人数1318人。城镇“三无”对象集中供养率82.4%，渔农村“五保”老人集中供养率65.9%。国家抚恤补助人数1501人，补助金额1272万元。城乡居民最低生活保障人数3575人，其中城镇低保对象493人、渔农村低保对象3082人。全年支付低保资金3181万元，城乡居民最低生活保障金标准为每人每月720元。全区社区服务设施数242个，社区综合服务设施覆盖率100%。新开工保障性住房800套（陈家后），基本建成1100套（新塘），竣工保障性住房262套（瑞祥家园）。

（撰稿：区统计局等）

编辑：胡永久

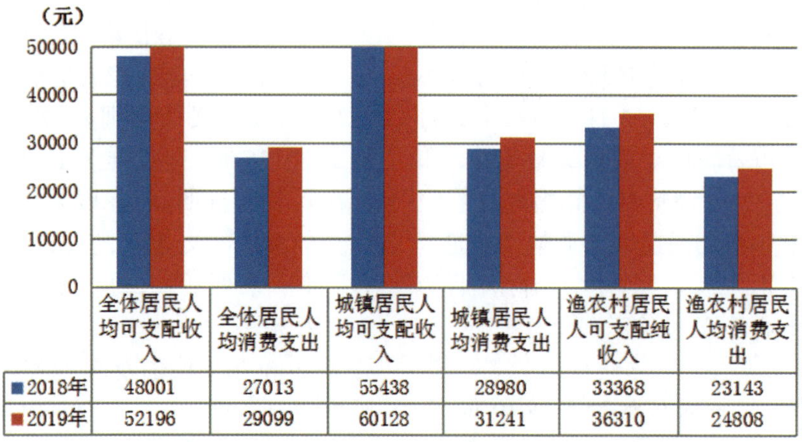

	全体居民人均可支配收入	全体居民人均消费支出	城镇居民人均可支配收入	城镇居民人均消费支出	渔农村居民人可支配纯收入	渔农村居民人均消费支出
2018年	48001	27013	55438	28980	33368	23143
2019年	52196	29099	60128	31241	36310	24808

图8　2018—2019年普陀区城乡居民人均收入消费情况

大 事 记

1月

1月3日　舟山中远海运重工有限公司为希腊爱琴海航运管理公司建造的第二艘11.3万吨原油轮(N754)交付。油轮总长250米,型宽44米,型深21.3米,命名为“GREENAURA”。

1月5日　国家心血管中心、中国医学科学院阜外医院——浙江普陀医院心血管病预防和队列研究基地授牌仪式在普陀医院举行。

1月8日　中国科学院数学与系统科学研究院普陀籍研究员孙斌勇“典型群表示论”研究成果在北京召开的国家科学技术奖励大会上获2018年度国家自然科学二等奖。

1月10日　中国共产党舟山市普陀区第十三次代表大会第三次代表会议暨区委经济工作会议在东港举行。出席代表191人。区委书记张立军代表中共舟山市普陀区第十三届委员会作题为《推动高质量发展,创造高品质生活,奋力把开放活力的幸福普陀建设推向前进》报告。区委副书记、区长潘晓辉主持会议。区四套班子领导出(列)席会议。

同日　区人民调解委员会获司法部“坚持发展‘枫桥经验’实现矛盾不上交试点工作表现突出集体”荣誉称号。

1月12日　上午,电影《狂暴魔蛛》开机仪式在桃花塔湾金沙举行。

同日　浙台(舟山普陀)经贸合作区进境水果指定口岸正式运营。

1月13日　区委、区政府印发《舟山市普陀区机构改革方案》。区委设置纪检监察机关1个,计入机构限额的工作机关6个(设在相关部门的区委议事协调机构的办事机构和与相关机构合署的机构不计入机构限额);区政府设置工作机构(计入机构限额)23个,其中办公室和工作部门21个、市级部门派出机构2个。

1月14日　普陀农村商业银行“网创服务驿站”项目获评2018年度全国“银团合作”优秀项目。

1月16日　六横镇获评2018年度浙江省美丽乡村示范乡镇。

1月17日　蚂蚁岛集镇、六横镇龙山集镇被省城乡环境整治领导小组公布为2018年度全省小城镇环境综合整治行动第二批省级样板。

1月18日　由人民网、人民日报全国党媒信息公共平台联合主办,人民体育承办的2019中国马拉松风云会在人民日报社新媒体大厦举行,区文广旅体局获“健康中国”马拉松系列赛年度贡献奖,舟山群岛马拉松上榜“2018最具影响力马拉松赛事排行榜”。

同日　中国修船企业“斯佩克”(SPCC)第67次会议在六横召开。会议由舟山市龙山船厂有限公司主办,中国船舶工业行业协会修船分会及国内18家顶级修船企业的32名代表参加。

1月19日　浙江大学医学院附属邵逸夫医院对口支援浙江普陀医院及蔡秀军专家普陀工作站续约仪式在普陀医院举行。省政协副主席、浙江大学医学院附属邵逸夫医院院长蔡秀军,副区长李莉参加仪式。

1月20—24日　中国人民政治协商会议第五届舟山市普陀区委员会(简称区五届政协)第三次会议在东港召开,168名政协委员、167名邀请列席人员参会。会议听取并讨论区五届政协常委会工作报告、区五届政协常委会关于五届二次会议以来提案工作情况的报告,审议通过区五届政协第三次会议选举办法和会议决议;选举林伦为区五届政协秘书长,增补政协第五届舟山市普陀区委员会常委2人。与会委员列席区十七届人大第三次会议,听取并讨论区政府工作报告。

1月21日　桃花镇公前村获评2018年度浙江省"一村万树"示范村。

1月21—24日　舟山市普陀区第十七届人民代表大会(简称区十七届人大)第三次会议在东港召开,176名区人大代表出席。会议听取、审查并通过区政府、区人大常委会、区法院、区检察院工作报告;审查、批准普陀区2018年国民经济和社会发展计划执行情况及2019年国民经济和社会发展计划;审查、批准普陀区2018年财政预算执行情况及2019年财政预算;表决通过区十七届人大第三次会议选举办法;评议普陀区2018年民生实事项目,票决2019年民生实事项目和其他事项。

1月25日　舟山市六横锦绣瓜果专业合作社、舟山市蓝祥生态农业开发有限公司、舟山市普陀区展茅林地鸡专业合作社被省农业农村厅公布为第三批现代农业科技示范基地。

1月28日　朱家尖原创方言小组唱《幸福啦啦来》入选第七届"全国村晚"。

1月30日　普陀区被省发展和改革委员会、省生态环境厅、省交通运输厅、省文化和旅游厅4部门评为全省首批大花园典型示范建设单位。

2月

2月1日　普陀区水产品精深加工产业创新服务综合体入选第二批浙江省产业创新服务综合体创建名单。

2月14日　桃花镇被省政府命名为第二批浙江省旅游风情小镇。

2月19日　省政府表彰全省25个全域旅游示范县(市、区),普陀区上榜。

2月20日　舟山群岛马拉松在2018年度浙江省马拉松及路跑协会年会颁奖晚会上获"浙江省马拉松品牌赛事"称号。

2月21日　省人大常委会党组书记、副主任梁黎明及部分浙江省全国人大代表到朱家尖视察。

同日　乌克兰比罗乌斯院士落户暨中科立德院士工作站签约仪式在普陀区举行,浙江中科立德新材料有限公司聘请乌克兰国家科学院院士阿纳托利·比罗乌斯任公司高级技术顾问,并与比罗乌斯院士专家团队签署共建院士专家工作站协议。

2月24日　区政协获2018年度浙江省"书香机关"称号。

2月27日　美国波音公司医疗服务总监Laura Cain,波音全球职业健康高级经理Jason Tate,国际SOS公司北美区客户总监John Paul Perez,SOS中国区医疗服务高级经理胡尔滨等一行10余人到普陀医院参观考察。

3月

3月1日　普陀区被省委办公厅、省政府办公厅命名为"2018年度浙江省美丽乡村示范县"。

同日　浙江冠素堂食品有限公司董事长苗幼珺被全国妇女联合会授予"全国巾帼建功标兵"称号。

3月4—8日　"2018普陀烟草非法经营案"专案组在广州佛山禅城、绍兴诸暨两地同时收网,抓获胡某强等7名犯罪嫌疑人,查扣各品牌IQOS电子烟和传统香烟1500余条、作案用计算机6台、手机12部、银行卡40余张,捣毁涉案窝点2个,涉案金额1000余万元。

3月5日　普陀区获"全省'七五'普法中期成绩突出县(市、区)"荣誉。

3月5—6日　省委常委、宣传部部长朱国贤一行到普陀区考察调研,先后到区社会治理综合服务中心、展茅干施岙村调研普陀区矛盾纠纷多元化解"普陀模式"和宣传思想文化工作,新区党工委书记、市委书记俞东来,市委常委、宣传部部长沈国通,市委常委、市委秘书长刘永艺等陪同调研。

3月8日　省政协副主席马光明到普陀视察市政协普陀委员工作室建设工作,指导省政协委员会客厅创建工作。

3月11日　在厦门召开的中国田径协会2018中国马拉松年会上,2018舟山群岛马拉松获"中国田径协会金牌赛事"称号。

3月5—6日　省委常委、宣传部部长朱国贤(前排左二)一行到普陀区考察调研　(区社治中心提供)

3月12日　省政协党组副书记、副主席孙景森到普陀区调研推进基层社会治理现代化工作。市政协副主席邬振悦等陪同。

3月23日　浙江海中洲集团有限公司被人力资源和社会保障部、中华全国总工会、中国企业联合会/中国企业家协会、中华全国工商业联合会联合授予“全国模范劳动关系和谐企业”荣誉称号。7月11日,在全国构建和谐劳动关系先进表彰大会上受表彰。

3月27日　顾东风院士专家团队——浙江普陀医院院士工作站建设协议签约仪式在北京阜外医院举行,中国科学院院士顾东风和普陀医院党委书记刘成国分别作为双方代表签署协议。

3月28日　普陀区被省委、省政府表彰为2018年度全省平安区,连续14年获评省级平安区。

4月

4月5日　普陀湾众创码头被人力资源和社会保障部认定为全国第四批创业孵化示范基地。

4月10日　省政协副主席周国辉到普陀区调研近岸海域污染防治工作。

4月11日　上午,第二十九届“普陀山之春”启动仪式暨“慈航普渡·同护净土”禅行普陀活动在普陀山举行。普朱管委会各单位及全国各地100支队伍约500人参加活动。

4月12日　国电舟山普陀6号海上风电场2区工程项目63台海上风机开始并网发电。风电场位于六横岛东南侧,总装机容量252兆瓦,单机容量4兆瓦,总投资约41亿元。

4月13日　中央扫黑除恶第十一督导组副组长石生龙一行到普陀区社会治理综合服务中心开展调研督导。市委副书记徐张艳,市委常委、市公安局局长魏明等陪同。

4月15日　国家发展和改革委员会下达《关于浙江省舟山市六横国有资产投资经营有限公司发行公司债券核准的批复》,正式批复舟山市六横国有资产投资经营有限公司发行7年期不超过12亿元企业债券。

4月16日　由中国国际茶文化研究会、省农业农村厅、市政府主办,区政府、普陀佛茶文化研究会承办的“善哉普陀”第十一届中国国际普陀佛茶文化节在普陀塘头佛茶园开幕。中国国际茶文化研究会会长、省政协原主席周国富,市茶文化研究会会长徐显伏,省农业农村厅副巡视员陆元林,副市长姜建明,全国政协委员、市政协副主席、中国佛教协会副会长、普陀山佛教协会会长道慈,区四套班子领导等出席开幕式。法国必维、中国二冶、华融金租、树兰集团等108家企业的负责人,日本、韩国、马来西亚、新加坡等国的国际友人,四川万源、金华磐安等结对单位的领导参加活动。

同日　普陀区档案馆被授予全省首批“国家示范综合档案馆”称号。

4月16—17日　省委书记车俊到普陀区考察,考察沈家门渔港、区社会治理综合服务中心、中街山列岛海洋特别保护区管理局和东极渔民画创作基地,看望守卫海疆的连队官兵。省委常委、秘书长陈金彪,市委书记俞东来、市长何中伟等陪同。

4 月 17 日　克拉克森（世界名企，在英国）在国际船舶网上发布修船行业市场数据：全球修船行业船舶维修翻新活动量排名前 10 位中有 8 家是中国船企，舟山市鑫亚船舶修造有限公司、舟山市龙山船厂有限公司、舟山万邦永跃船舶修造有限公司在列。

4 月 18 日　普陀区被省农业农村厅公布为第一批部省共建乡村振兴示范省先行创建区。

4 月 19 日　普陀区获评浙江省 2018 年度旅游发展十佳县（市、区）。

4 月 19—20 日　由中国国际标准舞总会、区政府主办的 2019 世界超级巨星普陀璀璨之夜暨 CCAT 国际标准舞全国城市联赛——舟山站在普陀体育馆举办。中国国际标准舞总会副主席兼秘书长王永刚，省政协副秘书长、民盟浙江省副主席徐燕峰，副区长李莉等出席开幕式。赛事涵盖国际公开甲 A 组、精英组、壮年组、成人组、青年组、少年组、六人组、高等院校专业组等多个组别，分别进行拉丁舞和摩登舞比赛，吸引美国、俄罗斯、澳大利亚、日本、韩国等国家及中国多个省市及地区的上千名选手参赛。

4 月 19—22 日　由市政府主办，区政府、市文广旅体局承办的 2019 舟山普陀佛事文化旅游用品博览会在普陀全民健身中心举行。本届佛博会主题为“素食与健康”，展会总面积达 14000 平方米，邀请有佛教文化的国家和地区的专家、非物质文化遗产传人及知名佛事企业相关负责人参与，重点展示佛教造像、法器、禅茶等文创 IP 艺术产品。

4 月 22 日　普陀区被省“小微企业三年成长计划”工作领导小组办公室确定为 2019 年全省小微企业培育库建设与管理试点。

CCAT 国际标准舞全国城市联赛——舟山站在普陀体育馆举行（郑宝森摄）

4 月 23 日　2019 年庆祝“五一”国际劳动节暨全国五一劳动奖和全国工人先锋号表彰大会在北京举行，舟山海中洲国际大酒店有限公司中餐厨师长徐君江获全国五一劳动奖章。

4 月 24 日　省文化和旅游厅公布首批浙江省优秀非遗旅游商品名单，普陀区“衍生产品精装船模系列”“渔民画衍生品”和“德顺坊老酒”榜上有名。

4 月 27—30 日　第 14 届中国（义乌）文化产品交易会“浙江非遗生活馆”在义乌国际博览中心举行。普陀区船模艺术和渔民画 2 个省级非遗代表性名录项目应邀参加。其中，送展的船模——解剖船荣获第 14 届中国（义乌）文化产品交易博览会工艺美术特别荣誉金奖。

4 月 28 日　全省巾帼助力乡村振兴工作现场会走进展茅干施岙。省妇联、省农业农村厅、省文化和旅游厅等省级有关部门领导，副市长方维、副区长李莉、省巾帼建功和双学双比活动协调小组相关成员，各市妇联主席、分管副主席，省级最美庭院、巾帼示范民宿（农家乐）、最美民宿女主人代表、创业女性代表等 100 余人参会。

4 月 29 日　两艘第三代高速客轮——“六横之星 1”“六横之星 2”正式投入运营。船舶以白色打底，设计总长 46.76 米，型宽 7.40 米，型深 3.30 米，抗风等级 8 级，最高航速可达每小时 60 千米，续航时间 12 小时。整船分上下两层，载客量为 199 人，主机、齿轮箱动力系统、驾驶台导航仪器等采用进口设备,座椅采用航空座椅,配备安全带、可折叠餐桌,座椅旁配备可充电 USB 插口,免费 Wi-Fi 覆盖整船。

4 月 30 日　浙江省庆祝“五一”国际劳动节暨表彰劳模先进大会在省人民大会堂召开,舟山中远海运重工有限公司服务工区生产运工段工段长吉淑平,浙江飞鲸新材料科技股份有限公司副总经理、工会主席沈明杰,恒尊集团有限公司技术项目负责人孙素文,区妇幼保健与计划生育服务中心主任医师贺娜珍,朱家尖街道莲花社区村樟州股份经济合作社党支部书记王沛国获 2019 年浙江省劳动模范称号。

同日　由普陀区牵头建设的全市首个菜篮子大数据平台正式上线运行,通过云平台系统和信息化手段,实现菜价信息的实时化、具体化和可视化。普陀区阳光 365 菜场、昌正菜场等 6 个主要“菜篮子”市场入驻平台,市场内所有“菜篮子”商品相关数据均可在平台进行查询并进行实时监控。

4 月　普陀区《沈家门渔港水域船舶污染防治管理办法》正式出台。该办法是自《国际防止船舶造成污染公约》(MARPOL 公约)附则Ⅴ修正案于 2018 年 3 月 1 日生效以来,全国第一个由政府层面制定的,在渔港水域污染防治管理方面的专项性、规范性文件。

5月

5 月 9 日　普陀区大花园典型示范建设被省政府通报表扬,并获相应激励措施支持。

同日　舟山顾鹤传骨伤医院脊柱外科团队成功为一患者实施混合现实(MR)技术辅助的腰椎内固定手术,这是全市首例、浙江省第三例将混合现实(MR)技术应用于外科手术。

5 月 11 日　普陀区被省委、省政府通报表彰为 2018 年度美丽浙江建设工作考核优秀单位。

5 月 12—14 日　国家宗教事务局组织由 8 个省、市、自治区共 101 名法师、居士组成的代表团参加在越南河南省金榜县三祝寺举行的 2019 年联合国卫塞节,中国佛教协会副会长、中国佛学院普陀山学院院长、普陀山佛教协会会长、普济寺方丈道慈担任团长。

5 月 13 日　北京蓝图公益基金会创办人、原外经贸部副部长龙永图率北京蓝图公益基金会一行 10 人参观考察普陀区国家级非遗项目“传统木船制造技艺”传承基地——岑氏木船作坊。

5 月 14 日　在双三角燃气企业交流会上,六横管委会与浙江能源天然气集团有限公司、深圳能源燃气投资控股有限公司签订《舟山六横液化天然气(LNG)接收站项目合作框架协议》。

5 月 15 日,省政协副主席孙景淼率省发展和改革委员会、省文化和旅游厅等部门调研沈家门渔港特色小镇创建工作,市政协主席江建国等陪同调研。

5 月 17 日　普陀区被省委省政府健康浙江建设领导小组办公室评为 2018 年度健康浙江建设试考核优秀县(区)。

5 月 17—19 日　2019 中国(舟山群岛)国际游艇展在普陀会展中心举行。延续“美丽群岛·自在舟山”主题,分游艇交易展、时尚海洋展两大部分,设标准展位 8 个、特装展位 10 个,省内外 18 家企业参展。展会期间,现场成交额超过 360 万元。

同日　普陀区首个信访代办站在展茅街道揭牌成立。

5 月 19 日　“鼎盛诺蓝杯”第十一届全国旅游院校服务技能(饭店服务)大赛在杭州落幕。普陀职教中心 4 名学生获 3 个一等奖和 1 个三等奖,并以团体总分第二名成绩获团体奖。

5 月 20 日　桃花镇被省文化和旅游厅公布为 10 家首批浙江文艺创作采风基地之一。

5 月 21 日　浙江省民生实事送药上山进岛便民服务点揭牌仪式在虾峙镇中心卫生院举行。

同日　由奕齐影业出品的《迷城》系列电影第一部——《迷城之蛇行鼠道》在普陀正式开机。摄制组在中国舟山国际水产城、沈家门渔港、青龙山公园等地开展为期 15 天的取景拍摄。

5 月 22 日　法国达飞超大型集装箱船“狮城”轮在舟山中远海运重工有限公司完成 13800TEU 改 17200TEU 改装项目。舟山中远海运重工有限公司通过该项目实现世界大型集装箱船加长改装项目“零”的突破,该轮也是世界首艘完整安装混合式脱硫塔的船舶。

5 月 24 日　沈家门第一小学被中国科学技术协会青少年科技中心公布为 2019 年度全国青少年人工智能活动特色单位。

6月

6月6日　六横管委会与中科睿启科技（舟山）有限公司就“中科舟山海工智能装备及高新材料制造产业园”项目签订正式投资协议。

同日　省财政厅下达普陀区2019年地方政府债务限额79.15亿元，其中一般债务限额49.9亿元、专项债务限额29.25万元。

同日　住房和城乡建设部、文化和旅游部、国家文物局、财政部、自然资源部、农业农村部公布第五批中国传统村落名单，普陀区东极镇东极社区庙子湖村列入其中。

6月10日　农业农村部党组成员、中央农办秘书局局长吴宏耀到普陀区调研实施乡村振兴战略情况，实地考察普陀省级田园综合体、白沙岛美丽海岛建设，省农业农村厅副厅长刘嫔珺、副巡视员陆元林、市委副书记徐张艳、副市长姜建明等参与调研。

同日　下午，由省农业农村厅和市政府联合举办的2019年“全国放鱼日”暨浙江省海洋水生生物增殖放流活动启动仪式在普陀东港莲花广场举行。农业农村部党组成员、中央农办秘书局局长吴宏耀宣布活动启动。省农办主任、省农业农村厅厅长林健东，市委副书记、市长何中伟分别致辞。副市长姜建明主持。省农业农村厅副厅长童加朝、刘嫔珺，宁波市农业农村局局长李强、舟山市海洋与渔业局局长蔡朝才、区长潘晓辉等省市区相关领导出席，渔业相关部门代表、本地渔民代表、学生代表、各级媒体等400余人参与。本次活动以“增殖放流保资源，修复渔场促民生”为主题，以平台放流和海上放流方式，在普陀莲花洋增殖放流保护区放流大黄鱼、黑鲷等苗种600万尾。

6月12日　在全国高级法院院长座谈会上，区委书记张立军就普陀多元解纷模式进行8分钟的视频连线介绍，获最高人民法院院长周强多次点赞，并建议普遍推广。

6月12日，在全国高级法院院长座谈会上，区委书记张立军就普陀多元解纷模式进行视频连线介绍（区社治中心提供）

6月14日　省农业农村厅公布省级农业绿色发展先行区创建名单，普陀区桃花省级农业绿色发展先行区上榜。

同日　在杭州举行的2019年浙江省青年志愿服务项目大赛决赛中，浙江海洋大学、共青团舟山市普陀区委员会联合申报的《丝路海潮音 讲给世界听——浙江沿海民间故事传承保护公益项目》获金奖。

6月15日　普陀区被省委全面依法治省委员会办公室命名为“2018年度法治县（市、区）示范单位”。

6月16日　由市文广旅体局主办，桃花镇政府、舟山九立体育文化有限公司承办的“2019VAUDE骑闯天路”资格赛舟山站在桃花岛举行，比赛分“骑闯”和“追梦”两个组别，江苏、上海、浙江、福建、广东等地约500名骑行爱好者参加。

6月17—19日　由区政府、西湖大学、上海海洋大学、上海叔同深渊科学技术发展基金会、彩虹鱼－深渊极客科普研学基地共同主办的第六届国际深渊探索会议——深渊探索的进展与挑战暨深海高端装备智能制造论坛在普陀举行。副市长陈隆在开幕式上致辞，区领导张立军、潘晓辉、陈蔚、张勇出席开幕式。西湖大学副校长、国家特聘专家仇旻，西湖大学讲席教授、“国家深潜英雄”崔维成，浙江海洋大学副校长、教授谢永和，以及英国、美国、丹麦、

第六届国际深渊探索会议（诸葛晓明摄）

俄罗斯、乌克兰和中国深渊科学、深渊技术领域300余名专家学者出席论坛。19日，位于展茅普陀海洋生态创新谷的彩虹鱼(舟山)深海装备科技园正式开园。

6月24—28日　由国家体育总局小球运动管理中心、中国藤球协会、省体育局、市政府主办，市文化和广电旅游体育局、普朱管委会、浙江奥友体育产业发展有限公司承办的“碧桂园杯”2019年全国沙滩藤球锦标赛暨2019年亚洲沙滩藤球锦标赛选拔赛在朱家尖南沙举行。

6月25日　省政协副主席孙景森调研沈家门渔港小镇。

同日　在浙江—新加坡经济贸易理事会第十四次会议上，舟山六横油泥综合利用项目签订投资协议，根据协议，新加坡麦哲伦环球投资控股有限公司计划总投资5.5亿元，在小湖工业园建设油泥综合利用项目。

6月27日　由区政府、浙江省船舶行业协会和舟山市安全生产协会主办的第二届船舶修造企业安全与发展普陀论坛在普陀区举行，以“创新引领，绿色驱动，本质安全，质量发展”为主题，以企业家主旨发言、圆桌论坛的形式，集聚中国船舶工业行业协会企业代表、全国知名修造船企业代表等200余人参加。国家应急管理部培训中心主任张驎出席论坛并作主旨演讲，区委书记张立军致辞，区委常委、常务副区长张海斌，副区长张勇等出席论坛。

6月28日　展茅街道原茅洋社区村下辖林吴、茅洋、松山3个股份经济合作社以完全融合的方式完成合并，原茅洋社区村更名为茅洋新村，成为全区首个完成社区村体制改革完善的村。

6月30日　省高级人民法院院长李占国一行到普陀区考察调研矛盾纠纷多元化解“普陀模式”。市中级人民法院院长孙公幸等陪同调研。

7月

7月2日　舟山市首个红十字宣教基地在蚂蚁岛挂牌成立。

7月3日　国家卫生健康委员会副主任于学军到普陀国际健康产业中心、普陀医院调研健康产业发展、医共体建设、医疗卫生服务领域深化“最多跑一次”改革等各类工作，省卫生健康委员会副主任苏长聪、副市长方维、区委书记张立军等陪同调研。

同日　普陀区鱼米之乡农村产业融合发展示范园入选首批省级农村产业融合发展示范园创建名单。

7月7日　普陀区所属远洋运输船“宁泰冷6”采用舟山市农林科学研究院和舟山尚鲜农业科技有限公司联合研发的“海上菜园智能蔬菜培育技术”，应用船载微型叶菜智能栽培机，通过一个月栽培，在南太平洋海域成功培育出金玉兰菜15.15千克，成为全国首例远洋渔船叶菜栽培试验成功案例。

7月8日　省文化和旅游厅公布“浙江省民间文化艺术之乡”名单，普陀区普陀渔民画、普陀船模、虾峙镇渔民文化节入选。

7月11日　普陀区415辆人力客运三轮车全部办理退市手续，退出营运。

7月11—12日　省委常委、组织部部长黄建发调研东极镇干部担当作为情况，实地调研渔民画创作基地、农商行东极分理处、东极供电服务站和中街山列岛海洋保护区管理局，乘船环岛考察美丽海岛建设和海洋资源保护情况，看望庙子湖驻岛官兵。市委书记俞东来，市委常委、秘书长刘永艺，市委常委、组织部部长蒲晓斌等陪同调研。

7月12日　普陀区对接上海市普陀区，举办“海陆普陀”战略合作系列活动，双方签订战略合作协议，上海市普陀区区长周敏浩、舟山市普陀区区长潘晓辉出席签约仪式。

7月19日　第二十一届舟山国际沙雕节在朱家尖南沙正式开园。以“漫游南沙”为主题，50余座大型动漫沙雕作品与声光、彩绘艺术交融互映，长200米、宽50米的沙雕园作为一个整体为游客呈现光影变幻的沙雕世界。

7月20—21日　由区政府主办，区文广旅体局、桃花镇政府、舟山普陀文化旅游集团有限公司联合承办的海浪音乐节暨2019桃花岛侠侣爱情文化节在桃花岛塔湾金沙景区举行。张洪量等歌手与“五味子”“情绪波浪”“龙井的鱼”等乐队上台演唱(奏)。海浪音乐节前推出“爱的宣言彩绘”“情意绵绵留言墙”“共浴爱河”“为爱而战”“沙滩爱情甜蜜跑”“自然生活集市”“匠人创意集市”，后有露营派对、篝火晚会等配套活动融入。

7月20—21日　浙江省“六横·沃克森琦杯”抛竿钓鱼锦标赛在双塘平地水库举行。全省各地100名钓鱼爱好者参加。

7月21日　省气象局公布省内100个避暑气候胜地。普陀山国家级风景名胜区、朱家尖岛、桃花岛、普陀田园综合体入选。

7月23日　商务部发布自贸试验区第三批31项“最佳实践案例”，普陀区“海上枫桥”海上综合治理与服务创新试点成功入选。

同日　沈家门小学选送的《台风来了》和《入学序曲》在上海举行的环球自然日2019全球总决赛上分获表演组金奖和银奖。

7月25日　省政协副主席郑继伟到普陀国际健康产业中心调研健康产业发展情况，市政协副主席忻海平等陪同。

7月26—28日　“普陀山杯”2019年第一届全国女子沙滩足球锦标赛在朱家尖南沙景区举行，辽宁师范大学队获冠军。

8月

8月3—4日　由省生物医药分会、市委人才工作领导小组办公室、市卫生健康委员会、区政府联合主办，以“推进大健康产业助力自贸区建设”为主题的2019中国(浙江)自贸试验区生命健康人才高峰论坛在普陀区举行。100多名生命健康领域学术专家参与，省政协副主席、浙江大学附属邵逸夫医院院长蔡秀军出席开幕式并作主题报告。论坛突出技术创新与产业发展深度结合，从不同方面展示一批前沿技术。浙江省海外高层次人才联谊会生物医药分会2019年会同时举行。

8月8—11日　受201909号超强台风“利奇马”影响，普陀出现大暴雨，并有12～13级大风出现，农作物、民房等受灾严重。

8月15—17日　国家广电总局电影事业管理局原副局长、中国电影海外推广中心董事长杨步亭，国家一级导演萧锋，美国好莱坞国际电影交流中心执行董事、中华文化创意基金会理事长王兴刚，中央文史馆馆员、中国电影家协会原主席李前宽，导演肖桂云，美国电影协会亚太区副总裁、中国区总裁冯伟等一行到普陀区，与区政府就桃花岛项目开发交流洽谈并考察普陀国际影视创新产业园。

8月26日　在杭州举行的2019“创客中国”浙江好项目中小微企业创新创业大赛总决赛中，彩虹鱼深海装备科技(浙江自贸区)有限公司的“彩虹鱼”深海高端装备项目获省级二等奖。

8月27日　市政府招商引资工作现场推进会在普陀区召开。会前举行项目签约仪式，海欣食品海洋肽研发生产项目、华泰检测基地项目和西白莲油品储运贸易基地项目落户普陀区，3个项目总投资超23亿元。

8月29日　由文化和旅游部、省政府主办，省文化和旅游厅、市政府承办的2019国际海岛旅游大会在朱家尖开幕，副省长成岳冲在开幕式上致辞。斯里兰卡旅游发展国务大臣兰吉特·阿鲁维哈加，塞舌尔旅游、民航、港口和海运部旅游副部长安妮·拉福蒂纳，格林纳达旅游和民航部常务秘书长阿琳·巴克米尔－欧特拉姆，市领导俞东来、何中伟、钟达、江建国、徐张艳等出席。文化和旅游部国际交流与合作局副局长郑浩宣读文化和旅游部贺信。25个国家和地区的代表团，以及国内旅游城市、国际旅行社、投资及研究机构的代表参会。开幕式上，省发展和改革委员会发布《浙江省海岛大花园建设规划》，10个浙江海岛公园投资项目、6个舟山市文旅体项目、5个国际国内合作项目现场签约。

9月

9月2日　普陀国际健康产业中心正式开园。中国工程院院士孙颖浩、区委书记张立军出席并致辞，区委副书记、区长潘晓辉主持仪式。

同日　2019普陀论健——智能健康产业高峰论坛在舟山希尔顿酒店举行。论坛共吸引哈佛医学院麻省总医院脂类医学与技术研究院、理实国际健康产业集团、天津南开大学人民医院等国内外知名科研院校和医疗机构、健康相关企事业单位等350余人参加。省卫健委副主任苏长聪、副市长方维出席并致辞，区委书记张立军致欢迎辞。

9月5日　全市乡村振兴产业招商大会在朱家尖举行。市内外130余家企业、180余名客商代表、嘉宾参会。大会签约、达成意向项目36个，总投资122.09亿元，其中现场签约20个项目，投资总额超42亿元。

同日　六横镇中心小学被人力资源和社会保障部、教育部联合授予“全国教育系统先进集体”荣誉称号。

9月6日　舟山中远海运重工有限公司投资1.2亿元，总装机规模19.9兆瓦，约17.5万平方米的屋顶分布式光伏发电项目并网发电。

同日　玛祖卡海洋奇幻蛋糕乐园和观音饼民俗文化展馆开馆仪式在浙江冠素堂食品有限公司举行，副市长方维等出席揭牌仪式。

9月7日　国家标准化代谢性疾病管理中心（MMC）授牌仪式在普陀医院举行，同期举办浙东地区糖尿病专科联盟论坛。

9月7—8日　东海音乐节在南沙举行。活动由青山舞台、玲玲舞台、云舞台、晚风集市、日间露营区以及美食区、跳蚤市场等组成，全国及世界各地近100组乐队、音乐人登台演出。

9月8日　舟山首个数字文旅一站式服务平台——“嗨普陀”平台在东港凯虹广场一楼正式发布。平台将公共文化服务、旅游资讯推荐、文旅商家培育结合在一起，开启“一部手机游普陀”的数字文旅时代。

9月18日　常务副省长冯飞一行到东极镇调研渔民画艺术创作、渔民画衍生产品研发工作，实地参观东极渔民画展厅，常务副市长许小月等陪同调研。

同日　普陀区作家阎受鹏、孙和军创作的《东极之光——“里斯本丸”事件纪实》入选浙江省第十四届精神文明建设“五个一工程”奖，受到省委办公厅、省政府办公厅通报表彰。

9月19日　普陀区获“浙江省无欠薪先进单位”称号。

9月20日　省委副书记、宁波市委书记郑栅洁到六横考察。新区党工委书记、市委书记俞东来陪同考察。

9月20日，省委副书记、宁波市委书记郑栅洁（前中）在六横考察 （沈磊摄）

同日　普陀区《打造“小岛迁、大岛建”背景下海岛城市基层党建模式的探索与实践》获评全国城市基层党建创新优秀案例。

9月20—23日　普陀区参展的船模《绿眉毛》和香砖《五福拱寿》在首届长三角地区工艺美术

创意设计博览会暨工艺美术创意设计大赛中获金奖。

9月21—23日　由市委宣传部主办，以“潮起舟山，海韵天下”为主题的第三届舟山市海洋文化产业博览会在普陀会展中心举行。21日开幕，现场还举行首届舟山市海洋文化衍生品十佳品牌和本届10件“展示金奖”颁奖仪式。博览会共分十大展区，设立定海、普陀、岱山、嵊泗、普陀山－朱家尖、新城和海洋科学城、文旅融合产品等展示馆，汇聚舟山市上百家文化企业和上千种文化产品。

9月23日　沈家门渔港小镇被评为全省特色小镇“亩均效益”领跑者。

同日　第二届中国舟山(普陀)农民丰收节在展茅普陀美丽海岛田园综合体举行。活动以“海稻梦想，醉美田园”为主题。副市长姜建明宣布开幕，区委书记张立军致辞。市政府副秘书长林德伟，区领导戴灵芝、张禾波等出席。本次活动由省农业农村厅、市政府主办，市农业农村局、区政府承办。

9月25日　省政协副主席孙景淼一行到普陀区开展“三服务”活动，考察调研普陀田园综合体、大健康产业园。

9月27日　全国人大常委会副委员长曹建明率全国人大常委会渔业法执法检查组到舟山国际水产城开展执法检查。全国人大常委会副秘书长信春鹰，全国人大农业与农村委员会副主任委员王宪魁、廖晓军，省人大常委会副主任史济锡，副市长姜建明，区人大常委会主任戴灵芝等参加检查。

9月29日　舟山东西快速路通车。东西快速路是全市第一条按“准高速”标准打造的城市快速路，从舟山西收费站至普陀东港长约35千米，其中有10.6千米连续隧道群和13.2千米高架桥。

同日　晚，由市委宣传部、市文化和广电旅游体育局主办的舟山市庆祝新中国成立70周年大型音舞诗《光辉历程》文艺演出在普陀保利大剧院举行。

9月29日晚，舟山市庆祝新中国成立70周年大型音舞诗文艺演出在普陀保利大剧院举行　(沈磊摄)

10月

10月1日　201918号台风“米娜”于20时30分前后在沈家门登陆。受台风影响，普陀城区多处路面被淹，平均积水深度10～20厘米，局部地区积水达到35厘米，道路路面多处破损，破损面积约1200平方米，城区护栏损坏约600米，路灯损坏62盏，架空线路损坏300米。

10月8日　区政府采购招投标电子交易系统上线，实现全程无纸化操作。

10月10日　由市政府和中国远洋渔业协会共同主办的中国远洋鱿钓30周年总结大会暨可持续发展高峰论坛，在舟山国际会议中心开幕。会上，中国远洋渔业协会首次启动发布“中国远洋鱿鱼指数”，研讨后发布中国远洋鱿钓渔业可持续发展倡议书。

同日　农业农村部渔业渔政管理局在普陀区召开“玻璃钢等新材料渔船及休闲渔船发展政策思路研讨会”。国有重点大型企业监事会原主席杨坚、农业农村部渔业渔政管理局局长张显良、中国船级社副总裁钟小金、省农业农村厅副厅长童加朝、省渔船交易服务中心主任郑阿钦、副市长姜建明、区长潘晓辉、市海洋与渔业局局长蔡朝才等有关政府领导、企业负责人及行业专家参会。

10月11日　中国修船企业第七十次“斯佩克”会议在舟山市鑫亚船舶修造有限公司召开，国内18家顶级修船企业的29名代表参会。

10月12—13日　北京大学—辉瑞浙皖沪医院管理实践论坛在普陀医院举行。浙江和安徽两省各县区医院院长、副院长100余人，普陀区医共体成员单位主要负责人、牵头单位领导班子及部分中层干部参加。

10月17—19日　第三届世界油商大会在朱家尖举行。省委副书记、省长袁家军对大会召开做出批示。省委常委、常务副省长冯飞在开幕式上作主旨演讲。海关总署副署长张际文，商务部部长助理任鸿斌，国家能源局副局长刘宝华致辞。副省长朱从玖，市领导俞东来、何中伟、华伟等出席。本届世界油商大会由省政府主办，商务部、海关总署、国家能源局共同支持，自贸区管委会、省自贸办承办，以“共商油气、共享机遇、共谋发展”为主题。共吸引271家企业680余位嘉宾参会，其中世界五百强企业62家。共签约项目21个，协议涉及总金额567.6亿元。

10月21日　由范铭执导，方励制片的纪录片《里斯本丸沉没》在东极开拍。

10月22日　普陀区被省政府命名为第三批省级生态文明建设示范区。

10月27日　以“自在人生，慈悲情怀”为主题的第十七届中国普陀山南海观音文化节开幕式暨普陀山文化论坛在普陀山剧院举行。

同日　普陀区肢体残疾人张海斌在第六届全国残疾人职业技能大赛中获服装制作项目第一名。

同日　越南庆和省公安厅副厅长武文勇一行5人到普陀区公安分局展茅派出所实地参观。

10月29日　舟山市首个省政协委员会客厅——舟山总商会政协委员会客厅揭牌，省政协副主席马光明、市政协主席江建国、区政协主席张禾波参加揭牌仪式。

10月30日　中华人民共和国开国少将胡炜骨灰撒海仪式在登步岛和桃花岛之间海域举行。胡炜家人和战友后代参与仪式。胡炜在1949年11月指挥登步岛战役时任解放军第61师师长兼政委。

10月30—31日　副省长王文序率省市场监管局局长冯水华、副局长张雪林等一行到普陀调研食品安全监管和证照分离改革工作。

10月31日　“浙江院士之家——舟山智慧岛”在朱家尖揭牌成立。中国科学院院士杨学明、张东辉和市委副书记徐张艳等出席揭牌仪式。

10月31日至11月1日　2019世界舟山人大会在朱家尖举行。大会以“汇聚世界力量，共建舟山新区”为主题，来自世界各地660余名乡贤、嘉宾齐聚家乡舟山。10月31日晚，大会举行“喜·欢·舟·山”文艺演出活动。11月1日上午9时，大会在舟山国际会议中心开幕，市委副书记、市长何中伟主持会议，市委书记俞东来作主旨报告。大会宣读全国政协副主席、香港特区首任行政长官董建华，香港特区行政长官林郑月娥，以及梁黎明、王海等曾经在舟山工作过的党政军领导贺信贺电。原省长、国家电力监管委员会原主席柴松岳，省政协

2019世界舟山人大会“金水仙奖”颁奖典礼（沈磊摄）

副主席、党组副书记孙景淼，中国科学院院士张东辉，赛丽控股集团有限公司董事长夏赛丽，阿根廷舟山同乡会会长梅田波等先后致辞。上海市人大常委会原主任刘云耕、上海市政协副主席周汉民、全国人大华侨委员会委员王辉忠等领导出席。大会现场举行首届“金水仙奖”颁奖典礼，授予多年来对舟山公益慈善和投资创业作出重要贡献的新老舟山乡贤。大会还举行签约仪式，18个项目现场签订合作协议，投资总额106.35亿元，主要涉及数字经济、新能源、智能制造、海洋牧场、医疗康养、科技转化等相关产业领域。

11月

11月2日　大宗商品金融服务创新中心服务基地落户普陀区。

11月6日　普陀区获全国“七五”普法中期先进县(市、区)称号。

11月8日　普陀区科协与磐安县科协签订“山海协作”协议，结成4组友好同盟，加强两地在旅游开发、中药材种植、科普示范社区、科普惠农等方面交流合作。

11月12日　普陀区获国家级县域节水型社会达标县称号。

11月13日　普陀区社会治理综合服务中心被全国妇联表彰为全国维护妇女儿童权益先进集体。

11月14日　生态环境部《关于命名第三批国家生态文明建设示范市县的公告》发布，普陀区被命名为第三批国家生态文明建设示范区。

11月15—18日　由区政府主办的“2019中国·普陀海洋休闲运动产业博览会”在普陀会展中心举办。

11月17日　上午7点30分，“普陀农商行杯”2019舟山群岛马拉松在东港鸣枪开跑。省体育局副局长张亚东、副市长方维、区委书记张立军等20位领导嘉宾出席开赛仪式。海内外13254名运动员参赛。

11月19日　普陀区企业登记档案“容e查”系统上线，为企业提供带有签章和防伪水印的电子档案查询、拷贝服务。

11月22日　2019年中国科学院院士增选名单揭晓，普陀籍数学家、中国科学院数学与系统科学研究院研究员孙斌勇入选。

11月25日　在由新华社《瞭望东方周刊》与瞭望智库共同主办的“2019中国最具幸福感城市”调查推选活动中，普陀区获“2019中国最具幸福感城市”称号。

11月28日　18时，丽星邮轮“双子星”号靠泊舟山群岛国际邮轮港。这是舟山首个落地的2019国际海岛旅游大会签约项目。首航仪式上，舟山群岛国际邮轮港和国旅环球(北京)国际旅行社有限公司双方负责人签订《2020年度邮轮业务发展合作协议》。

12月

12月1日　中央政法委副秘书长、全国扫黑办副主任景汉朝率中央政法委政法队伍建设指导局副局长周涛一行到普陀区社会治理综合服务中心调研，省委政

12月1日，中央政法委副秘书长、全国扫黑办副主任景汉朝(前中)一行调研普陀区社会治理综合服务中心　(区社治中心提供)

法委副书记朱恒毅、市委副书记徐张艳等陪同。

12月4—6日 “第十届自贸区及海关特殊监管区域新兴产业孵化论坛”在东港举行。海关总署、国家发展和改革委员会等管理部门代表，百余家自贸区及特殊监管区域、园区运营商和新兴产业代表400余人参会。

12月5日 由区政府主办的2019第四届普陀生命健康创新创业大赛总决赛在普陀国际健康产业中心举行。大赛于2019年6月启动，历经上海、青岛、武汉三个城市赛区，历时5个月，参与报名项目350余个，参加比赛项目64个，最终14个项目参与总决赛角逐。“国药医工ODM方式生产高端齿科器械”获一等奖，“精准医疗数字化整体解决方案”“一体化微流控核酸检测仪”项目获二等奖，“纳米乳药物产业化”“末端可扩大显微内窥镜”“用于单细胞精准医学的微孔滤膜产业化”项目获三等奖。

12月8日 2019年全国“创新社会治理典型案例”征集活动结果公布，普陀区探索推进社会治理领域“最多跑一地”获评全国创新社会治理最佳案例。

12月16日 普陀区科协被中国科协办公厅评为2019年全国科普日活动优秀组织单位。

12月17日 桃花镇塔湾村被省商务厅认定为2019年浙江省电商专业村。

12月23日 普陀区个体劳动者（民营企业）协会秘书长阙松俊被国家市场监督管理总局、中国个体劳动者协会授予“全国个私协会系统先进工作者”称号。

12月24日 中央农村工作领导小组办公室、农业农村部、中央宣传部等5部门发布“全国乡村治理示范村镇”名单，普陀区东港街道南岙村被评为全国乡村治理示范村。

同日 虾峙镇政府被省委、省政府通报表扬为2018年度美丽浙江建设工作成绩突出集体，区治水办被通报表扬为2018年度“五水共治”工作成绩突出集体。

同日 普陀区被省自然资源厅评为省级国土资源节约集约模范县（市、区）。

同日 省文化和旅游厅公布第五批浙江省非物质文化遗产旅游景区名单，东极镇以渔民画主题活态展示入选非遗主题小镇。

12月25日 2019全国创新社会治理典型案例颁奖暨经验交流活动在人民日报新媒体大厦举办。普陀区“探索推进社会治理领域‘最多跑一地’”入选2019年全国“创新社会治理典型案例”十大最佳案例。

12月25—27日 普陀区与四川省万源市结对开展的东西部扶贫协作接受国务院扶贫办组织的省际交叉考核，通过考核组考评。

12月27日 普陀区《打造“小岛迁，大岛建”背景下海岛城市基层党建模式的探索与实践》，在郑州市举行的全国城市基层党建创新论坛暨创新案例颁奖仪式上，获评全国城市基层党建创新优秀案例。

12月29日 在北京召开的第五届加强和创新社会治理成果交流会上，普陀区获评“2019社会治理创新典范区”。

12月30日 由普朱管委会

12月25日，普陀区“探索推进社会治理领域‘最多跑一地’”成功入选2019年全国“创新社会治理典型案例”十大最佳案例 （区档案馆提供）

主办的索道停运直升机应急救援演练在普陀山举行。这是全国首次采用直升机进行索道应急救援。

12月31日　中央农村工作领导小组办公室、农业农村部、中央宣传部、民政部、司法部公布全国乡村治理示范村镇名单，东港街道南岙村被命名为全国乡村治理示范村。

（撰稿：陆行军）

编辑：胡永久　胡孟波

中共舟山市普陀区委

区委领导与区委工作机构

【区委领导】 2019年年初，中共舟山市普陀区第十三届委员会常务委员会委员17人，书记张立军、副书记潘晓辉、洪碧、徐炜波（六横管委会党委副书记、主任兼）、刘明永（普朱管委会党委副书记、副主任兼），常委李升、王引权、张文科、虞万军、李明、徐俊军、张海斌、诸葛明海、陈蔚（挂职）、凌永红、陆林海（挂职）、马长青（挂职）。

1月，免去洪碧区委副书记职务；任命张文科区委副书记职务。12月，免去刘明永区委副书记（兼）职务。

年底，中共舟山市普陀区第十三届委员会常务委员会委员14人，书记张立军、副书记潘晓辉、徐炜波（六横管委会党委副书记、主任兼）、张文科，常委李升、王引权、虞万军、李明、徐俊军、张海斌、诸葛明海、凌永红、陆林海（挂职）、马长青（挂职）。

2019年区委书记、副书记、常委名录

表5

职　务	姓　名	性别	籍贯	任职年月
书　记	张立军	男	浙江温岭	续—
副书记	潘晓辉	男	浙江新昌	续—
副书记	洪　碧	女	浙江舟山（普陀）	续—2019.1
副书记	徐炜波	男	浙江舟山（定海）	续—
副书记（兼）	刘明永	男	浙江舟山（普陀）	续—2019.12
副书记	张文科	男	浙江舟山（普陀）	2019.1—
常　委	李　升	男	浙江温岭	续—
常　委	王引权	男	浙江岱山	续—
常　委	张文科	男	浙江舟山（普陀）	续—2019.1
常　委	虞万军	男	浙江舟山（定海）	续—
常　委	李　明	男	浙江舟山（定海）	续—
常　委	徐俊军	男	浙江嵊泗	续—
常　委	张海斌	男	浙江舟山（普陀）	续—
常　委	诸葛明海	男	浙江舟山（普陀）	续—
常委（挂职）	陈　蔚	女	上海	续—2019.8
常　委	凌永红	男	四川洪雅	续—
常委（挂职）	陆林海	男	浙江平湖	续—
常委（挂职）	马长青	男	吉林松原	续—

【区委职能部门】 1月，普陀区实施机构改革。组建区委办公室（简称区委办），挂区委区政府政策研究室、区委保密委员会办公室（区国家保密局）、区委机要局（区密码管理局）、区档案局牌子。区委台湾工作办公室与区委办合署办公，挂区政府台湾事务办公室牌子。不再保留区委区政府办公室；区委组织部挂区委机构编制委员会办公室、区委直属机关工作委员会、区委老干部局、区委新经济与新社会组织工作委员、区公务员局牌子；区委宣传部挂区政府新闻办公室、区精神文明建设委员会办公室、区新闻出版局、区互联网信息办公室牌子；区委统战

部挂区民族宗教事务局、区政府侨务办公室牌子；不再设立区社会治安综合治理委员会及其办公室、区委维护社会稳定工作领导小组及其办公室。

【区委议事协调机构】 1月，普陀组建区监察委员会，同区纪律检查委员会合署办公，不再保留区监察局；组建区委审计委员会，办公室设在区审计局；将区委全面深化改革领导小组改为区委全面深化改革委员会，办公室设在区委办；将区委法治建设领导小组改为区委全面依法治区委员会，办公室设在区司法局；组建区委网络安全和信息化委员会，办公室设在区委宣传部；组建区委财经委员会，办公室设在区委办；将区国家安全领导小组改为区委国家安全委员会，办公室设在区委办；将区委外事工作领导小组改为区委外事工作委员会，办公室设在区政府办公室；组建区委教育工作领导小组，秘书组设在区教育局；组建区委军民融合发展委员会，办公室设在区发展和改革局；将区委渔农村工作办公室改为区委区政府农业和农村工作领导小组办公室，设在区农业农村局。

区委重要决策

【打造普陀政法铁军】 2019年1月6日，区委发出《关于全力打造普陀政法铁军的实施意见》，落实省、市委对政法干部队伍提出的“七个绝不允许”要求，紧盯“争创平安浙江示范区、打造海上花园城平安区”目标，坚持正规化、专业化、职业化、信息化方向，推进政法队伍思想政治、业务能力、纪律作风建设，打造一支忠诚、干事担当、干净自律、充满活力的普陀政法铁军。

【开展“服务企业服务群众服务基层”活动】 3月4日，区委办、区政府办公室（简称区政府办）发出《关于建立区“服务企业服务群众服务基层”活动协调督查办公室及有关运行机制的通知》，在全区范围内开展“服务企业服务群众服务基层”活动。

【深化“最多跑一次”改革】 3月6日，区委发出《关于深化“最多跑一次”改革，进一步优化营商环境的若干意见》，明确要牢牢把握浙江自贸试验区战略定位，以法治化、国际化、便利化为目标，以加快服务型政府和智慧政务建设为主抓手，坚持问题导向，推进24项重点任务，解决营商环境中作风不实、执行不力、办事不畅等问题，加大机制供给创新突破，将普陀打造成为审批最少、流程最优、效率最高、服务最好、企业和群众获得感最强的“五最”沿海开放高地，力争在全省营商环境评价排名中走在前列，为普陀实现高质量发展提供强大助力。

【开展加强海岛教育三年行动】 3月29日，区委办、区政府办发出《关于印发〈舟山市普陀区加强海岛教育三年行动计划（2019—2021年）〉的通知》，明确：到2021年，形成更加优化的渔农村特别是离岛中小学（幼儿园）布局；基本建立起“派得进、留得住、教得好”的离岛教师队伍建设和管理机制；离岛中小学办学设施配置达到主城区学校平均水平；建立全面提升离岛义务教育质量的政策支持体系；离岛学校管理水平和教育质量明显回升，离岛群众对当地教育的信心明显增强。

【开展闲置农房激活行动】 4月

区委书记张立军调研全区民政和慈善工作　（区民政局提供）

3 日，区委办、区政府办发出《印发〈关于实施“闲置农房激活行动”的指导意见〉的通知》，提出要坚持农业农村优先发展，围绕“产业兴旺、生态宜居、乡风文明、治理有效、生活富裕”总要求，盘活闲置农房，以农旅融合为抓手，重点发展乡村旅游、乡村养老等新型业态，实现村集体经济发展壮大，渔农民增收增效和提升素质。

【建立街道民主议事会制度】 4 月 4 日，区委发出《关于建立街道民主议事会制度的意见》，建立街道民主议事会制度，明确街道民主议事会职能、街道民主议事会成员、街道民主议事会的运行机制等内容。

【建立区委常委会廉情分析会议制度】 4 月 4 日，区委办发出《印发〈区委常委会廉情分析会议制度（试行）〉的通知》，建立区委常委会廉情分析会议制度，听取上一季度全区廉情分析报告，针对廉情分析报告所反映问题，进行综合研判分析，部署下一阶段工作任务，根据全区廉情状况及普遍性、规律性问题，建立完善相关规章制度，形成解决问题的长效机制。

【创建国家生态文明建设示范区】

5 月 31 日，区委办、区政府办发出《关于创建国家生态文明建设示范区工作的实施意见》，提出以推动普陀经济高质量发展、创造高品质生活为重点，满足人民生态环境质量需求为根本，推进“省级大花园典型建设试点”等为载体，探索普陀生态文明建设新理念、新举措、新途径，聚焦《国家生态文明建设示范县、市指标（修订）》38 项指标，推进生态制度、生态环境、生态空间、生态经济、生态生活和生态文化等建设，解决大气、水、土壤、固废和生态建设等领域突出环境问题，树立生态环境优美、生态经济发达、生态文化繁荣的特色品牌，早日建成国家生态文明建设示范区。

【加强新时代城市基层党建工作】

8 月 8 日，区委发出《关于加强新时代城市基层党建工作的意见》，把加强城市基层党建工作纳入全区整体工作部署、全国文明城市创建和党的建设总体规划。在《浙江舟山群岛新区（城市）总体规划（2012—2030 年）》明确的中心城区范围内承担综合服务功能的街道区域，以街道、社区党组织为核心，以提升组织力为重点，以“整街推进、整区提升”为抓手，以党建引领基层治理为着力点，构建区街统领、行业引领、区域融合、上下联动的城市基层党建工作格局。

【开展“不忘初心、牢记使命”主题教育】 9 月 12 日，区委发出《关于开展“不忘初心、牢记使命”主题教育的实施意见》，明确区委常委会对标市委常委会，带头开展主题教育，示范带动全区主题教育深入开展。区人大常委会党组、区政府党组、区政协党组结合各自实际开展主题教育。全区“不忘初心、牢记使命”主题教育从 2019 年 9 月开始，11 月底基本结束。参加单位主要是区属机关及其直属单位和企事业单位，街道镇，村、社区，非公有制经济组织、社会组织和其他基层组织。具体到每个单位，开展集中教育时间不少于 3 个月。

【建立区政府向区人大常委会报告国有资产管理情况制度】 11 月 27 日，区委发出《关于建立区人民政府向区人大常委会报告国有资产管理情况制度的实施意见》，建立健全全面规范的区人民政府报告国有资产管理情况制度，加强人大和全社会对国有资产的监督，推进国有资产管理公开透明，为加强国有资产管理和治理体系建设奠定坚实基础，使国有资产更好服务普陀发展、造福全区人民。

区委重要会议

【区委十三届六次全体会议】 2019 年 1 月 3 日召开。学习贯彻习近平关于深化党和国家机构改革的重要论述，落实省委十四届四次全会和市委七届五次全会精神，传达贯彻省委、省政府批复的《舟山市普陀区机构改革方案》，对全区深化机构改革工作进行研究部署、推动落实。

【区第十三次党代会第三次代表会议暨区委经济工作会议】 1 月 10 日在普陀大剧院召开。大会应到正式代表 202 人，实到代表 191 人。区委书记张立军代表中共舟山市普陀区第十三届委员会作题为《推动高质量发展，创造高品质生活，奋力把开放活力的幸福普陀建设推向前进》报告。区委副书记、区长潘晓辉主持会议。大会号召，全区各级各部门和广大党员干部，干在实处、走在前列、勇立潮头，推动高质量发展，创造高品质生活，奋力把开放活力的幸福普陀建设推向前进。戴灵芝、张禾波等区四套班子领导出（列）席会议。

【区委十三届七次全体会议】 1月10日下午召开。听取各代表团讨论情况汇报，听取代表提案工作委员会关于区第十三次党代会第二次代表会议代表提案办理情况的报告，通过第三次代表会议代表提案审查报告（草案），审议通过关于区委、区纪委工作报告的决议（草案）。

【区委十三届八次全体（扩大）会议】 7月22日召开。学习贯彻习近平新时代中国特色社会主义思想，贯彻长三角一体化发展国家战略和省委"'八八战略'再深化、改革开放再出发"重大决策及市委七届七次全体（扩大）会议精神，专题研究自由贸易先行区建设工作，推进"开放活力的幸福普陀"建设。

【区委常委会议】 十三届区委常委会召开25次常委会（第45～69次）。主要议题：研究讨论需区委协调解决的重要事项、重大问题。传达学习习近平在省部级主要领导干部坚持底线思维着力防范化解重大风险专题研讨班开班式上的重要讲话精神，市委七届六次全体（扩大）会议精神，全省宣传思想工作会议精神和全省融媒体中心建设推进会精神，十九届中央纪委三次全会、省纪委十四届四次全会和市纪委七届四次全会精神，市两会精神，全省组织部长会议暨新时代组织工作高质量发展研讨班会议精神，全市宣传思想工作会议精神，全省统战部长会议精神，习近平在中央党校（国家行政学院）中青年干部培训班开班式上的重要讲话精神，全市组织部长会议精神，全省宗教工作督查整改工作会议和全市宗教工作会议精神，省委十四届五次全会精神，习近平在"不忘初心、牢记使命"主题教育工作会议上的重要讲话精神及全省"不忘初心、牢记使命"主题教育工作会议精神，《中共中央关于李平同志搞形式主义、官僚主义案件查处情况及其教训警示的通报》，全国、全省公安工作会议精神，习近平在中央政治局第十五次集体学习时的重要讲话精神，市委七届七次全体（扩大）会议精神，省委组织部部长黄建发调研指导舟山及普陀时的讲话精神，习近平对地方人大及其常委会工作的重要指示精神，省委常委会和省委、省政府视频会议关于全省防御超强台风"利奇马"及抢险救灾工作精神，省委人大工作会议精神，中办发〔2019〕29号文件，全国市县巡察工作推进会精神，市委《重大事项请示报告清单》，2019年省、市统一战线读书会，《中共中央关于加强中国特色社会主义参政党建设的意见》《民主党派代表人士队伍建设规划（2018—2027年）》《各民主党派中央关于新时代组织发展工作座谈会纪要》等会议文件精神，中央、省委政协工作会议精神，《中央生态环境保护督察工作规定》《全省迎接第二轮中央生态环境保护督察部署会精神》，中共十九届四中全会精神，省委常委会扩大会议精神及全市领导干部会议精神，省委十四届六次全会精神，中央统一战线工作领导小组关于宗教工作督察相关情况的通报文件精神，《中国共产党党内法规制定条例》《中国共产党党内法规和规范性文件备案审查规定》《中国共产党党内法规执行责任制规定（试行）》，习近平在中央政治局第十九次集体学习上的讲话及全国安全生产电视电话会议精神等会议文件、指示批示精神。审议《中共舟山市普陀区委关于全力打造普陀政法铁军的实施意见》、关于普陀区机构改革有关部门党组织设立调整相关事宜、2018年政府工作报告、区人大常委会工作报告、区政协常委会工作报告、区人民法院工作报告、区人民检察院工作报告、2018年度街道镇和区属单位及区管领导干部综合考评结果、区委常委会民主生活会区委班子对照检查材料、区纪委全会工作报告、全区2018年度落实全面从严治党主体责任和监督责任检查考评情况的通报、2018年度"最多跑一次"改革群众满意科室（窗口、站所）创建评议情况、《关于推进镇（街道）体制改革工作的实施方案》、普陀区拟调任公务员人选方案、2019年普陀区重大课题清单、2019年普陀区"三重"项目计划和经济产业平台发展工作清单、2019年普陀区政府性投资项目计划、《中共舟山市普陀区委员会关于落实省委巡视组反馈意见的整改方案》、区委常委会2019年工作要点、《普陀区深化"最多跑一次"改革进一步优化营商环境的若干意见》、区委常委分工调整方案、区委常委会巡视整改专题民主生活会对照检查材料、《关于建立街道民主议事会制度的意见》、区委常委会巡视整改专题民主生活会方案、机构改革相关正科级事业单位党组织设立方案、2019年区委理论学习中心组学习计划及区委理论学习中心组学习制度、普陀区党政机关办公用房清理整改实施方案及操作办法、《普陀区委常委会廉情分析制度》《普陀区纪委区监委派驻(出)机构改革方案》《2019年度党风廉政建设和反腐败工作组织领导与责任分工》《中共舟山市普陀区委巡察整改责任追究办法(试行)》、普陀区军地联合指挥部开设方案、全区各街道镇社区村体制改革完善工作方案、普陀城西区块转型发展推进工作方案、《关于创建国家生态文明建设示范区工作的实施意见》、普陀区融媒体中心建设方案、2019年普陀区东西部扶贫协作工作计划、《关于深化普陀区纪委区监委派驻机构改革的意见》、普陀区庆祝中华人民共和国成立70周年系列活动实施方案、《2019年度镇、街道和区属单位及区管领导干部综合考评方案》《中共舟山市普陀区委十三届八次全体(扩大)会议工作报告》《普陀区公务员职务与职级并行制度实施方案》、普陀区新时代城市基层党建系列文件、《推进普陀金融小镇建设工作方案》《舟山市普陀区2019—2030年中心城区学校(幼儿园)建设规划(草案)》《普陀区2019年重大产业项目招引百日攻坚行动方案》、关于设立舟山市生态环境局普陀分局党组的事项、第四届普陀区道德模范名单、《关于高

区委重要文件目录

表6

文　　件　　名	文　号	发文日期
关于全力打造普陀政法铁军的实施意见	普委发〔2019〕1号	2019.1.6
关于印发《舟山市普陀区机构改革方案》的通知★	普委发〔2019〕2号	2019.1.13
关于印发《舟山市普陀区镇(街道)机构改革实施方案》的通知★	普委发〔2019〕4号	2019.2.1
关于2018年度攻坚突破奖的通报★	普委发〔2019〕5号	2019.2.2
关于通报表扬2018年度"幸福普陀"建设先进集体——全区"最多跑一次"改革群众满意科室(窗口、站所)的决定★	普委发〔2019〕7号	2019.1.25
关于表扬2018年度全区社会治理和平安普陀建设工作突出贡献集体和个人的通报★	普委发〔2019〕10号	2019.2.26
印发《关于深化"最多跑一次"改革,进一步优化营商环境的若干意见》的通知★	普委发〔2019〕12号	2019.3.6
关于建立街道民主议事会制度的意见	普委发〔2019〕28号	2019.4.4
关于命名2018年度平安社区(村)和优秀平安社区(村)的决定★	普委发〔2019〕29号	2019.4.17
关于创建国家生态文明建设示范区工作的实施意见★	普委发〔2019〕44号	2019.5.31
关于印发《舟山市普陀区低收入渔农户高水平全面小康计划实施意见(2018—2022年)》的通知★	普委发〔2019〕48号	2019.7.9
关于开展"不忘初心、牢记使命"主题教育的实施意见	普委发〔2019〕51号	2019.9.12
关于加强新时代城市基层党建工作的意见	普委发〔2019〕52号	2019.8.8
关于高水平推进新时代人大工作和建设的意见	普委发〔2019〕53号	2019.10.8
关于表彰"最美普陀人——第四届普陀区道德模范"的决定	普委发〔2019〕55号	2019.10.21
关于建立区人民政府向区人大常委会报告国有资产管理情况制度的实施意见	普委发〔2019〕62号	2019.11.27
关于新时代加强和改进人民政协工作的实施意见	普委发〔2019〕64号	2019.12.9

说明:带★者为区委、区政府联发文件。

水平推进新时代人大工作和建设的意见》《关于加强和改进新形势下宗教工作的实施意见》《关于加强新时代普陀公安工作的实施意见》《普陀区贯彻落实省生态环境保护督察反馈意见整改方案》《生态文明建设工作委员会及办公室机构设置方案》、区委常委会"不忘初心、牢记使命"专题民主生活会方案、区委常委会"不忘初心、牢记使命"主题教育专题民主生活会检视剖析材料、全区担当作为优秀案例、《中共舟山市普陀区委关于新时代加强和改进人民政协工作的实施意见》等事项内容。听取区十七届人大第三次会议、区五届政协第三次会议筹备情况汇报,关于普陀区2018年国民经济和社会发展计划执行情况及2019年国民经济和社区发展计划(草案)的报告、普陀区2018年财政预算执行情况及2019年财政预算(草案)的汇报,区纪委十三届五次全会筹备情况汇报,区人大常委会党组、区政府党组、区政协党组、区法院党组、区检察院党组2018年度履行党风廉政建设主体责任情况及2019年重点工作汇报,区总工会党组、团区委党组、区妇联党组2019年重点工作汇报(书面),关于中央、省委政法工作会议精神及普陀区贯彻落实情况汇报,区委组织部、区委宣传部、区委统战部2019年重点工作汇报,2016—2018年度普陀区文明单位、文明街道镇、文明社区(村)、文明校园评审结果汇报,普陀区"大棚房"专项整治工作汇报,普陀边防部队划转地方公安机关工作情况汇报,区人大常委会讨论、决定重大事项的规定(修订草案)汇报,2019年普陀区宗教重点工作汇报,全区扫黑除恶专项斗争工作汇报,每季度全区廉情分析汇报,区纪委区监委派驻机构运行情况及下步改革要求的汇报,区社科联第二次全体代表大会相关情况汇报,省级食品安全区创建工作相关情况汇报,上半年、三季度全区经济运行情况汇报,关于浙江永跃控股集团有限公司帮扶情况汇报,普陀区文明村镇评审情况汇报,关于普陀区红十字会第六次会员代表大会会议筹备情况汇报,关于舟山万邦永跃船舶修造有限公司45%股权处置情况汇报等。通报省委、省政府批复的《舟山市普陀区机构改革方案》有关精神。研究全区整治形式主义突出问题、落实"基层减负年"工作措施、全区下一步抗灾救灾和灾后重建工作、贯彻落实省委人大工作会议精神意见。审议干部人事调配方案6次、相关人员违纪违法案1次。

(撰稿:曾逸楠)

纪检监察

【概况】 2019年,区委担起管党治党政治责任,抓好省委巡视反馈意见整改落实,推进全面从严治党,持续优化政治生态。全区各级纪检监察组织推进纪检、监察、派驻机构"三项改革",加强纪检监察,为幸福普陀建设提供保障。

区纪委区监委内设:办公室、干部室、宣传教育室、党风政风监督室、信访室、案件监督管理室、第一纪检监察室、第二纪检监察室、第三纪检监察室、案件审理室。辖1个事业机构:区纪委区监委信息技术保障中心。

【十三届区纪委第五次全体(扩大)会议】 2019年1月29日在东港商务中心举行。会议学习贯彻习近平新时代中国特色社会主义思想和中共十九大精神,传达

十三届区纪委第五次全体(扩大)会议 (区纪委提供)

学习十九届中央纪委三次全会、省纪委十四届四次全会、市纪委七届四次全会和区第十三次党代会第三次代表会议精神，回顾总结2018年纪律检查工作，研究部署2019年任务。区委书记张立军出席会议并讲话。区委常委、区公安分局党委书记、展茅街道党工委书记现场述责述廉，区纪委委员现场评议测评。区委常委、区纪委书记、区监委主任徐俊军代表区纪委常委会作题为《忠诚履职尽责，勇于担当作为，为推进幸福普陀建设提供坚强政治保证》工作报告。会议审议通过工作报告和全会决议。市纪委市监委第二纪检监察室主任汤军，区四套班子领导，区法院院长，区检察院检察长，区政协秘书长，区人大、区政协各委主任，各街道镇党（工）委书记、镇长（主任），区属各单位、驻普陀市属有关单位主要负责人、纪检工作负责人，区纪委委员、区监委委员和有关列席人员等150人参加会议。

【区纪委常委会暨区监委委务会】2019年，普陀召开区纪委常委会37次，召开区纪委常委会暨区监委委务会14次，传达学习中央、省、市纪委和区委重要会议精神等，研究召开区纪委全会、全区纪检监察工作会议事项，讨论有关人事事项，研究推进省委巡视整改、加强政治监督、深化监察体制改革、派驻机构改革、党风廉政建设、作风建设、宣传教育、信访举报、审查调查等工作事项。其中，讨论干部人事调整问题10次，研究有关案件工作31次。

【派驻机构改革】5月8日，区委常委会审议通过《普陀区纪委区监委派驻（出）机构改革方案》；5月10日，区委办印发该方案。5月31日，区纪委区监委召开派驻（出）机构改革工作会议，全区纪检监察派驻（出）机构改革工作完成。改革后，在编制不变情况下，区纪委区监委派驻机构由原来的16家整合为10家，其中综合派驻8家、单独派驻2家，平均每家编制5.6名，监督单位49家，分别为：区纪委区监委驻区委办公室纪检监察组、区纪委区监委驻区政府办公室纪检监察组、区纪委区监委驻区委组织部纪检监察组（区委直属机关纪检监察工委）、区纪委区监委驻区委宣传部纪检监察组、区纪委区监委驻区财政局纪检监察组、区纪委区监委驻区经济和信息化局纪检监察组、区纪委区监委驻区教育局纪检监察组、区纪委区监委驻区民政局纪检监察组、区纪委区监委驻区人民法院纪检监察组、区纪委区监委驻区人民检察院纪检监察组。根据省纪委指导意见，除6个副科级组长职数按规定核减外，其他职数全部划转。

【推进政治监督具体化常态化】区纪委区监委把政治建设摆在首位，协助区委召开全区作风建设大会和领导干部警示教育大会；协助建立区委常委会廉情分析会议制度，每季度对全区政治生态建设进行研究和部署；加强政治监督，牵头抓好“不忘初心、牢记使命”主题教育“8+1”专项整治工作，实现各项任务如期完成；严明改革纪律，全程从严监督，保障全区机构改革、社区村体制改革完善等工作顺利完成；结合实际，调整清廉普陀建设重点任务责任分解，督促加快清廉机关、清廉学校、清廉村居等系列示范点建设。服务保障营商环境优化、新旧动能转换、城市有机更新等大事，协助出台全区损害营商环境行为问责办法，实行涉企行政执法检查

全区作风建设暨“三服务”活动工作推进大会 （区纪委提供）

备案制度，开展“最多跑一次”群众满意科室创建活动；建立“纪税协作”机制，开展减税降费政策措施落实情况联合监督，服务民营经济发展；保障全国文明城市创建，对履职不力7名党员干部予以问责并通报；探索镇（村）工程建设领域再监督工作机制，促进相关职能部门履职尽责，助力工程廉洁增效。压紧压实“两个责任”，巩固深化党委（党组）履行全面从严治党主体责任情况报告、党委（党组）主要负责人向纪委全会述责述廉等制度，优化党风廉政建设“互联网+”在线考评模式，考评指标精简50%以上。实施“三重一大”事项网上备案制度，实现决策过程可记录、可查询、可追溯。贯彻执行新修订《中国共产党问责条例》，形成失责必问、问责必严常态。把好党风廉政意见回复关，审核回复意见1758人次。

【推动省委巡视反馈意见整改落实】 针对区委列出的13大类34个方面58个整改“问题清单”，区纪委做好案件查办工作，推动整改到位，全区新建制度105项，完善制度127项；查处问责党员干部187人次，给予党纪处分22人、政务处分10人，清退各类资金164.4万余元，追缴违纪违法所得约320万元。实施政治巡察，分两轮4批次完成对14家区属单位、13个渔农村党组织的巡察，发现各类问题425个，移交问题线索27件，给予党纪政务处分8人。按市委巡察部署，抽调力量配合完成对定海区白泉镇交叉巡察。推进区委巡察制度化常态化，针对巡视反馈5个方面15个具体问题，逐一落实整改、对账销号；建立完善区委巡察机构工作规则、区委巡察整改责任追究办法等制度11项，编印《普陀区政治巡察监督检查内容参考清单》、巡察监督相关文件制度选编等。抓好巡察整改，审核巡察整改方案和整改报告，建立对账销号制度，开展巡察整改“回头看”。

【纠治“四风”】 区纪委区监委执行中央八项规定及其实施细则精神，结合主题教育专项整治，加大正风肃纪力度频度，“一季一主题”严查违规公款吃喝、公款旅游、收送礼品礼金、使用办公用房等突出问题，防止“四风”（形式主义、官僚主义、享乐主义、奢靡之风）问题反弹回潮。全区开展明查暗访111次，发出正风肃纪告知书31份，查处违反中央八项规定精神问题23起28人，给予党纪政务处分20人。开展行政事业单位会议费培训费使用情况和领导干部违规房产交易、违规借贷、利用名贵特产类特殊资源谋取利益等专项整治，查处漏报瞒报房产问题9起9人和违规借贷问题8起8人，并督促职能部门完善制度规定。整治形式主义、官僚主义，加强“基层减负年”监督执纪问责工作，对区委办、展茅街道、东港街道兴普社区省市区三级监测点动态监督和关注，推动解决文山会海、督查检查考核过多过频、过度留痕等问题。全区查处形式主义、官僚主义问题15起16人，给予党纪政务处分4人。

省委第十一巡视组巡视舟山市普陀区情况反馈会 （区纪委提供）

【履行监督第一职责】 区纪委区监委通过受理信访举报、个别谈话、抽查检查、列席民主生活会等，及时发现问题、纠正偏差。实行问题线索集中管理、动态更新和集体会商，加强对函询结果抽查核实。深化运用监督执纪“四种形态”，重视运用第一种形态，做到抓早抓小、防微杜渐。全区运用“四种形态”处理424人次，其中第一、第二、第三、第四种形态分别占80.2%、16%、2.1%和1.7%。坚持澄清正名与回访关爱相结合，为受到不实反映的10名干部公开澄清正名，对64名中共十九大以来受处分党员干部和公职人员开展集中回访。

【整治腐败问题和不正之风】 根据区委主题教育工作部署，区纪委区监委牵头开展扶贫和民生领域不正之风和侵害群众利益问题专项整治，11家部门17项专项整治项目及成果向社会公布；开展扶贫惠民领域腐败和作风问题专项治理工作，针对保障性住房分配政策执行、扶贫惠农“一卡通”管理等情况进行立项监督，发出监察建议书5份，推动整改问题16个。全区查处问责扶贫、民生领域不正之风和侵害群众利益问题28人，其中党纪政务处分2人，追回资金38万余元。查挖涉黑涉恶腐败和“保护伞”，健全与政法机关会商协作机制，坚持一体化推进、联动化协作、清单化管理，全区对涉及“保护伞”问题立案2起，留置1人，问责履职不到位人员7名。推进人防系统腐败问题专项治理，通过“机动式”巡察发现问题20个，移交问题线索3件。

【深化纪检监察“三项改革”】 区纪委区监委坚持党对反腐败工作的统一领导，重大事项、重要工作即时向市纪委市监委和区委请示报告。发挥区委反腐败协调小组作用，制定出台工作规则，强化工作协同。深化监察体制改革，履行宪法、监察法赋予的职责，贯彻执行监督执纪工作规则和监督执法工作规定，打通纪法贯通、法法衔接堵点，深化纪法贯通“五项机制”和法法衔接“123”行动计划，健全与审判机关、检察机关、公安机关等的协作配合机制，推进反腐败工作法治化规范化。全区对35人予以监察立案，对16人采取留置措施。加强街道镇纪检监察工作规范化建设，探索实行派出监察办公室与派驻机构结对互助工作模式，提高发现和处置问题能力，运用“第一种形态”处理229人次，给予政务处分5人，提出监察建议16条。推进区纪委区监委机关与派驻（出）机构“六个一体化”，加强统一管理和单列考核。因地制宜深化派驻（出）机构“片组协作”“立项监督”模式，探索与党委（党组）协作互动、“1+1+8”“1+X专项督查”“走心谈话1+N”等工作机制，发挥探头作用，全年开展内部“立项监督”18次，发现并督促整改问题74个；立案8件，党纪政务处分8人。深化区属重点国有企业纪检监察机制改革，发挥监督探头作用。推进区纪委区监委机关内设机构改革，设立信息技术保障中心，内部协作制约更加有效。

【推进“不敢腐、不能腐、不想腐”】 注重协同高效，发挥“不敢腐、不能腐、不想腐”综合效应，全区各级纪检监察组织处置问题线索438件，立案86件，党纪政务处分75人（其中区管干部21人），移送司法机关4人。查处舟山国际水产城系列违纪违法案件，快速办结由市纪委市监委指定管辖的舟山市菜篮子服务有限公司受贿案件。落实办案安全责任制，规范留置执行工作和“走读式”谈话，守住安全底线。加强和改进信访举报工作，推进纪检监察系统检举举报平台建设。加强案件审理工作，开展纪律处分执行情况监

区四套班子领导到警示教育基地开展警示教育活动 （区纪委提供）

督检查，及时纠正处分决定“打白条”“搞变通”等问题。“一案一析一建议”做好办案“后半篇”文章，督促发案单位开好专题民主生活会、完善监管机制，推动以案为鉴、以案促改。深化警示教育，牵头主抓警示教育月“十个一”活动，全区召开各级警示教育大会104场次；协助打造市级警示教育基地（普陀看守所）和廉政教育基地（蚂蚁岛），接待党员干部7700余人次，全区8名违纪违法党员干部主动向纪委监委投案；联合制发《关于建立党员干部、公职人员违纪违法案件警示教育工作配合协作机制的意见》，推进警示教育常态化。拓展深化清廉普陀“纪律教育基层行”活动，做到基层单位全覆盖，会同区委宣传部出台并落实《关于进一步促进渔农村文化礼堂清廉文化元素培育的实施意见》，组织开展新任科级干部任前警示教育、“清廉普陀·渔我同行”渔民画创作比赛、“莲花洋畔‘廉’花开”清廉书画摄影展等活动。

区纪委区监委机关“不忘初心、牢记使命”主题教育专题党课 （区纪委提供）

【纪检监察队伍自身建设】 区纪委常委会带头加强自身建设，完善并执行科学决策和运转机制、集体学习制度等。加强机关党建工作，成立区纪委区监委机关党委，探索机关党建一体化发展新模式，开展领导干部讲党课、重温入党誓词、主题党日、家访等活动。注重全员学习培训，常态化实施“一月一主题、两月一论坛”学习教育制度，组织开展全区纪检监察干部业务培训班、业务“大比武”现场知识竞赛、笔录制作竞赛等活动15期。坚持多样化选人用人育人，严把干部选拔任用“入口关”，调整纪检监察干部25名。建立青年纪检监察干部学习工作交流会，推进干部队伍培养形成体系和梯队。试行“上挂下派”“跟案实训”等制度，提升干部履职能力。强化自我监督管理，落实“五张清单一张网”，梳理运用纪检监察系统风险防控“三张清单”，聘请首批特约监察员12名，接受各方监督。

（撰稿：苏斌）

区委办公室工作

【概况】 2019年1月机构改革，撤销中共舟山市普陀区委舟山市普陀区人民政府办公室，组建中共舟山市普陀区委办公室（简称区委办），为区委工作机关，正科级，挂区委区政府政策研究室、保密委员会办公室（区国家保密局）、机要局（区密码管理局）、区档案局牌子。区台湾工作办公室（区政府台湾事务办公室）、区委区政府信访局与区委办合署办公。区委全面深化改革委员会办公室设在区委办，接受区委全面深化改革委员会直接领导，承担委员会具体工作；区委国家安全委员会办公室设在区委办，接受区委国家安全委员会直接领导，承担委员会具体工作。区委财经委员会办公室设在区委办，接受区委财经委员会直接领导，承担委员会具体工作。3月，成立区政策研究中心和区接待中心。区政策研究中心为区委、区政府直属的相当于正科级公益一类事业单位，委托区委办管理。区接待中心为区委办管理的相当于副科级公益一类事业单位。区委办下设秘书科（人事教育科）、综合科、法规科、信息科、机要保密科、督查考评科、档案业务督导科（行政审批科）、信访综合科（复查复核科）、办信科（网上信访科）、对台综合科（交流联络科)。

【综合文稿工作】 2019年,区委办完成"区十三次党代会三次代表会议暨区委经济工作会议报告""区委十三届八次全会报告"等事关全区发展重要文稿及"优化营商环境大会""'不忘初心、牢记使命'主题教育推进会"等重大会议、专题会议材料60余份。起草把关全区工作情况汇报、专项工作汇报、重要情况反映、对外宣传文稿等材料150余篇,多次协助在《人民日报》《经济参考报》《浙江日报》等省级以上刊物上发表文章。

【政策研究】 区委办围绕区委中心工作,开展多种形式的专项调研,做好调研成果转化。参与高质量建设幸福普陀路径研究、自由贸易先行区打造、社会治理现代化研究、社区村体制改革完善等工作,完成《普陀幸福之路》。围绕全区经济社会发展的根本性、战略性问题,以及群众反映的热点、难点问题,推动相关单位深入开展调研,汇总梳理调研成果并编印成册,形成《2018年普陀调研课题文集》。组建联合课题组开展调研,撰写调研文章,形成《普陀政研》10期,得到区委主要负责人批示6次。

【信息工作】 区委办发挥信息部门综合指导作用,抓好骨干信息员、特约信息员、紧急信息员队伍建设,探索日常信息导引单、重点信息约稿单、精品信息编报单、录用信息反馈单等"四单并行"工作机制,推动信息工作出精品、再突破、走前列。其中,《普陀区以"海陆普陀"牵手打造省际合作发展示范区》《普陀区探索绿色修船共同体推动船舶工业高质量发展》等10余篇特色做法稿件被省委、省政府录用,《普陀区打造"银发好网民"品牌构建网络综合治理新格局》编入省委工作交流,《普陀区认真贯彻习近平总书记重要指示精神以"蚂蚁岛精神"引领新实践打造海岛振兴新样板》编入上报中办专件,实现中办专件零突破。全年被省委、省政府录用81篇,市委、市政府录用57篇。其中,省委、省政府转报中办国办49篇,省市领导批示9次。编发《普陀信息》139期,处理紧急信息300余条,区领导批示17次。全年信息工作考核得分位居全市前列。

【办文办会】 区委办落实"基层减负年"要求,控制"三类文件"发文数量,发文总量精简38.5%。推进党内规范性文件备案、法规工作制度建设等法规性工作,向上备案规范性文件11件。抓好领导批示件流转落实,办理市委领导批示件、交办件28件,区委领导批示件263件,办复率100%。精简会议数量,推行"多会合一",执行会议活动审批备案、全区性会议活动统计等制度,控制会议活动,至11月底,召开的全区性会议同比减少38.46%。改进会议组织形式,规范会议程序,严肃会议纪律,较好完成区第十三次党代会第三次会议、十三届区委七次、八次全会及机构改革动员大会、作风建设暨"三服务"活动工作推进大会、五大会战联席会议暨三重项目推进会等重要会议会务保障工作。

【督查考核】 区委办执行督查检查考核事项审批备案制度,针对对象相同、方式相似、区域相近的督考项目进行整合,安排督考事项34项,在2018年下降75%基础上再减5项,提高督考针对性。用好"四季竞赛"载体,细化目标、季度公示,形成常态化督考机制。聚焦"五大会战"、经济产业平台、"三重"项目、民生实事项目等重点工作,形成包含22项重点工作的专报制度,每月呈报区领导。围绕"三服务"工作,设立问题清单、落实清单、责任清单"三张清单",收集问题1120个,办结1105个,办结率98.7%,2例经验案例入选全省"三服务"活动典型案例。对《今日聚焦》《新区聚焦》、媒体网络平台曝光的问题,实现"次日落实",建立常态化专报制度,完成整改《新区聚焦》曝光问题26个,《今日聚焦》曝光问题1个。

【综合协调】 区委办推进机关内部办事"最多跑一次"改革,编制办事指南,优化办事流程,梳理事项15项,已实现"最多跑一次"100%,实现网上办理率64.3%,办事申请材料平均压减率50%,办结时限平均压减率60%。完成中央、省、市各级领导、党政代表团及各类大型会议接待工作。

【机要保密】 区国家保密局、区机要局(区密码管理局)规范密码电报各项处理环节,确保密码通信安全畅通,全年无失泄密和丢失压误事故发生。保障省、市涉密会议 26 场,收发各类电报 700 余份。

(撰稿:曾逸楠)

组织工作

【概况】 2019 年,区委组织部内设办公室、调研室、组织科、两新党建科、干部科、公务员科、人才科、机构编制管理科、机构编制督查科、机关党群科、老干部科、干部监督科。区委机构编制委员会办公室、区委直属机关工作委员会、区委老干部局、区委新经济与新社会组织工作委员会(2019 年 3 月撤销事业机构)、区公务员局牌子在区委组织部挂牌。管理副科级事业单位区人才发展中心。辖股级事业单位:党员教育中心、事业单位登记中心、机构编制电子政务中心、老干部活动室、老干部教育培训中心(挂区老年大学牌子)、人才储备中心。

至年底,全区有基层党组织 938 个,其中党委 65 个,党总支 88 个,党支部 785 个。有党员 18214 人(正式党员 17923 人,预备党员 291 人),其中女党员 5928 人,占党员总数 32.55%。按年龄分:35 岁及以下党员 3757 人,占 20.63%;36 ~ 45 岁党员 3258 人,占 17.89%;46 ~ 55 岁党员 3651 人,占 20.04%;56 ~ 60 岁党员 1749 人,占 9.60%;60 岁及以上党员 5799 人,占 31.84%。按学历分:研究生 273 人,占 1.50%;大学本科 4627 人,占 25.40%;大专学历 3465 人,占 19.02;高中、中专学历 3240 人,占 17.79%;初中及以下 6609 人,占 36.29%。离退休人员 4146 人,占 22.76%;其他 3048 人,占 16.73%。

全区有区管领导干部 528 人。其中正科级(或相当于正科级) 176 人,副科级(或相当于副科级) 352 人;部门局办科级领导干部 387 人,街道镇科级领导干部 141 人;女干部 88 人;非中共党员 28 人。平均年龄 45.6 岁,其中正科级平均年龄 47.9 岁,副科级平均年龄 44.3 岁。大学及以上学历 480 人,大专学历 48 人。

全区有公务员(含参公) 1859 人,其中公务员 1430 人,参照公务员法管理机关(单位) 429 人;区级机关 1157 人,街道机关 112 人,镇机关 161 人,群团机关 40 人,参照事业单位工作人员 389 人;女性公务员 478 人;非中共党员 550 人;博士 2 人,硕士 111 人,本科 591 人。平均年龄 42.04 岁。

【公务员登记】 2019 年,普陀区登记公务员 104 人,参照公务员 31 人。其中,2018 年录用的公务员试用期满转正 40 人,军转干部 81 人。重点做好行政机关与参公单位交流人员重新登记 14 人。

【公务员录用与退休(辞职)】 2019 年,全区"双一流"(世界一流大学和世界一流学科)选调生招录 6 人,公开招考公务员 21 人,分配专职人武干部 1 人,合计录用公务员 28 人。其中,街道镇机关 6 人,区属部门 22 人。按学历分:研究生 9 人,本科 19 人。

2019 年办理公务员退休 31 人,其中机关 23 人、参公 8 人,按相关规定申请提前退休 2 人。办理公务员辞职(辞退) 1 人。

【公务员培训教育】 2019 年,普陀区 22 名新录用公务员参加培训,15 名新录用公务员参加基层锻炼。476 名公务员分三期在区委党校进行为期 3 天的 2019 年度公务员学法用法脱产集中培训,轮训内容以宪法、行政法和公务员法为主,并结合舟山群岛新区建设实际,增设舟山自由

全区公务员学法用法轮训 (区委组织部提供)

贸易港区发展相关知识。全区1345名科级以下公务员全部完成学法用法三年轮训(2017年起始)工作。

【公务员考核】 按公务员年度考核有关文件,区委组织部、区公务员局做好2018年度公务员考核审核工作,对各单位上报名单逐一核对,按核定优秀比例进行审核,对有处分的人员也逐一审核,确定相应等次。审核机关(含参公)工作人员1177人,其中优秀230人、称职913人、不定(没有)等次34人。2019年做好公务员健康休养工作,确定参与公务员健康休养39人。5月,区委、区政府授予2016—2018年连续三年考核优秀34名公务员三等功。

【公务员职级晋升】 2019年,普陀区完成符合《县以下职务与职级并行实施方案》条件的38名公务员职级晋升工作。贯彻《公务员职务与职级并行制度实施方案》,全区综合管理类公务员1338人。套转后二级调研员14人,四级调研员77人,二级主任科员373人,四级主任科员272人,一级科员278人,总计套转1014人。根据组通字〔2019〕2号文件精神,做好公安人民警察、技术职务人员工资套改工作,套改警员(警务技术人员)职务序列175人,晋升警员(警务技术人员)职务序列213人。

【干部调配】 2019年,全区调整干部6批,调整干部222人次,提任区管科级领导干部53人(提任正科级10人,提任副科级37人,转任重要岗位6人),其中女干部9人,"90后"干部2人;平职交流133人次,安置团职军转干部4人,退出科级领导职务24人。

【人事制度改革】 普陀区深化干部锻炼考察选拔"三个一线"培养机制,统筹选派192名干部参与省外先进地区、市属部门、新区重点平台、区"三重项目"等各地各单位挂职,提拔或重用一线干部34人,占全年新提任领导干部65.4%。建立与对口协作地区干部、人才常态化交流挂职机制,选派10名普陀专业技术人才赴万源短期挂职,做好13名四川万源党政干部和专业技术人才到普陀挂职工作。开展"担当作为"案例评选工作,选树一批在推进"五大会战""三重项目"、文明城市创建、社会治理和基层一线工作中担当作为、实绩突出的优秀案例,引导普陀担当作为干部好风尚。完成全区机构改革班子调整配备和集中授牌工作,全年组织开展干部调配工作7次,提拔或转任重要岗位区管领导干部52人。拓宽选人用人视野,重点向基层一线和优秀年轻干部倾斜,从海岛乡镇提任干部12人,占比23.1%;提任35周岁以下年轻干部14人,占比26.9%。

【干部教育和培训】 普陀区突出干部专业教育培训,实施干部专业化能力提升计划,办好干部教育培训主体班次,开展营商环境打造、城市有机更新、新旧动能转换、领导干部防范化解风险能力等专题培训班4期,累计培训领导干部260余人次。印发《普陀区管领导干部教育培训学分考核办法》,规范区管领导干部教育培训工作。围绕提升干部的党性意识和综合素质,开办区第二十期中青年干部培训班,49名中青年干部参训。建立与对口协作地区干部、人才常态化专业培训机制,累计培训四川万源70名党政干部和150名专业技术人才。统

普陀区第二十期中青年干部培训班 (区委组织部提供)

筹全区优秀年轻干部，建立165名优秀年轻干部人才库。开展“数字经济的浙江选择与舟山建设”“关于健康旅游产业发展机遇与未来”等主题集中授课9次，自主学习120次。持续完善和落实谈心谈话制度，了解干部思想动态，尤其关注海岛乡镇干部身心健康，在新旧动能转换主体培训班引入心理测评课程，评估干部心理健康状态。拓展公务员职级晋升渠道，做好8名区管领导干部职级晋升和11名干部调任工作。加强干部档案管理，印发《普陀区干部人事档案审核全覆盖工作实施方案》，开展档案专项审核“回头看”和“全覆盖”工作，组织58家单位进行档案跟班学习，提升干部档案信息化水平。

【干部管理和监督】 普陀区开展选人用人突出问题和干部因私出国（境）专项整治，对发现的干部工资关系应转未转问题、长期借用下属事业单位人员问题及时整改到位，新增因私出国（境）登记备案人数183人，实现公职人员管理全覆盖。落实干部日常监督管理，制定《干部监督信息沟通办法》《舟山市普陀区中层干部任用管理办法》等制度，建立干部监督工作联席会议机制，落实中层干部选拔任用，完成37家单位中层预审方案的审批和16家单位的重要岗位资格联审。研究制定《舟山市普陀区12380信访举报工作规程》，细化信访线索登记、呈批、办理、了结等环节，加强对干部公示信访举报的查核力度，规范信访受理调查程序。制定《舟山市普陀区领导干部社会团体兼职审批流程规定》，规范领导社团兼职审批工作流程。推进经济责任审计工作，对区司法局等5家单位开展经济责任审计，对虾峙镇开展自然资源资产审计，对团区委等10家单位开展领导干部离任审计工作。落实个人有关事项填报各项规定，组织开展2019年度领导干部个人有关事项集中填报工作，做好干部考察、届中调研和按10%比例抽查个人事项查核比对工作。配合做好省委巡视反馈问题整改工作，对选人用人专项检查3个立项督办件进行调查核实，形成选人用人专项检查反馈意见的整改工作报告。

【基层组织建设】 2019年，普陀区开展“不忘初心、牢记使命”主题教育，推进党的组织体系建设，推动基层党建“全领域建强、全区域提升”。坚持把学习教育、调查研究、检视问题、整改落实四项举措贯穿始终，全区938个基层党组织、18000余名党员以各种形式、各种途径参加主题教育。实施基层党建突出问题专项整治行动，完成17个整转后进党组织整转，19个未按期换届基层党组织整改；完成区人才服务机构党员组织关系挂靠人员清理整顿。启动新一轮“整乡推进、整县提升”三年行动计划，完成2个示范街道镇建成，实现全区达标村超过90%，示范村超过20%等目标。开展扫黑除恶专项斗争，建立完善村党组织书记区级备案制度、区村干部资格条件常态化联审机制、异常情况定期排摸制度等制度，全年清理受过刑事处罚、不称职不胜任的村“两委”成员8人。打造“蚂蚁岛红色故事”品牌，选送《红色蚂蚁岛》参选“浙江省红色故事会”大赛并获“最佳创意奖”，创建“西泠书画艺术中心蚂蚁岛创作基地”、“蚂蚁岛精神进万家”数字电视平台等建设完善蚂蚁岛精神红色教育基地2.0版本。调整完善党组织设置，在全区机构改革中，党组更名3个，党

全区“不忘初心、牢记使命”主题教育工作会议　（区委组织部提供）

组(党委)撤销13个,新设党组(党委)14个,经调整,全区有党组44个(含党组性质党委4个)。抓好组织生活规范化建设,全面推广使用舟山共产党员E家平台,各党支部活动录入达标率超过86.5%,达标率位居全市前列。实施“红色头雁”培育工程,打造六横镇龙山新村党总支书记俞良红、虾峙镇东晓村党总支书记朱永仕等2个村书记“红色头雁”工作室。完成大学生“村官”清零工作,全区在职大学生“村官”全部完成解聘、转岗手续。

【社区村体制改革】 普陀区完成社区村体制改革完善工作,全区原有69个(社区)村、189个(股份)经济合作社经改革,调整优化为74个村、74个渔农村(股份)经济合作社,村总数增加5个,(股份)经济合作社总数减少103个,减少数量全市第一,占全市近一半。改革后,全区渔农村全部实现一村一社。74个村中,实现完全融合69个,5个村采取协商融合模式。实施乡村振兴战略,推动普陀农村商业银行党委与全区各地党(工)委建立党委协作联盟,普陀农村商业银行各支行党支部与辖区内各村(社区)党组织建立村银共建联盟。

【党员队伍建设】 2019年,普陀区按“不断改善党员队伍结构、提高党员队伍素质、保持党员队伍生机活力”党员发展工作要求,发展党员271人。其中:男148人,女123人;汉族270人,少数民族1人;35岁及以下160人,36~45岁78人,46~60岁33人;研究生学历5人,大学本科学历123人,大学专科学历66人,高中、中专学历39人,初中及以下学历38人。党员受党的纪律处分58人,其中警告39人,严重警告9人,留党察看2人,开除党籍8人;出党17人,其中开除党籍8人,劝退3人,自行脱党除名4人,取消预备党员资格2人。

普陀区基层党建案例获评全国城市基层党建创新优秀案例 (区委组织部提供)

【城市基层党建】 2019年,普陀区落实中央有关加强城市基层党建工作部署要求,制定《中共舟山市普陀区委关于加强新时代城市基层党建工作的意见》《舟山市普陀区城市专职社区工作者管理办法(试行)》《舟山市普陀区城市专职社区工作者绩效考核办法(试行)》等系列文件进行系统部署谋划。制定《普陀区“兼合式”党支部以奖代补工作方案》,加强对“兼合式”党组织保障支撑。构建街道“大工委”—社区“大党委”—小区“兼合式”党组织三级组织框架,组织开展“党建+志愿服务”行动和创城“党建引领”主题月活动,推动小区党员参与创城志愿服务、助力垃圾分类行动、老旧住宅小区改造入户走访。至12月,全区成立街道“大工委”2个,社区“大党委”25个,“兼合式”党组织134个,各“兼合式”党组织开展活动1500余次,覆盖党员7000余人。普陀区《打造“小岛迁,大岛建”背景下海岛城市基层党建模式的探索与实践》,被评为全国城市基层党建创新优秀案例。

【“两新”组织党建】 2019年,普陀区落实“不忘初心、牢记使命”主题教育,围绕“大学习、大调研、大走访”开展“三服务”活动,走访区级以上双重管理“两新”组织党组织15家,指导解决个别“两新”组织未按期换届等问题10个。通过“线上+线下”方式梳理回顾11家区级以上双重管理“两新”组织党建历程,在《今日普陀》

以2个专版刊登“普陀区两新组织国庆党建巡礼”。牵头搭建各街道镇党(工)委、社区(村)党组织与农商行党委之间建立党建联盟服务乡村振兴平台,实施乡村振兴战略。与区工商联联合举办“普陀区非公经济‘两个健康’主题教育培训班”1期,42名“两新”组织党建负责人、新生代出资人等参与培训。先后选派64名非公企业新生代出资人、“两新”组织书记、“两新”组织党务工作者参加全市各类培训班3期。分赴台州、岱山组织开展2期普陀“两新”党建主题论坛。全年给“两新”党组织新增12个党员发展名额。完成北京、上海、杭州三大商会党组织隶属关系调整工作,更新区委“两新”工委成员单位至16名成员(15家单位)。年底,全区有非公企业党组织222家(其中联合党组织40家),新社会组织党组织53家,“两新”组织党员计2300余人。

【党代表任期制工作】 2019年,普陀区深化区、街道镇党代会年会制,做好中国共产党舟山市普陀区第十三次代表大会第三次代表会议、中国共产党舟山市普陀区第十三次代表大会第四次代表会议各项准备工作,指导各镇开好党代会年会,深化街道党员代表会议制度。指导督促相关单位及时办理区党代会代表提案17件,意见建议5件。组织市、区党代表列席区委有关重要会议,参与各级各类问卷调查等评议活动,在区党代会前组织基层党代表开展主题视察活动。

【老干部工作】 2019年,全区有离休干部29人,其中异地安置1人。加强思想政治引领,举办“政治大课堂”“不忘初心,牢记使命”主题座谈会等各种形式政治学习。完善社区医生上门服务签约机制,调整加强医护力量,6个家庭医生签约服务团队常态化开展每月至少两次上门随访,累计上门服务800余次。邀请专家开展每季度一次健康养生专题讲座4次。巩固完善老干部“三个机制”,召开全区老干部工作会议,通报离休干部各项福利待遇落实情况;持续完善和推进“三五零距离”(“五心”“五进”“五必访”)工作机制,对接浙江海洋大学团委、团区委,组织开展高校大学生志愿者与离休干部互助互访结对活动,形成常态化机制。开展“辉煌七十载　银耀新时代”庆祝中华人民共和国成立70周年主题系列活动,组织老干部“走、看、促”活动,考察天颐老人院、普陀田园综合体、浙江海洋大学等全区重大实施项目建设成果6次。开展重大节庆日、生日祝福、住院探望、家庭变故、临终关怀等亲情服务141人次,节假日电话慰问150人次,为老干部解决各类问题和困难18次。持续开展“银辉耀党”机关党建服务发展品牌创建活动,“银辉耀党”党建品牌创新工作被评为全省老干部工作部门优秀案例,全区组织系统优秀案例。开展离退休干部党建“五百工程”,首批已完成红色讲师、离退休干部党建共享基地、老干部品牌工作室“三个一”省级推荐申报工作。抓好党员“社区共创”,组织党员到居住地社区党组织或小区“兼合式”党组织报到参加志愿活动。完善党员动态信息资源库和组织生活系统,将党员信息及党务工作动态在电子系统中及时记录更新,加强对党员经常性教育和规范化管理。老年大学临时党支部和老干部书画

区委老干部“不忘初心　牢记使命”主题教育活动（区委老干部局提供）

摄影研究会临时党支部被省委老干部局命名为“最美离退休干部党支部”。

【老年大学】 2019学年，区老年大学招收学员1183人，1600人次。设29个专业，46个班级，聘任教师31人。表彰先进集体15个，先进个人197个，优秀志愿团队3个，优秀志愿者10个。利用始业教育、课前5分钟政治学习等制度，宣传党和国家重大决策和战略部署。提升教学水平，开设教师公开课6次，座谈会2次，教师满意测评率达97.3%。改善老年教育条件，将老年大学一楼整层打造成“老党员驿站”，整个驿站按“议事决策、执行落实、作为展示、休憩充电、走廊文化”五个功能板块设计，通过氛围营造，为老年人提供家的感觉。拓宽办学渠道，在东港幸福会所、城北天颐老人之家、新街社区和大蒲湾社区新增4个基层教学点。设立“老干部爱心微基金”，为困难学子送上助学金累计5万元。“银辉耀党”志愿服务团队被省、市、区评为最美志愿服务团队。

【关心下一代工作】 至2019年年底，普陀区关心下一代工作委员会（简称关工委）有成员单位21个，街道镇关工委10个，学校关工委25个，社区关工委30个，行政村关工委51个，民营企业关工委2个，特色关工委2个，青少年校外教育基地10个，工作室4个。区关工委专门聘任350名“五

区关工委在蚂蚁岛开展“寻红色印记　扬爱国情怀”中小学红色研学夏令营（区委老干部局提供）

“银辉耀党”志愿服务队在天颐老人之家慰问演出（区委老干部局提供）

老”辅导员，其中“五老”骨干14人，建立对全区各中小学、街道镇关工委进行指导和开展活动。持续开展社会主义核心价值观教育活动，全区各级关工委动员“五老”辅导员到各爱国主义教育基地、学校、社区等进行巡回宣讲35场。清明节期间，区关工委联合团区委、区教育局共同开展“缅怀英雄先烈，传承红色基因”主题活动，组织区“五老”辅导员到爱国主义教育基地进行为期3天宣讲，有2500名青年团员、中小学生、社区群众接受教育。暑假期间，与区教育局共同组织全区小学生46名到3个校外基地开展红色研

学夏令营；寒暑假期间，指导各社区开展青少年教育实践活动，组织各类活动120场次，吸引青少年6100人次。在东港中学阎受鹏乡土文学工作室开办“乡土文学”拓展班，开展每周一课常态化培训。“六一”儿童节期间，开展“六一老少同乐”扶贫帮困，联合区计生协会、区红十字会以及区关工委“五老”分别为螺门、平阳浦、朱家尖3所学校品学兼优的学生们送去慰问金、学习用品、体育器材以及书籍，总价值近1.5万元，文艺演出2场。开展关工委“福彩暖万家”专项资助活动，资助全区12名贫困大一新生每人8000元；组织“五老”辅导员到普陀区各中小学开展法制教育活动，累计发放各类法律法规图书、宣传折页5000余份。

【人才工作】 2019年，普陀区引育发展紧缺急需各类人才，新引育C类以上人才10人，比上年增长42.9%，为历年最高，列全市第一。其中，国际级顶尖人才1人，国家级杰出人才3人。自主培育省“千人计划”专家1人，省“海外工程师”1人，“高精尖”人才引育实现新突破。引进高校毕业生2314人，比上年增长8.9%。新推荐申报“5313”行动计划58个，获评15个，推荐数和获评数均列全市第一。新注册落户科创领军人才企业10家，注册资金1.59亿元。逐年加大区级人才财政专项投入，全年达到6310万元。省级及以上媒体刊物20余次介绍全区人才工作情况。动态完善人才政策体系，研究出台《普陀区科技创业领军人才（团队）项目创业资助经费管理办法（试行）》《舟山市普陀区人才公寓管理办法（试行）》等具体办法和操作细则。国际健康产业中心累计引进博士等高层次人才10人以上。普陀湾众创码头获评“全国创业孵化示范基地”，转业退伍军人创业园为全省首个退役军人创业示范园。推进政产学研协同创新平台建设，新增国家高新技术企业14家，新建院士专家工作站2家。举办“中国（浙江）自贸试验区生命健康人才高峰论坛”“普陀论健高峰论坛”“海陆普陀”战略合作活动对接会等招才招商一体化活动。推进人才事项办理“一件事”改革，梳理人才认定、周转住房、购房补贴、子女就学等6项人才高频办事事项，优化整合表单，缩短人才服务事项办理、流转审批时限，实现人才“最多跑一次”。提升人才公寓、人才购房、子女入学、就医绿色通道等人才公共服务功能。兑现各类人才政策，全年新认定人才98人，提供人才公寓80套，发放各类人才津贴补助128万元和购房补贴430万元。

【制度建设与组织工作宣传】 2019年，区委组织部出台《关于全面实施农信金融服务进网格工作的通知》《关于推进实施〈舟山市“整乡推进、整县提升”渔农村基层党建工作三年行动计划（2019—2021年）〉的通知》《关于印发〈普陀区不合格党员组织处置工作实施办法（试行）〉的通知》《关于印发〈普陀区干部人事档案专项审核全覆盖工作实施方案〉的通知》《关于基层组织建设领域开展新一轮涉黑涉恶线索及异常情况集中排摸工作的实施方案》《关于印发〈普陀区社区村体制改革清产核资工作方案〉的通知》《关于印发〈在全区知识分子中开展“弘扬爱国奋斗精神、建功立业新时代”活动实施方案〉的通知》《关于印发〈舟山市普陀区机构改革后镇（街道）工作人员专题培训实施方案〉的通知》等制度及意见。完成调研文章5篇、创新项目5个。其中，《普陀区关于加强和完善公务员考核体系建设的探索》获全市组织系统优秀调研成果，《普陀区构建党建引领小区治理新模式》《普陀区深化打造“@未来共享学堂”》获全市组织工作创新项目。组织工作信息被中央组织部录用2篇、被省委组织部录用4篇。有关组织工作报道，在中央级媒体报道5篇，省级媒体报道60余篇。区委组织部获2019年度全市组织系统信息宣传工作先进。

（撰稿：谷书丽）

机构编制管理

【概况】 2019年，区委机构编制委员会办公室（简称区委编办）贯彻学习中共十九大精神，围绕深化党政机构改革总体目标，做好机构改革工作，持续推进“放管服”改革，科学配置机构编制资源，为建设幸福普陀提供体制机制保障。

至年末，全区机关行政编制总数为1634名，其中党政群行政编制454名（含2名物价专项编制）、政法专项编制700名、街道230名、镇250名。

1月15日，普陀区机构改革动员大会召开 （区委编办提供）

【党政机构改革】 1月13日，区委、区政府印发《舟山市普陀区机构改革方案》。区委设置纪检监察机关1个(纪律检查委员会与监察委员会合署办公，实行一套工作机构，两个机关名称)，计入机构限额的工作机关6个：办公室、组织部、宣传部、统一战线工作部、政法委员会、巡察工作领导小组办公室；不计入机构限额的议事协调机构10个：全面深化改革委员会办公室(设在区委办)、全面依法治区委员会办公室(设在区司法局)、国家安全委员会办公室(设在区委办)、网络安全和信息化委员会办公室(设在区委宣传部)、财经委员会办公室(设在区委办)、外事工作委员会办公室(设在区政府办)、军民融合发展委员会办公室(设在区发展和改革局)、审计委员会办公室(设在区审计局)、教育工作领导小组秘书组(设在区教育局)、区委区政府农业和农村工作领导小组办公室(设在区农业农村局)。区政府计入机构限额的工作部门21个：办公室、发展和改革局、经济和信息化局、教育局、公安分局、民政局、司法局、财政局、人力资源和社会保障局、住房和城乡建设局、交通运输局、农业农村局、商务局、文化和广电旅游体育局、卫生健康局、退役军人事务局、应急管理局、审计局、统计局、综合行政执法局、海洋与渔业局；市级部门派出机构计入机构限额2个：自然资源和规划分局、市场监督管理分局。

1月17日，召开区级机构改革部门“三定”和人员转隶工作部署培训会，推进部门“三定”和人员转隶工作。组建工作专班集中审核“三定”规定，按国家法律、法规及相关文件并对照省、市部门“三定”规定，严格“三报三审”程序，认真审核把关。3月底，28家党政部门和9家街道镇“三定”方案全部印发完成。根据“编随事走、人随编走”原则，重点对照职责、机构编制划转要求，把好人员转隶关口，完成226名人员转隶工作。同步做好卫健部门与民政部门等涉及职责划转部门职能承接协调工作。

【事业单位改革】 普陀区结合党政机构改革，开展区级事业单位调整工作，统筹推进承担行政职能的事业单位改革。区级42家承担行政职能的事业单位全部还政于政，改革后保留设置的事业单位名称不再称“委、办、局”。3月19日，区委机构编制委员会发出《关于调整舟山市普陀区科

1月17日，普陀区机构改革部门“三定”和人员转隶工作部署培训会召开 （区委编办提供）

级事业机构的通知》，设立正科级事业机构 11 家、副科级事业机构 17 家。

加大“小、散、弱”事业单位撤并力度，推进职能相近事业单位机构整合，区属股级事业单位调整工作基本完成，撤销机构 16 家，新设 9 家，涉及更名 70 家，机构数量由原来的 218 家精简到 211 家。按精干高效原则，优化设置区属科级事业单位，经市里批复同意普陀区设立科级以上事业单位 26 家，基本完成“三定”规定印发。

【正科级事业单位】 3 月，普陀区实施事业单位机构改革。设立区政策研究中心；设立中共舟山市普陀区委党校（区行政学校）；设立区融媒体中心（区广播电视台）；原区精神文明建设委员会办公室（区政府创建办公室）更名为区精神文明建设指导中心（区政府创建中心）；区旧城改造管理办公室更名为区旧城改造中心；区机关事务管理局更名为区机关事务管理中心；区经济合作与招商局更名为区投资促进中心；中国（浙江）自由贸易试验区普陀综合事务局更名为中国（浙江）自由贸易试验区普陀综合事务中心；撤销中共普陀区委新经济与新社会组织工作委员会；撤销区流动人口服务管理局。

【副科级事业单位】 普陀区设立区大数据管理中心；设立区科技创新发展中心；设立区海岛旅游发展研究中心；设立区医疗保险服务中心；中共舟山普陀区委、舟山市普陀区人民政府接待办公室更名为舟山市普陀区接待中心；区党管人才工作领导小组办公室更名为区人才发展中心；原中共舟山市普陀区委、舟山市普陀区人民政府新闻办公室（区互联网信息办公室）更名为舟山市普陀区互联网信息中心；原区口岸与海防管理办公室更名为区口岸开放服务中心；原区金融工作办公室更名为区金融发展中心；区沈家门港建设管理办公室（区综合执法大队、区鲁家峙大桥通航水域安管站）更名为区沈家门渔港发展中心；区人民防空办公室更名为区人防事务中心；区住房保障和房产管理局（区城建档案馆）更名为区住房保障服务中心（区城建档案馆）；区防汛防旱防台指挥部办公室更名为区应急指挥中心；撤销区史志办公室；撤销中共舟山市普陀区委新经济与新社会组织工作委员会教育培训中心；撤销区基层组织“网格化管理、组团式服务”工作领导小组办公室，相关职能并入区社会治理综合服务中心。

【股级事业单位】 2019 年，普陀区设立区退役军人服务中心；设立区纪委区监委信息技术保障中心；撤销区机关效能监察投诉中心（社会舆情研判会办中心、经济环境投诉中心）；区党员电化教育中心更名为区党员教育中心；区事业单位登记管理局更名为区事业单位登记中心；区机构编制实名制管理办公室更名为区机构编制实名制管理中心；撤销区人才服务中心；区互联网信息办公室更名为区网络舆情与网络安全应急中心；区委建设“平安普陀”领导小组办公室更名为区平安建设指导中心；设立区法学会秘书处；撤销区信息技术管理服务中心；区重点项目前期工作办公室更名为区重点项目前期服务中心；撤销区散装水泥和墙体材料改革办公室；区中小企业局更名为区中小企业服务中心；撤销区科技联合开发中心（区科技创业服务中心）；区地名委员会办公室更名为区区划地名管理服务中心；区低收入核定中心加挂区社会捐赠服务中心牌子；撤销区社会福利有奖募捐委员会办公室（挂社会捐赠管理服务中心牌子）；区畜牧兽医局（挂区动物卫生监督所牌子）更名为区畜牧兽医站，不再加挂区动物卫生监督所牌子；区农经管理站（挂区扶贫工作办公室牌子）承担的行政能回归机关，不再加挂区扶贫工作办公室牌子；区农业工作站（挂区农产品推广中心牌子）不再加挂区植物检疫站牌子；撤销区水文站、区农业综合开发办公室；区财务监管中心更名为区国有企业财务管理中心；区财政局（地税局）信息中心更名为区数字财政管理中心；区人才市场开发管理办公室更名为区人才市场开发管理中心；区就业管理服务处更名为区就业管理服务中心；撤销区人力资源和社会保障培训中心；区拥军优属拥政爱民领导小组办公室更名为区拥军优属拥政爱民服务中心；设立浙台（舟山普陀）经贸合作区发展中心；区“菜篮子”工作领导小组办公室更名为区“菜篮子”工作服务中心；设立区渔港管理站；保留区渔业技术培训中心，不再加挂区海洋与渔业信息中心牌子；撤销区海域海岛使用权储备(交易)中心;区会展经济办公室(挂区文化体育产业服务中心牌子)更名为区会展经济中心(挂区文化旅游产业服务中心牌子);撤销区旅游服务中心;区防汛防旱防台指挥部办公室更名为区应急指挥中心;区安全生产培训中心更名为区应急管理宣教中心;设立浙江普陀经济开发区管委会企业综合服务中心;区建筑工程质量安全监督站更名为区建筑工程质量安全管理站;撤销区六横房地产管理处,职能并入区住房保障服务中心;中国国际商会普陀区商会更名为区工商业联合会会员经济服务中心;区流动人口计划生育与公共卫生服务管理办公室更名为区流动人口计划生育与公共卫生服务中心;区卫生进修学校(区健康教育所)更名为区健康教育所;撤销区新型渔农村合作医疗制度领导小组办公室;撤销区咪表停车管理中心;在区气象灾害监测预警中心加挂区突发公共事件预警信息发布中心牌子;设立区公务用车服务中心。

【部门间"最多跑一次"改革】 普陀区按省、市要求启动部门间"最多跑一次"改革,细化改革任务清单,强化对各单位跟踪指导,实行定期盘点。开展专题业务培训,明确梳理范围和口径。抽调相关部门工作人员组建工作专班,对照法律法规、"三定"规定等开展办事事项审核。经审核,普陀区37个部门上报办事事项目录301项,其中9个部门办事事项在10项以上。实现"最多跑一次"事项279项,占93%,高频办事事项100%实现"最多跑一次",非涉密办事事项网上办实现率63%,办事材料精简和办事时间压减比例分别为32%和43%,均已实现预期目标。

【权责清单、公共服务清单梳理】 普陀区根据机构改革后部门"三定"规定和职能实际调整情况,开展政府权责清单、公共服务清单动态调整工作,重新构建部门职责、职责边界、事中事后监管制度等要素清单,优化完善区级、街道镇两级清单制度体系。至年底,全区28家部门在浙江政务服务网公布主要职责163项,具体工作事项978项,职责边界174项,事中事后监管制度298项。通过全面筛查梳理上报审核,32个部门动态调整行政权力653项,调整后区级政府行政权力事项4055项。

【编外用工管理】 普陀区在全区范围开展编外用工聘用情况调查摸底工作,拟订有关情况汇报材料向区领导汇报。经区委编委会议研究后印发《舟山市普陀区机关事业单位编外用工管理暂行办法》。启动机关事业单位编外用工指标申报工作,指导部门做好编外用工指标申请审核工作。

【机构编制科学管理】 普陀区贯彻落实《中国共产党机构编制工作条例》,对机构、编制实行总量控制,机构新设坚持"撤一建一"原则,编制使用重点保障区中心工作和民生事业的用编需求。核准公开招考行政(参照)编制32名,事业编制152名(含人才引进9名),其中教育系统62名、卫生系统60名,分别占比40.7%、39.5%。按省、市编办机构编制违规问题整改要求,列出整改问题清单,根据销号难易程度,分类拟定年度目标,实行全程留痕、动态更新、定期对账。开展全区机构编制实名制数据信息专项核查,加强日常跟踪和动态管理,完善机构编制台账,提高实名制系统数据信息质量和运行效率。

【事业单位规范化管理】 普陀区深化"最多跑一次"改革,做好机关事业单位机构改革后登记工作,2019年度完成16家机关事业单位设立登记,以及144家机关事业单位变更。完成2018年度事业单位报告书公示工作,全区220家事业单位全部按时上报报告书,并通过市事业单位登记管理网站向社会进行公示。探索简易注销程序,破解"注销登记难"问题,主动对接应注销单位及其主管部门,完成23家因机构撤销或合并单位法人注销工作。继续加强中文域名管理,以财政统一支付对全区200余家党政群单位中文域名进行续费,中文域名注册率及覆盖率均达到100%。

(撰稿:张卡利)

宣传思想工作

【概况】 2019年,全区宣传思想文化战线学习贯彻习近平新时代中国特色社会主义思想,以庆祝中华人民共和国成立70周年为主线,围绕"举旗帜、聚民心、育新人、兴文化、展形象"职责使命,讲好普陀故事，唱响主流强音，为建设幸福普陀提供思想力量、精神支撑、文化引领。

1月，区委宣传部、区文体广电新闻出版局由合署办公改为各自独立办公。明确区委宣传部为区委意识形态工作的职能部门，为区委工作机关，正科级，挂区委区政府新闻办公室、区精神文明建设委员会办公室、区新闻出版局、区互联网信息办公室牌子。区委网络安全和信息化委员会办公室设在区委宣传部。3月，区精神文明建设委员会办公室（区政府创建办公室）行政职能回归机关，机构更名为区精神文明建设指导中心（区政府创建中心），为正科级公益一类事业单位；区委区政府新闻办公室（区互联网信息办公室）行政职能回归机关，机构更名为区互联网信息中心，为副科级公益一类事业单位；设立区融媒体中心（挂区广播电视台牌子），为正科级公益二类事业单位，委托区委宣传部管理。保留区文联、区社科联。区委宣传部内设办公室、理论文艺科、社会宣传科、文化发展科、网络信息科（新闻管理科）；辖正股级公益一类事业单位区网络舆情与网络安全应急中心。

【理论学习】 普陀区制定《普陀区委理论学习中心组学习制度》和《普陀区党委（党组、党工委）理论学习中心组学习制度》，建立各级中心组“学习秘书”制度。结合“不忘初心、牢记使命”主题教育，举办专家报告会、双休日课堂等领导干部集中学习5场；举办区委中心组集中学习习近平新时代中国特色社会主义思想、《中共中央关于加强党的政治建设的意见》、中共十九届四中全会精神等重点内容6次，主题教育专题学习会3次。

【理论宣讲】 普陀区启动“潮涌东海”品牌宣教项目，组建首批20人队伍，确定政策法规、健康养生、海洋文化、自贸区建设等19个专题。6月5日，在展茅干施岙文化礼堂举行普陀区“潮涌东海”宣讲团成立仪式暨首场宣讲活动。围绕“不忘初心，牢记使命”、庆祝中华人民共和国成立70周年、创建全国文明城市等重大主题，开展“潮涌东海”宣讲团走进基层活动。至12月底，开展各类宣讲活动350余场次，受到基层干部群众欢迎。“潮涌东海”宣教品牌成功入选省增强“四力”实践工作创新案例，宣讲队被评为全市优秀宣讲团队。

普陀区“潮涌东海”宣讲团成立仪式 （区委宣传部提供）

【全区宣传思想工作会议】 3月13日下午，全区宣传思想工作会议举行。区委书记张立军出席会议并讲话，区委常委、宣传部部长李明主持会议。会议学习贯彻全国、全省、全市宣传思想工作会议精神，研究部署全区当前和今后一个时期宣传思想工作。六横镇、虾峙镇、沈家门街道、区文广旅体局、普陀广播电视台有关负责人作交流发言。会议表彰虾峙镇等11个2018年度全区宣传思想工作先进集体，张伊芮等34名优秀个人、《清廉普陀“纪律教育基层行”》等10个创新奖。

【社科理论研究】 普陀区继续开展“一把手”理论文章撰写活动。至12月初，在《今日普陀》报纸上刊登“社科理论”专版10期。区委理论学习中心组理论文章《普陀区打造社会治理综合体努力实现矛盾纠纷化解“最多跑一地”》7月24日在《舟山日报》6版头条刊登。11月13日，召开社科联第二届全体代表大会，完成换届选举工作。

【媒体融合】 普陀区打造全媒体新闻“中央厨房”，实现普陀区融媒体中心挂牌成立。完善掌上普陀APP3.0版搭建，打造“新闻+政务+服务”新平台。完成新中国成立70周年系列和普陀创城主题宣传短视频等30余条次。与新华社“现场云”合作，在网站、微信、客户端等平台开设直播版块，实施普陀区庆祝中华人民共和国成立70周年大型主题文艺晚会“我和我的祖国”、“海稻梦想 醉美田园”第二届中国舟山（普陀）农民丰收节、普陀论健、创建全国文明城市电视问政等近10场现场直播，在线收看人数超26万人次。

【对外传播活动】 11月25日，“2019中国最具幸福感城市”调查推选活动结果在广州发布，普陀作为全国十座县级城市之一入选“2019中国最具幸福感城市”。组织开展“中央媒体看普陀”外宣活动。邀请新华社、人民日报、求是杂志等中央级主流媒体，采访、提炼、总结社会综治工作先进经验，进行对外宣传推介，相继在《人民日报》、新华社《经济参考报》、《瞭望东方周刊》、《中国经济时报》、《红旗文稿》等中央媒体上刊发《以制度创新更好服务群众》《从群众需求出发推进基层治理现代化》《舟山普陀：新“枫桥经验”调查》《浙江普陀：把“最多跑一次”引入社会治理领域》《普陀：矛盾纠纷化解“最多跑一地”》等文章。全年在市级以上传统媒体刊发稿件1000余篇，其中中央级媒体刊播新闻35篇，《浙江日报》32篇（其中头版5篇），《舟山日报》头版头条19篇。在全国级新媒体平台发稿6430篇，其中10万+新媒体推文16篇。历时一年制作完成普陀全新城市形象宣传片《望山见海·幸福普陀》，于4月12日正式发布，全网收获超600万次点击量，登上当日“浙江政务微信影响力榜单”和“浙江政务微信热门文章top10”双榜首。

【网络宣传】 普陀区打造“1+10+N”多元化新媒体宣传矩阵，深化1个官方发布平台运营，入驻10余个新媒体外宣平台，联合N家单位组成新媒体联盟。2019年发布相关信息3000多篇次。年初推送《望山见海，幸福普陀》城市形象宣传片，全网点击量超600万次。推出“打造网红城，抖出普陀范”网宣活动，创作一批中华人民共和国成立70周年、创城等短视频精品，其中3个创城系列短视频曝光量超百万次。运用短视频、动漫、话题接力活动等新形式、新手段开展网络宣传。打造“银发好网民”2.0版，建立“银发好网民之家”，组建网络正能量宣传队、网络辟谣队、网络舆情引导队、网络公益服务队、网络安全宣传队5支特色队伍，开展“辨谣言”“防诈骗”“银发看普陀”等网络文化活动。

普陀区入选“2019中国最具幸福感城市”（区委宣传部提供）

【文艺宣传】 阎受鹏、孙和军创作的《东极之光——“里斯本丸”事件纪实》获浙江省精神文明建设“五个一工程”优秀作品奖，受到省委、省政府通报表彰，相关素材被电影《东极岛》（2018年3月开拍）采用。开展“放歌新时代·文化进万家”系列活动、庆祝中华人民共和国成立70周年系列文艺活动。制定《舟山市普陀区文联深化改革实施方案》，为文联发展和改革提供依据。

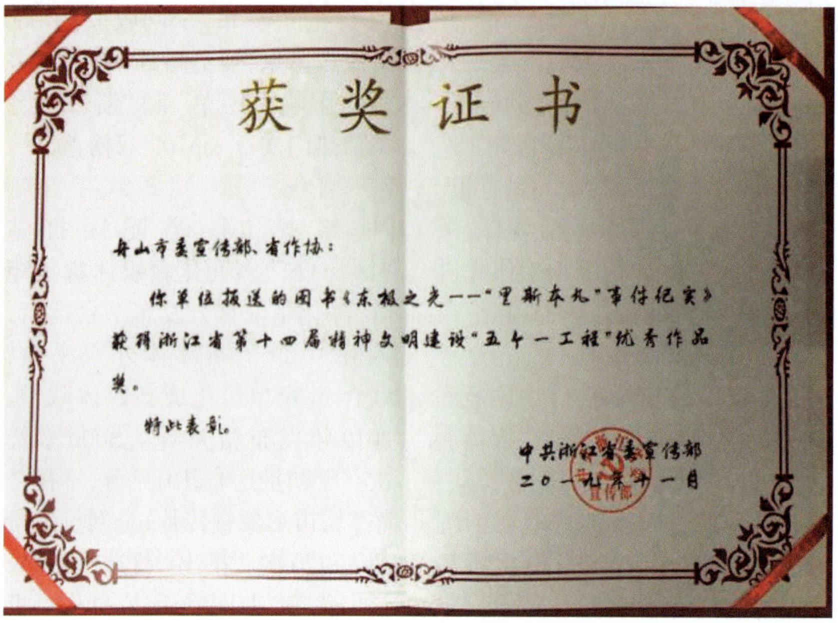
获奖证书

舟山市委宣传部、省作协：

你单位报送的图书《东极之光——“里斯本丸”事件纪实》获得浙江省第十四届精神文明建设“五个一工程”优秀作品奖。

特此表彰。

中共浙江省委宣传部
二〇一九年十一月

《东极之光——“里斯本丸”事件纪实》获浙江省第十四届精神文明建设“五个一工程”优秀作品奖（区委宣传部提供）

【文化产业】5月6日，舟山市普陀区文化产业发展工作领导小组成立，建立《舟山市普陀区文化产业发展三年实施方案（2019—2021年）》工作联席会议制度。5月16—20日，普陀区组织舟山普陀文化旅游集团有限公司、浙江岑家木船文化发展有限公司参展深圳文博会。11月21—24日，组织舟山普陀文化旅游集团有限公司浙江岑家木船文化发展有限公司、舟山翁山文化发展有限公司、舟山东经文化传播有限公司、舟山蒋老大文化发展有限公司参展2019第二届长三角国际文化产业博览会。组织文化企业参加首届舟山市海洋文化衍生品十佳品牌评选活动，文化品牌“岑家木船”“蒋老大”“浙香好礼”“翁山文化”入选十佳。

【新闻出版管理】普陀区推进“最多跑一次”“互联网＋政务服务”等工作，落实完成28家出版物发行单位、20家印刷企业、6家电影院线公司2019年度核验考核工作。加大“扫黄打非”工作力度，开展2019年“清源”“净网”“固边”“护苗”“秋风”五大专项行动，重点强化案件查办力度，办理行政处罚案件3起，查扣、教育乱设摊点7600余处，收缴非法音像制品300盘，没收71本非法出版物。全区各街道镇、村（社区）“扫黄打非”基层站点全部完成规范化标准化建设，沈家门街道、东港街道文康社区被评为第三批全省“扫黄打非”进基层示范点。普陀区“扫黄打非”工作领导小组办公室被评为2019年全省“扫黄打非”成绩突出集体。开展庆祝中华人民共和国成立70周年优秀电影展映展播活动，完成农村电影放映年度任务1656场次。

精神文明建设

【概况】2019年3月19日，区精神文明建设委员会办公室（区人民政府创建办公室）更名区精神

全区文化产业发展工作领导小组第一次会议（区委宣传部提供）

普陀区开展“扫黄打非”联合执法专项行动 （区委宣传部提供）

文明建设指导中心(区人民政府创建中心),为区委直属正科级事业单位,委托区委宣传部管理。

是年,普陀区继续围绕全国文明城市创建工作,深化群众性精神文明创建活动,开展各级各类文明村镇、文明街道、文明社区、文明单位评选活动,新命名表彰市级文明村 7 个、区级文明村 12 个。至年底,全区有全国文明村 2 个,省级文明镇 2 个、文明街道 2 个、文明村 13 个、文明社区 9 个、文明单位 17 家;市级文明镇 3 个、文明街道 2 个、文明村 45 个、文明社区 19 个、文明单位 47 家,区级文明镇 4 个、文明街道 3 个、文明村 63 个、文明社区 24 个、文明单位 137 家。

【开展核心价值观宣传教育活动】 普陀区依托文化礼堂和公民素质讲习所,策划组织文明城市创建工作、文明实践、防范网络诈骗、“我们的节日”等宣教活动。如六横“月老杜庄·七夕爱情文化礼”“桃花力量”“虾峙力量”、“孝在南岙”重阳文艺晚会、“螺门渔民开捕祭龙王”、干施岙“慈孝”品牌民俗活动等,把文化礼堂与当地特色文化结合起来,丰富礼堂文化内涵,传承优秀传统文化。全区形势政策宣讲团走进文化礼堂,百部爱国主义影片进礼堂。全年活动达到 785 场,各礼堂均达到 12 场次以上,群众参与 10 万人次以上。年底抽选 3 个街道镇发放调查问卷 60 份,渔农村群众满意度 85%以上。

【培育乡风文明】 普陀区多行并举推进移风易俗。加强教育引导,依托文化礼堂阵地,通过理论讲座、媒体宣传、文艺活动等形式,传播文明理念,涵育文明乡风。强化家风乡风民风挖掘培育,依托文化礼堂开展乡风评议,倡导节俭养德,抵制陈规陋俗和封建迷信活动。制定相关规定,把移风易俗具体要求写入村规民约、居民公约,简化和规范红白喜事,推出系列办丧惠民服务措施。结合文明家庭、美丽家庭、幸福家庭建设,开展“传家训、立家规、扬家风”活动,推荐评选各级文明家庭 474 户,各级最美家庭 34 户,征集

普陀区庆祝中华人民共和国成立 70 周年大型主题文艺晚会 （区委宣传部提供）

好家风好家训84条,开展家风家训展览2场。

【全国文明城市创建】 普陀区完善健全全国文明城市创建督查考核办法、日常管理办法、任务清单、问责办法、目标责任分解等一系列工作规范性文件。由区创建办牵头、各专项工作组具体实施,分两批梳理、新建创建长效机制57项。通过区领导督查、区创建办督查、各专项组督查、“两代表一委员”督查、“随手拍”平台曝光、市民巡访等多种形式,对创建各点位、各项目区块开展地毯式督查,重点问题整治成效明显。结合普陀区城市社区干部考核办法,将每月测评排名直接挂钩社区干部的年终总收入30%。继续常态化开展督查工作,区创建办组织开展日常督查上千人次,发出督查抄告单328张、创建专报42期。制定《文明城市创建攻坚阶段问责办法》,建立区创建办、区纪委、区督考办联合督查机制,对渔市大街、渔市一路问题所涉7名人员进行党政问责处理。在全区所有623个测评点位上安排620个点位长,5643名点位相关工作人员,1132个结对单位志愿者。推进各类志愿活动,通过开展“全民清洁日”“文明礼让斑马线认领”“红色管家”等活动,提升志愿者队伍活力。推动志愿者品牌建设,指导并完善学雷锋志愿服务站点等350余个全部点位。每月组织面向市民群众参与的“普陀有你、越来越好”大型宣传活动。挖掘宣传阵地,累计完成城区56条主次干道的公益广告设置,在城区主要道路、重点公共场所、居民小区设置精品公益广告小品雕塑。开展入户走访调查,连续开展三轮入户宣传走访工作,参与模拟调查问卷信息采集1280户,整体满意率93%,分发《文明手册》、创城倡议书等宣传资料10万份、《市民文明手册及创建全国文明城市知识问答》15万册。

【开展典型示范选树活动】 普陀区深化“最美普陀”系列选树活动。开展身边好人评选,累计评选普陀好人榜33名,入选舟山好人榜23名。组织开展第四届普陀区道德模范评选活动,陈胜利、樊改军、庄霖、张和平、林巧燕、“同茂1号轮”全体船员、朱涤虎、夏贤军、余友杰9位个人或集体入选普陀区第四届道德模范。通过《今日普陀》报、“掌上普陀”、城市广场大屏等媒体宣传“最美”人物先进事迹。组织开展“最美人物零距离”系列活动,举办“了不起的请你”身边好人“微访谈”活动1场,“道德模范进校园”宣讲活动4场,“道地会——阿发讲大道”宣讲活动3场,庄霖、林巧燕、朱涤虎、樊改军等道德模范受邀参与宣讲活动。

【未成年人思想道德建设】 普陀区开展社会主义核心价值观“三融入”和“三进”活动。发挥社会力量宣传作用,举办“道德模范进校园”宣讲活动3场,惠及1500余名未成年人。根据“扣好人生第一粒扣子”活动方案,开展新时代好少年学习宣传、“传承红色基因”教育、中华优秀传统文化传承、学雷锋志愿服务、“劳动美”社会实践和“阳光成长”心理健康教育6项思想道德教育实践活动,全区2万余名未成年人受到教育。开展各级“新时代好少年”等评选表彰活动。评选表彰85名区级、5名市级新时代好少年,1名推荐至省级。征集到优秀童谣69首、春泥计划创新案例5篇,有11首童谣、3篇创新案例在市级获奖。

(撰稿:林律彧)

统一战线工作

【概况】 区委统战部是区委主管全区统一战线工作职能部门,挂区民族宗教事务局、区政府侨务办公室牌子。内设办公室(调研室)、民主党派科(党外知识分子科)、工商经济联络科、侨务与海外联络科、民族宗教科;下设2个事业单位:区海外联谊服务中心和区民族宗教事务服务中心。

【全区统一战线读书会】 2019年9月27日,全区统一战线读书会在东港商务中心召开,区委常委、统战部部长诸葛明海出席会议,读书会特邀省委党校教授陈愉瑜作《以“一带一路”建设为重点构建全面开放新格局》专题讲座,近200人参加。

【服务中心工作】 普陀区建立区四套班子“一把手”服务民营企业领办、纾困帮扶优质民营企业等5大机制。区委书记张立军带头参与民营企业座谈会和落实联系民营企业机制,为企业纾困解难。联合区检察院、区司法局等,搭建区总商会人民调解委员会、服务民营经济工作站、区总商会

2019 年全区统一战线读书会 （区委统战部提供）

公共法律服务站，护航民营企业发展。协助区政府在北京、上海、深圳等地举办企业家座谈会暨招商推介会、普陀投资项目及投资环境介绍会，推进“浙商回归”。各街道镇成立乡贤联谊组织，开展扶贫帮困、助学帮扶等工作，累计开展活动 40 余次。在民生事业改善方面，发挥各民主党派、知联会人才荟萃、智力密集、联系广泛优势。全区 26 名特约人员围绕“自贸区”“会客厅”建设参与民主监督、开展调查研究，形成调研报告。2019 年，各民主党派向市区人大、政协提交提案 90 件，提交社情民意、意见与建议 120 件。开展送医、送教、送文化、送礼仪等活动 16 项，走访慰问困难群众 30 余人次，受惠群众 4000 余人。成立扫黑除恶专项斗争工作领导小组，并在统战领域专题学习传达相关精神，营造舆论氛围。出台《关于加强和改进新形势下宗教工作的实施意见》，完成基督教“两会”换届工作。引导各民主党派响应创城号召，与结对社区开展环境整治、公益宣传、平安巡防等活动，在宗教领域开展“三教同行·合力创城”活动，融入创城大局。

【贯彻统战领域决策部署】 区委统战部学习贯彻习近平关于加强和改进统一战线工作的重要思想为“总纲”，策划 3 层次 8 批次系列专题。区委常委会专题研究统战工作 6 次，区党政主要领导出席或参与统战领域各类活动、会议 8 次。调整充实区委统战工作领导小组和民族宗教工作协调小组成员，研究出台《区属有关单位统一战线年度考核参考赋分标准》，形成街道镇和区属相关单位统战工作考核全覆盖。将宗教政策和法律法规学习纳入区委理论中心组学习和区委党校学习计划并落实到位。宗教领域先后迎接中央和省市督查各 2 次。完善区委领导与各民主党派、无党派人士、工商联、统战团体谈心交友制度，协助区委完善区领导联系服务非公企业制度。探索建立宗教活动场所“三人驻点”工作机制和在 6 个重点街道镇建立民宗所。各村社均配备宗教领域联络员、巡查员 1 ~ 2 名。完成普陀湾众创码头省市两级实践创新基地打造。指导海创小镇新联会成立，并被列为全市示范点。推荐六横黄荆寺创建省级平安宗教活动场所。桃花的“民盟同心·专家工作站”工作，在服务上主动靠前，支持有力，获市里好评。召开全区民族宗教工作协调小组会议，以落实中央和省委对舟山宗教工作督查整改“回头看”为契机，统一思想、压实责任。

【民主党派和党外知识分子工作】 区委统战部通过对口联系座谈会、民主专题协商、各民主党派、知联会(新联会)成员培训班等形式，强化民主党派规范化建设，全力支持其履职尽责。推进“党派联合调研”工作，统筹民主党派资源和力量。协同做好民主党派成员吸收考察，吸收新成员 4 名。加强党外代表人士队伍建设工作，召开组织、统战两部联席会议，专题就党外代表人士相关事项进行商讨。向区委组织部重点推荐科级领导干部候选人 10 人，已提拔任用 3 人。

【民族宗教工作】 区委统战部宣传贯彻《宗教事务条例》，落实党委宗教工作主体责任。在全区宗教活动场所开展国旗国歌、宪法和法律、社会主义核心价值观、平安创建以及联系交友“五进”工作。全区所有宗教活动场所都悬挂或升挂国旗，部分有条件场所举行升旗仪式和奏唱国歌。推进宗教领域巡查制度,巡查员、联络员队伍建设,"掌上宗教"APP使用全面铺开,以各街道镇为重心,构建从发现、报告到处置、反馈的工作闭环。组织宗教界骨干教育培训班,提升宗教队伍的整体素质。联合区司法局、区教育局、区科技局等部门开展教育宣传等活动,引导民众正确的宗教观念。深化少数民族服务工作,强化民族共同体意识,推荐区少数民族联谊会会长为全国民族团结进步工作模范。

举办非公经济"两个健康"主题教育培训 (区委统战部提供)

【非公有制经济领域工作】 普陀区促进非公经济"两个健康"(非公有制经济健康发展和非公有制经济人士健康成长),举办一期主题教育培训,推荐部分新生代企业家赴天津、北京等地参加"2019年舟山市非公有制企业新生代企业家培训示范班"等。以商会建设为重点,出台《2019年普陀区工商联(总商会)开展"基层基础月"活动实施方案》和《舟山市普陀区工商业联合会基层商(协)会、异地商会"以奖代补"实施办法》,加强对基层商会工作指导。全区登记会员企业711家,执委以上企业128家。完善《2019年轮值会长工作制度及轮值名单》。指导普陀杭州商会完成换届,促进异地商会加强交流互动。

【港澳、海外及侨务工作】 区委统战部邀请、接待商务考察、寻根谒祖、探亲访友等各类香港访问团4批次、80人次。多次赴深圳等地开展乡亲迎春团拜会等活动,推动香港、普陀两地广泛联络联谊。加强与欧洲、阿根廷等舟山同乡会会长、亚洲通讯社社长等各领域社会精英联络联谊、推介普陀。举办世界舟山人大会普陀分场。召开普陀区第七次归侨侨眷代表会,会议听取和审议区侨联第六届委员会工作报告,选举区侨联第七届委员会。坚持开展"五必访"活动,走访、慰问全区重点归侨侨眷、海外侨胞等66户,办理华侨回国定居、子女入学6件。

(撰稿:郭珊珊)

党建教育培训

【概况】 2019年3月,中共舟山市普陀区委党校(区行政学校)成立,实行"两块牌子、一套班子",

世界舟山人大会普陀分场 (区委统战部提供)

是区委、区政府直属正科级公益一类事业单位。内设办公室、教研室、教务科和后勤科。是年有教师9人,其中高级讲师3人、中级讲师3人。1人获2019年度全市“优秀基层理论宣讲员”。10月,完成省办学质量创优评估工作。

2019年普陀区第二十期中青年干部培训班 (区委党校提供)

【干部教育培训】 2019年,区委党校贯彻落实省、市《2018—2022年干部教育培训规划》实施意见,强化主课意识,突出理论教育和党性教育,以“用学术讲政治”教学改革“一号工程”为引领,发挥党校干部教育培训主阵地作用。全年承办区管领导干部“不忘初心、牢记使命”专题读书班、2019年度全区纪检监察干部业务培训班、万源市基层党务干部能力提升培训班等主体班次20期,培训1946人。

2019年区委党校主体班次培训情况

表7

班次名称	培训人数	培训内容
区管领导干部“不忘初心、牢记使命”专题读书班(共3期)	531	习近平新时代中国特色社会主义思想、习近平在舟山重要讲话精神、党章等
2019年舟山市普陀区公务员“学法用法”专题培训班(共3期)	476	宪法、行政复议法、行政诉讼法、行政法学、公务员法等
2019年度全区纪检监察干部业务培训班	126	《中国共产党纪律处分条例》解读、中央八项规定精神解读、纪检监察信访举报工作的问题和做法、纪检监察笔录制作等操作实务等
万源市基层党务干部能力提升培训班	60	习近平新时代中国特色社会主义思想、《中国共产党支部工作条例》解读、党建工作实务等
普陀区2019年入党积极分子培训班	60	党史党建、蚂蚁岛精神及其时代价值、《中国共产党纪律处分条例》解读、普陀四十年经济发展成就
普陀区营商环境打造专题培训班	60	营商环境优化、行政审批制度改革、宏观经济形势分析、“最多跑一次”改革等
万源市教育系统专业技术人才能力提升培训班(共2期)	100	习近平新时代中国特色社会主义党建思想、“不忘初心、牢记使命”主题教育、专题课堂教学、心理解压疏导等
普陀区2019年上半年党员发展对象培训班	110	习近平新时代中国特色社会主义思想、党史教育、红船精神、蚂蚁岛精神及其时代价值、《中国共产党党员教育管理工作条例》《中国共产党纪律处分条例》解读、“两会”精神等
普陀区城市有机更新专题培训班	61	城市规划建设应对与前沿实践、城市品质、从“未来社区”看城市更新等

续表 7

班次名称	培训人数	培训内容
普陀区经济新旧动能转换专题培训班	60	普陀新旧动能转换实践与思考、新经济动能培育、数字经济与管理创新、全球化视野下的中国经济解读等
普陀区领导干部防范化解风险能力专题培训班	70	防范化解从政廉政风险、宗教工作形势和任务、危机治理与风险防范、中国经济政治安全风险防范等
普陀区第二十期中青年干部培训班	49	习近平新时代中国特色社会主义思想、党史党建、幸福普陀建设、数字经济、营商环境、基层干部心理调适、应急管理案例分析、党风廉政教育等
普陀—万源东西部扶贫协作致富带头人培训班	45	习近平新时代中国特色社会主义经济思想、村集体经济、蚂蚁岛精神、村务公开和民主管理等
普陀区 2019 年下半年党员发展对象培训班	120	习近平新时代中国特色社会主义思想、党史党建、“不忘初心、牢记使命”主题教育、普陀经济发展成就与展望、党员教育管理等
新疆生产建设兵团第一师阿拉尔市十六团培训班	18	中共十九届四中全会精神、基层党建实务、《中国共产党支部工作条例》《中国共产党农村基层组织工作条例》等
合　计	1946	

普陀区科级领导干部“不忘初心　牢记使命”专题读书班（区委党校提供）

【现场教学】　区委党校加强基地建设，打造现场教学基地升级版。走访 35 个现场教学基地，通过规范挂牌、讲解、举办讲解员培训班等，提高现场教学基地品质和教学质量。结合教学需求，有序推进年度新建示范现场教学基地建设和挂牌工作。完成普陀区社会综合治理中心、东港内湖商圈的现场教学基地挂牌工作，并配备 1 名专业讲解员。以蚂蚁岛红色教育基地为样板，加强示范现场教学基地建设。

【对外培训】　区委党校通过全省党校系统邮寄，在有关微信群、网站发布等形式，推广党校新版培训手册，并开展业务走访，与兰德培训中心上海分部达成初步合作意向。主动对接，深化战略合作。承接浙江孚嘉咨询管理有限公司 2019 年度华东院 DMP 人才发展项目培训班、中央电建集团华东勘测设计研究院人才培训班、磐安市政协培训班等培训班，开拓合作办学新领域。修订统一的对外培训协议合同范本，规范外培流程和内容。在确保完成各主体班次服务保障工作前提下，承担省、市、县(区)多个部门和单位各类培训、会议服务等。全年接待各类培训会议111期,培训人数9293人。其中,区内86期、7060人次,区外市内12期、876人,市外13期、1357人次。

普陀区非公经济“两个健康”主题教育培训班 (区委党校提供)

【理论宣讲】 区委党校秉承服务全区工作理念,做好理论外宣工作。学习贯彻习近平新时代中国特色社会主义思想、中共十九届四中全会精神,开展党性教育和理论教育,推动党的理论创新成果在广大干部群众中学习宣传和推广普及。围绕区委、区政府中心工作和重要部署,开展形势政策解读、市区党代会精神宣讲。开展“不忘初心、牢记使命”主题教育,教师先后进社区、海岛、企业等进行宣讲45期(场),受教干群2776人次。参与市委组织部“红色宣讲团”,区委宣传部“潮涌东海”,区纪委“清廉普陀基层行”,推进基层理论宣讲活动。配合区委组织部义务送教进海中洲集团、舟旅集团等企业。全年教师进基层、街道镇、社区、企业等进行“义务送教上门”和理论宣讲115期(场),受教干群6881人次。

【教科研工作】 区委党校组织2名骨干教师参加省、市党校师资培训班、省委党校“红色智库”培训,派1名青年教师到市委党校挂职锻炼;实行“半月谈”形式,集体研讨课题、新课,加快年轻教师培养。根据全年教学任务,对全体教师党性理论教学与专业课程进行分工和梳理,做好新思想课程体系教学分工,形成课程菜单,并通过集体备课、新课试讲、评课等形式,完成新课筹备工作,重点做好“不忘初心、牢记使命”主题教育备课工作,推出“学习贯彻习近平新时代中国特色社会主义思想”“蚂蚁岛精神和党的初心使命”“‘不忘初心、牢记使命’主题教育”“坚定理想信念,做新时代合格马克思主义者”“基层干部心理调适”等新课21堂。

聚焦中心强科研,发挥党校“智库”作用。组织教师开展理论研究并做好课题申报,全年申报各类课题11项,有6项课题获立项。其中,省党校1项即《以“最多跑一次”为引领推进社会治理现代化——普陀社会治理综合服务平台建设的调查与思考》,市社科联2项,市党校3项;完成市党校课题结题5项。发表文章10篇,其中《今日浙江》等期刊3篇、《舟山市委党校学报》2篇、《舟山日报》1篇。省级理论研讨会论文入选2篇,获省级优秀奖1个:《基于自办模式的体制机制创新 激发区县党校后勤服务活力——普陀区委党校后勤服务质量提升的实践与思考》。获市级教科研奖项4个,其中市委宣传部全市优秀基层宣讲教案3个、市社科联第三届“蓝色海洋经济”发展论坛三等奖1个。结合区委、区政府重点工作(优化营商环境、新旧动能转换和城市有机更新),开展“大学习大调研大抓落实”活动,组织教师开展专题调研,全年刊印区情决策咨询参考6期。

(撰稿:陈羽瑱)

区直属机关党建工作

【概况】 2019年1月,中共舟山市普陀区直属机关工作委员会改称中共舟山市普陀区委直属机关工作委员会(简称区委直属机关工委),在区委组织部挂牌,成立机关党群科,领导区直机关纪工委和区直机关工会、区直机关团工委、区直机关妇工委开展工作。做好涉改单位党组织调整工作,直属机关党组织由51家调整为52家。印发《关于成立中共舟山市普陀区委办公室机关总支部委员会等基层党组织的通知》和《关于中共舟山市普陀区农林水利围垦局机关委员会等基层党组织更名的通知》等，落实机关党建“走在前、作表率”总体要求，围绕“服务中心、建设队伍”两大核心任务，开展清廉机关、模范机关创建活动，提升机关党的建设质量，为建设开放活力幸福普陀提供机关政治保障。

年底，区委直属机关工委下辖党委12个，党总支21个，党支部1780个。党员3357人，其中女党员1032人，占党员总数30.74%；少数民族党员27人，占党员总数0.8%。职业分布：机关干部在职党员1364人，国有事业、企业单位在职党员1154人，非公有单位在职党员14人，离退休党员825人。年龄结构：35岁以下893人，36～45岁689人，46～55岁733人，56～60岁291人，61岁及以上751人。文化程度：研究生165人，大学本科1788人，大学专科846人，中专168人，高中、中技150人，初中及以下240人。入党时间：1937年7月—1945年9月1人，1945年10月—1949年9月11人，1949年10月—1966年4月157人，1966年5月—1976年10月201人，1976年11月—1978年12月66人，1979年1月—2002年10月1452人，2002年11月及以后1469人。

【机关党员干部教育】 组织开展“不忘初心、牢记使命”主题教育。把“不忘初心、牢记使命”主题教育内容作为支部“三会一课”、主题党日等组织生活的主要内容，组织广大党员学习近平在中央主题教育工作会议上重要讲话、关于初心和使命重要论述。成立区直机关“不忘初心、牢记使命”主题教育正风肃纪小组，聚焦“8+1”专项整治内容对区直机关主题教育开展情况进行督查检查。强化党务干部教育培训。通过学习外地先进经验、考察兄弟县区优秀做法、召开季度工作交流轮值会等加强机关党务干部特别是党组织书记的教育培训和实践历练，全年召开机关党建工作交流会3次。举办“主题党日”专题培训班，组织部分党组织书记和单位负责人到红色教育基地、家训家风廉政教育基地等进行现场教学，学习交流机关党建阵地建设、红色代办经验做法等。组织第一期“党

9月5日，区直机关党建工作交流会暨第一期“党组织书记上党课”（区委直属机关工委提供）

12月26日，中共舟山市普陀区委直属机关代表会议代表投票（区委直属机关工委提供）

组织书记上党课”,由区委直属机关工委、区委宣传部、区纪委区监委3位党组织书记分别授课。组织开展纪念建党98周年系列活动。开展困难党员和新中国成立前老党员走访慰问、“两优一先”评选表彰、支部书记上党课等系列活动,集中开展“悟初心、担使命、见行动”主题党日活动。

【落实机关党建工作责任】 区委直属机关工委推进支部规范化建设。持续完善“三册一平台”规范化体系,推动主题党日活动、领导干部带头参加双重组织生活、“三会一课”等基本制度全面落实,开展“堡垒指数”“先锋指数”考评,严格执行基层党组织按期换届和委员空缺补选规定,加强机关党组织规范化建设。组织开展机关党建专项整治行动。印发《关于做好基层党建专项整治工作的函》,在区直机关组织开展“堡垒指数”考评、后进党组织整转、党组织落实基本制度情况检视整改、党员失管漏管和发展党员违规违纪问题专项排查、党组织和党员基本信息更新、党员先锋指数考评全面优化等专项整治行动,抓好问题整改。部署开展专项整治工作情况“回头看”,紧盯“三会一课”制度落实、党费收缴、“双指数”考评管理、党员失管漏管、后进党组织整改以及基础党务台账资料不全、管理不规范等问题,实地到点进行督促检查,全面了解掌握整改情况,督促抓好整改提升。部署开展清廉机关、模范机关创建活动。贯彻落实习近平总书记在中央和国家机关党的建设工作会议上的重要讲话精神,推进清廉机关、模范机关创建工作。制定区直机关《关于加强党建引领 推进清廉机关建设的实施方案》,明确清廉机关建设总体思路和重点工作任务。印发《区直机关“模范机关”创建实施方案》,按“一年打基础,二年抓提高,三年出成果”思路,推动机关各项工作走在前列。

【机关队伍建设】 区委直属机关工委抓好党员管理和党员发展工作。对流动党员情况进行全面摸排梳理,组织党员签订不参教信教承诺书,及时通报不合格党员信息并按规定进行处置。严把党员发展入口关,继续规范培养考察各个环节,对入党积极分子和发展对象进行积分管理,按照申报—核实—排序—公示四个步骤,确定入党积极分子成长积分,全年发展吸收预备党员30余名,预备党员转正34名。在蚂蚁岛红色教育基地举办为期3天入党积极分子培训班,来自区直机关近60名入党积极分子参训。推进机关党建品牌创建。深化机关党建服务品牌和阵地创建活动,指导区直机关党组织及时总结提炼特色经验做法,打造具有自身特色的党建品牌(阵地)10家以上。指导经开区管委会建立完善“1+N党建联盟”体系,发挥好党建引领作用。挖掘培育先进典型。排摸区直机关各级党组织在推动中心工作中的典型案例,打造“红色头雁工作室”,培树“红领先锋”“红色领雁”“两优一先”等先进案例,发挥先进典型示范引领作用,指导区公安分局、区经开区管委会、区审招办等结合自身工作实际新建多家党建阵地。

【发挥党员先锋模范作用】 区委直属机关工委持续推动“党建引领全民创城”行动,开展“党建+志愿服务”行动,发挥机关党组织和广大党员干部在创建全国文明城市中示范引领作用。全面排查在职党员到常住地所在社区报到并加入“兼合式”党组织情况,督促未报到党员及时报到并参与

省委直属机关工作委员会到普陀调研座谈 (区委直属机关工委提供)

小区自治、管理和服务，形成“工作在单位、活动在基层、奉献双岗位”模式。引导机关党员在“兼合式”支部中发挥作用，参加所在小区“兼合式”支部志愿服务，定期开展全民清洁日活动，并把参与兼合式支部情况纳入党员“先锋指数”考评重要指标内容。在9月、11月先后两次部署开展“绿色出行周”活动，倡导机关干部职工自觉践行绿色出行。

【助推“最多跑一次”改革】 10月起，区委直属机关工委联合区审招办开展“红色助跑”活动，在每周一、三、五招募2名区直机关单位所属党员、预备党员、发展对象和入党积极分子等作为“红色助跑员”到区行政服务中心开展红色导办服务，服务内容包括政策宣传、服务引导、窗口秩序维持、意见收集等。把“红色助跑”活动落实情况纳入机关党建绩效考评和入党积极分子成长积分体系，并要求各级党组织把“红色助跑”活动融入党员“先锋指数”考评和入党积极分子推优入党、后备干部推荐等工作中去，让红色活力更好助力“最多跑一次”改革。

【机关群团活动】 区直属机关群团组织推进机关文化建设，开展文化促进活动，推进机关精神文明建设。先后举办烘焙培训班、游泳培训班、瑜伽培训班等“机关文化超市”活动，受到机关干部职工欢迎。

坚持党建带群建，同步做好机构改革后机关群团组织建设。支持群团组织独立开展工作，继续开展工会会员生日慰问、团员创城志愿服务、妇工委“海岛行，慰问走访贫困海岛妇女”等活动，发挥群团组织作用。

（撰稿：佘文君）

涉台事务

【概况】 中共普陀区委台湾工作办公室（挂普陀区人民政府台湾事务办公室牌子，简称区台办）与区委办合署办公。2019年，区台办贯彻落实习近平对台工作重要思想，按照中共中央决策部署，围绕普陀区实事项目建设，推进普台两地经济社会等领域交流合作，维护涉台领域安定和谐。是年，全区有涉台企业6家，台属60余户，涉台婚姻近700对。

【推动对台经贸】 区台办利用接待、出访、交流等机会，主动对接，积极推荐，挖掘有效投资信息，邀请台湾特色产业或有合作意向的台商前来访、考察，提升普陀在台湾岛内知名度和影响力。做好各项惠台政策、措施的宣传培训及落实工作。围绕中央“31条惠台措施”、省“76条惠台措施”和市“惠台66条措施”，9月，配合开展“落实惠台措施落实年”活动，“落实同等待遇”，思考如何健全服务机制、丰富服务举措，营造优质经营环境。

【搭建两岸合作平台】 区台办多方接触台湾健康产业方面的重点人士和相关协会，共同探讨合作前景，为促进普台两地在健康产业领域的交流合作搭建新平台。8月初，区台办牵头发起以“两岸携手共帮扶　扶贫助残送健康”为主题的健康扶贫活动，邀请台湾“中华华夏医师协会”医疗专家一行6人到普陀区结对帮扶地区——四川万源开展义诊等活动。

【服务涉台企业】 区台办加强与重点涉台企业、台资企业沟通联络，下基层开展调研。不定期进

省台办副主任何永明（左二）一行到普陀调研　（区台办提供）

行走访，了解企业生产经营情况和发展规划等，就企业发展过程中难点问题，向上反映，及时与相关部门协调。7月，陪同省台办副主任何永明一行调研重点涉台企业，思考如何破解台资项目落地难、“以台引台”成效不明显等问题，提升对台经贸合作针对性、实效性。利用工作资源，做好相关服务工作，扶持部分优势特色涉台企业、台资企业发展壮大、转型升级。

【推进普台两地基层友好交流】区台办拓展渠道促进两岸民间基层交流和青少年交流。2019年，全区因公赴台交流18人，其中自组团1个8人，跟随省市团组赴台10人，涉及佛教、科技、旅游、民宿、交通、文化等方面。相继接待南投、基隆、台北、高雄等地多个参访团。5月上旬，重点举办“浙台邻里节——舟山普陀站”活动，邀请台湾南投县妇联会一行38人与展茅街道有关社区开展交流，两岸民众通过联谊活动，加深了解，增进感情。推进普陀与台湾中南部地区青少年交流，指导与督促普陀小学与台湾南投县4所结对学校加强平日交流增进双方感情，开展六一、元旦等节日互送“祝福视频”等活动，逐步建立起长效沟通机制。

【开展联络联心】区台办继续保持与台湾各界新老朋友、重点台胞台商台属的联谊联络，2019年，相继接待台湾南投县妇联会参访团、台湾基隆市仁爱区花岗里参访团、台湾两岸姐妹互助交流协会参访团、台湾台北市舟山同乡会参访团、“台胞贝有添奖学金”项目负责人一行、“台胞黄和琴助学金”项目负责人一行等台商、台胞170余人，在接待交流中，及时了解和掌握台湾岛内局势和民众思想动态，巩固和拓展对台联络资源。

9月23日，基隆市仁爱区花岗里参访团到普陀交流 （区台办提供）

12月14日，台湾工商参访团到普陀交流 （区台办提供）

【引导台胞回报家乡】区台办保持与台胞黄和琴、王颜林一家沟通联络，落实2019年度“黄和琴助学金”有关事项。是年，有10名普陀困难家庭学生受到资助。继续开展“黄和琴助学金”项目典型宣传工作，引导更多台胞回报家乡，加强与家乡的感情纽带。通过举办普台两地携手共帮扶活动，号召全区重点涉台企业、热心台胞等募捐购置医疗器材、药物

普陀、台湾两地携手健康帮扶 (区台办提供)

等,为西部群众送去爱心。

【维护涉台领域安定和谐】 7月上旬至9月中旬,区台办完成舟山市两岸婚姻家庭信息普查工作,重点掌握定居普陀并取得身份证的两岸婚生子女家庭相关信息,为以后开展对台工作打基础。配合开展台湾居民居住证相关工作,及时提供服务、掌握相关数据,至10月底,全区办理台湾居民居住证180人。继续加强普陀籍赴台学生管理服务、教育引导等工作,举办暑期普陀籍赴台学生座谈交流会,联手区委政法委开展教育工作加强日常联络,及时了解和掌握普陀籍在台学生学习生活情况及思想动态。妥善处理沈家门台胞站历史遗留问题,配合开展台胞站资产审计,督促完成台胞站附属楼房及出租店面房补漏维修工程。全年接待台胞台属来电来访,及时了解并答复上级台办转发的各类信访案件,做好为台胞子女本地求学提供身份认证、入学协调等相关服务类工作,做到涉台事务事事有回音、件件有着落。调动区台联发挥桥梁纽带作用,团结服务全区台胞台属。利用节假日开展走访慰问活动,走访返乡探亲重点台胞,介绍家乡发展建设形势,拉近亲情、增进感情。关注全区困难台胞台属生活情况,送去党和政府关怀。

(撰稿:胡佳莹)

档案工作

【概况】 2019年1月,全区机构改革,区档案局(区档案馆)的档案管理行政职能划转给区委办,对外保留区档案局牌子。3月,区委编办发文调整普陀区科级事业机构,保留舟山市普陀区档案馆(区史志研究室),为区委、区政府直属的正科级事业机构。

年底,区档案馆有230个全宗,档案80102卷、210905件。其中,文书档案56962卷,159971件;业务档案4157卷,50934件;科技档案898卷;会计档案18085卷;照片档案17901张;光盘73张;实物档案1280件。另有馆藏图书资料8252册。

【数字档案建设】 2019年,区档案馆提升基础设施水平和各项系统功能,扩展数字资源建设,完善

12月24日,普陀区国家级数字档案馆验收测评工作会议 (区档案馆提供)

保障体系，落实服务绩效导向，实现软件、硬件、人员技能培训、操作测试等方面全面升级。10月29日，区档案馆以85.6分通过省级数字档案馆测评，成为全市首家省级数字档案馆。

12月24—25日，受国家档案局委托，省档案局组织7名专家对普陀区数字档案馆系统进行国家级数字档案馆验收测评。区档案馆依据国家和行业相关标准规范，配备必要的信息化软硬件设施设备和基础运行环境，局域网、政务网、因特网三网隔离，建设有数字档案馆管理系统、政务网档案共建共享系统、数据保全系统，系统功能满足收、管、存、用各项功能需求，具有较强实用性，启动电子公文和“最多跑一次”事项归档工作，开展“远程查档，跨馆出证”等档案便民服务，基本实现档案资源数字化、管理规范化、利用便捷化。区档案馆以86.99分通过“国家级数字档案馆”验收测评。

普陀档案以“最多跑一次”电子化在线归档平台为依托，推进数字档案归档进程。是年，完成全区36家单位九大类行政审批事项归档范围和保管期限表审核工作。推进督促指导全区29家单位在市统建平台业务数据的电子化归档工作，全年归档数据量达13.5万余条，同比增长350%。

根据原区委区政府办公室《关于加强和改进新形势下档案工作的实施意见》文件要求，加快推进示范数字档案室建设，助力数字浙江建设。推进全区数字档案室与规范化档案室创建工作。全区完成数字档案室创建25家，其中示范数字档案室创建1家、规范化数字档案室报送7家；规范化档案室创建10家。推进室藏档案数字化工作。对全区25个档案室的文书、科技、民生等门类档案进行目录著录及前处理、扫描、图文质检等数字化工作。著录目录数据82696条，数字化562441页。推进城建档案馆业务档案扫描前期工作。主动承担城建档案扫描工作，完成大幅扫描仪采购，调研城建档案整理情况，指导城建档案员做好档案检索标引、目录规范化、装订规范化等前期工作，并重新规划加工流程，制订加工规范，商定加工协作方式。

【综合档案馆业务建设】 开展市县级国家综合档案馆业务建设评价工作，区档案馆对照评价标准，制定任务清单，逐条梳理落实，重点围绕档案馆建筑与设备、经费与人员、档案基础业务、开发利用服务四方面内容对全馆基础业务建设进行全面提升，用近4个月时间，完成七大类62项工作指标的自查与整改。1月10日，区档案馆通过浙江省市县级国家示范综合档案馆测评。4月16日，省档案局发布全省首批通过国家示范综合档案馆测评名单，区档案馆作为全市首家名列其中，实现舟山市综合档案馆业务建设评价零突破，并为全市开展评价工作起到示范引领作用。

【档案资源建设】 区档案馆创新档案征集手段，由传统等人上门送资料改为主动上门征集模式，拓宽收集、征集范围和渠道。全年征集党代会、“两代”会、第十一届中国国际普陀佛茶文化节、普陀佛博会、农民丰收节、普陀庆祝中华人民共和国成立70周年、第三届世界油商大会、胡炜将军魂归舟山等照片723张、视频资料3份、书籍资料91册，“文化大革命”时期实物81件。接收普陀广播电视台《普陀新闻》18234件、《今日普陀》1299件，计320GB，填补馆藏新闻类声像档案空白。接收石柱头等4个村的农村文化礼堂档案信息资源数据，计1.06GB。有序开展档案数字化和满期档案移交进馆工作，对纳入区档案馆2019年档案接收进馆计划的15家单位开展进馆前档案工作指导。是年，接收原沈家门镇政府、区司法局、区卫生局等17家单位文书档案进馆。

【档案信息开发利用】 区档案馆优化全省范围内“异地查档、跨馆服务”。对群众利用率高的婚姻登记档案数据进行共建共享，再质检、修改婚姻专题目录56546条；为实现群众办理房产手续时调取婚姻档案的一站式服务，专门在区行政服务中心开设综合窗口。全年接待查档2085人次、3735卷次，其中海岛、市外等异地跨馆查档814人次、942卷次。总查档人数比上年增加64.6%，总查档卷次比上年减少13%。

向区属各单位收集2018年大事记，经筛选、整理和完善，编纂2018年全区大事记。

【行政监管工作】 区档案局、馆服务机构改革档案工作。起草《关于做好机构改革中档案工作意见》等文件，并对15家重点职能单位专门召开协调会议，明确机构职能划转、撤销和新成立三种不同性质档案工作要求，会后加强跟踪指导力度。完成机构改革档案管理与处置工作方案报送21家，完成机构改革后文件材料归档范围和保管期限表报送13家，基本完成档案整理和移交4家，4家新成立单位已建立档案管理制度和档案工作网络。

服务社区村体制改革档案工作。制发实施方案，明确相关部门档案工作职责和社区村体制改革完善中的档案处置要求。举办社区村体制改革完善工作业务培训班，对各专项工作组、督导组，各街道镇负责社区村体制改革完善工作的相关人员近170人进行专题培训，确保改革中社区村档案的规范和完整。定期跟进工作进度，每月对接跟进各街道镇社区村体制改革完善中的档案工作情况。各涉改村社已初步完成体制改革档案的整理工作。

开展档案工作"三服务"。推进渔农村股份制改革和土地确权登记颁证档案工作。区档案馆多次与相关部门及街道镇沟通协商，提出解决办法。采取集中培训，个别指导、重点督查等办法，深入街道镇、社区进行实地培训近百人。全区农户类土地确权颁证登记档案整理工作基本完成，行政村文书档案也在整理规范中。实地指导舟山国际水产城、东港集团等5家企业的各门类档案收集、整理和利用工作。与全区24个重点项目建立档案工作联系，全程指导项目档案的管理，参与螺门渔港工程、六横镇10万吨/日海水淡化与综合利用产业化二期、三期工程等4个重点建设项目档案验收工作。

【档案行政执法】 深化督导，依法管档。全区机构改革后，区档案局利用行政职能强化优势，加强档案执法和行政监督力度，利用"掌上执法"APP提高档案执法效率和公开透明度。是年，开展"双随机"档案执法检查36家次，针对档案工作薄弱单位开展档案专项执法检查33家次，发出整改通知书1家，以执法补短板、以监督促改进，实现档案行政管理由业务指导为主向依法监管为主转变，保障档案法治工作有效开展。加强档案行政执法人员法治培训和"掌上执法"APP应用培训，提高档案执法队伍业务素质。

【档案文化建设】 区档案馆依托《今日普陀》《普陀政务信息》和各单位年度大事记等资源，编印《普陀记忆2018》，全书近9万字，图照219幅。编写《历史名镇沈家门》一书，完成书籍初稿和封面及内页板式设计。

通过微信公众号，宣传档案史志文化。全年推送"6•9"国际档案日宣传活动、创城、档案史志文章56篇。做好中华人民共和国成立70周年史志档案宣传。主办"建国70周年——沧桑巨变看普陀"图片展，展出展板30块，图片174张；协办"普陀区迎春画展'墨之约'国画艺术展""光辉的历程——人民政协成立70周年书画展"等展览13个，累计参观人数6500余人次；配合市档案局做好"沧桑巨变看舟山——庆祝建国70周年展览"资料收集，梳理搜集60组反映普陀解放以来70年历史变迁和发展新旧照片。

【档案队伍建设】 区档案馆开展多种形式培训，提升全区档案员业务水平。4月，召开为期三天全区档案业务培训，全区61家机关、团体和企事业单位近80名档案员

"建国70周年——沧桑巨变看普陀"图片展 （区档案馆提供）

参加。对档案业务不熟悉档案员实地开展培训，现场指导档案收集、鉴定和整理工作。采用QQ、钉钉在线全天候指导，并通过远程协助、视频演示等方式在线开展培训。通过线上与线下、理论和实操相结合方式，全年对区属机关、团体和企事业单位开展集中授课、实地操作、在线远程培训指导累计300余家次。为区民政局、区应急管理局、白沙管委会等21家单位提供跟班化培训，现场实践文件材料分类整理等技能。

做好全区2019年档案职称考试成绩合格考生的初、中级专业技术资格考试资格审查工作，是年，全区通过初级专业技术2人，中级5人，其中区档案馆通过中级1人。

（撰稿：陆行军）

史志工作

【概况】 2019年3月，舟山市普陀区史志办公室撤销，党史、地方志工作业务划归舟山市普陀区档案馆（区史志研究室）。是年，区档案馆（区史志研究室）加强编纂力量，完成《中国共产党普陀历史（1949—1978）》初稿。做好党史文献资料征集及有关党史宣传教育。完成《舟山市普陀年鉴（2018）》总纂、出版、发行工作，启动《舟山市普陀年鉴（2019）》编纂并完成大部分编辑稿，做好部门志（专业志）和镇（街道）志指导工作。开展普陀海洋历史文化研究，做好地情资料资政服务。

【党史编研】 2019年，区史志研究室继续推进《中国共产党普陀历史（1949—1978）》编写工作。5—6月，增加2人负责统稿修改工作；组织编纂人员到岱山学习取经。7—9月，通过邀请省委党史和文献研究室党史研究专家到普陀指导，组织编纂人员参加市档案局（史志办）举办的党史二卷编纂交流培训会议和中共舟山党史二卷审读意见反馈会等，提高编纂人员业务素质。至年底，完成初稿撰写，约32万字。

邀请党史研究专家到普陀指导地方党史编纂工作 （区史志研究室提供）

【党史育人】 发挥红色资源育人作用。普陀区结合建国70周年系列活动、“不忘初心，牢记使命”专题教育活动、“胡炜将军魂归舟山”活动等，发挥省第二批党史教育基地登步岛战斗纪念馆、省第三批党史教育基地“里斯本丸”事件陈列馆、省爱国主义教育基地蚂蚁岛创业纪念室等党史教育基地革命史迹陈列室、烈士陵园的学习教育阵地作用，传播党史文化。发挥区档案馆市级爱国主义教育基地作用，8月13—24日推出《建国70周年——沧桑巨变看普陀》图片展。调研普陀区红色旅游资源情况并撰写调研报告。

【《舟山市普陀年鉴》编纂】 2019年上半年，区史志研究室完成《舟山市普陀年鉴（2018）》总纂，11月由中国文史出版社出版，大16开本彩色印刷。该年鉴分类目、分目和条目3个层次，设特载、专记、专文、区情总述、大事记、中共舟山市普陀区委、区人民代表大会、区人民政府、政协舟山市普陀区委员会、区直机关及街道镇负责人名录、区委区政府综合协调服务、民主党派与知联会、社会团体、法治、军事、海洋与渔业、农林水利围垦、工业和盐业、旅游、商贸、交通仓储邮政、港航与口岸、开发建设、城乡建设与环境保护、财政税务、金融、综合经济管理、市场监督管理、教育、科学技术、文化与体育、新闻传媒与信息产业、卫生与计划生育、人力资源和社会保障、民政、人民生活、街道镇综情、人物与先进集体、区委区政府重要文件目录共39个类目，312个分目，1426个条目。全书116万字，照片511幅，表（含图表）95张，系统翔实反映2017年普陀区各项事业发展情况。

6月底启动《舟山市普陀年鉴2019》编纂，由区委办、区政府办联合发出《关于认真做好〈舟山市普陀年鉴2019〉编纂工作的通知》。8月起逐步进入编辑阶段。至年底完成大部分编辑工作。

【镇志（街道志）编纂情况】 2019年9月，《虾峙镇志》印刷试印本作为中华人民共和国成立70周年献礼。12月，《朱家尖志》由中国文史出版社出版。

《朱家尖志》出版　（区史志研究室提供）

《朱家尖志》由朱家尖街道办事处组织，《朱家尖志》编纂委员会编纂，2011年启动，2014年8月形成初稿60万字，此后陆续进行考证、补充、修改，多地查寻档案资料，大幅增加志稿内容，并多方征求意见，数易其稿，至2018年9月由街道党工委审核定稿。2019年经出版社审核出版。该志以朱家尖街道为境，记述上限追溯至事物发端，下限原则上截至2010年年底，重大事项适当延伸，是朱家尖街道区域内第一部地方志书。述、记、志、传、图、表、录诸体裁并用，以志体为主。全书共110万字。层次分卷、章、节、目。卷前有照片及地图47幅，设概述、大事记，主体部分设境域沿革、自然环境、基础建设、名胜古迹、旅游事业、海洋渔业、农林水利、工商财贸、党政社团、军事司法、教科文卫、人物·先进、海丝·故纪、社会民俗、文献丛录共15卷，随文照、图700多张，后附表格索引、编后记。该志全面系统地记述朱家尖自然、经济、政治、军事、文化、社会等各方面历史与现状，突出朱家尖风景旅游及人文历史等地方特色内容。

【地情资料整理与资政服务】 区史志研究室为区委、区政府及所属部门提供县志、区志、年鉴等电子书服务。按区委领导要求，搜集提供在外地的普陀籍厅级以上干部有关情况，整理提供普陀区2000年以来省级以上荣誉获得情况。撰写《舟山年鉴2019》“普陀区”内容近万字。指导东港街道编纂地情资料书。

（撰稿：胡永久）

编辑：魏斌

区人民代表大会

综　述

2019年,区人大常委会组织召开区十七届人民代表大会(简称区十七届人大)第三次会议,召开常委会会议9次,听取审议"一府两院"(区政府、区法院、区检察院)专项工作报告22项,做出决议决定13件。任免国家机关工作人员107人次。受理群众来信来访22件,25人次。收到代表议案建议114件(其中闭会期间1件),确定重点议案5件。区人大常委会审议政府关于创建全国文明城市工作、加快老旧小区改造、全区乡村振兴战略实施、城区教育规划大布局调整、生态环境状况专题调研、扫黑除恶专项斗争工作、全区标准渔港建设和管理等,形成审议意见,跟踪监督意见落实情况,并进行满意度测评。开展贯彻落实禁毒"一法一条例"工作"回头看"。评议公安、财政、发改3个部门工作,组织对6部法律法规执法检查。全年组织代表专题视察7次。开展"不忘初心、牢记使命"主题教育,"纪念地方人大设立常委会40周年"系列活动。

区十七届人大第三次会议开幕式 (区人大办提供)

区人大常委会领导与工作机构

【区人大常委会领导】 区第十七届人民代表大会常务委员会成立于2017年2月,任期5年。2019年年底,有主任1人、副主任6人、委员19人。

【区人大常委会工作机构】 2019年,区人大常委会工作机构设办公室(研究室)、代表工作委员会、财

2019年区人大常委会主任、副主任名录

表8

职务	姓名	性别	籍贯	任职年月
主　任	戴灵芝	女	浙江普陀	续一
副主任	张伟国	男	浙江普陀	续一
副主任	陈春汉	男	浙江普陀	续一
副主任	陈国法	男	浙江诸暨	续一
副主任	王洲琼	男	浙江普陀	续一
副主任	顾志月	男	浙江普陀	续一
副主任	陈　红	女	浙江普陀	续一

政经济工作委员会、法制内务司法工作委员会、教科文卫与民宗侨外工作委员会、渔农业与渔农村工作委员会、城乡建设环境资源保护工作委员会、信访工作室。

区人大重要会议与人事任免

【区十七届人大第三次会议】2019年1月21—24日在东港召开。会议代表186名，实到代表176名。会议听取、审查并通过“一府两院”工作报告及区人大常委会工作报告。审查、批准区2018年国民经济和社会发展计划执行情况和2019年国民经济和社会发展计划；审查、批准区2018年财政预算执行情况和2019年财政预算；评议区2018年民生实事项目，票决2019年民生实事项目及其他事项。大会收到代表议案建议113件，其中10人以上联名议案41件。

【区十七届人大常委会第十七次会议】1月14日召开。会议审议区政府《关于2018年国民经济和社会发展计划执行情况、2019年国民经济和社会发展计划草案报告》；听取和审议区人大常委会财经工委《关于2018年国民经济和社会发展计划执行情况、2019年国民经济和社会发展计划草案审查报告》；审议区政府《关于2018年财政预算执行情况和2019年财政预算草案报告》；听取和审议区人大常委会财经工委《关于2018年财政预算执行情况和2019年财政预算草案审查报告》；听取《区十七届人大三次会议筹备情况汇报》；审议《区十七届人大三次会议议程（草案）》；审议《区十七届人大三次会议日程（草案）》；审议《区十七届人大三次会议各项决议、议案的表决办法（草案）》；审议《区十七届人大三次会议议案截止时间的决定（草案）》；审议《区十七届人大三次会议名单（草案）》；审议《区人大常委会工作报告》；审议《区人大常委会2019年工作要点（草案）》；审议《省、市、区三级人大代表会前视察报告》；审议《区十七届人大三次会议民生实事项目代表满意度测评办法（草案）》；审议《区十七届人大三次会议民生实事项目代表票决办法（草案）》；审议《区十七届人大三次会议列席人员、听会人员名单》；审议《区十七届人大三次会议选举办法（草案）》及其他事项。通过人事任免。

区十七届人大第三次会议民生实事项目投票 （区人大办提供）

【区十七届人大常委会第十八次会议】2月1日召开。传达学习省“两会”精神和其他事项。通过人事任免。

【区十七届人大常委会第十九次会议】4月8日召开。会议听取区政府《关于全区2018年环境状况和环境保护目标完成情况报告》；审议《区人大常委会讨论、决定重大事项的规定（修订草案）》；审议区人大常委会《关于政府重大投资项目审查监督暂行办法（草案）》；“最多跑一次”改革专题学习和其他事项。

【区十七届人大常委会第二十次会议】5月27日召开。会议听取和审议区政府《关于乡村振兴战略实施情况报告》；听取区政府《关于2019年度普陀区行政事业单位部门预算审查相关问题落实情况的报告》。通过人事任免。

【区十七届人大常委会第二十一次会议】7月31日召开。会议听取和审议区政府《关于2018年区本级财政决算的报告》;听取和审议区政府《关于2018年区本级财政预算执行和其他财政收支审计工作的报告》;听取和审议区政府《关于2019年上半年全区国民经济和社会发展计划执行情况的报告》;听取和审议区政府《关于2019年上半年财政预算执行情况的报告》;听取区政府《关于对区人大常委会城中村改造审议意见落实情况的报告》,并进行满意度测评;审议区政府《关于普陀区残疾人托养中心建设项目调整的报告》,通过人事任免。下午,召开促进民营经济高质量发展专题询问会。

区十七届人大常委会第二十二次会议 (区人大办提供)

【区十七届人大常委会第二十二次会议】 9月29日召开。会议听取区政府关于《中华人民共和国禁毒法》审议意见落实情况报告,并进行满意度测评;听取公检法司机关《关于扫黑除恶专项斗争开展情况的报告》;听取和审议区政府关于《中华人民共和国道路交通安全法》《中华人民共和国物业管理条例》《舟山市文明行为促进条例》贯彻实施情况报告;听取和审议区政府《关于创建全国文明城市工作情况的报告》。通过人事任免。

【区十七届人大常委会第二十三次会议】 10月28日召开。会议讨论通过人事任免和其他事项。

【区十七届人大常委会第二十四次会议】 12月3日召开。会议听取和审议区检察院《关于民事行政检察工作情况的报告》;审议区政府《关于要求调整2019年区本级一般公共预算的议案》;听取和审议区政府关于《中华人民共和国农产品质量安全法》贯彻实施情况报告;听取和审议区政府《关于区十七届人大三次会议代表议案建议办理情况》报告。通过人事任免。

【区十七届人大常委会第二十五次会议】 12月24日召开。会议听取市人大代表述职;听取和审议区政府《关于审计查出问题整改工作报告》,并进行满意度测评;听取区政府《关于全区国有资产管理情况的专项报告》;审议区十七届人大常委会代表资格审查委员会《关于代表资格的审查报告(草案)》;审议《关于召开

"一府两院"上半年工作通报会 (区人大办提供)

区十七届人大四次会议决定(草案)》。

【人事任免】 严格落实监督法、组织法,坚持党管干部和人大依法任免干部有机结合,依法做好人事任免、宪法宣誓、任前法律知识考试等工作。全年常委会有7次会议审议人事任免事项,任免国家机关工作人员107人次。

代表工作与议案建议

【代表工作】 区人大采取代表初任培训、履职培训、专题培训和实地考察学习。定期组织学习交流、意见处理,全年组织代表参加各级学习260余人次。健全代表履职档案,完善代表履职激励和监督机制。建立代表履职情况报告和列席常委会会议制度。建成"联络服务中心+联络站+联络点""三位一体"代表履职网络基础,新建海岛乡镇"民情联络室",打通联系选民"最后一公里"。全年各代表联络站(点)开展活动113次,主题活动17次,参与代表680余人次,接访群众840余人次,收集意见建议229条。9月,县(处)级领导干部人大代表集中赴各代表联络站开展联系群众活动,有21名县处级领导到9个代表联络站开展活动,收集意见建议40余条。组织代表专题调研、定向视察、集中视察、跟踪监督、部门工作评议、执法检查等各类活动42次,参与代表378人次。坚持人大代表走访联系制度,全年走访人大代表80余人次,基层区人大代表走访座谈全覆盖。

【议案建议】 区人大完善建议办理督办机制,推广沈家门街道"53753"议案建议办理模式。建立由区政府领导牵头领办、常委会领导重点督办、各专委会(工委)牵头组织代表、办理部门共同面商议案督办机制。区十七届人大三次会议收到代表议案建议114件,全部办结,办复率100%。解决一批事关全区经济发展、事关群众切身利益问题。把好议案建议质量关,议案建议"代表视察调研——主任会议审定"后交办。开展"双评议双公开",评比表彰优秀代表建议、代表建议办理先进单位。

2月21日,省人大常委会党组书记、副主任梁黎明(左五),新区党工委书记、管委会主任、市委书记俞东来(左一)及部分浙江省全国人大代表到朱家尖视察 (沈磊摄)

调研监督指导

【财政预决算监督】 区人大常委会加强财政预决算审查监督,常委会第二十一次会议审议《关于2018年区本级财政决算的报告》《关于2018年区本级财政预算执行和其他财政收支审计工作的报告》《关于2019年上半年全区国民经济和社会发展计划执行情况的报告》《关于2019年上半年财政预算执行情况的报告》。第二十四次会议审议《关于要求调整2019年区本级一般公共预算的议案》。第二十五次会议审议《关于审计查出问题整改工作报告》,并进行满意度测评。

【依法治区监督】 区人大常委会开展《浙江省保障"最多跑一次"改革规定》等法律法规执法检查,形成审议意见,跟踪监督审议意见落实情况。开展全区禁毒"一法一条例"贯彻落实情况"回头看",并开展满意度测评。开展公安、财政、发改三个部门工作评议。组织人大代表参加法院庭审

市人大常委会主任钟达（左五）到普陀调研 （区人大办提供）

及“检察开放日”，促进司法机关公正司法。落实规范性文件备案审查制度，通过沟通协调、定期核查，督促机关依法制定、及时报备，促进政府依法行政、保障公民权利。以“宪法宣传周”为载体，开展宪法进校园、宪法知识网上答题竞赛活动，推动宪法走近百姓。

【依法行政监督】 区人大制定出台《舟山市普陀区人民代表大会常务委员会讨论决定重大事项的规定》。依法做出批准财政决算、地方政府债务限额、预算调整、民生实事项目调整等13项决议决定。

【经济工作调研监督】 区人大制定出台《关于建立区人民政府向区人大常委会报告国有资产管理情况制度的实施意见》《舟山市普陀区人民代表大会常务委员会关于政府重大投资项目审查监督暂行办法》，首次审议区政府关于国有资产管理情况及债务管理情况报告。关注新兴产业培育发展，专题调研全区大健康产业发展情况，提出加大政策支持、做好“旅游＋健康”融合发展文章、培育高新人才等方面意见建议。关注“五大会战”和重大项目、重点工程进展情况，组织省、市、区三级人大代表视察新能源产业、传统修造船企业转型升级等项目。

【民营经济调研】 区人大组建5个民营经济专项调研组，走访民营企业36家，召开座谈会28次，听取68位民营企业家意见建议，梳理一份问题清单。专题召开促进民营经济高质量发展询问会，人大与政府部门共同解答民营经济“实践题”，推动各项惠企政策落实。

【“创城”工作监督】 区人大策划“全民清洁代表在行动”活动，组织500名省、市、区、镇四级人大代表同步在全区各街道镇集中开展志愿服务，以实际行动助力“创城”；开展“我为创城献一策”“代表创城随手拍”“文明交通劝导志愿行”等活动。组织市、区两级人大代表“创城”电视问政，现场问询12个部门“创城”工作中热点难点问题；审议政府《关于创建全国文明城市工作的报告》，开展《中华人民共和国道路交通安全

省、市、区三级人大代表会前集中视察 （区人大办提供）

法》《中华人民共和国物业管理条例》《舟山市文明行为促进条例》贯彻实施情况会审。

【民生项目监督调研】 区人大围绕百姓关注的社区村体制改革、城市管理、城中村改造、教育医疗基础设施建设等方面重点监督。专题调研城区教育规划大布局调整、老旧小区改造、标准渔港建设与管理、乡村振兴战略实施情况等;开展“最多跑一次”改革专题督查会,人大代表现场质询部门负责人,助推改革落地。组织代表通过主题活动、定向视察、明察暗访等方式,当好项目“调研员、宣传员、监督员”,确保民生实事项目落到实处。组织开展《中华人民共和国农产品质量安全法》执法检查,要求政府部门明确职能,充实保护力量,加强协作沟通,保障全区人民食品安全。

【生态环境监督】 区人大审议全区环境状况和环境保护目标完成情况,推动生态环境保护责任落实,督促政府攻坚污染防治。检查海洋环境保护“一法一条例”执法情况,关注近岸海域环境质量、海上污染应急处置能力建设等问题。

【人大信访工作】 区人大把信访工作作为密切联系群众、促进依法监督重要渠道,全年受理群众来信来访22件、25人次,经交办、督办、催办,报结率100%。

【人大宣传信息工作】 区人大建设新闻宣传阵地,报道人民代表大会制度创新实践,宣传人大代表依法履职风采,全年有86篇稿件被市级以上新闻媒体录用。2019年区人大被评为全省人大宣传信息工作先进单位。

【镇人大与街道人大工委建设】 加强镇(街道)人大工作指导,定期开展交流研讨活动。探索加快基层民主政治建设步伐,在全区4个街道成立民主议事会,推荐产生街道议事会成员214名。镇(街道)人大紧贴中心工作,依法履职。

(撰稿:贝燕)

编辑:李群亚

区人民政府

区政府领导与工作机构

【区政府领导】 区第十七届人民政府2019年年初在任领导：区长潘晓辉，常务副区长张文科，副区长丁伟民、贺邵兵、郑珽、杨海滨、李莉（女）、陈蔚（女）、陆林海、张勇、马长青。1月，张海斌任常务副区长。至年末，在任领导：区长潘晓辉，常务副区长张海斌，副区长丁伟民、贺邵兵、郑珽、杨海滨、李莉（女）、陆林海、张勇、马长青。

【区政府工作机构】 1月，实施机构改革。组建区政府办公室，挂区政府外事办公室（区政府港澳事务办公室）、区大数据发展管理局牌子，保留区口岸与海防管理办公室牌子。不再保留区外事与侨务办公室以及承担行政职能事业单位区口岸与海防管理办公室；区发展和改革局挂区政府金融工作办公室牌子，不再保留区物价局牌子，不再保留承担行政职能的事业单位区金融工作办公室；组建区经济和信息化局，加挂区科学技术局牌子，不再保留区经济信息化和科学技术局；不再保留区委教育工作委员会；重新组建区司法局，保留区行政复议局牌子，不再保留区政府法制办公室；区财政局加挂区政府国有资产监督管理办公室牌子；区住房和城乡建设局保留区人民防空办公室牌子，加挂区民防局牌子；组建区农业农村局，挂水利局牌子，不再保留区农林水利围垦局（区委渔农村工作办公室）；将区商务局调整为单独设置，加挂区粮食和物资储备局牌子；组建区文化和广电旅游体育局，不再保留区文体广电新闻出版局、区旅游委员会；组建区卫生健康局，挂区医疗保障局牌子。保留区老龄工作委员会，不再保留区卫生和计划生育局、区深化医药卫生体制改革领导小组办公室；组建区退役军人事务局；组建区应急管理局，不再保留区安全生产监督管理局；将区统计局调整为单独设置；区综合行政执法局挂城市管理局牌子；重新组建区海洋与渔业局，保留区海洋行政执法局、浙江普陀中街山列岛海洋特别保护区管理

2019年区人民政府区长、副区长名录

表9

职 务	姓名	性别	籍贯	任职年月
区 长	潘晓辉	男	浙江绍兴	续—
常务副区长	张文科	男	浙江舟山（普陀）	续—2019.1
常务副区长	张海斌	男	浙江舟山（普陀）	2019.1—
副区长	丁伟民	男	浙江舟山（普陀）	续—
副区长	贺邵兵	男	浙江舟山（普陀）	续—
副区长	郑 珽	男	浙江舟山（普陀）	续—
副区长	杨海滨	男	浙江舟山（普陀）	续—
副区长	李 莉	女	浙江舟山（定海）	续—
副区长（挂职）	陈 蔚	女	上海	续—2019.9
副区长（挂职）	陆林海	男	浙江平湖	续—
副区长	张 勇	男	浙江舟山（普陀）	续—
副区长（挂职）	马长青	男	吉林松原	续—

局牌子。改革后区政府计入机构限额的工作机构21个:办公室、发展和改革局、经济和信息化局、教育局、公安分局、民政局、司法局、财政局、人力资源和社会保障局、住房和城乡建设局、交通运输局、农业农村局、商务局、文化和广电旅游体育局、卫生健康局、退役军人事务局、应急管理局、审计局、统计局、综合行政执法局、海洋与渔业局。区委区政府信访局作为区政府工作部门,与区委办公室合署办公,不计机构限额。

市生态环境局在普陀区设立生态环境分局,作为市生态环境局的派出机构,不再保留区环境保护局;市自然资源和规划局在普陀区设立自然资源和规划分局,作为市自然资源和规划局的派出机构;不再保留市国土资源局普陀分局、市规划局普陀分局(普陀区测绘与地理信息局)。保留区食品安全委员会,具体工作由市市场监督管理局普陀分局承担;不再保留市工商行政管理局普陀分局、市质量技术监督局普陀分局、市食品药品监督管理局普陀分局、区食品安全委员会办公室牌子。改革后市级部门派出机构3个,其中计入机构限额2个(自然资源和规划分局、市场监督管理分局)、不计机构限额1个(生态环境分局)。

区政府重要会议

【区政府常务会议】 2019年召开11次(第25~35次)。1月10日,召开区政府第25次常务会议,审议讨论《关于舟山市普陀区2018年财政预算执行情况及2019年财政预算(草案)的报告》《舟山市普陀区2018年国民经济和社会发展计划执行情况及2019年国民经济和社会发展计划(草案)》《2019年政府工作报告》,研究墩头区块城中村改造所涉浙江新天久海产有限公司地块征收补偿等相关事宜;2月19日,召开区政府第26次常务会议,审议讨论《普陀区企业生产安全事故隐患排查治理奖励办法(试行)》《2019年普陀区"三重"项目计划》《2019年普陀区政府投资项目计划》《2019年普陀区经济产业平台发展工作清单》《舟山市普陀区政府投资项目管理办法》,听取关于"大棚房"问题整改工作进展情况汇报等相关事宜;3月29日,召开区政府第27次常务会议,审议讨论《关于调整普陀区税收贡献十强工业企业和创新型成长企业评定办法的意见》和2018年度"税收贡献十强企业"及"创新型成长企业"企业名单、《舟山市普陀区人民政府关于促进民营经济高质量发展的实施意见》《舟山市普陀区推进船舶工业高质量发展三年行动计划(2019—2021)》《普陀区大花园典型建设实施方案(2018—2022年)》及2019年普陀区大花园建设行动计划工作清单、《关于实施"闲置农房激活行动"的指导意见》《普陀区老旧住宅小区综合改造暂行办法》,听取《安全生产事故应急条例》内容解读及普陀区贯彻落实方案,研究关于区交投集团收购永跃集团所持普陀环岛客运公司股权及其他相关事宜;5月6日,召开区政府第28次常务会议,研究鲁家峙体育动力公园建设工程调整相关事宜;5月28日,召开区政府第29次常务会议,审议讨论《关于加快推进海岛民宿产业发展的实施意见》《关于创建国家生态文明建设示范区工作的实施意见》,研究六横镇双塘中心学校撤并、舟山本岛百里滨海大道(普陀段)建设工程所涉大干渔业社土地征收集体资产补偿等相关事宜;6月5日,召开区政府第30次常务会议,审议讨论《普陀区数字经济发展五年行动计划》《"海陆普陀"战略合作协议》《沈家门渔港港章》《沈家门渔港水域船舶污染防治管理办法(试行)》,研究关于落实《舟山市人民政府关于进一步促进建筑业加快发展的实施意见》政策、半升洞地库联络通道工程、老旧小区改造工程相关招投标、区交投集团收购普陀环岛客运公司部分股权等相关事宜,听取省级食品安全区创建工作相关情况汇报;7月23日,召开区政府第31次常务会议,审议讨论《关于加快推进科技创新的若干意见(送审稿)》《舟山市普陀区2019—2030年中心城区学校(幼儿园)建设规划》,研究城北村级留用地政策处理、普陀区违建别墅清查整治专项工作,听取《地方党政领导干部食品安全责任制规定》解读;8月9日,召开区政府第32次常务会议,审议讨论《普陀区深入开展消费扶贫助力对口地区万源市脱贫攻坚实施方案》《关于加快推进10蒸吨/小时以上35蒸吨/小时以下燃煤锅炉淘汰工作实施方案》,研究墩头原泰莱大卖场地块出让、《普陀区2019年重点项目招引百日攻坚行动方案》责任分解等相关事宜;9月9日,召开区政府第33次常务会议,审议讨论《普陀区供销社下属控股企业普陀土产日用品有限责任公司股份收购方案》《关于完善全面两孩政策配套措施 提倡群众生育二孩的实施办法(暂行)》《普陀区人民政府重大行政决策程序规定》《2019年普陀区政府投资项目增补计划》《浙江省舟山市普陀区人民政府质量奖管理办法(2019年修订)》《普陀区水产品精深加工产业创新服务综合体建设方案》《舟山现代海洋产业创新服务综合体园区共建协议书》《舟山市普陀区人民政府、西湖大学工学院海洋领域合作协议》,研究在中创海洋科技股份有限公司(筹)投资事宜,学习传达中办发电〔2019〕29号文件;10月23日,召开区政府第34次常务会议,听取稳外资、稳外贸工作、"海陆普陀"工作、市县长项目、低效闲置资产大整治行动、老旧小区改造工作、重大招商引资项目落地清单及省市区三级民生实事进展滞后项目推进情况。12月4日,召开区政府第35次常务会议,审议讨论《渔农村环境卫生长效管理暂行办法》《普陀区既有住宅加装电梯工作的实施意见》《海陆普陀(上海)国际创新中心建设方案》《普陀区金融机构支持地方经济考评办法》,研究省政府教育督导委员会对普陀区政府履行教育职责督导问题整改、舟山海洋渔业公司职工医院移交、舟山万邦永跃船舶修造有限公司45%股权处置等相关事宜,听取关于规范全区工程建设项目多余矿产资源处置工作意见、区公安分局2019年工作总结和2020年工作思路汇报。

【区政府专题会议】 2019年召开60次。会议主要议题:研究和协调处理需要区政府统筹协调、组织实施的某一重要问题、重要事项。会议具体内容:1月2日,研究普陀国际健康产业中心设计装修有关事项;1月3日,研究计划生育家庭特别扶助对象资金补发有关事宜;1月11日,协调半升洞区块拆迁改造期间公交首末站停车场地等事宜,研究推进舟山亚泰船舶修造工程有限公司西白莲船舶修造项目验收相关事宜;2月2日,协调东港(半升洞)客运码头改扩建工程;2月21日,研究虾峙镇湖泥村两宗土地处置事宜;3月14日,协调普陀区东极海运有限公司"舟山群岛繁荣"轮靠泊半升洞客运码头相关事宜;3月26日,研究普陀区国际健康产业中心设计装修有关事项;4月2日,研究区水产城服务中心划转区机关事务管理局下属单位相关事宜;4月9日,研究扬帆集团舟山船厂区块土地占用费(租赁费)收取及后续移交管理方案;4月10日,研究市财政局核查的土地出让金专户中征地补偿款未退还的历史遗留问题相关事宜;4月17日,研究夜排档就餐客人停车事宜;4月18日,研究沈家门东海中路471号、船厂路35号危房解危建设项目相关事宜;4月22日,协调浙台经贸区西岙核心区块部分未用土地进行配套建设相关问题,研究普陀区华通养护公司按改制政策事改企职工退休后享受事业退休待遇事宜;4月28日,研究沈家门墩头—渔港桥沿线码头功能整合事项;5月6日,研究陈家后村拆迁安置项目建设方案;5月14日,研究浙江冠素堂食品有限公司厂房加层事宜;5月16日,研究自在盛达燃料油中转、加注基地项目涉及采矿事宜;5月20日,协调普陀区螺门渔业公司修船棚重新经营相关事宜,研究普陀展茅至东港公路改建工程、普陀芦花至南岙公路工程等相关事宜;5月31日,研究海岛危险品装载相关事宜;6月12日,研究虾峙镇灵和社区村走马塘农村建设用地(宅基地)农整项目;6月12日,协调水路货运综合治理中政府定点作业点相关事宜,研究海天大道(板桥路—应家湾水库)绿化提升工程事宜;6月17日,研究朱家尖西岙客运站临时站场建设相关事宜;6月20日,研究区残疾人托养中心建设有关事宜;6月20日,研究沈家门客运中心综合验收事宜;7月2日,研究2019年普陀区展茅街道干施岙村、东港街道小浦岙村农村饮用水达标提标管网改造提升工程相关事宜,研究白沙岛海水淡化厂提标改造工程事宜,研究2019年普陀区展茅街道上潘孙村农村饮用水达标提标管网改造提升工程相关事宜;7月10日,研究普陀城西区块产业规划编制事宜;7月16日,研究329国道(普陀段)沿线环境提升事宜;7月24日,研究百里滨海大道(普陀段)地面道路通车事宜;7月26日,协调原小干轮渡公司码头相关事宜;7月29日,研究普陀区公路应急保障基地项目相关前期事宜;8月2日,协调虾峙岛西白莲鸿运油品储运项目验收事宜;8月6日,研究盐业公司养老保险有关事宜;8月13日,协调沈家门、东港非城区人力客运三轮车退出营运市场相关事宜;8月22日,研究鲁家峙大桥管理有关问题;8月30日,研究捷胜海洋装备股份有限公司办公、研发用房租赁相关事宜;9月4日,研究调整展茅工业园区工业技改项目相关技术指标事宜;9月9日,研究板桥头闸改建工程相关事宜;9月11日,研究《普陀区融资租赁公司监督管理暂行办法》和《普陀区商业保理公司监督管理暂行办法》有关内容;9月12日,协调“马峙渡1”轮安全管理事宜;10月9日,研究生活垃圾统筹车辆外运相关事宜,协调城北绿化垃圾处理场项目建设事宜;10月14日,研究加快推进小蒲湾、长地爿地块安置项目建设工作;10月15日,协调东海西路两侧及开闭所绿化提升工程等事宜;11月1日,研究普陀展茅至东港公路绿化提升改造项目相关事宜;11月7日,研究舟山万洋众创城开发有限公司开发建设的舟山(普陀)万洋众创城工业园区项目厂房及配套宿舍预售及后续产权登记相关事宜;11月15日,协调沈家门墩头原泰莱“大卖场”地块相关事宜;11月28日,研究原兴业公司3号、4号码头租赁合同提前终止后租金结算与承租方对码头加固维修投入费用赔偿事宜;12月6日,协调外资企业浙江自贸区国湾化工有限公司注册事宜;12月11日,协调城北金麟桥(暂名)项目建设、东宸府(住宅小区)公共配套设施产权移交事项移交等事宜;12月15日,研究普陀区智创城西开发建设有限公司运营有关事项。

区政府重要决策

【加快经济发展】 为引导和激励广大企业追求卓越绩效管理模式,提高质量管理水平,1月25日,区政府下发《关于表彰2018年度普陀区政府质量奖(复评)获奖企业的通报》。为总结2018年全区重点建设项目完成情况,2月3日,区政府办下发《关于2018年1—12月份全区重点建设项目完成情况的通报》。为确保区政府工作报告重点工作全面完成,2月12日,区政府办下发《关于印发2019年政府工作报告重点工作责任分解的通知》。为营造民营经济发展环境,促进全区民营经济发展,4月1日,区政府下发《关于促进民营经济高质量发展的实施意见》。为发挥龙头企业带动作用,树立全区工业经济标杆,4月8日,区政府下发《关于表彰普陀区2018年度“税收贡献十强工业企业”的通报》。为确保完成2019年工业经济指标,4月26日,区政府办下发《关于下达2019年度工业经济运行考核指标的通知》。为对标任务、量化目标,真抓实干,破解难题,4月29日,区政府办下发《关于2019年一季度普陀区经济运行目标完成情况的通报》。为盘活全区低效闲置资产,拓展经济发展空间,推动高质量发展,5月15日,区政府办下发《关于印发〈普陀区低效闲置资产大整治行动实施方案〉的通知》。为实现高水平建设开放活力幸福普陀目标,5月24日,区政府下发《关于下达2019年国民经济和社会发展计划的通知》。为坚持问题导向、聚焦靶心发力,6月6日,区政府办下发《关于1—4月份普陀区经济运行目标完成情况的通报》。为推动全区海岛民宿转型升级,以旅游产业发展带动富民增收,实现旅游综合效益提升,7月19日,区政府下发《关于加快推进海岛民宿产业发展的实施意见》。为总结上半年普陀区经济运行目标完成情况,8月6日,区政府办下发《关于上半年普陀区经济运行目标完成情况的通报》。为推进质量强区建设,引导和激励全区各行各业加强质量管理,9月9日,区政府下发《关于印发〈浙江省舟山市普陀区人民政府质量奖管理办法(2019年修订)〉的通知》。为发挥金融在

7月9日,召开普陀—巴西帕拉伊巴州代表团经贸交流会 (区外事办提供)

服务实体经济中作用，促进全区经济社会持续健康发展，12月12日，区政府办下发《关于印发〈普陀区金融机构支持地方经济发展考评办法〉的通知》。

【深化改革创新】 为深入实施创新驱动发展及知识产权战略，提升自主创新能力，3月21日，区政府办下发《关于印发普陀区省级知识产权示范区创建工作方案的通知》。为表彰先进，树立典型，4月8日，区政府下发《关于表彰普陀区2018年度"创新型成长企业"的通报》。为加快推进浙江省行政执法监管平台在全区推广应用工作，6月29日，区政府办下发《关于印发普陀区全面推广应用"浙江省行政执法监管平台"实施方案的通知》。为加快推进全区高速公路电子不停车收费(ETC)发展应用，7月12日，区政府办下发《关于印发〈普陀区加快推进高速公路ETC发展应用工作方案〉的通知》。为构建良好创业创新生态，打造高质量发展增长极，为建设幸福普陀提供科技支撑，8月15日，区政府下发《关于加快推进科技创新的若干意见》。为深化"最多跑一次"改革，加快推进政府数字化转型，创建全市数字化转型示范区，12月17日，区政府办下发《关于印发舟山市普陀区政府数字化转型实施方案(2019—2021年)的通知》。

【推进城乡建设】 为破解农村供水短板，促进城乡统筹发展，3月20日，区政府办下发《关于印发普陀区农村饮用水达标提标三年行动计划的通知》。为保障被征地农民合法权益，缓和征地矛盾，促进普陀经济社会持续健康发展，4月1日，区政府办下发《关于印发舟山市普陀区征地区片综合地价和青苗、地面附属物补偿标准调整方案的通知》。为实施2019年"五水共治"(治污水、防洪水、排涝水、保供水、抓节水)项目，5月17日，区政府办下发《关于下达2019年"五水共治"项目实施计划的通知》。为推进城镇生活垃圾分类工作，提前实现"三年大变样"阶段性目标，7月15日，区政府办下发《关于印发普陀区2019年城镇生活垃圾分类行动计划的通知》。为引导和规范公共环境文明行为，打造海上花园城市，8月26日，区政府下发《关于发布禁止洗涤、游泳、捕(钓)鱼的水库、山塘、景观河道名录的通告》。为防治船舶污染物及固体废弃物污染沈家门渔港水域环境，建立和规范渔港水域船舶污染物及固体废弃物收运、处置长效机制，10月10日，区政府办下发《关于印发沈家门渔港水域船舶污染防治管理办法(试行)的通知》。为解决渔农民贷款难问题，促进全区渔农村经济社会发展，10月29日，区政府办下发《关于印发〈普陀区渔农村政银保合作贷款管理办法〉的通知》。

【强化民生保障】 为弘扬拥军优属优良传统，推进军人荣誉体系建设，1月26日，区政府办下发《关于加快推进为烈属、军属和退役军人等家庭悬挂光荣牌工作的通知》。为严厉打击扰乱市场的违法违规行为，维护旅游者和旅游经营者合法权益，4月26日，区政府办下发《关于印发桃花岛旅游市场秩序综合整治行动方案的通知》。为总结2019年一季度全区政府工作报告重点工作和政府为民实事完成情况，5月5日，区政府办下发《关于2019年一季度全区政府工作报告重点工作和政府民生实事项目完成情况的通报》。为扩充农村优质学前教育资源，满足人民群众对更好教育需要，5月29日，区政府办下发《关于印发舟山市普陀区农村幼儿园补短提升工程方案(2018—2022年)的通知》。为做好全区无偿献血工作，确保临床用血需求和安全，6月11日，区政府办下发《关于做好2019年度全区无偿献血工作的通知》。为强化全区基层卫生服务体系建设，提高广大居民卫生健康服务获得感，7月15日，区政府办下发《关于印发舟山市普陀区基层医疗卫生服务体系强化工程实施方案的通知》。为提高食品安全治理能力和保障水平，不发生区域性、系统性食品安全问题底线，7月16日，区政府办下发《关于印发2019年普陀区食品安全工作要点的通知》。为规范全区旅游市场秩序，维护旅游者和旅游经营者合法权益，7月16日，区政府办下发《关于印发2019年普陀区旅游市场秩序综合整治行动方案的通知》。为总结2019年上半年全区政府工作报告重点工作和政府为民实事完成情况，8月1日，区政府办下发《关于2019年半年度全区政府工作报告重点工作和政府民生实事项目完成情况的通报》。为推进海岛公园建设，提升东极旅游品质，加强旅游管理，保护和合理利用旅游资源,8月7日,区政府办下发《关于印发东极旅游品质提升专项行动方案的通知》。为加快实现区域义务教育优质均衡发展,推进教育现代化建设,10月10日,区政府办下发《关于印发舟山市普陀区创建全国义务教育优质均衡发展区实施方案的通知》。为合理安置部分退役士兵,11月13日,区政府下发《关于下达2019年度部分退役士兵安置计划的通知》。为完善全区既有住宅使用功能,改善居住条件,方便居民生活,12月9日,区政府办下发《关于印发〈普陀区既有住宅加装电梯工作的实施意见(试行)〉的通知》。

【建设平安和谐社会】 为坚持红线意识和底线思维,3月4日,区政府下发《关于2018年度安全生产目标管理责任制考核情况的通报》。为树立安全发展理念,加强组织领导、统筹协调和监督指导,3月15日,区政府下发《公布第十九批区级重大火灾隐患整改单位的通知》。为推动企业落实安全生产主体责任,鼓励企业发动员工主动排查、报告身边事故隐患,3月15日,区政府下发《关于印发舟山市普陀区企业生产安全事故隐患排查治理奖励办法(试行)的通知》。为查清全区政策性粮食库存实底,4月2日,区政府办下发《关于印发普陀区政策性粮食库存数量和质量大清查实施方案的通知》。为弘扬见义勇为、舍己救人崇高精神,做好渔船海难救助工作,4月23日,区政府下发《关于表彰2018年度抢险救助先进单位的通报》。为巩固海洋伏季休渔管理和渔场修复振兴"一打三整治"专项行动成果,促进海洋生态、渔业经济绿色发展,4月23日,区政府下发《关于印发2019年伏季休渔管理工作实施方案的通知》。为减少重大食品安全事故危害,保障公众健康与生命安全,5月17日,区政府办下发《关于印发舟山市普陀区食品安全事故应急预案的通知》。为打击和遏制走私犯罪高发多发态势,5月17日,区政府办下发《关于印发舟山市普陀区打击整治走私犯罪集中行动方案的通知》。为做好全区突发环境事件防控和处置工作,维护全区生态环境安全和社会稳定,6月20日,区政府办下发《关于印发舟山市普陀区突发环境事件应急预案的通知》。

【建设法治政府】 为加强全区政府合同管理工作,规范合同签订行为,防范合同法律风险,2月27日,区政府办下发《关于开展政府合同清理工作的通知》。为规范政府投资项目管理,健全政府投资项目决策和实施程序,3月8日,区政府下发《关于印发舟山市普陀区政府投资项目管理办法的通知》。为规范政府依法采购,3月21日,区政府办下发《关于公布舟山市普陀区2019年度政府集中采购目录及采购限额标准的通知》。为推进全区预算绩效目标管理和绩效评价工作,提高财政资金使用绩效,5月6日,区政府办下发《关于下达2019年度财政支出绩效管理工作计划的通知》。为优化全区行政事业单位国有资产管理,落实单位资产管理主体责任,6月19日,区政府办下发《关于调整区级行政事业单位国有资产管理有关事项的通知》。为推进依法施政、公开施政、廉洁施政、诚信施政,加快建设"幸福普陀"提供法治保障,8月2日,区政府办下发《关于印发2019年舟山市普陀区法治政府建设工作要点的通

区政府重要文件目录

表10

文件名	文号	发文日期
关于表彰2018年度普陀区政府质量奖(复评)获奖企业的通报	舟普政发〔2019〕1号	2019.1.25
关于公布普陀区2019年3月1日后个人住宅划拨用地补交出让金标准的通知	舟普政发〔2019〕3号	2019.2.26
关于2018年度普陀区银行业金融机构支持地方经济发展考评情况的通报	舟普政发〔2019〕4号	2019.2.27
关于2018年度安全生产目标管理责任制考核情况的通报	舟普政发〔2019〕5号	2019.3.4
关于印发舟山市普陀区政府投资项目管理办法的通知	舟普政发〔2019〕6号	2019.3.8
关于印发舟山市普陀区企业生产安全事故隐患排查治理奖励办法(试行)的通知	舟普政发〔2019〕8号	2019.3.15
关于印发普陀区美丽经济交通走廊创建实施方案的通知	舟普政发〔2019〕9号	2019.1.20

续表 10

文　件　名	文　号	发文日期
关于转发《舟山市人民政府关于完善残疾儿童康复服务制度的通知》的通知	舟普政发〔2019〕10 号	2019.3.25
关于促进民营经济高质量发展的实施意见	舟普政发〔2019〕11 号	2019.4.1
关于表彰普陀区 2018 年度“创新型成长企业”的通报	舟普政发〔2019〕12 号	2019.4.8
关于表彰普陀区 2018 年度“税收贡献十强工业企业”的通报	舟普政发〔2019〕13 号	2019.4.8
关于表彰 2018 年度全区伏季休渔管理工作先进集体的通报	舟普政发〔2019〕14 号	2019.4.22
关于印发 2019 年伏季休渔管理工作实施方案的通知	舟普政发〔2019〕15 号	2019.4.23
关于表彰 2018 年度抢险救助先进单位的通报	舟普政发〔2019〕16 号	2019.4.23
关于 2018 年度全区渔业安全生产目标管理责任制考核情况的通报	舟普政发〔2019〕17 号	2019.4.23
关于下达 2019 年国民经济和社会发展计划的通知	舟普政发〔2019〕20 号	2019.5.24
关于加快推进海岛民宿产业发展的实施意见	舟普政发〔2019〕22 号	2019.7.19
关于对见义勇为人员丁鑫军等三人进行嘉奖的决定	舟普政发〔2019〕23 号	2019.7.18
关于加快推进科技创新的若干意见	舟普政发〔2019〕24 号	2019.8.15
关于发布禁止洗涤、游泳、捕(钓)鱼的水库、山塘、景观河道名录的通告	舟普政发〔2019〕25 号	2019.8.26
关于印发普陀区人民政府重大行政决策程序规定的通知	舟普政发〔2019〕26 号	2019.9.10
关于印发《浙江省舟山市普陀区人民政府质量奖管理办法(2019 年修订)》的通知	舟普政发〔2019〕27 号	2019.9.9
关于下达 2019 年度部分退役士兵安置计划的通知	舟普政发〔2019〕31 号	2019.11.13
关于印发《舟山市普陀区人民防空工程管理办法》的通知	舟普政发〔2019〕32 号	2019.11.20
关于表彰 2018 年度普陀区建筑业先进企业的通报	舟普政发〔2019〕33 号	2019.12.12
关于下达 2019 年军队转业干部安置指标的通知	舟普政发〔2019〕36 号	2019.12.31

知》。为加强全区行政规范性文件制定和监督管理工作,保障群众合法权益,维护政府公信力,9 月 10 日,区政府办下发《关于进一步加强行政规范性文件制定和监督管理工作的通知》。为健全科学、民主、依法决策机制,规范行政决策行为,提高行政决策质量和效率,9 月 10 日,区政府下发《关于印发普陀区人民政府重大行政决策程序规定的通知》。

区政府办公室工作

【概况】 2019 年 1 月机构改革,撤销中共舟山市普陀区委舟山市普陀区人民政府办公室,组建舟山市普陀区人民政府办公室(简称区政府办),是协助区政府领导处理区政府日常工作机构,挂区政府外事办公室(区政府港澳事务办公室)、区大数据发展管理局、区口岸与海防管理办公室牌子。3 月 9 日,区委办、区政府办印发《舟山市普陀区人民政府办公室职能配置、内设机构和人员编制规定》,区政府办内设秘书科、综合科、调研协作科、督查科、法治法规科、政务公开科、人事财务科、外事科(挂港澳事务科牌子)、数据资源管理科、口岸海防与反走私科 10 个职能科室。3 月 19 日,区委编办发文《关于调整舟山市普陀区科级事业机构的通知》,区大数据管理中心、区口岸开放服务中心 2 个副科级事业单位由区政府办管理。是年,区政府办学习贯彻习近平新时代中国特色社会主义思想和中共十九届四中全会精神,落实省委、市委和区委决策部署,围绕区委区、政府中心工作,服务经济社会发展大局,较好完成各项工作任务。

【做好参谋助手】 区政府办紧扣区委、区政府中心工作,贴近基层开展信息调研工作,为领导掌握情况、指导工作、科学决策提供参谋和服务。结合“三服务”活动开展,深入基层,及时掌握和发现新情况、新问题,总结挖掘先进典型和先进经验,将有价值信息整理成书面材料呈报领导,为政府科学决策提供可靠依据,全年形成调研文章20余篇,撰写各类综合文稿100余篇。加强政策研究,加大协调协作和牵头抓总力度,重点做好闲置资源整治、健康产业发展、区域交流协作等政策方案研究制定工作。强化政策合规性审查,加强源头管控,介入政府合同制定、企业帮扶等法务工作,为领导提供法律咨询和参谋,完成区政府重大合同合法性审查11件,提出各类审查意见百余条。

【规范办文办会】 区政府办严格公文处理程序,精简文件,提高公文质量。建立公文报送退文制度,定期对区属单位、街道镇不规范来文进行通报,全年发布退文通报4期,实际退文60件。控制普发性公文,控制会议规模、减少陪会人员、压缩会议时间,全区各类公文同比减少35%,全区性工作会议数量得到有效控制。做好区政府重大活动组织安排,统筹做好区政府领导重要内外事活动安排,确保区委、区政府中心工作顺利推进。

【落实政务督办】 区政府办加强对各地各部门贯彻落实上级重大决策部署督查,分解细化政府工作报告156项重点工作,紧盯省市区三级民生实事、低效闲置资源整治等重点工作,加强过程研判,及时督促进度迟缓单位。做好区政府领导批示的办理、督办工作,办理督办领导批示213条,审批抄告事项51项。抓好党代表提案、人大建议、政协提案督办工作,组织召开全区建议提案交办会议,加强跟踪督查,督办市主办件4件、协办件16件,区主办件255件,办结率100%,满意率97.6%。及时处理人民群众来信来访,确保群众合理诉求得到及时解决。

【推进电子政务】 区政府办完成政府协同办公平台升级工作,提升运行速率,保障系统运行稳定性,扩充系统应用功能模块。完成机关内部“最多跑一次”平台建设工作,并投入使用。出台《普陀区政府门户网站信息审核发布管理制度》,规范政府网站信息发布审核。对接国家“互联网+监管”,开展各部门事项认领和监管事项检查实施填报。

(撰稿:周浩华)

外事与港澳事务

【概况】 2019年1月,根据区委、区政府《关于印发〈舟山市普陀区机构改革方案〉的通知》,区委外事工作领导小组改为区委外事工作委员会,作为区委议事协调机构。区委外事工作委员会办公室设在区政府办公室。不再保留区外事与侨务办公室,将区外事与侨务办公室的外事职责划入区政府办公室,加挂区政府外事办公室(区政府港澳事务办公室)牌子。

9月10日,区委外事工作委员会第一次全体会议召开,区委书记、区委外事工作委员会主任张立军主持会议并讲话。会议审议并通过区委外事工作委员会工作规则及办公室工作细则。区委常委、区公安分局局长王引权,区委常委、区人武部部长凌永红,副区长贺邵兵等区领导出席会议。

是年,区政府外事办公室(简称区外事办)、区政府港澳事务办公室(简称区港澳办)按中央外事与港澳事务工作方针政策及部署,落实省、市外事与港澳事务系列会议精神,发挥资源优势,做好外事与港澳事务各项管理工作,服务幸福普陀建设。1人获2019年度全省外事系统工作成绩突出个人。

9月10日,区委外事工作委员会第一次全体会议 (区外事办提供)

【外事交流】 区外事办招募外语人才，充实完善外语人才后备队伍。经测试筛选，新增42名人才入库，语种涵盖英语、日语、法语、意大利语、德语、西班牙语、葡萄牙语等。5月11日，组织外语人才和在普陀外籍人士以中西方日常生活文化差异为主题开展一次“@普陀”跨文化交流活动，通过经典案例讲述、互动问答交流等形式，促进中西文化互通、语言互通。

7月9日，巴西帕拉伊巴州代表团访问普陀，实地走访沈家门渔港、水产品加工企业，并举行普陀—巴西帕拉伊巴州代表团经贸交流会，区长潘晓辉出席交流会。会上，通过观看城市宣传片、面对面交流，双方加深彼此了解、探讨进一步合作。

10月19—22日，“里斯本丸”沉船英军家属代表团一行14人访问普陀，赴东极参加“向父亲告别”海上纪念活动，悼念在“里斯本丸”沉没事件中遇难亲人。

10月19—22日，“里斯本丸”沉船英军家属代表团一行赴东极参加“向父亲告别”海上纪念活动（区外事办提供）

做好2019舟山群岛国际马拉松竞赛、第十一届中国国际普陀佛茶文化节、2019国际海岛旅游大会、第六届国际深渊探索会议等涉外赛事、活动的文本和现场翻译落实及其他相关外事保障工作。

【千校结好】 1月28日—2月1日，普陀中学生友好交流访问团一行23人，前往韩国谷城郡进行中韩中学生Home-Stay友好交流活动。

7月9—22日，普陀第二中学师生交流团一行34人赴美国开展姐妹学校友好交流活动。

7月13—26日，东港中学师生交流团一行19人赴美国开展友好交流活动。

7月16—21日，沈家门小学师生交流团一行54人访问新加坡圣婴小学。

8月6—9日，韩国谷城郡中学生交流团一行26人回访沈家门第一初级中学、普陀第二中学。

5月11日，外语人才和在普陀外籍人士开展“@普陀”跨文化交流活动（区外事办提供）

【因公出国（境）管理】 区外事办落实因公出国（境）领域党风廉政建设责任制，贯彻中央、省市关于因公出国（境）相关政策规定，规范做好全年出访计划安排，规范执行计划和量化管理，审核把关每个团组和每名团组成员。贯彻落实部门间“最多跑一次”工作精神，精简梳理因公出国（境）报批、

8月6—9日,韩国谷城郡中学生交流团访问普陀 (区外事办提供)

因公出国(境)证照办理等外事事项环节,编制服务指南,绘制流程图,并为团组在出国审批、签证材料准备等各个环节提供服务。加强行前外事教育,提高出访质量,避免违规违纪行为发生。2019年,办理7个自组团,办理出国35人次。无一例违规违纪行为发生。

【涉外人士和案(事)件管理服务】 区外事办与国安系统和国保、出入境管理部门联系,完善部门联动机制,加强对受邀到普陀的外国人管理和服务工作,健全与区内重点涉外企业联络机制,更新提高专办员业务知识和水平,强化涉外企业业务指导,加大对递交材料审核力度,避免骗取、倒卖邀请函事件发生。2019年,全区有备案企业10家,办理外国人来华邀请36批59人次。庆祝中华人民共和国成立70周年活动期间,工作人员24小时值班,确保第一时间响应处置相关事件。按照执行上级外事部门涉外案(事)件处置规定,履行上传下达职责,及时妥善处理涉外案(事)件。全年配合处理各类涉外案(事)件7起。

【与港澳交流】 6月11—14日,区文化馆3名干部与表演人员赴中国澳门参加为庆祝澳门回归祖国20周年而举办的2019年“根与魂——浙江省非物质文化遗产展演”活动,与澳门同胞互动交流渔工号子等特色文化。

4月29日至5月3日,普陀小学师生一行26人赴中国香港研学交流,并与香港佛教荣茵学校签署校际结对意向书。

(撰稿:沈洁)

信访工作

【概况】 2019年1月,区委区政府信访局(简称区信访局)被明确为区政府工作机构,与区委办公室合署办公。是年,区信访局学习贯彻习近平关于加强和改进人民信访工作重要思想,做好信访工作责任制落实、初信初访事项办理、疑难信访积案化解、信访源头防范和一线劝返等工作,完成全国“两会”、省“两会”、中华人民共和国成立70周年等重要敏感时期信访工作,确保社会和谐稳定。

是年,区领导接待来访群众320批次、484人次,比上年批次上升123.8%,人次下降25.19%。区信访局受理群众信访7808件次(包括“12345”受理来电6947件次)。其中,接待来访群众292批次、660人次,同比批次下降9.03%,人次下降48.63%(集体访47批次292人次,同比批次下降26.56%,人次下降60.22%);受理来信585件次,同比件次上升61.6%,受理网信530件次(上级转送网信43件次,领导信箱180件次,网上投诉292件次),同比件次上升83.39%(联名信5件次、192人次,同比件次下降16.67%,人次上升97.94%)。发生到市上访37批次、93人次,同比批次下降79.89%,人次下降85.19%。其中,集体访3批次、38人次,同比批次下降86.96%,人次下降90.48%。发生赴省上访21批、32人次;同比批次上升5%,人次上升23.08%。其中,集体访1批次10人次,进京登记数16人次。

【信访内容】 2019年,信访件按信访目的分:意见建议类543件,咨询类269件,申诉类570件,求决类138件,揭发控告类93件,其他类6195件。按信访内容分:经济综合类占1.15%,纪检监察类占0.38%,政法类占2.36%,劳动社保类占1.51%,卫生计生类占1.66%,教育类占1.22%,科教文体类占0.15%,组织人事类占0.14%,交通能源环保类占18.56%,民政类占0.62%,农村农业类占1.45%,国土资源类占1.7%,城乡建设占52.33%,商贸旅游类占8.99%,信息产业类占0.14%,人力资源与社会保障类占 0.06%,环保类占 5.69%,政治综合类占 0.09%,其他类占 1.78%。其中,因区块建设引发的问题、商品房精装修质量问题、环境污染问题、违章搭建引发的信访问题比较突出。

【领导下访调研督查】 2月20日下午,省信访局副局长邵根宝一行先后到区社会治理综合服务中心和区群众来访联合接待中心,了解工作流程和机制及一站式服务化解信访矛盾问题办理流程,并听取工作汇报。

4月16日下午,省委书记车俊到区社会治理综合服务中心开展调研。听取区委书记张立军对普陀区创新推出的“信访超市”工作汇报。市委书记俞东来等陪同调研。

9月25日下午,省信访局督查专员李初排、省委政法委调研员周瑞、省法院立案庭副调研员沈小云等到区社会治理综合服务中心开展督查。

10月18日上午,省信访局副局长王宏、各市信访局分管领导一行参观区社会治理综合服务中心,市委常委、秘书长刘永艺和市信访局局长陈刚、区委常委王引权等陪同。

展茅街道举行信访代办站揭牌仪式 (区信访局提供)

【区委政法(综治)信访工作会议】 2月27日上午,区委政法工作会议暨全区信访工作会议召开。区委书记张立军出席会议并讲话,区委副书记、区长潘晓辉主持会议,区四套班子领导和法院院长、检察院检察长、各街道镇主要负责人、分管领导、综治、信访员、区属各单位主要负责人等200余人参加。会议通报2018年度全区平安建设社会治安综合治理工作、信访工作目标管理考核情况,表彰全区平安综治维稳工作、信访工作突出贡献集体和突出贡献个人,签订“2019年度信访工作目标管理责任书”。

省信访局副局长邵根宝(前中)一行到区社治中心指导工作 (区信访局提供)

【信访代办】 5月17日上午,展茅街道举行信访代办站揭牌仪式,该代办站是全区首个信访代办站。信访代办是指由代办员帮助信访群众向有关事权单位反映信访诉求、跟踪办理过程,并及时反馈办理结果、做好疏导化解工作。信访代办站是紧扣新时代信访工作“了解民情、集中民智、维护民利、凝聚民心”新定位的服务机构。公民、法人或者其他组织可以通过信访代办站向各级政府反映情况,提出建议、意见或者投诉请求。同日,全区信访代办推进会在区信访局召开,各街道镇分管领导参加会议,会上部署全区信访代办工作,区委副书记张文科出席会议并讲话。

【全区信访工作领导小组(扩大)会议】 8月28日，全区信访工作领导小组(扩大)会议召开，区委区政府主要领导出席，主要听取各街道镇关于中华人民共和国成立70周年期间重点人员的稳控及信访矛盾化解情况，研究有效稳控化解措施。

【信访队伍建设】 2019年，区信访局按区委、区政府主题教育统一部署，发动党员干部学习中共十九大报告和党章，通读《习近平关于"不忘初心、牢记使命"重要论述选编》《习近平关于"不忘初心、牢记使命"论述摘编》《习近平新时代中国特色社会主义思想学习纲要》等文献，开展基层调研、专题党课、讨论交流、对照检视。落实"三会一课"、谈心谈话等制度，开展批评与自我批评。落实主题党日活动等制度，结合创建全国文明城市开展交通劝导活动、全民清洁日活动、结对社区创城活动，加强党员队伍管理与监督。

开展党风廉政教育，观看"以案为鉴、警钟长鸣"警示教育片；学习《中共中央关于加强党的政治建设的意见》《忏悔录》等相关理论文章。组织全局党员干部到区看守所观看警示教育短片，参观廉政教育展厅。组织全体党员到宁波四明山开展"七一"主题党日活动。

通过党风廉政教育，"不忘初心、牢记使命"主题教育学习活动、业务培训、集中分析研判等形式，提升信访干部为民务实清廉意识和总体业务水平。2019年，区委、区政府表彰信访工作突出贡献集体10个，信访工作突出贡献个人35个。

（撰稿：余军科）

经济合作与招商引资

【概况】 2019年3月，舟山市普陀区经济合作与招商局更名舟山市普陀区投资促进中心，是区政府直属正科级公益一类事业单位，承担全区经济合作交流和招商引资工作。区投资促进中心内设办公室、招商一科、招商二科、招商三科，下属普陀区企业投资服务有限公司。

2019年，区投资促进中心贯彻落实市、区招商引资大会战会议精神，紧扣自由贸易先行区、海上花园会客厅发展定位，突出项目主线，抓好工作落实。普陀区实际到位市外资金36.23亿元，完成全年36亿元市定目标的100.64%。新增企业实现地方留成部分税收收入1.74亿元，完成全年1亿元市定目标的174%。实际利用外资5981万美元，完成9000万美元市定目标的66.46%。

【重大项目签约】 2019年，普陀区围绕一系列国家战略的实施，紧扣全区产业定位，明确招商主攻方向。全区引进亿元以上项目14个。其中，10亿元重大项目2个：投资10亿元的虾峙国际疗养旅游(度假)岛项目、投资10亿元的万洋众创城项目；5亿元以上项目3个：投资6亿元的实华南油专供船队项目、投资5.5亿元的杉杉普陀天地二期项目、投资5.3亿元的华祐环保设备制造项目。

【完善招商体制机制】 普陀区强化"一把手"招商机制。推动各街道镇、区级相关部门"一把手"带头招商，用实际行动落实"一号工程"，对重点企业、重点区域开展小分队上门招商、专业招商。优化招商考核体系。调整招商引资绩效考核办法，新增招商信息

全区优化营商环境大会 （区投资促进中心提供）

化考核、营商环境评定等指标，强化服务理念，放大自贸区改革示范效应。强化重大项目签约、落地、开工等质量评价，根据市级考核要求增加招商税收指标，增强考核科学性和实效性。强化统筹协调机制。发挥招商引资工作领导小组统筹协调作用，全年组织召开2次招商引资工作领导小组会议，对11个重点招商项目的准入评价及相关政策进行科学决策。每月召开一次招商引资工作例会，重点研究分析项目情况，制定推进措施，提高工作实效。加强对在谈、签约项目统筹推进力度，及时解决项目建设中遇到的难题。

【拓宽招引渠道】 普陀区办好2019中国普陀招商推介会、2019普陀海岛投资合作洽谈会、普陀论健—招商沙龙等活动，邀请一批国企、央企和知名企业开展以生命健康、海岛文旅、农旅融合、先进制造等产业为特色的专题推介，签约项目22个，其中投资5亿元以上重大产业项目7个。万洋众创城项目、新材料船舶产业中心项目、盛源大型智能环保科技项目等8个项目已落地实施；推进中国铁建股份有限公司桃花岛文旅综合开发项目、中国交通建设股份有限公司金钵盂岛绿色建材工业化制造项目、中国建筑集团股份有限公司虾峙国际疗养旅游(度假)岛项目。借舟山普陀融入长三角对接交流会契机，与在沪商会、企业建立紧密战略合作。参加世界油商大会、世界海岛旅游大会、世界舟山人大会、甬舟一体化推介会、北京浙江自贸区推介会、舟山市乡村振兴产业招商大会等多场推介会，挖掘一批高质量企业资源，开展精准对接，成功签订实华南油船务保税燃料油加注专供船队项目、干细胞GMP实验室整体建设项目等投资协议。梳理闲置资源，开展二次招商。排摸梳理全区地块信息、低效闲置资源，通过“腾笼换鸟”方式引进外来优质企业、优质资本，实现亩均效益提升。全年盘活永跃大厦等闲置楼宇2.6万平方米；西白莲岛闲置项目被舟山西白莲联彩能源储运开发有限公司拍得，已完成总平面布置图，占地面积约800亩(53.33公顷)；金钵盂岛闲置项目被青山控股集团拍得，盘活闲置土地76.7公顷。

全区招商引资大会暨重点项目建设推进会 (区投资促进中心提供)

【重大项目推进】 普陀区落实工作推进责任清单。3月14日召开招商引资大会，下发招商引资大会战实施方案、分解任务指标、落实责任单位。通过细化工作清单，明确时间表、路线图、责任人，做到各项工作细化、量化、责任化、具体化。聚焦重点项目招引清单。依托国家战略政策红利、普陀资源禀赋，围绕新旧动能转换的要求和产业定位，聚焦重点，招引适合项目。开展“5亿元以上重大产业项目招引百日攻坚”等专项活动，突出精准对接，强化落地服务。重点抓好先进制造业项目及实体项目招引，投资5亿元以上的7个重大产业项目落地工作总体进展较为顺利。谋划产业招商清单，围绕油气全产业链招商，以仓储为中心，发展贸易、交易产业，重点招引中石化下属的实华南京油运船务保税燃料油加注专供船队项目。围绕商贸、金融等产业，引入与城市功能融合度高的产业项目。加强银行、证券、保险、基金等金融服务业态融合，打造海上金融小镇，提升普陀区域竞争力。依托海洋生态创新谷、普陀国际健康产业中心、普陀国际影视创新产业园等产业平台建设。

【优化企业营商环境】 普陀区加大招商信息化工作建设。改版完善普陀招商微信公众平台，添加“企业注册服务”新栏目，提供企业预核名、经营范围预审等在线服务，提升网上全流程注册成功率，实现出照前“零跑动”，企业“零跑腿”。9月，通过建立招商工作信息管理平台，统筹全区招商项目和人员外出招商管理，实现招商资源、信息实时共享。组织两次招商相关业务培训，邀请区税务局开展税务知识培训，邀请交通银行开展关于离岸账户业务培训。打造招商服务闭环，通过服务团队和风险防控体系的打造，“企业注册、银行开户、税务开户”全流程服务通道的打通，推进企业注册程序标准化建设，形成以制度化、标准化建设促进优质招商循环链，为落户企业提供可持续发展服务，解决企业后顾之忧。

【2019中国普陀招商推介会】 4月16日下午在东港举行。区委副书记、区长潘晓辉致欢迎辞，区领导戴灵芝、张禾波、李莉、张勇等出席。副区长贺邵兵做招商推介。会上成功签约新材料船舶产业中心项目、盈科国际商务法律服务平台项目、必维国际商检中心项目、盛源大型智能环保科技项目、骨组织再生治疗研究中心项目、干细胞GMP实验室整体建设项目、雅各国际医疗科技转化平台项目、油泥综合利用项目、氢能源和氢健康产业示范区项目、桃花岛澜舍精品民宿项目、千亩海上玫瑰博览园项目共11个项目，涉及海事、商贸、精准医学、能源、旅游等行业。吸引法国必维国际检验集团、中信资本、浙江省空港融资租赁有限公司、中国二冶集团、江苏中南建设集团有限公司等大型跨国公司、行业龙头企业、知名民企、金融机构代表120多家公司，200多名企业代表出席。部分企业负责人作交流发言。

【六横LNG接收站项目合作】 5月14日上午，双三角燃气企业交流会在杭州召开。会上，六横管委会与浙江能源天然气集团有限公司、深圳能源燃气投资控股有限公司签订《舟山六横液化天然气（LNG）接收站项目合作框架协议》。区委副书记、六横管委会主任徐炜波，浙江能源天然气集团有限公司董事长杨敬东，深圳能源燃气投资控股有限公司执行董事总经理王钢共同签约。三方将共同投资设立项目公司，并由项目公司在六横小郭巨二期围垦选址建设规模为年接收能力1200万吨的液化天然气（LNG）接收站项目，总投资约160亿元。10月18日，第三届世界油商大会在舟山启幕，六横签订2个LNG接收站合作项目，中石化天然气LNG综合利用项目在六横投资建设接转规模1500万吨/年舟山港液化天然气（LNG）接收站项目。

【油泥综合利用项目投资协议】 6月25日，浙江—新加坡经济贸易理事会第十四次会议在杭州召开。六横油泥综合利用项目在会上签订投资协议。新加坡麦哲伦环球投资控股有限公司计划总投资5.5亿元，分二期在六横小湖工业园建设油泥综合利用项目。项目将建设油罐油渣、船舶油泥和油漆桶处理两条生产线，年处理能力为10万吨。该项目计划每年可产生约2万吨副产油料，5000吨成品铁质。计划采用欧美先进的无氧热解析设备的专利技术，能达到无害化、改良化、资源化处理目标要求。无氧热解析处理流程中，油回收率在99%以上，最终产生的残渣物料可以达到油含量低于1%，并且通过浸出毒性测试。

【“海陆普陀”开展战略合作】 7月12日上午，舟山普陀与上海普陀签署“海陆普陀”战略合作协议。

“海陆普陀”开展战略合作 （区投资促进中心提供）

浙江普陀·融入长三角上海投资推介会 （区投资促进中心提供）

双方将在多年共建友好城市基础上，以实施多层次产业合作行动、多方位经贸合作行动、多领域惠民利民行动、多渠道对接交流行动、多形式科技转化行动为抓手，推动合作交流再深入，互助共享再深化，共谋发展新篇章。下午，举办浙江普陀·融入长三角上海投资推介会。融入长三角教育协同创新研究中心项目、上海新沪商联合会战略合作项目、产业创新服务经济平台项目、江苏好三由信息科技有限公司项目、普律东海细胞工程国际医美跨境电商直购平台及罕见病全球调剂中心项目等13个项目签约。项目涉及现代教育、健康医疗、智慧商圈、产业平台、新能源汽车产业链等。

【2019普陀海岛投资合作洽谈会暨重大项目签约仪式】 9月29日下午，普陀区举行2019普陀海岛投资合作洽谈会，宣传和推介海岛开发，推进和美小岛建设，加快普陀产业提质扩能。区委书记张立军出席会议并讲话。区委副书记、区长潘晓辉致辞。区领导张禾波、陆林海、贺邵兵、李莉出席会议。

本次洽谈会邀请全国40余家央企、省市属重点国企及知名企业100余名企业界人士参加。会上重点推介普陀良好投资环境以及海岛投资价值与开发机遇。中交集团、中铁建集团、中建集团等6家参会代表介绍本公司情况和投资意向，并就文化、旅游、海岛综合开发、先进制造等领域展开交流探讨。会上进行项目签约，11个项目达成合作意向，拟投资总金额125亿元以上，涉及海岛文旅综合开发、农旅融合发展示范、绿色建材工业化制造基地等。

（撰稿：王晶莹）

应急管理

【概况】 2019年1月机构改革，撤销区安全生产监督管理局，组建区应急管理局，整合原区安全生产监督管理局职责，原区委区政府办公室的应急管理职责，区公安分局的消防管理职责，区民政局的救灾减灾职责，原区国土资源分局的地质灾害防治相关职责，原区农林水利围垦局的水旱灾害防治和森林防火相关职责，原区经济信息化和科学技术局（区商务局）的防震减灾管理和震灾应急救援职责，以及区政府防汛防旱防台指挥部、区森林防火指挥部、区抗震救灾领导小组办公室、区减灾委员会等有关职责。区应急管理局内设办公室（挂政策法规科牌子）、应急救援和预案管理科、防汛抗旱和减灾救灾科、综合协调科、危险化学品安全监管科（挂行政审批科牌子）、安全生产基础科；3个下属事业单位：区应急指挥中心、区安全生产行政执法监察大队、区应急管理宣教中心。

是年，全区各类生产安全事故11起，死亡（失踪）11人，同比分别下降15.4%和21.4%。其中，工矿商贸领域发生事故5起，死亡5人；道路交通领域发生事故2起，死亡2人；渔业船舶领域发生事故4起，死亡4人；水上交通领域未发生事故；事故死亡人数从2016年年底列入考核的25人下降至11人，2019年年底比2016年年底下降56%，下降幅度超安全生产综合治理三年行动40%的既定目标。区应急管理局获2019年浙江省防震减灾工作先进单位。

【安全生产责任落实】 区应急管理局根据《普陀区镇、街道、管委会党政领导干部安全生产责任制实施细则》，督促各街道镇制定出台责任清单；强化落实专委会工作机制，根据《普陀区推进“1+7”专委会责任体系建设意见》，督促各专委会完善日常工作组织体系，推进落实常态督查、突出隐患治理、双重预防建设和参与督促考核工作机制。区安委会定期开展专委会工作检查，指导各专委办做好计划制订、会议组织、安全检查、隐患整治、情况通报、工作总结等各项工作；修订完善全区年度安全生产目标管理责任制考核办法和考核实施细则，细化管理指标和事故控制指标。区安委办联合区督考办统筹区级层面年度综合考核涉及安全生产的扣分事项，将辖区或行业领域安全生产监管不力、重大事故隐患整改滞后、发生生产安全事故负有责任等列入扣分重大事项。围绕节后复工、春雾季、清明、“五一”、大庆安保、台汛、高温、旅游高峰、休渔开捕等重点时段强化事故风险管控，及时落实各项防控措施。部署开展海上安全铁拳整治行动、“防风险保平安迎大庆”消防安全执法检查专项行动，危化领域安全生产大检查、小微企业安全生产和消防安全综合整治、全区安全生产集中整治、道路交通安全综合治理攻坚行动等全区性大检查、大整治及专项行动，召开各类协调会议，并进行专项督查督办。

【安全生产行政执法】 2019年，区应急管理局开展执法检查678家次，累计发出限期整改、责令暂时停止作业、停止施工文书132份，处罚36件，罚没款87.8万元。依托执法工作开展“三服务”活动，累计帮助企业查摆解决安全生产问题400余条。深化“最多跑一次”改革，实行领导干部窗口坐班陪跑制度，积极推进“互联网+政务服务”一体化在线服务平台建设，对审批事项进行颗粒度细化拆分认领。全局45项“最多跑一次”事项除1项（一般事故调查处理）外，已全部实行网上申报办理和“掌上办”，承诺期限平均压缩比达到95%。探索危险化学品企业（批发无仓储）开办“一件事”、烟花爆竹经营（零售）“一件事”。

【安全风险防控】 区应急管理局探索现代化安全生产治理模式，实现重点领域一站式监管。在全市率先建立重大危险源企业安全风险监测系统，以全区重大危险源备案企业为试点，在全市首推建立重大危险源、高危行业安全风险实时监控平台，探索重点领域安全风险运行监测体系，9家企业纳入平台首批试点单位，实现监管人员动态检查，倒逼企业落实安全生产主体责任。在各行业领域推广“智能监控”“机器换人”等科技兴安系列工程；在全区人员密集场所、重点企业等地覆盖安装“智慧用电”安全管理系统，累计安装1050余套；在切割、焊接、喷漆、除锈等高危作业环节引入自动化设备，总计安装设备69套，投入专项资金1560余万元，2个船舶修造试点企业经验推广复制到9家船舶修造企业。探索高危行业风险隐患管理新模式。在高危行业推进“双重预防”体系建设，通过购买服务提升安全风险辨识水平，在危化、矿山领域试点成功；在建筑等高危领域推广安责险，42家企业参保。利用“由罚变奖”引导企业从“被动治”向“主动控”转变。探索实施隐患排查激励机制，推动《普陀区企业安全隐患排查治理奖励办法》实施，

9月12日，区应急管理局执法人员在船舶修造企业开展检查 （区应急管理局提供）

选取不同行业领域14家企业作为试点单位，试点企业自查隐患数同比增长100%以上，事故率大幅下降。

【安全生产综合监管】 区应急管理局推进危险化学品、水上交通、工贸、消防等重点行业领域专项整治，牵头开展海上安全铁拳整治行动，重点打击"黑名单"、内河船舶等，开展各类检查和联合行动117次，查出各类隐患船只138艘。开展全区突出隐患整治专项行动，明确"小型休闲船艇非法载客""海岛旅游观光车"等4项突出隐患整治项目。继续实施全区重大生产安全事故隐患挂牌整改督办机制，2019年全区挂牌督办的10项重大事故隐患全部整改销号，5项市级重大事故挂牌隐患全部整改完毕。开展危险化学品安全生产大检查，对37家危险化学品生产经营单位进行执法检查，聘请专家按《危险化学品企业攻坚提升检查表》内容进行排查，发现隐患135条，对其中4条重大隐患分两批进行挂牌督办整改。组织开展船舶修造行业有限空间专项行动，采取先培训自查后检查督查模式，全区27家船舶修造企业127名企业负责人、安全部门负责人及危险作业人员参加油船修理业务培训、测氧测爆培训，并在高温季节开展专项检查行动，突击式登船下舱检查，督促船舶修造企业落实作业审批、测氧测爆、安全监护、人员培训、警示警告等安全措施。开展油船修理企业专项行动，在全市率先推行中小船舶修造企业油船修理安全条件确认。对油船修理企业实施"先暂停、后申请"的安全条件确认管制措施，对9家提出油船修理申请的企业进行现场安全条件确认。联合区自然资源和规划分局、区消防救援大队，对小微企业、小加工作坊等场所开展安全生产专项检查，并邀请专家排摸企业108家，排摸隐患602项。

10月15日，区应急管理局执法人员在涉氨制冷小微企业开展检查 （区应急管理局提供）

【安全生产宣教培训】 普陀区组织举办以"科技引领，绿色驱动，本质安全，质量发展"为主题的船舶修造企业安全与发展普陀论坛。论坛由普陀区政府、浙江省船舶行业协会和舟山市安全生产协会主办，舟山中远海运重工有限公司承办，中国船舶工业行业协会企业代表、全国知名修造船企业代表、船运企业和船舶配套企业代表、浙江省船舶修造行业协会代表、高校、研究院所教授、研究员、商务法律代表、新闻媒体和政府相关单位分管领导等200余人参加。组织开展第十八个"全国安全生产月"活动，举办"全国安全宣传咨询日"、重点危险化学品企业"安全生产公众开放日"、化工园区应急管理培训班、应急救援演练和应急比武、安全知识"微竞赛"等系列活动。选取3家单位打造各具特色的安全文化体验点，将舟山中远海运重工有限公司建设成具有普陀海岛特色的安全文化宣传阵地，在浙江冠素堂食品有限公司打造中小学生安全宣传教育体验基地，与浙江省宣教中心合作完成区少年宫的全民性安全体验馆。

【应急管理体系建设】 普陀区推进生产安全事故应急管理体系建设。下发《关于加强生产安全事故应急工作的通知》，明确机构改革各部门职责调整内容，安全生产类、自然灾害类等各项应急预案的修订部门、预案修订程序、基本要求及各项应急预案向社会公布时间。完成修订9个区级专项应急预案的内容修订，组织预案评审。组织开展全区《防汛防台应急预案》演练和水上救援应急救援演练。

【"三防"能力建设】 2019年,普陀区调整完善区防汛防旱防台指挥部及成员单位领导名单,梳理成员单位工作职责。落实全区40座小(二)型以上水库、127座山塘、126条海塘等巡查管理人员。开展基层防汛防台体系建设,完善社区(村)防汛形势图,落实基层各类防汛责任人935人。做好防台风应急预案、水利工程抢险应急预案、山洪地质灾害预案等各类防汛抗旱预案的修订、完善工作,组织开展防御超强台风应急预案桌面推演。开展2019年度防汛防台检查暨隐患大排查工作,分5组进行节后开工安全生产和汛前大检查,重点检查防汛组织准备、责任落实、预案修订、监测预警、物资队伍、培训演练、避灾安置场所建设与会商系统设备运行情况,及时整改隐患,确保安全度汛。成立由区消防救援大队、31610部队、公安、消防、人武部等军地抗洪抢险救灾应急联动协防力量179支2162人,并建立档案。

【防汛防台工作】 2019年,普陀区围绕"不死人、少伤人"工作目标,先后做好梅汛强降雨、第5号台风"丹娜丝"、第9号台风"利奇马"、第13号台风"玲玲"、第17号台风"塔巴"、第18号台风"米娜"等灾害性天气防御工作,其中"利奇马"台风受灾人口20.83万人,普陀相继启动防台风Ⅳ、Ⅲ、Ⅱ、Ⅰ级应急响应。区委、区政府主要领导多次组织会商部署防台工作,视频连线各街道镇了解防御工作落实情况及受灾情况,对抗灾工作做出指示。区四套班子领导赴结对联系各街道镇、重点区域等现场检查、督促指导防台抗台工作。加强对避风船舶、水利工程设施、城市防洪排涝、小流域地质灾害等重点区域的风险管控。消防、公安、供电、行政执法、海事等部门出动人员2826人次,车辆482辆次,拖轮6艘,化解城市内涝、电力中断、海上救援等各类突发事件,全区未发生一起重大险情和人员伤亡事故。

8月9日,市委副书记徐张艳(右中)一行检查台风"利奇马"防范工作 (区应急管理局提供)

【地震监测与服务】 区应急管理局协助省地震局对浦西、东极地震台设备设施进行检修,新增监控摄像头、UPS传感器、除湿机等设备、更换太阳能交换器、台站查障系统等,确保台站仪器数据连续运输。定期抽查两大台站运行状况和管理人员工作情况,组织管理人员参加全省台站技术培训。11月,完成东极地震台站"三化"(技术系统优化、观测环境美化、台站文化建设)改造。做好全区防震减灾助理员队伍建设管理和"三网"(地震宏观测报网、地震灾情速报网、地震知识宣传网)工作制度要求,发挥基层防震减灾助理员作用,利用"三网一员"制度宣传国家、省防震减灾法律法规,向社会大众普及防震减灾科学知识。

【救济救灾】 2019年,根据浙江省政府十方面民生实事项目要求,全区建设16个规范化避灾安置场所。结合避灾安置场所规范化建设任务,推进全区65个避灾安置场所的功能设置、物资储备、管理制度建设。全区避灾安置场所用于避灾安置面积36845平方米,可同时安置10450人,全部落实专人管理,配备必要生活用品和基本生活设施。

【消防扑救】 2019年,全区发生纳入调查的火灾23起,同比下降22.22%,无人员伤亡,直接财产损失32.95万元,同比下降55.31%,火灾形势总体平稳;全区接警出动589起,出动消防车976辆次,消防人员5410人次,抢救被困人员71人,疏散人员121人,抢救财产价值840.2万元。

【火灾预防及监督】 区应急管理局组织多部门对施工工地、易燃易爆、高层建筑、老旧小区联合检查36次,开展高层建筑消防隐患排摸、简化高层建筑物业维修经费审批,全区230幢高层建筑全部明确高层建筑“楼长”“经理人”。印发《关于进一步明确“网格化管理、组团式服务”消防工作有关要求的通知》。2019年,各街道镇录入关于消防“民情工单”13246条,同比增幅378.9%,基本形成各街道镇全部明确消防工作责任科室、220名专职网格员参与消防工作格局。设置52万元专项经费,对1000户新增居住出租房屋实施整治,实施10人以上居住出租房“回头看”整治,在已有建筑和小区新补建电动自行车集中充电设施100套,为“空巢老人”和分散养老特困人员等特殊人群住所安装联网型独立式感烟火灾报警探测器600余个,制定全区20个社区微型消防站提档升级建设标准和工作要求,购置20辆巡防车、消防器材等设施设备助力社区微型消防站提档升级;参与小微企业安全生产和消防安全综合整治行动,按区域对全区小微企业开展全面排查和集中整治;开展低效厂房整治,清退3处住人厂房整改工作。持续推进社会单位消防安全标准化建设,全区重点单位全面建立“红盒子”消防档案,完成“户籍化”系统电子建档,对单位消防安全管理系统开展集中培训,部署消防安全重点单位自主管理APP使用工作,提高单位智慧管控水平。

【消防安全知识宣传】 利用《今日普陀》报“渔都119”,普陀电视台“平安渔都”等专栏,发布消防救援信息、改革工作动态和宣传提醒,集中曝光各类火灾隐患;发动辖区各大商场和小区的20块户外视频和130家重点单位LED屏滚动播放消防安全常识。消防体验场馆启用微信预约平台小程序和新媒体推介,累计开放216次,1.2万人次参观体验。2019年,中央级省级媒体刊出稿件60余篇,消防专版专栏11期,微博、微信、今日头条等发布信息3000余条,累计培养2400余名消防安全明白人;深化消防安全新“七进”活动,走进企业、机关、社区、农村等开展消防宣传培训和演练110次,发放各类宣传资料3万份。全面升级重点单位消防“四个能力”建设,开展消防培训130余场,覆盖16000余人。

(撰稿:林露青)

审批服务与招投标管理

【概况】 普陀区审批服务与招投标管理办公室(简称区审招办)是区政府直属正科级事业机构。2019年,区审招办围绕省、市改革工作要求,以群众和企业获得感和满意感为标尺,持续深化“最多跑一次”改革,推进公共资源交易规范化建设,打造普陀最优营商环境。全年受理各类行政审批事项266325件,办结266685件(含上年转办)。区级招投标平台实施各类交易399宗,成交额19亿元,节约(增收)资金1.56亿元,节约(增收)率7.68%。

区审招办内设综合科、后勤

全省首创“我来办”金牌专员服务模式 (区审招办提供)

普陀区 2019 年度审批办证统计

表 11

办证部门	收件数	办结数	其中	
			办结上年件数	转下年办结件数
发改窗口	104	103	6	7
经信窗口	123	153	30	0
公安窗口	19279	19279	0	0
民政窗口	2345	2347	2	0
住建（人防、房管）窗口	6622	6664	42	0
自然资源与规划窗口	608	1090	482	0
交通窗口	1279	1286	7	0
海洋与渔业窗口	3496	3496	0	0
文广旅体窗口	37	39	2	0
卫健窗口	1170	1219	49	0
生态环境窗口	33	63	31	1
农业农村窗口	598	609	11	0
城管窗口	747	881	134	0
税务窗口	125110	125110	0	0
市场监督窗口	25969	26292	323	0
港航窗口	653	660	7	0
烟草窗口	951	1004	54	1
消防窗口	149	213	64	0
婚姻登记中心	3822	3822	0	0
不动产窗口	32428	31533	2147	3042
市民卡窗口	19164	19164	0	0
综合窗口	1760	1780	20	0
出入境窗口	17994	17994	0	0
公积金窗口	806	806	0	0
应急管理窗口	274	274	0	0
残联窗口	804	804	0	0
合计	266325	266685	3411	3051

说明：部分审批办证事项因审批时限跨年办结。

科、行政审批督查科、行政审批协调科、招投标监管科、招投标业务科。下设舟山市公共资源交易中心普陀区分中心。

【权力运行标准化】 区审招办深化权责清单制度改革，按“八统一”和企业群众实际办事需求，推进办事事项迭代升级，完成所有“最多跑一次”事项梳理，加快推进办事事项颗粒化在线应用。推进办事事项标准化，落实减事项、减次数、减材料、减时间要求，办事事项标准化实现100%全覆盖。削减办事材料、压缩办理时间，全区事项承诺办结期限平均1.2天，比上年同期缩减2.4天，承诺时限压缩比97%。打造“无证明城市”，全面清理困扰企业和群众的“奇葩”证明、循环证明、重复证明，取消各类行政机关证明事项104项。完善公民、企业网络可信实名身份认证体系，在全省首创“无证外籍人员身份证明”开具服务。

【一窗受理】 区审招办推进群众和企业“一件事”改革，围绕公民个人和企业全生命周期，重点对商事登记、投资项目审批、便民服务等领域的同一层级多部门、跨层级多部门办理的“一件事”事项进行整合和梳理归集，优化再造流程，简化审批手续。其中，“渔船交易一件事”被全市推广，并在《中国渔业报》进行专题报道。“政府投资项目一件事”改革走在全省前列，从项目赋码到施工许可主线审批时限提速50%以上，共享申报材料精简率50%以上。“人才项目引进一件事”，从多部门审批、提交多项材料、多次跑，到一窗受理、提交一次材料、只跑一次。全面推开无差别全科受理，按“前台综合受理、后台分类审批、窗口综合出件”的政务服务模式，区级行政服务中心按公安、不动产、商事登记、投资项目、税务、公用事业、民生事务七大板块及社保、车管两个分中心合力推进“无差别”全科受理改革，持续优化整合窗口，强化咨询导办、后台联动、流动服务和业务培训。将多部门联办的“一件事”纳入综合窗口，并实现综合窗口向街道镇延伸全覆盖。

【互联网＋政务服务】 推进线上办理，引导基层群众网上办、掌上办、自助办，全区政务服务事项2297项，网上办事项实现比例达到100%，掌上办事项比例达到98.5%，跑零次事项比例98.6%，即办件事项比例86.1%。推进“一证通办”，协同推进全市人口综合库、法人库、信用信息库、电子证照库、办事材料共享库建设，加强数据资源跨部门跨层级跨区域互通共享，全区民生类事项100%实现“一证通办”。在区行政服务中心和桃花镇投放可信身份认证设备，推动民生事项从“一证通办”向“刷脸办事”转变。在全省率先探索“无人审批”模式，建立智能审批试点事项清单，联动全区身份认证、电子印章、证照库等系统，提供申请填报、自动校验、后台审查、及时反馈、自助制证等全流程智能服务，实现“无人审批”“直接出证”。

【办事不出岛】 全区9个基层便民服务中心、所有村（社区）便民服务站硬件通过整改全部达标，并按“代办点＋自助终端＋网格上门服务”24小时便民服务模式，建立完善网上代理和线下代办服务机制。规范梳理、公布基层便民服务中心“最多跑一次”事项清单，其中街道417项、镇415项、管委会411项。推进基层场所事项向便民服务中心集中，公安、市场监管、不动产登记、税务、农村私人建房、城管等基层场所事项进驻街道镇便民服务中心统一受理和办理工作，方便群众就近办理、一门办理。拓展服务网点，社保服务向街道镇、村（社区）全覆盖，在各街道镇农商行46个代办网点开展社保业务待办工作，受理事项达到16项。商事登记业务已拓展到建设银行、中国银行、交通银行几大网点。公积金业务代办银行网点实现街道镇全覆盖。不动产抵押登记业务延伸到区内27家银行网点。首创基层“四个平台”一门式服务，以东港街道为试点，整合综治工作、综合执法、便民服务、市场监管“四个平台”入驻街道便民服务中心大厅，推动基层综合指挥、矛盾化解、便民服务、重口管理、全科网格等一体化建设，让基层群众实现“一门式办理”。

区审招办赴蚂蚁岛指导审批服务与招投标工作 （区审招办提供）

【部门间“最多跑一次”】 3月，区审招办与区委改革办联合发文明确部门间“最多跑一次”改革职责分工，改革范围拓展到所有机关事业单位及群团组织。年底，全区37家单位梳理部门间办事事项299项，实现“最多跑一次”事项273项，占91%，其中高频办事事项100%实现“最多跑一次”，非涉密办事事项网上办实现率为63%，办事材料精简和办事时间压减比例分别为31%和43%，均达到省里要求。

【改革延伸扩面】 普陀区推动改革向社会综合治理领域延伸，以“最多跑一次”理念为引领，推动群众矛盾诉求解决“只进一扇门”“最多跑一地”，实施群众矛盾纠纷诉求化解“最多跑一地”。做法和经验获省委改革办《领跑者》刊发，省委书记车俊到现场视察指导并给予肯定，省委改革办、省跑改办、省高院联合发文在全省推广，省委政法委将此作为县域解纷模式样板在全省推广。

推动改革向公共场所和公共服务领域延伸，研究确定沈家门客运站、普陀医院、六横大岙客运码头、普陀图书馆4个场所为全区“最多跑一次”改革向公共场所延伸扩面试点，出台完善优化方案，加快服务软硬件建设，提升服务质量。推动改革向医疗服务领域、文化旅游领域、扶残助残等公共服务领域延伸。

【整合交易平台】 2019年，普陀区整合线下交易平台，按公共资源交易平台一体化建设要求，重点对六横镇公共资源交易中心进场交易项目进行整合，9月完成该镇法定必招项目进区中心平台交易工作，11月完成非必招项目进区中心平台交易工作，实现全区线下交易平台整合工作全覆盖。规范线上交易平台，10月14日，全区首个政府采购电子化交易项目正式完成，标志着全区政府采购进入全程电子化时代。加大“政采云”应用覆盖，全区311家本地企业完成“政采云”注册成为正式供应商。会议培训、定点物业、车辆保险、车辆维修/轮胎、定点印刷五项政府采购服务项目入驻“政采云”平台网上服务市场，实现服务项目采购全程电子化。深化产权交易电子化工作，除特殊标的外，已全部实行网上电子招投标，所有电子招投标的投标人押金退付除特殊退款外实现“跑零次”。

【开展专项整治】 区审招办持续开展招投标领域扫黑除恶专项治理，加大违法线索排查力度，及时向区扫黑办移交涉黑涉恶问题线索3件，配合做好案件调处工作。开展建设工程领域专项整治行动，制定印发《普陀区建设工程招投标有违公平竞争的保护主义、政策“藩篱”和建设市场垄断、割裂、封闭问题专项整治行动方案》和联席会议制度，开展自查自纠，清理各类不规范文件、制度，取消预选承包商名录库、投标报名环节等不合规制度门槛，净化全区建设工程领域招投标市场秩序。

【招投标审核监管】 区审招办执行各类项目的审批备案程序，严把建设工程招标方式、政府采购方式、公有资产协议出租审核关，审核备案1200多批次。加强进场交易项目过程监管，实施300多次。完善开评标现场监督、评审专家抽取监督、政府采购交易项目远程监督制度，全年未发生一起因开评标程序问题导致的异议投诉。加强政府投资项目标后监管，持续开展全区重点工程项目负责人约谈和标后随机抽查工作，确保政府投资项目标后质量。健全和理顺投诉处理机制，协助住建、农业农村等部门完成4起案件投诉处理。

【优化指导服务】 2019年，区审招办对全区重点实事项目招投标情况开展调查摸底和服务工作，并对普陀经济开发区管委会、区城投集团、普陀田园综合体建设项目指挥部进行“三服务”走访，了解其项目招标准备工作和进展情况，提供合理化建议和精准服务。组织开展形式多样招投标业务培训，提高建设单位、代理机构招投标规范化水平。加强对街道镇招投标工作指导，扎紧基层招投标制度笼子，规范村、镇两级招投标市场行为。推进招投标提速增效，将简易招标项目中标结果公示时间缩短至1个工作日。

（撰稿：应锡锋）

区行政服务中心“三服务”团队到普陀经济开发区工地送服务 （区审招办提供）

机关事务管理

【概况】 2019年3月,舟山市普陀区机关事务管理局更名舟山市普陀区机关事务管理中心,为区政府直属正科级事业机构。是年,区机关事务管理中心围绕区委、区政府中心工作,出台《舟山市普陀区机关事务管理标准化手册》,保障机关后勤服务各项工作完成。区机关事务管理中心被评为"省级示范数字档案室""全市安保先进单位",普陀行政中心获国家级节约型公共机构示范单位称号。

【健全完善全区办公用房管理体系】 年初,区机关事务管理中心按《浙江省党政机关办公用房使用管理办法》文件规定,对标"一平方都不准超"红线原则,提前排摸、谋划方案、多方协调,5月初完成10余家涉改单位办公用房分配调整工作,同步更新各大楼楼层指引和科室牌,保证机构改革过程中各单位办公用房及时合理分配调整到位,累计完成科室牌870块、指引牌40块、文件交换中心单位名称50个。5月,区委办、区政府办下发《普陀区党政机关办公用房清理整改实施方案》。区机关事务管理中心通过"以大换小""人员调配""整合办公""合理分隔"等方式,集中完成东港商务中心30间副处级领导、112间科级领导办公用房调整工作,并会同区纪委区监委对全区各相关单位进行全覆盖式现场督查,其中区属机关事业单位50家、街道镇9家(抽查下属村社区13个)、区属重点国有企业4家,清理整改腾退房间65间、总面积约2000平方米。通过普陀区行政事业单位房产集中管理平台,对全区各行政事业单位办公用房分门别类、登记造册,全面掌握全区办公用房的基础数据和基本情况,初步实现办公用房可视化、图形化、动态化管理。

东港商务中心消防安全演练 (区机关事务管理中心提供)

【机关后勤资源配置使用】 规范公务用车和驾驶员管理。车辆管理实行预约、派车网络化服务和车辆GPS跟踪监管,确保公务用车合理高效使用。2019年,平台日常公务用车保障累计派车1.1万次,接送人员3.7万人次,行驶总里程达66.3万千米,完成平台内102辆公务用车ETC安装工作,安装率达到100%。加强安防力度。召开安保节能工作会议,与48家入驻单位签订安全责任状,举行模拟火灾疏散演练、安保实战综合演练,对大楼即将到期灭火器充装454个,更新717个,提升人员消防意识和大楼安全保障;加大车辆进出停放检查力度,新增车位108个,发放温馨提示卡1700余张,清理"僵尸"车辆50辆,对3辆3次以上违反规定的违停车辆进行限制进入2个月和曝光处理;落实外来人员联系、登记、带领制度,确保商务中心人员进出秩序良好;全年安全保卫科参与处置各类群体上访268批次,劝导来访群众2000余人次,各门岗接访登记近4.3万人次。做细会务保障。经常性组织会务人员开展站姿礼仪、公务接待形象准备、公务接待技巧、公务接待规定、服务意识教育等培训,开展座位牌打印、电子屏输入、会场布置、倒茶技能等各类测试,以测促培、以测促教、以测促学。全年保障区级各类会议活动955场次、5.4万人次,城市展览馆接待省市区等重要领导46批次、495人次,理发服务1.4万人次,医务室接待就诊人数7500余人次,健身服务约5000人次,游泳服务约6000人次。完成中央领导调研、上海“招商推介活动”、2019世界舟山人大会等活动保障任务。服务机关食堂。选取上百首轻音乐在机关干部职工上下班、午间用餐时播放,新增大餐厅窗口灯箱片、射灯、灯带,铺设小餐厅地板,更换小餐厅椅套餐具,做好餐厅亮化、绿植美化、文化上墙工作。全年大餐厅用餐人数43.8万人次,自助餐用餐人数1.7万人次,小餐厅接待568批次、约7900人次。

垃圾分类宣传 (区机关事务管理中心提供)

【全区公共机构节能建设】 区机关事务管理中心根据《浙江省实施〈公共机构节能条例办法〉》要求,细化实化举措,推进公共机构节能工作。2019年,全区公共机构人均综合能耗同比下降7.77%,单位面积综合能耗同比下降了2.16%,人均水耗同比下降3.52%,完成制定的人均综合能耗下降2.3%、单位建筑面积能耗下降2.1%、人均水耗下降3.5%的节能工作目标。

根据全区机构改革情况,重新梳理各公共机构下属事业单位信息,核算区行政中心各单位用能面积及用能人数情况。组织区经信局、区投资促进中心、区司法局、区总工会、团区委5家单位的节能统计员参加国管局联合清华大学举办的第六期公共机构节能管理远程培训活动,下发《2019年度普陀区公共机构节约能源资源工作要点》,推动工作法制化、规范化建设。

开展夏季、冬季空调温度控制专项行动,在大楼所有空调出风口悬挂红布条,以便及时发现空调是否关闭。结合节能宣传周主题,在机关食堂门口以设置展板、电子屏幕主题展示、播放宣传片等形式倡导绿色发展、节能先行理念,提升机关干部节能环保意识。全年东港商务中心大楼各项费用与上年同期相比支出减少,其中水费减少21.5万元,电费减少7.7万元,煤气费减少1.7万元,空调费减少57.2万元,合计88.1万元。

贯彻习近平生态文明思想和全国公共机构能源资源节约和生态环境保护工作会议精神,出台《普陀区东港商务中心机关事业单位生活垃圾精准分类工作实施方案》,成立领导小组,组织商务中心进行生活垃圾分类现场教学,在商务中心机关事业单位中全面推行生活垃圾精准分类,更换各类垃圾桶533个,其中办公室二合一垃圾桶280个,食堂垃圾桶30个,户外果壳箱60个,电梯口双桶垃圾桶163个;分发垃圾分类标识标签5390张、垃圾分类宣传册1500余册。在机关食堂新增“自动洗碗机”,要求就餐人员养成厨余垃圾分类习惯。借助制作垃圾分类宣传片、电子屏循环播放垃圾分类知识,发放垃圾分类指导手册等宣传方式,普及垃圾分类知识,构筑绿色环保理念。

(撰稿:庄云芳)

编辑:魏斌

政协舟山市普陀区委员会

综 述

2019年，中国人民政治协商会议舟山市普陀区委员会(简称区政协)发挥专门协商机构作用，履行政治协商、民主监督、参政议政职能。召开首次全区政协系统党建工作座谈会，协助区委制定《关于加强新时代人民政协党的建设工作的实施意见》，探索设立5个专委会兼合式党支部，制定《关于发挥中共党员委员在政协履职工作中先锋模范作用的意见》，实行党员委员参加双重组织生活，党组织对党员委员全覆盖、党的工作对政协委员全覆盖。

区政协坚持民主协商贯穿于履职始终，构建以全体会议协商为龙头、专题议政常委会协商为重点、"请你来协商"为平台"1+4+6+X(次)"协商议政新格局。围绕普陀教育改革与发展、健康医疗、城乡生活垃圾分类、市民素质大提升、居民小区物业管理(无物业小区管理)、城市基础设施建设等议题专题协商，提出68条协商意见建议，被区委区政府采纳；围绕普陀融入长三角一体化、六横—梅山协同发展试验区建设、如意小镇建设等课题专项调研，形成《关于建设普陀莲花洋如意小镇的研究报告》等专报，区委主要领导批示；围绕海岛种养殖业发展，开展"资政式"协商，促进相关职能部门达成共识，帮助海岛种植户解决销售场地问题。

区政协推进三级政协委员联动"城乡垃圾分类处理"民主监督，组织委员成立6个监督调研组和6个暗访组，监督调研全区9个街道镇及相关部门，提出对策建议，助推全区城乡生活垃圾分类处理。围绕"最多跑一次"改革专项民主监督，提出10余条建议。

区政协常委会开展重点课题调研，组织委员深入实地、问卷调查、走访座谈、外出考察等方式调研，形成《关于加强我区诚信体系建设　促进社会治理水平提升》《关于以大数据为支撑　进一步打造我区社会综合治理"普陀模式"升级版的建议》《关于运用"互联网+"智慧养老——建立居家乐养老服务中心的建议》等调研成果。形成"党委点题、政协破题、政府采纳"良性互动。

区政协发挥人民政协统一战线优势，建设"省政协委员会客厅""市政协委员普陀工作室""委员工作室"等平台，举办庆祝人民政协成立70周年座谈会、书画展。创建全国文明城市，落实与5个幸福社区结对，助力普陀蝉联"中国最具幸福感城市"。

区政协领导与工作机构

【区政协领导】 区政协第五届委员会始自2017年2月，任期5年。

2019年区政协主席、副主席名录

表12

职　务	姓　名	性别	籍　贯	任职时间
主　席	张禾波	男	浙江奉化	续—
副主席	焦兰萍	女	浙江舟山(普陀)	续—
副主席	孙德明	男	浙江舟山(普陀)	续—
副主席	沈聪	男	上海市	续—
副主席	吴壮青	男	浙江温岭	续—
副主席	杨建华	男	浙江宁波	续—

设主席1人,副主席5人,秘书长1人,主席、副主席和秘书长组成主席会议,负责处理常委会日常工作。2019年1月24日,区五届政协第三次会议选举林伦为秘书长。

【区政协工作机构】 2019年5月24日,区五届政协第十六次常委会议审议通过,经济科技委员会更名为经济委员会,教文卫体委员会更名为教科卫体委员会,文史资料委员会更名为文化文史和学习委员会。年底,区五届政协工作机构设办公室和提案委员会、委员工作委员会、经济委员会、渔农与资源环境委员会、教科卫体委员会、社会法制民族宗教与港澳台侨外事委员会、文化文史和学习委员会7个专职工作委员会。

政协重要会议

【区五届政协第三次会议】 2019年1月20—24日在东港召开。应到委员177人,实到委员168名,邀请列席人员167人。张禾波代表区五届政协常委会作工作报告,焦兰萍作区五届政协第二次会议以来提案工作情况报告。与会委员听取和审议区政协工作报告及提案工作报告;列席区十七届人大第三次会议,听取政府工作报告及其他有关报告,分组专题讨论政府工作报告。委员们围绕和美小岛旅游发展、社会治理方式创新、市民素质提升、普陀海洋牧场产业化发展、民宿规范管理等方面调查研究,形成28篇调研报告在大会发言。

区五届政协第三次会议 (区政协办提供)

【区五届政协第十三次常委会】 1月11日召开。会议审议通过区五届政协第三次会议议程(草案),区五届政协第三次会议各次大会执行主席和主持人名单,区五届政协常委会工作报告报告人和区五届政协第二次会议以来提案工作情况报告报告人名单,区政协常委会工作报告,区五届政协第二次会议以来提案工作情况报告,区五届政协第三次会议秘书长、副秘书长名单,区五届政协第三次会议日程,区五届政协第三次会议选举办法(草案),区五届政协第三次会议列席人员名单;通报2018年度区政协先进委员活动组、优秀政协委员、优秀提案,社情民意及信息工作先进集体、优秀个人。有关人事任免。

【区五届政协第十四次常委会】 1月23日召开。会议听取大会秘书处关于各组讨论情况综合汇报;审议通过区五届政协第三次会议选举办法(草案),候选人名单(草案),总监票人、监票人、总计票人名单(草案),区政协提案委员会关于区五届政协第三次会议提案初审情况报告,区五届政协第三次会议决议(草案)。

【区五届政协第十五次常委会】 3月28日召开。区公安分局局长王引权应邀参加会议。会议听取关于扫黑除恶工作开展情况通报,审议通过区五届政协常委会2019年主要工作安排、《区五届政协第三次会议提案审查报告》《政协舟山市普陀区委员会提案工作条例(修订案)》,审议通过相关人事任免。与会政协常委和列席会议政协委员提出推进扫黑除恶工作意见建议。

【区五届政协第十六次常委会】 5月24日召开。副区长李莉应邀参加会议。会议听取关于安全生产责任制落实情况通报;审议通过《中国人民政治协商会议舟山市普陀区委员会全体会议工作规则》,通过相关专委会更名及更名后有关人事任免事项。

【区五届政协第十七次常委(扩大)会】 8月9日召开。区长潘晓辉应邀参加会议。会议通报上半年经济社会发展情况,审议通过相关人事任免事项,听取全区教育事业发展情况通报。

【区五届政协第十八次常委会】 10月31日召开。副区长杨海滨应邀参加会议。传达学习中央政协工作会议暨庆祝中国人民政治协商会议成立70周年大会精神、省委政协工作会议精神。审议通过区政协关于城乡生活垃圾分类处理民主监督工作报告,听取关于渔农村经济合作社股份制改革后运行情况通报,通过有关人事任免事项。

【区五届政协第十九次常委会】 12月31日召开。会议决定区五届政协第四次会议于1月16—20日召开。审议区五届政协第四次会议议程(草案);审议通过相关人事任免事项、区五届政协第四次会议召开时间的决定、区五届政协第四次会议日程以及会议各次大会执行主席和主持人名单、区五届政协常委会工作报告报告人,区五届政协第三次会议以来提案工作情况报告报告人名单、区政协常委会工作报告、区五届政协第三次会议以来提案工作情况报告、区五届政协第四次会议秘书长、副秘书长名单;听取区政府关于2019年度提案办理情况通报;审议通过《中国人民政治协商会议舟山市普陀区委员会专门委员会通则》《关于区政协委员履行职责的若干规定》、区政协常委会重点调研课题《关于加快我区诚信体系建设促进社会管理水平提升的思考》;通报2019年度区政协先进委员活动组、优秀政协委员、优秀提案、社情民意信息先进集体和优秀个人、优秀特约文史研究员。

【全区政协系统党的建设工作座谈会暨“新时代人民政协的新样子”专题讨论活动部署会】 6月18日召开。区政协主席、党组书记张禾波出席会议并讲话,副主席焦兰萍、孙德明、沈聪、吴壮青参加会议。会议主题发挥政协组织中中共党员委员的先锋模范作用,抓出党建工作“政协特色”,体现“政协味”“普陀味”。开展“新时代人民政协的新样子”专题讨论。会议选举产生区政协各相关专委会兼合式党支部书记、委员;传达学习全国、省、市政协系统党的建设工作相关会议精神;有关部门负责人、专委会兼合式党支部书记代表及中共党员委员代表作表态发言。

【区政协常委暑期读书会】 8月29—30日在桃花镇召开。会议学习习近平关于加强和改进人民政协工作重要思想,全省、全市政协主席暑期读书会和区委十三届八次全体(扩大)会议精神。与会人员围绕新时代人民政协的新样子,结合工作实际,开展学习、研讨和交流。区政协主席张禾波参加读书会并讲话。

【人民政协成立70周年座谈会】 9月27日召开。区委统战部部长诸葛明海应邀出席。区政协参加单位主要负责人及历届区政协老领导参加座谈。会议集中观看“不忘初心砥砺前行”普陀人民政协光辉历程宣传片,回顾普陀政协34年光辉历程和丰硕成果,区政协老领导和民主党派团体负责人结合新时代人民政协新样子进行交流,畅谈履职感悟。

庆祝人民政协成立70周年座谈会 (区政协办提供)

【区委政协工作会议】 12月18日召开。区长潘晓辉主持会议,区四套班子领导出席会议。与会人员观看区政协《扬帆新时代谱写新篇章》宣传片；民革普陀支部、区卫生健康局、沈家门街道、区妇联等负责人作交流发言。区委书记张立军在会上讲话。

政协重要活动

【“不忘初心、牢记使命”主题教育】 2019年9—12月，开展区政协党组、机关党组、机关党支部“不忘初心、牢记使命”主题教育活动。学习习近平新时代中国特色社会主义思想和中共十九届四中全会精神，习近平在中央政协工作会议暨庆祝中国人民政治协商会议成立70周年大会上讲话精神，专题党课大宣讲。开展调查研究、问题检视、整改落实。开展走亲连心大走访、“新时代人民政协的新样子”调研、“请你来协商”、调研成果集中交流等活动。

区政协全体党员干部定海县工委旧址初心之行（区政协办提供）

【“三服务”活动】 3月，区政协党组出台关于开展“三服务”活动实施方案，制订“三服务”活动月度工作计划。区政协领导干部访企业、进社区、走基层，收集各类意见，反馈给区政府及有关部门，先后帮助解决渔农产品销售场地设置、登步车渡运行开通、大沙里区域村民住房用房需求改善等一批企业、社区、基层热点难点问题。

区政协委员助推“幸福社区”创建“五送”服务活动（区政协办提供）

【“五送”服务活动】 10月17日，区政协组织10余名政协委员赴沈家门街道教场社区，开展政协委员助推“幸福社区”创建“五送”服务（送医药、送科技、送物资、送法律知识、送便民服务）等活动，服务群众500余人次，分发科普、法律等宣传资料600余份，赠送药品、物品等价值5000余元。

【助力全国文明城市创建】 区政协召开创建全国文明城市动员会议，以邮寄形式将普陀区政协《发挥政协委员作用，助力全国文明城市创建的倡议书》送至每位委员，动员委员及社会各界加入创城工作。区政协领导赴沈家门、东港街道包干小区创城、居民小区环境整治专项行动，政协机关干部职工参与交通文明劝导、路面巡逻、小区环境整治等志愿服务。

【委员年终视察活动】 11月28日至12月8日，区政协组织全体委员分4组开展区交通提升工程、重点建设工程、社会保障服务工程和城市品质提升工程项目年终视察，界别委员建言献策，助推普陀加快打造自由贸易先行区和海上花园会客厅。12月13日，召开2019年区政协委员年终视察活动通报会。副区长张海斌应邀参加会议。区交通运输局、区发改局、区民政局、区住建局相关负责人分别通报情况；各组委员代表提出意见和建议。

委员工作

【政协委员构成】 2019年年底，政协第五届舟山市普陀区委员会有委员180名，27个界别。其中，中共委员75名，占41.7%；非中共委员105名，占58.3%。妇女委员58名，占32.2%。少数民族委员3名，占1.7%。宗教界人士4名，占2.2%。非公经济人士57名，占31.7%。具有大专以上学历167名，占92.8%。

【联络联谊】 2019年，区政协以庆祝人民政协成立70周年为契机，密切与党政部门、各党派团体、各界人士和新闻媒体联络联谊。重点履职事项事先听取意见，事中邀请参加，事后反馈通报。全年党派团体参与调研视察40余次、会议发言60余次，提交集体提案32件。举办庆祝人民政协成立70周年座谈会、书画展，增进与各界人士联系交流。

【委员培训】 1月20日，区政协举办政协委员培训班，邀请省委统战部副部长杨卫敏为全体委员讲授“学思践悟习近平总书记关于加强和改进人民政协工作的重要思想，提升履职能力水平”专题讲座。4月17—26日，在区委党校和苏州吴中区党校举办第三期政协委员能力提升培训班，参加培训委员45人。围绕区政协常委会2019年主要工作安排，把社会治理作为政治协商、民主监督、参政议政重点内容，采取课堂讲授社会治理方面理论和实地考察学习社会治理实践典型经验，提高委员为社会治理建言资政知识水平。7月19日，在区委党校举办“新时代人民政协的新样子”专题讲座，邀请省重要思想研究基地课题组组长蒋学基作“展现新时代政协工作新样子，重在学习新理论，把握新方位新使命作出新成绩”讲座，参加委员和政协机关工作人员90余人。

【委员管理】 区政协加强委员履职考核管理，按照新修订《政协舟山市普陀区委员会关于委员履行职责情况统计与通报办法》，对151名政协委员履职情况统计，列入考核全体委员平均得分66.65分，最高分134分。联合区委组织部、统战部修订出台《关于健全区政协委员退出制度的若干规定》，完善和规范委员退出制度。

【委员履职】 区政协开展“新时代人民政协的新样子”专题讨论活动。6—8月，围绕“五个如何”开展讨论，在全区政协系统开展“六个一”活动。完成一次《政协人新时代新风貌》笔谈，收集各委办撰写笔谈8篇，组织一次“新样子、金点子”征集活动，收集金点子15篇，向市政协推荐笔谈1篇、金点子2篇。组织“新时代人民政协的新样子”专题座谈，推荐1名委员参加市政协“学习新思想 树立新样子”演讲比赛。开展

2019年区五届政协委员各界人士人数及所占比例

表13

界别名称	委员人数(人)	比例(%)	界别名称	委员人数(人)	比例(%)
中 共	26	14.5	文 艺	4	2.2
民 革	5	2.8	科 技	4	2.2
民 盟	5	2.8	社 科	7	3.9
民 进	5	2.8	经 济	29	16.1
农 工	7	3.9	农(渔)业	15	8.3
九 三	5	2.8	教 育	6	3.3
无党派	7	3.9	体 育	2	1.1
共青团	3	1.7	新 闻	2	1.1
总工会	4	2.2	医 卫	5	2.8
妇 联	7	3.9	社会福利	6	3.3
青 联	3	1.7	少数民族	2	1.1
工商联	5	2.8	宗 教	4	2.2
科 协	4	2.2	特 邀	4	2.2
侨 联	4	2.2	合 计	180	100

人民政协成立70周年以来纪事征文竞赛，收到纪事征文9篇，经评选获一、二、三等奖各1名，鼓励奖3名。

【委员工作室】 2019年，各委员工作室发挥自身特长和优势，开展扶贫济困、法律援助等系列活动，妇女界委员工作室牵手周信国委员工作室，筹集资金1万元，帮助困难妇女和学生实现微心愿10个，慰问优秀东海渔嫂3人。马狄委员工作室联合妇女界委员工作室，开展为妇女儿童和困难群众提供法律援助、法律进社区等活动，为80余名妇女儿童和困难群众提供服务。协助做好省政协委员会客厅创建和市政协委员工作室相关工作。

【信息宣传】 区政协广泛收集社情民意信息，拓宽信息渠道，发挥社情民意信息工作在服务党政、科学决策、畅通民生诉求上作用。全年视察通报17次，整理编报社情民意信息93期，转报市政协19期，转报省政协12期，《青少年吸“笑气”现象增多亟须引起高度重视》信息被省政协录用，一批人民群众关心关注热点难点问题得到及时反映和妥善解决。

提案工作

2019年，区政协收到提案148件，经审查立案137件，并案处理后立案119件，其中委员提案85件、集体提案34件。经过各承办单位和有关部门努力，119件提案全部办复，有关问题已得到解决或基本解决（A类）59件，占提案总数49.6%；列入计划逐步解决（B类）47件，占提案总数39.5%；因条件和政策所限，近期尚不能解决或留作参考（C类）13件，占提案总数10.9%。区政协提案委员会重视提案工作质量，健全完善提案工作制度，发挥提案在人民政协建言资政、凝聚共识双向发力中作用，许多意见建议得到采纳或落实。

经济委员会工作

【调整职能】 区政协五届十六次常委会通过，经济科技委员会更名为经济委员会，不再承担政协科技方面工作职能。委员分组由原来经济组、科技财贸组调整为工业经济组和商贸经济组。

【专题协商】 5月，区政协组织部分委员围绕安全生产责任制落实情况开展常委会议协商，邀请副区长李莉参加，区应急管理局通报工作，委员们提出理顺管理机制，加强安全教育，加快休闲小艇

区政协五届三次会议以来优秀提案名单

表14

提案者	案　由
民革普陀区支部	关于进一步树立法制精神巩固创城成果的建议
民盟普陀区支部	关于加快新一轮义务教育布局的建议
民进普陀区支部	关于深化区域“医共体”建设打造海岛远程医疗服务新模式的建议
农工党普陀区总支部	构建幸福普陀加快提升市民素质的建议
九三普陀区支社	构建政府主导多方参与的机制助推普陀海洋牧场产业化发展
团区委	关于推动普陀学子返乡发展的建议
张玲亚	关于进一步规范普陀民宿管理的建议
刘春燕	关于进一步推进普陀区中小学研学旅游的建议
李双安	关于进一步有效提升蚂蚁岛精神红色教育基地的建议
邵汉琦	关于营造环境崇尚创新精准扶持——普陀园区建设及实体经济扶持的几点建议
胡恩凯	关于激发民营经济活力培育发展新动能的建议
张银照	关于加快海洋生物综合利用，抢占先机集中打造产业优势的建议
汪毓敏	关于提升滨海生态环境品质推动沈家门渔港特色小镇创新发展的建议

整治步伐等意见建议。10月，组织部分委员围绕完善城市基础设施建设开展“请你来协商”。副区长丁伟民，区住建局、区交通运输局、区综合行政执法局、区自然资源和规划分局及区城投集团等负责人现场听取意见建议，交流探讨城市基础设施建设方面存在问题和不足，提出优化停车资源，打造美丽夜景，建设更多具有普陀特色的城市建筑等8项意见建议。

【民主监督】 区政协经济委员会组织部分委员专项民主监督虾峙镇生活垃圾分类处理开展情况，通过查验，听取情况介绍，了解垃圾分类处理情况，提出针对性意见建议。5月，围绕“最多跑一次”改革，组织部分委员深入一线窗口，了解询问各受理板块办事流程、办事指南、创新举措及各窗口落实“最多跑一次”改革工作情况，听取区审招办工作汇报，围绕提高服务质量、加大宣传覆盖、落实“一窗受理”等方面提出10余条建议。

【调研视察】 3月，区政协经济委员会组织委员开展《助力民营经济高质量发展——舟山水产加工和航运等传统产业降本减负政策落实情况》调研。省、市、区政协联合课题调研，走访浙江富丹旅游食品有限责任公司、舟山市丰宇海洋生物制品有限公司等民营水产加工企业，与企业负责人深入交流，为课题调研提供第一手资料。3—5月，组织委员开展普陀融入长三角一体化调研，赴区发改局、区交通运输局等单位，召开专题研讨会，形成《让普陀融入长三角一体化发展的建议——围绕“两千、两极、两市、两岛”三年发展方位的思考》，以专报形式上报。5月，组织委员视察普陀全域旅游示范区创建工作，提出桃花镇深度开发旅游意见和建议。7月，组织部分委员赴六横视察外轮维修配套产业营商环境。8月，区政协主席会议成员和部分市、区政协委员专题视察自贸先行区建设成效，参观普陀国际健康产业中心入驻企业、区融资租赁产业园，听取区自贸中心关于浙江自贸试验区普陀片区建设情况汇报，委员们围绕争取更多财税政策支持、加大自贸先行区宣传力度、招揽更多优秀人才等方面提出意见建议。

区政协主席会议成员视察自贸先行区建设成效 （区政协办提供）

【委员活动】 区政协开展“下基层、访委员、察民情”活动，经济委员会加强委员走访沟通，听取各界意见，为领导决策提供建议。号召委员结对帮扶，委员方军向四川万源捐赠帮扶项目资金200万元，市、区政协委员个人捐赠3万元帮助贫困妇女儿童。

渔农与资源环境委员会工作

【专题协商】 3—4月，区政协渔农与资源环境委员会组织部分委员围绕推进城乡生活垃圾减量化、资源化、无害化处理开展“请你来协商”。先后走访区农业农村局、区城市管理局，听取关于城乡生活垃圾分类工作情况介绍，赴东极岛查看渔农村生活垃圾分类焚烧情况。赴宁波慈溪、余姚等兄弟县区考察垃圾分类工作。先后开展3次集中讨论，撰写意见建议，提出在城市社区物业管理处设置收集桶，按有毒有害垃圾级别设置分值，实行兑积分有偿收集；建议政府在机关国企事业单位中首先禁止使用一次性杯子，出台餐饮店限制使用一次性餐具管理制度，从源头上减少控制垃圾产生等意见建议，协商会议上相关单位负责人作解答。

【民主监督】 3—10月，区政协开展城乡生活垃圾分类集体民主监督活动。制定实施方案，成立由政协主席、副主席、秘书长为组长6个民主监督明查组，负责各街道镇垃圾分类任务完成进度、质量情况监督。带领部分政协委员赴桃花岛调研生活垃圾分类处理情况，了解桃花岛垃圾中间转运工作环节。组织委员调研区农业农村局、区城管局城乡生活垃圾分类工作，了解垃圾分类工作中存在问题和困难，召开城乡生活垃圾分类集体民主监督工作推进会，撰写《关于我区城乡生活垃圾分类的民主监督报告》受到区委、区政府重视。组织委员调研全区渔农村经济合作社股份制改革情况，针对渔农村经济合作社产权主体明晰、分配关系处理、历史遗留问题化解、以后可能出现问题及困难等提出意见建议。

【调研视察】 4—7月，区政协调研全区美丽海岸线建设。以打造“美丽海岸线”，提升普陀湾整体品质为抓手，围绕自然生态岸线、城镇生活岸线、港口工业岸线、风景旅游岸线等开发利用保护现状和存在问题，组织委员调研，提出注重普陀湾海域生态环境，以及对岸线应有统一规划对策的建议。9月，组织部分委员专题调研全区推进综合执法体制改革。走访区综合行政执法局、区生态环境分局、区应急管理局等相关部门，了解综合行政执法体制改革情况，分析研究综合行政执法工作中存在困难和监管边界不够清晰、职能划转不够合理、信息传输不够顺畅、人员配置不够充足等问题，提出完善综合行政执法体制建议。

【委员活动】 区政协渔农与资源环境委员会引导委员参加区政协各类活动，组织委员建言献策，为民办实事。全年组织委员撰写提案20余篇，社情民意和专报7篇，一批意见建议得到区委、区政府领导批示，被相关部门采纳。朱松国《关于切实维护市民合法权益免遭营销诈骗的建议》，区委常委、公安局长王引权批示，责成有关部门认真研究落实。8月，渔农组围绕近海养殖、规范管理(包括规划、水域确权等)、经营融资、使用转换等情况现状和存在问题开展调研，提出《促进近海养殖业健康有序发展对策建议》。资源环境组开展《我区高楼玻璃幕墙检测情况》调研。12月，组织委员视察青龙山公园入口改造项目和沈家门、东港老旧小区等民生实事项目建设情况，提出建设性意见和建议。

教科卫体委员会工作

【调整职能】 2019年5月，教文卫体委员会更名为教科卫体委员会，不再承担政协文化工作职能，增加科技工作职能。委员人数和分组由原来教育组、医卫文体组调整为教育组、医卫科体组。

【协商议政】 6月28日，围绕“新时代普陀教育改革与发展”召开“请你来协商”专题协商会，委员们深入学校、社区收集第一手资料，会上10名委员提出调研意见建议，区财政、教育等相关部门负责人解答。区长潘晓辉出席专题协商会并讲话。7月31日，围绕“促进我区市民素质提升”召开“请你来协商”专题协商会，委员们在调研基础上，提出加深市民对《舟山市文明行为促进条例》了解，处罚不文明行为力度，推进社会诚信体系建设等问题和有关部门负责人互动交流。9月11日，围绕“健康医疗”召开“请你来协商”专题协商会，8名委员围绕“健康医疗”主题，提出协商意见建议，区政府分管领导和职能部门负责人解答。区委书记张立军出席会议并讲话。

【视察调研】 视察中小学“满意食堂、放心厨房”。3月19日，区政协联合市政协委员普陀工作室，组织市区两级政协委员13人视察沈

新时代普陀教育改革与发展协商活动 （区政协办提供）

家门小学、沈家门第一初级中学和城北小学3所学校食品安全。委员们要求学校落实主体责任意识，杜绝不良产品进入学校，将食品安全放在安全监管工作首要位置。10月30日，组织教育界委员、区教育局教研室工作人员，普陀小学学科骨干教师等一行7人到区文广旅体局专题调研旅游研学情况，交流旅游研学责任主体，扶持政策培育，分群体、分主题合理设置研学路线，发挥老年群体在研学基地中志愿服务作用等内容。

【民主监督】 7月30日，区政协教科卫体委员会组织11名委员民主监督六横镇城乡生活垃圾分类处理情况，查看垃圾分类情况，剖析垃圾分类不规范原因，交流探讨生活垃圾处理难点问题，提出进一步做好垃圾分类工作意见建议。11月14日，组织15名委员专项民主监督“提高家庭医生签约率，提升签约医生服务质量”情况。查看沈家门街道社区卫生服务中心、荷外社区卫生服务站开展家庭医生签约服务工作情况，随机与老年就诊患者交流了解服务满意度，听取区卫生健康局关于家庭医生签约服务工作情况介绍，探讨居民群众知晓度、家庭健康档案完整性、团队服务能力提升等问题，为推进家庭医生签约工作献计献策。9月中旬起，全国文明城市创建动态监督视察。督促沈家门街道中兴、教场和荷外3个社区共6个小区“创城”工作，对照“创城”检查标准，督查发现问题，跟进监督整改情况。11月14日，组织部分委员查看荷外社区卫生服务站、荷外社区海鲸小区、沈家门街道社区卫生服务中心等，对照创建标准，提出停车秩序、环境整洁、公益广告等问题意见建议。

【界别活动】 10月24日，区政协教科卫体委员会组织委员到登步岛管委会大岙村，开展政协委员“不忘初心、牢记使命”主题教育之“健康登步行”服务活动。13名委员及党员医疗专家组成服务团队为村民提供医疗服务，向每位村民赠送健康工具盒，举办“糖尿病防治”“健康工具盒的正确使用”等专题讲座。指导村民正确使用健康工具盒，倡导健康生活方式，改变村民不健康行为。

区政协委员年终视察 （区政协办提供）

社会法制民族宗教与港澳台侨外事委员会工作

【专题协商】 2019年3月，区政协围绕扫黑除恶专项斗争开展常委会议专题协商，区委常委、区公安分局局长王引权应邀出席会议，区政法委通报工作开展情况，委员提出统一思想、凝聚共识、汇聚力量，加强活动宣传、严密防控体系，打赢扫黑除恶专项斗争等意见建议。12月，围绕居民小区物业管理开展“请你来协商”。副区长丁伟民，区委组织部、区文明办、区住建局、区综合行政执法局等单位负责人与政协委员、社区代表、物业公司代表开展面对面协商议政。政协委员、社区代表、物业公司代表就形成职能部门指导监管合力、加强业委会组织及队伍建设、建立考核奖励机制激发业委会工作积极性、提升物业管理人员素质和物业企业管理水平、加强宣传力度，提高业主自身素质、推进老旧小区民办非企业性质社区物业服务中心设立等问题提出意见建议。

【民主监督】 5月，区政协社会

法制民族宗教与港澳台侨外事委员会组织部分委员专项民主监督城乡生活垃圾分类处理工作，先后赴白沙岛和柴山岛实地查验，听取情况介绍，座谈交流，个别询问，全面了解垃圾分类设备设施配置、宣传教育等情况，提出“垃圾分类处理”监督调研建议。

【视察调研】 3—4月，区政协社会法制民族宗教与港澳台侨外事委员会组织部分委员调研如意小镇建设，走访东港街道塘头社区等，召开调研座谈会，形成《关于建设普陀莲花洋如意小镇的研究报告》，以政协专报形式送区委、区政府主要领导和分管领导、相关部门和街道领导参阅。5—8月，组织部分委员调研关于进一步健全全区社会救助体系，走访区民政局等部门，听取全区社会救助体系情况介绍，形成《关于我区社会救助体系情况的调研报告》。7月，组织部分委员走访调研结对社区——小蒲湾社区开展“幸福社区”创建情况。9月，组织部分委员视察慧隆寺、接待寺、真神堂等宗教活动场所。

【联络联系】 区政协社会法制民族宗教与港澳台侨外事委员会加强与市政协社会法制和民族宗教委员会、省政协社会和法制委员会联系，征询工作思路、接受工作指导、参加座谈交流、协同开展调研等方式联络联系。加强与对口部门联系，邀请对口部门通报工作，开展联合调研视察、出席对口部门工作会议，沟通和信息交流，拓宽工作思路。加强与委员联系，定期或不定期走访委员，通报政协工作和专委会工作情况，鼓励委员多写提案和社情民意。

文化文史和学习委员会工作

【调整职能】 2019年5月，区政协文史资料委员会更名为文化文史和学习委员会，增加承担政协文化和学习工作职能。委员人数和分组也作相应调整，由原来文史一组、文史二组调整为文史组、文化组和学习组。

区政协视察六横镇外轮维修情况 （区政协办提供）

【文史工作】 区政协文化文史和学习委员会编纂完成《近代报刊中的普陀》，收录晚清至民国时期近代报刊资料近80万字，分新闻、广告、函牍、诗文四卷，再现1869至1949年民间媒体、文化人和官方记录下普陀政治、经济、军事、民生、宗教、文化、旅游等各个方面。落实市政协关于征集人民政协成立70周年文史征文，提交10篇文史征文全部入选市政协汇编集。举办人民政协成立70周年书画展，展出书法、绘画作品54幅，展现新中国和人民政协光辉历程，普陀社会和谐、经济发展、人民幸福巨大变化。编好二期《普陀文史》，继续在《今日普陀》上刊设“文史专栏”，编撰出版《光辉的历程——人民政协成立70周年书画展作品集》，完成《普陀书画报》二期编辑发行。

【视察调研】 区政协文化文史和学习委员会围绕“东极渔民营救英俘事件”，组织委员调研，完成“东极渔民营救英俘纪念设施完善工作”调研报告，以《政协专报》形式报送区委、区政府领导。针对普陀区博物馆建设相对滞后情况，开展调查研究，完成《加强我区博物馆建设》调研报告，多个角度研讨全区加强博物馆建设途径。

（撰稿：张维）

编辑：李群亚

区直机关及街道镇负责人名录

区委工作部门及直属单位

中共舟山市普陀区纪律检查委员会

与监察委员会合署办公，实行一套工作机构，两个机关名称。

书　记　　徐俊军（续—）
副书记　　贺方忠（续—）
　　　　　金　科（续—）

区委区政府办公室

2019年1月撤销。

主　任　　余　舟（续—2019.1）
常务副主任　　戴明益（续—2019.1）

区委办公室

2019年1月设立，与台湾工作办公室（区政府台湾事务办公室）合署办公。挂区委区政府政策研究室、区保密委员会办公室（区国家保密局）、区委机要局（区密码管理局）、区档案局牌子。

主　任　　余　舟（2019.1—2019.4）
　　　　　陈明雷（2019.4—）

区委组织部

挂区委机构编制委员会办公室、区委直属机关工作委员会、区委老干部局、区委新经济与新社会组织工作委员会（2019年3月撤销）、区公务员局牌子。

部　长　　虞万军（续—）
常务副部长　　陈　忠（续—）

区委宣传部

挂区委区政府新闻办公室、区精神文明建设委员会办公室（区政府创建办公室）、区新闻出版局、区互联网信息办公室牌子。2019年3月，区精神文明建设委员会办公室（区政府创建办公室）更名为区精神文明建设指导中心（区政府创建中心）；区委区政府新闻办公室（区互联网信息办公室）更名为区互联网信息中心，为区委宣传部管理的副科级事业机构。

部　长　　李　明（续—）
常务副部长　　戴燕红（女，续—）

区委统一战线工作部

挂区民族宗教事务局、区政府侨务办公室牌子。

部　长　　诸葛明海（续—）
常务副部长　　胡贤表（续—）

区委台湾工作办公室（区政府台湾事务办公室）

原与区委区政府办公室合署办公，2019年1月起与区委办公室合署办公。

主　任　　陆军海（续—2019.1）
　　　　　余　舟（兼，2019.1—2019.4）
　　　　　陈明雷（兼，2019.4—）

区委区政府政策研究室

原与区委区政府办公室合署办公，2019年1月起在区委办公室挂牌。

主　任　　王少领（续—2019.1）
　　　　　余　舟（兼，2019.1—2019.4）
　　　　　陈明雷（兼，2019.4—）

区委区政府政策研究中心

2019年3月19日设立，为区委、区政府直属正科级事业机构，委托区委办公室管理。

主　任　　王少领（2019.4—）

区委保密委员会办公室（区国家保密局）

在区委办公室挂牌。

主任（局长）　　余　舟（兼，2019.1—2019.4）

陈明雷(兼,2019.4—)

区委机要局(区密码管理局)

在区委办公室挂牌。

局　长　　余　舟(兼,2019.1—2019.4)
　　　　　陈明雷(兼,2019.4—)

区档案局

原区政府直属正科级事业单位,2019年1月起将行政职能划转给区委办公室,对外保留区档案局牌子。

局　长　　贺林峰(续—2019.1)
　　　　　余　舟(兼,2019.1—2019.4)
　　　　　陈明雷(兼,2019.4—)

区档案馆(区史志研究室)

区档案馆原与区档案局合署办公,2019年1月由区委办公室管理。3月,撤销区史志办公室(原副科级事业单位),保留区档案馆(区史志研究室),为区委、区政府直属正科级事业机构。

馆　长　　贺林峰(续—)

区委机构编制委员会办公室

原名区机构编制委员会办公室,2019年1月更名,在区委组织部挂牌。

主　任　　李捍东(续—)

区委直属机关工作委员会

原名中共舟山市普陀区直属机关工作委员会,2019年1月更名,在区委组织部挂牌。

书　记　　邓　晶(女,续—)

区委老干部局

在区委组织部挂牌。

局　长　　朱　慧(女,续—)

区委新经济与新社会组织工作委员会

在区委组织部挂牌(2019年3月撤销事业机构)。

书　记　　周　挺(续—)

区公务员局

2019年1月设立,在区委组织部挂牌。

局　长　　陈　忠(兼,2019.1—)

区委党校(区行政学院)

2019年3月19日设立,为区委、区政府直属正科级事业机构。

校　长　　虞万军(兼,2019.4—)
常务副校长　张良华(续—2019.4)
　　　　　田启录(2019.4—)

区精神文明建设指导中心(区政府创建中心)

原名区精神文明建设委员会办公室(区政府创建办公室),2019年3月19日更名,为区委直属正科级事业单位,委托区委宣传部管理。

主　任　　陈　洲(续—)

区广播电视台

相当于正科级事业单位,委托区委宣传部(区文体广电新闻出版局)管理。2019年3月并入区融媒体中心。

台长、党组书记　孟阿荣(续—2019.4)

区融媒体中心(区广播电视台)

2019年3月19日设立,为区委直属正科级事业机构,委托区委宣传部管理。

主任(台长)　倪立刚(2019.4—)

区新闻出版局

2019年1月设立,在区委宣传部挂牌。

局　长　　李海雷(2019.1—2019.4)
　　　　　孟阿荣(2019.4—2019.9)
　　　　　戴燕红(女,兼,2019.9—)

区委区政府新闻办公室(区互联网信息办公室)

在区委宣传部挂牌。2019年3月更名为区互联网信息中心,降为副科级事业机构。

主　任　　戴燕红(女,兼,2019.1—2019.3)

区民族与宗教事务局

与区委统战部合署办公。

局　长　　张惠女(女,续—)

区委政法委员会

原与区社会治安综合治理委员会合署办公。2019年1月,区社会治安综合治理委员会及其办公室、区委维护稳定工作领导小组及其办公室撤销,有关职责由区委政法委员会承担。3月,原委托区委政法委员会管理的区流动人口服务管理局撤销。

书　记　　洪　碧(女,兼,续—2019.1)
　　　　　张文科(兼,2019.4—)
副书记　　张文科(兼,续—2019.4)
　　　　　张海斌(兼,2019.4—)
　　　　　王引权(兼,续—)
　　　　　马亮峰(常务,2019.1—)

区委维护稳定工作领导小组办公室

2019年1月撤销,有关职责由区委政法委员会承担。

主　任　　李朝辉(续—2019.1)

区委防范和处理邪教问题领导小组办公室

2019年1月撤销，有关职责由区委政法委员会、区公安分局承担。

主　任　　　　陈其忠（续—2019.1）

区委全面深化改革委员会办公室

原名区委深化改革领导小组办公室，2019年1月更名，为区委议事协调机构的办事机构，设在区委办公室。

主　任　　　　张文科（兼，2019.3—）

区委依法治区委员会办公室

原名区委法治建设领导小组办公室，2019年1月更名，为区委议事协调机构的办事机构，设在区司法局。

主　任　　　　张文科（兼，2019.3—）

区委国家安全委员会办公室

原名区国家安全领导小组办公室，设在区委政法委员会。2019年1月更名，为区委议事协调机构的办事机构，设在区委办公室。

主　任　　　　乐养平（续—2019.1）
　　　　　　　余　舟（2019.3—）

区委网络安全和信息化委员会办公室

区委议事协调机构的办事机构，2019年1月设立，设在区委宣传部。

主　任　　　　戴燕红（女，兼，2019.3—）

区委财经委员会办公室

区委议事协调机构的办事机构，2019年1月设立，设在区委办公室。

主　任　　　　余　舟（2019.3—）

区委外事工作委员会办公室

原名区委外事工作领导小组办公室，2019年1月更名，为区委议事协调机构的办事机构，设在区政府办公室。

主　任　　　　戴明益（兼，2019.3—）

区委军民融合发展委员会办公室

区委议事协调机构的办事机构，2019年1月设立，设在区发展和改革局

主　任　　　　张海斌（兼，2019.3—）

区委审计委员会办公室

区委议事协调机构的办事机构，2019年1月设立，设在区审计局。

主　任　　　　沈舟军（2019.3—）

区委教育工作领导小组秘书组

区委议事协调机构的办事机构，2019年1月设立，设在区教育局。

组　长　　　　唐汉成（2019.3—2019.5）
　　　　　　　周磊斌（2019.5—）

区委区政府农业和农村工作领导小组办公室

原名区委渔农村工作办公室，2019年1月更名，为区委议事协调机构的办事机构，设在区农业农村局。

主　任　　　　张峭岭（2019.3—）

区委巡察工作领导小组办公室

2019年1月设为区委工作机关。

主　任　　　　俞　红（女，2019.1—）

区人大常委会工作部门

区人大常委会机关党组

书　记　　　　黄芬蕾（女，续—）

区人大常委会办公室

主　任　　　　黄芬蕾（女，续—）

区人大常委会代表工作委员会

主　任　　　　虞虎彪（续—）

区人大常委会财政经济工作委员会

主　任　　　　张新龙（续—）

区人大常委会法制内务司法工作委员会

主　任　　　　唐洪涛（续—）

区人大常委会教科文卫与民宗侨外工作委员会

主　任　　　　陈春艳（女，续—）

区人大常委会渔农业和渔农村工作委员会

主　任　　　　任建军（续—）

区人大常委会城乡建设环境资源保护工作委员会

主　任　　　　徐莞军（续—）

区政府工作部门及直属单位

区监察委员会

与区纪委合署办公。

主　任　　　　徐俊军（兼，续—）

副主任　　　　　　贺方忠(兼,续—)
　　　　　　　　　金　科(兼,续—)

区政府办公室

2019年1月设立,挂区政府外事办公室(区政府港澳事务办公室)、区大数据发展管理局、区口岸与海防管理办公室牌子。3月,区口岸与海防管理办公室更名区口岸开放服务中心,为区政府办公室管理的副科级事业机构。

主任(局长)、党组书记　戴明益(2019.1—)

区政府侨务办公室

2019年1月起与区委统战部合署办公。

主　任　　　　　　王海刚(2019.1—)

区委区政府信访局

原与区委区政府办公室合署办公,2019年1月起与区委办公室合署办公,机构列入政府序列。

局　长　　　　　　朱　伟(续—)

区发展和改革局

挂区政府金融工作办公室牌子。2019年3月,区政府金融工作办公室改名区金融发展中心,为区发展和改革局管理的副科级事业机构。

局长、党组书记　李俊伟(续—)

区经济和信息化局(区科学技术局)

2019年1月由原区经济信息化和科学技术局(区商务局)更名。

局长、党组书记　汤佩军(续—)

区教育局

局　长　　　　　　唐汉成(续—2019.5)
　　　　　　　　　周磊斌(2019.5—)
党组书记　　　　　唐汉成(续—2019.8)
　　　　　　　　　周磊斌(2019.8—)

区公安分局

局长、党委书记　王引权(续—2019.4)
政　委　　　　　　刘江龙(2019.4—)

区民政局

局长、党组书记　张红军(续—2019.1)
　　　　　　　　　唐磊盛(2019.1—)

区司法局

挂区行政复议局牌子。

局长、党组书记　俞海峰(续—)

区财政局

挂区国有资产监督管理办公室牌子。

局长(主任)、党委书记　史海祥(续—)

区人力资源和社会保障局

局长、党组书记　缪剑刚(续—)

区住房和城乡建设局

挂区人民防空办公室、区民防局牌子。2019年3月,区人民防空办公室更名区人防事务中心,为区住房和城乡建设局管理的副科级事业机构。

局长、党组书记　张　挺(续—)

区交通运输局

局长、党组书记　刘琦波(续—)

区农业农村局(区水利局)

2019年1月由区农林水利围垦局更名。

局长、党组书记　张峭岭(续—)

区经济合作与招商局

区政府直属的相当于正科级事业单位。2019年3月更名区投资促进中心。

局长、党组书记　陈明雷(续—2019.3)

区投资促进中心

2019年3月19日,由区经济合作与招商局更名,为区政府直属正科级事业机构。

主任、党组书记　蔡亿栋(2019.4—)

区商务局

2019年1月,从区经济信息化和科学技术局(区商务局)分离设立,为区政府工作机构。挂区粮食和物资储备局牌子。建立区商务局、中国国际贸易促进委员会舟山市普陀区委员会党组。

局　长　　　　　　孙燕芬(女,2019.1—)
党组书记　　　　　庄小波(2019.1—)

中国(浙江)自由贸易试验区普陀综合事务中心

2019年3月19日,由中国(浙江)自由贸易试验区普陀综合事务局更名,为区政府直属正科级事业机构。

局长(主任)　　　孙燕芬(女,续—2019.9)
主　任　　　　　　胡恩凯(2019.9—)

区旅游委员会

2019年1月撤销。

党组书记　　　　　李　莉(女,兼,续—2019.1)
主任、党组副书记　张　伟(续—2019.1)

区文体广电新闻出版局

与区委宣传部合署办公。2019年1月撤销。

局　长　　　　　　蔡敏波(女,续—2019.1)

区文化和广电旅游体育局

2019年1月由原区文体广电新闻出版局、区旅游委员会合并建立。

局　长　　　　蔡敏波（女，2019.1—）

区卫生健康局（区医疗保障局）

2019年1月由区卫生和计划生育局更名。

局长、党组书记　　徐海虹（续—）

区退伍军人事务局

2019年1月设立。

局长、党组书记　张剑敏（2019.1—）

区应急管理局

2019年1月由区安全生产监督管理局更名。

局长、党组书记　　任清祥（续—）

区审计局

局长、党组书记　　沈舟军（续—）

区统计局

原与区发展和改革局合署办公，2019年1月调整为独立单位。

局长、党组书记　　夏海雷（续—）

区综合行政执法局（区城市管理局）

2019年1月，设立区综合行政执法局，挂区城市管理局牌子。

局长、党组书记　　龚　敏（续—）

区海洋与渔业局

挂区海洋行政执法局、浙江普陀中街山列岛海洋特别保护区管理局牌子。

局长、党组书记　　林海达（续—）

区机关事务管理中心

2019年3月19日，由区机关事务管理局更名，为区政府直属正科级事业机构。

主任、党组书记　　郑科华（续—）

区审批服务与招投标管理办公室

为区政府直属正科级事业机构。

党组书记　　　　张文科（兼，续—2019.4）
　　　　　　　　张海斌（兼，2019.4—）

主　任　　　　　周　军（续—）

区供销社

区政府直属的相当于正科级事业单位。

主任、党委书记　　袁海伦（续—）

区社会治理综合服务中心

为区委、区政府直属正科级事业机构。

主　任　　　　　缪华杰（续—）

党组书记　　　　马亮峰（续—）

区旧城改造中心

2019年3月19日，由区旧城改造办公室（区征收与补偿管理办公室）更名，为区政府直属正科级事业机构。

主　任　　　　　柴国平（续—）

党组书记　　　　张　挺（续—　）

区经济建设咨询委员会

主　任　　　　　朱国傲（续—）

普陀经济开发区管委会

区政府派出机构。

主　任　　　　　郑　珽（兼，续—2019.4）
　　　　　　　　张　勇（兼，2019.4—2019.5）

主任、党组书记　　郭开明（2019.5—）

区政协工作部门

区政协机关

区政协秘书长　　林　伦（2019.1—）

区政协机关党组书记　林　伦（2019.1—）

区政协办公室

主　任　　　　　林　伦（续—2019.1）
　　　　　　　　张　伟（2019.1—）

区政协提案委员会

主　任　　　　　缪红波（续—）

区政协委员工作委员会

主　任　　　　　徐方恩（续—）

区政协经济委员会

原名区政协经济科技委员会，2019年5月24日更名。

主　任　　　　　项安达（续—）

区政协渔农与资源环境委员会

主　任　　　　　胡学明（续—）

区政协教科卫体委员会

原名区政协教文卫体委员会，2019年5月24日更名。

主　任　　　　　林韩群（女，续—2019.10）
　　　　　　　　周　艳（女，2019.10—）

区政协社会法制民族宗教与港澳台侨外事委员会

主　任　　　　　王晓敏（续，—）

区政协文化文史和学习委员会

原名区政协文史资料委员会，2019年5月24日更名。

主　任　　方卫东（续—）

法院和检察院

区人民法院

院长、党组书记　冯曙波（女，续—）
副院长　丁汉民（续—）
　蓝前飞（女，续—）
　王军伟（续—）
纪检组长　许正德（续—）

区人民检察院

检察长、党组书记　寿利根（续—）
党组副书记、副检察长兼纪检组组长
　袁伟定（续—）
副检察长　陈炳灵（续—）
　刘碧波（女，续—）

群众团体

区总工会

主席、党组书记　陈建东（续—）

团区委

书记、党组书记　刘　涛（续—2019.4）
　何俊杰（2019.4—）

区妇女联合会

主席、党组书记　张赛娜（女，续—）

区残疾人联合会

执行理事长、党组书记　邵国常（2019.1—）

区工商业联合会

主　席　金虹芸（女，续—）
党组书记　杨雯忠（续—）

区科学技术协会

主　席　邵国臣（续—2019.9）
　林韩群（女，2019.9—）

区归国华侨联合会

主　席　张良华（2019.4—）

区文学艺术界联合会

主　席　李海雷（续—2019.4）
　戴燕红（女，2019.9—）

区社会科学界联合会

主　席　孟阿荣（续—2019.9）
　戴燕红（女，2019.9—）

街道镇与管委会

东港街道

党工委书记　乐舟龙（续—）
办事处主任　丁　勇（续—）
人大工委主任　杜平伦（续—）

沈家门街道

党工委书记　张海斌（续—2019.4）
　余　舟（2019.4—）
办事处主任　夏　毅（续—）
人大工委主任　王　平（续—）

展茅街道

党工委书记　顾磊洲（续—）
办事处主任　唐磊盛（续—2019.1）
　叶增浩（2019.1—）
人大工委主任　吴海笑（续—）

朱家尖街道

党工委书记　刘方晖（续—）
办事处主任　潘碧光（续—）
大工委主任　余协鹤（续—）

六横镇

党委书记　王海涛（续，挂职—）
镇　长　曹　余（续—2019.5）
　沈建明（2019.5—）
人大主席　俞鹏军（续—）

桃花镇

党委书记　周吉敏（续—）
人大主席　乐科杰（续—）
镇　长　林　敏（女，续—2019.5）
　崔俊杰（2019.5—）

虾峙镇

党委书记　贺恩盛（续—）
人大主席　殷安琪（续—）

镇　长　　郑　磊(续—)

东极镇

党委书记　　张忠代(续—)
人大主席　　王国平(续—)
镇　长　　沈建明(续—2019.5)
　　洪　达(2019.9—)

普陀山镇

党委书记　　丁宏斌(兼,续—)
镇　长　　楼鲜明(女,续—2019.9)
　　沈姗姗(女,2019.9—)
人大主席　　何国祥(续—2019.9)
　　孙勤雷(2019.9—)

蚂蚁岛管理委员会

区政府派出机构。
党工委书记、主任 徐军安(续—)

白沙岛管理委员会

区政府派出机构。
党工委书记、主任 周磊斌(续—2019.5)
　　林　敏(女,2019.5—)

登步岛管理委员会

为区政府派出机构。
党工委书记、主任 施佳波(续—2019.5)
　　曹　余(2019.5—)

附一:新区或市驻普陀直属机构

新区六横管理委员会

为浙江舟山群岛新区管理委员会直属机构
党委书记　　张立军(兼,续—)
主任、党委副书记 徐炜波(兼,续—)
副主任　　吴子奇(续—)
　　吕　辉(续—)
　　李广东(续—)
　　忻丁世(续—)
　　王海涛(续—)
办公室主任　　刘普杰(续—)
党群工作部部长 叶含亚(女,续—)
财政局局长　　龚立新(续—2019.9)
　　陈宇宙(2019.9—)
经济发展局局长 刘圣峰(续—)
社会发展局局长 曹　余(续—2019.5)
　　沈建明(2019.5—)
规划建设与交通局局长 张秀义(续—)
招商局局长　　董彦呐(续—2019.4)
　　朱转干(2019.4—)
城市管理局(综合行政执法局)局长
　　陈　斌(2019.1—)
六横综合服务中心主任 王苗军(续—)
政策法规处处长 朱转干(续—2019.4)
　　黄　睿(2019.04—)

新区普陀山－朱家尖管委会(市普陀山风景名胜区管委会)

党委书记　　马国华(兼,续—2019.3)
主任、党委副书记 蒋志伟(兼,续—2019.3)
党委书记、主任　　干松章(2019.3—)
党委副书记　　张立军(兼,续—2019.12)
党委副书记、常务副主任 刘明永(续—)
副主任　　丁宏斌(续—)
　　孙军尔(续—)
　　张　晖(续—)
　　刘方晖(续—)
　　张宏华(续—)
　　郭涤寰(续—)
纪检组长　　余忠恩(续—2019.4)
纪检监察组长　　郑方胜(2019.4—)

新区航空产业园管委会(市民用航空管理局)

主任(局长)、党组书记 李友国(续—)
副主任　　刘生波(续—)
　　傅其海(续—2019.1)
　　戎其跃(续—)
　　王怀金(续—)
　　王全忠(续—)
　　王浩斌(2019.1—)
　　费　翔(挂职,续—)

附二:市属工作部门驻区机构

不含六横、普陀山机构。列正科级以上负责人名录。

国家税务总局舟山市普陀区税务局

局长、党委书记　　许　磊(续—)

市市场监督管理局普陀分局

局　长　　　　　张　力(续—2019.4)

局长、党委书记　朱　波(2019.4—)

市规划局普陀分局

2019年1月撤销。

局长、党组书记　史旭东(续—2019.4)

市国土资源局普陀分局

2019年1月撤销。

局　长　　　　　罗小祎(女,续—2019.4)

党组书记　　　　王元跃(续—2019.1)

市自然资源和规划局普陀分局

2019年1月由市国土资源局普陀分局、市规划局普陀分局合并设立。

党组书记　　　　史旭东(2019.1—)

局　长　　　　　史旭东(2019.4—)

市生态环境局普陀分局

2019年1月,建立市生态环境局普陀分局,不计机构限额。9月,建立党组。

局　长　　　　　张红军(2019.1—)

党组书记　　　　张红军(2019.9—)

市港航和口岸管理局普陀分局

局长、党委书记　陈伟军(续—)

沈家门海事处

处　长　　　　　马金勇(续—)

政　委　　　　　郑月听(续—)

区邮政局

局长、党委书记　方贤华(续—)

区烟草专卖局

局长、党组书记　余良峰(续—)

区人民银行

行长、党组书记　俞　晖(续—)

舟山银保监分局普陀监管组

全称中国银行保险监督管理委员会浙江监管局舟山银保监分局普陀监管组。2019年5月由原中国银监会浙江银监局舟山监管分局普陀办事处更名。

组　长　　　　　方存飞(续—)

区气象局

局长、党组书记　周宽宏(续—)

市住房公积金管理中心普陀分中心

主　任　　　　　翁建明(续—)

(资料提供:区委组织部　区属各单位)

编辑:李群亚

民主党派

民革普陀支部

【组织建设】 中国国民党革命委员会舟山市委员会普陀区支部委员会(简称民革普陀支部)成立于1993年12月25日。第六届主委杨海滨。2019年12月底,民革普陀支部有党员23人,其中女党员8人。中级以上职称17人。大学本科以上学历18人,其中硕士1人。40周岁以下党员5人,40~50周岁党员6人,51~60周岁党员7人,60周岁以上党员5人。界别分布为:教育界7人,经济界6人,政府部门8人,法律界1人,医卫界1人。

2019年,民革普陀支部推进科学化、规范化、制度化建设,坚持“三个为主”方针,注重党员质量。以创建“五好”支部为抓手,提高参政议政、民主协商等能力,被民革省委会评为“民革示范支部”。有1名党员被民革省委会评为“2019年度民革全省宣传思想工作”先进个人,1名党员在民革省委会举办的“不忘初心,继续携手前进”——庆祝中华人民共和国成立70周年演讲比赛中获特等奖,1名党员被民革市委会评为优秀基层党务工作者,2名党员被民革市委会评为先进党员,1名党员被革民市委会评为优秀信息员,1名党员被区政协评为优秀政协委员,1名党员被区政协评为优秀特约文史研究员。

【思想建设】 民革普陀支部引导全体党员参与支部活动计划制订,组织党员参加各类活动,有理论学习、参观考察、对口联系、情况通报、联谊活动等,增加党员之间,党员与外界之间交流。先后组织党员学习习近平在中央政协工作会议暨庆祝中国人民政治协商会议成立70周年大会上讲话、民革中央主席万鄂湘讲话精神,学习民革章程和民革党史。开展“不忘合作初心,继续携手前进”主题教育,到蚂蚁岛红色之旅主题教育实践活动等。

【参政议政】 民革普陀支部党员中有区五届政协常委1人、委员6人,市政协委员3人。有4位党员被聘为区交通局、区劳动人事局等单位行风评议员,履行参政议政和民主监督职责。支部党员

世界肾脏病日专题义诊活动 (民革普陀支部提供)

参加区政协、区委统战部有关会议，参加区委、区政府各种民主协商会、民情通报会。围绕市、区政治经济发展大局和社会关注热点难点问题，开展调查研究，参政议政，为政府决策献计献策。2019年撰写市“两会”书面发言1篇、提案建议10件，区“两会”发言1篇、提案建议14件，撰写《关于提升我市营商环境的思考》《青少年精神问题亟待关注》等调研文章7篇，集体提案《关于进一步树立法制精神巩固创城成果的建议》被区政协评为重点提案。民革普陀支部获评区政协“社情民意信息工作”先进集体一等奖，2名党员被评为“社情民意信息工作”先进个人。

【参与活动】 2019年，民革普陀支部携手普陀医院肾内科到展茅街道茅洋社区开展“春暖花开日　健康送到家”世界肾脏病日专题义诊活动，为居民提供健康常识讲座、医疗咨询服务。支部助力创城，牵头联合民革博爱志愿服务队、金秋国旅与部分爱心家长开展“全民清洁日，小手牵大手”主题活动，开展“未来社区”联合调研。

（撰稿：庄林林）

民盟普陀支部

【概况】 中国民主同盟舟山市委员会普陀区支部委员会（简称民盟普陀支部），成立于1989年11月，第八届主委陈红。2019年发展新盟员2人，年底有盟员33人，其中女盟员15人。盟员组成以医卫、文教人员为主，盟员界别分别为教育界12人，医卫界8人，文化界4人，科技界2人，经济界1人，行政6人。大学学历以上27人，其中硕士学位3人；在职盟员21人，离退休盟员12名；高级职称17名，中级职称12名。

2019年，民盟普陀支部被市委统战部评为“三星级基层组织”，被民盟市委会评为2019年度综合先进支部。盟员冯小平《依托统编教材进行写作“随文学习”》获2019年市初中语文论文评比一等奖；顾颖小品《叫家长》获浙江省第三十届戏剧小品邀请赛兰花银奖；俞英超党课《在路上》被省政法系统评为“优秀微党课”，并获司法部“大排查　早调解　护稳定　迎国庆”专项活动表现突出个人称号。9名盟员被区委统战部评为“立足本职、爱岗敬业”先进个人。2名盟员被区委统战部评为党派工作先进个人。

【组织建设】 2019年，支部重视人才队伍建设，新发展教育界、行政界盟员2人；有2人递交入盟申请书，并列为考察对象。组织盟员开展“弘扬爱国奋斗精神　建功立业新时代”主题教育活动，5月，组织骨干盟员赴绍兴，考察鲁迅故里、周恩来故居和民盟先贤胡愈之故居。关心离退休盟员，节假日期间多次上门慰问。

【思想建设】 民盟普陀支部组织盟员学习时事政治，学习中共十九大和习近平系列讲话精神，学习民盟十二大、中共市委、区委会议精神，学习民盟市委会2019年资料汇编，编发学习资料通过微信群方式，促进学习经常性、广泛性。组织盟员参加市、区两级参政议政工作培训会议，组织新盟员参加全市民主党派新成员培

民盟普陀支部在绍兴周恩来故居学习考察　（民盟普陀支部提供）

训班。深入开展“不忘合作初心，继续携手前进”系列教育活动。11月，邀请民盟市委会主委谢永和到普陀宣讲主题教育，与盟员交流，解答提问。

【参政议政】 民盟普陀支部中有市政协委员2名，区人大代表2名，区政协委员6名。2019年，组织民盟界别政协委员先后监督视察集贸市场食品安全、住宅小区生活垃圾分类，调研检察院工作等，提出意见和建议。区“两会”上，民盟普陀支部建言献策，提交集体提案6件，个人提案7件。内容涉及文化教育、法制宣传、城市规划、民生改善、“创城”等方面。集体提案《建设海上花园城、构建水环境治理长效机制》获区政协优秀提案。胡瑜代表民盟普陀支部在区政协大会作《关于加强大数据应用 创新社会治理方式的建议》发言。组织盟员赴绍兴、定海等地考察调研城市、居住区、城市公园景观，探讨打造更美海上花园城，形成《关于缓解景观审美疲劳的若干建议》调研报告。全年支部向市、区两级政协提交社情民意22件。盟务信息宣传。向民盟市委会、区政协、区委统战部报送盟务工作信息7条。

【社会服务】 民盟普陀支部创新“互助、奉献、友爱、进步”志愿者精神，参与社会服务活动，继续做好“美丽乡村志愿行”主题服务。6月，到结对社区展茅街道茅洋社区开展“美丽乡村志愿行之送花送绿下乡”，送盆栽花卉500余盆。9月，组织14名盟员到东港街道安康社区外滩嘉园，进行“全民清洁日”志愿服务，清理小区卫生死角，分发“创城”宣传物资。10月，携手九三学社普陀支社到桃花对峙村开展“美丽乡村志愿行之送医送药送温暖”，为当地留守老人服务。11月，组织部分盟员参加“马拉松健康跑”活动。结合全国文明城市创建，民盟普陀支部倡议全体盟员从自身做起，遵守市民规范，在QQ、微信等公众平台宣传正能量，鼓励在职盟员参加街道、社区和本单位组织的各种志愿活动，助力全国文明城市创建。

（撰稿：孙瑜）

“美丽乡村志愿行”送医送药送温暖活动 （民盟普陀支部提供）

民建普陀支部

【概况】 中国民主建国会舟山市工作委员会普陀区支部(简称民建普陀支部)成立于2018年5月，副主委鲍中南主持工作。2019年发展会员1人，年底有会员15人。大专以上学历占87%，硕士研究生以上学历占13%，中级职称以上占40%，经济界会员占67%，其中企业高级管理人员10人、政府机关和事业单位5人(正科级干部1人、副科级干部2人)，平均年龄44岁。

2019年，民建普陀支部带领全体会员履行参政议政、民主监督、政治协商三项基本职能，加强自身建设，开展社会服务，为建设活力开放的幸福普陀做贡献。1名会员被市政协评为2018年度优秀委员，3名会员被评为2018年度区各民主党派“立足本职、争先创优”活动先进个人，鲍中南《精心铸品牌 环环创辉煌——记改革开放40周年》被民建浙江省委会评为庆祝改革开放40周年主题征文优秀作品。

【组织建设】 民建普陀支部为提升凝聚力，建设“民建之家”，加强

民建普陀支部“不忘合作初心，继续携手前进”主题教育会 （民建普陀支部提供）

自身建设、组织建设和思想建设。3月17日，召开民建普陀区支部工作例会暨全国“两会”精神学习会议。5月26日，召开支部班子成员全国“两会”精神学讨论会。全年召开支部班子和会员学习会5次，参加市、区级学习会议8次。考察并吸收会员1人。

【学习交流】 民建普陀支部注重会员政治思想教育，组织会员参加各级学习交流活动。1月16日，2人参加省政协副主席、民建省委会主委陈小平走访民建舟山市工委机关交流座谈会；3月5日，鲍中南陪同民建舟山市工委主委曹泓一行到区委统战部座谈交流。4月1日，参加全区各民主党派工作交流会。5月18日，2人参加由市委统战部组织的“风雨七十年　肝胆长相照”全市统一战线纪念新中国成立70周年系列主题活动启动仪式暨“同心毅行”活动。6月21日，7人参加区各民主党派、知联会（新联会）成员培训班。6月25—26日，参加全省“民建之家”现场会。7月8—12日，参加民建全省宣传工作研讨班。7月19日，参加全市政协系统“学习新思想　树立新样子”主题演讲比赛；同日，参加区新时代人民政协的新样子专题讲座。8月14日、25日，5人参加各民主党派庆祝中华人民共和国成立70周年红歌MV《我和我的祖国》拍摄工作。8月24日，4人参加市第九期新区大讲堂暨“庆祝建国70周年”主题报告。9月9—10日，组织2人到上海黄炎培故居等地学习考察。9月27日，5人参加全区统一战线读书会。

【参政议政】 民建普陀支部有市人大代表1人，市政协委员3人（市政协常委1人），区政协委员4人。委员履行参政议政职责，1月15日，参加《市政府工作报告》征求各民主党派意见座谈会。2月13日，参加民建中央副主席、舟山群岛新区顾问周汉民在舟山作“浙江省自贸区怎样对标国际化法治营商环境主旨”演讲，走访调研浙江和润集团有限公司。4月28日，4人参加民建市工委2019年度参政议政工作会议。5月15日，组织会员调研舟山恒尊地产有限公司、浙江银誉建设工程有限公司2家建筑业企业经济发展状况和企业政策落地情况。7月16日，参加区政府民主协商会议。全年向人大、政协提交议案提案6篇，《关于加快推进磐安—普陀山海协作工作的几点建议》《关

民建会员参加区植树活动 （民建普陀支部提供）

于加强社区工作者队伍建设的建议》《关于加强区域性综合执法体系建设的建议》引起领导重视。报送社情民意3篇,《关于景区引导游客进行垃圾分类的建议》被市政协录用;《关于优化绿道隔离带的建议》《关于物业管理介入第三方机构的建议》被区政协录用。向市政协报送“金点子”《新时代人民政协新样子》。

【民主监督】 民建支部参加行风评议、专项民主监督等活动。2月22日,行风监督员参加市城管局2018年度局系统年度工作会议。3月29日,组织会员参加全市扫黑除恶攻坚年活动推进会暨迎接中央督导检查动员会。4月9日,组织会员参加民建市工委“城乡生活垃圾分类处理”专项民主监督。6月13日,组织会员到朱家尖、东港、沈家门等地开展垃圾分类和创城民主监督活动。

【社会服务】 民建普陀支部发挥优势资源,参与慈善公益、结对帮扶等社会服务活动。1月29日,组织会员到定海小沙敬老院开展新春送温暖活动。2月3日,组织会员慰问普陀第三中学、普陀第二中学困难学生。3月12日,参加区植树节活动。9月12日,到定海小沙敬老院开展中秋送温暖活动。

(撰稿:白云)

“不忘初心合作,继续携手前进”专题民主生活会 (民进普陀支部提供)

民进普陀支部

【概况】 中国民主促进会舟山市委员会普陀区支部(简称民进普陀支部)成立于1997年8月。2019年年底,有会员21人,其中女会员11人,本科以上学历15人,高级职称12人,中级职称5人。主委刘习渊。

2019年,民进普陀支部抓制度建设,出台《会员履职考核办法》,完善会员积分制,支部工作更加规范。开展欢度春节、“三八”妇女节、教师节、重阳节等集体活动6次,组织会员考察调研、座谈联谊等面向社会、了解民情,参政议政,增进组织凝聚力。

【思想建设】 民进普陀支部制定《关于开展“不忘合作初心,继续携手前进”主题教育活动工作方案》,召开专题民主生活会、主题教育暑期读书会。组织会员深入学习中共十九大精神、习近平新时代中国特色社会主义思想和系列讲话精神,参加民进市委会、区委统战部各类主题教育,“五一口号”发布70周年诗歌会和“初心·印迹”经典诵读等,加深对多党合作制度认识巩固思想政治基础。

【参政议政】 民进普陀支部坚持“顾大局、抓重点、小切口、大主题”选题原则,加强调查研究,建言献策。两会期间,围绕关于海上花园城会客厅建设、医共体建设、延长“观音文化”旅游链、城区停车难等,提交集体提案4件,委员提案及人大建议15件,《关于讲好“观音故事”、延长“观音文化”旅游链的建议》作大会发言。

民进普陀支部关心民生热点问题,深入调查,了解社情民意。提出“商旅文”产业融合发展、医养结合、加强全装修商品房房屋质量监管、垃圾分类、渔农村产业发展等意见和建议,《关于加强全装修商品房房屋质量监管的建议》《关于加强外籍教师监管工作的建议》《为舟山垃圾分类及回收献一策》《关于加快推进“商

民进普陀支部“走进普中”爱心义卖活动 （民进普陀支部提供）

旅文”产业融合发展的建议》《关于借“乡村振兴”东风助推渔农村产业发展的建议》《关于解决失能老人看护难题，尽快推进长期照护险》等30余篇社情民意被市区政协和民进市委会录用。全年在民进市委会“我为建设四个舟山献一策”活动中，提交稿件数量列首位，1人被市委会评为优秀信息员。

【社会服务】 民进普陀支部按“量力而行、尽力而为、立足界别、突出重点”思路，发挥支部优势，打造“三送服务”活动。2019年，支部联合普陀中学先后举办“走进普中”爱心义卖、“走进贵州”慈善义捐、微公益助学等活动。

（撰稿：叶奇勇）

农工党普陀总支

【概况】 中国农工民主党舟山市委员会普陀总支部（简称农工党普陀总支）成立于2000年3月。主委沈聪。2019年年底有党员50名，其中医卫界28人，文教届7人，科技界6人，党政机关7人，新社会阶层2人。高级职称20人，中级职称26人。年龄50岁以上31人，50岁以下19人。女党员18人。

2019年农工党普陀总支党员受到省、市、区相关部门表彰50余人次。其中，蒋芬幸被中国环境教育专家委员会、《环境教育》杂志社评为2019年度全国生态教育创新人物；朱存跃先后获第六届“浙江慈善奖”志愿服务奖、2019年志愿服务先进典型“最美志愿者”；柳海兵被省政府评为浙江省公益林建设成绩突出个人。周艳、张永立、郭燕龙、蒲斌军分别被农工党省委会评为2018年度参政议政、宣传工作、反映社情民意、社会服务工作先进个人，沈聪、陈红分别被农工党省委会评为2018—2019年度优秀党员、2019年度社会服务工作先进个人。被评为市政协2018年度优秀委员、反映社情民意信息工作先进个人、市人大代表活动积极分子各1人。

【组织建设】 2019年，农工党普陀总支以创建五星级基层支部为平台，结合主题教育活动，加强自身建设，开展“不忘合作初心、继续携手前进”主题教育活动，组织骨干党员到嵊泗县，与农工党嵊泗县支部交流工作，增强党员之间互动。参加农工党市委会主题教育活动，参观党派廉政教育基地、上海中共一大会址等。做好后备干部及优秀人才培养，全年列入考察2名，列入培养计划3人。对口联系3个局办，提出工作意见和建议。被市委统战部评为五星级基层支部。

【参政议政】 农工党普陀总支有市七届人大代表2人，市七届政协委员2人，其中常委1人；区五届政协委员9人，其中副主席1人。农工党普陀总支关注民生、经济等领域热点和难点，为建设开放活力幸福普陀、助推打好“五大会战”、建设“四个舟山”建言献策。2019年提交市人大、市区政协会议发言3篇，集体提案8篇。周艳在市政协会议作《关于加快实施长期护理保险的建议》发言，并做客“市两会《舟山日报》会客厅”。集体提案《关于深入推进健康产业　打造国际化健康小镇的建议》及沈聪个人提案《关于加强我市商品房质量管理的建议》被评为2018年度优秀提案。

全年提交并录用社情民意25件，其中农工党中央1件、省级10件、市级3件、区级11件。张永立《高铁亟需补课效法民用航空公司做法建立高铁误点应急机制》《建议开展对全国学校教室布置中的中国地图使用进行专项检查》《建议尽快完善医师执业注册管理办法堵住资格证挂靠漏洞保障人民生命健康安全》分别被农工党中央、中共浙江省委、农工党省委会录用，郭燕龙《提升出入境旅游市场还需调结构、补短板》《关于完善小规模纳税人税收优惠政策的建议》分别被省、市政协录用。

【社会服务】 农工党普陀总支党员立足本职，发挥自身特长参与社会服务活动。助力全国文明城市创建，依托区政协“五送服务”“TA创联盟”“普陀青年志愿者之家”等平台，组织党员开展送医送药送健康送科技文化下乡等服务。与区妇联、人才服务中心、“TA为她”创业联盟共同举办纪念改革开放40周年——“幸福牵手聚力前行”牵手会，举行“共建幸福社区共享幸福生活”牵手项目发布会。组织部分党员到朱家尖樟州湾开展乡村振兴、女性民宿从业者成长调研，为创业女性提供指导。组织“聚力幸福小分队”参与“共建幸福社区共享幸福生活”母亲节主题活动，为5个贫困家庭送上微心愿礼物。

（撰稿人：蒲斌军）

母亲节前夕献爱心活动 （农工党普陀总支提供）

九三学社普陀支社

【概况】 九三学社舟山市普陀支社（简称九三学社普陀支社），2019年发展社员2人，年底支社有社员34人，平均年龄52.4岁；女社员13人，占38%；有高级职称12人，占35%；中级职称17人，占50%。第七届主委张武斌。

2019年，组织社员学习习近平在纪念五四运动100周年大会上讲话、新时代中国特色社会主义思想和中共十九大精神，传达学习社中央十四届六次常委会议和社省委八届十次常委会议精神，全年组织社员学习会议4次，参加人数108人次。参加市、区统战部学习会、通报会。有5人次获市、区政协各类先进。社员胡恩凯被社中央评为年度组织工作先进个人。九三学社普陀支社被区政协评为2019年社情民意及信息工作先进单位。

【参政议政】 九三学社普陀支社社员担任市七届政协委员4人，市七届人大代表1人，区五届政协委员6人。担任市、区政协委员、人大代表社员认真履行职责，参加各项考察、视察和调研活动，围绕经济建设中心，提出议案、提案，撰写大会发言材料。提交市政协会议提案3件，提交市人大议案1件。区政协会议提案13件，大会发言2件《关于激发民营经济活力、培育发展新动能的建议》《关于抓紧构建“政府主导、多方参与”机制助推普陀海洋牧场产业化发展的建议》。集体提案《关于加强我区高层建筑防火减灾工作的建议》《关于普陀区建立养老基地的建议》《关于实现城市智慧停车管理的建议》《关于沈家门世界级渔港建设提升的建议》。提案《关于加快推进普陀医养护一体化智慧医疗服务的建议》提出建设性意见与建议。社员提案《关于在小区内建设电动自行车停车充电棚的建议》《关于进一步提升东港公共开放空间的建议》《关于设立东港城区自产自销市场的建议》被政府相关部门采纳。在区政协《意见与建议》《社情民意》《普陀政协》等刊物发表建议6篇。

【民主监督】 九三学社普陀支社有1位社员担任市、区两级特邀监察员，履行经济环境、行政效能、创城、教育系统、旅游行风等监督职能。监督政府重要方针政策、依法行政及领导干部履行职能、政绩廉洁等方面工作。直言敢谏，及时反映基层和群众呼声，帮助党委政府搞好党风廉政建设。参与“五水共治”，民主监督大展河分段治理，组织3次暗访，向区政协提出对策建议。

送花下乡到茅洋社区 （九三学社普陀支社提供）

【调查研究】 九三学社普陀支社选择调研课题3个，撰写《关于激发民营经济活力、培育发展新动能的建议》《建设海洋清洁能源基地舟山大有可为》《关于构建“政府主导、多方参与”机制助推普陀海洋牧场产业化发展的建议》调研报告。社员吴筱作品《老骥伏枥、志在千里——忆留正铨先生》获社中央“改革开放40年征文征集活动”入围奖，歌词《桥事》获浙江省“歌颂新时代”歌词大赛铜奖。

【社会服务】 九三学社普陀支社与展茅街道茅洋社区联系结对，通过座谈会和现场调研，了解情况，研究安排进社区工作。5月16日，与民盟普陀支部结对送花下乡到茅洋社区，向村民赠送鲜花2000多盆，花种500多包。10月13日，到桃花镇乌石子村送医、送药、送温暖，受到当地群众欢迎。

（撰稿：胡恩凯）

编辑：李群亚

群 众 团 体

区总工会

【概况】 普陀区总工会内设办公室、经济权益保障部、基层工作部，下辖区工人文化宫、职工服务中心和职工学校。2019年，区总工会参加市蓝色海湾整治行动暨百里滨海大道（普陀段）项目工作；深化工会改革，开展“上级精神落实年”“基层组织建设年”“维权帮扶解困年”活动。组织12100余名职工参加学习习近平新时代中国特色社会主义思想暨“创城”知识竞赛，开展“我的创城故事”征文比赛，“我与幸福普陀同成长”演讲比赛，在普陀工会微信公众号上开辟学习专栏等。年底，全区有基层工会总数1284家，工会会员108209人，其中女会员33748人，农民工会员45272人。

【弘扬劳模精神】 区总工会做好劳模培育、推荐工作，2019年推荐评选全国“五一劳动奖章”获得者1名，省级劳模3名，舟山新区“五一”劳动奖状先进集体1家，“五一”劳动奖章先进个人2名。宣传劳模精神，召开庆“五一”劳模座谈会，区委常委、组织部部长虞万军出席会议并讲话；在普陀电视台、《今日普陀》分别开辟5期和6期劳模先进事迹宣传专栏。元旦、春节和国庆期间，走访慰问省部级以上劳模代表；组织3批劳模代表和优秀一线职工代表免费疗休养。组织区劳模和工匠服务队进工业园区、创城志愿服务、企业技术服务6次，新创建“劳模创新工作室”2家，指导19家区级“劳模创新工作室”发挥创新创业引领作用。

3月18日，区总工会召开十五届三次全委（扩大）会议 （区总工会提供）

【岗位立功竞赛】 区总工会在全区企业中开展“创文明厂区　做文明职工”活动。5月，在沈家门工业园区新华欣食品有限公司举办“双文明”现场推进会，组建职工志愿应急服务队2支，配合完成有关社区“创城”任务。倡导岗位立功，以“当好主力军、建设新普陀”为主题，以“三重项目”为重点，实施全区建筑行业职工技能大比武，指导基层工会开展50项技能大赛，全区开展职工职业技能竞赛和重点工程立功竞赛单位836家，参赛职工超过85000人次。推动安全生产，在规模以上企业中普遍开展“安康杯”竞赛，配合市总工会和市应急管理局举

5月21日，全区“创文明厂区 做文明职工”现场推进会暨送文艺进企业活动 (区总工会提供)

办全市“安康杯”竞赛现场会。

【发展职工文化】 区总工会培植社会主义核心价值观，以“职工心向党、歌唱新时代”为主题，国庆期间开展“万名职工颂祖国”系列活动，组织工会文艺轻骑、法律服务小分队深入企业班组文艺演出、法律服务，宣传习近平新时代中国特色社会主义思想，宣传普陀改革发展新成果，宣传工人阶级敢于担当、乐于奉献精神，发放创城、工会服务、法制宣传等宣传资料13000余份；举办庆“五一”系列活动和“平太荣”杯全区职工羽毛球比赛。拓展职工文化活动场所，原区工人文化宫三楼(750平方米)，改建为职工阅览室、文体活动室。

5月15日，举办全区第三届职工羽毛球比赛 (区总工会提供)

【基层工会建设】 区总工会以党建带工建，实施工会组建攻坚行动，探索建立东港大岭下民宿等行业工会，跟进做好涉及机构改革部门工会组建、调整工作，工会组织动态“全覆盖”。以“结对互进”等方式创建10家区级“模范职工之家”。联合六横总工会，下海岛培训53名劳动关系协调员。先后举办“新任工会干部培训班”“工会干部能力提升班”，培训工会干部120多名。

【平安企业建设】 区总工会建立健全区、街道镇、企业工会三级信息报送网络，排查720家企业职工队伍稳定状况；做细基层工会劳动争议调解工作，基层工会劳动争议调解组织动态覆盖面95%以上；配强区总工会职工服务中心劳动争议调解员队伍，常态化送法律服务进企业，全区域主动上门调解劳资矛盾，全年各级工会接待职工信访1124件，件件有回复，事事有回应，把劳资纠纷化解在萌芽状态。探索“海上职工小家”建设，指导平太荣远洋渔业集团有限公司工会以远洋捕捞船只为单位建立海上工会小组，开展以法治宣传、文化活动、争议调解、技能培训、签订工资集体协议等为主要内容的创建“海上职工小家”活动，以和谐劳动关系促进“平安渔区”建设，助力“海上枫桥”提升工程。

【扶贫帮困】 区总工会加大帮扶资金投入，加强政策落实和就业指导，建立工会干部与困难职工一对一联系及一户一策帮扶机制，通过技能培训实现再就业帮扶一部分,资金援助应对突发困难脱困一部分,纳入社会保险低保兜底保障一部分,年初全区建档的 50 名困难职工全部脱"帽"。

【普惠服务】 区总工会开展普惠关爱职工活动,筹资 15 万元,协助区委区政府深入 38 家企事业单位开展高温慰问;新建 4 家"五一爱心驿站",1 家"妈咪暖心小屋",保障和改善户外劳动者和女职工工作条件;深化职工医疗互助保障工作,全年有 331 家单位 20351 名职工参保,有 603 名职工报销医疗费用 77.43 万元;送温暖、临时救助、法律援助等工会服务品牌工作扎实开展,延伸普惠服务面,提升职工幸福指数。实施技能登高,打造以区总工会职工学校为主平台、区总工会职工技能培训基地和企业工会自主培训为主阵地的全区工会培训体系,从企业需求和职工意愿出发,全年组织职工培训 12000 余名。

【自身建设】 区总工会开展"不忘初心、牢记使命"主题教育。围绕深入学习贯彻习近平新时代中国特色社会主义思想,把握"守初心、担使命、找差距、抓落实"总要求,抓学习教育、调查研究、检视问题、整改落实各项工作,把党的建设贯穿工会重点工作,提高工会系统党建质量。做好巡察整改,6 月至 8 月,区委第二巡察组巡察区总工会党组,提出 6 方面 23 个问题,区总工会党组深刻解剖问题,逐条研究整改措施,逐项抓好整改落实,完成全面整改问题 18 个,完成阶段性整改问题 5 个,同时建立长效机制,巩固巡察整改成果。完善区总工会和街道镇总工会(工委)财务预决算管理制度,实行街道镇总工会(工委)经费审计全覆盖,建设清廉工会。

(撰稿:胡永明)

共青团普陀区委员会

【概况】 共青团舟山市普陀区委员会(简称团区委)是区委领导下负责全区青年工作的群众团体。区青年联合会、区志愿者协会和中国少年先锋队舟山市普陀区工作委员会(简称区少工委)均设在团区委。普陀青少年宫为团区委下属事业单位。2019 年,团区委贯彻中央、省、市、区委四级群团改革精神,围绕中心,创优载体,团结带领团员青年建设开放活力幸福普陀。年末,全区有街道镇团(工)委 10 个,区属单位团组织 22 个,社区、村团组织 93 个,"两新"团组织 69 个。区志愿者之家 1 个,区志愿服务指导中心 1 个,全区有团员 3730 人,注册志愿者 50490 人。

【基层团建工作】 团区委组织开展"不忘初心、牢记使命"主题教育,引导团员青年参与团中央、团省委网上学习。以纪念新中国成立 70 周年、五四运动 100 周年为主题,开展"青春心向党·建功新时代"主题团日系列活动。组织全区团员观看新中国成立 70 周年国庆阅兵,学习中共十九大、十九届四中全会精神和习近平在纪念五四运动 100 周年大会上讲话精神,开展"红船杯"党团知识竞赛、"走进红色蚂蚁岛,激发青春正能量""我的 14 岁"集体生日仪式、"我与祖国共奋进——国旗下的演讲""我以志愿之名,告白伟大祖国"主题团日和"十一三"建队节主题队日等活动,全年开展各类活动 50 余场次,参与青年 5000 余人次。通过微博、

2019 年"走进红色蚂蚁岛,激发青春正能量"活动 (团区委提供)

微信、抖音等新媒体平台，发动青年参与热议中共十九届四中全会精神，开展“我想对党说句话”“我在普陀唱红歌”抖音挑战赛、“好家风、好家训”征稿活动。

【青年人才培养】 团区委对接舟山海星轮船有限公司，开展“青春有约·爱在七夕”高端游艇交友活动，联合翁山文化，开展“青春有约·溪湖之恋”主题交友活动，参与青年600余人次。针对本地青年人才和国外留学生，结合传统节日，开展“青春力量汇普陀，粽香四溢传真情”青年人才交友活动和“漂洋过海，粽情普陀”海外留学生端午节传统文化体验活动。

2019年普陀区“双创之星”颁奖典礼 （团区委提供）

2019年“青春有约·溪湖之恋”活动现场 （团区委提供）

【青年就业创业】 团区委联合区人力社保局、区人才办等部门举办普陀区2019年“双创之星”评选，助推“大众创业、万众创新”，引导广大青年顺应经济发展新常态，激发创业创新活力，展示创业创新成果，助推自由贸易试验区、海上花园会客厅建设。

【青少年民生关爱】 团区委加强重点青少年、贫困青少年帮扶。实施“精实助学”“低收入家庭青少年关爱”等助学工程，扩大贫困青少年资助覆盖面。每季度排摸全区重点青少年，并结对帮扶。深化校外教育阵地建设，开展流动青少年宫品牌活动，走进中旭科创双语学校、龙山小学、双塘中心学校、育才中学、沈家门小学、朱家尖小学等学校，开展流动少年宫活动10次，服务青少年7894人次。利用青少年宫阵地资源，开展平安自护教育，提供服务2120人次；开展公安子女、新居民子女、少先队员和双警子女特色公益夏令营活动；全区未成年人心理健康辅导站，举办活动75次，服务青少年8000余人次。

【志愿者服务】 团区委完善全区319个学雷锋志愿服务站点；联合区文广旅体局成立网吧酒店督查志愿服务队，定期督查全区22家酒店和7家网吧；联合30余户商家推出“普陀志愿卡”，为志愿者提供衣食住行折扣服务；联合区志愿者之家、区志愿服务指导中心等社会组织，开展“小小志愿讲解员”“普陀有你·越来越好”夏日送清凉、“普陀有你·越来越好”

普陀区青少年宫2019年新居民子女公益夏令营活动现场　（团区委提供）

美丽渔港志愿行、“童心向党梦飞扬　志愿创城心闪亮”等活动；开展“三五学雷锋服务月”“志愿服务月”主题宣传月、“美丽渔港志愿行”等大型志愿服务活动；联合区文明办、区融媒体中心及各社会组织在展茅、舟山国际水产城等地开展阿法讲大道创城“道地会”3场，组织志愿者1000余人次；对接浙江海洋大学、浙江国际海运职业技术学院、舟山旅游与健康职业技术学院，招募志愿者2660余名，为舟山群岛国际马拉松赛、国际海岛旅游大会博览会等提供文明引导、外语翻译、赛道指引、车辆管理等服务。

（撰稿：王伶伶）

2019舟山群岛国际马拉松赛志愿者服务现场　（团区委提供）

区妇女联合会

【概况】　舟山市普陀区妇女联合会（简称区妇联）下辖镇、街道妇联7个，管委会妇工委2个，城市社区妇联30个，渔农村妇联74个，区属单位妇委会（妇工委）11个。工会女职工委员会462个，区女干部联谊会1个。

2019年，区妇联以幸福家庭建设为主线，东海渔嫂品牌为抓手，凝聚巾帼力量建设开放活力幸福普陀。

【妇女创业创收】　区妇联举办“春风送岗”劳动力专场招聘，提供就业岗位2000余个，其中女性岗位1000余个。与普陀农商行对接推出普陀“东海渔嫂”巾帼创业贷政策。做好小额贷款贴息工作，有11名创业女性受惠。组织开展民宿群考察交流等形式推进民宿女主人成长营活动4期。挖掘并推荐乡村振兴领域创业女能手和创业基地，获评市级创业女能手5人、妇字号创业基地5个。牵头开展育婴、家政、护理等培训。推荐3名美厨娘参加全省民间美食巧女秀比赛，1人获优胜奖，1人获人气奖。组织参加省、市、区女性创业创新大赛，1人入围全省决赛50强，2人分别获市级亚军和季军，1人获区级三等奖。桃缘里民宿获市级巾帼示范民宿，丁薇薇（普陀区庐岸·翁家岙）获市级最美民宿女主人。登

2 月 15 日，春风送岗招聘会 （区妇联提供）

步卓氏果蔬种植专业合作社、舟山市蓝祥生态农业开发有限公司、舟山市闹妈电子商务有限公司、舟山大立有机食品有限公司、舟山市源农电子商务有限公司被命名为市级妇字号示范基地，5 人被评为市级创业女能手。区妇联被评为区级“创建省美丽乡村示范县先进集体”，干施岙为全省巾帼助力乡村振兴工作现场会现场观摩点。

【巾帼竞赛活动】 创“巾帼文明岗”活动，新申报省级岗 10 个，评定区级岗 9 个。巾帼文明岗品牌化培育，打造巾帼文明岗交流示范基地 1 家。以“美丽花开·我为新区添色彩”为载体，开展“巾帼文明岗”服务日活动。苗幼珺被授予“全国巾帼建功标兵”称号。

【文明家庭创建】 区妇联开展最美家庭、文明家庭创评，评选表彰区级文明家庭 424 户，为全区 100 户康美家庭颁证并赠送健康礼包，联合区农林部门产生区级美丽庭院 1000 户。承办“东海渔嫂”家庭最美家风故事宣讲会。完善社区家长学校规范化建设，提供点单式家庭教育培训服务 30 场，新建普陀农商行企业家长学校 1 个。举办“文明你我她 @ 幸福家”家庭成长系列活动，表彰区级“最美家庭”，为康美家庭示范社区和家庭成长驿站授牌。举办“幸福牵手‘共话家风好’·聚力前行‘共谋家教优’”区退休女教师座谈会。举办“普陀有你　越来越好——主妇当家、垃圾分家”公益活动，开展“全民清洁日”活动 12 次。开展“百千万巾帼大宣讲”100 余场次，受众 5000 余人次。举办“党徽耀东海渔嫂再行动”等活动，表彰东海渔嫂先进集体 13 个、最美东海渔嫂 10 人、东海渔嫂·守护“三渔”之星 11 人。开展“寻找·遇见——您身边的最美东海渔嫂”等系列活动 6 次；开设“幸福普陀·我在一线”巾帼岗位故事专题报道 5 期，东海嘉苑“自治理家”管理模式刊登省市各大媒体。2019 年，有 1 户家庭被评为省年度最美家庭，1 户被评为省最美庭院，1 户被评为省垃圾分类先进家庭，2 户被评为市“东海渔嫂”好家庭，25 户被评为市级最美庭院，25 户被评为市级美丽庭院示范户，4 户入选“我眼中的‘最美庭院(阳台)’”微拍优秀作品，34 户被评为区级最美家庭。

“三八”妇女节表彰东海渔嫂先进集体、最美东海渔嫂 （区妇联提供）

【维护妇女儿童合法权益】 区妇联做好“十三五”妇女儿童发展规划中期监测评估工作。加强与民主党派、机关女性联系，整合各级巾帼文明岗、女性社会组织，牵手社会力量，推出牵手项目 4 个，项目化方式向女性社会组织购买妇女儿童和家庭类服务项目 6 个。节庆期间，开展老村妇代会主任、困难妇女、“两癌”妇女、儿童等走访慰问，帮扶困难妇女儿童 550 余人，发放慰问金 51 万余元。排摸困难“两癌”妇女 62 人，其中 4 人获全国“两癌”救助金，为 180 名低保及低保边缘妇女申报康乃馨公益保险。为台风受灾创业女性和家庭发放救助金 10 万余元。面向妇女儿童开展茶道、女红、渔民画、读书会等各类公益活动 100 余次，受益人群 1 万人次。深化“流动妇儿活动中心进基层”项目，开展进基层活动 35 次。与区海洋与渔业局联合推进“平安渔嫂护渔队”建设，通过组建渔嫂交流群、安全生产培训、跨区域交流等方式提升渔嫂队伍整体素质。在区社会治理综合服务中心挂牌成立全市首个东海渔嫂维权服务中心，推行家庭矛盾纠纷调处、疑难纠纷和群体性纠纷“4+X”会商研判机制，区社会治理综合服务中心获“全国维护妇女儿童权益先进集体”，区妇联代表舟山市在全省妇联系统维权工作培训研讨班上作《普陀区打造妇女维权综合体努力实现婚调矛盾化解“最多跑一次”》发言。区妇联姐妹心语室接待来信来访来电 65 起 98 人次，调处率 100%。

【组织建设】 深化“虹立方”品牌效应。区妇联以台门双屿商港小

5 月 15 日“文明你我她@幸福家”家庭成长系列活动 （区妇联提供）

康美家庭创建示范社区授牌 （区妇联提供）

镇区域化妇建、螺门东海渔嫂促进会、“东海渔嫂·沈妈妈”品牌为重点，打造具有普陀特质东海渔嫂品牌。发挥女性社会组织枢纽中心和枢纽站孵化培育功能，孵化扶持特色女性社会组织 1 个。以美丽驿站、家庭成长驿站等为重点，排摸妇女微家 69 个，上报市级微家创建示范点 3 个，认定首批区级示范微家 12 个。在女性社会组织、住宅小区、民营医院等建立新型妇联组织 6 个。建立执委与创业女性联系工作制度，建立以展茅余叶省级执委服务中心、安康社区市级执委轮值试点为重点省、市、区三级妇联执

委工作站，完善“执委+项目+妇女”特色服务认领工作制，推出年度执委服务项目23个。下基层调研40次，服务妇女群众2000余人次。制定《普陀东海渔嫂成长课堂建设三年行动实施方案(2019—2021)》，启动“东海渔嫂”成长课堂三年行动，培育蚂蚁岛东海渔嫂培育教育基地1个，并列入省首批“美好生活实践基地”，拓展普陀农商行、六横双屿小镇等成长营6个，建立东海渔嫂队伍10支，聘请成长讲师5人，开展种养殖、园艺、烘焙、“不忘初心、牢记使命”红色体验、创业座谈等培训和文明实践活动60余期。吴丹红获2018年度浙江省“三八红旗手”称号。

（撰稿：杨琳）

区残疾人联合会

【概况】 普陀区残疾人联合会(简称区残联)下设办公室、康复办、残疾人劳动就业与康复指导中心。全区8个街道、镇残联配备理事长，管委会和99个社区(村)配备专职委员。2019年4月9日，区残联第七届主席团第三次全体会议选举产生区残联第七届主席团副主席，推举通过区残联执行理事长、副理事长和兼职副理事长。至年底，区残联有执行理事长1名，副理事长2名，兼职副理事长1名，挂职副理事长2名，执行理事长邵国常。

【教育与培训】 2019年，区残联举办残疾人职业技能培训班7期，培训残疾人212名。制订出台《优秀残疾人职业技能能手获奖者奖励补助办法》，肢残人张海斌在第六届全国残疾人职业技能大赛中获服装制作项目一等奖，普陀区获市残联、市人社局举办的第六届残疾人职业技能竞赛团体总分第一。7月，举办全区基层残疾人专职委员培训班，全区街道镇35名专职委员参加业务培训。全年残疾学生及贫特困残疾人家庭子女助学17名，补助资金13.2万元。

东西部协作残疾人实用技术培训 （区残联提供）

区残疾人工作会议兼区残联七届三次全体会议 （区残联提供）

【康复服务】 2019年，区残联制定出台《普陀区残疾人基本型辅助器具服务实施细则》，投入经费52万元，为400名残疾人提供基本康复服务，配辅助器具738件，为65名个体经营及灵活就业的重度和贫困残疾人补助城镇职工医疗保险16.28万元,为12名偏瘫、截瘫残疾人提供康复救助经费5万元;基层责任医生与“三瘫一截”等重度残疾人签约服务,全年重点人群残疾人家庭医生签约服务率70%。保障精神残疾人服药949名,覆盖率100%;为24名髋或膝关节置换手术残疾人提供医药费补助,补助资金24万元。成立首家民办非企业儿童康复机构——普陀区小海星儿童关爱中心,为残疾儿童实施抢救性康复61人。

【社会保障和就业】 2019年,普陀区发放残疾人两项补贴1742.61万元,其中发放重度残疾人护理补贴1145.87万元、困难残疾人生活补贴596.74万元,全年累计享受分别为5259人次和2909人次。全区新增单独施保8人,施保率100%。全区新增按比例就业62人,事业单位和国有企业推出岗位11个,录用残疾人事业单位人员1名。下发市级补助资金和区级配套资金52.79万元,其中就业创业基地补助资金11.39万元、阳光庇护机构补助资金26.4万元、居家安养机构补助资金15万元。创建提升残疾人之家5家,为80名残疾人提供庇护服务。发放养老保险补助81.3万元,惠及残疾人323名;投入残疾人意外伤害保险资金24.47万元,惠及9786人。区级民生实事项目,区残疾人托养中心建设全面启动,由原装修工程项目提升为新建工程项目,占地面积3000平方米,建设面积4245.7平方米,建成集残疾人托养中心、康复指导中心、残疾人之家和辅助器具发放点为一体综合服务机构。

【无障碍设施】 2019年,普陀区推进浙江省无障碍社区创建,对照建设标准,改造盲道、厕所等无障碍设施123处,新增无障碍标志200余处,为78户残疾家庭提供无障碍改造。文康社区创建无障碍社区工作通过省残工委验收,并通报表扬。

残疾人就业培训 (区残联提供)

【便民服务】 2019年,普陀区统筹推进“最多跑一次”改革,逐步实现残疾人办事事项“网上办”“掌上办”。在市残联“1+X联办机制”事项基础上梳理完成23项事项清单,为桃花镇、虾峙镇、沈家门街道、展茅街道140名残疾人上门办证。9月,为在宁波海曙康复医院长期治疗瘫痪老人提供上门评残服务。

【残疾人专项调查】 2019年,普陀区做好全国63户、全省61户残疾人家庭收入状况监测入户调查,完成全区持证残疾人基本服务状况和需求信息动态更新工作。

【残疾人文体活动】 普陀区组织开展第二十九次“全国助残日”活动,区和各街道镇组织开展14项助残日系列活动,参与残疾人2000余人。组织开展第十三次全国特奥日、“国际聋人节”等活动,组织10余名盲人参观蚂蚁岛红色教育基地。组织残疾人赴欧尚超市、杉杉普陀天地、沈家门街道中洲社区、希望小学、虾峙镇晨港村文化礼堂、六横镇、南岙社区等地举办特殊艺术巡演10场,受益500余人,残疾人文化参与率80.08%;举办2019年度残疾人运动会,组织残疾人参加市级冰壶、象棋、2019舟山群岛马拉松健身跑等比赛,完成200户残疾人康复体育进家庭器材采购及发放工作。

残疾人文艺演出 （区残联提供）

【残疾人维权】 2019年，普陀区建立残疾人法律救助站，配备常年法律顾问1名，接待残疾人来信来访30件，38人次。改造农村困难残疾人家庭危房2户，补助资金2.5万元。干部职工结合“走转改、三服务”活动，下基层服务各类残疾人420人次。

【残疾人事业调研】 3月7日，市残联副理事长袁相波一行到普陀残联窗口专题调研“最多跑一次”工作。10月16—17日，市残联理事长俞永耀、市委第十一巡回指导组副组长周辉一行到普陀调研残疾人工作。11月28日，省残工委考核验收组吴一农一行，考核验收文康社区创建省级无障碍社区工作。12月5日，省残联理事长蔡国春一行到普陀专题调研残疾人工作，市残联理事长俞永耀、副区长杨海滨等陪同调研。

（撰稿：严甦甦）

省残联调研普陀残疾人工作 （区残联提供）

区工商业联合会

【组织建设】 舟山市普陀区工商业联合会（简称区工商联）与普陀区总商会实行一套班子、两块牌子，并与中国国际商会普陀区商会（简称区国际商会）合署办公。2019年5月，机构改革，中国国际商会普陀区商会更名为普陀区工商业联合会会员经济服务中心，为区工商联所属正股级公益一类事业单位。年底全区有基层商会7家（六横商会、桃花海运商会、虾峙海运商会、东港商会、沈家门海运商会、朱家尖商会、展茅商会），行业商会1家（普陀石化海运联合会），异地商会3家（普陀上海商会、普陀北京工商业企业家联合会、普陀杭州商会），新企联1家。会员总数711个。区工商联获2018—2019年度全国“五好”县（区）级工商联，2019年度全省工商联系统“先进单位”称号。

2019年4月2日，区工商联（总商会）召开七届三次执委会议。区委书记张立军、区委统战部部长诸葛明海、副区长陈蔚等出席会议。会议听取并通过区工商联

区工商业联合会(总商会)第七届执行委员会第三次会议 (区工商联提供)

七届三次执委会工作报告,增选替补执委9人,常委3人,副会长3人,常务副主席1人。

4月,出台《2019年普陀区工商联(总商会)开展“基层基础月”活动实施方案》《舟山市普陀区工商业联合会基层商(协)会、异地商会“以奖代补”实施办法》。6月,在六横商会召开工商联系统秘书长会议暨基层商会规范化建设现场会。完成普陀杭州商会换届工作,指导异地商会、行业协会广泛开展交流合作。指导新企联、桃花海运商会成立党支部,指导普陀杭州商会、普陀北京商会党支部换届工作。

【联谊与调研】 1月5日,普陀北京工商业企业家联合会在北京召开2018年度年会,举办以“领袖智慧 创业创新”为主题首届“北京·普商国际论坛”。区长潘晓辉,统战部长诸葛明海,副区长陈蔚,普陀北京工商业企业家联合会会长、果壳网CEO嵇晓华,部分区属单位负责人,在京普陀企业家等120余人参加会议。1月11日,舟山市普陀杭州商会举行第二次会员大会。区领导诸葛明海、陈蔚、王洲琼、孙德明出席。会议选举产生普陀杭州商会第二届理事会会长、执行会长、副会长、秘书长,聘请普陀杭州商会第二届理事会荣誉会长、名誉会长。杭州公分机械设备制造有限公司董事长徐艳当选第二届理事会会长。1月12日,普陀上海商会在上海召开2018年度年会。邀请经济学家、教授李国旺举办“经济大趋势与民企新出路”专家论坛,普陀上海商会会员、专家嘉宾80余人,区领导诸葛明海、王洲琼、张勇,区工商联党组书记杨雯忠等出席活动。12月18日,省工商联副主席赵小敏调研区工商联。

【教育引导】 区工商联推进“不忘创业初心、接力改革伟业”理想信念教育实践活动。组织会员学习贯彻中共十九大、十九届四中全会精神、十三届全国人大二次会议和全国政协十三届二次会议精神,学习习近平在民营企业座谈会上讲话精神。深入开展劳动关系和谐企业创建活动,促进企业劳动关系和谐稳定。2019年,浙江和润集团有限公司、舟山市

普陀民营企业庆祝新中国成立70周年暨中秋茶话会 (区工商联提供)

正源标准件有限公司获“浙江省创建和谐劳动关系暨双爱活动先进企业”，区工商联获“浙江省创建和谐劳动关系暨双爱活动先进组织”称号。

4月2日，组织召开企业家论坛，邀请中国移动物联网公司智能制造创新中心总监戴欣作“做大规模，提升价值，共建物联网新生态”讲座，提高企业家战略思维能力和管理水平。5月，举办普陀区非公经济“两个健康”主题教育培训班，42家会员企业参加，并赴湖州、嘉兴等地考察。9月，组织常委以上企业参加全区统一战线读书会。引导企业家重视支持企业党建工作，促进全区非公有制经济健康发展和非公有制经济人士健康成长。5月，组织6名新生代企业家赴天津、北京等地参加由市委组织部、市委统战部联合主办的“2019年舟山市非公有制企业新生代企业家培训示范班”，交流先进经验。各基层商（协）会开展形式多样会员活动，六横商会组织商会党支部25名党员、理事赴江西开展“红色之旅”活动。新生代企业联合会赴古田会议旧址参观学习红色历史等。9月12日，举办区民营企业庆祝中华人民共和国成立七十周年暨中秋茶话会。

【会员服务】 区工商联发挥桥梁纽带作用，开展“三服务”走访会员活动，听取会员企业反映，帮助企业、群众、基层解决困难和问题，促进全区民营企业健康发展，会同职能部门解决水产出口企业欧盟IUU证书。全年走访会员企业72家，收集上报意见建议问题8条，解决问题8个。与区检察院、区司法局成立区人民检察院服务民营经济工作站、区总商会公共法律服务站。依托总商会调解委员会为会员企业开展法律咨询、法律体检，调解会员企业纠纷1起。组织商会法律顾问为会员企业提供上门法律服务，为40余位企业负责人提供专题法律辅导。打造微信等新媒体升级宣传平台，不定期推出工作动态、会员风采、政策速递等信息。建立执常委微信群，每日发送时事新闻，形成“线上线下”多方位企业信息服务模式。

【服务经济】 区工商联加强与省外浙商、普商工作联系，走访慰问普商企业、组织异地商会会员参加2019年世界舟山人大会、国际油商大会等，加大交流对接，宣传投资环境。赴北京、上海、杭州等地，通过异地商会和在外普商，以商引商、以情聚商，宣传招商引资政策，鼓励回乡投资发展。全年引进各类税源型企业36家，创税收976万元，招商引资项目4个，投资0.9亿元。

5月14日，召开区工商联（总商会）金融服务洽谈会。基层商（协）会、会员企业和9家银行40人参加。普陀各银行讲解在服务民营企业方面新产品和新举措，企业方将金融需求与各金融机构进行沟通。银企交流促进银企信息互通、银企融资对接，增强银企互信合作，缓解民营企业融资难、融资贵等问题。

【光彩事业】 区工商联引导会员投身公益慈善事业，致富思源，义利兼顾，自觉履行社会责任，全年会员企业捐赠款416万元。2019年，区东西部扶贫协作工作，深化“万企帮万村”扶贫行动，普陀民营企业与万源贫困村结对，落实帮扶举措，会员企业通过产业投资、电商促销、教育培训、吸纳就业等方式参与扶贫开发。组织14家企业赴四川万源市开展村企结对，先期捐赠慈善帮扶资金30.5万元。会员企业浙江和润集团有限公司、浙江海中洲集团有限公司、舟山市龙山船厂有限公司、舟山远东齿轮有限责任公司、舟山圣地亚大酒店、舟山市高佳庄餐饮管理有限公司6家企业推出133个岗位，接纳结对劳动力。

（撰稿：毛志龙）

区党外知识分子联谊会

【概况】 普陀区无党派人士联谊会成立于2008年10月。2013年12月18日，区无党派人士联谊会更名为普陀区党外知识分子联谊会（简称区知联会），第三届会长吴壮青。区知联会有六横镇、桃花镇、虾峙镇、东极镇、东港街道、沈家门街道、展茅街道、区卫计界、区教育界8个知联会分会和1个普陀湾众创码头新联会。年底有理事52人，来自全区40多个单位和部门，重点行业、企事业单位、学校、医院及新社会阶层。其中硕士学历3人，中级以上职称34人，学科带头人、区拔尖人才、名医、专家等占65%以上。女理事21名。

2019年，根据区委统战部《关于加强党外知识分子联谊会建

走访新理事 （区知联会提供）

设的实施意见》，建立健全学习培训、建言献策、社会服务、联谊交友等一系列制度，促进知联会工作规范化制度化。

【组织建设】 2019年，区知联会完成社团登记工作，会内配备兼职出纳会计，规范区知联会经费管理。出台《舟山市普陀区知联会撰稿奖励办法》，调动全体理事撰写提案议案、社情民意、调研文章、信息积极性和参政议政热情，推进理事参政议政和宣传工作制度化。定期走访慰问理事会成员，倾听意见，帮助解决实际问题。建立小组活动制度，不定期开展座谈交流。创新“文化沙龙”论坛，为理事交流沟通提供平台。2019年，在东港商务中心党派楼“同心之家”召开各类会议10余次。发挥知联会聚才、育才、荐才作用，把好理事入会关，做好理事培养、推荐、使用工作。完善区知联会理事退出和进入机制，推荐优秀理事加入民主党派。

【思想建设】 区知联会年初制订教育学习计划，以“同心”思想为引领，推进知联会教育学习。组织学习习近平新时代中国特色社会主义思想和中共十九届四中全会精神，开展知联会“不忘合作初心，继续携手前进”主题教育活动。6月，参加各民主党派、知联会（新联会）成员培训班，听取中共丽水市委党校赵伟“国学与人生智慧”专题讲座。9月，参加统一战线暑期读书会，听取省委党校陈愉瑜“以‘一带一路’建设为重点构建全面开放新格局”专题讲座。10月，参加各民主党派、知联会联席会议，学习中共中央关于民主党派建设“三个文件”精神。选派理事参加市委统战部党外知识分子培训班，参加市委统战部双休日大讲堂，邀请区政府领导向全体理事通报重大项目情况。

【参政议政】 区知联会发挥人才荟萃、智力密集优势，引导理事通过人大、政协平台，围绕区委、区政府中心工作及重点难点问题，履职民主监督和参政议政目标，提升理事课题调研能力。6月，召开知联会组长会议，落实区知联会各小组年度调研课题，经济组、综合组、教育文化组、医卫社法组分别围绕“提升小区物业企业管理水平”“居民小区内开餐厅扰民现象思考”“我区户外游步道配套设施建设提升”“打造全域旅游，微景点梳理规划”等课题系统论述。10月，召开区知联会各组长会议，商讨年度调研

区各民主党派、知联会（新联会）成员培训班 （区知联会提供）

区知联会“三下乡”服务活动 （区知联会提供）

课题，确定在区政协大会上发言课题。

【社会服务】 区知联会坚持服务社会，春节期间，走访慰问东港街道安康社区困难群众3人，发放慰问金3000元。2月、9月，组织部分理事志愿者到白沙柴山岛开展“送医、送药、送温暖”三下乡服务活动2次，为当地居民提供医疗诊断、发放药品、理发修甲、家电维修、拍个人照、敬老院慰问等项目，受到当地群众欢迎。各行业分会和基层知联会都开展相关社会服务活动。

（撰稿：唐铎晔）

区知联会年度课题调研沙龙 （区知联会提供）

区科学技术协会

【概况】 舟山市普陀区科学技术协会（简称区科协），是由街道镇科协、区属学（协）会、企业及园区科协组成的科学技术工作者群众组织。2019年有东港、沈家门、展茅、朱家尖、六横、桃花、虾峙、东极8个街道镇科协，会员533人；有区医学会、区中医药学会、区健康教育协会、区性病艾滋病防治协会、区护理学会、区水产学会、区农学会、区土木建筑学会、区质量协会、区老科技工作者协会、区反邪教协会、区教育学会、区青少年科技教育协会、区财税学会、区兰花协会、区会计学会16个区属学（协）会，团体会员278个，个人会员3928人，其中高级职称487人、中级职称1926人；有8个企业科协，1个园区科协；另有专业技术协会7个。区科协被中国科协评为2019年全国科普日活动优秀组织单位。

【科学普及】 2019年，区科协联合组织部、宣传部、政法委、科技局、教育局等单位，开展“领导干部科普报告会”“科技活动周”“全国科普日”“青少年科技创新大赛”“科普电影进社区”“防范邪教宣传日”等科普活动，向广大群众宣传系列科普知识。

6月19日，举办领导干部科普报告会，邀请中国工程院院士、海洋遥感专家潘德炉，为全区领导干部作《智慧海洋与湾区建设》专题报告，参加200余人。

9月17日，区第十七届科普

节暨2019年全国科普日科普集市活动在杉杉普陀天地广场举行，区全民科学素质工作领导小组成员单位、区属各学(协)会、相关企业等20余家单位70余名科技人员和志愿者参加，活动主题"礼赞共和国，智慧新生活"，发放科普书籍及宣传手册6000余本，健康服务300余人次，受益1500余人次。

7—9月，选取节约能源资源、保护生态环境、保障安全健康等一系列科普教育影片，在沈家门、朱家尖和展茅街道等19个社区、村(社)放映，观看5000余人次。

11月1日，由区科协牵头，区医学会、区中医药学会10余名医护专家和志愿者组成科技服务团队赴蚂蚁岛，开展"关爱健康"送医下海岛服务，为当地群众提供义诊、开展科普宣传。接诊200余人次，免费发放药品价值5000余元，发放科普书籍400余册。

【青少年科普活动】区科协发挥浙江省科技馆普陀分馆(在东港中学内)作用，对青少年进行科普教育。开展"科学用眼""控烟"等系列科普讲座进校园及中小学质量教育社会实践活动。在第33届浙江省青少年科技创新大赛中，获二等奖6个、三等奖3个。新增浙江省中小学质量教育社会实践基地1家：浙江富丹旅游食品有限公司。

区第十七届科普节暨2019年全国科普日科普集市活动 （区科协提供）

【基层科普单位创建】2019年，区科协挖掘全区各街道镇、社区、企业、学校等区科普教育宣传阵地。全年新建2家区级科普教育基地：捷宁港细胞与健康科普教育基地、舟山毅灿文化科普教育基地。

2019年舟山群岛新区普陀科技活动周现场 （区科协提供）

【科普惠农】中国农村致富技术函授大学(简称农函大)普陀分校坚持"实际、实用、时效"办学方针，为"三农"服务，开展实用技术及科学文化素质培训。2019年，分校招收一年制班207班，受训学员10205人次，其中大专2班，学员96人。举办短期培训讲座409期，参训25000余人次。开设渔业船员、临港工业、电子商务、果木栽培、旅游服务等80余个专业。开展渔农民技术职称等级评审，有43人获渔农民技术员证书。组织3名渔农家乐经营户参加2019年度农村实用人才省级示范性培训。

"金桥工程"是为渔农民及中小企业寻求专家技术人员牵线搭

中小学生质量教育社会实践活动 （区科协提供）

桥的活动。2019 年，全区实施“金桥工程”项目 20 项，实现经济效益 500 余万元。

【院士专家工作站建设】 2019 年，普陀区建成普陀医院顾东风院士专家工作站和浙江中科立德新材料有限公司比罗乌斯院士专家工作站，引进高端人才 8 名。申报并认定市级院士专家工作站 2 家。开展院士专家工作站评审和考核，完成荷稳智能制造技术（浙江自贸区）有限公司、深渊生物科技（浙江自贸区）有限公司 2 家院士专家工作站建站年度考核验收，完成浙江宏宇工程勘察设计有限公司、浙江丰宇海洋生物制品有限公司、浙江麦大基因科技有限公司 3 家院士专家工作站和蔡秀军专家工作站绩效考核。发挥已建院士专家工作站培养创新人才作用，是年为企业培养创新高层次人才 17 人。

农函大展茅辅导站举办果木栽培与修剪技术培训班 （区科协提供）

【学（协）会建设】 区科协开展第六期星级学会考评工作，促进学（协）会健康规范发展。指导区护理学会、区老科技工作者协会换届工作，指导区反邪教协会、区老科技工作者协会等相关学（协）会完成网上年检。2019 年，全区各学（协）会举办学术活动 60 余次。区中医药学会、区教育协会分别承办 2019 年度舟山市中西医结合儿科学术年会和创新教育分会 2019 年学术年会。区农学会组织会员和种植大户参加省级种植业博览会农业交流。区老科技工作者协会抓住群众热点问题开展调查研究，撰写远洋渔业船员紧缺、老住宅楼水管老化等建言献策文章 6 篇，为相关部门决策提供参考。其中，《关于化解全装修成品房交房问题隐患的几点建议》得到区委书记张立军批示。区财税学会《普陀区打造美丽海岛田园综合体的财政对策研究》等 2 篇调研文章获省二等奖。区科协《关于大力提升全民健康素养，高水平深化全国健康促进区建设的建议》在区政协大会发言。

【自身建设】 区科协十届三次常

浙江中科立德新材料有限公司与比罗乌斯院士签约仪式 （区科协提供）

委会议、常委读书会上交流科协工作经验和成果，提出科协工作意见建议。5月6—9日，区科协与岱山、嵊泗县科协在宁波大学联合举办基层科普行动能力提升培训班，各街道镇科协、区属学（协）会、企业科协和区科协干部20余人参加培训。

签订普陀—磐安科协山海协作协议，推出浙江富丹旅游食品有限公司与浙江省求是药膳科学研究院、沈家门西河社区与磐安县方前下村、区兰花协会与磐安县铁皮石斛协会、桃花仙岛绿缘家庭农场与磐安县山之舟生态农业有限公司"四组团"合作项目，加强旅游开发、中药材种植、科普示范社区、科普惠农等方面交流合作，为招商引资、招才引智提供平台，实现优势互补，推进共赢发展。

（撰稿：朱咪呐）

普陀区科协和磐安县科协签订山海协作协议书 （区科协提供）

区文学艺术界联合会

【概况】 普陀区文学艺术界联合会（以下简称区文联），所属有区作家协会、区摄影家协会、区美术家协会、区音乐家协会、区戏曲家协会、区书法家协会、区舞蹈家协会、区民间文艺家协会8个协会组成，年底有会员628人，其中国家级会员20人、省级会员106人、市级会员272人。

2019年，区文联以新中国成立70周年庆祝活动为契机，围绕"开放活力的幸福普陀"创建，推出群众喜闻乐见的文艺作品。区文联和各文艺家协会举办参与各类大小活动170余次，观众8万余人次，创作各类作品300余件，在各类报刊和比赛中发表、获奖、出版。美术、书法、戏曲、摄影、音乐、舞蹈、民间文艺家协会183件作品在省、市级展示、展演中获奖。全年举办各类培训班500余次，受训9000余人次。

【主题文化活动】 2019年1月1—10日，"放歌新时代·文化进万家"系列活动之"最后的摇橹人——徐子荣水墨人物画展"在普陀文化大展厅展览。1月20日

纪念改革开放40周年文艺座谈会 （区文联提供）

至2月15日，“放歌新时代·文化进万家”系列活动之“2019普陀区迎春画展”在普陀文化大展厅开展。春节前夕，区书法家进浙江富丹旅游食品有限公司、舟山市正源标准件有限公司、东港莲安社区、欧尚超市、凯虹广场，现场为市民写春联。

4—6月，庆祝中华人民共和国成立70周年普陀艺术系列展之一“行吟普陀——王舟其油画作品展”，分别在普陀文化精舍、普陀小学、沈家门第四小学、东港中学展出。5月19日至6月6日，区民间文艺家协会在普陀文化大展厅举办“匠心天工——庆祝建国七十周年普陀手工技艺三人作品展”，展示戎峰雷盘扣、李芝琴渔绳结、陆彩虹刺绣手工作品。7—8月，庆祝中华人民共和国成立70周年普陀艺术系列展之二“大美之境——唐山美术作品普陀邀请展”在普陀文化精舍举行。8月15—30日，在普陀文化精舍举办庆祝中华人民共和国成立70周年普陀艺术系列展之三“咏普陀——普陀书法精品邀请展”。8月20—30日，在普陀文化精舍举办庆祝中华人民共和国成立70周年普陀艺术系列展之“海乡有约——舟山美术走进美丽乡村美术作品巡回展”。8月22日，区舞蹈家协会、区音乐家协会、区戏曲家协会配合“东港街道庆祝中华人民共和国成立70周年暨第六届群众文化艺术节文艺晚会”演出。9月9日至10月8日，在舟山绿城育华国际学校美术馆举办庆祝中华人民共和国成立70周年普陀艺术系列展之“大美之境——唐山美术作品普陀邀请展舟山绿城育华国际学校特展”。9月10—25日，普陀文化精舍举办庆祝中华人民共和国成立70周年普陀艺术系列展之“海乡有约——舟山美术家走进美丽乡村美术作品巡回展”。9月10—24日，普陀文化大展厅举办“翰墨书初心　丹青谱华章”迎国庆普陀区中青年书法提名展。9月26日，区作协完成庆祝中华人民共和国成立70周年“我可爱的家乡”经典朗读活动，20多位朗读爱好者参加。9月27日，区音乐家协会、区舞蹈家协会、区戏曲

送福写春联文艺志愿者服务 （区文联提供）

“我可爱的家乡”经典作品朗读现场 （区文联提供）

家协会配合在普陀区庆祝中华人民共和国成立70周年大型文艺晚会演出。10月1—30日，普陀文化精舍举办庆祝中华人民共和国成立70周年普陀艺术系列展之“丽裳——普陀摄影优秀作品展”。10月，区摄影家协会在区文化馆举办“我爱你中国”庆建国70周年系列展之“幸福普陀幸福的人”摄影展。

5月12日，在蚂蚁岛建立“阎受鹏海岛乡土文化工作室”。5月22日，阎受鹏作《东极之光——“里斯本丸”事件纪实》专题讲座。六年级学生及部分教师180余人参加。

8月，采写整理《中国民间故事丛书·浙江舟山普陀卷》，由中国知识产权出版社出版。记载有神话、传说、故事、笑话等40万字。

区作家协会建成蚂蚁岛文学采风基地，协办“幸福普陀　诗意生活”沈家门渔港诗歌朗诵会。区民间艺术家协会举办舟山市传统烘焙文化征文及研讨会，舟山市非遗衍生品开发创新研讨会，与浙江海洋大学图书馆合办“李滨全国部分大中学校校园纪念册”在浙江海洋大学展览，配合市文联志愿者小分队赴渔农村文化惠民服务，专题创作2场助力全国文明城市、弘扬优秀传统文化、宣传社会主义核心价值观、新中国成立70周年伟大变迁等主题宣传灯谜活动。

【展示展演活动】 区音乐家协会、区作家协会配合2019普陀佛茶新茶品茗暨全民饮茶演出，举行茶诗朗诵、茶谜竞猜等活动。区音乐家协会配合“喜迎建国70年，幸福普陀新成就”2019普陀区送戏下乡杉杉普陀天地站、南岙站演出，承办舟山广电《汪大姐来了》栏目“了不起的你”——道德模范身边好人志愿先锋主题宣讲·故事汇巡演；配合“幸福普陀·诗意生活”诗歌朗诵会、“5·19中国旅游日”主题活动、普陀区“旅见普陀·多彩非遗”活动、区夕阳红艺术团进村文化礼堂、2019舟山群岛新区人居博览会、浙江省红色故事会进行演出。区音乐家协会、区舞蹈家协会配合“喜迎建国70年　幸福普陀新成就”2019普陀区送戏下乡在东港、沈家门、登步岛、蚂蚁岛等地巡回演出，配合“文明出行全省巡回宣传月”大型公益活动普陀站、“幸福普陀　诗画新昌”2019普陀·新昌文化走亲文艺晚会、2019年普

“最后摇橹人”画展现场 （区文联提供）

中央委员、中国作协党组书记钱小芊(左)看望阎受鹏(中) (区文联提供)

陀区“携手慈善 共创幸福”慈善颁奖晚会进行演出。区民间艺术家协会举办“全民读书日”灯谜大竞猜。

【区作家协会】 2019年有会员115人。其中,中国作家协会会员1人,省作家协会会员10人,市作协会员35人。主席陈桂珍。

全年有130余篇作品分别发表在《中国作家》《散文百家》《中国文化报》《江南诗》《中国诗瞭望2019》《散文诗》《特区文学·飞地》《星河》《舟山日报》《舟山晚报》《联谊报》等。

阎受鹏、孙和军作品《东极之光——“里斯本丸”事件纪实》入选浙江省精神文明建设“五个一工程”奖,受省、委省政府通报表彰。吴筱歌词《桥事》获省“歌颂新时代”歌词大赛铜奖;《老骥伏枥 志在千里——忆留正铨先生》获九三学社社中央“改革开放40年征文征集活动”入围奖;朱红萍散文《妙庄严路上的隔空寻访》获“2019普陀山杯全国文学征文比赛”二等奖;虞兵科诗歌《海,生命之蓝(组诗)》获第九届“岱山杯”全国海洋文学大赛三等奖。阎受鹏《铁血总兵葛云飞》完成初稿;完成《乡土文学中小学文集荟萃》编辑工作,做好乡土文学进校园,编辑印刷乡土文学第一辑《唱给家乡的歌》。

【区书法家协会】 2019年有会员107人。其中,国家级会员3人,省级会员23人,市级会员52人。主席鲍如钦。

陆圣佩作品入展2019年“浙江书法奖 沙孟海奖”第十届全浙书法篆刻大展,鲍如钦、刘海忠作品入选;鲍飞波作品入展2019年浙江省第五届“温泉杯”书法大赛,刘海忠、杜金忠作品入选;鲍飞波作品入展2019年首届浙江青年书法篆刻精英展;鲍如钦、蔡真等14人作品入展2019年“江山多娇”庆祝新中国成立70周年市书法大展;张雅莲、陆圣佩等14人作品入展2019年市女书法家协会“翰墨抒情 喜迎国庆”作品展。

书法现场笔会 (区文联提供)

【区美术家协会】 2019年有会员73人。其中，国家级会员4人，省级会员23人，市级会员54人。主席王小平。

2019年，区美术家协会选入市级展览作品30余件、省级10余件、全国级2件。选送20余件作品参加省14届美术作品展览初选，胡文军、郑金叶等4件作品入选；郑红飞作品入选13届全国美术作品展览综合绘画展；2019年8月，有15幅作品参加"海乡有约——舟山市美术家走进美丽乡村美术作品展"；9月，王小平、康普海等10余位画家赴嵊泗写生，选送10余件作品参加新中国成立70周年全市美术展；10月，张舟斌、王舟其作品《沙场》《朔风》入选"映物、味象——2019浙江省油画作品展"。

【区戏曲家协会】 2019年有会员47人。其中，国家级会员2人，省级会员10人，市级会员26人。主席吕红军。

顾颖、金哲慧小品《叫家长》获市创作节目调演二等奖；赵学敏创作越剧大戏《白龙潭》《沈家门传奇》《母子碧玉佩》等10部作品；吕红军情景剧《红色蚂蚁岛》在省委党史和文献研究室、省教育厅、共青团浙江省委、浙江日报报业集团共同主办的"浙江红色故事会大赛"中获最佳创意奖和演出铜奖；吕红军、金哲慧论文《文化志愿服务管理与创新》获2019年省戏剧论坛征文大赛三等奖。

【区音乐家协会】 2019年有会员55人。其中，国家级会员1人，省级会员15人，市级会员29人。主席徐益男。

吕红军作词，徐益男、陈志明作曲的《渔歌》在2019年市文艺创作作品展演中获创作一等奖、表演一等奖；周志金、郑晓艇作曲的器乐作品《百舸争流》在2019年市文艺创作作品展演中获创作二等奖、表演二等奖；明修作词，王娅君作曲的《许你一个江南》在2019年市文艺创作作品展演获创作二等奖、表演三等奖；金哲慧作词，舒信虎作曲的《唱海》在市"庆祝新中国成立70周年"优秀创作歌曲征集演唱评选中获三等奖。吕红军作词，徐益男、陈志明作曲的《渔歌》在省第十八届音乐新作演唱演奏大赛中获金奖；明修作词，王娅君作曲的《许你一个江南》参加省第十八届音乐新作演唱演奏大赛；江剑萍在"感动中国2019群众文化艺术周暨·群文杯　第十届声乐电视展演"活动中获民族组铜号奖。

【区摄影家协会】 2019年有会员84人。其中，国家级会员7人，省级会员16人，市级会员36人。主席柯军。

区摄影家协会组织会员到虾峙、六横、展茅、白沙、东极、桃花拍摄特色小镇建设成果，完成区交通局、区环保局、市农林局委托图片征集等活动。全年有10名会员在各级比赛中入展获奖，其中郑宝森作品2幅、庄曙光作品1幅入展"舟山市庆祝建国70周年摄影艺术展"，郑宝森、陈其本入围"舟山群岛新区首届火焰蓝消防主题摄影大赛(抢险)"奖作品各1幅。胡雪芬、庄曙光、柳祖业、严跃进、苗敬延在现代摄影大赛网举办的"魅力中国——第十届全国摄影大赛"中获优秀奖。

【区舞蹈家协会】 2019年有会员67人。其中，国家级会员1人，省级会员5人，市级会员18人。主席吴萍儿。

舞蹈《夫妻·船说》获2018年浙江省群众舞蹈大赛金奖；舞蹈《海岛文化员》获2019年浙江群众舞蹈大赛金奖；舞蹈《东海惊涛》获2019年浙江群众舞蹈大赛金奖。

【区民间文艺家协会】 2019年有会员80人。其中，国家级会员1人，省级会员4人，市级会员22人。主席忻怡。

岑国和被市认定为国家级B类人才。4月，参加第十四届中国义乌文化产品交易博览会，《船模——解剖船》获工艺美术"特别荣誉金奖"，船模艺术在非遗生活馆获"最佳展示奖"。

翁来英船板画《问鱼》、"海天自在"茶器、漆器《南湖红系列》分别获第九届中国(浙江)工艺美术精品博览会和首届长三角地区工艺美术创新博览会暨创新设计大奖赛金奖、银奖、银奖。翁鉴智设计《始皇遗韵——五福拱寿》、文房香葫芦分别获首届长三角地区工艺美术设计博览会暨工艺美术创意设计大赛创意设计金奖、创意设计铜奖。

翁海星参加2019年浙江工艺美术协会赴日本艺术交流团，参加第六届中国民间艺术产业示范展，作品《中山王鼎之心经》获中国(浙江)工艺美术精品博览会金奖。

翁晓云鱼拓作品《舟山大黄鱼》获中国(浙江)工艺美术精品博览会金奖。蒋德叶沙画《日出东方》获工艺美术铜奖,渔民画衍生品被评为浙江省优秀非遗旅游商品。

丁朝夕石雕作品《和谐共生》获第九届中国(浙江)工艺美术精品博览会铜奖,《石斑》获第14届中国义乌文化博览会工艺美术类铜奖。胡永久9条灯谜作品发表在中华灯谜学术委员会会刊《中华谜艺》上,其中1条被评为第57期十佳谜作。孙峰专著《群岛探津——舟山地名与“海丝”文化》,由宁波出版社出版。2019年1月,区民间文艺家协会参与编写《舟山的井与井文化》,调研普陀水井文化,完成近5万字。

(撰稿:蔡真)

区社会科学界联合会

【概况】 舟山市普陀区社会科学界联合会(简称区社科联),成立于2012年10月,是区委领导下的社会科学学术性群众团体。第二届社科联主席戴燕红。年底,有区工商行政管理学会、区农学会、普陀海洋文化研究会、区教育学会、区会计学会、区财政税务学会、普陀佛茶文化研究会、区法学会、区办税协税员协会、区民营企业协会、区个体劳动者协会、区政工师协会、区渔农家乐协会、区退休教师协会、区网络文化协会、区女干部联谊会、区台胞台属联谊会、区健康教育协会、区社会工作师协会、区企业家环境保护联谊会、区两新组织党务工作者联谊会、区青年人才发展促进会、普陀物业小区联合会、区汉文化协会、区志愿者协会25个团体会员单位。2019年,区社科联围绕区委、区政府中心工作,立足实际,解放思想、开拓创新,开展社科研究、学术研讨和社科普及等工作。

【普陀区社会科学界联合会第二次代表大会】 2019年11月13日召开。出席代表50名。会议听取并审议通过《关于区社科联第一届理事会工作报告》,审议通过《舟山市普陀区社会科学界联合会章程(修正案)》,选举产生区社科联第二届理事会主席1名、副主席3名、秘书长1名、常务理事10名。戴燕红当选为第二届理事会主席。会议确定25个社会科学团体为区社科联团体会员。

【市区重点课题】 区社科联下发《关于做好2019年度普陀区社会科学研究课题申报的通知》,确定市级重点课题1个、市级一般课题2个、区级重点课题8个,内容为研究区科学发展、创新发展中现实和理论问题。其中《普陀融入长三角一体化研究》列入2019年度市社会科学重点研究课题,《深挖红色资源,助力乡村振兴》《乡村振兴背景下村级集体经济发展的思考暨普陀“消薄”发展实践》列入2019年度市社会科学一般研究课题。在《今日普陀》报纸刊登“社科理论”专版11期,包括相关职能部门“一把手”理论文章和《新时代赶考路上,蚂蚁岛精神再谱新篇》《“港、贸、城”融合推进“开放普陀”建设》等调研文章。

【社科理论宣讲】 区社科联下发《关于征集2019年宣讲课题的通知》,组织各社科普及基地,收集基层群众意见和建议,通过实地调研、发放问卷调查、召开座谈会等形式,征集基层意见40余个,整理归类后确定形势政策、法律法规、文化教育、健康养生等19个专题,根据需求增设“海洋文化”“非遗传承”“舟山锣鼓”等具有海洋元素课程,为渔农民群众和机关干部进行社科知识宣讲。全年开展不同层次、不同专题“人文大讲堂”12场,听众2500余人。

(撰稿:周洁)

区社科联第二次代表大会　(区社科联提供)

区归国华侨联合会

【概况】 舟山市普陀区归国华侨联合会(简称区侨联)原与区外事与侨务办公室合署办公,2019年1月起改为与区政府侨务办公室(在区委统战部挂牌)合署办公。全区有东港街道、沈家门街道、展茅街道、六横镇4个基层侨联组织。有省五星级村(社区)“侨界之家”1家,四星级3家。

9月20日,普陀区侨界艺术沙龙活动 (陈琰摄)

【普陀区第七次归侨侨眷代表大会】 2019年6月12日召开,出席代表90名。会议听取和审议区侨联第六届委员会工作报告,选举产生区侨联第七届委员会委员29名,常委17名,副主席5名,主席1名,张良华当选为区侨联第七届委员会主席。

【海外联谊】 2019年,区侨联创新以茶聊形式增进海外联谊,加强与各侨界人士联系。先后接待美东纽约三江慈善公所回国寻根考察团、香港普陀同乡会会长,欧洲舟山同乡会、新加坡舟山同乡会会长、理事等,邀请5位上海普陀籍侨胞参加在上海举办的普陀第二届东海蟹宴活动。

6月12日,普陀区第七次归侨侨眷代表大会 (陈琰摄)

春节期间,召开归侨侨眷及海外侨胞座谈,走访重点侨眷50余户,走访慰问困难归侨侨眷16户。利用“侨缘莲心”微信平台及侨务QQ平台等,加强联络沟通,收集意见建议,解决实际问题。坚持开展“五必访”活动。加强与侨务重点对象和新生代华人华侨联谊联络。

【服务经济】 区侨联架设海内外交流合作平台,完善普陀海外高层次人才库信息,通过微信、电子邮件等媒体,同海外侨团、重点华侨华人保持联系,不定期发送招商合作信息、创业、人才政策、重大活动方案等。陪同中共杭州市委副书记于辉达、省侨商会监事长陈励君一行13人考察普陀投资环境、投资项目及相关优惠政

8月18日，区侨联(留联会)庆祝中华人民共和国成立70周年 (陈琰摄)

策，与有关部门开展新材料、制造业、数字产业、IT产业、健康产业及文化旅游等领域对接洽谈；陪同西安中亚科技发展有限公司到普陀投资兴办“云电厂”项目前期洽谈工作；配合做好澳门FIX精英创业创新集训营(舟山站)在普陀集训工作。

【主要活动】 2019年，区侨联先后举办区留学生眷属美丽田园新春团拜会、健康知识讲座、普陀侨界医生走进展茅敬老院义诊、“流动侨之家”走进侨企、庆祝新中国成立70周年普陀侨界歌唱祖国、区侨界人士艺术沙龙等系列活动。组织区侨界参与市侨联举办的2019年全市侨界“迎新春”集中慰问活动、庆祝新中国成立70周年“侨心向党”——东港陈家后社区专题演出等活动。

(撰稿：陈琰)

区台胞台属联谊会

【概况】 普陀区台胞台属联谊会(简称区台联)是由居住在普陀区内去台湾人员眷属、台湾回乡人员、在普陀台湾籍台胞资源组成的非营利性社会团体。2019年有会员82人，理事18人，常务理事8人，会长李作昌。区台联贯彻党的对台方针政策，把握两岸关系和平发展主题，反对和遏制“台独”，围绕中心，服务大局，发挥自身优势，以争取台湾民心为主线，服务普陀经济社会发展为重点，团结广大台胞台属，联络在台亲友，促进普台两地交流交往。年底，有台属户160户，涉台婚姻800多对。

【宣传教育】 区台联开展涉台方针政策宣传教育，利用理事会、座谈会、茶话会等形式，组织理事、会员，“大陆新娘”和重点台胞台属学习中共中央对台精神。全年召开常务理事会2次，全体理事会2次。11月，召开全区台胞台属交流会。理事及会员坚持每天收看中央电视台《海峡两岸》节目，了解台海动态，把握中央对台方针政策。全年编印《台联通信》

台湾南投国姓乡参访团与横街社区“两岸一家亲”邻里节活动 (区台办提供)

3期。

【两地交流交往】 区台联利用各种资源优势，联络台胞台属，做好台胞接待服务，凝聚台胞民心，促进两地交流交往。5月，配合区台办举办“浙台邻里节——舟山普陀站”活动，台湾南投县妇联会一行38人与展茅街道有关社区开展交流，两岸民众通过联谊活动，加深了解，增进感情。保持与台北舟山同乡会、基隆舟山同乡会、台湾两岸姐妹互助交流协会及在台重要台胞联系，在传统节日期间互致问候祝福。

【服务台胞台属】 区台联发挥桥梁纽带作用，服务全区台胞台属，维护涉台领域稳定和谐。通过“台胞接待热线”，妥善处理台胞台属来电，接待台胞台属来访，及时向上级反映。关注困难台胞台属生活，节假日期间开展走访慰问。利用台胞返乡探亲契机，走访重点台胞台属，介绍家乡发展建设形势。

（撰稿：陈萍）

区红十字会

【概况】 区红十字会围绕“人道、博爱、奉献”服务宗旨开展工作，全区各街道镇和中小学校红十字会组织29个。2019年5月6日，成立登步岛管委会红十字会，街道镇红十字会建会率100%。新设东港街道香榭花园、浙能蓝庭、城北新兴园公寓、沈家门街道和馨花园4个红十字特色小区，布设首批安全救护角并投入使用。区红十字会有会员单位22家，红十字会员10700人。有各类志愿服务队12支，红十字注册志愿者80人。全年组织志愿服务35次，服务群众10855人次。

2019年1月24日，区红十字会被浙江省红十字会评为2018年度浙江省红十字工作先进县（市、区）。

【区红十字会第六次会员代表大会】 2019年12月11日，区红十字会第六次会员代表大会召开，出席会议代表150人。区委书记张立军、区长潘晓辉、区人大常委会副主任张伟国、区政协副主席焦兰萍等出席会议，张立军和市红十字会党组书记余海刚分别在开幕式上讲话。会议审议通过《区红十字会第五届理事会工作报告》《捐赠款物接受和使用情况报告的决议》。选举产生新一届理事会理事40人、监事会5人，监事长魏江涛。选举产生副会长9人。副区长李莉当选第六届区红十字会会长，屠一琦为专职副会长，沈飞轮为秘书长。区红十字会六届一次理事会聘请张立军、潘晓辉为区红十字会名誉会长。

【博爱救助】 2019年1月23日，市红十字会副会长许平一行访问东港街道遗体（器官）角膜捐献者困难家庭和展茅街道困难家庭，标志“情暖普陀·2019红十字博爱送万家”活动正式启动。2月27日，东港中学7名红十字青少年代表，向区红十字会“红十字博爱新生基金”捐款7500元。6月6日，联合登步岛管委会红十字会、普陀仁济医院医疗志愿者开展纪念第72个“世界红十字日”主题活动，拉开“博爱周”活动序幕。2019年，发放各类救助款18.8万元（含市红十字会），慰问计生困难家庭3.1万元，为新居民学生送学习用品0.46万元和慰问金0.66万元，发放疾病救助款

区红十字会第六次会员代表大会 （区红十字会提供）

纪念第72个“世界红十字日”主题活动　（区红十字会提供）

1.55万元，重阳节慰问2.74万元，提供爱心助学款0.2万元，向万源市红十字会拨付东西部扶贫资金4万元。

【义诊服务】 2019年12月5日，联合市红十字会在六横镇中远协和小区开展“纪念第34个国际志愿者日志愿服务暨‘关爱流动人口，健康幸福同行’”宣传活动，发放宣传资料1000余份、宣传礼品600余份、计生药具2600余只，受益人群500余人次。组织“老吾老”爱心服务志愿队先后5次赴虾峙镇湖泥社区、桃花镇乌石子村、白沙港村开展志愿服务，服务群众2200人次，免费发放药品价值2.54万元。结合悬水小岛、偏远村落医疗服务需求，开展2019年渔农民流动医院免费巡回医疗服务28次，服务群众7811人次，免费发放药品价值6.58万余元。

【应急救护】 区红十字会选派基层骨干参加2019年省、市两级红十字应急救护师资培训班，9人通过考核取证，全区有红十字应急救护注册师资25人。更新各救护培训基地相关设备物资，新增蚂蚁岛、东港商务中心2个公共场所AED布点，在蚂蚁岛创建全市首个红十字宣教基地。推进应急救护培训进渔农村文化礼堂行动，全年开展16期，覆盖率30.19%，受益人群1077人次。9月9日，第20个“世界急救日”之际，赴东港街道南岙村文化礼堂开展义诊宣传活动，服务群众235人次，发放宣传资料300余份，免费发放药品价值2000余元。应急救护培训进校园、进机关、进企业、进社区“四进”活动，全年开展专题培训65期、培训8498人次，其中红十字救护员培训11期、培训456人。7月5—7日，联合区教育局在东港中学举办以“红十字‘救’在身边”为主题的第四届红十字青少年夏令营，79人参加。参与2019年市红十字应急救护大赛，区红十字会获团体三等奖（县区级第一名）。

【“三献”工作】 普陀区全年参与无偿献血4094人次，献血总量818750毫升。加大造血干细胞、人体器官（遗体、角膜）捐献工作动员力度，新增造血干细胞捐献志愿者27人、器官（遗体、角膜）捐献志愿者3人。1月23日，市红十字会副会长许平一行看望慰问普陀区第四例造血干细胞捐献

纪念第34个国际志愿者日志愿服务宣传活动　（区红十字会提供）

无偿献血和造血干细胞采样活动 （区红十字会提供）

志愿者李盛姿。探索用血服务“一件事”，线下开通直报功能，线上推出微信小程序，实现“用血服务不用跑”。

（撰稿：张琦琪）

区慈善总会

【概况】 舟山市普陀区慈善总会是全区非营利性社会组织，业务主管单位为区民政局，内设办公室、社会救助科、宣传筹资科 3 个职能科室，分支机构为各街道镇、教育、公安、卫健、城管、交通运输、海洋与渔业、义工等 17 个分会。全区有社区（村）慈善工作站 92 个，建站率 100%。2019 年，新增单位理事 3 个。年底有单位理事 51 个，个人理事 13 人，会长杨小毛。

2019 年 6 月 5 日，召开区慈善总会第四届理事会第二次会议。出席代表 60 人。副区长杨海滨出席会议并讲话。会议听取并审议通过区慈善总会第四届理事会第二次会议工作报告，听取并审议通过区慈善总会《2018 年度慈善资金收支情况和 2019 年度慈善资金收支计划报告（草案）》，会议增（补）选区慈善总会第四届理事会理事 3 名、常务理事 1 名、副会长 3 名，免去副会长 1 名。

【慈善募捐】 2019 年，普陀区慈善资金总收入 1392.75 万元，比上年增长 8.92%，其中捐赠收入 1132.55 万元。市、区补助收入 64.59 万元，其中市慈善总会补助 54.59 万元、区政府补助 10 万元。母金增值金收入 195.60 万元。

【慈善救助】 2019 年，区慈善总会以项目救助为支点，开展助医、助学、助孤、助残、济困、敬老、赈灾、支持公益项目建设等慈善活动。全区各级慈善机构累计发放慈善救助金 1266.26 万元，救助 25677 人次。其中，助医 439.38 万元，2648 人次；助困 221.94 万元，1649 人次；助学 10.99 万元，39 人次；助老 169.85 万元，1299 人次；助残 4.00 万元，40 人次；救灾 0.20 万元，2 人次。资助公益机构 52 家次，415.90 万元；“造血型”项目扶贫 82 户次，4.00 万元。

【慈善新项目】 2019 年，区慈善事业探索疾病医疗商业保险模式，提高社会救助。在低保对象享受基本医疗保险、大病保险和医疗救助基础上，创新“政府 + 慈善 + 保险”模式，首创政府主导、慈善筹资、保险公司承担的新型扶贫模式。2018 年 10 月至 2019 年 9 月间，理赔 1501 人次、810 人，理赔金额 118.40 万元，最高理赔人理赔 24952 元，缓解因病致贫、因病返贫状况。

根据“光明行动”实施方案，凡普陀户籍、年龄在 60 周岁及以上、参加城乡居民基本医疗保险或纳入民政救助对象的白内障老年人，纳入帮助对象，每手术治疗一只眼睛救助 2000 元，全年手术治疗白内障 532 人次，计医疗费 123.18 万元。

2019 年在浙江永航海运有限公司建立全区首家困难职工定向冠名基金 10 万元，帮助因病致贫困难职工摆脱困境。

企业慈善公益活动助力美丽乡村建设。宁波海广资产管理有限公司捐赠 30 万元定向用于虾峙镇环境综合整治，桃花百润水产品有限公司捐赠 75 万元用于盐厂社区村美丽乡村建设，舟山三盛置业发展有限公司捐赠 6 万元用于展茅大施岙经济合作社新农村建设。

区慈善总会募集慈善资金，帮扶区结对省、市助学助困。向广东省四会市金家乐五金制品有限公司募集100万元、舟山水务集团等4家市属国有公司募集80万元，定向资助四川省万源市贫困学生助学和优秀学生奖励、贫困帮扶等公益事业。区慈善总会还定向资助20万元用于新疆阿克苏十八村贫困帮扶。

区慈善总会表彰"十大慈善爱心人士"（区慈善总会提供）

【慈善宣传】 2019年，普陀区举办首届"慈善爱心榜"评选活动。4—9月，区慈善总会、共青团普陀区委、区红十字会、区残疾人联合会、区工商业联合会、区融媒体中心共同组织发起，产生"慈善爱心榜"候选人43个(家)，评选出集体和个人30个。9月11日，区人民政府主办、以"携手慈善·共创幸福"为主题2019年普陀区慈善颁奖晚会在普陀大剧院举行，表彰10年来为普陀慈善事业做出突出贡献十大慈善爱心企业、十大慈善爱心人士和十大慈善志愿者团队。区委书记张立军出席晚会致辞。潘晓辉、戴灵芝、张禾波、张文科等区四套班子领导出席。晚会由"大善至美""大德之城""大爱无疆"三个篇章组成，内容包括歌舞《大爱普陀》、情景剧《爱满人间》、表演唱《陪陪老妈妈》、喜剧小品《爱在哪里》等，穿插播放十大慈善爱心人士、十大慈善志愿者团队、十大慈善爱心企业事迹片段。

（撰稿：李丹妮）

编辑：李群亚

法　　治

区委政法委

【概况】 中共舟山市普陀区委政法委员会(简称区委政法委)是区委领导和管理全区政法工作的职能部门。2019年1月,区社会治安综合治理委员会及其办公室、区委维护稳定工作领导小组及其办公室撤销,有关职责由区委政法委承担;区委防范和处理邪教问题领导小组及其办公室撤销,有关职责由区委政法委、区公安分局承担。3月,原委托区委政法委员会管理的区流动人口服务管理局撤销,相关管理职能由区公安分局承担。区委政法委内设办公室、政治处、执法监督室、维稳室、综治室、平安督导室、反邪教协调室、防范建设室。根据区委编办《关于区委政法委员会相关事业单位调整的通知》,区委建设“平安普陀”领导小组办公室承担的行政职能回归机关,机构更名为区平安建设指导中心;区法学会为群众团体,设区法学会秘书处。

2019年,区委政法委坚持“打造自贸港区先行区和海上花园城会客厅”工作主线,为建设开放活力幸福普陀创造安全稳定社会环境。普陀区连续十四年被省委、省政府命名为“平安区”,连续三年获评“2019社会治理创新典范区”;区扫黑除恶专项斗争领导小组办公室(简称区扫黑办)获评全省扫黑除恶专项斗争先进单位。全区调处各类矛盾纠纷8.8万件;治安、刑事案件立案率同比分别下降10%和13.7%;人民群众安全感满意率99.11%。

12月1日,中央政法委副秘书长、全国扫黑办副主任景汉朝调研社会治理“普陀模式”(区法院提供)

【全区建设平安普陀工作会议暨深化扫黑除恶专项斗争推进会】 2019年4月18日上午,全区建设平安普陀工作会议暨深化扫黑除恶专项斗争推进会召开,区委书记、区委建设平安普陀领导小组组长张立军出席会议并讲话。区委副书记、区长潘晓辉主持会议。戴灵芝、张禾波等区四套班子领导出席会议。区属(含部省市属)单位,各街道镇主要负责人,各村(社区)书记及部分先进代表200余人参加会议。会议总结工作,分析形势,研究部署下一步深化平安普陀建设各项任务,并命名2018年度平安社区(村)63个和优秀平安社区(村)27个。

4月18日，全区建设平安普陀工作会议暨深化扫黑除恶专项斗争推进会 （区委政法委提供）

六横镇、区公安分局、区市场监管分局、东港街道南岙社区村负责人作表态发言。

【服务保障新区发展】 区委政法委推进“三服务”活动，围绕“服务企业、服务群众、服务基层”工作要求，组建走访服务团队，建立日移交、周会商、月跟踪、季评价四项工作机制，为基层、群众、企业开展风险评估、平安督查、法律保障、基层指导、解困帮扶、平安惠民等服务活动80次，解决问题30个。围绕严打深挖、打伞破网、固本强基“三项行动”，开展扫黑除恶专项斗争，完成省对市、区两级督导检查发现问题整改落实、中央扫黑除恶第十一督导组调研等工作任务。2019年破获涉黑涉恶刑事案件50起，摧毁3人以上涉恶团伙16个，其中犯罪集团2个，破获“套路贷”违法案件8件37人。推进重大决策社会稳定风险评估工作，调整充实社会稳定风险评估专家76名，完成社区村体制改革、人力三轮车整治、海岛渔农村闲置农房激活机制创新、沈家门半升洞客运站场（码头）提升改造工程等项目社会风险评估29件，确保风险隐患源头清除。

【维护社会稳定】 区委政法委构建信息收集报送体系，制定下发《舟山市普陀区“平安护航新中国成立70周年大会战”实施方案》，启动捍卫国家政治安全、反恐怖斗争、矛盾纠纷排查化解、重点人员稳控、公共安全隐患治理、社会治安反恐、网络安全、校园安全等八大战役，落实会商研判、情报零报告、24小时值班备勤、专项督导、第一卡点等工作举措，稳控化解各类涉稳隐患20余次。强化重点对象管控，建立“两库一表”工作机制，增设“属地—公安—第一卡点—驻京组维稳”四道防线，出台《舟山市普陀区非正常上访处置工作意见》和工作清单。开展矛盾问题专项排查和滚动排查，确定房屋精装修、征地拆迁等重大涉稳问题6件，化解稳控6件，5起省市挂牌督办案件（省里1起，市里4起）8月底前实现提前销号，确保大庆期间全区社会和谐稳定。

【社会治理】 普陀区推进三级社会治理综合服务中心建设。以“一地跑是底线、一次跑是常态、一次不跑是目标”为导向，在全省率先打造以区社会治理综合服务中心（简称区社治中心）为引领的三级社会治理体系。区社治中心按“全科门诊”目标定位，整合城管、旅游、司法等各热线号码，集成教育、司法、民政、法院、房管、海洋与渔业等17个部门数据资源，优化升级“一窗受理、兜底化解”“调解前置、诉裁保障”“多方会商、联动化解”等工作流程，推动矛盾纠纷多元化解、一站解纷。1—12月，区社治中心累计化解各类矛盾纠纷8.3万件，按时办结率99.97%，涉及人身死亡的49件重大疑难案件和15件群体性事件调处成功率和协议履行率均为100%，群众满意率98.6%。街道镇社会治理综合服务中心以基层治理“四平台”为基础，通过整合基层资源力量、重构组织框架体系、优化窗口服务设置、落实督查考核机制，实现社治中心运行一体化、服务管理一站式、问题解决一条龙。村（社区）以基层党组织为核心，统筹整合各类群众自治组织、调解组织、驻村单位，组建村（社区）社会治理综合服务站，设有服务大厅、信访代办室、心理咨询室、矛盾调解室等，形成集便民服务、矛盾化解、治安防控、心理咨询、网格服务一体运行模式。以社会治理综合服务中心为核心的社会治理“普陀模式”知名度和影响力得到最高人民法院院长周强、省委书记车俊肯定，被省委全面深化改革委员会办公室《领跑者》刊登推广，工作经验被《中国经济时报》《瞭望东方周刊》《浙江日报》等多家主流媒体发文宣传。

推进“网格化管理，组团式服务”工作。统筹基层职能、力量、资源和经费，优化调整全区网格至193个，创新推行网格队伍街道镇直管机制，明确网格长、网格党小组长、专职网格员、网格指导员和若干名兼职网格员组成的“4+X”网格团队固定成员配备，建立16项网格工作清单，修订完善《舟山市普陀区社会治理信息采集“以奖代补”实施办法》和《舟山市普陀区矛盾纠纷调处“以奖代补”实施办法》。实施网格员提能提质工程，通过以老带新、以干促学、督导检查、定期抽查等形式，推动网格员不断提高自身素质和履职能力。2019年累计受理、采集、流转、处置各类网格动态信息80103条。

推进“海上枫桥”升级版建设。推进妇女参与海上治理，探索自治理家、巾帼管家、项目暖家等“东海渔嫂”品牌，建立“平安渔嫂”队伍11支，组建“渔嫂交流群”22个，开展宣传、巡防、矛盾调处等活动80余次。深化远洋渔民心理服务，探索建立远洋渔民扬帆心灵驿站，实施远洋渔船“综合法律体检”，至年底，累计开展心理辅导10场次，成功化解11起因心理问题引发的纠纷，避免3起潜在恶性事件发生。开展海上矛盾调处，发挥“海上老娘舅”“邻里调解示范船”“海上娘舅船”等作用，累计调解各类海事渔事纠纷151起，其中跨区31起、跨市73起，调处成功率100%，涉及金额871.99万元。加强“海上枫桥”媒体宣传，相关经验在CCTV-12频道《小区大事》专题纪录片展示。

【平安建设】 普陀区细化分解平安普陀考核责任清单，修订完善年度平安社区和区级机关平安综治维稳工作评分标准，制定平安建设“固安除患2019”专项行动方案，确定20项具体行动，明确牵头单位和责任单位，压实平安建设责任。10项过程性指标中全区有4项排名全市第一。强化考核激励，命名平安村(社区)63个，优秀村(社区)27个。制订出台《2019年建设平安普陀督查暗访方案》。围绕反恐怖防范，针对治安、生产、消防、食品等20项督查暗访指标中涉及的内容，开展隐患排查和实地检查，全年组织开展全区性暗访督查4轮，发现问题隐患40处158个，回访复查省、市两级检查发现问题隐患14处21个，所有问题隐患全部整改到位。统筹整合现有资源和社会力量，开展平安志愿者巡防、“平安宣传进我家”等主题活动，组建群众监督员队伍开展入户走访宣传活动，发放各类平安宣传资料6万余份，赠送宣传品1万余份，推送各类手机短信12万余条。

12月30日，普陀区召开社会治理综合服务中心(站)建设现场推进会 (区委政法委提供)

【执法监督】 区委政法委做好涉法涉诉信访、案件评查等工作，2019年受理答复信访案件10件10人，完成评查案件8件。推进对新中国成立70周年之际部分服刑罪犯特赦工作督察督办，审定符合条件对象18人，完成解教15人。全年办理司法救助案件8件8人，发放救助资金12.2万元。制定《中共舟山市普陀区委政法委员会执法监督专家库建设管理办法》，聘请10名执法监督专家。督促全区政法各部门做好2019年度政法一体化办案系统提质拓面工作，实现立案监督协同线上单轨流转，涉案财物管理协同有序开展。部署全区诉源治理工作，实现诉讼案件逐年稳步下降。开展涉政府产权纠纷问题专项治理行动,排查全区36个政府部门和136个下属事业单位。

【政法队伍建设】 区委政法委开展"不忘初心、牢记使命"主题教育,推进学习教育、调查研究、检视问题和整改落实四项重点举措。9月26日—10月30日,全体党员干部围绕党的政治建设、全面从严治党、理想信念、宗旨性质、担当作为、政治纪律和政治规矩、党性修养、廉洁自律等8个专题分批进行集中学习和交流发言。专门邀请省委政法委副书记朱恒毅为机关全体党员干部作题为《回望初心,不负使命,展现风貌,争做新时代政法工作的排头兵》党课报告。组织机关年轻干部参加全市优秀政法干警、全区中青年干部、信息写作、执法监督和涉密人员等集中专题培训20批46人次。开展政法系统"三十佳"、社会治安综合治理、维护稳定工作等先进评选活动,2019年政法部门获评市级以上先进集体38个、二等功1个、三等功6个,政法干警获评市级以上先进114人次、二等功2人次、三等功18人次。

【流动人口服务】 至2019年年底,普陀区实有流动人口10.76万人,同比增长11.77%。流动人口中男性6.76万人,女性4万人。来自省外9.62万人,省内1.14万人。省外流动人口主要来自安徽3.31万人、河南1.59万人、云南省0.55万人,安徽和河南两省占总数45.66%。流动人口主要从事生产制造加工业3.19万人,占29.59%;从事工程施工1.59万人,占14.73%;从事休闲娱乐服务0.60万人,占5.62%。

实施流动人口居住证量化管理,全年受理流动人口入学申请739人,同比增加19.8%。其中,积分入学申请659人,同比增加19.6%;住房登记入学申请80人,同比增加21.2%。申请小学段467人,同比增加24%;申请初中272人,同比增加13%。有350名随同儿童通过居住证积分入读公办学校。开展积分入住工作,推出公共租赁住房6套,受理申请25人,经各单位审核,6名申请人获入住公租房资格,通过选房分配后,由房管部门办理入住手续。

(撰稿:陈胜)

社会治理综合服务

【概况】 普陀区社会治理综合服务中心(简称区社治中心)成立于2017年12月,其前身是成立于2012年4月的普陀区矛盾纠纷调处指导服务中心,位于东港海莲路601号。为区委、区政府直属的相当于正科级公益一类事业单位,挂区综合信息指挥中心牌子。内设综合科、信息科、业务科(挂区矛盾纠纷调处指导服务中心牌子)、督查科。2019年,区社治中心围绕"规范、创新、智慧"目标,深化改革成果,推进服务提档升级,打造成全省社会治理创新样板。区社治中心做法和经验受到最高人民法院院长周强和省委书记车俊肯定,获评2019年全国社会治理创新十佳案例,在省委全面深化改革委员会办公室《领跑者》刊登,并被省委政法委作为县域解纷模式样板在全省推广。

【部门整合】 区社治中心按"全科门诊"目标要求,成建制入驻网格管理中心、综治中心、"四个平台"指挥中心、诉讼服务中心、公共法律服务中心、劳动仲裁院(劳动监察大队)、海事渔事调处中心、"智慧城管"中心、12345公共

4月13日,中央扫黑除恶第十一督导组副组长石生龙(左四)在区社治中心调研 (区社治中心提供)

普陀区社会治理综合信息指挥平台　（沈磊摄）

服务中心、旅游数据中心、房屋质量与物业纠纷调处中心、医疗纠纷调处中心、交通事故调处中心、职工权益保护中心、新居民维权中心15个部门。设立综合受理（2个）、法律援助、医疗纠纷、海事渔事纠纷、劳动争议（2个）、城市管理、房屋质量纠纷、民商事立案、跨域（网上）立案、缴付款结算、诉讼保全、文书送达、绿色通道15个办事窗口，以及区调委会、区海事渔事调委会、区医疗纠纷调委会、区劳动争议调委会、区道路交通调委会、区婚姻家庭调委会、区房屋质量与物业纠纷调委会、区学生伤害纠纷调委会、区城管环保调委会、区总商会调委会、区调委会检察院工作室、区行政争议调解中心12个专业性、行业性调解组织。对入驻部门和人员实施以区社治中心为主的管理模式，由区社治中心进行日常考核、工作督查和评优评先。

【工作机制】 3月，区社治中心建立《普陀区社会治理信息协同处理机制》，明确社会治理信息收集渠道、联动单位、信息处置等，有效化解社会矛盾，实现社会治理信息处置提速增效。建立《普陀区矛盾纠纷“三级联调”工作机制》，通过区、街道镇、社区（村）“三级联调”促进全区矛盾纠纷化解工作推进，把影响社会稳定的各类矛盾纠纷化解在基层。4月，建立与区总商会调委会和区行政争议调解中心建立工作对接机制，拓宽多元化解矛盾纠纷途径，推进调解工作。5月，印发《社会治理综合服务中心社会风险防控“日汇总、周研判、月分析”制度》，通过分析研判，最大限度防止各类社会风险发生。8月，与区委组织部建立工作对接机制，将涉及物业纠纷案件推送给区委组织部核查是否涉及党员或公职人员，提高党员干部自我监督、自我约束能力。12月，与自贸区海事法庭建立社会矛盾纠纷预防化解机制，让当事人免去奔波往返之累，实现矛盾纠纷“最多跑一地”。

【成绩成效】 2019年，区社治中心累计收集各类社会治理信息83155件，其中线上74406件、线下8749件；包含意见建议366件、咨询服务3874件、矛盾纠纷23042件、投诉举报55873件，按时办结率99.97%，群众满意率98.6%。全区民商事案件同比下降34.91%，位居全省基层法院第一。75件包含人身死亡案件在内的重特大疑难复杂纠纷得到妥善处置，调成率、协议履行率均达100%。累计接待省内外单位参观调研173批次1898人次，其中省内121批次、省外52批次。印

普陀区“探索推进社会治理领域‘最多跑一地’”入选2019年全国“创新社会治理典型案例”十大最佳案例　（区社治中心提供）

发《普陀区社会治理综合服务工作简报》60期。

【表彰推广】 12月25日,普陀区"探索推进社会治理领域'最多跑一地'"入选2019年全国"创新社会治理典型案例"十大最佳案例。省委全面深化改革委员会办公室《领跑者》2019年第17期以《舟山市普陀区打造社会治理综合体 努力实现矛盾纠纷化解"最多跑一地"》为题向全省介绍普陀经验。6月,在全国高级法院院长座谈会上,区委书记张立军通过视频连线介绍区社治中心建设模式,获最高人民法院院长周强肯定并建议普遍推广。11月,在全省县级社会矛盾纠纷调处化解中心建设现场推进会上,张立军作经验交流发言,获省委书记车俊高度评价。5月31日,省委政法委以区社治中心为样本,出台《关于探索建设县级社会治理综合服务中心(信访超市)的指导意见》。12月31日,省委办公厅印发《关于加强县级社会矛盾纠纷调处化解中心规范化建设推进矛盾纠纷化解"最多跑一地"的指导意见》,要求全省各地于2020年6月底完成县级中心建设。区社治中心经验在新华社《瞭望东方周刊》《中国经济时报》《浙江日报》《浙江法制报》等媒体刊登报道。

(撰稿:黄欢)

公 安

【概况】 2019年,舟山市普陀区公安分局(简称区公安分局)以中华人民共和国成立70周年大庆安保维稳为主线,开展扫黑除恶专项斗争,实施智慧警务、风险防控、治理创新、执法规范、铁军铸造"五大升级工程"25个重点项目,为幸福普陀建设营造安全社会治安环境。全年有效接警26208起(日均71.8起),同比下降1.1%;立各类刑事案件1314起,同比下降13.7%;侦破1385起,其中侦破现行案件698起;命案发2起破2起、"两抢"案件发2起破2起、"五类"恶性案件发4起破4起,破获"1993·1·4平阳浦故意杀人积案";采取强制措施791人,其中网上逃犯78人,打击处理733人;查处各类治安案件2498起。是年,区公安分局被评为全省公安队伍正规化建设优秀单位(三连优)、全省公安机关执法质量优秀单位(十六连优)。37个集体、187名个人受到各级表彰,其中陈雪芬获评全省"人民满意公务员",江国松获评"浙江省担当作为好干部",郑勇、魏坤立个人二等功,唐鹏程获评"最美舟山人"第六届优秀青年。

【公安机构改革】 2019年1月,边防部队整体转制,撤销沈家门、台门、朱家尖、虾峙、桃花、东极边防派出所;重新设立虾峙、桃花、东极派出所。区公安分局做好人员入编、定级、士兵招录等过渡期各项工作的协调对接。成立东港、沈家门责任区刑侦大队,将侵财型犯罪打击职能从派出所分离出来。抓获侵财型犯罪嫌疑人340余人,占全局侵财型打击处理数70%。设立行动侦察大队(技侦工作站),强化案件先期介入、早期布控,实现打击专业化。推进派出所"一室两队"建设,打造指挥调度、信息研判、视频巡控、合成作战、监督管理"五位一体"综合指挥室,推动派出所落实"四班倒"值班模式,提升警务效能。

【打击刑事犯罪】 2019年,全区立各类刑事案件1314起,同比下降13.7%;侦破1385起,其中侦破现行案件698起;命案发2起破2起、"两抢"案件发2起破2起、

2月28日,在全区公安工作会议上表彰先进 (区公安分局提供)

1月1日，区公安分局举行公安边防部队转改官兵集体换装仪式（区公安分局提供）

“五类”恶性案件发4起破4起，破获“1993·1·4平阳浦故意杀人积案”；抓获采取强制措施犯罪嫌疑人791人，同比下降7.27%；摧毁55个团伙370人，抓获网上逃犯78人。

【刑事专项行动】 区公安分局推进“扫黑除恶攻坚年”行动，重点打击建筑、水产、招投标等行业领域涉黑涉恶违法犯罪，加大线索排摸核查力度，加快推动线索“清零”，深挖彻查背后“保护伞”“关系网”。累计破获涉黑涉恶案件58起，摧毁涉恶团伙22个，打击处理涉黑涉恶人员221人，扣押非法资产7000余万元，查处“保护伞”1人。先后开展“破小案、多破案、保民安”“夏季破案追逃”“年终冲刺”等系列专项行动，相继破获特大盗窃冻品案、特大盗窃电缆线系列案、跨区域清洁剂诈骗系列案等案件628起，同比上升23.62%。

【刑事技术与刑事信息应用】 2019年，区公安分局继续落实“一长四必”（局长对辖区刑事案件现场勘查工作负总责。现场必勘，信息必采、必录、必比）工作机制，筹建电子物证联合勘查实验室、更新换代预警信息采集系统，推动现场勘查向智慧技术发展，提升重点案件分析串并的可靠性和准确度。全年勘查各类案（事）件现场591起，提取各类痕迹物证164起，串并系列性案件5串24起，破4串22起。手印认定61人63起，DNA认定33人34起，鞋印认定1人6起，技术认定刑拘对象40人。痕迹出具鉴定书9份，制作现场三材67份。法医尸体检验137具，出具尸体鉴定书25份，伤情鉴定、检验360人，出具报告176份。

【打击经济犯罪】 2019年，区公安分局受理各类经济案件70起，立案63起，破案39起，涉案总价值29011.96万元，经济损失330万元，挽回经济损失378.7万元，抓获涉嫌经济犯罪嫌疑人92人，移送起诉73人。区公安分局完善金融风险预警监测机制，推进“云端”“猎狐”“百城会战”等打

3月12日，在六横小郭巨围垦工地对查获的2000余箱非法烟花爆竹进行集中销毁（区公安分局提供）

击经济犯罪专项行动，加强金融风险防控，打击和防范非法集资，成功破获“伯丽斯平台非法吸收公众存款案”“米治平台组织领导传销案”“吴某某伪造货币案”“舟山诚行石化有限公司虚开增值税专用发票案”等经济案件，实现全区在册32家P2P企业“清零”。

【打击涉毒犯罪】 2019年，区公安分局开展禁毒“两打两控”“攻坚月”“云战1号”等专项行动及病残涉毒人员收治收戒收押工作，严打严治吸贩毒违法犯罪。破获吸贩毒案件269起，其中省级毒品目标案件1起，抓获涉毒犯罪嫌疑人33人；查获吸毒人员234人，其中社区戒毒80人，强制隔离戒毒78人；缴获各类毒品78.83克，铲除罂粟原植物207株。联合教育、团区委、渔政等部门做好外来务工人员、涉渔人群、青少年等重点人群的禁毒宣传工作，推广禁毒知识APP学习软件。做好39家易制毒化学品单位督导监管工作，对重点易制毒化学品和第二类精神药品实施全链条管控，确保易制毒化学品不流向非法渠道。

【打击网络犯罪】 区公安分局围绕“中华人民共和国成立70周年”网上安保，加强对本地网上舆论热点的情报搜集和敏感信息动态监控，发现并上报各类信息200条，落地查处80余人，发布推特反制贴文160余条。结合平安考核、创城工作，加强网吧管理，开展联合检查20余次，检查网吧270余家次，处罚网吧26家次，其中1家被责令停业整顿。对300余家网站数据进行梳理，删除已关闭网站的备案数据，更新网站IP地址、域名等重要登记信息，对未按规定将信息系统安全登记向公安机关备案的10家企业予以行政处罚。以扫黑除恶、“净网2019”等专项行动为契机，打击网络犯罪，全程参与重特大、系列性侵财案件和涉黄涉赌案件侦查工作，协助破获案件40余起，抓获犯罪嫌疑人130余人。

【中华人民共和国成立70周年大庆安保】 4—10月，区公安分局按省公安厅“细致精致极致”总要求，紧盯风险隐患，强化打防管控，打好“五场战役”（政治安全保卫战、反恐防暴主动战、属地稳控阵地战、矛盾纠纷化解战、面上治安防控战），完成中华人民共和国成立70周年安保维稳工作。对标23个100%和“八项实名制”要求，制定11种“清单化、条目式”检查表，压实主体责任，加强源头管理，化解矛盾纠纷，打击违法犯罪，加大追逃力度。排查不安定因素173起，化解142起，消除沈家门大蒲湾拆迁等涉稳风险。破获各类案件155起，打处违法犯罪嫌疑人189人，抓获各类逃犯32人；关停、整顿易涉黄涉赌场所22家次，打处涉黄赌违法犯罪嫌疑人41人；捣毁贩毒窝点2个。

【“科技管控港”建设】 区公安分局结合沈家门“一港两岸”工作部署要求，按“布点、管线、控面、织网”总体思路，制订“12379”总体方案（1个船舶停泊港：沈家门港；2条沿港主干路：滨港路和鲁滨路；3条跨港通道：鲁家峙大桥、鲁家峙人行隧道、鲁家峙车行隧道；7块复杂封闭半封闭区域：半升洞码头区域、墩头客运站区域、国际水产城区域、文化创意园区、沈家门船厂、扬帆集团厂区、众创

8月27日上午，市委副书记、政法委书记徐张艳先后到展茅街道海创小镇警务室、欧尚—凯虹商圈警务服务站检查指导大庆安保工作 （区公安分局提供）

园区;9 个开放式码头:台轮码头、渔政码头、港航码头、陆军海军码头、游船码头、渔港码头、震洋码头、马峙渡轮码头、鲁家峙渔民码头),推进"科技管控港"项目建设。新建雷达 1 套、AIS 基站 1 套、城际热点 3 套、鹰眼监控 2 套、人脸抓拍卡口 56 套、车辆识别卡口 12 套、治安监控 10 路,整合港区及周边物联感知设备 1000 余套,搭建集信息采集、实时预警、全域布控等功能于一体的综合管控平台,初步构筑起覆盖渔港全域的"智慧天网",实现"人过留影、车过留牌,船过留痕"。累计采集各类基础信息 90 余万条,抓获犯罪嫌疑人 70 余人。

【整治黄赌乱点】 区公安分局开展"清风行动",推行"一月一清查,一查一主题"清查临检模式,加强涉酒娱乐场所管理,完善"红色警戒"制度,对 2 批次 10 项突出治安问题实行挂牌整治,联合新城分局对勾山区域"治安洼地"开展常态化治理,全年累计打击处理涉黄涉赌违法犯罪嫌疑人 603 人,关停涉黄场所 55 批次 70 余家。

【排处矛盾纠纷】 区公安分局深化"警调衔接"工作,依托区社治中心,构建多元调处模式,防止发生因感情、劳资等纠纷引发的个人极端、"民转刑、刑转命"等敏感案事件。是年,排查发现企业破产、村宅基地分配、债务纠纷、精装修楼盘交付等不安定因素 211 起,成功化解 168 起。调解邻里纠纷、殴打他人、损坏财物类案件 1659 起。

【打造"智安小区"新版图】 2019 年,区公安分局聚焦小区车难控、人难管、贼难防、案难破等治安管理难题,以"云上公安,智能防控"第一战略实施为抓手,通过整合社会资源、强化科技运用等手段,推进"智安小区"建设,织密住宅小区治安防护网。新增人脸识别系统 21 套、车辆识别系统 9 套、高清视频监控 273 个(治安监控 38 个,小区高清监控 235 个)、MAC 信息采集设备 261 套、物联网基站 281 套、易走失特殊群体智能手环 312 只、无线声光报警器 67 个、烟感 416 家、门禁系统 68 套。

【优化旅游警务模式】 2019 年,区公安分局针对桃花、东极等岛屿旅游旺季治安管控压力较大实际,推行假日结对警务模式,由分局机关结对帮扶海岛派出所开展旅游警务工作,消除各类涉旅安全隐患 38 处。建立"公安 + 城管旅游警务示范岗",以半升洞码头、东港夜排档沿线、长途汽车站、墩头码头等区域为重点,联合城管、交通、旅游等部门开展旅游环境综合整治,打击倒卖船票、拦车拉客、占用公共停车泊位等违法行为。出动警力 5000 余人次,传唤教育非法揽客、黄牛野导 52 人,行政拘留 2 人,涉旅案件和投诉类警情同比分别下降 54.8% 和 63.7%。

【涉酒娱乐场所管理】 2019 年,区公安分局对全区所有娱乐场所进出口安装人脸识别监控,组织警力以约谈业主、开包厢临检等方式,对涉酒娱乐场所进行多方位检查整治。累计检查涉酒娱乐场所 41 家次,检查从业人员及旅客 318 人次,约谈业主 16 人次,协同文化部门处罚超时经营的 KTV,娱乐场所警情数同比下降 11.3%。

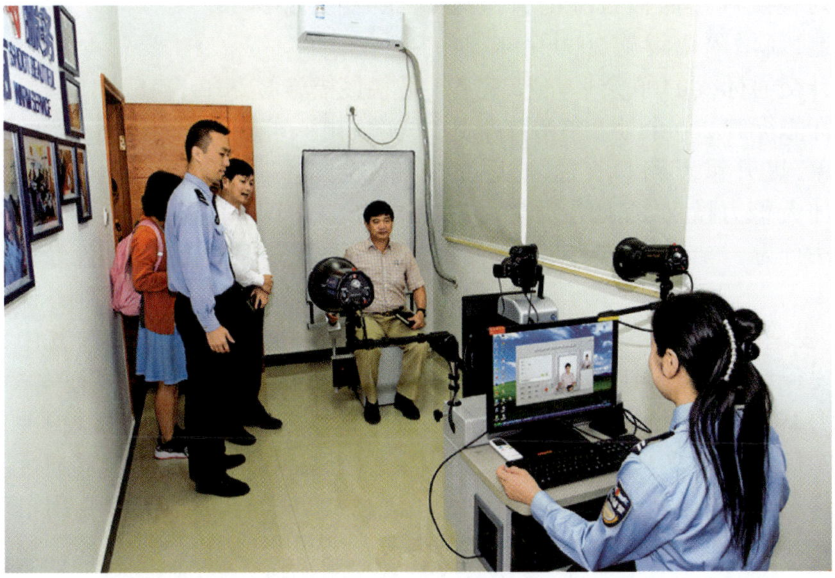

10 月 27 日,越南考察团一行在展茅派出所办证窗口体验身份证件照即拍即取服务 (区公安分局提供)

【深化“最多跑一次”改革】 区公安分局推广窗口服务“1+X”模式,建立派出所“全科受理—自助服务—网络办理”工作机制,公安196个办理事项全部进驻便民服务中心,出入境、交警、户籍、民爆、旅馆等板块实现“无差别全科受理”,依托“浙里办”“民生警务”等平台累计完成公安事项网上预审办理4.3万余件,通过在欧尚超市设立全市首个24小时出入境自助签约服务点受理签注1157件。针对全区24个住人离岛群众办事办证不便的实际,建立海岛“巡回服务岗”制度,全年民警上门踏勘民宿1438家次,提供上岛做证服务289人次,全城通办各项业务1258件,区公安分局“最多跑一次”实现率和满意率分别达99.81%和100%。

【助力全国文明城市创建】 7—11月,区公安分局完成全区重点路口、主次干道基础设施及相关列检点周边路段设施的升级改造,新增隔离设施7000余米,提升交通标线1100余平方米,完善标志标牌280余处。整治停车乱象,提升重点路口交通守法率。加大警力投入,查处各类交通违法行为。

【安全保卫工作】 完善大型活动安保联席会议制度,全年投入警力1900余人次,完成各级“两会”、2019舟山群岛马拉松、第十一届佛茶文化节、第三届世界油商大会及中央政治局原常委张高丽到舟山考察调研等重大警(保)卫任务40批次。

【入境管理】 2019年,区公安分局根据《中华人民共和国出境入境管理法》,办理入境登记55986人次,同比上升22%,其中住宿登记接待30269人次,外国人21823人次、港澳居民3699人次、台湾居民4433人次、华侨314人次;境外船只入境1152艘次,境外船员25717人次。处理涉外案事件18起,其中境外人员逾期非法居留7起8人、外国人非法就业案件1起10人、境外人员故意伤害致死案件1起1人、外籍船员意外死亡事件3起3人。

【出境管理】 2019年,区公安分局受理中华人民共和国公民出境证照18669人次,其中受理因私出国申请9519人次,因私赴台2197人次,赴港澳6953人次。采集录入不准出境人员报备数据1338条,扣留不准出境人员证照46本,宣布作废279本;采集录入国家工作人员备案新增数据616条,变更8524条。

【便民措施】 2019年4月1日起,实施出入境证件“全国通办”政策(全国各地都能办、内地居民都能办、出国出境证件都能办),申请人无须为办理出入境证件专程往返户籍地。全年受理异地办证1940件,同比上升321.2%,其中全国异地1565件、省内异地375件。简化申请材料,对于监护关系、居住证、社保信息等能够通过信息共享核实的,或能够复用申请人已提交过的材料,由民警核实,直接调取。

(撰稿:俞波)

检 察

【概况】 2019年,舟山市普陀区人民检察院(简称区检察院)设政治部、办公室、第一检察部、第二检察部、第三检察部、第四检察部、第五检察部、第六检察部、六横检察室。有检察长1人、副检察长3人,检察委员会委员10人、员额检察官24人,司法辅助人员26人,司法行政人员12人,法警3人。在编干警69人,其中法律专业本科学历55人,获法律硕士学位14人。全年区检察院获区级以上荣誉35项,获评省、市检察机关法律监督精品、优秀案事例6件。第二检察部干警郭笑天《大国之剑》被省检察院评为“庆祝新中国成立70周年主题征文评选二等奖”;第六检察部干警邱磊被中国电子数据取证大赛组委评为“第五届美亚杯中国电子取证大赛团队赛职业组一等奖”;第五检察部被省检察院评为“保障千家万户舌尖上的安全”专项监督活动成绩突出集体,1人被省检察院评为“守护海洋”专项监督活动成绩突出个人;第五检察部被市政法委评为“2019年度全市十佳执法爱民基层单位”。5人被市检察院记个人三等功1次;1人被市检察院个人嘉奖1次。区检察院被市检察院评为“2019年度市级先进基层检察院”;被省检察院评为“2019年度检察工作成绩突出基层检察院”;被省委、省政府评为“2019年度全省扫黑除恶专项斗争成绩突出集体”。

【推进司法体制综合配套改革】区检察院完成内设机构重塑性改革，按“6+2”模式，设置检察业务机构第一至第六检察部和综合行政机构政治部、办公室，实现人员、机构和编制向业务一线倾斜，配强刑事检察、民事检察、行政检察、公益诉讼检察力量。检察长、副检察长列席法院审委会4次，副科级以上领导干部直接办理各类案件151件。完善员额检察官、司法辅助人员、司法行政人员分类管理，有序开展员额检察官遴选和等级晋升。对标案件质量核心指标，健全案件质量评查、检察官联席会议、业务数据季度分析等内控机制。

【维护社会安全稳定】区检察院依法履行批捕、起诉职能，打击各类刑事犯罪。2019年受理审查逮捕案件262件432人、审查起诉案件486件850人，经审查，批准逮捕362人、提起公诉666人。依法惩治职务犯罪，提起公诉8人，办理贪污受贿等一批有影响案件。做好重大敏感时期涉检信访排查和维稳安保工作，接待群众来访108人次，受理各类信访案件57件，均予以妥善处置。践行新时代“枫桥经验”，深化诉源治理工作，通过少捕慎诉、刑事和解等方式，优化司法资源，减少社会矛盾，全年依法不批准逮捕72人，决定不起诉122人，办理刑事和解案件26人。

【推进扫黑除恶专项斗争】区检察院出台扫黑除恶攻坚年活动实施方案，每月召开领导小组会议，推动重大、疑难案件办理。落实审查留痕、纪律执行背书等机制，提前介入垄断蜈蚣峙码头黑车市场、“3·6”专案等在全市范围内有重大影响案件20次，召开检察官联席会议27次。全年批准逮捕涉黑涉恶犯罪60人，提起公诉45人，其中办理的工程领域“三强三霸”恶势力团伙犯罪案件主犯获刑十七年。注重深挖彻查、打伞破网，向区扫黑办、区监委移送线索5件，成案1件；向公安机关移送线索1件，侦破一件故意杀人案，抓获犯罪嫌疑人2人。落实“打财断血”，督促公安机关查封汽车9辆、房产11套，冻结资金60余万元。

【护航海洋经济健康发展】区检察院开展“守护海洋”专项监督活动，出台实施方案，针对岸滩垃圾倾倒、船舶污染物不当处置等行为展开调查，制发检察建议书7件。联合8家单位成立全国首家远洋渔业“综合法律体检”工作平台，创设航前体检全面布控、矛盾排查全程把控、综合治理全域防控的“336”工作模式，优化服务的方式和途径。深入实践海洋生态修复补偿机制，在“国际海洋日”组织非法捕捞案件多名行为人参与增殖放流活动，放流价值21万余元的150余万尾鱼苗，扩大办案效果。

【开展“三服务”活动】区检察院依法审慎办理涉企案件，平等保护民营经济健康持续发展。协调解决1名外地籍缓刑企业主纳入本区矫正管理，保障公司正常经营。加强检企互动，会同区工商联开展系列主题活动，设立服务民营经济工作站，签订护航民营经济发展协作书，打通法律服务“最后一公里”。启用“12309”检察服务中心，为群众提供信访接待“一站式”服务，为律师提供在线咨询、预约阅卷、电子卷宗700余次。服务海岛基层，运用非法捕捞水产品以及非法收购、运输、出售海龟等典型案例，在禁

检察官参与增殖放流活动　（区检察院提供）

渔期为全区9个街道镇1500余名渔船老大面对面开展以案释法活动。

【刑事检察】 区检察院落实公检联席会议、派驻公安检察官办公室、适时介入侦查等工作机制，推动监督刚性和配合协作并进。依法监督立案7人，其中1件集资诈骗案被告人获刑十一年；追捕漏犯1人，追诉漏罪32人、漏犯3人，其中1件抢劫案被告人获刑十一年六个月；纠正侦查活动违法8件，督促公安机关整改落实。全面实行捕诉一体办案机制，构建专业化办案团队。联合其他政法单位在全市率先出台《关于适用认罪认罚从宽制度及速裁程序办理刑事案件的实施细则（试行）》，适用认罪认罚从宽案件188件、266人，量刑建议采纳率97.1%。深化羁押必要性审查工作，建议对20名在押人员及时变更强制措施，减少不必要羁押。加强财产刑执行检察工作，督促执行55人次，追缴财产40余万元。

【民事检察】 区检察院强化民事生效裁判监督，办理民事申诉案件16件，对正确的裁判，耐心释法说理，促成服判息诉，维护司法权威。开展虚假诉讼专项监督，核查虚假诉讼、“套路贷”案件线索13件，依法提出再审检察建议3件，移送公安机关立案侦查4件。监督、支持人民法院破解“执行难”问题，建立相应联动机制，立案民事执行监督案件6件，提出恢复执行等检察建议2件。

【行政检察】 区检察院将行政非诉执行监督作为突破口，重点关注违法执行、怠于执行等问题，加强与相关职能部门的沟通联系，注重双赢多赢共赢。排查此类案件线索13件，制发行政检察建议书4件，督促其中2件非法用海案件当事人上缴罚款980余万元。加强办案调查研究，形成《我区海域使用管理存在四个问题亟需引起重视》专题报告，为党委、政府提供决策参考。探索参与行政争议实质性化解工作，着力化解行政纠纷，维护社会和谐稳定。

【公益诉讼检察】 区检察院落实区人大《关于加强检察机关公益诉讼工作的决定》，梳理和发现公益诉讼案件线索163件，制发诉前检察建议书29件，均得到整改、回复，采纳率100%。整体办案规模位居全市前列，实现法定领域全覆盖。探索办理校园周边违规销售烟草、英烈纪念设施保护等外领域案件。依法促进相关职能部门开展保健食品市场专项检查，查获违规经营户13家、违规保健食品3800余件，对10人以涉嫌销售有毒有害食品罪移送公安机关立案侦查；开展人防领域专项监督，督促追缴人防工程易地建设费920余万元；办理的4件非法捕捞水产品刑事附带民事诉讼案件，生态修复补偿金、鉴定费等诉讼请求均获法院支持，该系列案件被评为全省检察机关公益诉讼工作两周年优秀案例。

【依法惩处破坏金融秩序犯罪】 2019年，区检察院依法办理涉嫌非法吸收公众存款、集资诈骗、传销等涉众型经济犯罪31人。加强互联网金融风险防范，关注P2P网络借贷、网络融资、理财产品网络销售等情况，坚持案件办理、追赃挽损、风险防控“三同步”，妥善办理假冒“中国福彩网”“美丽说”等重大网络诈骗案件，向区政府报送相关研判报告5份。针对个别银行违规办理个人信用卡等情

区检察院开展公益诉讼两周年检察开放日活动 （区检察院提供）

况，及时发出风险提示，督促行业优化整改。

【司法救助】 区检察院参与精准扶贫，重点关注因案致贫返贫刑事被害人，办理国家司法救助案件4件，成功救助3人，发放救助金4.2万元。强化“两助平台”力量，协同10个部门、4家公益组织，打造以检察机关牵头、职能部门联动、公益组织参与的救助体系，提供立体化、多元化帮扶模式，解决实际困难。延伸司法服务理念，畅通“12309”检察服务热线，对表达不清、行动不便群众，主动上门接助，实现检察官跑代替群众跑。强化技术支撑，搭建司法救助微信平台，办理1起通过该平台提出申请的司法救助案件，实现司法救助在检察环节“最好不用跑”。

第六检察部检察官向救助申请人发放救助金 （区检察院提供）

【生态环境保护检察】 区检察院依托公益诉讼，助力美丽普陀建设，制发生态环境公益诉讼诉前检察建议书14件。开展非法倾倒和偷排偷放污染环境专项活动，对全区25家口腔诊所、33家汽车美容服务中心污水直排、设施不完善等情况，督促责任部门加强监管，推动行业治理，消除隐患。采用“随手拍”举报平台、无人机取证、专家鉴定等做法，解决案件发现难、鉴定难等问题。注重将个案办理与区域治理有机结合，对辖内公益林保护和管理漏洞等情况制发检察建议书，督促相关职能部门加强日常监管。

【未成年人保护检察】 区检察院加强未成年人全方位司法保护，落实宽严相济刑事司法政策，受理审查起诉未成年犯罪嫌疑人24人，其中作出相对不起诉决定10人、附条件不起诉决定7人，会同学校、社区和家庭开展帮教，助力回归社会。从严快捕快诉性侵未成年人案件13件13人，探索“一站式”询问，避免二次伤害。与区教育局联合完成《关于开展中小学(幼儿园)预防性侵学生工作的调研报告》。依托“法治副校长”“送法进校园”等活动，开设预防校园欺凌等专题课程，为学校提供“菜单式”服务。在暑假组织检察夏令营活动，检察官现场宣讲6场次，受众学生1100余人次，提升青少年自我防范能力和法治意识。

【智慧检务】 区检察院落实“政法一体化办案”系统应用提质拓面工作，持续推进逮捕、起诉、审判等工作协同，公检法刑事案件网上协同办案率达到100%，实现案卷网上流转、文书数据共享。注重科技引领，应用“民事裁判智慧监督系统”，为地毯式排查虚假诉讼案件线索提供便利；建设智慧检务指挥中心，提升办公办会智能化水平。依托案管大数据平台，做好案件流程监控，围绕案件受理、结案移送、文书公开等环节开展规范性监督，形成监控记录478条，实现全程留痕、智能筛选、可溯可查。

【六横检察室】 区检察院六横检察室加强对辖区内公安派出所、法庭、司法所等基层司法机关执法活动监督，以检察建议等形式促进规范司法。办理辖内相关刑事案件，协同本院业务部门开展移送立案监督、民事检察监督工作。以公益诉讼工作为着力点，强化行政执法监督，推进行政执法与刑事司法衔接机制。开展涉法涉检信访受理与处置，服务当地党委、政府中心工作，融入扫黑除恶专项斗争，排查与化解涉法矛盾，参与社会综合治理。立足职能服务企业、服务群众，开展辖内案件不捕不诉风险评估工作。

（撰稿：黄云霞　赵嵩彦）

法　院

【概况】 2019年，普陀区人民法院（简称区法院）设综合办公室、政治部、刑事审判庭、民事审判一庭、民事审判二庭、民事审判三庭、行政审判庭、审判管理办公室、执行局、立案庭（诉讼服务中心），下辖六横、虾峙、桃花、朱家尖以及巡回法庭5个人民法庭。其中，巡回法庭主要负责参与本岛片范围内的审判延伸工作。区法院有在编干警105人（员额法官39人、审判辅助人员51人、司法行政人员15人），聘用人员49人。在编干警中，硕士36人、大学本科62人、大学专科7人。

是年，六横法庭获省高级人民法院集体二等功，刑事审判庭获市中级人民法院集体三等功，立案庭获2017—2018年度全省政法系统先进集体；庄玲娜获评2018年度全省扫黑除恶专项斗争先进个人，2人获市中级人民法院个人三等功，1人获全市法院基本解决执行难专项个人三等功，1人获评全市政法系统“最美政法人”，1人获评2018年度全市“调解能手”。

区法院开展“司法质量大检查”活动，对2475件案件、128次庭审进行评查，提升干警司法能力。开展清理长期未结案专项行动，18个月以上未结案清零。全年区法院新收各类案件6256件，办结6431件，同比分别下降21.18％和21.77％，同期结案率102.8％，年底未结案数为5年来最低。

【刑事审判】 2019年，区法院加强审判执行工作，提高审执质效，新收一审刑事案件377件，审结360件，同比分别上升8.96％和5.88％；判处罪犯620人，同比上升20.39％，其中判处五年以上有期徒刑48人。依法维护人民群众生命财产安全，审结“两抢一盗”、故意伤害、涉毒等犯罪案件154件215人。打击涉众型经济犯罪，审结电信诈骗、集资诈骗等涉众型犯罪案件25件，涉案标的额4176万元。重视支持公益诉讼，首次组成七人合议庭公开审理全市首批海洋生态资源类刑事附带民事公益诉讼案件，组织辖区渔民进行旁听，并联合相关部门开展增殖放流活动，加大典型案例的警示教育宣传力度。依法惩处职务犯罪，保持反腐高压态势，审结贪污、受贿等职务犯罪案件7件11人，其中县处级以上3人。贯彻落实刑诉法修正案要求，推动刑事案件繁简分流，会同公、检、司出台《舟山市普陀区适用认罪认罚从宽制度及速裁程序办理刑事案件的实施细则（试行）》，审结认罪认罚案件90件，其中当庭宣判71件。落实证人保护制度，启用隐蔽作证设备审理案件，促进和激励证人出庭作证，助推刑事案件庭审实质化。加强人权保障，为195名经济困难的被告人指定辩护，实现普通程序刑事案件辩护全覆盖。对150名具有从宽处理情节的罪犯依法适用非监禁刑或免予刑事处罚，确保宽严得当。开展扫黑除恶专项斗争攻坚年活动。作为全市审理重大涉黑恶案件指定管辖法院，新收涉黑恶案件7件45人（旧存2件15

舟山首批海洋生态资源类刑事附带民事公益诉讼案件开庭　（区法院提供）

人),审结8件51人,判处五年以上有期徒刑10人,最高刑期17年6个月。追回赃款及执行财产刑到位340余万元,其中全市首例黑恶势力犯罪案件中148万元违法所得款及100万元罚金款全部执行到位。开展"打伞破网"和打击虚假诉讼专项行动,发布《甄别、审查、惩治"套路贷"行为工作指引》《全区职业放贷人名录》等,对全院近三年办结的各类案件进行逐案排摸,向区扫黑办移送涉嫌虚假诉讼及公职人员违法犯罪等线索22条。

【民商事审判】 2019年,区法院新收一审民商事案件2517件,审结2595件,解决涉案标的额12.94亿元。民事调撤率58.07%,高于全省平均水平。审结人身损害、交通事故、医患纠纷等各类侵权赔偿纠纷案件264件,结案标的额4957万元。审结夫妻离婚、老人赡养、子女抚育、分家析产、财产继承等家事纠纷案件330件。审结劳动争议、劳务合同等纠纷案件152件。审结所有权确认、占有物返还、财产损害赔偿等各类物权纠纷案件58件。审结各类合同、合伙合作、公司股权等纠纷案件817件,结案标的额3.53亿元。审结金融借款、民间借贷、融资担保等案件1109件,结案标的额4.15亿元。加快破产企业司法处置进程,新收破产案件4件,审结4件。

【行政审判】 2019年,区法院新收行政诉讼案件60件,审结61件,同比分别上升42.86%和27.08%;新收行政非诉申请执行案件31件,审结22件,同比分别下降50%和63.33%。坚持合法性审查与化解矛盾相统一,努力推动行政争议调解中心实体化运行,促进行政争议实质性化解,7件案件经协调促成和解撤诉。发挥司法监督职能,纠正瑕疵和违法行政行为,9件案件判决行政机关败诉。助力文明城市创建,依法及时审查行政机关申请的城市管理类行政非诉案件5件,准执率100%。邀请行政机关负责人及工作人员旁听典型案件,引导行政机关树立法治思维和程序意识,助推法治政府建设。

区法院召开舟山阿鲁亚大酒店开发有限公司破产清算案第一次债权人会议 (区法院提供)

【诉源治理】 2019年,区法院主动融入诉源治理,助推社会治理现代化。推动多元解纷"普陀模式"巩固和深化,健全"社会调解优先、法院诉讼断后"的递进式矛盾纠纷分层过滤体系。与区司法局联合完善诉调对接机制,加强对人民调解员业务指导,优化工作流程;与区工商联联合开辟涉企纠纷诉前化解新通道,拓展行业调解领域;推广应用在线矛盾纠纷化解平台,逐步构建"线下+线上"相结合的诉前解纷新格局;加强与各司法所、基层调委会联动,打造"普陀模式"法庭样板,将更多基层社会纠纷化解于诉前。办理人民调解协议司法确认案件531件,同比上升146.98%;民商事诉讼收案同比下降34.91%,降幅居全省基层法院首位,4家基层法庭诉讼收案同比下降33.75%。在全国高级法院院长座谈会期间,区委书记张立军通过视频连线介绍多元解纷"普陀模式",最高人民法院院长周强对"普陀模式"给予高度评价,并建议普遍推广;中央政法委副秘书长景汉朝等领导先后到普陀调研,对相关工作给予充分肯定;举办全省中级人民法院院长座谈会首站现场会;先后有省内外42家法院到普陀学习考察,在全省乃至全国范

6月12日，在全国高级人民法院院长座谈会上，区委书记张立军（右上角视频画面中）通过视频连线介绍区社治中心建设模式 （区社治中心提供）

围打响“普陀模式”品牌。

【执行工作】 2019年，区法院新收执行案件2646件，执结2773件，同比分别下降20.28%和19.08%，到位标的额4.5亿元。巩固扩大“基本解决执行难”三年攻坚战果，执行工作由阶段性攻坚战向常态化持久战转变，逐步构建“自动履行为主、强制执行为辅”的执行长效机制。加强立审执兼顾，向当事人发送《不履行生效裁判义务的法律责任警示书》，督促引导当事人主动履行义务，全年民商事案件自动履行率46.33%，同比上升10.29%。贯彻省高院《关于进一步强化强制执行措施的若干意见(试行)》，突出执行威慑力，全年发布限制消费令2259份，限制出境2009人次，列入失信被执行人名单1335人次，司法拘留294人次，罚款311人次，移送拒执犯罪8人，审结拒执罪案件4件，对5名被告人均判处实刑。推进司法网络拍卖工作，确保司法处置资产公开、公正、高效，全年司法拍卖资产968套(件)，成交798套(件)，成交金额14.97亿元，溢价率40.44%。在全市率先探索执行公证机制，保障执行过程的客观真实和公开透明，提高执行公信力。

【法院司法改革】 2019年，区法院依照法定程序新增入额法官1人，招录司法雇员8人，全院有员额法官39人，法官助理17人，司法雇员20人。贯彻落实中央、省委和上级法院决策部署，如期完成法院内设机构改革，精简内设机构3个，实现人员、机构和编制配置向业务一线倾斜，突出审判组织扁平化科学化管理。结合“普陀模式”成效及法院队伍现状，调整“繁”“简”案件分案比例，对民商事审判团队进行重新调整，建立符合司法规律的审判权运行模式；强化院庭长审判管理监督职责，尤其注重对“四类案件”开展宏观指导、程序监控和节点管理，保障法官依法公正独立行使审判权，确保审判权在监督下运行。实现院庭长办案常态化，全年院庭长办结案件1929件，占员额法官办案数44.27%。推动专业法官会议、各条线工作例会、审判沙龙等机制常态化运行，组织召开刑事(行政)、民商事、执行3个专业法官会议160余次、审判沙龙4期。完善案件评查结果运用机制，将评查结果运用于法官考核、评优、晋升等。深化司法领域“最多跑一次”改革，畅通网上立案、跨域立案渠道，网上立案1941件，跨域立案6件，形成“当场立、网上立、就近立”的立案工作新格局。推广移动微法院便民诉讼平台，运用移动微法院开展文书送达、证据交换、调解开庭、执行约谈等，平台引用率、运用率均超99%，居全省法院前列、全市法院之首。推进电子卷宗随案同步生成与深度应用，案件卷宗随案扫描率100%，为法官、诉讼参与人和政务部门查阅案卷提供更便捷服务。推广类案推送、文书校对等审判辅助系统，实现信息技术与审判工作深度融合，提升智能化服务审判活动水平。

【“三服务”及司法活动】 2019年，区法院开展“三服务”(服务企业、服务群众、服务基层)活动，走访街道镇、社区、企业等46次，收集意见建议77条(件)，当场答复处理74条(件)，拟探索建立长效机制3条(件)。加强与市中级人民法院自贸区法庭、宁波海事法院自贸区海事法庭工作对接和配合，及时妥善处理涉自贸区投资、贸易、金融纠纷。审慎采取保全措施，建立辖区重点企业涉诉保全效果评估机制，对处于正常商业经营、履行能力尚好的企业，加强与当事人沟通，通过提供保证金或其他担保方式以替代对银行账户的查封，避免企业生产经营受影响。推动完善企业破产处理机制，争取区财政设立企业破产专项援助资金，解决缺乏启动资金的企业破产程序启动和推进问题，加快“僵尸企业”市场出清；加强与区各职能部门工作衔接，协调解决企业破产处置中有关问题，稳妥推进企业重整拯救机制和破产清算退出机制的顺利运转。开展司法延伸服务，参与相关领导和部门召集的协调会、“三重”项目推进会等，配合研究解决经济社会发展过程中出现的涉法涉稳问题；继续开展法官进社区、配合基层调解纠纷等活动，回应基层群众司法需求；在未进驻法庭的住人岛设立巡回审判点9个，实现巡回审判全覆盖；在舟山中远海运重工有限公司设立全市首个驻企巡回审判点，指导企业成立涉企纠纷调解工作室，通过巡回审判与行业调解相结合，努力实现“矛盾不出厂”。针对部分当事人实际困难，开展上门立案、上门发放执行款等活动。

（撰稿：王文琪）

司法行政

【概况】 2019年，普陀区获评全国“七五”普法中期先进区、全省“七五”普法中期成绩突出区，被省委全面依法治省委员会办公室命名为“2018年度法治县（市、区）示范单位”；区人民调解委员会被司法部命名为坚持发展“枫桥经验”实现矛盾不上交试点工作先进集体；区司法局获省司法厅新中国成立70周年大庆安保维稳工作集体嘉奖。

区司法局是主管全区司法行政工作的区政府工作部门，挂区行政复议局、区委全面依法治区委员会办公室牌子。内设政治处（挂办公室牌子）、复议应诉科、法制监督事务科、普法与依法治理科、人民参与和促进法治科、公共法律服务管理科（律师管理工作科）、社区矫正管理科；下属股级事业单位1个：区法律援助中心；辖7个基层司法所。

【依法治区工作】 区司法局结合“不忘初心、牢记使命”主题教育，学习宣传促进经济发展、保障和改善民生、加强和创新社会治理、反腐倡廉建设等相关法律法规，提高领导干部运用法治思维和法治方式处理问题的能力和水平。协调召开区委全面依法治区委员会第一次会议，审议并通过“两规则一细则”和2019年普陀区法治建设工作要点。结合机构改革，成立区委全面依法治区委员会，设立执法、司法和守法普法三个协调小组和委员会办公室，推进全面依法治区各项重点工作统筹协调和指导督促，率先在全市成立区委依法治区委员会办公室秘书科，基本建成全面依法治区工作组织架构。发挥三个协调小组作用，推动全面依法治区工作有序进行。加强宪法学习宣传贯彻，落实区政府常务会学法用法制度，及人大及其常委会选举任命的国家工作人员就职宪法宣誓制度；深化“宪法进万家”活动，开展宪法宣誓、宪法晨读、社区矫正场所开放日、宪法知识考试等活动，依托微信、微博、网站及电视台等新媒体平台，掀起宪法学习高潮。

省委依法治省办法治政府建设督察组到普陀督察法治政府建设工作　（区司法局提供）

深化法治普陀建设和法治宣传教育工作任务，健全完善“党委领导、人大监督、政府实施、各部门各负其责、全社会共同参与”领导机制和工作机制，推动形成齐抓共管大普法格局。将法治建设工作纳入区对街道镇及区属部门政绩考核指标体系，制定各街道镇及区属单位法治政府建设(依法行政)工作考核赋分办法，并纳入到区综合考评方案当中。

以打造“五最县区”(审批最少、流程最优、效率最高、服务最好、群众和企业获得感最强)为目标，持续深化“最多跑一次”改革。2019年，区行政服务中心受理各类审批事项26万余件，办结26万余件，当场办结率和到期办结率均达到100%。全面清理烦扰企业和群众的各类无谓证明，梳理出全区行政机关证明事项277项，其中保留95项，取消182项，努力打造“无证明”城市。优化法治化营商环境，出台《2019年舟山市普陀区全面落实公平竞争审查制度工作要点》，落实公平竞争审查制度；建立民商事快速化解机制，综合运用调解、仲裁、诉讼等方式，开通劳资纠纷等案件受理“绿色通道”，强化商事案件司法保障；出台全市首部《损害营商环境行为问责办法》，创新推出涉企行政执法检查备案制度；出台《企业法律顾问制度》，提高顾问单位依法经营和防御法律风险能力；精选23名资深律师组成法律服务民营企业律师团，打造“双月十日”公共法律服务活动品牌，深化“三服务”，开展民营企业“法治体检”活动，全年累计提供各类法律服务5000余件(次)。

【法制监督事务】 开展政府重大行政决策合法性审核工作，提请区政府发布《关于印发普陀区人民政府重大行政决策程序规定的通知》，依法履行公众参与、专家论证、风险评估、合法性审查、集体讨论决定等程序，实现重大行政决策合法性审查100%覆盖。加强行政规范性文件监督管理，实现行政规范性文件合法性审查100%覆盖，全年审查备案规范性文件44件。有序推进政府合同管理，对45家单位的9540余件政府合同进行全面清理，规范政府合同管理模式。完善建立党委、政府法律顾问制度，2019年法律顾问参与重大项目推进、合同审查等活动50余次，提供法律意见90余条。

【行政复议应诉】 完成行政复议体制改革工作，行政复议局实体化运作，实行区政府行政复议工作“一个口子”对外。在区公共法律服务中心设置行政复议案件受理窗口、行政争议调解中心和行政复议听证室，推进行政复议规范化建设。2019年全区受理行政复议案件13件，办结11件；坚持争议化解优先原则，全区行政复议案件调解撤回率20%。加大预防和化解行政争议力度，参与区政府在人力社保、拆违等重点领域的协调会15次。落实行政机关负责人出庭应诉制度，区级部门行政诉讼案件负责人出庭率及区政府重大行政诉讼案件负责人出庭应诉率均达到100%。全年以区政府为被告诉讼案件无一例败诉。

【行政执法活动】 区司法局深化综合行政执法改革，综合执法力量80%下沉至基层，并成立执法中队，区级层面保留20%机动执法力量，逐步实现街道镇一支队伍管执法。规范行政执法，实现重大行政执法决定法制审核制度、全过程记录制度、行政执法公示制度“三项制度”100%全覆盖。全国文明城市创建活动中，依法审查行政机关查处越门经营、占道经营等城市管理类案件21件，准执率100%。注重发挥人大监督作用，出台《关于政府重大投资项目审查监督暂行办法》，促进民生项目实施。建立健全人民陪审员和监督员的考核约束机制，选任人民陪审员123人、人民监督员19人，参与审理各类案件3341件。

【普法与依法治理工作】 区司法局贯彻落实“七五”普法规划，构建“大普法”工作格局，压实“谁执法谁普法”工作责任，重新调整守法普法协调小组成员单位21家，相继公布区属单位法治宣传教育责任清单。聚焦重点对象深化学法举措，将习近平全面依法治国新理念新思想新战略和宪法纳入国家工作人员学法内容，完成公务员三年“学法用法”轮训工作。调整由20人组成的“七五”普法讲师团，深入机关、企业、学校、村、社区等重点领域开展专题宣讲活动100余场次。依托“法律十进”工程，丰富“宪法进万家”主题活动形式，结合“创城”法治宣传和志愿服务工作，组织开展宪法主题宣传活动30次，法治讲座20余场。普陀区普法讲师团获全市优秀宣讲团队称号。建成东港街道南岙村为省级“法治宣传教育基地”，全区建成法治文化礼堂58家；打造全市首个青少年法治教育阵地，命名公布全区首批“青少年法治教育实践基地”5个；聘任检察官、民警、律师等24名法律工作者覆盖全区各中小学任法治副校长，公布全区首批“青少年法治教育实践基地”5个，推动法治宣传融入社会治理当中，努力打造“一街一品”法治宣传文化阵地。加强对“法随远洋”系列活动普法宣传，实现对全区373艘远洋渔船普法宣传全覆盖，送法频率同比上年增长25%。组织形式活泼、寓教于乐青少年学法活动，开展融入渔民生活的休渔期普法专项行动，创新流动人口和外来务工人员针对性法治宣传，打造“法治军营”等特色普法品牌。

以乡村振兴战略为契机，开展民主法治村创建工作计划。全区有国家级民主法治示范村3个、省级13个、市级30个，区级创建面达100%；创建并建设完成省级善治示范村6个，市级“三治融合”示范村12个。组建“百姓议事团”，参与社区重大事项决策，提高决策科学性和民主性。搭建社情民意收集平台，定期开展“社区治安大家谈”“基层自治大家谈”等活动，畅通群众诉求表达渠道。建立健全乡贤参事制度，培育完善“老娘舅志愿者调解队伍”“平安志愿者队伍”“东海渔嫂”等各具特色的基层志愿服务团队。

【人民调解工作】 区司法局贯彻落实区委、区政府“最多跑一次、跑一地”改革部署，创新服务方法，助推区社治中心品牌建设。全年累计调处各类矛盾纠纷5485件，按时办结率99.97%，96.5%案件实现“最多跑一次”，群众满意率98.6%，实现矛盾纠纷化解时效率、解决率、满意率三提升。58件重大疑难矛盾纠纷(含死亡赔偿纠纷38件)和15件涉及200人的群体性矛盾纠纷得到妥善处置，重大疑难案件调处成功率、协议履行率均为100%。建立健全人民调解组织队伍，2019年重点在婚姻家庭、劳资纠纷、物业管理等领域增强调解力量，扩大人民调解覆盖面。打造“等级调解人

2019年度普陀区人民调解员、人民陪审员学习培训班 （区司法局提供）

宪法宣传周宪法晨读活动 （区司法局提供）

才库”，全区938名人民调解员全部纳入大调解平台，3家行业性调解组织进驻浙江法网，推进“大数据+人民调解”工作机制。培育推广基层人民调解员个人品牌调解室2家。在7个涉海街道镇的人民调解船全覆盖，打造市级人民调解船15艘。区政府每年核拨40万元专款用于8名专职人民调解员的薪酬待遇发放。健全完善律师调解制度，已有47名律师参与调解340件，成功269件，成功率79.1%（位于全省前列），案件标的额350万元。

【社区矫正和安置帮教】2019年，全区接收社区矫正对象148人，解矫138人，在册222人；开展审前社会调查评估案件160件，变更居住地6人，给予警告处分25人次，未出现社区矫正对象脱漏管和严重再犯罪情况，重新犯罪率控制在0.5%及以下，完成特殊敏感时期社区矫正维稳安保任务。做好刑满释放人员安置帮教工作，全区987名刑释人员的帮教率和安置率均达100%。推进“智慧司法”工作，建成区指挥中心，实现社区矫正远程视频督察系统全覆盖，建立健全值班值守制度；加强监地协作，全年开展远程视频会见4批次。开展社区矫正对象特赦工作，全区解矫符合特赦调解的社区矫正对象15人。常态化组织召开全区社区矫正工作联席会议，重点研究并明确社区矫正对象海上作业具体要求，经整治、帮扶、引导，原98名因走私普通货物罪入矫的矫正对象全部实现转产转业，为全市社区矫正工作提供普陀做法。贯彻落实省、市五部门《关于进一步加强社区矫正社会工作者队伍建设的指导意见》，主动加强部门间衔接协调，率先在全市落实社工文件精神。

【扫黑除恶专项行动】区司法局深化扫黑除恶专项斗争行动，完善整体实施方案和线索排摸方案，重点做好社区矫正对象排摸、监管、教育、转化、深挖5项工作，先后排查重点人员156人次、涉枪涉爆人员3人次，全部纳入重点人员管理等级，逐一落实针对性监管教育措施。至年底，原罪类型为“9+3”的服刑人员36人，均未被法院定性为涉黑恶案。为无党员律师事务所配备党建指导员，实现全区律师事务所党建引领机制；建立律师事务所代理涉黑恶案件承诺制，引导律师事务所规范执业行为；组织学习《关于办理黑恶势力刑事案件若干问题的意见》等4个指导文件，开展专项检查，对律师事务所落实收案审批、集体讨论、结案审查等制度进行核查，落实整改。全区有32名律师参与办理涉黑涉恶案件39件（已办结11件），审查指导涉黑恶案件报备139份，其中2起涉嫌黑社会组织性质犯罪。落实涉黑恶案件派员旁听制度，加强律师事务所庭审现场指导监督工作。全年派员旁听涉黑恶案件审理8次。

【公共法律服务】普陀区实现全区7个街道镇公共法律服务工作站全覆盖；普陀湾众创码头、沈家门渔港特色小镇、百里滨海大道、浙江星舟律师事务所、总商会设立5个特色公共法律服务站，实现就近提供各类法律服务。推进村社“法律顾问e服务”微信塔群、“互联网+法律服务”模式（即网上咨询申请、线上即时审批指

首个社区矫正场所开放日活动　（区司法局提供）

律师为区内企业家开展法治讲堂　(区司法局提供)

派律师),搭建司法行政、律师与基层干部法律信息联通桥梁,努力让群众在家门口就能享受法律服务。2019 年发送法治资讯、以案释法 1500 余篇,线上法律"问诊"1200 余人次。依托律师会客厅、法律顾问进网格等服务平台,由社区顾问律师坐诊"家门口",现场为群众解答涉及"套路贷"、民事诉讼、民间经济纠纷等方面的实际法律问题,增加线下法律服务进村(社区)的频次比例和实效性。打响"双月十日"公共法律集中服务日活动品牌,社区顾问律师深入基层一线提供全覆盖、零距离、无障碍的专项法律服务,全年为村(社区)提供土地交付、承包经营等方面的法律意见 120 余条次,开展村民自治章程、村规民约等合法性审查 250 件,为乡村振兴提供法治保障。精选 23 名资深律师组成法律服务民营企业律师团,通过企业家座谈会、"一对一"法律体检、骨干律师"法律健康门诊"等活动,全年走访企业 123 家次,覆盖面 90%,送法进企频率同比上年增加 20%。出台《企业法律顾问制度》,为企业聘请法律顾问提供意见和建议,全区近 50%规模以上企业已聘请法律顾问并建立健全相关制度,帮助企业解决各类索赔诉讼 105 宗,挽回经济损失 5000 余万元。

【法律援助】 区司法局助推"无欠薪普陀"品牌创建,实现法律援助"最多跑一次、跑一地"畅通农民工工资争议案件绿色通道,全年办理劳动争议案件 76 件。落实关于刑事案件律师辩护全覆盖工作要求,建立健全相关工作机制,保障犯罪嫌疑人、被告人合法权益,促进司法公正。实行"1+7+N"法律服务模式,即以法律援助中心为基本点,全区 7 个街道镇全覆盖建立法律援助工作站,在妇联、残联等单位及驻地部队建立 7 个法律援助工作站,全区 99 个村(社区)无盲区设立法律援助联系点,形成中心—工作站—联系点三级法律援助网络体系。深化"放管服"改革,加快推进全系统信息化建设,把法律援助融入"浙江政务服务网""浙江法律援助""12348"法网等平台,实现法律援助受理"一网通办""只进一扇门""最多跑一次",2019 年网上受理法援案件数同比增加 50%。组建由 14 名律师组成的脱贫攻坚法律服务团,为全区 423 户贫困户结对帮扶律师,以"集中服务 + 上门走访"形式,为低收入农户提供面对面法律帮扶,发挥"家庭法律顾问"职能。降低农民工讨薪援助申请门槛,即从审查、受理、审核到指派实行一站式服务,次要材料欠缺的情况下先予受理,对指派的复杂疑难法律援助案件实行全程跟单式监督,促进援助案件办理质量提升,实现应援优援。全年办理法律援助案件 520 件(自办案件 339 件),其中刑事案件 415 件(认罪认罚 188 件)、民事案件 105 件,为弱势群体挽回直接经济损失 570 余万元,群众满意率 100%,连续十一年保持法律援助案件"零投诉"。

【律师事务所】 2019 年,全区有 13 家律师事务所。其中,浙江星舟律师事务所、浙江明达律师事务所、浙江民鸿律师事务所、浙江恒顺律师事务所和浙江泽大(浙江自贸区)律师事务所、北京上泽广霁(舟山)律师事务所 6 家为合伙所,浙江星岛律师事务所、浙江晓纬律师事务所、浙江松臻律师事务所、浙江松立律师事务所、浙江宁久律师事务所、浙江长路律师事务所、浙江畅洲律师事务所7家为个人所;有2家基层法律服务所:舟山市普陀区星光法律服务所、舟山市普陀区星欣法律服务所。全区有专职律师53人,兼职律师1人,辅助人员18人;法律服务工作者8人,辅助人员3人。全区律师事务所为277家单位常年担任法律顾问。其中政府、事业单位46家,中小企业177家。全区聘用44名律师担任99个社区(村)法律顾问,实现社区法律顾问全覆盖。是年,办理各类诉讼案件1684件,律师事务所业务总收入2843万元,比上年增长22.64%。基层法律服务所办理各类诉讼案件242件,代写法律文书并解答法律咨询316件,担任法律顾问16家,业务总收入111.82万元。

(撰稿:徐敏)

编辑:魏斌

军 事

人民武装

【概况】 中国人民解放军浙江省舟山市普陀区人民武装部(简称区人武部)续隶舟山警备区建制,受舟山警备区和普陀区委、区政府双重领导,下辖街道镇武装部9个,企事业单位武装部7个。2019年,区人武部围绕贯彻落实省军区、舟山警备区党委扩大会议精神,聚焦中心抓备战,推进人武工作持续发展。普陀区征兵办公室获全省征兵工作先进集体;东港街道武装部获全省基层建设标兵单位;六横镇、朱家尖街道武装部获全市基层建设先进单位;12人分获舟山警备区2019年度党管武装工作好书记(3人)、优秀专武干部(3人)、优秀民兵连连长(3人)、十佳国防先锋(3人)称号。

【思想政治建设】 2019年,区人武部党委召开党委会专题部署开展“不忘初心、牢记使命”主题教育活动,深化“传承红色基因,担当强军重任”主题教育成果。集中学习习近平在全党主题教育工作会议、在中央和国家机关党的建设工作会议上讲话,学习中央军委《关于在军队开展“不忘初心、牢记使命”主题教育的意见》等5个通知,制定主题教育实施方案。先后到东港街道、朱家尖街道,对发挥民兵在执行非战争行动中的作用展开调研。组织全区专武干部集中理论培训。以民兵预建党组织为突破,落实每季度组织召开党支部会议,每年进行评议党员活动,提升民兵组织队伍建设质量效益。

3月,开展“学习新党章、维护新党章、践行新党章”活动。12月,开展“不忘初心、牢记使命”专题组织生活会,形成个人书面对照检查材料。开展“学案例鸣警钟、知敬畏守红线”专题教育,引导党员干部明底线、知敬畏。

【党管武装工作】 区委议军会议于7月、12月召开,专题分析研究民兵预建党组织建设情况、修订完善征兵工作实施细则,拟制人武部正规化建设实施意见(征求意见稿)。12月,区人武部第一党委书记张立军向舟山警备区党委进行书面述职。

【国防动员和国防教育】 区人武部围绕加强民兵调整改革、征兵工作、国防教育进社区等重点工作,上门协调地方相关职能部门,逐项量化指标,硬化推进措施,力求严格制度,确保规范运行。常态落实国防动员各项工作制度,规范形成专兼结合、职能明确、关系顺畅的国防动员工作机制。采取纵向普查、横向核查相结合的办法,更新与作战准备相关的5个方面28类近500项重要潜力指标。

发挥强军文化引领熏陶作用,将国防教育橱窗延伸到各社区(村)文化礼堂,营造关心国防、关爱军人的浓厚氛围。在全区开展国防教育系列讲座。区国防教育委员会和区人武部领导,深入各机关企事业单位培训场所和各中小学校,对公务人员、职工和青少年学生进行国防教育专题授课,结合“双节”军属慰问、国家公祭日和征兵季,常态开展国防宣传。

【民兵整组】 区人武部持续深化“十三五”民兵调整改革总体部署,全区调整组建应急、专业、特殊3类基干民兵,预征预储装备车辆400余台(套),按“三个现地”(现地整组、现地明确任务、现地组织训练)方式,逐一点验陆上基干民兵。5月,召开集中点验暨开训动员大会,全区基干民兵四项硬性指标基本达标，退伍军人比例21.2%，党员比例30.9%，技术岗位专业对口率48%，排以上干部全部为正式党员。

5月17日，普陀区海上民兵接受上级拉动点验 （区人武部提供）

【军事训练】 区人武部按《民兵军事训练大纲》要求，开展民兵训练，完成各支分队训练任务。4月下旬、5月上旬，组织全区各街道镇专武干部和民兵营连长集训，突出武装工作政策法规学习，规范基层武装工作。开展重点队伍带训、帮训、驻训、联训等活动。4月上旬，开展民兵应急连“训练月”活动，提高遂行非战争军事行动能力。6、7月遴选推荐24名训练尖子参加舟山警备区民兵岗位大比武，获民兵综合组总分第一，单项第一。

【海上动员力量建设】 3月，区人武部通过走访调查海洋渔业局、渔船管理服务站、渔政站，遴选64名渔船老大编入信息船队伍；借助“情报信息工作讲评会”“报知周”“渔船老大安全教育”等活动时机，先后组织360余名信息员进行学习教育和技能培训，下发资料800余份、宣传图册300余份。5月，配合上级部门对海上任务行动分队进行拉动点验。结合应急应战实践思考，撰写要讯4篇，被省军区采用转发1篇。

6月21日，省军区对普陀区民兵应急连进行拉动点验 （区人武部提供）

【兵役征集】 区人武部按征兵“五率”量化考评标准要求，落实区、街道镇、重点社区(村)三个层次责任，开展立功士兵、优秀士兵上门送喜报活动(三等功2人、优秀26人)。利用社区(村)“大喇叭”广播、制作发放宣传品，全区拉横幅70余条，张贴标语3000余张，下发征兵宣传画80余套和国家国防教育宣传用语100条，投入宣传经费7万余元。开展“大学生老兵咨询团进体检站”，组织“为功臣点赞为大学生士兵喝彩”等宣传活动。是年，完成新兵征集任务，所征兵员中大学生比例达到88.6%，大学生应届毕业生比例6.8%。征兵期间，会同区纪检部门成立廉洁征兵监督组，专人负责，设立举报信箱和举报电话，发放征接兵工作人员和适龄青年及家长廉洁征兵卡。

【双拥共建工作】 区人武部围绕军民融合示范区创建、社会化拥军优抚落实等重点工作，以打基

9月10日，普陀区征兵办组织欢送新兵　（区人武部提供）

础、抓落实、谋创新为目标，开展双拥共建。先后出动民兵150余人次，完成参建共建、防台抗汛、山林灭火等急难险重任务。协调区民政局、区人力社保局、区退伍军人事务管理局落实国防教育入校园、走入营区参观红色教育基地、征兵优抚新政策落地、地方党政机关干部祭奠烈士等，协调落实退伍军人招聘会1次、拥军慰问晚会4次、安排4名军人家属就业、65名现役官兵子女上学。

【落实安全工作】 区人武部以《浙江省军区安全工作检查考评实施办法（试行）》等为依据，守住安全底线，抓安全工作末端落实。抓好新修订《中国人民解放军共同条例》学习贯彻，围绕“人车枪弹密、水火电钱网、酒油黄赌毒、涉外涉地方”等管理重点，区分责任，常态落实，形成制度。2月，重点抓好重特大安全风险评估，分析研判9个安全风险点，深入排查整治，消除问题隐患。4月、8月开展安全大检查活动，重点对21个方面47项内容组织自查自纠，做好中央军委国防动员部和全军安全大检查各项准备。

（撰稿：李冬）

边海防管理

2019年，区公安分局针对边防转改后海域管辖区域划分未明确实际，主动担当，继续推行“远洋渔船多元管理”“海上娘舅船”“名老大调解协会”等管海治海模式，明确各派出所海域分工管理职责，落实“船舶人员网上报备”、水路旅客运输实名登记等制度，加大对船舶停泊点、无人管理码头及海岸线沿线巡查力度。开展“反走私”、小型休闲船艇联合整治等专项行动20余次，扣押重大走私隐患“三无”船舶28艘，查处无证驾驶案件7起，拆解“三无”船舶4艘，确保海域治安秩序持续平稳，“海上枫桥”警务获评第三届全省公安机关改革创新大赛铜奖。

（撰稿：俞波）

人民防空

【概况】 2019年3月19日机构改革，普陀区人民防空办公室更名为普陀区人防事务中心，为区住房和城乡建设局管理的副科级

5月5日，中央军委国防动员部巡察组到区人武部巡视巡察　（区人武部提供）

事业单位。内设综合科、人防事务科。

3月，根据浙江省人民防空办公室《关于深化人防工程产权制度改革试点工作的指导意见》文件精神，普陀区作为全省14个人防工程产权改革试点区县之一，并被舟山市发改委列入市重点改革事项。11月20日，区政府出台《舟山市普陀区人民防空工程管理办法》。

发放防空防灾知识手册 （孙旺挺摄）

【人防宣传教育活动】 3月1日国际民防日宣传期间，区人防事务中心在凯虹广场大屏幕连续6天播放防空防灾知识视频，每次播放时间为15秒，每天播放次数45次以上。

5月12日，区人防事务中心联合市人防办、市民防协会、东港街道在灵秀社区举办“情系人防、文明东港”的人防专题文艺演出。“5·12”宣传周期间，展出人防知识宣传图板24块，发放防空防灾必读手册200余份。

防空防灾疏散演练 （孙旺挺摄）

【人防指挥通信体系建设】 4月，普陀区完成本级重要经济目标定级分类相关工作。经区政府和区人武部批准，全区确定基础设施类三级防护目标4个，仓储设施类三级防护目标1个。

5月12日，全区22台警报器进行试鸣，覆盖率和鸣响率100%。同日，区人防事务中心开展“提高灾害防治能力，构筑生命安全防线”为主题的防空防灾知识宣传活动。区人防事务中心和东港街道灵秀社区结合警报试鸣开展社区人员应急疏散演练。当天，灵秀社区80人参加以防空防灾、应急逃生为主要内容的人员应急疏散演练。

【人防工程建设】 2019年，全区受理及审批结合民用建筑修建防空地下室（简称“结建”防空地下室）项目7个，完成竣工“结建”防空地下室项目7个。在建“结建”人防地下室项目36个。开展对在建人防工程质量监督34次。

（撰稿：孙旺挺）

退役军人事务

【概 况】 2019年1月15日，普陀区退役军人事务局挂牌成立，为区政府工作部门，正科级。区退役军人事务局主管拥军优属，移交安置退役军人及组织开展教育培训，协调扶持退役军人和随军家属就业创业，指导并监督检查退役军人相关法律法规和政策措施落实，会同有关部门制定退役军人特殊保障政策及组织落实等。内设办公室、移交安置科、拥军优抚科；辖3个股级事业单位：区军队离休退休干部休养所、区退役军人服务中心、区拥军优属拥政爱民服务中心。

8月22日，省退役军人事务厅厅长林云举到普陀区调研全省首家退役军人创业园。8月27日，中共舟山市普陀区委退役军人事务工作领导小组召开第一次会议。会议审议并通过《中共舟山市普陀区委退役军人事务工作领导小组工作规则》《中共舟山市普陀区委退役军人事务工作领导小组办公室工作细则》。区委书记、区委退役军人事务工作领导小组组长张立军发表讲话，区委副书记张文科等出席会议。

【双拥走访】 5月28日，普陀区通过省双拥模范城考核检查，助力舟山市连续第九次获省双拥模范城称号；普陀湾众创码头服务中心通过省双拥工作领导小组办公室复核，被评为爱国拥军模范单位。

春节期间，重点走访慰问全国拥军模范孙芬年和为救火而英勇牺牲的烈士陈建军家属，并为烈军属、复退军人等送上春节年画。“八一”期间，区主要领导走访慰问新成立的舟山海警局、洛阳营、预备役团等驻舟部队，围绕普陀经济建设发展情况进行交流，并同302旅建立互通互联工作机制，协调涉军事务，配合全区中心工作建设。中华人民共和国成立70周年之际，区委区政府主要领导，赴定海舟山离休干部休养所看望慰问离休干部，并送去10万元慰问金。全年累计支出种类拥军慰问经费151.5万元。

【抚恤优待】 全年累计为各类优抚对象发放抚恤优待资金1300余万元，涉及人员2720余人次。5月、9月按全区自然增长机制及省退役军人事务厅文件要求，对享受定期抚恤和生活补助的优抚对象进行调标，两次调标后，各类补助资金增长5%～10%，全年为全区1349名优抚对象发放各类抚恤和生活补助金692万元。为需要缴纳医疗保险的143名在乡重点优抚对象缴纳医疗保险及重大疾病医疗救助金46.9万元；为一至六级残疾军人491人次支付医疗补助费5.8万元；为在乡重点优抚对象89人次支付医疗救助费11.1万元，为77名参加免费医疗体检的在乡重点优抚对象支付体检经费1.2万元，为143名在乡重点优抚对象发放门诊医疗补助费23万元；为218名重点优抚对象发放基本生活价格补贴10.2万元；为122名义务兵及30名应征入伍大学生发放优待金及奖励金500万元；为31名义务兵发放立功受奖奖励金1.55万元；为29名生活困难优抚对象发放临时性补助资金7.95万元，向市级申报7名困难对象，补助资金1万余元。2019年底，享受定期抚恤补助待遇的“三属”14人，残疾人员84人，老复员军人8人，带病回乡退伍军人30人，参战人员78人，部分烈士子女25人，60周岁农村籍退役士兵1110人。全区采集退役军人和其他优抚对象信息7684条，按本人意愿悬挂光荣牌7100余块。

全区双拥工作会议　(区退役军人事务局提供)

【移交安置】 为2018年度秋冬季84名退役义务兵及复员士官补发安置费603万元；为2019年18名转业士官发放8—10月待安置期间生活和社会医疗保险

补助金20万余元;为9家国有企业单位接收转业士官按政策发放奖励金45万元;对2018年7名签约帮扶的转业士官进行工资调整并足额发放。开展2019年士官军官安置工作,全区推出区民政局、区住建局、区公安分局等部门25个岗位,其中事业编制岗位9个,企业编制岗位16个(央企、省属企业4个,区属国有企业12个),安置率达到100%。接收23名军转干部安置任务,其中副团职4个,营职以下及技术干部19个,安置岗位中要求行政及参公比例达85%以上。有序接收2019年秋冬季退役士兵及复员士官。

【区退役军人服务中心】 根据中央和省两级《关于加快推进退役军人服务保障体系建设的意见》文件要求,运行三级服务体系。区退役军人服务中心于5月初正式挂牌,街道镇和社区于5月底挂牌成立,每个街道至少推出1个村级示范点。至12月,区退役军人服务中心与10个街道镇、95个村(社区)形成三级服务体系。区退役军人服务中心与中国邮政储蓄银行舟山市普陀区支行签署"拥军优抚"合作协议,为全区军人军属、退役军人提供一系列金融服务。9月28日上午,联合区人力社保局组织退役军人专场招聘会,推出153个岗位、853个职位。引导成立首个普陀退役军人创业者联盟,首批17家退役军人创业企业家加入联盟。普陀军创园(省级首个军人创业园)创新亮点工作受到省主要领导表扬。启动社保接续工作,排摸符合条件的1468人。开展普陀区首届"最美退役军人"评选活动,评选出14名首届"最美退役军人"。区公安分局沈家门派出所副所长何友云、展茅街道大展村干部张明获评全市"最美退役军人"荣誉。

【军休活动】 开展"不忘初心、牢记使命"主题教育学习,针对行动不便的军休干部,采用送学上门服务。组织军休干部开展特色军休活动,每月组织军休干部及家属参加市举办的门球比赛、钓鱼及各项趣味娱乐活动。中华人民共和国成立70周年之际,邀请两名离休老干部参加舟山市首届最美退役军人发布暨舟山市关爱退役军人公益联盟启动仪式,并由市领导亲自颁发"庆祝中华人民共和国成立70周年"纪念章;对出行不便的3名离休老干部分别上门颁发。

(撰稿:周巧璐)

编辑:魏斌

海洋与渔业

综 述

2019年,普陀区有涉渔街道镇11个,渔业村(社、公司)70个,经农业农村部批准有远洋渔业资格的企业21家。全区渔业人口75104人,渔业从业人员50662人,其中直接下海捕捞渔民37432人,市外捕捞渔工10759人,占下海捕捞渔民总数28.74%。

2019年全区渔业总产量81.79万吨,比上年增长4.01%;渔业总产值111.51亿元(不含渔业服务业),同比增长6.8%。其中,国内捕捞产量36.80万吨,同比减少5.22%;产值30.88亿元,同比增长1.70%。年末有远洋生产渔船453艘,远洋捕捞产量40.85万吨,同比增长13.35%;产值40.50亿元,同比增长14.21%。海水养殖面积1555公顷,同比增长1.6%;产量4.13万吨,同比增长19.8%;产值7.89亿元,同比增长15.3%。

是年,区海洋与渔业局2019年获2018年度全省渔业工作考核优秀单位、2018年渔船安全生产目标管理责任制考核优秀单位、2018年度浙江渔场修复振兴暨“一打三整治”目标责任考核优秀单位、2016—2018年度舟山市文明单位等荣誉称号。

海洋与渔业综合管理

【管理机构】 2019年3月9日,区委办、区政府办印发《舟山市普陀区海洋与渔业局职能配置、内设机构和人员编制规定》,明确区海洋与渔业局是区政府工作部门,为正科级,挂区海洋行政执法局、浙江普陀中街山列岛海洋特别保护区管理局牌子。海洋与渔业局内设办公室(政策法规科)、人事教育科、计划财务科、渔业科、行政审批科、渔政渔监科(区渔政渔监站、区海洋与渔业信息指挥中心)、海洋科7个科室。5月24日,区委编办发文《关于区海洋与渔业局相关事业单位调整的通知》,区海洋与渔业局所属事业单位调整为6家:区渔港管理站、区海洋行政执法大队(区渔业应急处置指挥中心)、区渔业技术培训中心、区渔船检验站、区水产科学技术推广站、区渔业经营管理站(区渔村合作经济审计站)。省渔业互保协会普陀办事处设在区海洋与渔业局。

【国家绿色渔业实验基地建设】 国家绿色渔业实验基地核心板块绿色渔业发展创新中心落户普陀。抓好招商引资,引进绿色渔业发展相关平台型项目。全年引进注册企业8家,其中4家市外企业;注册资金2.33亿元,其中市外资金890万元。抓好玻璃钢船舶及装备产业中心项目建设,引进中创海洋科技股份有限公司。该公司是集设计、研发、商业模式为一体的主营玻璃钢企业。

【国家级海洋牧场示范区建设】 原计划在普陀门海洋牧场示范区基础上建设以朱家尖、桃花、白沙为主普陀门海洋牧场综合体,并申请国家级海洋牧场示范区。因农业农村部申报政策调整,普陀门海洋牧场综合体拆分为5个项目单独上报。2019年12月25日,舟山市普陀东部海域白沙国家级海洋牧场示范区项目获农业农村部批复。

【普陀区现代农业园区建设】 贯彻落实省委、省政府乡村振兴战略,向省粮食安全和推进农业现代化领导小组农业“两区”办公室申请创建普陀区现代农业园

放生活体梭子蟹幼蟹 （区海洋与渔业局提供）

区，争取补助资金3000万元。园区覆盖沈家门街道、东港街道、虾峙镇及白沙岛管委会，总面积134.58平方千米，以“创新、协调、绿色、开放、共享”五大发展理念为引领，围绕农业供给侧结构性改革和农业绿色发展主线，重点实施农业种养项目，水产品加工和流通项目，休闲渔业项目，美丽乡村建设项目和渔业基础设施项目，旨在打造现代渔业产业融合发展示范区、现代渔业技术创新集成区、现代渔业制度改革先行区和乡村振兴发展样板区，为长三角地区乃至全国现代渔业园区建设提供普陀经验。

【省级渔业转型发展先行区创建】 2019年11月，为期三年的渔业转型发展先行区创建工作通过省农业农村厅验收。项目计22项，总投资2.56亿元（不含减船转产和渔民养老保障资金），在重构渔业资源管控新秩序、打造渔业产业新格局、建设东海蓝色新屏障、建设美丽新渔村、增强渔业发展新动力等方面实现突破。推动全区渔业供给侧转方式、调动结构改革，渔民年人均收入超过3.5万元，新增电商592家，发展渔家乐、民宿299家，实现一、二、三产业有机结合，增强经济发展新动力。

【渔业资源增殖放流】 普陀区全年投入资金341.3万元，放流水生生物苗种8个批次，共2.86亿单位。6月10日，在东港莲花广场举办2019年“全国放鱼日”暨浙江省海洋水生生物增殖放流活动启动仪式，中央农村工作领导小组办公室及省市渔业相关部门代表、本地渔民代表、学生代表、各级媒体等400多人共同参与，在全区营造“增殖放流保资源，修复渔场促民生”的良好氛围。

【休闲渔业】 全区投入经营的休闲渔船共86艘，全年接待游客人数52.43万人，总产出5690万元，税后利润2022万元。

【渔业互助保险】 普陀区全年承保渔工15576人，承担风险保额199.06亿元；承保渔船2010艘，承担风险保额14.86亿元。共承担风险保额213.92亿元。累计支付全区渔民会员理赔款4282.15万元。

海洋捕捞

【概况】 2019年年底，全区有机动渔业船舶2669艘，比上年末减少17艘，总吨位64.49万吨，总功率123.80万马力（91.03万千瓦）。其中，捕捞渔船2183艘，增加41艘，总吨位50.58万吨，总功率100.42万马力（73.84万千瓦），捕捞渔船中600马力（441千瓦）

休伏期间组织渔船清理禁用网具 （区海洋与渔业局提供）

以上417艘。

【国内捕捞】 普陀区国内捕捞渔船作业方式主要有拖网、围网、刺网、张网、蟹笼、钓具、杂渔具等。

【远洋渔业】 全区有各类远洋渔船453艘(包含中国水产舟山海洋渔业公司、中水集团远洋股份有限公司等),其中434艘捕捞渔船投入生产。远洋捕捞全年总产量40.85万吨,产值40.50亿元,比重约为全市远洋渔业70%,全省55%,全国16%。2019年,普陀区重点打造绿色远洋,全年投资4亿元(落实上级补助资金9600万元),完成16艘远洋鱿钓渔船绿色环保更新改造并投入生产。

2019年国内捕捞分品种产量统计

表15

项　目	2019年产量（吨）	2019年比2018年增减（%）	项　目	2019年产量（吨）	2019年比2018年增减（%）
海洋捕捞产量	368044	−5.22	龙头鱼	4367	−13.64
一、鱼类	198915	−5.61	金枪鱼	261	−16.08
其中:海鳗	7280	−26.55	鲳鱼	9412	3.22
鲫鱼	1686	297.64	马面鲀	532	−0.93
鳀鱼	1203	68.72	竹荚鱼	400	−23.08
沙丁鱼	1212	−21.30	鲻鱼	2194	10.36
鲱鱼	1393	−15.73	其他	55453	7.76
石斑鱼	48	−17.24	二、甲壳类	160594	−4.43
鲷	569	4.02	1.虾	132930	−4.02
蓝圆鲹	2989	−51.78	其中:毛虾	20182	−46.37
白姑鱼	5363	−30.51	对虾	36714	−31.47
黄姑鱼	3591	−30.20	鹰爪虾	36480	32.10
鮸鱼	7359	−13.58	虾蛄	14742	31.99
大黄鱼	1	0	2.蟹	27664	−6.38
小黄鱼	9920	−1.918	其中:梭子蟹	26667	−6.22
梅童鱼	22885	13.41	蟳	643	11.44
方头鱼	1129	−11.31	三、贝类	5786	16.18
玉筋鱼	8885	−14.58	四、头足类	1535	−48.73
带鱼	31485	−3.23	其中:乌贼	714	−5.56
金线鱼	125	−2.34	鱿鱼	729	−10.33
梭鱼	47	104.35	章鱼	92	−93.54
鲐鱼	15709	−27.96	五、其他类	1214	−22.97
鲅鱼(马鲛鱼)	3417	19.48			

海水养殖

【养殖方式】 2019年，全区海水养殖总面积1555公顷，产量4.13万吨；产值7.89亿元。

浅海养殖面积244公顷，产量1.05万吨，养殖品种主要为海带、贻贝等。浅海普通网箱3.57万平方米，深水网箱95只，养殖品种以大黄鱼、真鲷、黑鲷、石斑鱼、鲈鱼为主。

围塘养殖面积1074公顷，产量2.39万吨。

滩涂养殖面积237公顷，产量6943吨，主要品种有蛏、蚶、泥螺、蛤等。

【苗种培育】 普陀区全年培育海水鱼苗7120万尾，其中大黄鱼苗700万尾；虾苗5.5亿尾，其中南美白对虾苗1.6亿尾；贝苗5000万粒；蟹苗7470万只，其中梭子蟹苗7020万只。

渔港建设

【概况】 全区有农业农村部公布的渔港22个。其中，等级以上渔港14个，包括国家级中心渔港2个（沈家门中心渔港、舟山中心渔港）、一级渔港3个（虾峙渔港、台门渔港、桃花渔港）、二级渔港4个、三级渔港5个；非等级渔港8个。

2019年5月，设立区渔港管理站，为区海洋与渔业局所属相当于正股级公益一类事业单位。主要职责为：协助做好全区渔港建设与规划，组织申报、转报渔港建设项目；协助做好渔港建设工程项目推进、督查和验收；协助做好渔港资产运作、维护增值保值及渔港水域环境污染防治工作；协助做好保障沈家门中心渔港港区两岸防浪堤及港池、桥隧水域安全。

【沈家门中心渔港经营管理改革】 普陀区重点抓好沈家门中心渔港、台门一级渔港、虾峙一级渔港3个EPC工程（工程总承包）。全年累计完成标准渔港建设项目投资1.02亿元，达到全年投资目标（5000万元）204%。编制发布《沈家门渔港水域船舶污染防治管理办法》和《沈家门渔港港章》，是《国际防止船舶造成污染公约》附则Ⅴ修正案自2018年3月1日生效以来，在全国范围内第一个由政府层面制定，渔港水域污染防治管理方面专项性、规范性文件。

【沈家门渔港水域保洁行动】 2019年全区十大民生实事项目之一。投资470万元，购置并改造专用于渔港码头前沿水域疏浚的800立方米抓斗式挖泥船，完成清淤5.3万立方米。配备FCYC21-5T型全自动水面清洁船每日在公共水域巡查两次，并组织不少于4艘整治船及10名清运人员对沈家门渔港水域漂浮固体废弃物进行收集清运，全年累计打捞漂浮垃圾160余吨。

（撰稿：许振磊）

海洋与渔业行政执法

【浙江省海洋维权巡航执法基地】 2016年6月挂牌成立，为省海洋与渔业执法总队下属副处级公

在舟山国际水产城对活鲜经营部业主进行梭子蟹幼蟹保护宣传 （区海洋与渔业局提供）

浙江省海洋维权巡航执法基地执法船艇 （省海洋执法基地提供）

益一类事业单位;2018年年底，机构改革转隶至省农业农村厅。办公地址在朱家尖岛福利门路23-8号。基地有使用岸线200米，陆域占地总面积50亩(约3.33公顷)，建有指挥中心综合楼、船员宿舍、食堂等设施，配套建有2000吨、600吨海监船停靠固定码头各1座，快艇停靠浮码头1座，有扣船区、网络指挥中心、短波通信等多种设施。执法船艇5艘，即中国海监7008船(1500吨级)、中国渔政33001船(500吨级)、中国渔政33002船(300吨级)、中国渔政33003船(100吨级)、中国海监7005船(快艇)，总资产3亿多元。

浙江省海洋维权巡航执法基地(简称省海洋执法基地)发挥海洋维权巡航执法后勤保障作用，负责执法船艇调度、海上定点值班，参与抢险救灾，开展海洋与渔业行政执法、维权巡航辅助工作。以省海洋执法基地为中心，5艘执法船艇相互配合，综合协调基地指挥、执法船艇海上查处，致力“一打三整治”工作及浙江渔场修复振兴。

2019年，推进后勤保障工作。完成5条执法船艇年度维修、航修工作;完成备航、供应、设备维护、物资供应等各项后勤保障和补给工作，确保执法船艇始终处于适航状态。做好执法船员日常管理工作，抓好队伍建设。树立渔业安全防线。做好海上定点值班工作。根据省海洋与渔业执法总队部署安排，在冬季、春雾季等天气恶劣、事故易发时期，调度执法船参与渔政船安全定点值班，开展渔船安全生产监管巡航，累计13航次、4187海里(7754千米)、428.5小时，保障渔船安全生产。参与抢险救灾。省海洋执法基地根据上级部署，调度执法船参与抢险救灾8船次，其中因成功救助浙台渔冷32890船，获赠锦旗2面。开展海上执法巡航辅助工作。全年累计调度执法船艇106航次、433天，航程21662海里(40118千米)、航时1928小时，辅助省海洋与渔业执法总队推进

渔船安全生产执法检查 （区海洋与渔业局提供）

“亮剑”系列渔政专项执法行动、“三战”、海上巡航行动、重要时段海底管线巡护安保等各类海上执法巡航行动，维护海洋与渔业生产管理秩序。协助开展海上交通战备、打击走私等相关工作。调度执法船艇参与各类军演警戒任务，受到上级表彰。是年，省海洋执法基地被评为2019年度全省农业农村系统突出贡献集体。

（撰稿：颜芬玲）

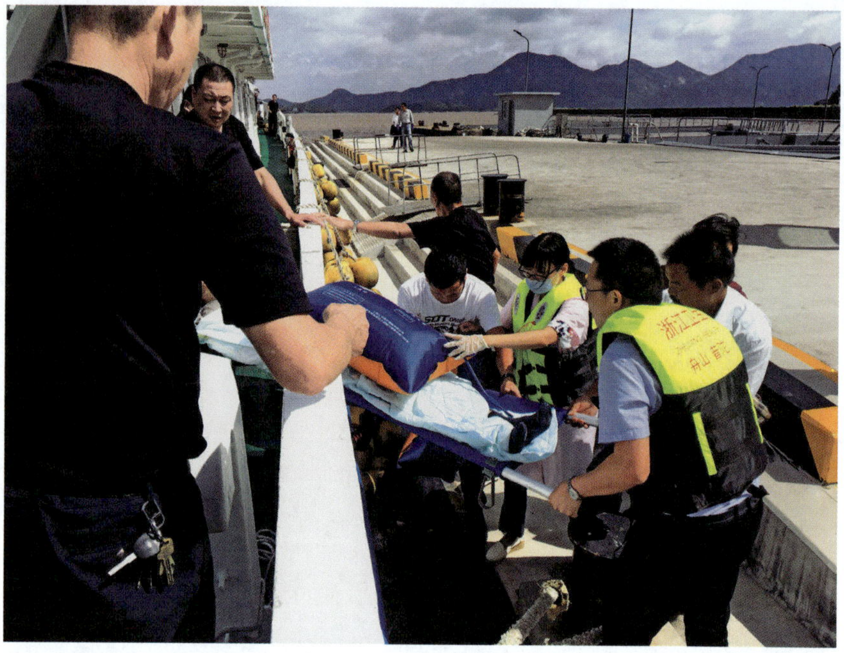

中国渔政33113船台风天抢救虾峙镇病人（区海洋与渔业局提供）

【区海洋行政执法大队】 为参照公务员法管理的正股级事业单位。根据国家法律、法规授权和区海洋与渔业主管部门委托，贯彻执行有关海洋与渔业的法律、法规和行政规章，依法履行海洋与渔业行政执法职能；负责本区海域内海域使用、海洋倾废、渔业资源和珍稀濒危水生野生动物及重要水生植物资源保护的监督检查工作，依法查处海洋与渔业违法违规行为；组织开展海上抢险救灾工作等。有海洋与渔业执法船艇6艘：中国渔政33022船、中国渔政33111船、中国渔政33122船、中国渔政33126船、中国渔政33112船和中国渔政33113船，船艇吨位37～365吨，航速11节～25节不等，能适应中、近海海上行政执法检查和抢险救灾等任务（中国渔政33126船借调中街山列岛海洋特别保护区使用）；有参公编制62人，另有编外船员54人。

梭子蟹幼蟹规格检查（区海洋与渔业局提供）

【浙江渔场修复振兴暨“一打三整治”行动】 区海洋与渔业局继续打好渔业“三战”（“海上安全攻坚战”“伏季休渔保卫战”“幼鱼资源保护战”），保护渔业生态资源，巩固历年整治修复成果，推动“一打三整治”行动走向纵深。全年组织海洋行政执法检查1152次，检查渔船1377艘，陆上检查市场、排档酒店、道路摊位等2234个；立案查处167起，查获涉渔“三无”船（筏）74艘并全部拆解，清理收缴违禁网具2770顶、流刺网2580余米，查获违禁渔获物2461.5千克，放生活体幼蟹、虾蛄等350千克；依法移送司法机关立案3起，涉案当事人7名，依法行政拘留2人。

【渔业安全监管】 2019年，全区渔业安全生产形势稳定，渔业船舶发生等级以上渔业水上事故4起，死亡（失踪）4人，与上年同期相比实现零增长，未突破省、市、区控制指标。

【智慧渔业项目】 区海洋与渔业局开展AIS防碰撞智能终端升级项目。在全区所有编组长渔船、高危渔船安装AIS防碰撞智能终端基础上，为1000艘渔船实施系统升级，实现全区60马力（44千瓦）以上渔船AIS防碰撞智能终端升级全覆盖，具备智能精准报警、自动与商船应急通话、特定水域警示和自动记录航迹数据等功能，保障渔船生产安全。

向渔船船东、船长推广"海e行（渔业版）"APP，帮助渔船船东、船长及时掌握通航信息、海区气象、港口潮汐等内容，并利用智能导航、语音提醒、航线推荐等功能，协助船东、船长时刻掌握船只航行情况，实现安全生产科技化。全年有800艘渔船船东船长安装"海e行（渔业版）"App。

【"海上枫桥"升级版】 区海洋与渔业局继续开展"平安渔场"创建活动，组织普陀区海事渔事调处中心及各街道镇渔业负责人前往奉化、临海等地开展"联心、联谊、联利、联事"结对活动，与这些地区渔业主管部门签订"共创平安渔场"联谊协作书，为协作调解跨区域海事渔事纠纷构建绿色通道，促进海上案件公正高效处理。全年发生海事渔事纠纷180起，其中跨区36起、跨市90起；调处结案180起，调处率100%。

【"平安渔嫂"护渔行动】 区海洋与渔业局在各街道镇挑选安全意识强、责任心强的渔嫂，建立"平安渔嫂"护渔队。通过护渔队将安全生产宣传导入渔家，加强船东、船长亲情约束和引导，从根源上帮助船东、船长克服松懈思想和侥幸心理，在渔区营造安全生产宣传氛围。全年举办"平安渔嫂"护渔活动26期。

渔业企业选介

【舟山市普陀远洋渔业有限公司】

前身为舟山市普陀远洋渔业总公司，于1995年7月成立。2016年3月重新组建，称舟山市普陀远洋渔业有限公司。注册资本3亿元，法人代表吴布伟，具备农业部核发的远洋渔业资格证书和外经贸部批准的进出口经营权。内设综合管理部、远洋捕捞部、计划财务部、市场销售部、后勤保障部、项目开发部6个部门。主要经营范围：远洋渔业捕捞，水产品运输、养殖、收购、加工、销售，劳务技术协作，助渔导航设备、通讯设备、电子设备、渔用原材料、渔业机械设备、配件销售，船舶买卖及租赁、货物及技术进出口业务，对远洋渔业相关产业投资等业务。2019年水产品产量28274吨，其中公司自有渔船产量8403吨。资产总额为30621万元，所有者权益9486万元。营业收入10150万元，完成年度预算10054万元的100.95%；利润总额累计1425万元，完成年度预算1400万元的101.79%。在"互联网+"背景下，公司依托舟山国家远洋渔业基地平台优势，联合各地市大中院校以及多家科技型企业，通过项目合作方式，使科研成果转化为生产力，将第三代LED聚鱼灯、国产品牌钓机、水下机器人探鱼器等各类科技创新产品应用于捕捞生产之中，提高远洋渔业发展水平。

普陀远洋渔业公司配合舟山国家远洋渔业基地推进南极磷虾捕捞加工一体化项目，总投资预计7亿元，已通过农业农村部立项审批。

【平太荣远洋渔业集团有限公司】

成立于2007年，总注册资本3.1亿元，从业人员1000余人，是一家具有农业部远洋渔业企业资格证书，集远洋捕捞、运输、加工、储

舟山市普陀远洋渔业有限公司远洋渔船 （区海洋与渔业局提供）

藏、销售,货物进出口,海洋生物技术研发运用、餐饮服务及船舶修造于一体的综合性集团企业,是浙江省远洋渔业协会副会长单位、舟山市远洋渔业协会副会长单位、金枪鱼分会会长单位。集团下设8家子公司:浙江荣舟海洋产业股份有限公司、浙江荣生海洋生物制品有限公司、浙江荣和生物科技股份有限公司、舟山平太荣餐饮管理有限公司、浙江荣畅船舶修造有限公司、深圳荣恒远洋渔业有限公司、舟山平太荣船员管理有限公司、荣曜供应链管理(舟山)有限公司。浙江荣舟海洋产业股份有限公司原料加工能力达年产10000吨,2019年,产品销售额突破3.6亿元,结合配套4000吨级-55℃超低温冷藏库容和3000吨级低温库容,规模列华东地区第一。2019年,集团有37艘远洋金枪鱼延绳钓船和2艘6000吨级远洋超低温运输船,船员700余人,船队年鱼货捕捞量1.5万吨,运输量近3万吨,金枪鱼捕捞总量位居全国前列。

(撰稿:许振磊)

编辑:陈莉

农业农村与水利

综　述

2019年1月机构改革，将区农林水利围垦局(区委渔农村工作办公室)职责与区发展和改革局的农业投资项目、区财政局的农业综合开发项目、市国土资源局普陀分局的农田整治项目等管理职责整合，组建区农业农村局，作为区政府工作部门，挂区水利局牌子。不再保留区农林水利围垦局(区委渔农村工作办公室)。议事协调机构区委区政府农业和农村工作领导小组办公室设在区农业农村局。3月9日，区委办、区政府办发文《舟山市普陀区农业农村局职能配置、内设机构和人员编制规定》，区农业农村局内设办公室(法规科)、农村合作经济指导科(政策与改革科)、发展规划与计财科(挂区扶贫办公室牌子)、农业科(农田建设管理科，挂区植物检疫站牌子)、农村社会事务促进科、农产品质量监督与畜牧农机科(科技教育科，挂区动物卫生监督所牌子)、水资源管理科(挂区节约用水办公室牌子)、规划建设科、运行管理科(水旱灾害防御科)、行政审批科等10个科室。核定行政编制16名。辖6个股级事业单位：区农林水利综合行政执法大队、区畜牧兽医站、区机经管理站、区农业工作站、区农经管理站、区农村水利管理站。

2019年，普陀区农、林、牧业总产值4.63亿元(含农、林、牧渔服务业)，比上年增长11.3%。其中，农业总产值3.41亿元，增长2.2%；林业总产值0.08亿元，下降1.5%；牧业总产值0.80亿元，增长1倍。渔农村常住居民人均可支配收入36310元，增长8.8%，全区农民收入稳步增长。全年农作物总播种面积4201公顷，比上年增长4.5%。其中，粮食作物播种面积1058公顷，粮食产量0.48万吨；蔬菜产量2.52万吨；水果产量2.86万吨。全年肉类总产量2327吨，比上年增长1.3倍。其中，猪肉产量2025吨，增长2.3倍。禽蛋产量211吨，下降61.1%。全年生猪饲养量3.80万头，增长89.1%。其中，生猪出栏2.53万头，增长2倍。全区完成水利建设投资3.24亿元。

2019年，全域打造新时代美丽乡村，创建完成4个省级美丽乡村精品村、4个市级美丽乡村精品村、12个区级美丽渔农村，打造1000户美丽庭院。普陀区被省委办公厅、省政府办公厅评为2018年度“浙江省新时代美丽乡村示范县”，第十批省农村工作指导员工作先进单位；被省农业农村厅评为“部省共建乡村振兴示范省先行创建区”。舟山市六横晨源养殖场被省农业农村厅认定为2019年浙江省美丽牧场。舵岙河(兴普大道—应家湾水库)被省水利厅省治水办(河长办)确定为2019年“美丽河湖”。桃花镇名列省级农业绿色发展先行区创建名单。东港街道南岙村入选全国乡村治理示范村；六横镇田岙村、展茅街道黄杨尖村获2019年度浙江省美丽乡村特色精品村，桃花镇沙岙村获2019年度浙江省高标准农村生活垃圾分类示范村。

2019年被认定为区级以上示范性专业合作社47家，其中国家级示范性专业合作社3家、省级示范性专业合作社8家。被认定为区级以上示范性家庭农场34家，其中省级11家、市级9家。

(撰稿：张定红)

新渔农村建设

【美丽乡村建设】 2019年，全域打造新时代美丽乡村，对照《新时代美丽乡村建设规范》和《舟山市渔农村评价标准》，创建完成 4 个省级美丽乡村精品村（东晓和黄杨尖 2 个村是 2018 年启动创建）、4 个市级美丽乡村精品村、12 个区级美丽渔农村，打造 1000 户美丽庭院（三星级 80 户，二星级 340 户，一星级 580 户）。

【历史文化村落打造】 普陀区启动东福山历史文化保护利用重点村创建。成立普陀区历史文化村落保护利用工作领导小组，明确各成员单位工作职责。督促东极镇政府成立历史文化村落保护利用工作相关的领导组织机构，建立各项管理制度，做好建设相关政策落实工作。完成重点村编制规划。组织专家及区属相关单位人员完成区级评审并提出修改意见，在区政府批复同意后又通过省农业农村厅专家会审。启动东福山省级历史文化村施工设计方案招投标，拟订对大树湾石屋主体征收处理政策。

【渔农村人居环境整治】 普陀区结合创建全国文明城市渔农村街道镇管理专项工作，开展整洁村庄专项行动，清理陈年垃圾 4920 吨，整治乱堆乱放 3256 处、乱贴乱画 1294 处、占道经营点 658 个、露天粪缸 451 个、家禽放养 71 处。与部门协同，加强督查整改。区农业农村局牵头，成立由区督考办、农林、城管、环卫、治水办等相关部门组成的专项行动巡回督查组设 4 个督查小组，采取专项督查、定点督查、暗访督查等方式。4 个督查小组对 10 个街道镇 61 个行政村进行督查累计 27 次，其中蚂蚁岛管委会、展茅街道被评定优秀等级；沙井村、白沙村、东晓村获评全市十大美丽乡村；出台《普陀区渔农村环境卫生长效管理暂行办法》，明确以季考核、季通报、季补助形式强化日常管理和资金绩效，确保整体环境提升。

（撰稿：毛文杰）

六横田岙村美丽庭院 （区农业农村局提供）

【乡村振兴工作】 2019 年，普陀区以创建部省共建乡村振兴示范县为重点实施乡村振兴各项工作，制定印发《舟山市普陀区创建部省共建乡村振兴示范县实施方案》和《2019 年舟山市普陀区乡村振兴战略任务清单》，明确 54

2019 年乡村振兴指导员（兼扶贫指导员）培训班 （区农业农村局提供）

项建设项目和7个特色项目为部省共建乡村振兴示范县创建项目。根据省、市下达普陀乡村振兴考核任务,将66个项目清单任务落实到各相关局办单位和街道镇,涵盖91个具体指标,制定印发《2019年舟山市普陀区乡村振兴工作考核办法》加强督导。普陀区获评2019年度浙江省实施乡村振兴战略优秀单位。

(撰稿:沈治志　唐科梦)

【渔农村指导员工作】 2019年,普陀区选派69名渔农村指导员到全区各个渔农村开展工作,其中市派19人、区派38人、镇派12人。以“精准扶贫”“社区村体制改革”“创卫”“扫黑除恶”等系列活动为抓手,编撰印发《普陀区乡村振兴指导员工作集》,开展2019年指导员(兼扶贫指导员)培训,提升指导员整体素质,加强指导员考核,全体指导员履职尽责,配合街道镇、村开展各项渔农村乡村振兴工作。走访渔农户4300户,走访困难家庭456人,联系落实困难家庭帮扶结对。捐赠扶贫物资4.95万元,落实扶贫资金37.7万元,帮助农户销售各类农产品1462千克,落实集体经济发展项目5个,帮助落实水、电、路等基础设施项目9个,落实公共服务项目,争取项目建设资金310万元。调处化解矛盾纠纷70起,发现上报重大安全隐患14起,发现反映重要民情12起。组织渔农民教育、培训等授课活动32次,联系(或组织)进村各类为民服务活动71次,协助村制订规章制度22项,协助村制订各类建设规划、方案19项,召开座谈会98次,帮助村建立各类管理服务自治组织4个,解决减轻基层负担事项13项,指导党组织生活74次,协助发展党员8名,协助培养村级后备干部,撰写调研报告(或专题情况反映)3篇,帮助基层解决各类政策问题32个,帮助转化基层薄弱党组织,参加村级换届前期工作(走访、宣传、矛盾调解)72次。参与村体制改革工作238次,帮助基层开展环境整治322次,派出单位领导看望指导员27次,发挥最多跑一次改革作用(代办申报、帮助准备各种材料、向部门提意见建议、政策宣传)239次。有6位指导员被市委办、市政府办授予“舟山市优秀渔农村工作指导员”称号,其中市派2名、区派2名、镇派2名。

(撰稿:沈治志)

【渔农民教育就业】 2019年,普陀区以渔农民实际所需出发,以各地特色产业为切入点,有针对性分类开展教育培训,培育渔农村实用人才和高素质渔农民,助力乡村振兴发展。全年举办渔农民培训班98期,培训渔农民2975人,其中实用人才培训2319人(含高素质农民培训165人),转移就业培训497人,省、市级示范性培训159人。

(撰稿:韩雪　倪平飞)

【全国农村固定观察点】 2019年是开展固定调查第36年。鹁鸪门观察点所在村(经济合作社)在社区村体制改革中并入桃花镇青龙村。观察点村常规调查和专题调查范围扩大,户常规调查范围保持不变。通过日常记账动态化调查和年终驻村蹲点常规调查,全年完成常规调查2项,完成农户可支配收入、劳动力就业和返乡创业情况调查、返乡下乡人员创业创新情况、村庄补充调查等专项调查4项,做好电脑数据录入和上报工作,为上级提供数据和文字资料。

(撰稿:沈治志)

【渔农业产业化】 2019年年底,普陀区有418户渔农家乐经营户(民宿)。桃花为省级休闲乡村。全年渔农家乐接待游客110.9万人次,创收3.77亿元。

虾峙“柒+夕舍”民宿　(区农业农村局提供)

【扶贫工作】 普陀区围绕年初制定的打好低收入百姓增收攻坚战,落实低收入农户小康计划,重点帮扶20个村,发展渔农村集体经济、确保村年收入达30万元以上,95%重点帮扶低收入家庭年人均纯收入达到1.4万元以上目标任务。是年,完成23个集体经济项目验收工作,拨付资金1634万元。其中,六横镇有礁潭村、平峧村、和润村、嵩山村、杜庄村、岑夏村、小郭巨村、苍洞村、龙山村、悬山村、小湖村、双屿港村、田岙村购置店面房、石柱头村购置店面房、青联村养殖塘改造、佛渡村农贸市场改造16个集体经济发展项目;桃花镇有青龙村购置商铺、茅山村虾塘提升2个集体经济发展项目;虾峙镇有兴港村、晨港村、灵和村购置物业房,东晓村投资民宿4个集体经济发展项目;展茅街道有茅洋新村废弃塘口场地及围墙整治项目。扶贫基地和扶贫实体10个,立项吸纳低收入渔农户就业37人。做好领导干部和1449户低收入渔农户结对工作。

【社区村体制完善工作】 完成社区村体制改革工作。普陀渔农村社区体制改革完善工作从4月底开始,通过调研、制订方案、按步实施,于9月底全面完成,改革完善后全区行政村为74个,其中完全融合村69个(5个为直接融合)、协商融合村5个,股份经济合作社86个(涉及合并及资产融合的合作社149个),完全融合率和协商融合率均达到市里要求。全区所有涉及合并或更名的村社完成组织登记证办理和新村社银行账户开设工作,完成“三资平台”新账套资产等信息录入工作。

白沙民宿“陌邻·佑舍”(区农业农村局提供)

【闲置农房激活工作】 区委办、区政府办印发《关于实施“闲置农房激活行动”的指导意见》,下发激活农房300幢计划,落实各街道镇闲置农房激活具体任务安排。全年完成303套,推进完成率100%。

(撰稿:刘雪萍)

农村经营管理

【农村土地承包】 2019年,全区农村家庭承包经营耕地面积33114亩(2207.6公顷),家庭承包经营农户21449户,家庭承包经营耕地流转面积18564亩(1237.6公顷),承包耕地流转率56.06%,签订耕地流转合同份数7487份。农村土地承包经营权确权登记颁证工作完成。土地承包档案工作正在进行。全区受理调解处理农村土地承包纠纷案件3起。

【村级集体经济】 2019年,全区有74个渔农业村(股份)经济合作社,经济合作社总收入17522.83万元。其中经营收入7298.15万元,发包及上交收入4063.84万元,投资收益926.16万元,补助收入1650.49万元,其他收入3584.19万元。集体资产总额189330.73万元,集体积累收入147638.50万元。

【新型经营主体】 2019年年底,普陀区工商注册登记渔农民专业合作社154家,其中土地股份合作社1家。合作社成员2310人。全年农民专业合作社总收入26000万元,当年盈余24000万元。工商注册登记家庭农场199家,经营土地面积11651亩(776.73公顷),家庭成员劳动力470人,年销售农产品总值8320万元。2019年被认定为区级以上示范性专业合作社47家，其中国家级3家、省级8家。认定为区级以上示范性家庭农场34家，其中省级11家、市级9家。

（撰稿：陆军科）

种植业

【种植业生产情况】 2019年全年农作物播种面积4201公顷，比上年增长4.45%。其中粮食播种面积（含马铃薯）1058公顷，比上年减少4.86%；产量4821吨，比上年减少0.92%；经济作物播种面积3143公顷，比上年增长8.01%。粮食作物中，水稻播种面积98公顷，稻谷产量734吨，分别比上年减少33.8%和20.1%；番薯播种面积105公顷，产量757吨，分别比上年减少36.0%和23.2%；马铃薯播种面积172公顷，产量776吨，分别比上年增长17.8%和18.1%；玉米播种面积247公顷，产量1299吨，分别比上年减少15.3%和11.7%；大豆播种面积243公顷，产量731吨，分别比上年增长7.0%和18.5%。经济作物中，油菜种植面积426公顷，油菜籽产量909吨，分别比上年增长105.80%和86.65%；蔬菜种植面积1821公顷，比上年减少1.73%，产量25208吨，比上年增长1.88%；水果生产面积1505公顷（果园面积923公顷，果用瓜种植面积582公顷），比上年增长1.35%，水果产量38701吨（果树产量28608吨，果用瓜产量10093吨），比上年减少4.33%；茶园面积189公顷，茶叶产量33吨，分别比上年减少1.56%和2.94%。

【农业绿色发展先行县（区）创建】 根据省农业厅《浙江省农业绿色发展试点先行区三年行动计划（2018—2020年）》和《关于开展农业绿色发展先行创建工作的通知》精神，2019年4月，普陀下发《普陀区创建省级农业绿色发展先行县（区）实施方案》，推进普陀农业绿色发展、农民增收和美丽田园建设。创建时间为2018—2020年。创建主要内容：优化种植业区域布局；控制粮食生产功能区“非粮化”；培育特色农业产业，提升“菜篮子”工程蔬菜基地建设；加强畜禽养殖分区管控；加强畜禽养殖污染防治，发展高标准美丽牧场；推进绿色优质品牌农产品供给；推进农产品追溯与监管；全面推行减量化投入；建成2个省级粮食高产创建千（百）亩片，推广商品有机肥5000吨以上；推进农业废弃物资源化利用；推广高效环保节能机械；推进规模化经营；培育新型农业主体；推广畜禽绿色生态养殖；推进畜禽养殖零污染；年存栏生猪50头以上养殖场污染监控全部纳入监管平台，确保不向自然环境违规排放污染物；治理农业投入品。治理田园环境；强化农业面源污染防控；在敏感区域和主要流域建设氮磷生态沟渠拦截系统2个；深化农业生态环境整治，促进乡村振兴。

【桃花镇省级特色农业强镇创建】 创建时间2018—2020年，项目总投资7500万元。其中，特色农业产业发展项目1700万元，基础设施提升改造项目2900万元，“旅农共促”合作项目2900万元。特色农业产业发展项目包括“海上花果山”建设工程、“海岛植物园”建设工程、农作制度创新推广工程、新型生态围海养殖工程、特色渔农业品牌品质提升工程五大工程。基础设施提升改造项目包括蚂蝗坑水库除险加固工程、学耕畈强排水工程、协耕畈河道综合整治工程、茅山畈灌排设施改造工程、沙角河综合整治工程、桃花岛海洋牧场建设工程六大工程。“农旅共促”合作项目包括小桥头精品农业休闲园项目、盐厂AAA级旅游村庄创建项目、海岛特色民宿孵化项目、沙岙“特色渔村”项目、海岛特色休闲渔业项目、乡村农旅景观建设项目六大项目。

【桃花镇市级重点农业乡镇创建】 2019—2020年计划投资899万元，完成五大工程建设。其中，“海上花果山”建设项目5项，投资197万元，占总投资21.91%；“海岛植物园”建设项目投资202万元，占总投资22.47%；生态循环农业发展工程投资100万元，占总投资11.12%；特色渔农业品牌营销提升工程投资250万元，占总投资27.81%；盐厂AAA级旅游村庄创建项目投资150万元，占总投资16.69%。

【高标准农田建设】 2019年建设任务8587亩（约572.47公顷）。其中，展茅、东港街道4个项目4784亩（约318.93公顷）；六横镇7个项目总计面积3803亩（约

253.53公顷)。建设内容主要是沟、渠、路等基础设施修补与完善,土壤地力提升,建设内容年底全部完成。高效节水灌溉建设计划1200亩(80公顷),实际建设1223亩(约81.53公顷),7个项目分布在展茅、桃花、六横等,已经建设完成。

【蔬菜基地建设】 普陀区对六横五星畈和双塘跃进塘畈250多亩(约17公顷)蔬菜基地进行提升改造,总投资127.4万元,对沟、渠、路等基础设施提升改造及连栋大棚设施建设,开挖排水沟6368米,修复灌水渠684米,修复机耕路1106米,新建机埠2座,连栋棚4400平方米。

【耕地地力保护】 普陀区改善土壤团粒结构,提高土壤质量,增强对土壤地力保护力度,继续对耕地地力保护实行补贴政策。核实下发2019年度耕地地力保护补贴资金172.91万元。继续实行商品有机肥推广应用补贴政策,在省补200元/吨基础上,区财政再补200元/吨。全年补贴商品有机肥2500吨。补贴资金100万元。

【品牌农业建设】 普陀区实施区级"十个十"工程,对全区农产品摸底调查,委托相关公司编制十大农产品发展规划。组织企业参加2019浙江农业博览会和2019浙江省农商对接大会暨知名品牌农产品展示展销会。舟山市普陀区桃花岛农旅发展有限公司、舟山市净德商贸有限公司等10家农业企业参加农博会,舟山市净德商贸有限公司观音莲花茶参与2019年农博会评奖活动。600亩(40公顷)观音米产地产品和1200亩(80公顷)杨梅产地产品通过绿色食品认证。

(撰稿:江鸿飞)

畜牧饲养业

【养殖概况】 2019年,普陀区畜牧饲养业以标准化、绿色化、规模化、循环化、数字化、基地化为引领,推进畜禽养殖污染治理,开展病死(害)动物无害化处理,加强非洲猪瘟等重大动物疫病综合防控和畜产品安全监管,推进畜牧兽医行业发展。全年生猪饲养量3.80万头,比上年增长89.1%;年末生猪存栏1.27万头,同比增长8.5%。羊饲养量3600只,同比减少28.0%;年末存栏1700只,同比减少37%。家禽饲养量20.47万只,同比减少24%;年末存栏7.98万只,同比减少20.7%。獐年末存栏932只。蜜蜂年末存栏212箱。全年肉类产量2327吨,同比增长1.17倍。其中,猪肉产量2025吨,同比增长2.28倍;禽肉产量259吨,同比减少26.2%。禽蛋产量211吨,同比减少61.1%。

【疾病防控】 普陀区印发《普陀区2019年度强制免疫计划》和《2019年普陀区主要动物疫病监测和流行病学调查工作计划》,重点开展高致病性禽流感、猪瘟、牲畜口蹄疫、猪蓝耳病等7种动物疫病的强制免疫工作和非洲猪瘟的防控督查工作。2019年全区共免疫生猪口蹄疫51725头次,猪瘟51725头次,高致病性猪蓝耳病4704头次,高致病性禽流感98950羽次,羊口蹄疫3038头次,小反刍兽疫3031头次。使用猪口蹄疫疫苗122950毫升,猪瘟疫苗118350头份,高致病性猪蓝耳病疫苗14400毫升,禽流感疫苗83000毫升,牛羊口蹄疫苗14500毫升,小反刍兽疫苗8000头份;做好出栏5000头以上生猪规模养殖场和生猪屠宰场的非洲猪瘟自检工作;全年采集家畜血样516份,家禽血样301份;检测家畜血样(布病、小反刍兽疫、牛羊口蹄疫、猪瘟、猪口蹄疫、高致病性蓝耳抗体)781份,家禽(禽流感和新城疫抗体)368份血样。禽流感、猪瘟、口蹄疫等抗体合格率总体达70%以上规定要求;抓好动物及动物产品流通监管。组织开展外来调入动物产品专项检查30余次,出动执法人员80余人次,检查肉品经营企业60余家次,肉品冷冻仓库20余家次。区内累计动物及产品调入备案805批次,省内调入生猪1368头,调入动物产品3185.87吨;抓好病死动物无害化处理监管,在屠宰环节检出病死猪24头,病变内脏4165.7千克,养殖环节处置病死猪2125头,均按要求进行无害化处理,保障肉品质量安全。

【环境整治】 2019年,普陀区继续深化实施美丽畜牧生态工程,新创建市级美丽牧场1家,提升1家市级美丽牧场为省级美丽牧场。全区5家猪场中4家完成美丽牧场创建;做好畜禽养殖污染治理工作,开展养殖污染治理巡查，开展畜禽污染隐患再排查行动。

【畜产品安全】 普陀区做好生猪屠宰企业(点)资质审查，虾峙、桃花两家生猪屠宰点予以暂停营业警告，协调做好停业期间当地市场肉品供应；抓好动物检疫工作，落实非洲猪瘟检测结果和检疫出证联动制度，2019年全区生猪产地检疫24937头，屠宰检疫9001头；打击屠宰含“瘦肉精”等违禁物质、注水或者注入其他物质等违法行为，加大屠宰企业自检和监督检测比例，在养殖环节抽检盐酸克伦特罗、莱克多巴胺、沙丁胺醇分别88批次2116头，屠宰环节分别抽检461批次2714头，未发现阳性样品；加强动物卫生监督执法，全年立案查处案件2起，罚款400元；做好兽药经营监管工作，全区4家兽药经营店启用兽药二维码追溯管理平台。

（撰稿：胡磊挺）

农业机械

【新农机具引进推广】 2019年年底，全区有农业机械总动力414737.2千瓦，大中型拖拉机11台，小型拖拉机10台，耕作机械615台，增氧机5794台，水稻插秧机7台，联合收割机19台，植保机械617台，排灌机械1498台，农副产品加工机械479台，运输型拖拉机108辆。其中，新增引进水稻插秧机2台，引进蔬菜耕整机8台、增氧机56台、拖拉机2台、茶树烘干机1台。在茶园、蔬菜田块和大棚内、水产养殖等广泛使用，省时、省力、省工。

【农机作业量】 普陀区推进“机器换人”建设，机械植保及机械收割面积递增。2019年年底，机械耕地面积29520亩（1968公顷），机械植保面积9800亩（约653.33公顷），机收面积14440亩（约962.67公顷），机电灌溉面积362350亩（约24156.67公顷），总体机耕面积基本保持平衡。

【农机经营管理】 2019年，全区培训农机人员510人次，主要是拖拉机驾驶员、新农具操作手、修理工及农机监理人员。区以下农机队伍缩减，农机经营效率下降。是年，全区有农机人员1118人，农机专业户1352户，农机服务收入190万元，农机作业收入190万元。农机管理主要是拖拉机、驾驶员年检年审，牌照管理与发放，开展路查、纠正违章、清理“黑车”“非驾”安全整治活动，整顿农机维修网点，加强外籍农用拖拉机管理等。2019年度检审率均在87%以上，路查20人次，纠正违章10人次。

（撰稿：黄文光）

插秧机 （区农业农村局提供）

农口水利行政执法

【农业投入品管理】 普陀区根据《中华人民共和国种子法》《农药管理条例》《饲料和饲料添加剂管理条例》《兽药管理条例》和《肥料登记管理办法》等法律、法规，开展农产品质量安全专项整治、“绿剑”系列集中执法行动。2019年抽检农业投入品35批次，查处农业违法案件2起，罚没款人民币5141元。开展农药购买实名制建设工作，全区12家农药经营门店100%安装农资信息化监管系统、100%建立电子购销台账。

【农产品质量安全监管】 普陀区根据《中华人民共和国农产品质量安全法》《浙江省农产品质量安全规定》及有关文件的规定，开展农产品质量安全监测工作。

2019年农产品定量检测108批次，合格率100%；快速检测1988批次，合格率99.7%，实现年度监测覆盖辖区内每个生产经营主体。开展农产品追溯体系建设，全区107家农业生产主体纳入信息库管理，90家农业生产主体开展二维码追溯，全年开具合格证追溯码54561张。以“四进”（宣传进基地，进学校，进社区，进企业）系列活动为载体，开展农产品质量安全科普宣传直通车活动4次。

（撰稿：虞乐艇）

【水政监察】 区农业农村局组织开展“3·22”世界水日和中国水周活动，联合普陀小学开展以“为了美好生活，建设美丽河湖”为主题系列宣传活动。坚持每月4～5次水事巡查，全年共计巡查68次，巡查河道长度152.98千米，巡查水库面积4.59平方千米，监管对象43个，出动人员154人次，出动车辆59车次。开展涉水违法建筑专项排查行动，列入2019年无违建河道创建计划的3条河道（芦花河、学耕塘东主河、凤舞河）开展巡查，排摸总长9.77千米，发现芦花河疑似涉水违建点6处，违建面积219平方米；学耕塘东主河和凤舞河无涉水违建情况。

（撰稿：郑娇）

水利围垦工程

【标准海塘与闸站建设】 2019年，普陀区加固10条海塘，总长6713米，总投资25231万元。开工建设加固海塘6条，续建加固

东港街道塘头北塘加固工程 （区农业农村局提供）

2019年加固标准海塘工程一览

表16

工程名称	建设单位	加固长度（米）	建设标准	总投资（万元）	建设年限
沈家门城防海塘墩头码头至渔港桥段（二期）加固工程	舟山普陀城市投资发展集团有限公司	1800	50年一遇	14233	2017—2019
塘头北塘加固工程	东港街道	892	50年一遇	3028	2018—2019
丁船湾海塘加固工程	六横镇	1236	50年一遇	3855	2017—2019
豁蛋岙海塘加固工程	六横镇	515	20年一遇	796	2018—2019
外黄沙海塘加固工程	六横镇	250	50年一遇	509	2019—2020
大鱼厂海塘加固工程	六横镇	230	50年一遇	552	2019—2020
小筲箕海塘加固工程	六横镇	380	50年一遇	458	2019—2020
杨柳坑海塘加固工程	六横镇	430	50年一遇	1072	2019—2020
栅棚海塘加固工程	虾峙镇	780	50年一遇	463	2019—2020
蚂蚁岛外小山海堤除险加固工程	蚂蚁岛管委会	200	50年一遇	265	2019—2020

2019年加固闸站工程一览

表17

工程名称	建设单位	建设内容	总投资（万元）	建设年限
大脉坑水闸改建工程	六横镇	3孔×2米节制闸1座，2孔×2米排涝闸1座，新开河道316米	1897	2018—2019
桃花渔港海塘配套闸站建设	桃花镇	2×0.5立方米/秒泵站1座，1×2米水闸1座	360	2019—2020
城防海塘墩头闸站	舟山普陀城市投资发展集团有限公司	孔径8米节制闸1座，双向排水流量为4.2立方米/秒泵站1个	1997	2018—2019

海塘4条。其中，50年一遇海塘9条，总长6198米；20年一遇海塘1条，长515米。

为消除闸站工程隐患，发挥闸站工程效益，提高防洪排涝能力，抵御外海高潮位，2019年全区加固闸站3座，总投资4254万元。其中新建1座，续建2座。

【围垦工程】 2019年，全区开展围垦造地项目1项(六横小郭巨二期围垦工程)，总规模1500公顷，建设年限2011—2019年，总投资163328万元。2019年年底完成总投资128414万元，主体工程完工。

【水库除险加固】 2019年，全区水库除险加固4座，总投资4317万元。新建设水库除险加固工程2座，续建2座，除险加固库容

展茅街道田公岙水库 （区农业农村局提供）

2019年水库除险加固工程一览

表18

工程名称	建设单位	建设性质	总投资（万元）	建设年限	建设内容
田公岙水库除险加固工程	展茅街道	续建	1362	2018—2019	水库综合整治，总库容21万立方米
蚂蝗坑水库除险加固工程	桃花镇	续建	816	2018—2019	水库综合整治，总库容26万立方米
三坑水库除险加固工程	六横镇	新建	941	2019—2020	水库综合整治，总库容10.5万立方米
朱家塘水库除险加固工程	六横镇	新建	1198	2019—2020	水库综合整治，总库容28万立方米
合计			4317		

85.5 万立方米。

【中小流域综合治理】 全区实施中小流域综合治理1条，为六横岛台门（梅峙至小铜盘闸段）综合治理工程，综合治理河长9.32千米，以及配套护岸建设、河道开挖疏浚、水质处理、绿化等，总投资9413万元，建设年限为2018—2020年。2019年年底完成总投资6000万元。

【小型农田水利建设项目】 2019年，普陀区小型农田水利建设总投资1271.5万元，建设内容包括：综合整治山塘10座，总容积14.07万立方米。

【百项千亿防洪排涝工程】 普陀区实施百项千亿防洪排涝工程，2019年有8个在建项目，总投资33631万元。

2019 年综合整治山塘工程

表 19

工程名称	总投资（万元）	建设地点（所在街道镇、村）	容积（万立方米）
梅峙西湾山塘综合整治工程	220.5	六横镇梅峙村	6.5
中央岙山塘综合整治工程	138	六横镇和润村	0.31
仰天岗东山塘综合整治工程	45	六横镇平峧村	0.36
田岙沈家山塘综合整治工程	200	六横镇田岙村	0.95
田岙忻家坑山塘综合整治工程	89	六横镇田岙村	0.6
唐家岙山塘综合整治工程	85	六横镇高峰村	0.63
冷库山塘综合整治工程	230	六横镇台门村	2
蚊虫山山塘综合整治工程	52	六横镇台门村	0.2
大平山塘综合整治工程	87	展茅街道沙井村	0.52
岱蒲庙山塘综合整治工程	125	东港街道芦花村	2

【水利工程标准化管理】 根据省政府、省水利厅全面推进水利工程标准化管理文件精神及要求，普陀区205个项目列入省级标准化管理名录有水利工程。是年完

2019 年百项千亿防洪排涝工程

表 20

工程名称	建设单位	投资万元	建设年限	建设内容
板桥头闸改建工程	沈家门街道	1760	2018—2020	板桥头闸改建
红卫海塘配套闸站建设工程	六横镇	1697	2019—2020	新建2×3立方米／秒泵站1座
聚源海塘配套闸站建设工程	六横镇	1716	2019—2020	新建水闸2×2立方米，新建2×1.5立方米／秒泵站1座
长峙山西闸配套泵站工程	展茅街道	1302	2019—2020	新建12立方米／秒泵站1座
六横龙山片防洪扩排工程	六横镇	9938	2019—2021	改建交叉建筑物1座，新建龙腾河，龙腾河泵站2×3立方米／秒1座等
芦花河综合治理工程	东港街道	2120	2018—2020	整治河道及溪沟等7条总长9.726千米，其中护岸整治3.476千米，新开河道及溪沟等长0.924千米，清淤疏浚8.802千米。
展茅流域水系综合整治工程	展茅街道	7000	2018—2020	整治长度18千米
舟山群岛新区普陀本岛中小流域舵岙河（应家湾水库—新塘闸段）综合治理二期工程	舟山普陀港福公司	8098	2019—2021	新建生态护岸1.08千米，新建配水泵站1座（流量1.50平方米／秒），铺设配水管道4.54千米（主干管长约3010米，刘家湾河支管长525米，吴家岙河支管长597米，西岙河支管长280米，布置调蓄池2处

成186项，其中有48项工程完成创建通过验收，包括小型水库工程13项、山塘工程3项、堤防工程10项、海塘工程22项。划界测绘、安全监测、沉降位移观测、标识标牌及摄像探头安装工程全面完工。

【河湖库塘清淤与水库扩容】2019年，普陀区完成河湖库塘清淤方量15.96万立方米，完成投资1005.1万元。其中，河道清淤11万立方米、709.6万元，山塘清淤0.18万立方米、18万元，池塘清淤0.08万立方米、7.5万元，水库清淤4.7万立方米、270万元。

清理3个水库、2个山塘，完成清库扩容8.3万立方米，完成总投资498万元。

2019年普陀区水文遥测站点建设情况

表21

站点名称	所在街道镇	类型
应家湾水库遥测站	东港街道	竖井式
潭弄水库遥测站	展茅街道	竖井式
嵩山水库遥测站	六横镇	压力式
浦西水库遥测站	六横镇	压力式
徐家岙水库遥测站	六横镇	压力式
西厂山塘遥测站	六横镇	竖井式
小坟坑水库遥测站	虾峙镇	压力式
石棚港水库遥测站	虾峙镇	压力式
茅山水库遥测站	桃花镇	压力式
蚂蝗坑水库遥测站	桃花镇	竖井式
芦花河水位站(新)	东港街道	竖井式
夏新河水位站(新)	沈家门街道	竖井式
峧头河水位站	六横镇	竖井式
台门大夹屯河水位站	六横镇	竖井式
东主河水位站	桃花镇	竖井式

2019年“保供水”工程建设一览

表22

项目名称	建设内容	总投资（万元）
东极镇东福山供水工程	新建调节水池1座，受益人口594人	85
普陀区上潘孙农村饮用水管网改造工程	改造供水管网9.6千米，受益人口1700人	520
展茅街道翁家岙村、田公岙村管网改造工程	改造供水管网1.6千米，受益人口1900人	150
东港街道农村供水管网改造工程	改造供水管网2.26千米，受益人口8245人	93
东极镇庙子湖部分管网提升改造工程	改造供水管网1千米，受益人口1000人	38
东极镇东福山蓄水池建设工程	新建设400平方米蓄水池一处	50
东极镇黄兴蓄水池建设工程	新建设2000平方米蓄水池一处	150
东极镇东福山山塘源水管网建设工程	新建源水管道1.2千米，加压泵房总装机功率80千瓦，高位水池总容积400立方米	85
东极镇青浜山塘源水管网建设工程	新建源水管道1.3千米	20
东极镇青浜村级供水站建设工程	新建300吨/日一体化供水站，包括厂房建设、设备采购安装等	50
东极镇黄兴村级供水站建设工程	新建100吨/日一体化供水站，包括厂房建设、设备采购安装等	50

省级“美丽河湖”舵岙河 (区农业农村局提供)

【“美丽河湖”创建】 2019年,舵岙河、上龙山水库、大铜盘海塘、凤舞河完成“美丽河库”建设工作,舵岙河通过省级“美丽河湖”创建验收,其他3个“美丽河库”创建通过市级验收。六横镇成为“美丽河库”示范乡镇。

【水文站点工程】 2019年汛期前,普陀水文站开展对全区57座水文遥测站点汛前检查和维护工作。根据2019年水文站点建设要求,新建15个水文站点(观测项目均为水位雨量),其中水库山塘遥测站10个、河道水位站5个;完成投资160万余元,全部完工。

【“保供水”工程】 2019年,全区完成“保供水”工程项目11项,年底完成总投资1326万元。

(撰稿:虞月珍　李承言　丁琪挺)

编辑:陈莉

工 业

综 述

2019年，全区规模以上工业产值228.2亿元，比上年增长4.9%；规模以上工业增加值57亿元，同比增长8.0%；73个工业投资项目，全年完成投资23亿元。普陀工业经济总量总体呈现稳中向好态势。

全区有工业企业1000余家，其中规模以上企业123家（年末数135家）。有省级技术中心7家，市级技术中心12家；舟山中远海运重工有限公司为省级“三名企业”（名企、名品、名家培育试点企业），市级“三名企业”4家；中国水产舟山海洋渔业有限公司“明珠”牌为中国驰名商标，省、市级水产名牌产品40余个；市级水产加工名企8家；省级创新型示范中小企业7家。船舶修造业和水产加工业是普陀区两大支柱产业。有船舶修造企业42家，其中归属区本级经营企业28家。规模以上船舶修造企业10家，有舟山中远海运重工有限公司、扬帆集团股份有限公司、舟山鑫亚船舶修造有限公司3家行业龙头企业。全区船舶企业总坞容超228万载重吨，拥有万吨级以上船坞18座。其中，10万吨级及以上船坞11座，包括30万吨级船坞3座，20万吨级2座；拥有万吨级以上船台5座，船台总吨位达到40.5万载重吨，最大船台9.25万吨。年造船能力350万载重吨，最大单船建造能力30万载重吨，造船能力约占全国5%；年修船能力8000万载重吨，最大单船修理能力30万载重吨，外轮修理量占全国25%。2019年，船舶修造业实现规模以上产值76亿元，占全区规模以上工业产值比重33.3%。全区有水产加工企业300余家，约占全市水产加工企业总数63.4%。其中，规模以上水产加工企业71家，占全市规模以上水产加工企业总数62.5%，占全区规模以上工业企业数57.7%。拥有远洋水产品加工企业33家，其中金枪鱼加工企业13家。全区有水产品冷库150余座，日速冻能力5000多吨，一次性冷藏能力20万吨，拥有各种现代化水产品加工生产线150多条，年加工能力70多万吨，年产值上亿元水产企业29家。直接从业水产人员2万余人，涉渔人口7万余人。根据71家规模以上水产企业调

2019年规模以上工业产值

表23

名 称	2019年	
	产值(万元)	同比(±%)
规模以上工业产值总计	2282248	4.90
水产加工业	801097	-8.78
船舶工业	789429	13.62
#船舶修造	759865	12.78
船舶修理	466565	42.08
船舶制造	293300	-15.07
船配	29563	40.46
机械五金	77710	-3.05
电力生产	389865	4.30
其他	224147	-5.55

查,全区水产加工业内贸比例约46.4%。2019年水产加工业实现规模以上产值80.1亿元,占全区规模以上工业总量35.1%。

2019年1月,在区经济信息化和科学技术局职责基础上,划入区人力资源和社会保障局引进国外智力和外国专家管理职责,组建区经济和信息化局(简称区经信局),为区政府工作部门,加挂区科学技术局牌子。不再保留区经济信息化和科学技术局。3月,区委办、区政府办印发《舟山市普陀区经济和信息化局职能配置、内设机构和人员编制规定》,区经信局内设办公室、经济运行科(挂政策法规科牌子)、工业发展科、产业转型科、投资技改科(挂行政审批科牌子)、信息化科(挂数字经济科牌子)、科技管理科、科技发展科、科技服务科9个科室。主要职责:拟订并组织实施工业和信息化领域的发展战略、行业规划和产业政策,提出优化产业布局、结构的政策建议;贯彻实施创新驱动发展战略,拟订全区科技发展、引进国外智力规划和政策并组织实施;监测分析全区经济运行态势,进行预测预警、信息引导,调节经济日常运行。拟订并组织实施近期经济运行调控目标、政策和措施,协调解决经济运行中的重大问题;统筹推进全区科技体制改革,会同有关部门健全科技创新激励机制。优化科研体系建设,指导科研机构改革发展。推进重大科技决策咨询制度建设;贯彻实施新型工业化发展战略,推进产业结构战略性调整和优化升级,推进信息化和工业化、制造业和生产性服务业融合发展。指导推进工业园区、产业基地、小微企业园等平台建设;负责全区企业技术改造投资管理,推进重大工业项目实施。培育发展新兴产业,改造提升传统制造业。牵头提出工业和信息化发展财政专项资金使用的重点领域和方向;统筹推进数字经济发展,组织拟订并实施数字经济发展规划。推进信息产业发展和结构调整,负责云计算、大数据、物联网、人工智能等产业培育发展和推广应用,扩大和升级信息消费。指导推进工业互联网发展和产业数字化转型,协调推进信息技术公共服务平台建设;会同相关部门提出优化配置科技资源的政策措施建议,推动多元化科技投入体系建设。统筹协调全区基础研究、科技攻关、成果转化,协调管理和监督实施区级各类科技计划。组织实施创新调查和科技报告制度。牵头组织实施重大科技专项。牵头组织国家级、省级、市级各类科技计划的推荐申报等。

工业分布和园区建设

【工业分布】 2019年,普陀区工业主要集中在六横镇、沈家门街道、东港街道、展茅街道、朱家尖街道,占全区工业总产值94.4%,其余街道镇工业产值占全区工业总产值5.6%。

2019年各街道镇规模以上工业总产值

表24

街道镇	规模以上工业总产值(当年价)	
	2019年产值(万元)	同比增减(±%)
全区总计	2282248	4.9
六横镇	952100	19.7
沈家门街道	450557	-11.4
东港街道	395170	-7.1
展茅街道	269165	6.0
朱家尖街道	88351	3.5
虾峙镇	61620	26.8
蚂蚁岛管委会	37523	5.8
桃花镇	24450	18.6
登步管委会	3312	14.2

【沈家门海洋生物工业园区】 2000年4月创建,位于沈家门街道西部,规划用地面积596亩(约39.73公顷)。园区内有河道、污水处理站、公共物流等配套设施,是普陀区集生产、加工、研发于一体的工业园区,内有机械制造、水产品加工等企业37家,其中国家、省、市、区农业龙头重点企业20余家。产品除供应国内市场外,主要外销美国、欧盟、日本、韩国、

东南亚30多个国家和地区约350家客商。2019年园区企业实现规模以上工业产值10.9亿元。

【北部工业区块】 分A区(鱿鱼市场)、B区、C区、茅洋窑潭畈、晓辉畈、钓梁围垦三期6个区块,总占地面积约10400亩(约693.33公顷)。其中,A区(鱿鱼市场)700亩(约46.67公顷),B区364亩(约24.27公顷),C区550亩(约36.67公顷),茅洋窑潭畈320亩(约21.33公顷),晓辉畈585亩(39公顷),钓梁围垦三期8000亩(约533.33公顷)。整个北部工业区块(包括螺门临港企业)2019年实现规模以上工业产值29.6亿元,同比增长7.5%。

【六横工业区块】 分小郭巨围垦区块、小湖工业区块、峧头工业区块及六横龙山船舶工业城4个区块。

小郭巨围垦区块规划围垦面积31500亩(2100公顷),一期已围垦7000亩(约466.67公顷),有水深10米以上岸线9000米;二期22500亩(1500公顷)基本完成围垦工程。小郭巨围垦区基础设施建设尚未完成,该区域作为大型临港装备制造用地,需要引进大型项目实施一体式开发。

小湖工业区块约有土地1500亩(100公顷),区块征地和回填工作均已完成,有5家企业落户,规划引进船舶配套企业、水产品精深加工企业等。

峧头工业区块土地面积430亩(约28.67公顷),落户企业11家,剩余可用土地230亩(约15.33公顷),其中涉及耕地180亩(12公顷),已实施复绿,等待土地转性。

六横龙山船舶工业城成立于2004年,区域范围在六横岛北部龙山区域、沙岙－东浪嘴沿岸,岸线长7200米,已使用岸线6900米,岸线前沿水深等深线达16米以上,陆域面积9000亩(600公顷)。船舶工业城在功能上分为两个区:船舶修造区和船舶工业配套区,其中船舶修造区总用地4230亩(282公顷),入驻企业3家,分别是舟山中远海运重工有限公司、舟山市鑫亚船舶修造有限公司、舟山市龙山船厂有限公司;船舶工业配套区总用地面积500亩(约33.33公顷),入驻企业主要有舟山市普陀区巨龙实业有限公司、舟山市欣达气体有限公司、舟山市海鸥船舶装备服务有限公司、舟山市普陀区舟港水产有限公司等17家。

2019年,六横镇4个工业区块实现规模以上工业产值53.8亿元,同比增长47.4%。

【浦西工业园区】 普陀区浦西开发区于2000年开始建设,园区规划面积8250亩(550公顷),园区以发展工业为主,是集居住、商贸、仓储、物流等多种功能的市级经济开发区。园区内有各类工业企业70余家,以水产加工业为主,从事水产加工企业30余家,出口创汇20亿元,产品外销欧盟、俄罗斯、美国、日本、韩国、东南亚等地,是舟山最大农副产品加工生产基地。园区年加工水产品能力30万吨,优势农产品加工能力95.6%,有省级水产龙头企业7家。园区内年产值超千万元规模企业33家,其中超亿元产值企业13家,园区内企业先后通过HACCP、FDA和ISO 9000质量体系认证。2019年实现规模以上工业总产值39.51亿元,其中水产加工业30.26亿元。

船舶修造业

【概况】 2019年,普陀区船舶修造业实现规模以上工业产值76亿元,同比增长12.78%,占全区规模以上工业产值33.29%,其中船舶制造产值29.33亿元,同比下降15.07%。全区有船舶修造企业42家,其中区级经营企业28家。规模以上船舶修造企业17家,有舟山中远海运重工有限公司、舟山鑫亚船舶修造有限公司、扬帆集团股份有限公司3家行业龙头企业,完成浙江欧华造船有限公司司法重整。全区工业产值十强企业中有舟山中远海运重工有限公司、舟山鑫亚船舶修造有限公司、扬帆集团股份有限公司、舟山万邦永跃船舶修造有限公司、舟山市龙山船厂有限公司5家船舶企业。全区船舶制造业不景气,但各企业发挥自身优势,扬帆集团股份有限公司7800车汽车滚装船获省级首台(套)产品认定。船舶修理业订单饱满,处于满负荷运营状态。球鼻艏改装、压载水处理装置和脱硫装置安装、豪华邮轮修理等高难度、高标准业务持续开展。舟山中远海运重工有限公司完成全球首例超大型集装箱船一体化改造工程。舟山市龙山船厂有限公司与山东佩森环保科技有限公司合作,投资超1亿元,新建脱硫塔制造车间,项目竣工后可新增年产值超5亿元。全区完成船舶脱硫塔安装251艘，压载水系统改装223艘，全球脱硫改装业务前十强船企，普陀占据3席。

【舟山中远海运重工有限公司】 2017年11月21日由舟山中远船务工程有限公司更名。位于六横岛西北端，面积200万平方米，岸线4060米，规划总规模“4坞2船台10泊位”。有10万吨级船坞、15万吨＋8万吨级加长干船坞、30万吨级船坞各1座，修造船专家、工程技术人员和现代化管理人员3000余人。主要从事船舶、海洋工程制造和修改装。公司承修各类散货船、油轮、化学品船、集装箱船、滚装船、铺管船、钻井平台等，有高难度大型海损船修理工程、单壳油轮改特种半潜船工程、滚装船甲板升降改装工程等。客户遍布希腊、挪威、英国、荷兰、意大利、韩国、日本等40多个国家（地区），连续三年进入全国修船十强企业行列。2019年实现工业总产值27.2亿元，同比增长32.99%。

【舟山市鑫亚船舶修造有限公司】 成立于2002年8月，位于六横镇东浪嘴。总投资11亿元，有20万吨级、8万吨级干船坞各1座，20万吨级、15万吨级舾装码头各1座及8万吨级舾装码头2座。厂区总占地面积22.9万平方米，建筑面积近7万平方米，海岸线长1532米。公司以修理集装箱船、散货船、油船、工程船等大中型船舶为主，年承修能力逾200艘，具有承包境外钢质船舶修理工程和境内国际招标工程资质，向LPG船、海洋工程辅助船、邮轮、牲口船等高附加值船型推进。客户遍及新加坡、韩国、日本、德国、英国等20多个国家（地区）。年修船产值与数量、年销售与外汇收入等各项指标，均位居全国前十。获得ISO 9001质量管理体系、职业健康安全管理体系、环境管理体系认证。先后获浙江省“十五”技术改造优秀企业、“浙江省质量放心用户满意诚信企业”、“苏浙皖赣沪”四省一市质量工作先进单位等称号。2019年实现工业总产值14.32亿元，同比增长43.79%。

舟山中远海运重工有限公司厂区 （区经信局提供）

【扬帆集团股份有限公司】 始建于1952年，是集船舶设计、建造和船配为一体的企业集团，是国内造船骨干企业、浙江省船舶行业龙头企业、中国船舶工业行业协会副会长单位。2006年8月改制，被北京建龙重工集团有限公司收购，成为建龙集团旗下一个业务板块。集团下辖3家子公司（浙江东海岸船业有限公司、舟山大神洲造船有限公司、舟山船厂）、1家船配公司（浙江扬帆通用机械制造有限公司）、1家船舶设计研究院（扬帆集团船舶设计研究院）和1家船型研发所（扬帆集团上海船舶技术有限公司）。主要产品为大型汽车运输船、集装箱船、散货船、油船、化学品船、海洋工程船、多用途船等。年造船能力达200万载重吨，致力于高附加值、高技术含量出口船舶产品的研发和制造。公司采用TRIBON软件进行船舶设计，按照现代集成CIMS系统组织生产，推行精度造船、数字造船、绿色造船，通过英国劳氏船级社三体系认证。2019年年底完成276艘船舶（90%以上为出口船舶）的建造交付，实现工业总产值9.6亿元，同比下降12.07%。

【舟山万邦永跃船舶修造有限公司】 建于2003年7月，位于马峙（今属小干岛），占地50万平方米，海岸线长约1900米，水深20米以上。有2座干船坞和774米长码头。2006年1月投产，是一家中外合资船舶修造企业。2017年率先在中国修船业内实现系统的船壳超高压水表面预处理工艺作业。2019年实现工业总产值8.3亿元，同比增长62.14%。

舟山万邦永跃船舶修造有限公司工人应用高压水除锈机器人开展修船作业 （区经信局提供）

【舟山市龙山船厂有限公司】 始建于1975年，2002年转制为股份制民营企业。位于六横镇沙岙，占地面积21.43万平方米。公司有20万吨级干船坞1座（长310米、宽55米）、7万吨级干船坞1座（长235米、宽40米）、4个修船码头总长900米，以及其他修船设备设施。通过ISO 9002质量体系认证，具备修理、改装、拆解各类散货船、集装箱船、油船、汽车运输船等船型资质，取得质量管理体系（GB/19001-2008-ISO 9001：2008）、环境管理体系（ISO 14001：2004）和职业健康安全管理体系（OHSAS 18001：2007）认证证书。有职工700余人，外协队伍1000余人。2019年实现工业总产值6.1亿元，同比增长44.15%。

【浙江东海岸船业有限公司】 是扬帆集团有限公司的独资公司，位于蚂蚁岛，占地面积74.5万平方米，配备大型串联式造船坞、750米×25米舾装码头。按照现代造船模式布置钢材预处理、内场加工、室内平面分段流水线和曲面分段流水线、室内涂装等。配备国内先进室内薄板生产线，平面分段流水线由芬兰进口，配备600吨门座式吊机、300吨门座式吊机、150吨门座式吊机及等离子数控切割机、高精度门式切割机、800吨油压机、大型三辊卷板机、4.5米和3.2米预处理线等设备。年造船100万以上载重吨，主要产品为5000车以上汽车运输船、化学品船、多用途散货船、集装箱船等船舶产品。2019年实现工业总产值3.66亿元，同比增长3.20%。

【舟山亚泰船舶修造工程有限公司】 位于虾峙镇西白莲岛西侧，占地20.35万平方米，海岸线长约1205米。公司在建20万吨级（330米×58米）和8万吨级（260米×48米）干船坞各1座，配套560米×25米和292米×25米舾装码头各1座，并配备大型门座起重机、桥式起重机及各类船舶修造设施设备和专业维修车间，主要经营范围：提供船舶修造服务，经营船舶配件、重油及燃料油。公司有修造船质量控制体系，承接20万载重吨以下各类船舶修理及改装工程，有按照中外船级社规范要求和ISO 9001质量管理体系要求对VLCC以下油轮、散装船、滚装船、集装箱等运输船和海洋工程进行改装和专业维修，修理质量受英国LR、德国GL、美国ABS、挪威DV、日本NK等各船级社认可。2019年实现工业总产值3.07亿元，同比增长37.76%。

【浙江东鹏船舶修造有限公司】 始建于1954年，于1999年1月转制，建立舟山市普陀东鹏船舶修造有限公司，2005年8月变更为浙江东鹏船舶修造有限公司，是浙江省钢质船舶修造甲类企业、农牧渔业部渔船修理甲级企业。通过中国船级社认证公司ISO 9001：2000质量管理体系认证。公司占地面积4.05万平方米，其中船、机、电金加工等工作车间场地5100平方米，建筑面积4280平方米，现有3000吨级船坞1座（坞长90米，宽13.2米，深6米），万吨级配套码头1座，2万吨级和1.6万吨级船台各1座。在册职工150余人，有工程技术人员56

人,公司年修造能力20余万吨,并与国内外多家公司建立长期合作关系。2019年实现工业总产值0.78亿元,同比下降38.33%。

水产品加工业

【水产品加工业发展情况】 2019年,全区水产加工企业300余家,约占全市水产加工企业总数63.4%。规模以上水产加工企业71家,占全市规模以上水产加工企业总数62.5%,占全区规模以上工业企业数58.2%。水产加工业全年实现规模以上工业产值80.11亿元,占全区规模以上工业产值35.10%。直接从业水产人员2万余人,涉渔人口7万余人。全区有水产品冷库150余座,日速冻能力5000余吨,一次性冷藏能力20万吨,拥有各种现代化水产品加工生产线150余条,年加工能力70余万吨,年产值上亿水产企业29家。水产类中国驰名商标1个,即中国水产舟山海洋渔业有限公司"明珠",省、市级水产名牌产品40余个,有"海星""栋栋""银豪""富丹""渔婆婆""璐久""甜爱"等。2019年,加强对水产加工业生产线自动化技术改造,全区水产加工自动化设备普及率达58%,精深加工率达53%。海洋肽产业初具规模,初步制定海洋肽产业专项扶持政策,谋划国际协同创新中心,以展茅海洋生态创新谷、大健康产业园等为承载平台,构建生产、科研、销售完善的产业体系。作为海洋肽产业第一梯队,浙江荣和生物科技股份有限公司低聚肽项目建设完工并试生产;海欣食品股份有限公司海洋肽研发生产项目总投资1.3亿元,取得土地,进行项目前期设计;浙江艺阁文化传媒集团有限公司成立浙江肽链生物工程有限公司,作为全区海洋肽产业营销方。

【浙江富丹旅游食品有限公司】 创建于2003年,位于展茅工业园区,占地面积近6万平方米,有员工700余人。公司先后通过QS认证、ISO 9001、ISO 22000、ISO 14001、HACCP管理体系认证。主要产品有休闲海洋食品系列、冻鱿鱼产品系列、鱿鱼干品系列、冻煮金枪鱼鱼柳产品系列等100余种。远销欧洲、美国、日本、东南亚等地区。获"浙江省著名商标""浙江省农业龙头企业""浙江省信用管理示范企业""浙江省标准创新型企业""浙江省高新技术企业"等数十项荣誉。2019年实现工业总产值4.35亿元,同比增长6.07%。

【浙江融创食品工业有限公司】 成立于2012年7月,位于展茅工业园区。占地面积约3.3万平方米,分为4个加工车间及1个8000吨级冷藏库。公司主营水产品收购、加工及销售,专门生产各种金枪鱼产品,包括正鲣、黄鳍、长鳍、东方狐鲣、扁舵鲣(圆舵鲣)等。年处理原料4万~5万吨,成品约2万~2.5万吨,日处理原料量达150~200吨。2011年,公司在印度洋岛国马尔代夫投资注册渔业公司,从事金枪鱼及各种杂鱼生产捕捞工作,采取"一竿钓""延绳钓"等作业方式。在马尔代夫与一家金枪鱼罐头加工厂合作,在当地生产"一竿钓"金枪鱼罐头,产品全部销往欧洲。2019年实现工业总产值4.26亿元,同比增长45.72%。

【浙江丰宇海洋生物制品有限公司】 成立于2002年,位于展茅工业园区B区,是一家拥有进出口经营权,集水产品收购、加工、销售、科技开发和成果转化于一

浙江丰宇海洋生物制品有限公司数字化发酵车间 (区经信局提供)

体的海洋生物制品加工企业。占地面积8万平方米，有全国一流全封闭自动化湿法鱼粉生产线、鱼油加工生产线，以及酶解鱼溶浆、酶解虾膏和蛋白肽生产中试车间，年加工鱼粉、鱼油、酶解鱼溶浆、酶解虾膏等产品8万余吨。通过ISO 14001:2000环境管理体系认证和ISO 9001质量保证体系认证，是安全生产三级达标企业。2016年，公司投入1.18亿元新建多品种、多系列产品生产的现代化工厂。生产包括鱼粉、鱼油、虾膏、虾粉、生物钙粉、鱼溶浆、饲用氨基酸营养液、饲用鱼蛋白多肽、饲用诱食剂等产品。获得浙江省科技型中小企业、浙江省小企业创业新星企业、麦康森院士工作站企业、舟山市十强工业企业、中国鱼粉鱼油行业十强企业等荣誉称号。2019年实现工业总产值4.02亿元，同比下降15.89%。

【浙江荣舟海洋产业股份有限公司】 成立于2012年7月，位于展茅街道丰岛工业园区A区6路，注册资本2600万元（平太荣远洋渔业集团有限公司占股90%），有员工约90人。浙江荣舟海洋产业股份有限公司属平太荣远洋渔业集团有限公司远洋渔业加工基地，也是中国南方金枪鱼交易中心。公司占地面积20亩（约1.33公顷），建筑面积6000平方米，均以欧盟、美国FDA、日本、韩国及东南亚区域等国际商检规范要求建造有现代化产品加工车间及各类设施。主要从事远洋金枪鱼、鱿鱼产品的精深加工、销售。全套金枪鱼加工车间于2015年10月投产，日加工能力15～20吨，年加工能力6500吨，结合配套4000吨级−55℃超低温冷藏库容和3000吨级−28℃常温库容，有年冷藏20000吨左右金枪鱼鱼货能力，其规模列华东地区第一。2019年实现工业总产值3.16亿元，同比增长22.68%。

【平太荣远洋渔业集团有限公司】 成立于2007年（原浙江平太荣远洋渔业有限公司），位于沈家门街道东海西路9号（普陀远洋与渔业大楼十楼），2013年9月组建成立集团，注册资本3.1亿元，从业人员1000余人。集团主要从事远洋捕捞、加工、储藏、运输、销售、货物进出口、船舶修造、海洋生物技术研发与运用，有农业部远洋渔业企业资格证书。是舟山市远洋渔业协会副会长单位、金枪鱼分会会长单位。集团先后获得普陀区渔业体制创新十佳企业、区农业龙头企业、区渔业新经济组织先进单位、浙江省农业龙头企业、舟山群岛新区劳动模范集体称号，并获中国远洋渔业协会授权使用“纯天然远洋捕捞产品”标识，并获批成立中国南方金枪鱼交易中心。集团有37艘远洋金枪鱼延绳钓船和2艘6000吨级远洋超低温运输船（仓储温度可达−60℃），年鱼货捕捞量1.5万吨，运输量近3万吨。集团下设5家子公司（浙江荣舟海洋产业股份有限公司、浙江荣生海洋生物制品有限公司、浙江荣和生物科技股份有限公司、浙江荣畅船舶修造有限公司、舟山平太荣餐饮服务有限公司）。2019年实现工业总产值2.85亿元，同比增长25.19%。

【中国水产舟山海洋渔业有限公司】 成立于1962年10月（前身舟山水产联合加工厂，1958年3月成立），位于沈家门平阳浦社区。中国农业发展集团有限公司（系国务院国有资产监督管理委员会直接管理的中央农业企业）重要成员企业，是一家集远洋渔业、水产加工业、渔港物流业、房地产和后勤服务为一体的国有企业。有10个下属二级单位、2家控股公司和3家参股公司。占地面积47公顷，海岸线总长1465米，总建筑面积30余万平方米，总资产19亿元。有40余艘远洋生产船舶，3.5万吨/次冷库群，4个专业水产品生产加工车间和1个水产品研发检验中心，17座码头，21个泊位，1.4万立方米保税油库，年捕捞海水鱼3万余吨，有从业人员5000余人。有自营出口、保税油供应和外籍船舶维修等资质，先后通过ISO 14001环境体系、OHSMS 18000职业健康安全管理体系和ISO 22000食品安全体系等认证，在舟山率先获得美国FDA食品卫生检测和欧盟HACCP食品安全体系认证。公司率先成功研制出烤鱼片、鱿鱼丝等精深海洋食品，被列入“中国的脊梁”——国有企业500强，获得全国五一劳动奖状和国家级企业技术进步奖，是2010年上海世博会舟山地区唯一特许生产商，为中国农业产业化龙头企业协会会员单位和浙江省农业产业化龙头企业。拥有中国驰名商标“明珠”，“明珠牌”海洋食品被授予“浙江省最佳城市礼品”和“浙江省农业金名片”荣誉称号。

2019年实现工业总产值2.79亿元,同比增长29.33%。

【舟山佳必可食品有限公司】 创建于2012年,前身是舟山普陀鸿利达冷藏食品有限公司,位于展茅工业区,是专业从事海洋水产品收购、金枪鱼系列产品加工和销售的民营股份制企业。公司固定资产约1亿元,占地面积2.6万余平方米,有员工300余人,6条水产品精加工自动生产线和7条罐头生产线。产品远销西班牙、泰国、南非、俄罗斯、印度尼西亚、土耳其、法国等国。2019年实现工业总产值2.24亿元,同比增长5.97%。

(撰稿:丁欢)

电力供应与生产

【概况】 普陀供电分局供电区域面积458.60平方千米,供电海岛32个(含舟山岛普陀部分)。其中,421.62平方千米为农村、海岛区域,占总供电区域面积91.94%。至2019年年底,全区有220千伏变电所2座,变电总容量108万千伏安;110千伏变电所8座,变电总容量86.30万千伏安;35千伏变电所9座,变电总容量26.80万千伏安。500千伏高压输电架空线路110.52千米;220千伏高压输电架空线路24.23千米;110千伏高压输电架空线路230.12千米,电缆及海缆37.91千米;35千伏高压输电架空线路152.55千米,电缆及海缆78.94千米(以上数据有一部分因电线、电缆大量拆除而比上年减少)。

2019年,全区电力生产业实现规模以上工业产值38.99亿元,同比增长4.3%。

2019年全区各行业用电比重

表25

行　业	用电量(万千瓦时)	所占比重(%)
全区总用电量	162456.48	100
农、林、牧、渔业用电	1827.42	1.13
工业用电	65960.15	40.60
建筑业用电	4346.90	2.68
交通运输、仓储和邮政业用电	8492.87	5.23
信息传输、计算机服务和软件业用电	2070.64	1.27
批发和零售业用电	11632.74	7.16
住宿和餐饮业用电	11710.14	7.21
金融业用电	540.11	0.33
房地产用电	2115.64	1.30
租赁和商务服务业用电	2504.75	1.54
公共服务及管理组织用电	13627.92	8.39
城乡居民生活用电	37627.20	23.16

保电 (普陀供电分局提供)

【电力经营】 2019年，普陀区全社会用电量16.25亿千瓦时，比上年增长3.8%；售电量15.75亿千瓦时，同比增长3.50%；上网电量41.67万千瓦时；线损率3.03%。全年综合电费收入109019万元，同比下降1.12%。平均电价692.00元/千千瓦时，同比下降32.31元/千千瓦时。电费回收率100%，2019年普陀区域总用户数215160户，业扩报装数2770户，完成报装容量21.27万千瓦，业扩服务时限达标率100%。采集覆盖率100%，全用户采集成功率100%，同期线损管理水平100%。有序用电工作规范率100%，售电量预测准确率99.59%，电能替代指标完成率100%。管辖区域实现城网供电可靠率99.961%，农网供电可靠率99.939%，年未管辖区域城网D类电压合格率累计值100.00%，D类（居民端）电压合格率累计值99.999%。

【电力配网建设】 2019年，普陀区续建配电网工程项目23个，全部竣工投产，年度投资1.23亿元。新建配电网工程项目18个，完成15个，完成项目投资1.37亿元，其中配合政府旧城改造投入5600万元。

持续推进配网改造，提升岛际供电可靠性。普陀区域配电网10千伏线路公线205条、2046.89千米，其中单辐射线路6条，其余均为联络线路。2018—2019年普陀供电分局投资新建普陀山龙沙线新建工程、西山环网室新建工程，工程实施后普陀山岛形成南一环、南二环、北环、西环4个“三双”接线，提高供电可靠性；完成35千伏用户变电所、东海岸变电所、东登线新建工程与登步变电所10千伏线路构成联络，能够满足登步变电所全停情况下负荷转移，登步、蚂蚁、西闪三岛供电可靠性加强；完成沈家门变电所—鲁家峙变电所10千伏联络线路新建工程，能满足鲁家峙变电所全停情况下负荷转移；完成登步—桃花岛间联络线路新建工程，利用35千伏线路通道降压使用，能满足桃花变电所全停情况下负荷的转移接带，桃花岛供电可靠性得到增强。此外，普陀供电分局根据各海岛间供电现状分析结果，制订各区域三年改造计划，通过联络线路建设、老旧线路改造，在以后几年配网改造投资予以倾斜，提升岛际之间供电可靠性。持续推进普陀山全电景区建设，以点带面开展全电厨房建设，数十家中小型酒店、用户相继完成全电厨房改造；电动汽车开始试点运行，充电设施完成多布点、全覆盖建设；建成全电民宿试点，为普陀山全电民宿打造提供范本。

巡线 （普陀供电分局提供）

【电力供应服务】 普陀供电分局优化营商环境，提升客户办电效率，加入政府投资项目信息平台，开展电力接入项目行政审批。压缩用电报装时限，压减客户办电环节，压缩竣工检验与装表接电总时长；简化办电手续，客户办电“一证受理”。2019年累计受理10千伏高压企业101户，平均时长36.46个工作日，减至40个工作日以内；低压小微企业办理46户，平均时长10.02个工作日，减至15个工作日以内。高压用户实行“联合勘查、一次办结”作业模式，在受理次日完成现场查勘、接入系统方案拟订，5个工作日内答复供电方案；压缩竣工检验与装表接电总时长，实行验收、装表、送电、签订合同同步进行，合同由客户经理起草完成后现场签订，将竣工检验与装表接电总时长压缩至5个工作日内；提升低压客户接入

进企业为用户检查用电设施 (普陀供电分局提供)

容量标准,因电网受限影响用户接入的,采用“先接入、后分流、再改造”方式,优先为客户通电;对无工程的低压业扩报装,2个工作日内完成装表接电;分中心本部、办证中心及10个营业厅全部接通政府专网,实现与政府数据互联互通,通过数据共享获取相关资料,使客户享受“一窗受理、内部流转、并联审批、一次办结”全程“套餐式”服务,推进“无证明城市”“最多跑一次”改革决策部署。完成重大节庆和中高考期间等保供电任务,全年配网保供电任务实现“零闪动”。开展防汛防台工作,组织应急演练,在抗击“利奇马”台风和“米娜”台风期间,按“防、避、抢”原则,以人身、设备、电网安全为重点,制订抢修方案,均在台风过后一日内全线复电,完成年度防汛防台工作。

(撰稿:黄红勤)

【浙江浙能中煤舟山煤电有限责任公司】 成立于2007年6月,位于六横岛东北岸,由浙江浙能电力股份有限公司、中国中煤能源股份有限公司、三林万业(上海)企业集团有限公司、力勤投资有限公司共同出资建设。是集大型火力发电厂及煤炭中转煤码头为一体的企业。浙能舟山煤电是省委、省政府提出打造“平安浙江”和发展“海洋经济”战略的配套项目。电厂项目占地面积约1300亩(约86.67公顷),规划建设4台高参数、大容量1000兆瓦超临界机组,留有扩建余地。电厂一期2台1000兆瓦超临界机组于2011年1月5日取得国家发展和改革委员会核准批复,1号机组和2号机组分别于2014年7月10日和9月17日正式投入商业运行。超低排放设备与主机同步配套建成投产,其中湿式电除尘技术是环保部示范项目。舟山煤电煤炭中转码头设计年吐吞量3000万吨,单泊位可停靠最大吨位20万吨,堆存能力310万吨。2014年4月1日起,煤炭中转码头全面租赁给浙江浙能港口运营管理有限公司经营管理。2019年实现工业产值34.98亿元,同比下降1.87%。

【国电电力浙江舟山海上风电开发有限公司】 位于六横镇台门人民南路34号,公司法定代表人徐勇,注册资本13823万元。有员工42名。主要经营风力发电开发、建设、生产与销售及风电技术开发咨询、技术服务等业务。2019年实现工业产值4.08亿元,同比增长131.83%。国电舟山普陀6号海上风电场2区工程是浙江省第一个海上风电项目,也是普陀区“三重”项目,项目总投资45亿元。项目建设场址位于六横岛南侧,东西长约12千米,南北宽约3千米,风电场中心点距离六横岛约11千米,涉海海域面积35000平方米。该项目规划总装机容量25.2万千瓦,拟安装63台单机容量4兆瓦的西门子SWT-4.0-130型风机,风电场年理论发电量106063万千瓦,年上网电量75338万千瓦,等效满负荷小时数3038小时。每年节约标煤27万吨,减少二氧化碳排放70万吨。

(撰稿:丁欢)

海水淡化

【六横镇10万吨/日海水淡化与综合利用产业化工程】 位于六横岛,由国有企业舟山中电建水务有限公司管理。总占地面积约

85 亩(约 5.67 公顷),项目按总体规划,分期实施,采取反渗透膜法海水淡化工艺,计划投资 7.4 亿元。2008 年 8 月正式启动,2016 年年底完成 5 万吨 / 日海水淡化工程建设,累计投资 32146 万元。淡化水每吨耗电 3 度,直接生产成本 4.00 元 / 吨,总成本约 6.50 元 / 吨。海水淡化厂运行管理按《海水淡化反渗透系统运行管理规范》(GB/T 31328-2014)执行,供水水质执行《生活饮用水卫生标准》(GB 5749-2006)。海水淡化厂运行人员 22 人,负责日常运行、设备养护、维修等工作。供水常规指标每天化验检测,电导率、pH 值在线检测。卫生监督部门对供水水质实施监管。经第三方检测,淡化厂出水水质 106 项指标全部合格。六横镇 10 万吨 / 日海水淡化与综合利用产业化工程为国家发展和改革委员会与科技部海水淡化示范工程、中国电建集团华东勘测设计研究院有限公司海水淡化技术研发中心和技术试验基地、海水淡化人才培训基地、十余所高校科研院所研究基地。其中,1.25 万吨 / 日反渗透海水淡化单机是国内具代表性的大型海水淡化机组。2019 年因雨水充沛,海水淡化厂未运营。

(撰稿:缪填填)

【虾峙镇海水淡化厂】 虾峙镇海水淡化厂属镇政府村镇建设办公室管理,占地面积 2000 余平方米,2004 年 11 月 3 日动工建设,2005 年 4 月 15 日竣工,4 月 26 日举行出水仪式。生产能力 300 吨 / 日,正常生产实际可供应淡化水 260 吨 / 日,总投资 870 万元(镇财政拨款 30%,省、市、区财政拨款 70%)。工程采用反渗透法技术,生产淡化水符合国家饮水标准。

由于淡化水生产成本较高,2019 年雨水充沛,虾峙镇居民用水主要靠小坟坑、石棚港水库供给,镇海水淡化厂未运营。

(撰稿:袁骏超)

【东极海水淡化】 东极海水淡化建设工程是解决海岛居民饮水难的民生工程。由东极镇政府建设,期限为 2018—2020 年。该项目主要建设 6 套 150 吨 / 日反渗透海水淡化机组及配套建设海水取水、海水预处理、反渗透海水淡化、产水后处理及供水管道等设施设备,总建设规模 900 吨 / 日,庙子湖岛、青浜岛、东福山岛海水淡化建设规模均为 2 套 150 吨 / 日,配套建设厂房 3 座,总建筑面积 1044 平方米。总投资 2415 万元,其中中央预算内投资 498 万元。2018 年 10 月开工,至 2019 年年底累计完成投资 1051.2 万元,其中完成中央预算内投资 498 万元。

东福山岛于 2018 年启动对原厂房进行改建并拆除原设备,对外采购两套海水淡化设备,建设沉淀池、水泵房、部分管网等,完成投资 393.2 万元。

庙子湖岛海水淡化于 2019 年 5 月启动,对外采购两台设备,建设厂房、沉淀池、管网、水泵房等,完成投资 330 万元。

(撰稿:蒋引凤)

【白沙岛海水淡化厂】 位于白沙岛大水潭,占地面积 1500 平方米。由原白沙乡政府委托舟山市水利勘测设计院、杭州水处理技术研究开发中心有限公司对白沙岛海水淡化工厂项目勘测设计,建设 500 吨 / 日海水淡化工厂 1 座,设计年生产淡化水能力 12 万吨,投资 750 万元,由省有关部门和区政府出资。2014 年 12 月投入运行,基本能解决岛上用水。淡化水生产成本 7.00 元 / 吨,其中电费支出占 80%。供水对象为白沙岛居民、各渔家客栈及游客、消防应急、工程用水等。2019 年因雨水充沛,海水淡化厂未运营。

(撰稿:胡明波)

其他工业门类

【其他工业门类发展情况】 2019 年,全区机械制造业实现规模以上工业产值 7.60 亿元,同比下降 3.3%;金属制品业实现规模以上工业产值 0.17 亿元,同比增长 6.7%;化工原料制造业实现规模以上工业产值 1.88 亿元,同比增长 0.2%;医药制造业实现规模以上工业产值 0.32 亿元,同比下降 20.1%。

【舟山市正源标准件有限公司】 为专业化标准件生产厂家,经国家批准具有自营进出口权。位于沈家门海洋生物工业园区,固定资产 3800 万元,注册资本 1080 万元,占地面积 20000 平方米,年实际生产能力 8000 吨。2019 年,有员工 188 人,其中有中、高级技术职称 50 余人。全年实现工业总产值 3.86 亿元,同比增长 0.04%。

公司专业生产 GB 国标、ISO 国际标准、DIN 德制、UNI 意制、ANSI 美制、JIS 日制、CNS 台制、BS 英制、SH（石化）标准、HG（化工）标准、汽车标准件等冷热镦六角螺母、螺栓，规格从 M3～M100、1/2″～3″。主要生产钢结构用高强度螺栓组件 8.8S、10.9S，高强度螺栓 8.8S、10.9S 和高强度螺母 8 级、10 级、12 级系列产品以及不锈钢螺母螺栓、各种非标异形件和锁紧螺母(螺栓、螺母、螺柱、垫圈、索具)等。材料主要采用不锈钢 304、316，合金钢 20MnTiB、35VB、40CrMo、35CrMo、40Cr，碳钢 45 号、35 号、25 号等。产品适用于桥梁、石油、化工、汽车、建筑等各行业。出口销往北美、欧洲、日本、东南亚各国及地区，覆盖全国各省、市、自治区。

【浙江炜驰机械集团有限公司】成立于 1989 年，前身是浙江炜驰机械发展有限公司。位于浦西工业园区，占地面积 120 亩(8 公顷)，厂房面积 35000 余平方米。有以 DM-3000 型立式加工中心为代表各种精密机床 130 余台，及德国进口 LH108 三坐标测量仪等各种检测设备。有员工 560 余人，专业技术人员 92 人，其中中级以上职称占 68%。公司总资产超亿元。以生产汽车模具、汽车零部件、制药机械、食品机械、包装机械、印刷机械为主综合型机械制造企业集团。集团有浙江、江苏、上海 3 个制造基地。通过 ISO 9001:2000 质量管理体系认证，先后获得省“高新技术企业”、省“诚信企业”、省工商企业信用 AAA 级“守合同、重信用”单位称号。部分产品被评为省“高新技术产品”，“炜驰”商标被评为浙江省著名商标。2019 年实现工业总产值 3.21 亿元，同比下降 50.72%。

【浙江飞鲸新材料科技股份有限公司】始建于 1985 年 5 月，位于展茅工业区 B 区，占地面积 33500 平方米，注册资金 1000 万元，专业生产各类船舶漆、重防腐漆及工业漆。各类产品齐全，能生产环氧、氨基、丙烯酸、氯化橡胶、聚氨酯、氟碳涂料、重防腐漆等 13 个系列 600 多种产品，适用于船舶、民用、工业、机电设备、宾馆、桥梁、体育场馆、建筑行业等领域。公司引进 ISO 9001 国际质量管理体系，通过中国船级社 CCS、中华人民共和国渔业船舶检验局 ZY 的双重工厂认可，部分产品还获得德国劳氏 GL 工厂型式认可。公司承担省重大科技专项和优先主题项目 2 项，省级新产品试制计划 7 项，其中 841 环氧聚酰胺饮水容器内壁涂料通过浙江省科学技术厅成果鉴定，被评为市科学技术进步奖三等奖，区科学技术进步奖二等奖，水性环氧重防腐涂料通过浙江省重大科技专项项目，被列入绿色化工技术项目。公司是国家标准和行业标准制订单位之一，参与制订、修订国家标准和行业标准十余个。与中国科学院理化技术研究所成立联合研发实验室。公司获国家高新技术企业荣誉称号，获评“浙江省守合同重信用单位”“浙江省安康杯竞赛优胜企业”“全国安康杯竞赛优胜班组”等荣誉。产品获浙江名牌产品、浙江省著名商标称号。2019 年实现工业总产值 1.01 亿元，同比增长 4.89%。

工业性投入

【概况】 2019 年，全区工业投资项目共计 73 个，完成工业投资 22.96 亿元，其中技术改造项目 33 个，完成投资 7.70 亿元。按乡镇分，六横镇完成投资 15.81 亿元；沈家门街道完成投资 0.55 亿元；东港街道完成投资 1.23 亿元；展茅街道完成投资 4.60 亿元，虾峙镇完成投资 0.50 亿元，东极镇完成投资 0.22 亿元。按投资规模分：1 亿元以上项目 12 个，完成投资 14.83 亿元；5000 万元～1 亿元项目 6 个，完成投资 2.09 亿元；1000 万元～5000 万元项目 48 个，完成投资 5.75 亿元；500 万元～1000 万元项目 7 个，完成投资 0.28 亿元。按行业分：船舶修造 21 个，投资额 6.55 亿元；食品水产 30 个，投资额 4.19 亿元；机械化工 5 个，投资额 0.85 亿元；能源项目 10 个，投资总额 10.05 亿元；其他行业 7 个，投资额 1.31 亿元。

【国电舟山普陀 6 号海上风电场 2 区工程】 在六横镇，项目建设年限 2015—2019 年，2019 年计划投资 13 亿元。涉及海域面积 50 平方千米，拟建设 63 台单机容量 4 兆瓦海上风电机组，总装机容量 252 兆瓦，建设 1 座 220 千伏海上升压站、1 座计量站、1 座陆上集控中心。项目配套建设 1 个 2000 吨级风机组装码头。2019 年项目完成投资额 130050 万元，全部完工使用。

【虾峙岛临港产业基地项目】 项目建设年限2015—2020年,2019年计划投资10000万元。规划总用地约1800亩(120公顷),使用岸线长1795米,发展桥梁钢结构等制造产业。2019年完成投资额4500万元。完成场地地质钻探、整体设计和图纸审图。面积预测报告和规划第二期论证在办。

【六横头湾鑫亚加工基地及配套码头工程】 项目建设年限2018—2019年,2019年计划投资34000万元。陆域占地面积约328亩(约21.87公顷),布置矿砂仓库、动力站、涂装车间等;海域新建1座400米×20米码头,设2000吨级泊位5个;新建1座85米×12米码头,设1个工作船泊位和1个滚装船泊位及相应配套设施等;拟使用岸线480米。2019年累计完成投资额34020万元。完成陆域整体基础工程及设备设施安装工程,完成海域码头相关配套设施基础安装及动力管路安装等。

【舟山鑫亚船舶修造厂区提升工程】 位于六横镇,项目建设年限2018—2019年,2019年计划投资23600万元。依托厂区部分土地,建设一个无动力船舶防抗台安全避风池(长600米宽90米);新建船电坞修车间及设备设施,建筑面积5742.7平方米;新建职工宿舍楼,总建筑面积8440平方米。2019年完成投资额23640万元。项目全面完工。

【展茅鱿鱼加工项目】 项目建设年限2018—2019年,2019年计划投资8000万元。11家鱿鱼加工企业总占地面积161亩(约10.73公顷),主要建设鱿鱼加工生产厂房、办公楼、配套附属工程等。2019年累计完成投资额10023万元。舟山裕丹食品有限公司等8家完成土建施工,浙江裕珈林食品有限公司等3家完成主体工程90%。

【彩虹鱼深海科技城一期项目】 项目建设年限2019—2020年,2019年计划投资8000万元。在展茅鱿鱼市场区块建设海洋装备制造、海洋信息产业、海洋新材料、海洋生物科技小微示范园区。总用地面积80亩(约5.33公顷)。2019年完成投资额911万元。进行土地平整,施工图设计。

【东奥舟山芦花地块(AI)小微企业科创园项目】 项目建设年限2019—2020年,2019年计划投资5000万元。位于东港街道芦花村,占地面积15493平方米,打造以中小型机器人研发(AI)为主科创园,总建筑面积44000平方米。2019年完成投资额1329万元。完成图纸深化。

【六横清洁能源生产项目】 项目建设年限2019—2020年,2019年计划投资10000万元。总用地约50亩(约3.33公顷),依托浙江浙能中煤舟山煤电有限责任公司煤炭中转基地堆场及码头,建设清洁能源生产基地,年加工能力250万吨。2019年累计完成投资额221万元。完成土地出让、一证办理,环境影响评估报告报市环保局审核;涉水评估报告取得市水利局批复;节能评估报告根据市发改委意见联系设计院进行调整;11月4日,浙江省能源集团有限公司召开煤炭板块及电力板块联合会议,同意该项目建设。

【浙江炜驰机械集团有限公司新厂房建设项目】 位于展茅街道,项目建设年限2018—2021年,2019年计划投资1000万元。总用地面积约100亩(约6.67公顷),主要建设包括汽车零部件、模具生产机相关配套设施,建设车间面积55300平方米。附属用房250平方米。2019年完成投资额1000万元。项目全面完工。

【舟山六横中远船务屋顶分布式光伏发电项目】 项目建设年限2018—2019年,2019年计划投资9000万元。拟利用舟山中远海运重工有限公司可利用屋面19.5万平方米铺设太阳能组件,建设分布式光伏发电系统,装机容量19.9兆瓦。2019年完成投资额9050万元。项目全面完工。

【企润水产品精深加工项目】 位于展茅工业区块C地块,项目建设年限2019—2020年,2019年计划投资6000万元。土地面积44亩(约2.93公顷),总建筑面积30679平方米,用于冷库、车间、配套用房新建及生产设备购置,主要生产金枪鱼、虾仁系列产品。2019年完成投资额7071万元。完成主体工程。

【正山紧固件项目】 位于展茅街道,项目建设年限2018—2020年,2019年计划投资3000万元。用地30亩(2公顷),建设生产厂房、办公楼、配套附属工程。2019年完成投资额4066万元。完成总工程量60%。

【正茂热加工及表面处理创新自动化改造项目】 位于沈家门街道，项目建设年限2018—2019年，2019年计划投资2000万元。占地面积5000平方米，总建筑面积7306平方米，主要用于建设智能化、自动化生产厂房，并购置先进生产设备。2019年完成投资额2000万元。项目全面完工。

【浙江巨能船舶设备制造有限公司厂房建设项目】 项目建设年限2018—2019年，2019年计划投资1500万元。展茅区域B-07东南侧地块、B-07南侧中部地块，新建船舶配件加工用房、生产车间及办公及附属用房。2019年累计完成投资额1500万元。项目全面完工。

【浙江锦帆船舶配件制造有限公司展茅B-07地块厂房建设项目】

项目建设年限2018—2019年，2019年计划投资1000万元。用地面积8871平方米。新建生产加工用房总面积8871平方米，其中生产车间7369平方米、办公及附属用房1501平方米。2019年完成投资额1000万元。项目全面完工。

（撰稿：丁欢）

编辑：陈莉

旅　　游

综　述

2019年1月，成立普陀区文化和广电旅游体育局（简称区文广旅体局）。区旅游委员会撤销，业务职能并入区文广旅体局。是年，普陀区旅游工作坚持海洋旅游发展为主线，重点做好全域旅游示范区创建。获评省级全域旅游示范区（获创建奖励300万元），第五次获评浙江旅游发展十佳县（市、区）；普陀海岛公园入选省十大海岛公园创建培育名单。完成《东极（中街山列岛）海岛公园建设2019—2020行动计划》，出台《普陀区关于加快推进海岛民宿产业发展的实施意见》。建立区级中小学研学教育实践基地评估机制，蚂蚁岛精神红色教育基地等4家单位列入区首批基地名单，普陀区冠素堂食品有限公司等2家单位入选市中小学研学教育实践基地。12月，普陀区冠素堂食品有限公司通过国家AAA级旅游景区创建验收；东极镇入选第五批省级非遗（主题小镇）旅游景区。开展2019年普陀十大旅游精品线路评选活动，打造沈家门渔港十景线路，策划城市夜间经济线路。全区接待游客4283.03万人次（含普陀山、朱家尖），同比增长12.63%，旅游总收入570.82亿元，同比增长14.87%。

普陀山、朱家尖风景与旅游由新区普陀山－朱家尖管理委员会（简称普朱管委会）管理。

（撰稿：姜慧芬）

2018—2019年普陀区旅游业发展情况

表26

指标名称	单位	2018年	2019年	2019年比2018年增减（%）
一、旅游接待人数	万人次	3802.89	4283.03	12.63
普陀山	万人次	915.07	979.61	7.05
朱家尖	万人次	921.92	1096.74	18.96
桃花	万人次	314.68	346.27	10.04
沈家门	万人次	774.08	849.82	9.78
二、旅游总收入	亿元	496.92	570.82	14.87
普陀山	亿元	75.47	82.15	8.85
三、国际旅游总人数	万人	20.77	21.5	3.51
外国人	万人	8.42	8.74	3.80
港澳台同胞	万人	12.35	12.72	3.00
四、旅行社	家	59	55	−6.78
五、限额以上住宿业企业数	家	56	61	8.93

旅游开发建设

【普陀区海岛旅游发展研究中心成立】 2019年7月12日，普陀区海岛旅游发展研究中心成立，为区文广旅体局管理的副科级公益一类事业单位。下设旅游发展研究科、合作交流科。全额拨款事业编制12名。是年，区海岛旅游发展研究中心根据普陀区实际和区文广旅体局重点工作安排撰写《普陀区关于加快推进文化和旅游体育深度融合的实施意见》，组织专家学者和有关人员对《自由贸易区背景下普陀区海岛旅游国际化进程研究》《关于搭建文化艺术品保税展示交易平台的几点想法》《舟山市普陀区渔民画产业公共服务平台建设研究》等课题进行调查研究；围绕“普陀海岛旅游开发建设”专题，召开普陀海岛旅游开发专家研讨会，梳理全区海岛旅游开发现状及存在问题，为普陀海岛旅游发展未来定位提供意见；围绕东极海岛公园建设，撰写完成《东极（中街山列岛）海岛公园建设2019—2020行动计划》《东极海岛公园开发建设思路》《东极打造省级十大海岛公园发展设想》等相关专题文章。

【旅游建设项目】 2019年，普陀区建设旅游项目11个，总投资10亿元以上项目投资规模152.1亿元，完成投资21.8亿元，其中鲁家峙东南涂景观提升工程完成建设。沈家门半升洞客运站场（码头）提升改造工程完成投资4200万元，站场部分完成EPC招标，进行施工图设计，基本完成现场临建工作，码头部分正在进行趸船预制施工。百里滨海大道（普陀段）项目完成投资2.8亿元，完成高架总工程量85%，完成北侧绿化工程。杉杉普陀天地商务大楼项目完成投资1.7亿元，完成基础施工与地下室工程，一层结构完成，二层结构完成80%。半升洞高端休闲街区项目完成投资10.35亿元，住宅部分完成主体工程65%，商业街区完成主体工程45%，酒店部分开展前期工作。舟山欢乐海洋大世界建设项目完成投资8400万元，G-01地块取得施工许可证。新增A级景区村庄10个，桃花镇塔湾村、虾峙镇东晓村升格为AAA级景区村。累计创成A级景区村35个，在全区行政村占比57.3%，其中AAA级景区村6个、AA级景区村7个。2019年，冠素堂食品文化体验园景区成功创建AAA级景区。至12月，普陀区累计创成A级景区8个，其中AAAA级景区2个、AAA级景区3个。

【普陀海岛民宿】 全区有民宿347家；新开工建设民宿18家，单体建筑34幢，总投资额6340万元。7月，区政府发布《关于加快推进海岛民宿产业发展的实施意见》，明确全区民宿产业发展目标、奖惩及评定办法。11月，对全区72家民宿进行等级评定，其中3家民宿获评五星级、8家民宿获评四星级、12家民宿获评三星级、36家民宿获评二星级及13家民宿获评一星级。在2019年“岛居舟山”最美民宿评选中，全区有8家民宿获奖；2019年浙江省等级民宿评定中，全区获评金宿级民宿1家、银宿级民宿4家。组织各街道镇业务负责人及精品民宿业主40余人赴丽水就民宿业主经营相关技能进行培训；组织区卫生监督所、区公安分局及区市场监督分局前往展茅开展民宿产业发展三服务下乡培训班，讲解民宿开设相关政策法规并分享民宿设计经营相关理念。

旅游节庆活动

【2019国际海岛旅游大会】 由文化和旅游部、省政府主办，省文化和旅游厅、市政府承办，8月29日上午在朱家尖开幕。25个国家（地区）代表团，近千名嘉宾参加开幕式。同日举行“一带一路”海上文旅融合主论坛、“IP赋能 海岛目的地新思路”论坛和“黑科技时代，‘人、货、场’的重新洗牌”论坛。8月29—30日举行2019国际海岛旅游大会产品展示会（户外）。除主体活动外，8月

2019年“岛居舟山”最美民宿颁奖 （区文广旅体局提供）

28 日晚举行“诗话浙江·百县千碗”之“一家人·一桌菜”主题展示活动，9 月举行“欢乐东海　激情九月”系列活动。（详见“专记”）

【第二十九届“普陀山之春”活动】　由普朱管委会和普陀山佛教协会主办，普陀山镇政府承办。4 月 11 日上午，第二十九届“普陀山之春”启动仪式暨“慈航普渡·同护净土”禅行普陀活动在普陀山举行。普朱管委会各单位及全国各地 100 支队伍约 500 人参加活动。活动中向所有禅行者发出文明城市倡议书，助力全国文明城市创建。启动仪式结束后，禅行者从普陀山正山门出发，途经短姑码头、震旦第一佛国石、大乘庵、法雨寺、古佛洞，最终到达宝陀讲寺，全程约 8 千米。

第二十一届中国舟山国际沙雕节　（王祖达摄）

【第二十一届中国舟山国际沙雕节】　由中国国际文化交流中心、市政府主办，区政府、普朱管委会承办，舟山国际沙雕有限公司策划实施，7 月 19 日在朱家尖南沙开园迎客。创作主题为“漫游南沙”，中国、俄罗斯、西班牙、比利时等 7 个国家 30 余名沙雕艺术家，用 15 天时间创作完成 50 余座沙雕作品。与往届不同，长 200 米、宽 50 米的沙雕园区不再分割区块，而是作为一个整体向人们展现“美猴王”“葫芦兄弟”“美人鱼”等 50 余组卡通群像。作品展示期为 2019 年 7 月至 2020 年 5 月。园区内设置沙雕网红打卡点，建造海洋之星沙雕创意屋，并连接摇摆桥，设置呐喊声控喷泉、钢琴阶梯、解忧小居等，增强与游客互动。围绕动漫主题，承办方配套“小手牵大手”、欢乐嘉年华等活动，并设置互动游乐区，提供沙雕小铺、休闲吧、沙雕小火车、滑沙等活动项目。

【第十七届中国普陀山南海观音文化节】　由普陀山佛教协会主办，普朱管委会旅游局、普朱管委会文化广播电视局、舟山市普陀山逸行文化旅游商务有限公司承办，以“自在人生，慈悲情怀”为主题。10 月 27 日在普陀山剧院开幕。主体活动包括第十七届中国普陀山南海观音文化节开幕式暨普陀山文化论坛、“点亮心灯”传灯祈愿法会、“佛顶顶佛”朝拜法会、“弘法利生”讲经法会、对望千年——汉传观音造像艺术展、

第十七届中国普陀山南海观音文化节“心灯·心愿”观音灯会　（沈磊摄）

第二届普陀山佛事用品暨文化旅游商品博览会、“心灯·心愿”观音灯会、新时代佛教中国化方向(普陀山)论坛等。

【海浪音乐节暨2019桃花岛侠侣爱情文化节】 由区政府主办,区文广旅体局、桃花镇政府、舟山普陀文化旅游集团有限公司联合承办,7月20日在桃花岛塔湾金沙景区内开幕。音乐节采取“主体＋配套”模式。主体活动有张洪量、MC小冬等歌手和五味子、情绪波浪、龙井的鱼、简迷离、The Magic People等乐队演出。配套活动于19—21日举行,有“爱的宣言”彩绘、“情意绵绵”留言墙、“沙滩爱情甜蜜跑”(设“共浴爱河”和“为爱而战”两项趣味跑)、“自然生活集市”“匠人创意集市”及露营派对、篝火晚会等。配套活动吸引观众约6000人。

海浪音乐节暨2019桃花岛侠侣爱情文化节 (区文广旅体局提供)

【2019中国普陀佛事文化旅游用品博览会】 由市政府主办,区政府、市文广旅体局承办,舟山普陀文化旅游集团有限公司执行策展,4月19—22日在普陀全民健身中心举行。以“欣赏佛系文化之雅,品鉴素食文化之美”为主题,设置佛系文化产品创意展、首款禅意素食餐具展、顶级香炉艺术品展、素食美食展等六大特色展区,并现场举办国际素食产业主题论坛、佛教与文化产业创新7七场主题活动。博览会展览面积14000平方米,吸引来自全国各地200余家参展商。现场实际成交额152万元,促成签约交易额800余万元。

【2019中国(舟山群岛)国际游艇展】 由中国(舟山群岛)国际游艇展组委会主办,普陀文化旅游集团有限公司执行,5月17—19日在普陀会展中心举行。延续“美丽群岛·自在舟山”主题,分游艇交易展、时尚海洋展两大部分,设标准展位8个、特装展位10个,省内外18家企业参展。展会期间,现场成交额超过360万元。

(撰稿:唐华)

旅游宣传活动

【“5·19”中国旅游日普陀主题活动】 2019年“5·19”中国旅游日普陀主题活动以“文旅融合·美好生活”为主题,通过线上线下相

“5·19”中国旅游日普陀主题活动 (区文广旅体局提供)

结合宣传。依托线上平台旅游区块运作推动互联网＋旅游进程，组织开展舟山市非遗“三进·四季行”系列活动暨2019普陀区“旅见普陀·多彩非遗”活动、“地道普陀”文化旅游展销会及东港“最美海岸线”荧光夜跑等一系列线下活动。台上展演各种非物质文化遗产项目。台下，现场展销传统木船制造技艺、渔绳结编织技艺等各种传统技艺。各个展位上还展示普陀各地旅游宣传册、纪念品、优惠产品、文创产品、非遗作品等，为现场观众展示一个“地道普陀”。

“最具幸福感城市”普陀走进杭州文旅推广季（区文广旅体局提供）

【“最具幸福感城市”舟山普陀走进杭州文旅推广季】 12月，区文广旅体局在杭州拱墅万达广场举办“‘最具幸福感城市’舟山普陀走进杭州2019文旅推广季”。活动以大众化、年轻化的推广方式在杭州展现普陀区文旅形象，特色节目演绎着渔家风情，“嗨普陀”平台开启智慧旅游新时代，推出“双十二”购物节“嗨游”优惠路线套餐。为杭州、普陀两座“最具幸福感城市”文旅交流搭建好平台。

（撰稿：崔思媛）

【普陀山－朱家尖景区旅游营销宣传】 3月，普陀山－朱家尖景区组团参加2019苏州国际旅游展，向苏州市民推出“普陀之星”游船等旅游项目和特色线路，拓宽旅游销售渠道，提高普陀山、朱家尖品牌知名度。

4月27—30日，舟山市吉祥香业有限公司、舟山市普陀山海天佛茶有限公司、舟山市普陀山旅游食品有限公司、文智堂4家企业参加第14届中国义乌文化产品交易博览会和第11届中国国际旅游商品博览会，推出特色香棒、佛茶、观音饼、文创衍生品等48种特色产品。

9月20—23日，舟山市普陀山海天佛茶有限公司、舟山市吉祥香业有限公司、舟山国际沙雕有限公司等9家企业参加第三届舟山市海洋文化博览会，推出70余种文化产品参展。普陀山朱家尖展区面积约380平方米，分9个展位，以“自在普陀山·美丽朱家尖”为主题，展示佛教文化和海洋文化特色工艺品、非遗产品，其中舟山市普陀山海天佛茶有限公司“洛迦山”品牌被评为首届舟

2019普陀山－泉州旅游招商推介暨“千人斋”答谢会（普朱管委会提供）

山市海洋文化衍生品十佳品牌之一，普陀山佛茶礼盒获“最佳展示奖”。展区还设置茶道、香道、沙画等文艺表演。

11月28日，普朱管委会与福建泉州地区协作，在泉州举行2019普陀山－泉州旅游招商推介暨“千人斋”答谢会。招商推介会邀请厦门和泉州商会企业代表、文旅企业代表等80余人参加，“千人斋”答谢会邀请相关代表1800余人参加。通过座谈交流、特色素食斋宴等系列活动，对普陀山旅游环境和招商环境进行宣传推介，邀请闽南企业家赴普陀山投资创业。

（撰稿：张豪）

旅游管理服务

【旅游行业管理】 全区有旅行社企业47家，其中经营国内旅游业务和入境旅游业务的旅行社43家，具有出境旅游业务资格的旅行社4家、区外分社9家、服务网点(门市部)28家。持证导游员950人，其中专职导游832人、社会兼职导游128人。中级导游员77人，高级导游员5人，英语导游员3人。区文广旅体局配合市文广旅体局完成对海中洲国际旅行社、海星金潮旅行社2家四星级品质旅行社，金诚旅行社三星级品质旅行社复评工作。组织指导希尔顿酒店和海中洲国际大酒店通过省级品质旅游饭店评定验收，中瀚大酒店四星级旅游饭店，华侨饭店、华晶大厦三星级旅游饭店通过星级饭店复评。组织海中洲国际大酒店、希尔顿酒店和铂尔曼酒店组成3个代表队参加舟山市2019年饭店服务技能大比武，其中海中洲国际大酒店获团体第一名及中式铺床一等奖等单项奖，希尔顿酒店获消防技能一等奖，海中洲国际大酒店和希尔顿大酒店代表舟山市参加2019年浙江省饭店服务技能大比武。召开2019年全区旅游安全(消防)工作会议，与57家旅游企业签订旅游安全责任书。开展旅游行业消防安全大排查大整治、夏季食品安全监管、非经营性沙滩安全大检查、迎国庆旅游行业消防安全大宣传大培训大体验大警示大提示、食品安全宣传周等安全活动专项整治。开展春节、清明、“五一”、端午、中秋、国庆等假日旅游安全大检查，并针对汛期、暑假、旺季旅游安全加强隐患排查力度。

（撰稿：俞皓）

【旅游市场执法管理】 普陀区创新旅游监管执法模式，强化旅游市场监管力度，先后开展“保健”市场乱象整治百日行动、舟山市旺季旅游专项整治行动、平安护航新中国成立70周年暨文旅市场暑期整治专项行动、“不合理低价游”专项整治与在线产品及信息整治检查工作；深化旅游综合执法体系改革，各部门联动，各司其职，齐抓共管，提升旅游综合管理服务水平，依托“1+2+N”旅游综合执法体系，结合“公安＋城管”联勤联动机制开展全区旅游市场秩序综合整治行动。

3月18日至4月22日，开展“保健”市场乱象整治百日行动。对辖区内星级饭店、品质饭店和20家旅行社进行检查，发现个别旅行社旅游线路中存在售卖“保健”产品购物点，执法人员现场要求旅行社下架相关线路产品。

6月24日至8月23日，开展舟山市旺季旅游专项整治行动。重点检查旅行社是否存在将非经营性涉海旅游景点和项目列入行程违规经营行为，游客食宿、交通等是否符合有关安全标准，带团导游是否进行涉海旅游安全提示等内容。出动执法人员40余人次，检查旅行社16家。

7月29日至10月31日，开展平安护航新中国成立70周年暨文旅市场暑期整治专项行动。以在线旅游产品及信息、不合理低价游、非法经营旅行社业务等方面为重点开展整治行动。检查旅行社66家次，出动执法人员200余人次。

8月15日至12月31日，开展不合理低价游专项整治与在线产品及信息整治检查工作。采用“双随机”检查方式，出动执法人员30余人次，检查旅行社14家。

2月18日至11月30日，深化旅游综合执法体系改革，制定《2019年普陀区旅游市场秩序综合整治行动方案》和《桃花岛旅游市场秩序综合整治行动方案》，联合公安、城管、市场监管等职能部门，开展墩头码头、滨港路、城北车站、桃花岛、东极岛等旅游重点区域旅游市场秩序综合整治行动，重点打击黑车、黑社、违规拉客揽客、野导黑导、强迫消费、“不合理低价游”等旅游乱象。开展联合执法35次，出动执法人员400余人次，检查涉旅企业280余家次。查处未明码标价或标价不规范经营户18起，责令其限期整改并处罚款19800元。劝离非法揽客人员150余人次，传唤违规人员10人，对其中2人予以行政拘留7日处罚。对28辆非法占道车辆涉及经营户发放整改通知书。处罚非法营运2起，罚款25000元。

（撰稿：何慧芬）

【“嗨普陀”平台正式发布】 9月8日晚，舟山首个数字文旅一站式服务平台——“嗨普陀”平台正式发布。平台整合普陀全域文旅资源，内容涵盖景区门票、民宿酒店、餐饮美食、特产购物、休闲娱乐、智慧停车等模块，并具有热门景区、乡村旅游、文旅地图导览、实时气象预报、船班信息、旅游攻略、文体场馆展示预约、文体活动报名等平台功能。开发普陀海洋特色旅游路线套餐，游客可在线预定景区门票、民宿酒店住宿，提前安排好出行日程。享受线上普陀特产购物、体验海钓、帆船、皮划艇等海岛旅游项目，参加各类文体活动等服务。实现只需一部手机便将吃、住、行、游、娱、购“一网打尽”。

（撰稿：魏斌）

旅游服务业

【浙江海都国际旅行社有限公司】 位于东港街道兴普大道338号舟山海中洲国际广场西楼11楼，具有国际旅游资质专业旅游实体，浙江省四星品质旅行社，注册资本1500万元，有2000平方米办公场所和独立网站。主营国内外旅游组团业务，旅游接待、会议接待，代订机、船、车票，旅行社加盟连锁管理，酒店经营等。员工200余人，持证专职导游120余人，分公司2家，门市4家。与本省、江苏、安徽、福建等千家旅行社建立合作关系。先后进入大连、青岛、广东、汕头、深圳、上海等地旅游市场，旅游直通车线路已覆盖江浙沪大部分地区。公司车队承包运营上海（包括机场、动车站）至舟山线，宁波（包括机场、动车站）至舟山线等专用线路班车。为提升旅游线路品质，承包一批休闲渔船，供游客体验出海捕捞乐趣。2019年接待旅客22.4万人次，营业收入9748.7万元。

【舟山布鲁特酒店有限公司元生大酒店】 位于东港街道海莲路528号万宇大厦。按四星级标准建造，是集客房、餐饮、会议、娱乐于一体综合性酒店，建筑面积22121.11平方米，其中地上建筑面积17257.4平方米、地下建筑面积4366.66平方米（地下一层为员工食堂、仓库；地下二层为地下停车场）。一层为酒店大堂（实际使用面积1060平方米），设计为大堂接待区、茶吧、总台服务区；二层、三层为餐饮区，面积4936.99平方米；四层设计为棋牌、足浴及女子SPA（20个豪华包房、1250.81平方米）；五层设计为1个会议室及3个多功能厅；六层至十五层为酒店客房（9376.83平方米），客房174间，其中标间98间、单间50间、家庭房12间、套间13间、总统套间1间。2019年接待旅客32031人次，营业收入3680万元。

（撰稿：俞皓）

【东极国际青年旅舍】 位于东极镇庙子湖元宝坑1弄21号。面积490平方米，客房7间。由两幢海边悬崖上小楼组成，建筑保留海岛民居原有石头外墙，并利用现代建筑材料进行加固、防火、隔热、隔音。每间客房都是一线海景房并自带阳台或露台，大面

东极国际青年旅舍　（区文广旅体局提供）

积落地门窗及可电控升降大床。各个功能块设计强调与自然景观完美融合，利用旅舍整堵墙做投影将露天影院引入东极岛并成为夜间地标之一。2019 年接待游客 4200 人，客房收入 66 万元，全年出租率 56%，平均每间房价 470 元。

（撰稿：傅必朝）

2019 年年末普陀区餐饮、住宿服务业限额以上企业名录

表 27

企业名称	主要业务活动	主要营业地址
舟山云涧精品酒店有限公司	旅游饭店住宿	沈家门食品厂路 38 号
舟山中元大酒店有限公司	旅游饭店	沈家门北渔市路 6 号
浙江海滨旅游发展有限公司	旅游饭店	沈家门东海中路 71 号
舟山市普陀怡港酒店管理有限公司	旅游饭店	东港康腾路 50 号
舟山普陀海上莲花大酒店有限公司	旅游饭店	东港海莲路 107 号
舟山布鲁特酒店有限公司	旅游饭店	东港海莲路 528 号
舟山海中洲国际大酒店有限公司	旅游饭店	东港兴普大道 338 号
浙江圣地亚大酒店有限公司	旅游饭店	东港海印路 838 号
浙江泰如旅游开发有限公司	旅游饭店	东港昌正街 82 号锦华大酒店 201 室
舟山普陀昌正酒店有限公司	旅游饭店	东港海华路 592 号 101 室
舟山三盛酒店管理有限公司	酒店服务	东港海洲路 711 号
浙江舟山旅游集团投资开发有限公司	旅游饭店	朱家尖普渡路 2 号 4 楼
舟山慈美梵客度假酒店有限公司	住宿服务	朱家尖莲花南路金沙大道 68 号
舟山市朱家尖晶都酒店	旅游饭店	朱家尖金沙大道 42—50 号
舟山璞缇海旅游酒店有限责任公司	旅游饭店	朱家尖度假村路 609 号
舟山黄金海岸度假村有限公司	旅游饭店	朱家尖南沙风情假日公寓
舟山市普陀绿城实业投资有限公司	旅游饭店住宿	朱家尖假日路 1288 号
舟山市金沙酒店有限公司	星级宾馆	朱家尖度假村路 606 号
舟山市金旺角大酒店有限公司	旅游饭店	六横邵家村三八路 2 号
舟山市普陀东鸿大酒店有限责任公司	星级宾馆	六横人民北路 101 号
舟山市普陀桃花苑宾馆有限公司	星级饭店	桃花桃源中路
舟山市普陀桃花安期谷山庄旅业限公司	旅游饭店	桃花塔湾村龙头坑

续表 27

企 业 名 称	主要业务活动	主要营业地址
舟山沈家门锦江之星旅馆管理有限公司	一般旅馆	沈家门东海西路 2 号
舟山金莲花酒店有限公司	一般旅馆	东港山海街 28 号
舟山绿城东沙酒店管理有限公司	一般旅馆	朱家尖假日路 1288 号
舟山市普陀区金色海湾度假酒店有限公司	一般旅馆	朱家尖南沙金沙湾假日公寓
舟山海虹酒店管理有限公司	一般旅馆	沈家门东海西路 82 号
舟山普陀嘉之会天丰楼酒店有限公司	宾馆住宿	沈家门东海东路 42 号
舟山开元曼居酒店管理有限公司	酒店住宿	东港海印路 850 号
普陀莲花山庄	旅馆住宿	东港海莲路 205 弄 26 号
舟山泊宁文旅酒店有限公司	一般住宿	东港沙田街 141 号
舟山雀舍城市酒店有限公司	一般旅馆住宿	东港昌正街 170 号 1—4 层
舟山市泰润酒店管理有限公司	一般旅馆	东港山海街 1 号中天大酒店 101 室
舟山康湖酒店有限公司	一般旅馆	东港海洲路 777 号 3 幢
舟山市普陀区朱家尖三联宾馆	旅馆住宿	朱家尖大洞岙金沙路 6 号
舟山市普陀区朱家尖阮统宾馆	一般旅馆	朱家尖大洞岙广场路西侧
舟山普陀空港大酒店有限公司	一般旅馆	朱家尖普陀山机场内
舟山群岛水上旅游集散中心有限公司	一般旅馆住宿	朱家尖普度路 2 号一楼 2131、2131-1、2131-2 商铺
舟山桔子水晶酒店管理有限公司	一般旅馆	朱家尖慈航路 55 号 8—9 幢
舟山群岛新区东方和园酒店管理有限公司	一般旅馆住宿	朱家尖庆丰路 178 号东方和园北区 1 幢
舟山市六横港城大酒店有限公司	一般旅馆住宿	六横峧头三八路 225 号
舟山市高佳庄餐饮管理有限公司	正餐服务	沈家门东河路 107 号
舟山市普陀华发大酒店有限公司	正餐服务	沈家门西蒲湾路 2 号
舟山市晟源帆船餐饮有限公司	中式餐饮	沈家门滨港西路 158 号舟山国际水产城 8 幢 401 室
舟山市普陀华晶大厦旅业有限公司	正餐服务	沈家门滨港路 58 号
舟山市普陀区东港老同学海鲜排档	正餐服务	东港海莲路 301—303 号
舟山中瀚大酒店有限公司	正餐服务	东港兴普大道 99 号
舟山市大菱食品有限公司	餐饮服务	东港海印路 770 号美乐汇大厦 C 座一层东侧
舟山外婆家餐饮有限公司	正餐服务	东港兴普大道 288 号凯虹广场 6 楼

续表 27

企 业 名 称	主要业务活动	主要营业地址
舟山海中洲渔家乐有限公司	正餐服务	东港海洲路 278 号
舟山平太荣餐饮服务有限公司	正餐经营	东港海印路 817−2 号
舟山市普陀区川来湘餐饮管理有限公司	川菜服务	东港望湖街 100 号湖滨广场 B 座 2 号楼 1、2 号
舟山又见小鱼餐饮管理有限公司	正餐经营	东港海印路 850 号杉杉普陀天地 A2 号楼 1 楼、2 楼
舟山市普陀区朱家尖田园阳光水上餐厅	农家乐餐饮	朱家尖金沙大道 555 号
舟山市普陀碧海金沙旅游娱乐有限公司	正餐服务	朱家尖情人岛东沙村东沙路 64 号
舟山市砚瓦岛旅游开发有限公司	中式餐饮	六横台门砚瓦山岛

普陀山－朱家尖景区建设

【概况】 2019 年完成普陀山正山门新客运中心工程、普陀山客运站售票大厅升级改造工程、朱家尖西岙旅游交通集散中心站场建设工程、盐厂安置小区 A 地块河坎工程、朱家尖街道北塘村文化礼堂建设工程、朱家尖禅意小镇立体停车楼（一期）工程、观音大桥入口景观提升项目、朱乌线提升改造（二期）工程、朱家尖新（改）建 20 个港湾式公交停靠站等工作。海星公司“普陀之星”游轮、沈家门至六横大岙航线客轮“六横 8”等开始运营，朱家尖街道示范型居家养老服务中心开始营业，朱家尖福兴路道路提升改造工程及朱樟线大中修项目正式启动，朱家尖西岙旅游综合体项目落地，“普陀礼物”文创产业项目签约。建设中欣社区和三和社区垃圾分类示范点，开展普朱两地社区村体制改革完善工作，推出企业开办首套印章免费刻制服务新举措。

【普陀山正山门新客运中心主体投入运行】 普陀山正山门新客运中心于 2017 年 9 月开工建设，2018 年 11 月主体投入试运行，2019 年 3 月主体正式投入运行。总投资 1.3 亿元，建筑总面积 9451 平方米。工程内容包括拆除原门票中心大厅、客运候船大厅，新建游客中心、客运中心主体建筑及广场相关配套设施。新建主体建筑采用中国传统建筑设计原理，融入佛教文化和海洋文化元素。新客运中心检票通道增至 20 道，二维码检票闸机实现全覆盖，新增自助取票、商务候船、居民候船等多元服务。

普陀山正山门新客运中心 （普朱管委会提供）

【朱家尖禅意小镇立体停车楼投入试运行】 项目位于朱家尖松帽尖围垦区，2017年7月开工建设，2019年国庆节期间投入试运行。总投资概算约5.3亿元，总用地面积10.56公顷，总建筑面积14.68万平方米。包括4座立体停车楼，综合办公楼和汽车服务中心及景观道路、绿化、照明、智能化、收费闸机等配套设施，总停车位4500个。引入车辆诱导系统、车位引导系统、反向寻车系统、自动收费系统及智能安防系统，方便游客停车、取车和付费。

【朱家尖福兴路道路提升改造工程】 位于朱家尖大洞岙城区，7月启动建设，道路总体为东西走向，西起中欣路，东至共建路，总长652米，路幅宽度18～20.5米，总用地面积47719平方米。工程主要包括路基工程、路面工程、排水工程、交通工程、附属工程等，总投资1293万元。

【朱家尖西岙旅游综合体项目落地】 8月，舟山保泓生态文化旅游区开发有限公司成功以交易价8.46亿元竞得朱家尖四柱山单元03-01a地块，计划投资85亿元打造朱家尖西岙旅游综合体项目。项目用地面积64.42平方千米，以“航空、海洋、生态”为主题，以长三角家庭亲子游为主要目标客户群，通过建设航天航空、健康管理、冻龄美容、颐居康养、休闲娱乐和教育培训六大产业板块，将朱家尖打造成全业态、全时段、全客群文化旅游目的地。

【海星公司“普陀之星”轮投入营运】 6月28日上午，在朱家尖蜈蚣峙码头首航。该轮为舟山市第一艘观光型游轮，以高端观光游轮为理念打造，运营“莲花洋观光游”专线，即从朱家尖蜈蚣峙码头出发，途经月岙村、白沙岛、洛迦山、普陀山、东港新城、观音大桥、新罗礁，最终返回朱家尖蜈蚣峙码头。每日共两个班次，开船时间为上午9点和下午2点，航程约60分钟。额定载客198人，内设3层客舱，其中一层为普通舱、二层为商务舱和观景舱、三层为开放式游步甲板，另有音乐舞台、私人餐厅、卡拉ok娱乐设施等。

海星公司“普陀之星”轮　（普朱管委会提供）

【观音大桥入口景观提升项目】 9月，由浙江舟山旅游集团投资开发有限公司投资建设的观音大桥入口景观提升项目完工。该项目总投资约5000万元，占地面积8万余平方米，主要由大地景观和海莲雕塑两部分组成。大地景观工程于2018年11月完工，沿路绿化景观参照杭州G20峰会主干路相关标准建设，结合地形栽种各式绿植，总体呈现莲花图案；海莲雕塑于2019年9月全部完工，雕塑占地约1300平方米，整体采用钢结构，配套建设灯光、雾凇、水景工程，与大地景观工程交相呼应，整体呈现出“佛手拈花”形态，打造“百尺莲开入禅心”门户意境，是舟山市建设“美丽经济交通走廊”、提升景区环境品质的区域重点工程之一。

【“普陀礼物”文创产业项目】 8月29日，在2019国际海岛旅游大会文旅体项目签约仪式上签约。项目投资主体为北京国道黄金有限公司，计划投资约1亿元，通过“文化＋创新”“文化＋创意”“文化＋IP”“文化＋传播”等方式，丰富普陀山旅游文化资源，弘扬普陀山佛教文化。

【朱乌线提升改造(二期)工程】 10月，朱乌线提升改造(二期)工程开工建设，12月完成主体工程。项目总投入2000余万元，实施路段从朱家尖南沙至乌石塘共计9.7千米。工程分为2018年、

朱乌线提升改造(二期)工程 (普朱管委会提供)

2019年两期施工。根据“四好农村路”要求,工程保留沿线原有生态风貌,对全程路面进行提升改造。其中,公路侧面加铺彩色沥青,沿路边坡防护加固,护栏替换成兼顾安全与美观的景观竹钢护栏。公路沿线设置停车场6个,观景平台1个。

【朱家尖西岙旅游交通集散中心站场建设工程】 12月3日开工建设,位于朱家尖西岙台贸物流公司南面,总建筑面积约20645平方米。主要建设集商业、旅游、餐饮、客运于一体的集散中心及相关附属设施,建筑层数地上5层,局部3层,最大建筑高度31.8米,最大跨度14.35米。其中,旅游集散中心建筑面积约19683.81平方米,风雨棚建筑面积约961.37平方米。

【朱家尖新(改)建20个港湾式公交停靠站】 12月,朱家尖新(改)建20个港湾式公交停靠站完成吊装工作,公交电子站牌同步调试投用。项目总投资300万元,停靠站采用全市统一模式,主要分布于329国道(朱家尖段)沿线、普陀至开化公路(朱家尖段)沿线、朱家尖城区及各大景区附近。

普陀山－朱家尖景区管理

【交通违法违规专项整治】 1月2日,普朱管委会召开“打黑”专题协调会议,启动为期1个月的春运非法营运车辆专项整治行动。普陀山公路与运输管理局联合城管、公安等部门着重对慈航广场及周边区域大巴及嫌疑车辆、停放不规范车辆进行稽查监管。在普渡旅游汽车站出入口、售票点等醒目位置树立引导标志牌,在航船中滚动播放专题片等,倡导游客选择规范营运客车出行。

2月15日起,启动2019年“黑车”专项治理攻坚行动,集中打击非法营运行为。至3月,开展联合执法行动11次,检查各类车辆214辆次,查获涉嫌非法营运6起、营运车辆违规营运3起;开展“两客一危”(从事旅游的包车、三类以上班线客车和运输危险化学品、烟花爆竹、民用爆炸物品的道路专用车辆)运输安全检查,对辖区5家“两客一危”企业开展安全检查,督促企业全面落实安全生产主体责任;集中人力布网普陀山、朱家尖重要交通枢纽,打击非法营运车辆,查处出租车拒载、议价等违法行为。

7月,普陀山交警大队开展变形电动车专项整治行动。在海防新村、“入三摩地”重点路段设置固定执勤点,并出动普陀山自行车巡逻小分队。通过社区宣传栏、景点电子屏等媒介发布整治通告。累计出动警力130人次,警车28辆次,查扣变形电动车25辆。

11月,普陀山城管分局开展非机动车停放秩序整治行动。采取定人、定岗、定责方式,强化日常管理,增加高峰时段和重点点位巡查频次,引导市民自觉遵守交通秩序,维护景区面貌。行动期间规范乱停放非机动车50余辆,拖离“僵尸车”1辆。

【安全监督检查】 6月,普陀山公安分局开展端午节前检查,出动警力70人次,检查出租屋60余间,宾馆民宿33家,建筑工地2处,寄递行业3家,现场发现并落实整改隐患8处。端午节期间,在普陀山主要路段、景点及人员密集场所部署警力开展车巡、步巡和盘查工作;依托“傅雷杰工作室”,提升视频巡查力度,研判犯罪前科人员,抓获法院临控人员2人;接到有效报警110起,现场解决群众求助200余次,节日期间未发生重大案事件和交通火灾事故。

7月19—21日普陀山农历六月十九香会期间，普朱管委会召开安保会议，部署旅游安全、游客疏导、客流量预警、应急处理等19项工作；开展港口设施、车辆船只、游道、索道等安全设施大检查；统筹安排运力，投入水上客运21艘客船，总载客位5251个，单向游客最大运输能力达10000人次/小时；投入950余名警力维护秩序，设置通道硬隔离，制订相应等级响应疏客预案；制订游客滞留应急预案，设立临时游客滞留安置点15个，可安置2050人。普陀山公安分局接有效警情158起，现场解决群众求助250余起；围绕辖区寺院庵堂、宾馆民宿、港区等重点区域开展安全隐患大检查，发现并立即整改安全隐患3处；强化巡逻管控，出动警力950余人次；依托“人脸识别+”对可疑人员进行滚动研判、预警并将信息实时流转至反扒队、安保组，遣返扒窃前科人员3人。普陀山市场监管分局重点检查酒店、超市、小餐饮、商亭等区域的预包装食品、食品添加剂等，巡查经营户70余家；对大型酒店、索道、码头、寺庙等人员密集场所的电梯、锅炉等特种设备进行检查，集中巡查特种设备使用单位4家，设备9台次。普陀山城管分局成立香会节保卫工作指挥部，投入120余人，对各区域安全隐患进行排查，发现安全隐患5处，劝导游客3人；香会节期间实行定点定岗管理模式，查获违规揽客人员3人，登记处理非机动车违停4辆。

8月，普朱管委会对朱家尖月岙沙滩、老佃房沙滩、漳州湾沙滩、小乌石塘沙滩等非开放沙滩安全管理情况进行检查，重点查看安全巡查人员配备、围栏监控设置、安全标识标牌设立等情况。对围栏护栏设置有漏洞、旅游团队违规带团前往、监控巡查不到位等问题进行整改。

9月，普陀山公路与运输管理局开展国庆前夕安全检查与整治，对辖区内15家交通运输企业开展45家次、130人次走访检查，排查交通运输安全隐患，督促企业开展安全自查。加强营运市场现场检查和道路巡查150余人次，联合普陀山执法分局、普陀山交警大队开展打击非法营运专项整治行动6次。召开国庆安保工作会议暨第三季度安全生产工作会议，研判国庆期间运力。召集普陀山区域道路运输企业负责人、安全部门经理和驾驶员等200余人，开展从业人员安全教育培训。

10月15—17日普陀山农历九月十九香会期间，普朱管委会各职能部门协同配合完成香会节安全保障任务。舟山市海通客运有限责任公司开展安全隐患排查工作，确保各设施设备处于良好运行状态；出动志愿者80人，在售票大厅、客运广场、候船大厅和码头等区域开展志愿活动，服务游客10000余人次，其中志愿服务台提供游客咨询2000余次，提供应急药物22次、爱心轮椅46趟、旅游宣传手册160余本，协助广播找人20次，普陀山客运站迎送旅客18万人次。普陀山执法分局成立香会节保卫工作指挥部，投入力量116人；香会节前夕组织排查各区域安全隐患，发现安全隐患3处，劝拆2处游客野外搭建帐篷；联合森林派出做好洛迦山森林防火工作，劝阻游客吸烟行为；加大无证导游、尾随兜售、违规揽客、占道（跨门）经营、非机动车乱停乱放等不文明行为监管力度，查处无证导游6人、违规揽客人员23名，责令整改跨门经营3起、占道经营1起、商品外挂9起，查处违规兜售乌龟人员2名、兜售雨衣人员1名，查处强行乞讨聋哑人8名、假僧人2名，规范非机动车违停19辆；联合交警、公安、运管、慈航广场管理处等多部门，开展香会节期间旅游服务、交通客运、安全保卫等工作。普陀山社区卫生服务中心派遣医疗骨干到佛顶山、普济寺、南海观音、洛迦山、码头等现场参与医疗保障服务，门急诊681人次，急诊出车14次，抢救危重病人1例。

【环境整治】 5月，普陀山城管分局与街道、镇、社区、公安、市场监管等部门合作，对“五一”节后旅游市场环境开展“回头看”整治行动。对马路市场、乱摆摊点、占道灯箱、私设菜单牌、户外小广告等现象及重点区域乱吊挂、跨门（占道）经营开展集中整治，出动执法队员63人次，清理占道经营143处，规范非机动车乱停乱放113次，清理乱堆乱放12处、乱张贴17处、违规广告招牌24块、卫生死角10余处。

8月，普朱管委会辖区内近百家单位1050余名志愿者共同参与“红动舟山　志愿创城”普陀山朱家尖功能区创建全国文明城市志愿服务攻坚集中行动。朱家尖街道组织200余名党团员及干部职工志愿者，在大洞岙城区、景区周边及各村（居委）辖区范围内开展集中攻坚行动。清理7条道路、12个居民小区、12个村(居委)以及各景区周边的环境卫生。普陀山镇机关党员、团员志愿者,社区(村)志愿者,小小志愿者及普朱管委会下属机关事业单位等300余名志愿者在景区开展10余场专项主题志愿活动,包括景区公共基础设施清洗、森林山体卫生死角清理、沙滩堤坝周边卫生清理、旅游咨询、交通安全引导、景区主要路段烟蒂和白色垃圾清理等。舟山海星轮船有限公司组织40余名志愿者深入朱家尖客运中心、慈航广场停车场等场所开展卫生清理、旅游咨询、文明劝导、创城宣传等志愿服务活动。浙江舟山旅游集团有限公司组织集团系统内6家企业、98名职工志愿者在朱家尖南沙景区、朱家尖慈航广场开展窗口、景区创城行动启动仪式并开展捡拾垃圾、旅游咨询、文明劝导等志愿服务活动。

10月,普陀山城管分局对商户“门前三包”工作进行专项检查,检查“门前三包”单位90余家,查处跨门(占道)经营15起,督促清理门前堆物23处,补发《舟山市环境卫生责任区责任告知书》20余份。普陀山环卫公司开展垃圾桶专项整治行动,组织人员对景区内所有垃圾桶进行摸底排查,按照网格分工确定责任归属,编制整治清单,联合相关执法部门落实整改工作,督促各单位、经营户更换不合格垃圾桶260只,更新标识1720张;在特定区块划线,规整分类垃圾桶摆放位置和收集装运点,以“1+X”(一个可回收物垃圾桶+多个其他垃圾垃圾桶)组合模式规范摆放;将垃圾桶管理作为绩效考核内容,定期对垃圾桶进行清洗,发现残缺破损及时维修、更换。普陀山城管分局在普陀山、朱家尖两地核心景区和城区主要街道集中开展非法“小广告”专项整治行动,以朱家尖大洞岙城区、泗苏、329国道、普陀山梅岑路、普济寺景区、南海观音景区等为重点,对沿街玻璃门、橱窗、景区公厕、灯柱、墙体上张贴涂写的各类图案、文字广告进行全面摸排和清理;清理非法“小广告”乱张贴乱涂写500余处,立案查处2起。

11月,普陀山环卫公司对普陀山景区内垃圾桶、果壳箱分类标志进行重新制作安装;更换“其他垃圾”标志305张,“可回收物”标志315张,“有害垃圾”标志5张,“易腐垃圾”标志40张,更换果壳箱标志289组。普陀山城管分局在普陀山、朱家尖两地开展流浪犬集中收捕攻坚行动,主要对区域内城区主次干道(商业大街)、背街小巷、公园广场等人口密集区域及车站码头、农贸市场、景区景点、建筑工地周边区域、城乡接合部、城中村等区域进行地毯式摸排搜捕,加强对街面、公共场所等重点区域日常巡查,查处遛狗不牵绳行为3起,收捕流浪犬212只。

【旅游市场专项整治】 2月,普陀山城管分局联合公安等部门开展旅游市场乱象集中整治行动,为期3天,整治范围涉及无证导游、非法乞讨、违规兜售、商亭群跨门占道经营、无证设摊等违法违规行为,查获无证导游15名,规范违规揽客人员4名,查获违规乞讨人员3名,规范占道经营、无证设摊98起。

6—7月,普陀山城管分局开展打击违规拉客行为专项行动。对新增拉客人员进行“一户一档”信息登记,逐一告知相关法律法规,登记新增拉客人员85名。针对拉客人员集中区域,每日13个小时无空缺监管,查处违规拉客人员12人,劝导30余人次。联合街道、公安等部门加强日常管理,巩固整治成果,确保旅游市场规范有序。

6月端午节期间,普陀山城管分局针对跨门经营、占道经营和乱停乱放等违规行为,开展联合行动5次,出动执法人员52人次,规范跨门经营55起,流动摊贩12起,拆除违规广告牌15块,清理垃圾乱堆放15处,劝导违规停放非机动车63起;走访餐馆、饭店等40余家,查获不按指定区域揽客9人,教育警告2人,立案处罚7起,对7家饭店占道经营和乱停乱放行为进行处理;设立专人巡查制度,防止不规范行为反复发生。

7月5—6日,普陀山城管分局开展占道经营夜间突击巡查行动。联合第三方社会力量于18时左右对餐饮集中区域进行沿路巡查,规范经营秩序,在揽客频发地段定点监管,杜绝违规揽客行为。开展行风自查,要求经营户佩戴行风监察袖标轮流参与管理。于22时重点对梅岑路、海防新村和龙湾村饭店夜间占道经营及违规揽客行为开展深夜突击检查,依法处理占道经营饭店2家。

10月“旅游市场专项整治

月”期间，普陀山执法分局对普陀山旅游市场导游类违规现象开展集中整治。采取日常设点检查和集中整治相结合方式，对未经旅行社委派私自承揽导游业务、无导游证、欺骗游客消费及导游不规范带团等违法违规行为开展查处，检查导游团体60多批次，导游人员71人次，立案查处5件，罚款5400元。

普朱功能区文体与社会公益活动

【文体活动】 2月17日，普陀山、朱家尖举办元宵游园会活动。设灯谜有奖竞猜、甜蜜元宵共享、佛国华灯营造等项目及“幸运泡泡”“欢乐夹元宵”“儿童钓鱼”“灯笼DIY制作”等趣味游戏，新增传统元素象棋争霸赛，各社区居民及青少年近千人参加。

5月13—14日，“创建全国文明城市　争做文明小使者”省曲艺杂技总团“雏鹰计划万里行”公益演出先后在普陀山剧院和朱家尖小学举行。演出包含杂技、相声、魔术等节目，宣传创城理念，引导未成年人参与到全国文明城市创建工作中。

7月1日，普朱管委会在国际海岛旅游大会永久会址举行庆祝中国共产党成立98周年红色经典诵读会。普朱管委会党委书记、主任干松章及管委会领导班子等出席活动，区域内各级党组织党员代表、驻地部队代表等800余人参加。活动以中国共产党98周年历史进程为主线，分“铭记历史，不忘初心”和“牢记使命，逐梦未来”两个篇章，11个党组织的代表分别进行诵读。会上同时表彰2018年度普朱管委会“两优一先”（优秀共产党员、优秀党务工作者、先进基层党组织）。

10月19—20日，2019年普陀山朱家尖全民健身季羽毛球比赛在浙江舟山群岛新区旅游与健康职业学院体育馆举行，分男单、男双、女单、混双4个项目，7个单位30余名职工参赛。经两天76场比赛角逐，浙江舟山群岛新区旅游与健康职业学院代表队获男双和男单第一名，朱家尖街道代表队获混双和女单第一名。

朱家尖元宵游园会活动（普朱管委会提供）

【公益活动】 3月4日，普陀山镇联合消防、司法、交警、医院等13家单位在龙沙社区广场开展“学雷锋”志愿服务活动。现场免费提供电器维修、义务理发、自行车修理、健康义诊、防火宣传、妇女维权、计卫宣传、法律援助等服务。活动现场发放各类宣传册300余份，赠送茶杯、环保袋、垃圾袋等小礼品300余份，清理生活垃圾10余袋，服务群众600余人次。

3月12日第41个植树节期间，普朱管委会在千步沙组织开展义务植树活动，普朱管委会主任蒋志伟及主要领导、机关工作人员40余人参加活动，种植舟山新木姜子、红楠、墨西哥落羽杉等6个品种树木300余株。

3月22日第24个“世界结核病防治宣传日”期间，普陀山社区卫生服务中心在龙沙社区开展结核病防治义诊活动，通过健康咨询、主题横幅、发放宣传资料等方式，向居民普及结核病防治知识和免费治疗政策，发放宣传资料100余份，现场义诊人数50余人。

4月15日第4个全民国家安全教育日期间，普朱管委会累计推送宣传短信3万余条，利用公共场所电子屏播放国家安全教育视频、标语、举报内容及电话。朱家尖街道联合派出所、检察室、法庭、司法所等部门开展“4·15”国家安全教育日暨扫黑除恶专项斗争普法宣传活动，发放《中华人民共和国国家安全法》《中华人民共和国反间谍法》和扫黑除恶宣传手册等各类宣传资料500余份、纪念品500余份。

4月25日，市中心血站、普朱管委会社会事业发展局、普陀山镇政府联合开展2019年无偿献血公益活动。普朱管委会机关各局办、镇、委属各单位干部职工、驻山官兵、佛教协会等199人参加献血活动，累计献血总量57750毫升。

5月16日，普陀山社区卫生服务中心联合普陀山镇计划生育协会在普陀山龙沙社区组织开展大型义诊活动。活动以“携手家庭医生，共筑健康生活”为主题，包括现场签约、义诊咨询、健康科普等内容，同时借助横幅、宣传折页、海报展板、健康素养有奖问答等多种渠道开展基本公共卫生服务项目及健康知识宣传，普及家庭医生签约服务相关优惠政策。活动服务居民、残疾人300余人，发放宣传材料10余种计500余份。

6月1日，舟山医院神经内科联合普陀山社区卫生服务中心为居民开展颈动脉免费筛查义诊服务活动。专家通过实时筛查和即时反馈，为动脉粥样硬化早期预防和治疗提供客观依据。活动期间颈动脉筛查56人次，免费发放冠心舒通胶囊、头痛宁胶囊等药物200余盒，各类宣传资料160余份。

6月20日，普朱管委会联合朱家尖街道、普陀山市场监管分局、浙江交工集团等单位在朱家尖文化广场举办“安全生产月”宣传咨询日活动。活动以“防风险、除隐患、遏事故”为主题。各单位通过现场设置咨询台、发放宣传资料、放置展板、赠送礼品等方式向市民们宣传安全生产政策法规、安全科普常识、应急自救等知识。发放各类安全宣传手册和材料500余份，安全宣传物品600余件，展出宣传图片10余幅，接待群众咨询100余人次。

6月26日，普朱管委会综治办联合朱家尖街道、公安分局、交警大队、市场监管分局等单位在朱家尖大洞岙文化广场举办平安法治宣传活动暨反邪教宣传月启动仪式。通过现场展出反邪教、禁毒、扫黑除恶等宣传展板，发放宣传资料、现场讲解等方式，向群众积极宣传禁毒、反邪教、交通安全、食品安全等平安法治知识，发放各类宣传资料600余册、平安宣传纪念品400多份，受教育群众200余人。

（撰稿：张豪　胡孟波）

编辑：魏斌　胡孟波

商　贸

综　述

区商务局原与区经济信息化和科学技术局合署，实行两块牌子、一套班子。2019年1月，区商务局调整为单独设置，作为区政府工作部门，加挂区粮食和物资储备局牌子。3月9日，区委办、区政府办印发《舟山市普陀区商务局职能配置、内设机构和人员编制规定》，区商务局内设机构有办公室（挂政策法规科）、商贸市场发展科（挂电子商务科牌子）、对外经济贸易科、外商投资促进科（对台经济合作科）、粮食物资储备科5个科室。区商务局主要职责：负责国内外贸易、外商投资、对外投资与对外经济合作、粮食流通与物资储备管理等商务、粮食和物资储备职责；统筹国内贸易流通工作；负责商品市场规划引导及提升发展，牵头协调整顿和规范市场经济秩序工作；负责对外贸易经营者管理；负责国际服务贸易和技术贸易工作；负责进出口公平贸易工作和贸易救济调查工作；负责外商投资促进和管理工作；协调管理省级经济开发区；促进对外投资和经济合作；研究提出全区物资收储、轮换和日常管理，监督管理粮食收购、储存运输环节的粮食质量安全；负责全区粮食流通行业管理。保障军粮供应数量和质量。承担区粮食安全工作协调小组办公室日常工作；组织协调、督促指导全区“菜篮子”工作。

2019年，全区实现全社会消费品零售总额209.60亿元，同比增长8.5%。限额以上零售业商品销售额28.09亿元，同比增长37.2%。限额以上批发业销售总额417.45亿元，同比减少9.4%。限额以上住宿餐饮业实现营业额18.50亿元，同比增长16.1%。

2019年，普陀区有限额以上商贸企业102家，亿元以上市场2个（舟山水产品中心批发市场和东河市场），浙江省重点流通企业4家（浙江凯虹集团有限公司、浙江海中洲集团有限公司、舟山水产品中心批发市场有限责任公司、舟山陆港物流有限公司）。沈家门、东港、城北三大商圈基本形成，海印路、海莲路、滨港路、东河路、东海路、银港街等形成一批有规模有特色商业街，大型综合体

杉杉生活广场　（区商务局提供）

项目形成规模效应。东港内湖商圈位于东港新区中心地带,集海景商务中心、文化体育中心、开放式购物中心于一体,是东港新区服务业核心商圈。商圈内520幸福街2019年年底入选省商务厅公布的省级高品质步行街试点名单。商圈周边涵盖多个综合体和高端休闲场景:海景时代广场、宁兴海天国际广场、杉杉生活广场、美乐汇广场、凯虹广场、欧尚超市、希尔顿酒店等。

蟹逅普陀——第二届东海蟹宴 (区商务局提供)

批发零售业

【概况】 2019年,全区实现社会消费品零售总额209.60亿元,同比增长8.5%,增速高于全市平均水平0.30%,名列全市商贸业前茅。住宿餐饮业销售额比上年增长14.5%。其中,限额以上住宿餐饮业实现全年销售额18.50亿元,同比增长16.1%。限额以上批发零售企业商品销售额445.53亿元,同比减少7.4%。

2019年,全区通过举办多项商贸活动,加快业态升级,提升消费转型,培育消费热点,推进商贸流通业有序发展。开展为期3个月(6月6日至8月31日)“普陀幸福购2.0”主题活动。以“幸福购小程序”、多电商平台联动为推手,集合凯虹广场、杉杉普陀天地、欧尚超市、春天广场、海景时代广场、美乐汇等重点商业综合体,涵盖东港、沈家门、浦西商圈。整个活动平台访问量超240万人次,带动销售额超3000万元;组织全球潮品嗨啤夜、童年回忆市集等10场线下主题活动。扩大品牌影响力,通过线上线下相融合,丰富“幸福”内涵,活跃商圈消费氛围。普陀区于9月22日在上海市普陀区组织开展“蟹逅普陀——第二届东海蟹宴”活动,展现普陀特有海洋文化和蟹美食文化;顺丰速运现场发布沈家门梭子蟹物流解决方案;浙江鑫旺食品有限公司、浙江海中洲集团有限公司、浙江海士德食品有限公司3家普陀企业分别与4家上海企业签订长期合作协议,普陀发出海鲜快递同比增加30%。

2019年,普陀申报省级高品质步行街——“舟山520幸福街”,通过书面及现场评审,成为全市唯一与杭州清河坊步行街、宁波南塘老街齐名的省级高品质步行街试点。

520步行街 (区商务局提供)

2019年限额以上批发企业名录

表28

企　业　名　称	主要业务活动	主要营业地址
舟山市同业远洋渔业专业合作社	渔业产品批发	沈家门东海西路9号海洋与渔业大楼3楼311室
金洋油脂(舟山)有限公司	食用油批发	六横涨起港村金润路
舟山水产品中心批发市场有限责任公司	水产品批发	沈家门街道渔市一路95号海贸大厦
舟山市普陀沈家门亚娥干水产经营部	干水产品批发	沈家门国际水产城干品市场
舟山市恒豪贸易有限公司	水产品批发	沈家门兴建路865号
舟山明珠水产品交易市场有限公司	水产品批发	沈家门街道中国水产舟山海洋渔业有有限公司劳动服务公司
舟山市永诚贸易有限公司	水产品批发	东港街道昌正大厦1001层106室
舟山市新洋实业有限公司	水产品批发	东港街道兴普大道298号821室
舟山惠港贸易有限公司	水产品批发	东港街道沙田街66号商会大厦9楼(自贸试验区内)
舟山市徐福酒业有限公司	批发酒类	沈家门街道平阳浦夏新路85号
舟山市万乐电器有限公司	日用家电批发	沈家门兴建路68号
舟山市普陀医药药材有限公司	西药批发	东港街道海洲路239号
舟山富兴燃料有限公司	煤炭及制品批发	六横峧头兴港1号
舟山市行然贸易有限公司	煤炭批发	六横峧头三八路235号415-8
舟山恒庆石油有限公司	燃料油批发	沈家门街道滨港路50室906室
舟山市正旭燃料油有限公司	燃料油批发	沈家门街道新街63-65号
舟山昌达石油有限公司	燃料油批发	沈家门街道佛国商城B区六楼
舟山市普陀勇进石化有限责任公司	柴油批发	东港华宇路8号
舟山市宏邦燃料有限公司	燃料油批发	沈家门东海中路639号
舟山市晟洲石化有限公司	燃料油批发	东港街道昌正大厦1301-1302室
舟山正东船舶燃料供应有限公司	燃料油批发	沈家门街道金宅绿园1号楼203室
舟山强仁进出口有限公司	柴油批发	沈家门街道新港大道217号
舟山中燃船舶燃料有限公司	成品油批发	沈家门街道大干路35号
中石化浙江舟山石油有限公司	燃料油批发	东港街道海洲路727号恒尊大厦11楼
舟山国宏鑫船舶燃料有限公司	燃料油批发	东港街道海中洲国际西楼19层
舟山市普盛石化有限公司	燃料油批发	沈家门街道荷东水产弄19号604室
浙江中油东顺石化有限公司	柴油批发	沈家门滨港路50号
舟山明鸿石化有限公司	石油及制品批发	东港街道沙田街52号昌正商务大厦801室
浙江汇邦石油化工有限公司	柴油零售	沈家门街道舟山国元水产有限公司对面
舟山市德鸿能源有限公司	柴油批发	东港海洲路120号
舟山市宏金石化有限公司	燃料油批发	东港街道昌正大厦1703室
舟山市中瀚油品销售有限公司	柴油批发	东港街道麒麟街211号
舟山市胜易达油品有限公司	燃料油批发及零售	东港街道海中洲国际西楼2001室
舟山齐信贸易有限公司	石油及制品批发	沈家门街道伏虎路35号
舟山海贝实业发展有限公司	成品油批发	东港街道沙田街52号
浙江众宏石油化工有限公司	燃料油批发	东港街道麒麟街211号东港财富中心B座

续表 28

企业名称	主要业务活动	主要营业地址
浙江舟山徽传石油化工有限公司	燃料油批发	东港街道麒麟街 211 号东港财富中心 B 座 1001-475 室
浙江巨久石油化工有限公司	柴油批发	东港街道麒麟街 211 号东港财富中心 B 座 1001-371 室
舟山港兴石油化工有限公司	液化石油气批发	东港街道麒麟街 211 号东港财富中心 B 座 1001-393 室(自贸试验区内)
浙江仁耀石化销售有限公司	石油制品批发	东港街道麒麟街 211 号东港财富中心 B 座 1001-225 室(自贸试验区内)
舟山市金晖石油有限公司	柴油批发	六横镇涨起港村金润路 2 号
中承(舟山)石油化工有限公司	成品油批发	六横梅峙村王家 61 号
舟山市海润石化有限公司	燃料油批发	六横沙岙
浙江富科贸易有限公司	金属材料批发	沈家门街道鲁家峙路 169 号西大楼 2 楼财务室
舟山程亿物资有限公司	金属材料批发	东港街道海莲路 528 号万宇大厦 25 层
舟山泓祥建材有限公司	金属材料批发	东港街道海莲路 528 号
舟山锦辰贸易发展有限公司	钢材批发	东港街道海莲路 528 号
舟山鑫创贸易发展有限公司	钢材批发	东港街道海莲路 528 号
舟山隆瑞贸易发展有限公司	钢材批发	东港街道宁兴街 202 号
舟山润昌贸易发展有限公司	钢材批发	东港街道海莲路 528 号
舟山市普陀区恒盛贸易发展有限公司	钢材批发	东港街道海莲路 528 号万宇大厦 25 层
浙江中土进出口有限公司	钢材批发	东港街道沙田街 66 号商会大厦 1501-226 室(自贸试验区内)
舟山恒尊贸易有限公司	钢材批发	展茅街道鱿鱼市场 1 路 58 号 1 幢
舟山市半岛铜业有限公司	金属材料、五金产品批发	六横夏家村 9 号
舟山华仁再生资源有限公司	钢材批发	六横峧头三八路 235 号 415-6 号
舟山市昌贸物资经营有限公司	建材批发	沈家门街道东海中路 263 号
舟山市瑞康物资有限公司	建材批发	沈家门街道东海西路 46 号物资市场 6 号
舟山市沈沪建材有限公司	建材批发	东港街道沙田街 66 号
舟山道昇商贸有限公司	建材批发	东港街道山海街 6 号山海华府 52 幢 101 室
浙江舟山旅游集团国际贸易有限公司	建材批发	朱家尖街道普渡路 2 号慈航广场二期四期楼 407
舟山天达环保建材有限公司	脱硫石膏批发	六横环保路 1 号
舟山东奥工贸实业有限公司	乙二醇批发	沈家门街道滨港路 258 号
舟山市普陀华晨民爆建材有限责任公司	爆炸物品批发	沈家门街道东海西路 48 号
舟山翰晟携创实业有限公司	化工产品批发	东港街道海洲路 721 号永跃大厦 17 楼
舟山千晟实业有限公司	化工原料批发	东港街道海洲路 721 号永跃大厦 17 楼
物产化工(浙江自贸区)有限公司	精对苯二甲酸批发	东港街道沙田街 66 号商会大厦 15 楼
舟山市骏瑞工业气体有限公司	液氧批发	东港街道麒麟街 211 号东港财富中心 B 座 602 室
自在盛达集团有限公司	二甲苯批发	六横峧头浙江海港中奥能源有限责任公司
浙江新浪电气有限公司	电气设备批发	沈家门街道菜市路 185 号 1403 室
舟山通益轻工机械有限公司	机电产品批发	沈家门街道中沙头 8 号东海西路 500 号
浙江力讯科技有限公司	机电产品批发	朱家尖街道五眼老塘外 23 号
舟山市同业远洋渔业专业合作社	渔业产品批发	沈家门东海西路 9 号海洋与渔业大楼 3 楼 312 室

2019年限额以上零售企业名录

表29

企　业　名　称	主要业务活动	主要营业地址
浙江凯虹集团有限公司	百货零售	东港街道新驰路29号
舟山市普陀区沈家门专能活鲜水产经营部	活水产品零售	沈家门街道东河路58号
舟山景迪服饰有限公司	服装零售	沈家门街道新街40号
舟山杉杉生活广场有限公司	服装零售	东港街道海印路850号
浙江普陀区新华书店有限公司	图书零售	沈家门街道东河路26号
舟山布衣医药连锁有限公司	药品零售	沈家门街道兴建路593-601号
舟山市普陀葆仁堂医药有限公司	西药零售	东港街道海洲路239号一楼
舟山利星汽车销售服务有限公司	梅赛德斯奔驰零售	东港街道新惠路68忠
舟山宝驿汽车销售服务有限公司	汽车零售	东港街道新驰路77号
舟山市明迪荣威汽车销售服务有限公司	汽车零售	东港街道新晨路80号
舟山市明迪汽车销售服务有限公司	汽车零售	东港街道新驰路20-24号
舟山市鼎润商贸有限公司	家电零售	沈家门街道长兴弄20号二楼204
舟山市普陀同舟电子科技有限公司	计算机零售	东港街道金城街197-199号
舟山市普陀液化气公司	液化石油气零售	沈家门街道东海中路918号1幢206室
舟山市普陀区朱家尖液化气供应站	石油液化气零售	朱家尖街道西岙九礁龙眼山嘴
舟山市普陀区六横景兴液化气有限公司	石油液化气零售	六横东升村千丈塘

宁波欧尚超市舟山店　（区商务局提供）

【宁波欧尚超市舟山店】 2007年1月8日正式开业。位于东港街道兴普大道266号，是法国欧尚集团在中国的第十六家分店，按世界主流大型卖场标准建造，集大型超市、专卖店以及休闲、餐饮和娱乐为一体，占地面积2公顷，建筑面积25000平方米，销售面积约7800平米，商业中心2733平方米，店铺45家。商场设备51个收银台（自助收银机12台），272个机动车位，975个非机动车位，超市现有在职员工277人，促销员260人。2019年营业收入2.02亿元，同比下降7.8%。

【舟山杉杉生活广场】 2017年8月26日开业，是一个集文化、娱乐影视、休闲旅游、奥莱购物、海鲜美食、连锁超市、商务酒店、培训教育、时尚生活于一体的商业综合体。总占地面积81.4亩（约5.43公顷），总投资15亿元。2018年被省委宣传部命名为浙江省文化创意街区，成为普陀区首家省级文创街区。有管理人员

50人,各商家、营业导购员800余人。2019年营业收入4亿元,利税800余万元。

【舟山利星汽车销售服务有限公司】 地处东港街道新惠路68号,成立于2013年12月,是利星行集团子公司。按梅赛德斯-奔驰标准和规格建设,是梅赛德斯-奔驰品牌全网首家集销售与客户服务于一体的全功能经销店。公司结合全新设施与数字化体验,以客户体验为导向,转变服务流程,线上线下了解客户需求,通过数字化展厅提供高效便捷的互动服务。2019年营业额3.86亿元。

电子商务

2014年10月普陀区被列入省级电子商务示范县(区、市)后,普陀电子商务实现平稳快速发展。2019年普陀网络销售额14.93亿元,是2014年销售额6倍。全区新增电子商务企业15家,有150余家企业通过第三方平台开设网店或者销售服务。

统筹推动电子商务持续发展。安排专项电子商务扶持资金用于支持产业园区建设、壮大电子商务品牌营销主体、创建电子商务平台、建立健全物流配送、电子商务诚信体系等电商行业重点环节和重点项目。根据《关于加快电子商务提升发展的若干意见》,2019年对浙江凯虹集团、舟山市普陀同舟电子科技有限公司等26家符合政策的企业下达补助资金计45.5万元。

普陀区是浙江省“电子商务进万村工程”试验区。普陀邮政公司在全区范围内开设150多个农村电子商务网点。通过邮乐购平台,整合电子商务、物流配送和连锁网络等资源,为农村居民水电费缴纳、手机电话费充值、信用卡还款、农产品直销、网上代购、快件代寄代收及农村青年创业开设网店等方面提供指导和帮助,建立服务农村居民电子商务服务平台。

加快促进电子商务融合工业产业、旅游文化业、农特产业发展。普陀区规模以上水产企业中有22家开展电子商务,2019年普陀区水产业通过B2B模式增加销售5亿元以上,B2C模式为企业带来超1亿元增加值。围绕特色文化资源、旅游资源,开展旅游交通、住宿、餐饮、票务、纪念品、信息等电子商务服务,通过发展旅游业B2B及B2C电子商务,提高旅游人次和旅游收入。加快农特产业与电商融合,展茅街道田园牧歌农业合作社整合农特产品资源进行网上宣传销售,产品销售速度提升。沈家门夜排档、特色品牌餐饮店、海鲜大排档等特色门店与大众点评网、美团网等网络公司合作,开拓客源,销售额增加5000万元。

(撰稿:胡旭丹)

对外经济贸易

【概况】 2019年,普陀区实现外贸进出口总额477.51亿元,位列全省各县区第17位,同比下降2.92%。其中,外贸出口额278.2亿元,位列全省各县区第21位,同比增长9.03%;进口额199.32亿元,同比下降15.8%。新批境外投资项目2个,境外中方投资额11300万美元,同比增长55.5倍。全年实现合同利用外资9亿美元,实际利用外资5982万美元。

【出口贸易】 2019年,普陀区外贸出口保持9%增速。油品行业全年出口额147.35亿元,同比增长8.82%,占普陀区出口总额比重52.97%;船舶修造业全年出口额78.28亿元,同比增长52.4%,拉动普陀区外贸增长9.8个百分点。主要得益于限硫令和压载水公约,脱硫塔和压载水舱订单激增,带动修船行业全年实现出口额60.69亿元,同比增长85.02%;造船业出口形势有所回暖,全年出口额37.59亿元,同比增长28.97%。水产品全年出口额46.86亿元,同比下降1.19%,是由于头足类、虾类出口数量大幅下滑,分别下降34%和11%;以浙江融创食品工业有限公司、浙江荣舟海洋产业股份有限公司、舟山佳必可食品有限公司、浙江富丹旅游食品有限公司等企业为代表金枪鱼、鲣鱼及其制品,全年出口额和出口数量分别增长22%和35%。从出口地区来看,亚洲市场依旧占比最大,占全区出口额39.31%;非洲快速增长,实现44.85%增速,占比上升至14.06%。出口额排名靠前的国家(地区)有:巴拿马、利比里亚、马绍尔群岛、新加坡、日本、法国、韩国、西班牙、意大利。

【进口贸易】 2019年,受中美贸易摩擦影响,普陀区油品和大豆进口大幅下滑,分别同比下降17.73%和57.09%。船配业进口额13.49亿元,同比增长125.57%,拉动普陀区外贸进口增长3.2个百分点。水产品进口额6.75亿元,同比增长27.76%。头足类和虾类进口额分别为2.43亿元和2.11亿元,同比增长22.03%和186%。

【对外经济合作】 普陀区新批境外投资项目2个,境外中方投资额11300万美元,同比增长55.5倍。其中,和润集团有限公司参与巴西圣路易斯港粮食储贸交易中心建设,完成中方投资9500万美元;东展船运股份公司从上海迁入舟山普陀。全年实现合同利用外资9亿美元,实际利用外资5982万美元。

【油品全产业链建设】 普陀区加强与中国石油化工集团有限公司全球船供油业务中心对接,推进低硫燃料油生产、加注、标准制定等;对接舟山市金润石油转运有限公司、中奥能源集团有限公司等油品仓储企业,拓展国外客户;对接舟山中燃船舶燃料有限公司、新加坡兴隆集团、浙江国微能源有限公司、周大福能源(中国)有限公司等油品企业,引进油品贸易企业和船用燃料油加注企业。实现油品进出口总额45.9亿美元;舟山关区船用燃料油供应256万吨。

【外经贸管理服务】 普陀区协助舟山市普陀台贸物流中心有限公司推进外轮供应基地建设,对接舟山市紫金港外轮供应有限公司,调研市场、商谈保税仓建设等事宜;协助区自贸中心推进海上电子商务平台制订项目初步方案,签订框架协议。

建立健全"订单+清单"管理制度。推进省级出口订单管理系统建设,激活企业103家,订单填报81家,加强对系统数据分析和运用,学习"五色清单"预警响应试点地区经验,谋划推广"五色清单"预警响应机制。

加强外贸行业预警和风险防范。通过调查、走访、约谈,妥善处理水产企业出口遭国外通报事件,加强全行业预警;针对中美贸易摩擦,结合"三服务",走访涉美企业,完成《关于中美贸易摩擦对普陀区进出口企业影响的调查及建议》调研报告;组织40余家企业参加"2019年全省外经贸企业法律服务十周年活动培训会议",加强风险防范;推广出口信用保险,召开小微企业出口政府联保模式宣讲会,邀请中国出口信用保险公司和浙商银行专家介绍出口信保和新融资方式。全区有43家企业参保,其中小微企业38家。

组织"浙洽会""广交会""进博会"等"以展拓市"活动,做好第二届"进博会"组织动员工作,组织50家采购商企业、5个产业平台及相关政府部门,专业观众140人;2019年有30余家企业参展20个境外展会。

开展跨境电商调查研究,对接普律管理咨询(深圳)有限公司和浙江自贸区雅各国际贸易有限公司,对进口产品、数量、预计进口金额、保税备货量、运输方式等内容进行调研;组织25家企业参加外贸综合服务平台政策宣讲会和跨境电商业务培训会,引导企业与汇通外贸综合服务平台以及亚马逊平台对接合作。

(撰稿:黄晗骋)

浙台(舟山普陀)经贸合作区建设

【概况】 2012年10月,省政府批复设立浙台(舟山普陀)经贸合作区,纳入省级开发区管理序列。2019年,浙台(舟山普陀)经贸合作区融入"开放普陀",承接浙江国际农产品中心、国际海事服务基地及自贸试验区等系列国家战略,调整浙台(舟山普陀)经贸合作区工作领导小组,持续深化制度创新。设立浙台(舟山普陀)经贸合作区发展中心,协助统筹推进对台经贸各项工作。

10月21日,区财政局、区商务局印发《浙台经贸合作区扶持政策实施办法(试行)》,规范普陀区外经贸发展专项扶持资金管理,鼓励海事服务企业招引和做大做强,支持外轮供应企业设备采购,鼓励企业开展进口果蔬贸易和进口水产品贸易。11月15日起实施,试行期两年。

【搭建两岸合作平台】 浙台(舟山普陀)经贸合作区牵头发起以"两岸携手共帮扶,扶贫助残送健康"为主题健康扶贫活动,邀请台湾"中华华夏医师协会"医疗专家一行6人,到普陀区结对帮扶地区——四川万源开展义诊等活动。拓展渠道促进两岸民间基层交流,组织18人赴台交流,涉及佛教、科技、旅游、民宿、交通、文化等方面。做好"请进来"工作,相继接待南投、基隆、台北、高雄等地多个参访团等170余人。举办“浙台邻里节——舟山普陀站”活动,邀请妇女联合协进会台湾南投县妇联会一行38人与展茅街道有关社区开展交流。推进普陀与台湾中南部地区青少年交流。普陀小学与台湾南投县4所结对学校开展“六一”、元旦等节日互送“祝福视频”等活动,逐步建立起长效沟通机制。

【推进对台贸易发展】 普陀区尝试台湾水果购进贸易,与毅大安国际有限公司签署《台湾水果直接采购买卖合同》,于2019年1月以对台直航形式购进80吨台湾柳丁橙和金砖凤梨,实现水果贸易额10万美元。在首单台湾水果贸易基础上,探索台湾至舟山水果业务的常态化运营。

【助力浙江国际农产品贸易中心建设】 普陀区推进舟山国际水产城转型升级,跟进高端进口水产品加工车间项目进度,完成线上交易平台银行收款测试及展茅鱿鱼市场提升改造,11家进驻企业推进加工项目工程建设;推进浙台经贸合作区建设,5月获批进境食用水生动物指定监管场地;推进对台小额贸易口岸资质申报,对接并上报商务部台港澳司;拓展水果进口业务,调研台湾、厦门、平潭等地水果市场,试水80吨台湾水果进口,谋划东南亚水果进口。全年实现水产品进出口总额53亿元。

【口岸功能建设申报获批】 2019年8月,普陀区有关口岸第六次临时开放申请获交通部批复,期限至2020年8月8日。推进进境食用水生动物指定监管场地申报工作,完成进境食用水生动物指定监管场地建设,并通过省检验检疫局验收;2019年5月获批进境食用水生动物指定监管场地。推进对台小额贸易项目,6月初获对台小额贸易经营资质正式批复。

【推进远洋渔船装卸及补给业务】 浙台经贸区对接中国外轮理货总公司、福建省泉州市丰泽船务有限公司、舟山顺行远洋渔业有限公司、舟山新吉利远洋渔业有限公司等远洋渔业企业,利用500吨级港作船码头开展远洋水产品进口及装卸业务和供电供水业务,扩大对台远洋渔船装卸和补给业务。2019年实现浙台经贸区核心区域远洋渔船装卸4.8万吨,货值7.8亿元。

(撰稿:王昱博)

5月,新吉利远洋渔船“冻鱿鱼”卸货工作 (区商务局提供)

自由贸易试验区建设

【管理机构】 中国(浙江)自由贸易试验区普陀综合事务局是区政府直属正科级公益一类事业单位,内设政策研究科、产业招商科。2019年3月更名中国(浙江)自由贸易试验区普陀综合事务中心(简称自贸区事务中心),承担中国(浙江)自由贸易试验区普陀片区建设工作领导小组办公室日常工作。主要职责:组织开展相关调查研究,做好责任清单落实、督促和跟进;汇总收集自贸试验区试点任务中的重点难点,及时提出需要上级部门协调处理的相关意见建议;做好相关协调联络和服务保障工作;负责做好与自贸试验区管委会相关部门片区所在地管理机构以及海关、海事、海警、边检、税务等部门协调对接工作;统筹开展对外宣传、新闻发布、推介推广等工作,承担相关舆情监测、研判和组织应对;做好向上争取政策、招商引资、体制机制创新等工作,负责普陀片区重大建设项目前期分析和建设跟踪工作。

【政策研究】 普陀区借鉴18个自贸区经验做法,研究分析党中央、省委、市委和区委关于深化改革开放和自由贸易试验区建设的方针政策和决策部署。7月印发《2019年浙江自贸试验区普陀片区建设重点工作任务清单》,清单内容涵盖制度创新和政策突破、油气全产业链、国际海事服务基地、营商环境建设、自贸区招商引资五方面共42条。11月出台《推进普陀金融小镇建设工作方案》《关于推动金融小镇招商引资工作的意见》《普陀区融资租赁公司监督管理暂行办法》《普陀区商业保理公司监督管理暂行办法》《关于推动金融小镇招商引资工作的意见》等文件。12月发布《普陀区深化"最多跑一次"改革、进一步优化营商环境的若干意见》,出台《普陀区进一步优化营商环境任务清单》68项内容。

【油气全产业链和国际海事服务基地建设】 普陀区开展"同一商品编码下保税燃料油混兑""不同税号下保税燃料油混兑""一船多地多供"等业务,引导中国石油化工集团有限公司、舟山中燃船舶燃料有限公司等企业供应低硫燃料油,全年船用燃料油供应量(含跨关区)约255万吨,占全市65%,船供油结算量约450万吨。

开展海事服务产业集聚,将舟山永跃船舶管理有限公司、洲际船务集团有限公司、必维国际检验集团、东展船运股份公司、浙江东润海运有限公司等33家企业集聚普陀国际海事产业中心。承接海上电子商务平台项目,与菜鸟网络科技有限公司、阿里云计算有限公司、阿里巴巴集团战略部等对接,与阿里云计算有限公司签约,筹划建立锚地综合海事服务综合调度中心,导入政务服务大数据,以新加坡通关时效为标杆,创新体制机制。11月21—22日,载重18万吨驶往澳大利亚的香港籍船"KSL SEATTLE"在马峙锚地完成燃料油加注、伙食和物料补给、全船船员更换及船舶管理公司交接等海事服务,为国内首单锚地综合海事业务,通关时间由3天缩短至25.5小时,为船东节省13万元。12月12日下午,在虾峙门海域南锚地完成马绍尔群岛籍5.7万载重吨级散货船伙食补给、物料补给、燃料油加注等综合海事服务,为全国首单外锚地物资供应业务,用时仅4.5小时。

【金融小镇建设】 普陀区在融资租赁、商业保理等领域全面招商引资。衢州市金融控股集团有限公司、临海市金融投资有限公司、阜阳投资发展集团有限公司、安吉县产业投资发展集团有限公司、浙江勤业建工集团有限公司、巨化集团有限公司、中国铁路投资有限公司等企业到普陀片区设立融资租赁或商业保理公司,浙江悦海股权投资有限公司、天堂硅谷资产管理集团有限公司、上海博将投资管理有限公司、浙江省产业基金有限公司等项目计划设立股权投资,中之保金融科技(成都)有限公司成品油线上新零售、量化硅谷·上海自贸区产业金融港等一批特色项目落地普陀。全年引进企业273家,其中银行、保险、证券等金融机构24家,典当、担保、小贷公司等金融企业4家,百亿基金2家,融资租赁公司128家(占全省1/4),其他类金融企业33家。实际到位注册资金超2亿元(其中引进外资320万美元),累计缴纳税收2776.8万元,全年实现融资租赁业务余额46.8亿元。

【大健康产业建设】 自贸区事务中心与省卫生健康委员会沟通,推进辅助生殖、干细胞应用、中外合作办医等大型乙类医疗设备配置许可改备案政策。向自贸区管委会综合协调局提交《关于要求舟山明峰医学影像诊断中心按自贸区相关政策办理医疗机构执业许可的请示》,解决明峰医疗大型乙类设备配置证许可改备案问题。召开2019普陀论健——智能健康产业高峰论坛,举办生命健康创新创业大赛、生命健康人才高峰论坛暨海外高层次生物医药人才年会、"舟山月"健康产业推介会等活动,吸引大健康优秀人才及团队落户,形成细胞技术、医药器械、健康管理、医美商贸为代表产业集群。搭建科创类企业共享平台,浙江自贸区捷宁港细胞制备有限公司、浙江自贸区迈顺生物科技有限公司、浙江自贸区锐赛生物医药科技有限公司、浙江京恩医疗科技有限公司、浙江自贸区雅各国际贸易有限公司、浙江普律细胞工程有限公司等企业与普陀医院建立合作联系。全年引进健康类企业46家,实际到位注册资金1.7亿元,实现产值7300万元。

【第三届世界油商大会】 由省政府主办,商务部、海关总署、国家能源局共同支持,自贸区管委会、省自贸办承办,2019年10月17—19日在朱家尖召开。大会以“共商油气、共享机遇、共谋发展”为主题,多家世界500强企业、石油领域世界50强企业、化工领域世界50强企业等参会。大会共有21个重大项目签约,总金额约567亿元。普陀签约2个LNG接收站合作项目。签订《中石化天然气六横LNG综合利用项目战略合作框架协议》,投资建设接转规模1500万吨,总投资200亿元。签订《舟山六横液化天然气接收站项目投资协议》,远景规模为年接收液化天然气1200万吨,总投资160亿元。(详见“专记”)

【自贸区创新建设】 自贸区事务中心推进“我来办”金牌专员服务模式,提供“一对一”全程跟踪代办服务;率先在全市实现企业水电气报装进驻行政服务中心“一站式”办理;完成全市首单“出生一件事”多证联办;制定全市首部《损害营商环境行为问责办法》;在全市率先推出常态化企业问题对接解决平台和“8718666”服务专线、涉企行政执法检查备案制度等多项举措;开展全市首张“首违不罚”清单、全市首个驻企巡回审判点、出口退税即报即审即退等创新。“海上枫桥”经验作为海岛基层社会治理样板入选商务部第三批自贸区“最佳实践案例”。向自贸区管委会报送《创新建设和美小岛破解偏远小岛居民养老》《航运企业跨省迁移“船舶不停运”》《首单锚地综合海事服务》3条基层创新案例,其中东展股份公司船运跨省迁移案例入选自贸区第四批制度创新成果。普陀片区与上海自贸区协调联动,推进东展船运股份公司跨省船舶迁移,相关部门提前介入,开辟快速通道即到即办,两天时间完成单船证书变更工作,为企业减少3000万元业务损失,该案例刊登在2019年8月8日《浙江日报》头版。

(撰稿:马佳莹)

粮油储备供应

【概况】 2019年1月,区商务局独立设置,加挂粮食和物资储备局牌子。划入相关职能:研究提出全区物资储备计划、储备品种目录建议;组织实施全区储备物资收储、轮换和日常管理,落实有关动用计划和指令;负责储备基础设施建设和管理;负责对政府储备、企业储备以及储备政策落实情况进行监督检查;监督管理粮食收购、储存运输环节粮食质量安全;管理区属国有粮食企业;承担区级粮食和物资储备承储单位安全生产监管职责;制订全区粮食流通行业发展规划,负责全区粮食流通行业管理;监测粮食等重要商品供求变化并预测预警,承担全区粮食流通市场调控具体工作;保障军粮供应数量和质量;承担区粮食安全工作协调小组办公室日常工作。

【区级粮食储备规模】 2019年,普陀区地方储备粮储备规模为40950吨,食用油储备250吨。轮换前,储备粮品种为晚粳谷11000吨、早籼谷15340吨、小麦13600吨、成品粮1010吨。普陀区地方储备粮粮源为安徽省、江苏省、江西省、黑龙江省、浙江省海宁和宁波地区,部分小麦粮源为进口。

保证储备粮质量,区粮食部门根据不同品种安全储存期限,对地方储备粮实行均衡轮换,2019年计划轮换粮食18710吨。轮换后,区地方储备粮规模保持在40950吨,其中晚粳谷11000吨、小麦10600吨、早籼谷18340吨、成品粮1010吨。

保障应急供应,地方储备油规模250吨。其中,50吨小包装食用油储存在浙江凯虹集团有限公司仓库内,200吨小包装食用油储存在普陀国有粮食收储有限公司成品库内。

【粮食仓储设施】 2019年,普陀区储备粮有效仓容为49700吨(按稻谷计)。其中,按仓型划分,平房仓37600吨,洞库12100吨;按地理位置划分,舟山岛区域43800吨,朱家尖3000吨,六横2900吨。

普陀区中心粮库仓容28800吨(按稻谷计),粮仓8栋。粮库具备智能通风、气调储粮、控温储粮、粮情测控等智能化设备。2019年年底实际储备粮食35310吨，其中晚粳米910吨、原粮34400吨。

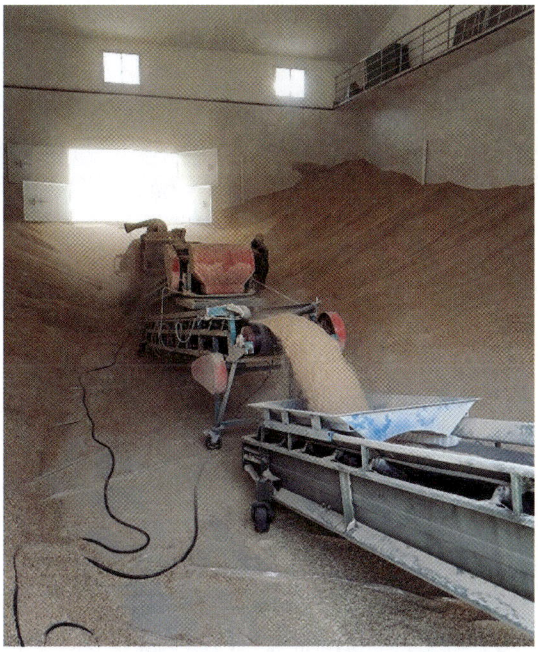

储备粮出库现场 （区商务局提供）

【粮食储备管理】 区粮食部门根据《浙江省地方储备粮管理办法》要求，完善地方储备粮管理制度和考核办法，加强对地方储备粮监管，区商务局(粮食和物资储备局)、区财政局、区农发行组成联合检查组，每季度对全区粮食开展拉网式排查，做到有粮必查、有库必到。检查内容有“一符四无”基础工作执行情况；地方粮油储备落实情况、是否做到储备规模、费用、仓储三到位。加强对地方储备粮质量监督检查，防止出现坏粮和重度不宜存粮。通过监督检查，促进收储企业严格制度、严格管理、严格责任，确保粮食库存数量真实、质量良好、储存安全、管理规范、做到“储得进、管得好、调得出、用得上”。

【军粮供应】 舟山市普陀区军粮供应中心下设沈家门军供站、东港供应点、朱家尖供应点、桃花供应点、东极供应点。加强军粮质量监管，建立“以市为依托、实行‘四统一’（统一粮源、统一加工、统一包装、统一配送）”军粮供应体系，对采购进库军粮，实行“一批一检一报告”制度，确保每一批次军粮质量安全。军粮供应中心在“军粮供应＋后勤保障＋社会服务”模式下，利用“军”字招牌和现有场地，发挥军粮品牌效应及“放心粮油工程”优势，服务海岛部队，做好军粮供应主业，并开展多种经营，推动军供粮油和放心粮油进学校、进社区、进工厂，将“放心粮油”配送覆盖全区。

【粮食流通市场监管】 区粮食部门建立粮食流通市场监督检查机制和联合执法检查机制，不定期组织粮食执法人员开展粮食流通市场检查，节庆日期间联合市场监管部门对粮油流通市场进行专项检查，确保全区粮食流通市场有序、稳定、繁荣、安全。

【粮食应急体系建设】 全区设立5个粮油价格监测点，区粮食和物资储备局落实专人采集，对粮油价格和供应动态进行实时监测、分析、汇总上报；落实粮食应急供应网点23家，2019年度复核1次，确保应急供应网点运作正常；落实粮食应急加工厂1座，日加工能力为大米100吨，并做到每个月试机1次；监管全区1010吨成品粮储备和250吨食用油储备，确保粮食应急供应时能快捷有效投放市场，保障供应。

【全区粮油供需平衡情况】 普陀区2019年度粮食消费总量9.67万吨(按原粮计算，下同)，其中口粮7.72万吨，占79.83%；饲料用粮0.67万吨，占6.93%；种子用

沈家门军粮供应站 （区商务局提供）

粮0.01万吨,占0.10%。从供比结构看,普陀区粮食供应主要解决城乡居民口粮问题。其中城镇人口口粮2.97万吨,农村人口口粮1.51万吨,流动人口口粮3.24万吨。按照2019年普陀区年人均消费口粮144千克测算标准,日均口粮消费约为214.48吨,常住人口日均口粮消费约为154.53吨,40950吨地方储备粮可供应全区常住人口约9个月,其中1010吨成品粮可供应约7天。普陀区2019年度地产粮不足1万吨,粮食产能不足、供需缺口大、自给率低、对外依存度高等问题将长期存在,粮食供需长期处于紧平衡状态。

普陀区2019年食用油口油消费总量5954吨,其中城镇人口口油2429吨,占40.8%;农村人口口油1133吨,占19.03%;外来人口口油2392吨,占40.17%。

按照2019年普陀区年人均消费口油10.89千克测算标准,日均口油消费约为16.22吨,常住人口日均口油消费约为11.69吨,250吨地方储备油(均为成品油)可供应全区常住人口约21天。

【全区物资储备情况】 2019年6月,区商务局完成与民政局物资交接,接发物资件数合计32335件,总金额121万元。其中,生活保障类29249件,救援装备类2666件,食品类420件。2019年全年调拨库存物资12346件,其中828件食品类物资由超市(应急物资协议储备企业)直接配送;主要用品是毛巾被、竹席、家庭救灾包等,用于台风期间避灾安置。年末,库存储备20745件。其中生活保障类18518件、救援装备类2187件、食品类40件。

物资储备库现阶段续用原仓库(需修补),原仓库权属市民政救助站,面积约350平方米。根据储备物资不同品性,普陀区生活保障类、救援装备类物资采用实物储备方式,食品类物资以与企业签订应急协议方式保障应急响应。协议一年一签。委托管理,普陀区物资储备仓库位于区救助站,日常管理委托救助站工作人员;数据管理,物资储备建立相应统计台账,实时更新。计划轮换,年底或年初根据当年度物资使用情况和实际库存,向应急管理局提出下一年度采购补库计划;动态轮换,如短时间内多次调拨物资,库存数量有可能无法及时响应下次应急状况时,区商务局及时向应急管理局提出补库要求。应急响应时,根据“先近后远、满足急需、先主后次”原则调拨储备物资。为防止出现多个避灾安置点同时要求调拨物资而无法同时配送情况,区商务局采取配送和自提相结合方式调拨物资。

(撰稿:王昱博)

供销合作

【概况】 舟山市普陀区供销合作社联合社(简称区供销社)成立于1953年10月,1994年4月组建舟山市普陀区供销(集团)总公司,实行“两块牌子、一套班子”经营管理模式,区供销社主任兼任(集团)总公司总经理。区供销社机关内设办公室、业务科、合作指导科、财务科4个科室,下辖六横、虾峙、桃花、朱家尖、勾山、展茅、舟渔7家基层供销社,宏润副食品公司、乐尔利农资公司、农兴贸易公司、土产日用品公司4家全资企业,供销贸易中心、蔬菜果

普陀区救灾物资储备仓库 (区商务局提供)

7月19日，东港街道农合联服务中心正式开业运营　（区供销社提供）

品公司2家控股公司以及特产公司、六横服务商店、台门综合商店、华西公司、螺门综合商店5家行业管理和代管单位。2019年年末在册干部、职工98人，其中参照公务员法管理9人、事业人员1人。全年总经营收入5.84亿元，利润总额270万元，同比增长29%。是年，普陀区被浙江省供销合作社联合社列为“为农服务工作优秀地区”，获省级财政扶持资金150万元。

【服务农业生产】　区供销社在春耕时期储备1000吨农业生产资料，全年为农户供应2400吨农资，满足区域内农业生产需求；开展清洁田园建设工程，全区23家回收网点累计回收103万只废弃农药包装物，改造提升6个回收网点将废旧农膜也纳入回收范围内，优化渔农村综合环境；完善渔农合联服务中心体系，在勾山新建“东港街道农合联服务中心”，系统内有4家服务中心为周边农户提供农产品展示展销、书报阅览、农资供应配送等基础性农业服务；成立区渔农合联普陀佛茶产业分会，通过会员单位间产销收购合作、抱团协作等方式推动区佛茶产业发展。

【供销服务】　区供销社发挥在流通领域中的传统优势，多渠道助推农产品销售，通过线上推广+线下营销开启农产品销售新模式。利用“普陀供销”公众号平台专题推送7期农产品推介文章，借助“普陀幸福购”平台线上优惠销售紫菜、莲花茶等特色农产品，带领专业合作社参与各类农产品展示展销活动，依托系统内为农服务中心、地方农特产馆、水果市场等为农服务平台进行线下推销。2019年帮助六横梅掌平家庭农场销售大米1吨，水果市场5个“助农摊位”销售西瓜、桃花橘子、葡萄约840吨，系统领办合作社农产品全年销售额达3900万元。

【信用服务】　区供销社与区渔农合联执行委员会、普陀农村商业银行、区融资担保有限公司联合

提升改造后的“老供销”惠民菜店　（区供销社提供）

印发《关于开展“丰收农合通”贷款及“助农担保贷”业务实施意见的通知》,将原先面向渔农合联会员的“农合贷”业务进行再升级,联合推出专项支农贷“丰收农合通”及“助农担保贷”业务,为会员提供资金贷款和担保增信服务。

【提升改造10家社区菜店】 区供销社长期参与普陀区“菜篮子”惠民工程。2019年,为规范社区菜店管理,提升菜店形象,实施社区菜店提升改造工程,对普陀区内10家菜店重新装修、统一打造“老供销”品牌惠民菜店体系,主要功能为平价蔬菜供应与农产品销售。经统一标准化改造菜店,实现“菜篮子”购物环境和社区居民购物满意度“双提升”。

【舟山市普陀土产日用品有限责任公司转制】 区供销社下属控股企业舟山市普陀土产日用品有限责任公司于1999年5月成立,经营期限20年,至2019年5月经营期满。公司由区供销社和土产公司持股会两个股东组成,分别占公司总股本55.6%和44.4%,主要经营业务为烟花爆竹销售和自有资产经营。从经济、社会环境和公司现状等多方面考虑,经调查研究由普陀供销(集团)总公司收购重组,2019年10月完成转制工作。

【盘活闲置低效社有资产】 2019年,区供销社利用位于东极镇闲置资产和当地镇政府签订合同,计划以BOT模式建设海岛民宿,与舟山普陀文化旅游集团有限公司达成合作,委托开发黄兴岛两处房产。系统内93处到期房产重新进行招投标中心竞价招租,资产租赁做到公开、透明。

【举办专题培训班】 为发挥供销社服务乡村振兴实施中作用,提升系统干部的思想政治素质、管理能力和领导水平,2019年6月17—21日,区供销社首次在浙江农业商贸职业学院举办一期“深化供销改革　服务乡村振兴”专题培训班,全系统近40名年轻干部职工通过理论学习、实地参观和交流研讨,提高理论素养,开阔供销社改革创新思路。

(撰稿:滕倩颖)

烟草专卖

【概况】 2019年,普陀区烟草专卖局(分公司)全年销售卷烟20132箱,同比增长0.2%,销售额10.21亿元,首次突破10亿元大关,毛利2.88亿元,同比分别增幅2.9%和5.2%;单箱销售额5.07万元,创历史新高。区烟草专卖局(分公司)被授予“2019年舟山市文明单位”荣誉称号及2019年度全市系统优秀质量管理小组成果二等奖。

【卷烟营销终端建设】 2019年,区烟草专卖局(分公司)建成“香溢合作店”14家,建成星级现代终端531户(占比22.4%),甲类终端508户(占比21.4%);累计建设省标店招520户(占比22.1%)。“支付宝”开户比例21%,月度活跃比例维持在16%以上,保持全市前列;“香溢家”有效会员比例150%,全市最高;活跃会员比例45%,全市最高。

【专卖管理】 2019年,区烟草专卖局(分公司)查获各类案件115起,查获卷烟总数5801.1条,同比

为消费者提供真假烟识别鉴别知识　(区烟草专卖局提供)

4月，区烟草专卖局“2019·1·22”非法经营加热不燃烧卷烟网络案登上中央电视台新闻联播 （区烟草专卖局提供）

降幅2.5％，案值达148万余元，同比增幅1.6%，其中查获国产真烟5517.8条、省外烟1535条。查获“2019·1·22”非法经营加热不燃烧卷烟网络案，涉案金额1500万元，7名主犯被采取刑事措施。此案为普陀首例加热不燃烧卷烟案件，登上中央电视台新闻联播。

【红色服务】 区烟草专卖局推行“红莲”所队部建设，在沈家门市场部和专卖所队部分别建立“红莲”活动室，成立15个“党建＋”项目组，开展党员示范店建设活动，建成党员示范店4家，通过贴上红色标签、打造红色品牌、提供红色服务，发挥示范引领作用；推行“红色代办点”，服务海岛客户721家，占总客户数1/3，全年为海岛群众办理许可证126本，让偏远海岛群众“足不出岛”也能办证。

【企业运行】 区烟草专卖分公司以“行舟学院”“党建＋”项目为载体，全年开展各类培训15次，“党建＋”项目青年员工参与率100％，提高普烟队伍整体素养，助推青年员工成长。2019年开展“安全生产月”“119消防安全生产月”“交通安全月”3项专题活动，开展各项专项检查15次，消除各种隐患20余个，全年无安全事故发生。

（撰稿：柴瀚杰　王诚信义）

个体私营商业

2019年，普陀区在册个体商业户和私营商业企业户数略有减少、注册资金稍有增长态势。2019年年末，全区有个体私营商业批发和零售业13719户，2019年新设2235户，注销1638户，净增597户；住宿与餐饮业3646户，2019年新增893户，注销617户，净增276户；租赁和商业服务业2765户，2019年新增515户，注销238户，净增277户。

2019年私营商业企业

表30

项　目	在册户数（户）	投资者与雇工人数（人）	注册资本（万元）	2019年新设数（户）	2019年注销数（户）
批发和零售业	2405	10235	2053807	439	276
住宿和餐饮业	184	2364	76924	18	28
租赁和商务服务业	1175	5633	3177757	379	82

说明：本表数据含六横。

2019年个体商业户

表31

项　目	在册户数（户）	从业人员（人）	资金数额（万元）	2019年新设数（户）	2019年注销数（户）
批发和零售业	11314	16810	91068	1710	828
住宿和餐饮业	3462	9232	82102	916	481
租赁和商务服务业	1590	2701	27058	266	94

说明：本表数据含六横。

2019年，香港居民个体工商户、台湾居民个体工商户均无新设，无注销。

（撰稿：刘莎莉）

商品市场建设

【概况】 2019年年末，普陀区有各类市场27家(新增“舟山港城二手车交易市场”)，其中商品交易市场26家(含农贸市场18家、工业品市场4家、水产品交易市场4家)，市场经营面积20.64万平方米，全年成交额245142.62万元;网上交易市场1家，处于停业状态。

舟山商贸集团有限公司普陀分公司(简称普陀商贸分公司)设有综合科、业务科、财务科，正式干部职工24人，合同制职工34人，劳务派遣制职工17人，临时用工2人，市场卫生清扫实行劳务外包，各类勤杂、清扫工47人。其中党员20人。公司执行市、区政府“菜篮子”工程，维护所属市场交易秩序，加强对市场经营者法律、法规和政策宣传、教育等，从事市场开发、建设、经营管理业务及相关大型商区培育和经营、房屋租赁;初级农产品、初级水产品收购;果品、蔬菜、肉、禽、蛋、初级水产品、纺织品、服装、日用品、文化体育用品及器材销售;普通货物仓储等。2019年年末，普陀商贸分公司下属市场11家，比上年减少1家(勾山市场于7月23日划分到舟山市新城市场发展服务有限公司)。其中农贸市场10家，商城1家，有摊位1099个，长期经营户631户，从业人员1060人，全年市场成交额100365.66万元。所属农贸市场中兴、西大、桃花、平阳浦、展茅市场5家菜场完成省级“放心市场”创建工作。

(撰稿:刘莎莉　费斯杰)

市长何中伟(左二)调研中兴市场　(陈冰珂摄)

【菜篮子工程】 2019年，市场内直供店30个蔬菜品种，3个猪肉品种、2个禽蛋类品种价格均与宁波白沙市场保持同质同价。是年，继续执行城区国有农贸市场摊位费同比2018年度下降3%政策，超额部分以经营户考核奖励、教育培训及经营所需工具、设备购置等形式用于市场内经营户。在所辖市场设置自产自销摊位547个，其中大部分供市场周边自产

智慧市场创建后的西大市场　(费斯杰摄)

自销菜农免费使用。

【市场改造与创建】 2019年，普陀商贸分公司投入150余万元，分别对展茅市场、平阳浦市场开展顶棚材料更换、摊位面板铺设、不锈钢包边、玻璃挡板安装、显示屏更新和西大市场信息化建设提升改造等。是年，展茅、平阳浦市场通过省三星级市场和省放心市场考核验收。

【市场管理与服务工作】 普陀商贸分公司以市场为管理主体，以经营户为管理重点，以市场督考为监督机制，对市场占道经营、商品陈列、超高超摊、车辆进出、熟食房三戴等现象实施动态管理。按照全国城市文明程度指数测评标准，公司联合相关执法部门对于抵制管理的经营户采取“一警告、二处罚、三查扣、四停业、五清场”处罚模式，做好市场联合整治工作。对于违规经营、教育未果经营户，按照《经营户管理计分办法》对其进行惩处，全年处罚经营户52人次，罚金7510元。同时，每周组织党员、志愿者到市场开展静态清零攻坚行动，结合每月一次效能检查、安全生产检查、市场督考，确保各项管理工作顺利开展。

普陀商贸分公司明确食品安全责任目标，同经营和管理者签订《2019年度食品安全工作目标管理责任书》。为普陀区创建“食品安全示范区”，全面推行“一票通”制，确保流通环节质量安全可追溯。满足群众需求，在东河、西大市场分别开展“你点我检”活动，随时为消费者提供咨询和免费检测。做好对上市商品抽检工作，全年检测85386批次，不合格4批次，销毁量24.40千克，合格率99.99%。其中，农药残留检测63328批次，不合格3批次，销毁19.40千克，合格率99.99%；食品添加剂检测22058批次，不合格1批次，销毁5千克，合格率99.99%。

【招投标工作】 普陀商贸分公司市场摊位招投标工作程序到位，过程公开透明。先后于10月26—28日和10月29—31日，分别在《舟山日报》和《今日普陀》上发布市场招商招租公告。各市场又分两次张贴《通告》，明确报名条件、招租时间、招租行业等，邀请区政协委员共同参与监督。

（撰稿：费斯杰）

中国舟山国际水产城

【概况】 2019年，舟山水产品中心批发市场有限责任公司（简称舟山国际水产城）着眼“一带一路”倡议，主动融入舟山自由贸易港区建设，全面搭建“互联网+渔场+市场+商场”联动大平台，夯实水产品交易主产业，完善冷链物流网络体系，培育线上线下有机融合数字市场，引进浙江、福建等地梭子蟹货源，引进沿海“五省一市”（山东省、江苏省、广东省、浙江省、福建省、上海市）优质冰鲜货源，产品辐射至国内20余省和欧盟、北美、东亚等地区，名列全国同类市场前茅，着力打造多产业互动提升、渔商旅文融合发展国际化渔市。

【水产交易】 舟山国际水产城围绕“中国第一渔市”建设目标，稳固深水流网、单双拖网、快速网、流网船只和帆涨网船只水产品货源，引进福建和本省瑞安、温岭等地渔船、渔运船投售，夯实国内水产品集散中心龙头地位；拓展业务合作渠道，探索与国家远洋渔

市场水产品交易高峰期　（舟山国际水产城提供）

业基地合作开展国内大众水产品交易业务模式;发展国内水产品集散基地功能,扩大活品交易、冰鲜交易、冻品交易规模,全年累计实现水产品交易85.01万吨、交易额152.65亿元。开发建设水产品线上交易服务平台,完成银行收款测试、供货商和采购商会员对接、平台上线营销推广等试运行准备工作,完善电子商务产业园区功能布局,优化整合服务管理团队与入驻企业配置,全年累计入驻微电商75家,实现电商交易额2.64亿元。

全国人大常委会渔业法执法检查组到舟山国际水产城视察 (舟山国际水产城提供)

【市场管理】 舟山国际水产城以全国文明城市创建为抓手,根据市场实际制订实施系列工作方案,对接区综合行政执法局成立联合执法中队,建立司机信息发布系统累计发布信息90条、改装车辆1300次,通过设点设岗严控抛洒滴漏源头,推进持续化、常态化管理;各部门分工明确责任开展网格化创城,优化现场交易秩序和加强卫生保洁工作,整治板箱箩筐乱堆乱放和机动车、电瓶车、"两非车辆"违规停放问题,累计开展"全民清洁日"活动12次,平安巡防、景区导览、文明劝导等志愿服务长达3000小时。7月起在交易大厅和干品市场试运行现场管理标准化系统,实现鱼品交易、货车停放、板箱堆放划线划区管理,完善相关管理制度,提升水产品交易效率效益。

【接待调研考察团队】 2019年5月8日,四川省达州市政协副主席王秋能一行到舟山国际水产城调研产业建设发展情况。9月27日,全国人大常委会副委员长曹建明率全国人大常委会渔业法执法检查组到水产城调研检查,同行者有全国人大常委会副秘书长信春鹰,全国人大农业与农村委员会副主任委员王宪魁、廖晓军,省人大常委会副主任史济锡,副市长姜建明,区人大主任戴灵芝等。10月23日,甘肃省玉门市委书记胡志勇一行到水产城参观调研。11月4日,吉林省扶余市代表团到水产城参观考察,常务副区长张海斌等领导陪同。

(撰稿:刘凯嘉)

编辑:陈莉

交通与邮政

综　述

2019年,全区完成交通大会战建设投资约12.9亿元。水上更新改造客(渡)船4艘,至年底,全区有客(渡)运航线29条,客(渡)船55艘、13248客位。陆上营运城区公交车班线17条,有城市公交160辆,农村公交40辆,出租车298辆,客运班车83辆,旅游包车65辆,营运车辆拥有量为1266辆,其中营运货车791辆。全年陆运客运量724万人,客运周转量7.93亿人千米;陆运货运量2449万吨,货运周转量51.56亿吨千米;水路客运量2054万人次,客运周转量2.20亿人千米;水路货运量12381万吨,货运周转量1306亿吨千米。

民用航空舟山普陀山机场全年客流量152.2万人次,同比增长25.81%。

全年邮政业务收入5989万元,同比增长9.89%。

陆上运输由区交通运输局管理,道路交通安全由市公安局交警支队普陀交警大队管理。海上交通由区交通运输局、区港航分局管理。普陀山机场由舟山普陀山机场有限公司经营管理。邮政业务由中国邮政集团公司舟山市普陀区分公司(区邮政局)经营管理。

墩头客运站 (区交通运输局提供)

海上交通设施建设

【东极黄兴交通码头】 在东极黄兴岛,由原建于20世纪90年代东极镇黄兴交通码头原址拆除重建并向海侧延伸新建500总吨级泊位1个。码头长70米、宽12米,后方通过长32.8米 ×6米栈桥与后方陆域连接;后方现有接岸道路与码头栈桥连接处拓宽至6米,拓宽道路长17.3米;后方陆域新建1座500平方米候船室等相关配套设施。项目用地面积0.1675公顷,用海面积0.9311公顷,使用岸线长70米。2018年6月21日开工,2019年3月15日完工,完成投资2051万元。

【虾峙双山交通码头改扩建工程】 在虾峙大双山岛,由原建于20世纪90年代虾峙大双山交通码头改扩建,在其东侧新建500总吨级泊位1个,码头长60米,宽10米,后方通过新建引桥与陆域连接,栈桥长21.7米,宽8米;对本工程后侧原有护岸进行挖除,原址新建直立式挡墙,长100米;工程疏浚量9000立方米。后方形成陆域 1400 平方米，新建 300 平方米候船室等相关配套设施。项目用地面积 0.1665 公顷，用海面积 0.3228 公顷，使用岸线长 60 米。2018 年 6 月 21 日开工，2019 年 6 月完工，完成投资 1109 万元。

【白沙沙头交通码头改扩建工程】 在白沙岛，对原建于 20 世纪 90 年代白沙沙头交通码头进行改扩建，在其西南侧新建 500 总吨级泊位 1 个，码头长 105 米、宽 15 米；新建栈桥 1 座与后方陆域连接，栈桥长 41.36 米、宽 9 米；新建架空平台 600 平方米，港池疏浚约 5000 立方米；陆域新建候船室 255 平方米等配套设施。码头年设计通过能力为 16.6 万人次。项目用地面积约 0.0658 公顷，用海面积约 0.7842 公顷，使用岸线约 105 米。2018 年 10 月 14 日开工，2019 年 12 月 20 日完工，完成投资 3100 万元。

【庙子湖北岙码头扩建工程】 在东极庙子湖岛，建设规模为新建 500 吨级客运泊位 1 个及相应配套设施。是年，主要进行嵌岩灌注桩施工、联系墩浇筑、面层浇筑等施工内容。2017 年 6 月 8 日开工，2019 年 9 月 30 日完工，完成投资 1708 万元。

【湖泥交通码头】 在湖泥岛，拆除现交通码头，拟建码头位于现交通码头西南侧，码头轴线方位取 N117° ~ N297° ，前沿线布置在 −5 米等深线处。码头平台长 60 米、宽 10 米，顶面高程 3.5 米（85 高程，下同），码头平台通过新建栈桥与后方陆域连接，栈桥位于码头平台东南侧，与码头平台呈“L”型布置，长 46.5 米、宽 9 米，顶面高程 3.5 米。本工程陆域部分均利用原交通码头陆域，原交通码头进港道路翻修，总长度约 343 米；原候船室拆除，原址新建 1 座 72 平方米候船室，室外场地翻修，总面积约 345 平方米。码头年设计通过能力 3.48 万人次。项目用地面积约 0.1404 公顷，用海面积约 0.3611 公顷，使用岸线 60 米。项目概算投资 1907.24 万元。2018 年 9 月 10 日开工，至 2019 年年底完成投资 1379 万元。

【葫芦交通码头】 在葫芦岛西南部，在现有老交通码头西北侧约 193 米处新建 1 座 500 总吨级客运码头。码头由 1 座平台和 1 座栈桥组成，码头平台 60 米 ×10 米，南北走向，其前沿线布置在 −4.9 米至 −5.2 米之间，码头面高程 3.2 米（85 高程，下同）。平台与栈桥成“L”型布置，栈桥平面 72 米 ×6.0 米（中心线长度），面高程 3.2 米。本项目陆域位于码头后方东侧，通过新建的接岸道路与码头栈桥连接，接岸道路宽 6 米、长约 60 米。陆域场地占地面积 760 平方米，内布置候船楼 1 座，占地 200 平方米（一层），场地标高设计 3.2 米。码头年设计通过能力 9.28 万人次。项目用地面积 954 平方米，用海面积 3438 平方米，使用岸线 60 米。项目概算投资 2022.82 万元。2018 年 12 月 2 日开工，至 2019 年年底完成投资 1700 万元。

【柴山交通码头】 在柴山岛西南部。码头前沿线位于 −3.9 米 ~ −4.3 米水深，前沿设 500 总吨级客运泊位 1 个。平台大 60 米 ×12 米，后方靠南侧设 62 米 ×8 米栈桥 1 座。在平台后方新建 20 米 ×30 米架空平台 1 座，上方设候船室。码头通过长 152.4 米、宽 3.5 米的接线道路与港外道路相连。平台面高程均为 3.4 米，道路标高 3.14 ~ 3.4 米。码头年设计通过能力 6 万人次。项目用地面积 623 平方米，用海面积约 4462 平方米，使用岸线 60 米。项目概算投资 2205.58 万元。2018 年 9 月 10 日开工，至 2019 年年底完成投资 1543.5 万元。

海上客运

【客（渡）航船】 2019 年，全区有水上客渡运企业 5 家：六横运输总公司、普陀环岛客运有限公司、东极海运有限公司、普陀皓通轮渡有限公司、小干渡轮公司；客运服务企业 1 家：普陀鑫通客货运服务有限公司；归属管理的客运站 3 家：国际邮轮码头、墩头客运站、半升洞客运站；有船舶 55 艘，其中普通客船 21 艘、渡船 15 艘、高速船 9 艘、客滚船 10 艘，共 13248 客位、140 个标准车位；经营航线 29 条，其中区内 22 条、跨区 4 条、跨市 3 条。水上客运总客流量 513.1 万人次，同比增加 0.02%，周转量 11662.7 万人千米，同比增加 2.16%，车流量 403664 辆，同比增加 2.4%。

11 月底，增加朱家尖西岙至登步客滚航线，暂定每周（周二）1 班，营运船舶“东海神珠 2”。

2019年普陀区客运船舶(渡船)一览

表32

公司名称	数量	载客定额(车/客)	客船		渡船	
			数量	载客定额(车/客)	数量	载客定额(车/客)
普陀环岛客运有限公司	20	32/4835	15	32/4569	5	266
六横运输总公司	22	108/4905	20	108/4716	2	189
东极海运有限公司	7	2719	5	2614	2	105
普陀皓通轮渡有限公司	5	760			5	760
小干渡轮有限公司	1	29			1	29
合计	55	140/13248	40	140/11899	15	1349

2019年普陀区水上客运客流量、车流量及周转量

表33

公司名称	客流量(万人次)	同比(%)	周转量(万人千米)	同比(%)	车流量(车次)	同比(%)
普陀环岛客运有限公司	181.4	-0.55	3412	-0.50	37140	10.77
六横运输总公司	220.5	-3.92	3842	-3.78	366524	1.62
东极海运有限公司	82	11.56	4269	9.94		
普陀皓通轮渡有限公司	13.8	-4.83	132	26.92		
小干渡轮有限公司	15.4	17.56	7.7	10.00		
合计	513.1	0.02	11662.7	2.16	403664	2.40

【建成“六横之星1”“六横之星2”高速客船】 六横运输总公司投资4350万元建造的“六横之星1”和“六横之星2”高速客船(每艘2175万元)于2019年4月完工，主营沈家门墩头至六横大岙航线。船舶载客定额199客位，主机功率4026千瓦，总吨395吨，净吨197吨；总长47.96米，型宽7.4米，型深3.4米，吃水1.45米。

“六横之星1”高速客船 （区交通运输局提供）

【建成“六横8”普通客船】 六横运输总公司投资1838万元建造的“六横8”普通客船于2019年9月完工，主营沈家门墩头至六横大岙航线。该船载客定额372客位，主机功率2684×2千瓦，总吨495吨，净吨247吨；总长49.35米，型宽8.5米，型深3.4米，吃水1.71米。

“六横8”普通客船 (区交通运输局提供)

【建成“港渡5”渡船】 六横运输总公司投资246万元建造的“港渡5”渡船于2019年6月完工,主营六横台门至桃花、虾峙航线。该船载客定额93客位,主机功率110×2千瓦,总吨125吨,净吨62吨;总长19.8米,型宽6.5米,型深2.8米,吃水1.6米。

“港渡5”渡船 (区交通运输局提供)

陆上交通设施建设

【概况】 2019年,全区通车公路201条,总里程413.79千米。其中,国道1条6.49千米,县道21条169.42千米,乡道11条43.23千米,专用道5条6.47千米;村道163条188.18千米,比2018年减少2条,长度减少0.10千米。有大、中、小公路桥梁70座,总长4452.36米。其中,大桥4座3047.9米,中型桥12座582.88米,小型桥54座821.58米。有公路隧道15座,总长10372延米。

改建天吴隧道东、西2座候车停靠站。至年底,全区已在渔农村建成并投入使用359个港湾式停靠站,建成公路服务站2座、公路停车区3个,创建完成六横、虾峙2个“四好农村路”示范乡镇。

【嵊泗至定海公路普陀鲁家峙至东港公路工程】 起于鲁家峙规划新二路与万绿路交叉口,路线起点桩号K0+000,沿规划万绿路,经沈家门港,穿过刺棚山,终于海州路与晨晖街交叉口,路线终点桩号K2+225,路线全长约2.23千米。工程拟采用一级公路标准,设计速度60千米/小时,路基宽度23.5米,按分离式断面布设,双向四车道海底隧道。机动车路线隧道全长1920米,其中明挖暗埋段长135米、海底盾构段长785米、山岭隧道长745米,其余为敞开段及接线路基段,盾构段行车道净宽8.75米(单洞),山岭隧道段及明挖段9.75米(单洞),净高均为5米,最大纵坡4.5%。项目设置平面交叉2处。公路用地63.9亩(4.26公顷),建设工期30个月。项目概算投资11.27亿元。2019年,累计完成投资8.34亿元,约占总投资额74%。其中,鲁家峙侧已完成明挖暗埋段及工作井主体结构施工;盾构工区已完成鲁家峙泥浆处理设备组装,正进行盾构管片预制及盾构机调试施工;东港侧山岭隧道已累计完成总工程量70%;沈家门侧工作井已累计完成总工程量50%。

【芦花至塔岭下公路工程】 起于勾山至芦花公路与新329国道平交口处,经芦花村、赵家岙村、南岙村,终于舟山北向疏港公路与应螺线交叉口处,用地面积62836平方米,道路全长1.9千米,按一级公路技术标准建设，路基宽24.5米，设计车速80千米/小时；另建桥梁1座，长44.04米、宽24.5米，涵洞8个。投资概算3500万元，建设周期2018年6月至2019年2月。

【普陀区朱家尖西岙旅游交通集散中心接线公路工程一期】 起点与310省道平交，路线横穿虾塘，全长约420米，道路路基宽度26米。为三级公路兼顾城市道路功能标准，采用双向四车道设计，时速30千米/小时。2019年3月1日开工，2019年11月20日完工，完成投资1400万元。

【农村公路大中修和安保工程】 2019年，区公路部门对全区4条农村公路螺塘线（舟山岛）、台台线（六横岛）、外涨线（六横岛）、沙乌线（桃花岛）进行大中修，施工里程21.82千米，投入资金2245万元。4条路线均为县道公路。7—11月实施观张线农村公路安全生产防护工程，里程9.06千米，市级挂牌整治项目，实施内容有土石方开挖、路面拓宽、边沟浇筑、安全防护设施和边坡生态覆绿施工等，提高观张线安全水平，并美化、绿化该路线，概算投资700万元。

"螺塘线"大中修 （区交通运输局提供）

城市公共交通运输

【城乡公交】 2019年，全区有公交车辆160辆，常规公交线路17条，高峰2号线、商品城3号线。运营线路累计发班28.92万班次，节假日及日常各类加班接驳车0.98万班次，完成客运量1714万人次，同比减少1.9%。农村公交方面，普陀交通运输公司负责桃花、登步、虾峙农村公交运营，六横环岛客运有限公司负责六横岛农村公交运营。虾峙岛有农村公交12辆，客位245座；登步岛有农村公交车4辆，客位76座；桃花岛有农村公交24辆，客位607座；六横岛有农村公交44辆，客位828座；实现全区城乡建制村公交通达率100%目标。更新城市公交10辆、农村客运车辆24辆。

【出租车客运】 2019年年底，全区有营运出租汽车298辆（不含六横），其中更新60辆、报废47辆，完成客运量512.67万人。全区出租汽车从业人员679人。其中，安徽、河南等外省籍从业人员372人，占全区从业人员总数

2019年全区出租车车辆统计

表34 单位：辆

单　位	公司自有车辆	委托服务车辆	单位车辆总数
普陀区友谊出租汽车服务有限公司	127	13	140
普陀奥拓客运有限公司	21	0	21
舟山市新运出租汽车有限公司	131	0	131
普陀交通运输有限公司桃花分公司	6	0	6
总计	285	13	298

54.8%;本地籍从业人员307人,占普陀区从业人员总数45.2%。对沈家门墩头、城北客运站及半升洞客运站的出租车侯客区域进行改造提升。在沈家门客运站新建钢化玻璃式候车走廊;在半升洞客运站新建N型候车走廊,顶部设置雨棚,乘客候车处容纳量增加至400人左右;对城北客运站候车走廊进行升级改造,将原有简易式雨棚改造为钢化玻璃式,方便乘客按序排队上车。在站场内设置运管执勤岗亭,安排执法人员进行现场管理,对出租车驾驶员拒载、强行拼客等违规行为进行处罚。站点还配备远程监控设备,若发现出租车不文明行为,运管部门可及时调取视频,固定证据,对驾驶员违规行为进行处理,保障乘客合法权益。全区出租车投诉405起,比上年同期下降26.8%,其中罚款30起,罚款金额19900元。

公路运输

【长途客运】 2019年,全区有普陀—上海、普陀—杭州、普陀—宁波、普陀—南京、普陀—合肥等长途班线57条,其中跨省线路18条、跨市线路39条,具体由舟山市汽车运输有限公司、舟山市普陀国旅旅游客运有限公司、舟山普陀南顺旅游客运有限责任公司等客运公司进行营运。客运总量91.54万人次,日发201班次。

【客运站】 2019年年底,普陀辖区内有客运站场9个:半升洞客运站、展茅客运站、桃花汽车站、六横客运中心、普陀客运乘换中心(普陀长途客运中心)、东港汽车客运中心、螺门客运站、虾峙大岙汽车客运站、东极客运站。建筑面积9694平方米。

【集装箱运输】 2019年,全区陆上货运重点在长途货运上,而长途货运突出在集装箱运输上,货物主要以水产品冷链运输为主,运送方向集中在长三角地区范围内。年内,注销3家集装箱运输企业。年底,全区有舟山润联国际集装箱运输有限公司、舟山隆泰国际集装箱运输有限公司等6家集装箱运输公司,有集装箱车39辆。

【货运站场业务】 2019年年底,全区有舟山陆港物流有限公司、

2019年普陀区集装箱运输企业及车辆数

表35

单位名称	注册地址	车辆数(辆)	核发日期	另有车辆
舟山润联国际集装箱运输有限公司	沈家门街道平阳浦明珠园华隆21幢502室	22	2005.5.16	3厢式+25挂
舟山市华鑫国际集装箱运输有限责任公司	沈家门海洋生物园区内	0	2005.6.6	2挂车
舟山宁港集装箱储运有限公司	东港街道勾山观碶头工业区	1	2007.8.3	3挂车
舟山润捷物流有限公司	展茅街道丰岛工业园区A区	8	2008.4.24	4挂车
舟山隆泰国际集装箱运输有限公司	沈家门街道东海西路2002号	1	2008.9.25	3挂车
舟山凯诚物流有限公司	桃花镇上公前23号3号楼506	7	2018.7.17	

2019年普陀区货运站场相关业户信息

表36

单位名称	经济性质	经营范围
舟山市元海海洋船舶物资有限公司	有限责任公司	普通货运、货运代理(代办)、货运站(场)经营
舟山汇丰冷藏物流发展有限公司	股份有限公司	货运代理(代办)
舟山市鸿达物流有限公司	私有	普通货运、货运代理(代办)
舟山陆港物流有限公司	有限责任公司	普通货运、货运代理(代办)、货运站(场)经营
舟山市普陀区建平货物运输服务部	个体经营	货运代理(代办)、货运站(场)经营
舟山市港鑫物流有限公司	有限责任公司	仓储理货
舟山奇宇物流有限公司	有限责任公司	普通货运、货运代理(代办)、货运站(场)经营

舟山市鸿达物流有限公司、舟山汇丰冷藏物流发展有限公司等货运站场相关业户7家。经营范围多以普通货运、货运代理(代办)、货运站(场)经营等。持续强化货运站场安全管理,加强对货运站场主体责任落实,督促货运企业加强货物实名登记和开箱验货制度,做到货物来源可追溯,严格管理制度、提升行业文明服务水平。

交通运输管理

【区交通运输局机构设置】 2019年,区交通运输局内设机构:办公室、运输安全科(行政审批科、安全管理办公室)、政工人事科、内部审计科、计划财务科、工程管理科。下属单位:普陀华通公路养护工程有限公司、普陀区交通运输局六横分局、普陀区大桥工程建设管理办公室、普陀区道路运输管理局、普陀区公路管理局、普陀区交通工程质量监督站、普陀区产业发展办公室、桃花公路与运输管理站。

【道路运政管理】 2019年,区运管部门先后开展道路运输专项整治"1号行动""2号行动",打击外地大型客车非法营运专项行动,查获违规营运车辆13辆次,罚款3.05万元;开展全区道路客运市场专项整治,实施凌晨突击行动6次,查获违规营运大型客车2辆次,罚款2000元;开展工程车整治行动,检查工程车266辆次,查获违规营运车辆2起,罚款1000元。全年上路检查229天,出动执法人员1539人次,检查各类车辆3245辆次,现场查获各类道路运输违规行为65起(大型客车各类违法违规行为为26起,未取得经营许可、擅自从事网约车经营活动26起);办结各类道路运输行政处罚案件81件,罚款47.94万元。完成营运车辆年审1266辆次,营运货车年审率97%以上,营运客车年审率100%。

全区创建全国文明城市交通秩序整治临战动员部署会 (普陀交警大队提供)

【机动车维修行业管理】 2019年,普陀辖区内有机动车维修企业98家。其中,一类维修企业8家(含4S店4家),二类维修企业18家,三类专项维修、汽车快修及摩托车维修72家。实施春运24小时救援服务。开展维修行业环境整治活动。联合多个部门对辖区34家汽车美容装潢企业进行环境大整治,下发整改通知书16家,并于7月底全部整改完毕;加强机动车排气污染防治,提高机动车排气污染治理能力。开展机动车排放检测与维护(I/M)制度工作,确认机动车排放维护单位M站16家,并上报市道路运输管理局备案,在11月底前,在全区范围内实施机动车排气污染检测与维修(I/M)制度。推进透明维修建设。全面推广应用汽车电子健康档案系统,保持电子数据上传质量在90分以上。

【汽车驾驶培训】 2019年,普陀辖区内有机动车驾驶培训机构2家,分别为舟山市舟汽驾驶培训中心有限公司(舟汽驾校)、舟山市圣岛汽车驾驶员培训有限责任公司(圣岛驾校)春风分场地。普陀教练车29辆,教练员30名。驾校报名1538人,结业1165人。全区组织(客、货、危、出)考试64期,新增道路运输从业人员704人。理论培训1539人,组织从业资格继续教育培训3期564人。

【公路路政管理】 以公路建设和管养为重点，落实公路管理各项工作。全年审批行政许可8件，行政处罚案件195件，公路赔（补）偿27案件，收取赔（补）偿款150.80万元。公路巡查330天，出动3266人次，巡查里程44884千米，查处超限车辆49辆，整治马路市场4个，清理违章堆积物4077立方米。做好全国文明城市创建工作，沈芦线、芦塔线沿线安装87块公益宣传牌；投入9.7万元更换辖区路段桥梁标志标牌，更换限重贴膜4块、版面55块，全套更换23套；投入130余万元对鸭东线、沙乌线等公路路段进行改造。

【公路运行安全】 2019年，区公路管理局做好春运及重要节日保畅工作，加强公路应急机制建设，做好"三防"工作，受第9号和第18号台风影响，辖区10条公路不同程度损毁，边坡塌方27处，螺塘线单处塌方2000立方米左右、东塘线一处路基全部冲空，根据缓急轻重进行抢通及除险工作；做好台风水毁农村公路保险理赔工作。对管养路段67座桥梁、15座隧道进行安全排查，保障公路运营安全。

【公路养护】 2019年，全区农村公路养护由区公路管理局实行管理职能，舟山市普陀华通公路养护工程有限公司履行公路养护职能。全年补植绿化色块263平方米；修补路面坑洞约1750平方米，沥青路面灌缝266平方米，清理边沟35496.55千米，修复挡土墙41平方米；修复更换百米桩113根，清理塌方526立方米；排查、整改路面隐患1946处。

公路养护 （普陀华通公路养护工程有限公司提供）

【公路应急演练】 6月12日上午，区公路管理局联合普陀华通公路养护工程有限公司、普陀交警大队，在展城线南陀隧道北口开展突发事件应急抢险演练，演练模拟展城线南陀隧道北口边坡塌方，严重影响行车安全。公路应急抢险队伍快速集结出发，路政人员立即设置标志牌、警示锥等警示设施，公路应急小队用滑移机、装载车进行塌方碎石清理，并通过登高车派遣应急人员对可能塌落的浮石和泥块进行清理，以确保安全。1小时后，隧道北口边坡塌方应急抢通全部完成，道路恢复通行。此次演练应急指挥平台远程指挥调度与现场应急演练同步，进行应急抢险，有效检验公路突发事件应急预案、应急指挥平台的实用性、可靠性和可操作性，以及抢险应急队伍机动性和协调性。2019年，应急指挥中心接警22次，应急联动小队出勤22次，完成抢险任务。加强隐患排查治理工作，全年累计发现各类隐患31处，治理31处。

【交通安全管理】 区公路管理局落实部门监管责任和企业主体责任，开展安全生产大检查专项行动；加强一线现场管理，完成节假日安全保障工作。全年检查企业39家、排查1136次，发现隐患257起，整改257起，整改率100%，全区交通运输行业安全生产形势总体趋好。

【交通信息化建设】 普陀区以沈家门客运站"最多跑一次"为试点，推行无感安检、无感支付、智能引导等智慧交通服务在水路客运站全覆盖，在主要客运站场推行无纸化检票系统，通过"刷脸""刷证"等检票方式，加快实现无障碍快速通关；推进智慧停车系统建设，打破城市停车场信息“孤岛”；引导物流运输企业走“智能化、服务化、协同化”发展道路，核发无车承运企业2家；健全完善出租车信息化监控；牵头推进全区高速公路ETC安装工作，交通行业营运客车安装率100%。

【交通行政审批服务】 区交通运输局推行“一窗受理，集成服务”审批服务新模式，推广“网上申请、在线办理、快递送达”业务模式，加快形成电子签章、电子归档技术支撑体系。完善办事事项“八统一”标准，梳理办事事项181件，梳理事项内容全部配置到省级政务服务网。全年受理业务8789件，全部在承诺期内办结。实现网上办事、掌上办事、跑零次率100%，即办事项率60%以上，提速率77%。

【交通工程质量监督】 2019年，区交通工程质量监督站对新建和在建项目工程质量、安全、监理市场、合同管理等方面开展监督检查，监督在建项目10个，开展专项检查69次，办理交工质量评定备案项目6个，竣工质量评定备案项目1个。是年，区交通工程质量监督站监督管理工程项目未发生一起质量、安全事故。

【水上客运安全监督】 2019年，区交通运输局落实安全管理责任，开展节前安全、汛前安全、雾季安全大检查，组织相关人员对水上客运企业展开全面检查。出动检查人员119人次。其中，检查全区客运、渡运企业4家、20次，出动检查人员50人次；检查客运站11家、13次，出动检查人员32人次；检查渡口渡埠15家、18次，出动检查人员37人次，未发现隐患。

交通运输企业选介

【普陀华通公路养护工程有限公司】 成立于2002年12月，地址在东港街道海莲路171号四楼，国有企业。2018年12月12日，公司股权转让给舟山普陀交通投资发展集团有限公司，并委托区交通运输局管理。公司主要负责普陀区境内351.84千米（包括代养公路）公路养护、施工建设任务。干部职工、养护工人121人。其中，工程师职称4人，助理工程师5人，助理会计师2人，经济师1人，助理经济师1人，技师5人，高级工7人，初级工1人。公司内设办公室、财务科、工程科、养护科、安全科、供应科、项目设备部7个部门。下辖沈家门、朱家尖、六横、桃花、虾峙5个公路养护站。2019年，公司总产值7276万元。

（撰稿：徐叶）

【舟山普陀交通投资发展集团有限公司】 区属国有法人独资有限公司，实行政府监管、独立核算、自主经营、自负盈亏。内设办公室、党群工作部（人力资源）、纪检监察审计部、财务部、发展投资部、企业管理部、工程建设部7个职能科室，地址在普陀区沈家门街道北安路277弄15号。全资控股子公司6家：普陀鑫通客货运服务有限公司、普陀华通公路养护工程有限公司、普陀台贸物流中心有限公司、普陀顺通三轮车服务有限公司、普陀皓通轮渡有限公司、普陀环岛客运有限公司（2019年7月16日起）。参股公司：六横跨海大桥有限公司50%、浙江武港航运有限公司30%，群岛国际邮轮港有限公司33%，普陀交通运输有限公司49%，北仑宁舟汽渡50%，舟山凯腾建设工程管理有限公司49%，普陀德辰贸易有限公司50%。

2019年，舟山普陀交通投资发展集团有限公司（简称区交投集团）深化陆岛联运智慧交通建设；提升改造客运站场、展茅至东港美丽公路和民生交通等项目建设。全年完成固定资产投资2.49亿元。

4月29日，区民生实事项目芦花至南岙公路工程完工并正式通车，项目总投资3500万元。6月5日，普陀黄兴码头改扩建工程交工验收，工程投资2051万元。6月25日，虾峙双山交通码头改扩建工程正式完工，7月中旬完成交工验收，工程投资1109万元。9月10日，白沙柴山陆岛交通码头工程开工，项目总投资2205万元。同日，普陀虾峙湖泥交通码头改扩建工程开工，项目总投资1907万元。10月1日，区重点建设项目展茅至东港公路改建工程完成主线并试通车，项目总概算12381万元。12月3日，区重点建设项目普陀区朱家尖西岙旅游交通集散中心建设工程正式开工——项目总投资2.02亿元，总建筑面积约20986平方米。12月14日，全区首艘双体钢铝高速客船设计建造在广东珠海签约，总投资3340万元。

按上级规定要求,至7月11日19时,全区415辆人力三轮车全部完成自愿终止承包协议手续办理,其中日车262辆、夜车153辆,在7月12日全市主城区人力客运三轮车实施禁行规定前,提前完成清零任务。

(撰稿:虞晶晶)

道路交通安全管理

【概况】 市公安局交警支队普陀交警大队下设办公室、调度中心、车管所、事故处理中队、沈家门中队、东港中队、城北中队、六横中队、桃花中队、虾峙警务站10个部门,有民警56人、辅警116人、平安队员(街道镇编制)54人、工勤人员14人、原三轮车公司流转人员12人。2019年,1人获舟山市全国文明城市创建工作先进个人。

【道路交通和秩序管理】 2019年,全区交通事故接处警14565起(日均接处警40起),发生上报道路交通事故120起,死亡11人,受伤134人,直接经济损失24.7万元。查处各类交通违法行为190931起,其中查处非机动车占道、逆向、违法载人等各类交通违法行为47895起,违法停车35136起,斑马线前未礼让行人43152起,超速行驶13604起,货运超载140起,无证驾驶77起,酒驾563起,查扣"两非"车辆300辆,查处"滴撒抛漏"工程运输车车辆150辆。是年,以全国文明城市创建为契机,增设隔离护栏3300余米、警示桩170余根,施划停车泊位、交通标线1000余平方米,规范交通标志150块,撤销或降低隐患护栏75榀,提升全域道路基础设施水平;全面推行派出所、巡特警、交警"三骑融合"运作模式,发挥铁骑"机动灵活、快速反应"优势,提高路面见警率和管事率。

【交通设施和装备】 2019年,普陀区安装礼让斑马线抓拍系统49套,单行线抓拍设备3套(海珠路、日新弄),货车闯禁设备2套(三大线),实现对机动车斑马线前不礼让行人、闯禁等动态违法行为精准打击,安装电子警察4套(兴建路、船厂路)以及违停抓拍33套(香樹街、渔市大街),提升道路通行效率,增强城市交通状况掌控能力。

8月28日,开展开学前校车安全检查 (普陀交警大队提供)

【车辆和驾驶员管理】 2019年,全区机动车保有量65154辆,其中汽车保有量57248辆,同比上年增加10.6%。以"两客一危一货"、校车等五类车辆驾驶人为重点,全面排查清理驾驶证逾期未审验、未换证、满分未学习、满分未降级换证等安全隐患行为。深化工程车连队化积分制管理,落实日常教育、交通事故和交通违法连坐惩戒等机制,重点加强对外籍工程车重点监管,倒逼其转入本地或离开本区,办理非机动车注册登记业务6878件,机动车驾驶证申领、驾驶证审验等业务9507件,办理普通货车、危险品运输车、工程车等通行证20295张,未发生因服务不到位引发群众投诉。加快变型拖拉机运输清退工作,督促各街道镇落实主体责任,督促驾驶人签订承诺书并自行处置车辆,筛选近两年在普陀违法农运车数据210条,路面登记、核对农运车150余辆,查获使用假牌农运车13辆、脱检农运车12辆。

【交通安全宣传教育】 2019年,普陀区设置交通违法现场教育点

4月18日，普陀交警大队在普陀职教中心开展交通安全宣传活动 （普陀交警大队提供）

9处，创新参与路口执勤、观看交通安全教育片、签订守法承诺书、抄写交通法规等多种方式强化现场教育。针对快递、外卖人员，中小学生、渔农村老人、重点车辆驾驶人，先后开展交通安全电影下乡、“幸盔有你”“大手牵小手 文明交通伴我行”等主题宣讲活动60场次，受教育人数3.5万余人次。在各级媒体发布新闻宣传250篇，落实公务用车及公职人员交通违法行为抄告制度，抄告不礼让斑马线、醉酒驾驶、闯红灯等交通违法行为227起。

（撰稿：毛秀秀）

普陀山机场

【概况】 2019年，舟山普陀山机场客流量首次突破150万人次，达152.2万人次，同比增长25.81%。全年保障航空器起降2.42万架次，其中运输航班1.27万架次，同比增长19.83%；通用航空和训练飞行1.15万架次。新增烟台、岳阳航点，加密舟山至泉州、汕头、大连等航班，单日最高起降48架次，周航班量达330架次，空中直达航点19个，11月3日完成6008人次，为通航以来首次突破6000人次，标志着机场单日客流量跨入6000时代。飞行区项目整体完成建设和验收。国际航站楼二期工程完成主体结构建设。机场新一轮规划修编报华东民航局审批。“黄山—德清—舟山”短途航线正式运行，为省内首条连接通航机场与运输机场的航线。“建德—舟山”成功试飞。抗击第17号台风期间，历经30多小时抢险奋战，安全保障9架直升机78架次起降，抢运平台工作人员737人。4月底，通过国家航空安保审计。注销清理舟山民航集团有限公司无效企业6家，管理层级压缩至2级，舟山民航集团正式退出，统一使用“舟山普陀山机场”招牌。

【新增航线】 5月1日，开通舟山—烟台航线，由上海航空波音737-800型飞机执飞，每天1班。舟山起飞时间11:40，12:25抵达烟台；烟台起飞时间14:45，16:39抵达舟山。首航当日往返航班客座率均超80%。

10月27日，岳阳—舟山首航 （普陀山机场提供）

10月27日,开通舟山—岳阳航线,由成都航空ARJ21执飞,每天1班。舟山起飞时间19:10,21:20抵达岳阳,岳阳起飞时间09:20,11:05抵达舟山。由岳阳当地机场市场部门、主流媒体、新媒体、旅游管理部门和旅行社组成的23人踩线团随首航航班抵舟,实地考察普陀山、朱家尖、桃花岛等景区,进行全媒体同步播报。

【机场建设】 9月3日,舟山普陀山机场配套设施扩容工程通过竣工验收。该工程于2017年6月7日开工,建设内容包括机场内9条道路的拓宽及改造,全长约1574米,道路宽度7.5 ~ 14米;新建停车场含254个小汽车停车位,面积约16050平方米;停车场东侧绿化带设3条人行道,各宽3米,长约24米;增加停车场南北内环线通道一条;新建1029.4平方米二层中心变电站1个;新建149.8平方米供水站1个及相关供电、给排水、通信等工程。7月20日,舟山普陀山机场航站楼(国际口岸开放航站区)改扩建工程——国际航站楼改造一期工程和货运站改扩建工程通过竣工验收。9月29日,波音配套飞行区改扩建项目波音专用联络道通过民航适用性检查,11月9日,波音专用联络道启用。12月10日,舟山普陀山机场安全生产设备及飞行区设施更新改造工程、空管设施设备更新工程、航站楼空侧改造工程通过行业验收。12月12日,临时国际航站楼(一期)公务机国际进出港流程通过民航浙江安全监督管理局适用性检查。

【安全生产】 2019年,普陀山机场按安全生产"党政同责、一岗双责"要求,强化安全主体责任,以"平安民航"建设为主线,持续加大安全投入,深化隐患排查治理工作,齐抓共管,夯实"三基建设",杜绝各类安全事故和事故征候,确保航空飞行、空防、地面三方面运行安全。重点开展中华人民共和国成立70周年大庆安保维稳、飞行区不停航施工管理、防汛抗台等安全工作攻坚战,完成中央领导专机保障和第三届世界油商大会等一系列重要任务以及各项要客、贵宾接待服务保障工作。

9月20日凌晨,受201917号台风"塔巴"影响,中国航空油料集团有限公司东海油气平台17个海上平台737名工作人员急需提前紧急安全大撤离。普陀山机场收到中信海洋直升机股份有限公司跨夜飞行申请后即开展保障任务部署,增派保障力量,历经近30多小时抢险奋战,安全保障9架直升机78架次起降,抢运平台工作人员737人,获中国航空油料集团有限公司和中信海洋直升机股份有限公司高度评价。9月25日,获对方锦旗和"感谢信"。

9月23日下午,普陀山机场在国际航站楼外举行"践行新使命,忠诚保大庆"安保誓师大会,对中华人民共和国成立70周年大庆安保工作进行动员部署,对各项安保措施进行督促落实。机场公司领导班子成员、中层骨干、员工代表和机场公安分局干警90余人参加。

12月10日下午,普陀山机场组织开展"2019年航空器应急救援实战演练",有11辆车、104人参加。

12月10日综合应急演练 (普陀山机场提供)

【运营品质】 普陀山机场以全国文明城市创建、"青年文明号"等为载体,开展"民航服务质量体系建设"专项活动、"最多跑一次"改革,升级"祥云服务"旅客感知度,全年旅客满意率达92%以上。启用"电子临时乘机证明""逾重行李收费系统"等设备,将停机坪监控系统接入机场监控网络,以智慧化促便民服务。开展机场高架桥美化、绿化和景观改造、标志标识等美丽机场环境提升工程。场区绿化和景观改造完成一期工程,提升机场入口形象。航班机场放行正常率87.22%,比上年提高12.73个百分点,增幅居全省机场首位。1月1日,新国内航站楼商铺正式开业。10月,机场停车场收费系统正式启用。

(撰稿:陈旭)

邮 政

【概况】 中国邮政集团公司舟山市普陀区分公司(简称普陀邮政公司)位于普陀区东海中路555号,内设综合办、市场营销部2个职能部室,集邮与文化传媒部、金融业务部、渠道平台部、寄递事业部4个专业经营机构。党群组织有工会、团总支、区集邮协会、职工思想政治工作研究会等。下辖普陀山、六横2个分局,沈家门、朱家尖、桃花、虾峙4个支局和台门、展茅2个邮政所,12个金融网点。2019年有职工302人,其中管理人员12人、专业技术人员7人。完成邮政业务总收入5980.41万元,实现利润720.31万元。

普陀邮政公司连续14年获区、市、省三级文明单位称号。金融业务部被评为浙江省邮政企业优秀教育学习点;张珊红被评为浙江省邮政企业教育先进工作者;韩凯获全省邮政2019年"双十一"十佳投递明星,郑海南获全省邮政"2019年双十一生产经营优秀个人",寄递事业部电商包裹团队获全省邮政"2019年双十一优秀经营团队奖"。

【邮政企业安全生产】 普陀邮政公司围绕企业中心工作,推进"平安邮政"建设,提升安全防范治理水平,完善安全生产管理体系,落实安全生产目标职责制及安全生产职责书签订。做好日常生产过程、设备电器、人身安全和机要件安全检查。机要总包交换场所发生变动,根据省、市公司及监管部门要求对新场地交接区进行整改,兼职安全员和消防员定期对工作环境用电用火情况进行检查,杜绝安全事故发生。加强对邮件验视等安全检查工作。"两会""中国国际进出口博览会""世界互联网大会"等全国性节庆和重要会议期间,加强检查力度,100%落实邮件验视、身份登记、安全检查3个工作步骤。加大安全宣传教育力度,以提高员工安全生产意识为目标,抓住重点,突出工作现场安全事故预防、避险、应急处置和自助求救等安全常识培训。加强车辆安全管理职责及交通安全教育培训,定期组织车辆日常维护保养。2019年开展驾驶员安全教育培训12场次、380余人次。

【提升邮政服务质量】 2019年,普陀邮政公司重视对邮政通信服务各环节质量管控,强化全区邮政通信服务质量管理,支撑和促进浙江邮政各项业务发展。开展"压降平信丢失率""普服邮件时限质量对标提升""进一步加强投递转窗投邮件管控""邮政普遍服务专项达标"活动,发现问题及时落实到位,责任到人。做好营业网点服务工作,落实收寄验

安全驾驶员会议 (普陀邮政公司提供)

视制度，改善客户体验。贯彻“普服为根，客户为本”要求，特别是平信条码化、邮筒开箱时间频次、约投挂号投送、投递日戳的清晰度等方面加强日常检查。加强营业窗口营业员业务水平提升。结合邮政营业、投递规范服务达标、“两岗”（管理岗、监控岗）履职检查等，提升基础管理、现场管理和服务能力水平，确保各项通信服务质量指标完成。全年无包邮件损失、给据邮件损失、机要邮件泄密丢损事件；邮件全程时限准时率及邮件处理规格合格率均达到要求，未发生重大通信质量和违规经营问题。

【邮政通信设施】 2019年，全区有181家邮乐购站，自提网点100个。全区（含普陀山）有103个村邮站，其中90个信息化村邮站。全区邮政信筒信箱53个，其中城区16个、农村47个。全区建有E邮站（智能投递服务柜）52个，投递使用汽车48辆，摩托车8辆，三轮车6辆，二轮车50辆。

【邮政金融业务】 普陀邮政公司持续做好代发工资、养老金等项目营销工作。抓好客户服务，客户走访进入常态化。各网点结合节假日，投入片区开发工作，形成陌生拜访、定点宣传、客户联谊及聚焦活动四类形式片区开发模式。职能部门下一线为网点业务发展做好人力、设备、服务支撑工作。执行违规积分考核，通过各类检查结果，对违规问题按积分管理办法进行追究，制定针对性整改措施。加强与同级邮政储蓄银行学习、沟通。2019年完成金融业务收入3366.8万元，同比增长6.65%，完成全年目标93.52%。

【函件业务】 普陀山祈福邮局抓住春节、“五一”、“十一”等小长假时机，开通普陀山祈福邮局微博，扩大祈福邮局推广，全年普陀山祈福邮局集邮品销售额税后完成187.5万元。营销团队走访各街道镇、文明示范村、国企事业单位党支部等，了解他们对各系列作品需求。6月为普陀山素斋馆设计制作饭店广告门头，7月为市城市管理局普陀山分局设计装修党建活动室，9月为普陀山客运站设计制作集合党建活动室和室内图书馆功能为一体综合活动室。数据库商函方面，为老客户佛教协会寄送佛协期刊，为区民政局制作寄送1500份约投挂号。通过引入中国邮政集团有限公司浙江省分公司开发的建军、国庆等主题项目的封片卡产品。2019年完成函件业务收入865.71万元，同比增长18.97%。

【集邮业务】 2019年，普陀邮政公司集邮业务收入150.35万元，同比增长7.19%。生肖贺岁季活动期间，集邮与文化传媒部结合线上线下同步营销，提前完成省公司生肖贺岁季计划。开展“暴风行动”专项营销活动，通过全公司员工同一时间段在微信朋友圈、微信群等进行发布、宣传，营销《观心祈福》《祈福开心》《安心祈福》3款套装产品，完成500套，实现业务收入30.92万元。

【寄递业务】 2019年，普陀邮政公司寄递业务收入588.71万元，同比增长−0.89%，完成全年业务收入总目标67.51%。推进寄递翼改革，10月，普陀邮政邮件分拨中心正式投入运营，同步加快网络资源全面整合，优化机构设

普陀邮政公司参加世界集邮展览会 （普陀邮政公司提供）

置和人员盘活工作。改革末端经营机制，推进“众创众享工程”，按照市寄递“专业化、小班化”要求，划小经营责任单元和损益核算单元；在快包专业经营部“准加盟制”基础上再扩大推进。将“等客上门”改为“主动获客”，特别是重点客户，落实首席客户经理制。按“两个对标”（标准件对标顺丰、经济件对标“四通一达”）要求发展业务，抓好市场开发，因地制宜开发适合产品推向特色市场。8月初，全市联动开展“海鲜配”业务，普陀邮政公司在舟山国际水产城内外设立两处营业网点，通过扩大海鲜配投送区域，加大营销端宣传，做好鲜品、冻品业务。做大电商包裹，开发电商客户，做好新客户拓展工作，捕捉经营信息，深度挖掘市场，加强对浦西展茅等园区营销工作，特别是冻品点对点配送业务。调整国际业务结构，重点发展国际E邮宝、提升发件量，维护好现有引进国际E邮宝客户。

普陀邮政公司受爱心人士委托在金塘大丰中心小学留守儿童之家进行邮善邮乐慈善捐赠活动 （普陀邮政公司提供）

【邮政乡村振兴】 普陀邮政公司服务地方经济发展，推进农村电子商务发展，助力乡村振兴和精准脱贫，扩大邮政农村电商主渠道地位影响力。做好“警医邮”、自提点等便民服务项目。与民政部门协作持续推进“邮善邮乐”慈善超市建设，除已建9家自营“邮善邮乐”慈善超市外，在蚂蚁岛、登步岛设立“邮善邮乐”站点，在朱家尖邮政支局开办“邮善邮乐”扶贫站点。2019年，全区困难群众已至普陀各慈善网点领取物资6508笔，涉及困难群众3600余户，合计领取物资金额39.46万元。通过整合渠道资源，以电商专业为先导，邮务网点为依托，完成简易险保费57.75万元，投保份数416笔，其中团险54单，完成计划65%。实现批销收入228.5万元；实现分销收入274万元，同比增长62.3%。

【报刊发行】 2019年，普陀邮政公司报刊业务收入228.41万元，同比增长6.37%。销售政务图书《习近平在正定》420本，《十一届全国人大四次会议〈政府工作报告〉学习问答》42本，《共产党宣言》150本，《习近平的七年知青岁月》160本，《习近平新时代中国特色社会主义思想学习纲要》180本。通过走访营销，开发市海

开展校园报刊订阅活动 （普陀邮政公司提供）

洋与渔业局党建室、普陀山客运站有声图书墙业务。

（撰稿：郑遥）

快递服务业

2019年，普陀区除中国邮政速递物流股份有限公司(EMS)舟山市普陀区分公司外，有舟山市普陀申通快递有限公司、舟山港运速递有限公司(韵达)、舟山市佛韵快递有限公司(韵达)、舟山市鸿飞货运代理有限公司(国通)、舟山市松通快递有限公司(圆通)、北京全峰快递有限责任公司舟山分公司、舟山市普陀天元纳米科技有限公司(兼营)7家物流快递服务企业，营业网点40余个；顺丰、佳道国际、百世汇通、德邦、优速物流等品牌快递企业在普陀区境内有营业网点30余个。外卖快递服务类有美团外卖、美团专送、宅急送、饿了么(蜂鸟专送、蜂鸟快送)等品牌代理企业在普陀区境内提供外卖速递服务。

2019年普陀区快递企业主要营业网点

表37

品牌	企业名称	区内网点	营业地址
申通	舟山市普陀申通快递有限公司	总部	东港街道浦西新驰路100号
		浦西营业部	东港街道浦西中弄路58号
		沈家门营业部	沈家门街道东海中路530弄6-1,6-2号网点
		鲁家峙营业部	沈家门街道鲁川路网点62号
		兴建路营业部	沈家门街道中洲路180号101室
		菜市路营业部	沈家门街道菜市路2号楼网点01、02室
		东港营业部	东港街道兴普大道108、110、112号网点
		朱家尖分公司	朱家尖镇大庆丰路124号
		普陀山分公司	普陀山镇西山新村二区62幢78号404室阁楼
		六横分公司	六横镇峧头幼儿园对面村出租房贰号楼东起5-6
		桃花岛分公司	桃花镇公前村庆太路80号
		虾峙营业部	虾峙镇大岙一区9号
		展茅营业部	展茅街道螺门村中心路38号
		东海东路营业部	沈家门街道东海东路185号网点
		台门营业部	六横镇台门台兴路77号
		龙山营业部	六横镇龙山中心村沙浦老年娱乐中心1号楼
		展茅文化路营业部	展茅街道横街村文化路13号楼底层106号
佳道国际	舟山市佳道国际货运代理有限公司(在定海)	展茅营业部	展茅街道柴家小区8号楼旁边一体楼1幢
		普陀营业中心	东港街道红旗村吴家岙1号厂房
		沈家门营业部	普陀区沈家门东海中路248号网点
		朱家尖营业部	朱家尖街道大洞岙大同路35号
		六横营业部	六横镇三八路61号
		勾山营业部	东港街道勾山街39号北边一间
		平阳浦营业部	沈家门街道平渔路196号东边第二间
		沈家门游泳池路营业部	沈家门街道游泳池路27号6号
		鲁家峙营业部	沈家门街道鲁川路网点62号
		芦花营业部	东港街道芦花村芦花街161号西面一间

续表 37

品牌	企业名称	区内网点	营业地址
顺丰	舟山顺丰速运有限公司(在定海)	沈家门分公司	沈家门街道鲁滨路 190 号
		普陀经营部	东港街道东港贸易城商贸市场 4 幢 14 号网点,11-2 营业房,12 号网点,13 号营业房
		普陀第二经营部	东港街道勾山新惠路 128 号 1 号楼一楼(A001-A004)
		普陀第三经营部	沈家门街道渔市一路 95 号海贸大厦 2 幢 91-1
		普陀第四经营部	东港街道勾山新惠路 128 号(6# 楼 B109-B114 号)
		普陀第五经营部	沈家门街道滨港路 103 号
		朱家尖经营部	朱家尖街道中欣北路 76 号
		普陀山西山经营部	普陀山镇西山新村二区 14 幢 18 号 101 室
		蚂蚁岛经营部	沈家门街道蚂蚁岛村长沙塘蚂蚁大道 191 号
		桃花岛经营部	桃花镇公前庆太路 112 号
		六横经营部	六横镇峧头坦岙凯虹·文景苑 5 幢 5-101 室、5-102 室
韵达	舟山港运速递有限公司	总部	东港街道浦西新园路 19 号
		浦西分公司	东港街道新滨路 8 号网点
		沈家门分公司	沈家门街道兴建路 818 号
		东港分公司	东港街道东港贸易城旅游品市场 31 号网点
		六横分公司	六横镇外岙村七脚头畈三八路 128 号
		桃花分公司	桃花镇桃源中路 68 号
		朱家尖分公司	朱家尖街道朱家尖建筑公司楼 105 室
		蚂蚁岛分公司	蚂蚁岛蚂蚁大道 83 号
		展茅分公司	展茅街道张家沙井路 62 号
		虾峙分公司	虾峙镇灵和村大岙一区 19 号
	舟山市佛韵快递有限公司	总部	东港街道浦西新园路 19 号
		鲁家峙分公司	沈家门街道鲁滨路 86 号
		桃花分公司	桃花镇中路 68 号
		六横分公司	六横镇峧头润都嘉苑 4 号楼 4-116 室
百世汇通	舟山市汇通快递有限公司(在定海)	普陀分公司	沈家门街道东海中路 902 号
		浦西营业部	东港街道三岔路 8 号和津广场二区 133 室
		东港营业部	东港街道二建公寓纬二路 23 号网点(中昌街)
		朱家尖营业部	朱家尖街道中欣路 365 号
		六横营业部	六横镇峧头坦岙小区 9 号楼 104
		蚂蚁岛分部	蚂蚁岛蚂蚁大道 189 号
		展茅营业部	展茅街道螺门龙门路 114 号

续表 37

品牌	企业名称	区内网点	营业地址
国通	舟山市鸿飞货运代理有限公司	总部	沈家门街道平阳浦舟渔公司渔轮厂内
		普陀分公司	沈家门街道平阳浦舟渔公司渔轮厂汽库停车场
国通	舟山市松通快递有限公司	总部	东港街道浦西新驰路 100 号 2 幢
		香榭街营业部	东港街道香榭街 23 号
		乐业街营业部	东港街道乐业街 131 号
		勾山街营业部	东港街道勾山街 117 号
		大干路营业部	沈家门街道大干路 67 号
		鲁中路营业部	沈家门街道鲁中路 136 号
圆通、德邦	舟山市普陀天元纳米科技有限公司(兼营)	快递营业部	六横镇六横路 5 号
德邦	浙江德邦物流有限公司(在定海)	舟山东港分公司	东港街道新惠路 128 号舟山陆港物流中心 4 号楼专线货运区 1109 号
全峰	北京全峰快递有限责任公司	舟山分公司	东港街道吴家岙路 138 号
优速物流	舟山市宇通快递有限公司(在定海)	普陀山分公司	普陀山镇龙沙路 65 号
		六横分公司	六横镇峧头崇文路 128 号一间

(撰稿:胡永久)

编辑:魏斌

港航与口岸管理

普陀港航管理

【概况】 2019年，舟山市港航和口岸管理局普陀分局（简称区港航分局）围绕江海联运服务中心、国际海事服务基地等重大项目建设，抓好港航安全管理，服务区域港航经济发展。年底，辖区有水路货运企业91家（停止经营企业3家）。其中普货运输企业38家，成品油运输企业38家，化学品运输企业15家。水路运输辅助企业28家（不客运代理），其中船舶管理企业17家、船舶货运代理企业11家。运力保有量195.29万载重吨，比上年增加4.59万载重吨。水路货运固定资产投资45889万元；水路货运企业累计完成周转量1169亿吨千米，比上年增长13.9%；船舶平均换算周转量燃料消耗量（单位能耗）比上年下降17.3%。辖区完成港口吞吐量2576.13万吨，同比增长7.8%。主要货种成品油186.98万吨，同比增长10.97%；砂石2349.38万吨，同比增长7.7%；钢铁0.8万吨；其他（水产品、建材与水泥等）38.97万吨。

【引领港航产业发展】 区港航分局开展航运企业诚信体系建设，完成《航运企业诚信体系建设研究报告》。开展国际海事基地建设系列课题研究，撰写《普陀区国际海事服务基地建设总体框架》《船员结构化问题对自贸区背景下航运业转型升级的影响》《关于解决普陀区化学品水路运输企业融资难问题的建议》及《关于普陀航运企业船员紧缺情况的报告》等多篇调研报告，获省政府领导批示。开展港航安全业务课题研究，撰写《内河船舶海上作业查处存在三困难》，被省委、省政府录用。

落实市级航运骨干企业专项补助资金，2019年有11家企业符合稳定发展财政补助，发放补助资金383万元。辖区浙江一舟海运有限公司和舟山润吉海运有限公司获水路运输诚信企业称号。落实新一轮市级帮扶政策，提交2019年度市级重点企业培育名单，12家企业通过评选。上报《关于要求继续执行普陀区航运业财政奖励政策的请示》，继续延续普陀区航运奖励政策至2020年12月31日。

参与国际海事服务基地建设，引入东展船运股份公司、实华南油船务有限公司等龙头企业。帮助中国石油化工集团有限公司（中石化）与实华南油船务有限公司合力打造“国”字号专业供油船队；引入舟山弘通航运发展有限公司，开展江海联运直达船项目；利用国际船舶环保新标准实施机遇，开展低硫燃料油加注基地建设，辖区保税燃料油供应量持续增长。2019年，保税油供应258万吨，同比增加6%，占全市2/3以上份额，其中低硫油供应34万吨。谋划布局外轮供应码头，配合市港航和口岸局做好外轮供应码头选址工作，关注小干原拆船厂码头改为海事服务基地外轮供应码头进展。

【港航安全管理长效机制建设】 2019年，区港航分局调整安全领导小组成员，细化安全工作流程，形成“五大安全流程图”，制定《普陀港航分局安全生产工作协作联系制度》，提升安全监管效能。按“三级”责任要求，督促各企业签订各类责任书，港航企业责任书签订率100%。通过召开安全碰头会议、季度工作例会和行业点评会议等方式，加强对安全形势分析研判，突出问题导向，加强对难点疑点问题分析研究，形成

5月8—9日,水上联合执法小组开展"清港行动"(区港航分局提供)

《"八大"安全评价分析报告》,强化企业责任心教育,督促企业变被动监管为主动落实安全责任,全年召开安全例会4次、航业点评分析会4次、开展安全督查2次。根据企业自报、检查整治、部门通报等来源途径,建立危险源监管档案和安全隐患清单,落实安全隐患入库分级管理和全过程式闭环管理。根据《普陀区企业生产安全事故隐患排查治理奖励办法(试行)》,引导鼓励企业建立实施全员隐患排查和治理奖励机制,并做好两家企业试点工作。将视频监管和现场核查相结合,对危货码头和临时作业点开展实时监控和视频回看,对航运企业、"黑名单"船舶开展船舶动态和值班抽查,对特定船舶和码头开展定位查询,及时将违规行为通报至业务部门。至12月底,累计开展监控电子巡查123583次,其中危货作业电子巡查64926次,普货作业巡查18146次,临时作业点电子巡查23873次,其他16638次。启动应急响应55次,累计抽查船舶动态2781次,处理市港航和口岸局下发工单45件,处理自发工单16件。制订年度学习培训教育计划,举办"安全大讲堂"、安全工作点评会等,港航企业累计430余人次受训。参加市港航和口岸管理局2019年两期港航和口岸管理人员全员培训、浙江省行政执法监管平台培训,累计50余人次职工接受培训。借助市港航和口岸局第三方专业机构、行业专家、兄弟职能部门等力量,共同开展企业检查。利用"掌上执法"移动平台,开展港航企业"双随机"检查。

【港口安全监管】 区港航分局以港口监管系统化、流程化、规范化为目标,运行《普陀辖区港口领域安全监管工作规则》,以港口监管手册为操作指南,努力建立港口集约高效管理模式。细化企业管理,加强对港口企业班组长教育培训。联合属地政府、海洋渔业等职能部门,加强对码头作业习惯性违章行为处置,形成有效联动、合力监管,减少无关人员操作加油设备等习惯性违章行为。

【航运安全防控体系建设】 区港航分局通过劝说企业主动申请注

6月28日,区港航分局组织开展辖区危货码头应急预案演练活动(区港航分局提供)

销、分局启动撤销程序等手段，继续开展水路货运僵尸企业清理工作，5家企业待撤销。完善经营资质动态跟踪管理，严格水路货运船舶准入管理，对不满足经营资质规定条件的企业，经限期整改后仍不合格的，撤销水路运输经营许可；做好水路危险品运输企业经营人资质确认；加强经营资质预警管理，按规定开展经营资质预警检查。每季度开展水路货运企业主体责任落实情况考核评价，依据考评结果实施分级分类管理，建立重点监管企业名单，对重点监管企业实施严格监管和惩戒措施，已完成年度考核评价工作，评定A类企业48家、B类企业25家、C类企业11家。根据市港航和口岸局《关于进一步加强国际运输船舶管理的通知》，对辖区内国际运输船舶加强管理，拓展信息渠道，全面排查国际运输船舶（含"方便旗"），普陀辖区拥有挂五星红旗国际运输船舶25艘，拥有"方便旗"国际运输船舶9艘。

【港航行政管理】 区港航分局执行新版质量管理体系，把好"船舶审图关、建造检验关、营运船舶检验关、证书报告质量关、船舶技术档案关"，制定《关于加强自卸运砂船检验的意见》，重点加大对运石、自卸式运砂船舶检验力度。1—12月，受理466艘次船舶各类检验申请，计170251总吨，总功率128464千瓦；检验发证438艘，计165525总吨，总功率121439千瓦。加强经营资质管理，国内水路货运企业中，通过年度核查企业79家，未通过年度核查6家，其中限期整改企业3家；船舶管理企业10家均通过年度核查；船舶货运代理企业11家均通过年度核查。11家国际水路货运企业全部通过年度核查。核查新增绿色预警企业3家，发现存在违法违规行为企业4家。推进水路危险品运输企业安全生产标准化建设，航运企业中建立一级标准化企业2家，建立二级标准化企业14家；48家危险品运输企业中，32家已建立安全管理体系，创建率66.7%。11家港口危货企业中，9家企业通过二级标准化考评，2家企业正在创建。

【开展各类专项治理行动】 区港航分局继续深化水路货运船舶安全综合治理，完成"黑名单"船舶新一轮街道镇摸底"三定"管控情况、处置计划等汇总，辖区11艘"黑名单"船舶，其中4艘已"脱黑"。督促街道镇落实属地安全监管责任，发挥专职辅助人员作用，落实"黑名单"船舶"三定"管控，并支持鼓励"黑名单"船舶拆解。开展"反走私""扫黑除恶"及"禁毒"工作，通过宣传动员、发放资料、排摸检查等方式，加强督查力度。开展排摸检查382家次，询问人员1250人次，向企业、船东发放宣传资料380余份，查处涉嫌走私船舶15艘次，上报涉黑线索1条。开展陆海联动联合执法，重点对洋小猫、东白莲、朱家尖等运输作业船舶较集中水域进行检查。针对洋小猫水域监管复杂情况，主动联络宁波穿山海事处，协调制定联合协作监管机制，形成联合执法巡查长效管理机制。至12月底，组织或参与陆海联动联合执法43次，出动执法检查人员391人次，出动执法船艇111艘次，出动执法车14辆次，检查船舶323艘次，查处违法违规船舶6艘次，海事部门强制留滞船舶1艘次，办理市港航和口岸管理局港航行政执法支队移交案件1件。

10月17日，区港航分局联合沈家门海事处、宁波穿山海事处，对洋小猫水域开展联合执法检查活动 （区港航分局提供）

【推进“最多跑一次”改革】 2019年，区港航分局继续推行“无否决权”、容缺预审等制度，开展“不见面”审批、两证联办、上门送证等业务。至12月底，梳理上报“最多跑一次”事项12项（30子项），上报办件数量3502件，网上申报率100%。办理“不见面”审批事项2923件，加班、代办、预约、延时办理51件，提前办结率100%，评为流动红旗窗口1次，1名工作人员被评为优秀服务标兵。

（撰稿：范佳佳）

六横港航管理

【概况】 舟山市港航和口岸管理局六横分局（简称六横港航分局）是舟山市港航和口岸管理局派出机构，统一行使辖区内航政、港政、运政管理职责。2019年，六横港区累计完成货物吞吐量8112.71万吨，同比增长0.22%；累计完成航运投资1800万元，水运建设工程投资15220万元；至12月底，辖区有各类货运船舶71艘，总运力29.08万载重吨，其中成品油船26艘、化学品船6艘。

【落实行业管理】 六横港航分局在港口领域按计划实施防台防汛检查、综合检查、重大节假日检查等，有针对性组织开展港口危险货物安全专项治理、港口危货企业应急能力建设专项整治和污染防治专项检查等，配合中国水利水电科学研究院完成舟山金润石油转运有限公司、舟山中奥能源集团有限公司两家重大危险源第三方体检。在港口危险货物安全专项治理中，组织开展2次企业交叉对口检查，由港航科业务骨干和港口危货企业安全管理骨干组成联合检查组，通过交叉对口检查，相互学习，共同提高安全管理水平；围绕动火、用电、受限空间作业风险防控重点探讨危险作业管理工作，4家企业均对作业票格式进行修订完善，规范审批程序、强化现场监护措施落实。

在航运季度安全专项检查中，开展海机务管理人员履职评估和制度落实治理，更换海机务管理人员5人，根据实际及时修订制度并完善相应台账记录缺陷。在完成年度核查任务基础上，组织实施企业安全管理年度考评工作，其中A类4家、B类3家、C类3家。

结合企业走访活动，完成骨干企业相关申报工作，根据检查详细了解航运企业经营情况、发展计划，收集对港航部门管理工作的意见建议，及时传达骨干企业相关文件精神，全年完成3家航运企业2018年度全市江海联运发展专项资金申报，推荐辖区6家航运企业参加2019年度骨干航运企业评选，入选5家。

【安全监督管理】 六横港航分局安全生产月活动中，围绕“防风险、除隐患、遏事故”活动主题，通过QQ群发放宣传标语、警示教育视频、安全培训PPT等宣传资料20余份，参加现场宣传和咨询2场、发放宣传资料400余份，组织企业参与线上安全生产知识竞赛250余人次，六横港航分局主要负责人作“双重预防机制建设”专题宣讲；指导、督促企业开展各类应急演练活动10家次，参与港口公司开展的溢油事故综合应急演练。

台汛期，六横港航分局及时发布台风预警和防御工作信息，组织开展现场防御工作落实情况检查，落实专人填报辖区港航系统防御工作动态，确保台风影响期间未发生人员伤亡及影响恶劣的突发灾情险情。在防御201909号台风“利奇马”期间，成功处置一起浮码头移位险情；在防御201918号台风“米娜”期间，多次组织检查人员到码头指导、检查无动力船舶码头防台措施落实情况。

8月10日“利奇马”台风来临，港航管理人员及时处理险情 （六横港航分局提供）

开展“防风险保安全迎大庆”专项行动。9月中旬起，开展覆盖港航企业、设施保安履约单位专项整治。9月25日，召开安全例会，对“防风险保安全迎大庆”进行再动员再部署。累计检查企业28家，发现问题隐患51项，均在9月30日前完成整改。

【水路货运安全综合治理】 六横港航分局推进水路货运安全综合治理工作，继续巩固水路货运安全专项整治成果。2019年，六横港航分局以六横联合执法指挥部为依托，组织多个部门开展海上联合执法，创新引入海警力量保障，保持巡查频次和严打高压态势，对六横辖区水域进行全方位、无死角覆盖，确保辖区水路货运安全、稳定、有序发展。全年参与海上联合执法检查81次，累计滞留船舶7艘，其中处理疑似走私船舶5艘；牵头组织六横海事处、六横安监站开展联合陆上执法行动17次，协调出动其他部门执法人员52人次。

【深化“最多跑一次”】 六横港航分局持续推进“最多跑一次”改革，完成“八统一”颗粒化工作，结合实际优化事项办理程序、办理方式和精简材料，并对各事项办事指南要求及时查漏补缺，优化服务体验。六横港航分局权限事项41项，实现网上办、掌上办和跑零次事项100%，即办件达到39件占95.1%，承诺期限压缩比98.2%；指导企业规范电子版申请材料格式，确保材料电子化率100%，顺利完成年度“跑改”指标；结合辖区实际，推行“企业跑零次、分局多跑跑”服务理念，把牢资质审核源头关，为企业提供更好更快捷服务。

（撰稿：方舟）

口岸综合协调管理

【概况】 2019年3月，普陀区口岸与海防管理办公室更名普陀区口岸开放服务中心，为区政府办公室管理的副科级事业单位。是年，普陀区口岸海防反走私工作围绕自建设战略目标，融入自由贸易试验区建设，加快口岸开放，优化口岸环境，开展海防建设，协调开展反走私综合治理工作，致力“自由贸易先行区、海上花园会客厅”建设。

【重点项目临时开放】 区口岸开放服务中心做好与国家相关部委、省、市级查验单位对接工作，督促指导对台直航项目业主做好监管设施日常保养维护工作和查验后勤保障落实工作。7月初，项目临时开放第五次上报交通运输部，经沟通汇报，8月1日，交通运输部批复同意该项目临时对外开放。

【开放区域内项目开放启用验收】 区口岸开放服务中心做好六横头湾物流基地2000吨级配套码头工程、普陀区天元船舶修造厂扩建改造工程开放启用指导、服务工作。多次到项目现场和相关负责人对照海关总署《海关监管作业场所（场地）设置规范》逐项抓好口岸基础设施建设，已基本具备对外启用要求，待省政府验收。

【海防基础设施建设和项目申报】 全区完成2018年度总投资1162万元海防基础设施建设项目。实施2019年度6个项目。

根据“十三五”海防建设规划和各街道镇上报项目，结合实地调研，综合分析后，将5个项目分别列入全区2020年度海防建设计划并逐级上报至国家发展和改革委员会、国家边海防委员会，规划总投资约1012万元，可向上

公安部门现场查获走私冻品 （区口岸开放服务中心提供）

公安、海洋渔业、港航、海事多部门联合开展清港行动 （区口岸开放服务中心提供）

争取资金约787万元。

完成海防“十四五”规划编制工作。上报“十四五”海防规划项目18个，总投资约4950万元。

【反走私工作】 普陀区重点开展“国门利剑2019”专项行动和打击整治走私犯罪集中行动。查获走私冻品案件1起，缴获冻品200余吨，抓获涉案人员20余人，案值约800万元；查获非法买卖成品油案件3起，缴获油品约500吨；查获非法经营疫区冻品案件1起，缴获冻品0.63吨，案值约2.3万元。

开展反走私宣传进社区、进客轮、上船头等活动，多次在普陀电视台“普陀新闻”、《今日普陀》报、普陀新闻网等媒体宣传反走私工作，并公布举报电话。

【开展清港行动】 普陀区组织公安、海洋渔业、港航、海事等部门开展清港行动13次，累计查获涉油违规船舶35艘。依法依规推进查获“三无”船舶后续处置工作，已完成拆解20艘。

（撰稿：陈富其）

海　关

【概况】 2019年机构改革后，舟山海关在六横设综合业务三科和监管三科两个科室，组成海关六横工作点，主要负责六横辖区货物通关、运输工具查检、供退物料监管、大宗货物检验监管和监管场所日常管理等工作。工作点有工作人员18人。7月，舟山海关六横党支部被杭州海关评为先进基层党支部。

全年查验出入境（港）船舶1292艘次，人员22674人次，实施船舶卫生控制检查129艘次，监管伙食供应520批次；检验鉴定进口铁矿223批次，重量1423.24万吨，检出不合格80批次；检验进口煤炭53批次，重量667.2万吨，同比减少28.23%，查获煤炭重量与申报量不符32批次；减免吨税船舶455艘次，减免金额6334万元；排查处置疑似传染病例29人次，确诊11人次；截获病媒生物16批次，截获鹰嘴豆象、菜豆象、锯谷盗、玉米象、四纹豆象等多种有害生物40批次；查验来自非洲猪瘟疫区船舶66艘次，封存禁止进境物2678千克，处理动植物性废弃物、泔水等1454.5千克。

【强化监管】 海关监管三科排查

海关工作人员对进口矿砂抽样监测 （海关六横工作点提供）

杭州海关关长马建哲到舟山市鑫亚船舶修造有限公司考察 （海关六横工作点提供）

处置疑似传染病例29人次，确诊11人次。4月23日，某港修理船一外籍船员出现咳嗽、胸痛等症状，监管三科申请启动二级响应，对疑似病例及其他船员进行流行病学调查和医学排查。患病船员确诊为继发性肺结核，送医院隔离治疗，对所有污染区域实施消毒处理，防止疫情在口岸传播。监管三科根据海关总署、杭州海关相关文件要求，在六横橘园、各修理船厂、煤炭铁矿码头及周边开展检疫性实蝇、舞毒蛾等外来有害生物监测工作，并对煤炭铁矿堆场开展外来杂草监测，严防外来有害生物传入，确保口岸生态安全。

全年4次组织开展监管场所安全风险排查，对六横辖区修理船厂和码头进行巡查，重点检查监管场所区域内垃圾堆场、油泥油渣存放区域、油漆仓库、摄像头等区域，要求企业对不规范现象及时整改并做好记录。

做好国庆期间反恐安保工作，加强登轮查验力度，重点检查敏感物品和高风险船只。加大对换班船员行李、供退物料的现场检查。

把关窗口审批，对供应物料实行多方位监管。落实监管场所经营人主体责任，要求对进厂物料进行安全性检查。监管人员通过不定期现场抽查，摄像头检查等方式，形成对不合规供应企业持续威慑。对一起某供应商虚报品名案件进行调查取证，予以罚款3000元行政处罚。

【服务企业】 海关六横工作点以“查检合一”为突破口，服务六横对外经济发展，缩减通关时间。在修理船厂业务高峰期，工作点建立“白加黑”及周末节假日值班制度，采取登轮检查、货物查验一体化，节省人力资源。

年初，监管三科以避免供退物料企业传递审批资料“多次跑”为突破口，采用电子邮件等信息传递形式，自行开发程序，在符合监管与单证管理要求前提下，简化流程。供退物料系统上线后，逐渐实现无纸化审批，供应企业“一次也不用跑”。

针对脱硫塔等大型船舶配件需要提前到监管场所进行装配需求，监管三科多次参与舟山海关组织的调研工作，在六横召开“快速分拨”关企座谈会，征求相关物流报关及船舶修造企业对舟山海关在大件船配“快速分拨”业务通关监管方面的意见和建议，并到舟山中远海运重工有限公司实地调研。按舟山海关统一操作流程，把监管工作前移，对大型船舶

监测进口煤炭堆场 （海关六横工作点提供）

业务交流 （海关六横工作点提供）

配件实行专人专项建档监管，全过程掌握配件流向，为快速分拨创造条件。

做好浙江舟山武港码头有限公司、舟山市鑫亚船舶修造有限公司监管场所到期换证工作。与相关科室及时沟通，制订监管方案。对前置查验区、登轮区设置进行现场指导，对技术用房、药品房等进行现场预查与跟进，推进企业换证各项准备工作。

帮扶辖区一家水产企业整改，10月22日通过韩国官方检查。调研了解企业运行中存在困难及需要海关帮扶地方，为企业建言献策，将企业呼声向杭州海关及海关总署相关部门反应，寻求解决办法。

【提升业务能力】 2019年，海关工作人员强化学习，掌握新海关通关、监管基本流程与技能。全员参加卫生检疫岗位练兵，并通过医师（检疫员）考试、卫生监督员考试，获动植检检疫岗位相关资质。

梳理监管业务各个风险点，对船舶查验、货物查验、物料供应审批、监管场所管理等明确职责，细化流程，根据六横港区实际，制定监管工作操作规程，规范业务开展。对照部门职能配置和权责清单，逐项梳理相关业务运行所需申报单证、作业系统，落实货物查验、检验检疫、运输工具检查、监管场所管理等现场作业关检业务融合，落实“一次查验”“一次抽样”。对物料供应、清仓油监管、保税油供应等敏感事项，按操作规程办事，公开透明，相互监督，管控监管风险，防范廉政风险。

（撰稿：贺杰）

沈家门海事管理

【概况】 2019年，沈家门海事处围绕水上交通安全监管工作，维护辖区水上交通形势安全稳定。辖区实现货物吞吐量1471.2万吨，同比增长50.74%，其中危险货物吞吐量540.90万吨，同比增长47.38%；旅客吞吐量2023.6万人，同比增长3.05%；车辆吞吐量54504辆次，同比增长2.68%。船舶进出港78475艘次，实施船舶安检479艘次；行政处罚立案831起；启动海上应急响应24次，成功救助船舶19艘次，成功救助遇险人员87人次。

海事执法人员春运期间对客船救生设备进行检查 （沈家门海事处提供）

【船舶监督管理】 2019年，辖区国内航行船舶进出港报告78475艘次，同比增长17.44%。开展海上巡航472次，累计巡航时间1648小时，巡航里程12612海里，陆上巡查1992次，巡查时间4282小时。实施船舶安检479艘次，查处缺陷3278项，滞留船舶5艘次。开展船舶一般性检查5107艘次，查纠缺陷1490项，其中客渡船检查3801艘次，缺陷475项。

【海事行政执法】 2019年，沈家门海事处完成现场综合执法任务9293项，出动执法单元4787次；行政处罚立案831起，结案824起，罚款644.58万元，同比分别增长105.18%、99.51%、255.57%。

【海上专项整治】 2019年，沈家门海事处按上级部署开展各类专项整治活动14项。开展水上交通安全专项治理工作和海上交通安全铁拳整治等行动，累计排查上报安全隐患17项，后续均已整改完毕。开展通航秩序管理"猎潜"专项活动、内河船涉海运输专项整治行动和"两船"（砂石船、内河船）专项治理活动，累计查处违法"两船"111艘，已结案罚款116.2万元，移送违法人员8人，拘留5人；参与海上内河船拦截27次，查获内河船6艘。开展散装液体危险货物海上运输、作业安全大检查等，涉危涉污作业现场检查691次，发现并整改缺陷260项，立案处罚船舶26艘次32起。开展航运公司安全管理提升年活动、第四批船舶实施《国内安全管理规则》推进工作和舟山籍船舶船籍港管理工作，辖区15家航运企业已启动体系建立工作，完成辖区全部189艘长期脱管船舶清理清查工作。

【海上事故应急】 2019年，沈家门海事处接警24次，启动应急响应24次，遇险船舶23艘次，成功救助19艘次，船舶救助成功率83%；遇险人员93人次，成功救助87人次，人命救助成功率94%。保障辖区防台度汛"零事故"，通过早预警早部署早摸排早落实，实现防台"不死人、无沉船、零污染"目标。通过24小时"盯屏监管"，抽验点验锚泊船1000艘次，消除20余起船舶安全隐患及险情。台风"米娜"期间，克服风高雨大浪急等困难，组织拖轮靠泊13次历时7个小时，成功将蚂蚁岛2名重病群众安全转移至舟山岛接受医疗救助。

台风"米娜"期间将蚂蚁岛2名重病群众安全转移至舟山岛接受医疗救助 （沈家门海事处提供）

【海事执法模式改革】 沈家门海事处围绕"五中心、一窗口"建设目标，升级完善值班室运作。加强值班员队伍建设，完善值班室现场综合执法信息处理制度、综合执法任务管理制度和值班室工作制度，建立三级过程监督机制，实现执法过程全掌控和执法任务闭环管理。推行日周月定期评估制度，对监管工作进行跟踪、统计和综合分析，提升现场精准打击力度。全年发布现场综合执法任务9293条，闭环率达100%。成功接入渔业船舶北斗动态监管系统，争取到全市层面渔业船舶系统管理权限，实现船载AIS、网格化可视化、CCTV视频监控等系统的联合实时监控，接入至今已劝离碍航渔船82艘次。引入VTS终端，消除AIS关闭船舶监控盲点，提升违规砂石船和内河船打击力度。加强静态核查，开展船舶进出港不实报告专项整治，查获虚

海事执法人员台风前夕对油轮进行隐患排查和安全宣传 （沈家门海事处提供）

假报告船舶 330 艘次，除对 1 艘船舶发出协查通告外，其余 329 艘船舶全部立案调查。强化预警预控和电子巡航，发布恶劣天气预警信息 103 次涉及 13737 人次，处置船舶异常情况 122 艘次，驱离无序锚泊船 35 艘次。

【客运安全监管】 沈家门海事处围绕“心·渡”品牌创建，创新优化客运安全管理模式，持续固化客运安全监管机制，推动客运企业岸基管理升级，打造“横向到边，纵向到底”全方位覆盖监管模式，逐步消除监管盲区和薄弱环节，创建客运监管“舟山样板”。推动地方政府把“马峙门口禁锚区减速带”纳入《沈家门渔港港章》，形成各部门齐抓共管局面。推动水上渡运公交化（集约化）管理，促成地方政府召开专题会议，解决马峙渡轮长期管理缺位难题。推动建立客运航线新增“载客数”控制、水上客运售票实名制等客渡运安全管理新机制。打造偏远岛屿海事监管“东极模式”，建立多部门联动的偏远海岛联合监管机制。2019 年暑期安全保障进出东极旅客 17.5 万人次，同比增长 33%，维护“蓝色公路”平安顺畅。

【服务地方发展】 2019 年，沈家门海事处成立专项行动领导小组，协同涉海部门整合执法资源，确定重点巡航巡查区块及时段，制定分段分时分批打击计划。联合普陀区港航口岸、公安、海警等部门开展 25 次“清港除险”专项行动，查处 27 艘非法船舶，推动拆解 21 艘次。

助力保税船用燃料油加注产业高速发展。主动对接舟山港综合保税区管委会，将保税船用燃料油加注作业船视频监控系统并入监控值班室，率先实现外锚地保税油加注作业远程监管、实时监控和录像追踪。全年保税船用燃料油加注量 115.6 万吨，其中外锚地供受油 80.8 万吨，同比增加 15.43%。

服务国际海事服务基地健康发展。构建马峙锚地联合巡检机制，与边检公安部门共同做好国际海事服务基地配套交通船的使用管理，联手打击外国籍船只进

海事执法人员在东极岛对游轮船主进行安全生产宣传 （沈家门海事处提供）

入非开放水域补给作业违法行为。全年查处7艘进入中国内水域未办理进出口岸手续的外国籍非军用船舶，罚款22.74万元。

推进"最多跑一次"工作。开办一窗受理集成服务，现场审核，即来即办。对重点物资、民生物资运输船舶开辟绿色通道，对船员身份证消磁等特殊情形实行容缺办理。全年办理船员任解职14000人次，危防作业受理6831起，接受涉污类报告5427起，缴纳港建费、油污基金733艘次，签注文书2994本。

（撰稿：王佳哲）

普陀山海事管理

【概况】2019年，普陀山海事处围绕海事"三化"建设，深化基层执法模式改革，推进水上客运安全监管示范区建设，开展各类安全整治专项行动，提升干部队伍综合执法能力，辖区水上安全形势稳定。全年辖区安全运送旅客1796万余人次，同比增长3.3%。其中，洛迦山航线293万人次，同比增长7.2%。是年，普陀山海事处获舟山海事局先进基层党组织、继续保留"舟山市文明单位"荣誉称号；普陀山海事处"海浪花"监管服务队获"舟山市巾帼文明岗"荣誉称号。

【海事综合执法】普陀山海事处规范综合执法工作模式，理顺工作机制、健全岗位责任、优化人员配置，建立并完善辖区"三基"资料数据库和"五项制度"。依托智慧海事建设提升综合执法效能。通过海事处值班室标准化建设、VTS船舶动态信息系统、VHF高频信号接入及融合地方政府"平安城市综合管理系统"等系列信息化升级改造，拓宽船舶动态信息获取渠道，丰富与船舶沟通联系方式，安装交通运输部海事局2个监控摄像头。实现对辖区所有客运码头、货运码头、重点客运航线、临时锚地、主要客运航道等监管对象现场动态的全天候监控能力，执法人员在值班室即可实现对现场动态实时观测和掌握，促进现场与值班室执法联动，提高执法精准性和有效性。

海事执法人员在普陀山香会节中彻夜坚守 （普陀山海事处提供）

2019年，海事行政处罚立案13起，结案13起，罚款84000元，扣证1人次3个月，船员违法记分1人次8分。

【水上客运安全监管示范区建设】普陀山海事处修订《金三角及洛迦山水域客船安全航行指南》2.0版，编制完成辖区客船单船手册和《金三角及洛迦山水域船员履职技能培训手册》，分发辖区客运企业和客船进行培训学习和宣传贯彻，形成以《金三角及洛迦山水域客船安全航行指南》、航运公司安全管理体系、《金三角及洛迦山水域客船单船手册》和《金三角及洛迦山水域船员履职技能培训手册》为基础的"一指南、一体系、两手册"特色安全指导体系，引导客运企业和客船持续提升安全管理和营运水平。推进舟山辖区第四批船舶实施《中华人民共和国船舶安全营运和防止污染管理规则》工作，主动服务保障客运企业新航线投入运营。抓好重点时段客运安全监管，加强恶劣天气及重大节假日、普陀山香会节等客流高峰时段安全监管。以"全国青年文明号"和"海浪花"监管服务队为平台，开展"平安春运、平安雾季、平安暑期，青春同行"系列活动。加强船员理论知识与实操技能核查，通过送知识上船头等方式，提高船员雾季安全理论知识水平，对包括所有高级船

海事执法人员现场监督集装箱打捞作业 （普陀山海事处提供）

员在内客船船员开展雾航安全知识和实操能力核查，为客运航线安全运营提供保障。

【海事综合管理】 普陀山海事处落实舟山海事局基层执法机构达标验收工作推进会工作要求，对基层执法机构达标验收存在问题和不足进行再梳理，并落实整改。按《海事行政执法视觉形象建设标准（2018）》要求，合理划分处内学习、办公区域，并统一全处视觉形象标识。对设施设备进行更新维护。深化准军事化管理，建立并实施工作备忘录机制，执行内部管理检查评分制度和消防安全制度，定期开展环境卫生和消防安全检查。开展为期一周“军事训练周”活动。对执法装备进行定期检查、维护和保养；落实浙江海事局船艇“管用养修”标准化手册要求，规范开展船艇、车辆“管用养修”工作；落实上级关于海事系统网络安全攻防演练防范整改工作要求，按《中华人民共和国网络安全法》和信息化日常监管要求，做好信息系统日常运维工作。

【做好防抗台工作】 台风影响期间，普陀山海事处协调客运站、客运企业等单位做好应急疏客工作，确保疏客过程平稳有序，避免出现游客滞留情况；发现个别客船在风浪较大情况下开展疏客工作存在安全隐患，及时向客运企业反馈并要求限期整改落实。受201903号台风“玲玲”影响，舟山辖区发生“吉顺16”和“新瓯21”两起船舶险情事故，导致大量集装箱落海，其中部分集装箱随潮流漂至普陀山的洛迦山客运码头、合兴码头、龙沙海滩堤坝附近水域，对过往船舶航行安全造成较大影响。通过摸点排查掌握落海集装箱点位，及时组织协调10艘施工船舶参与朱普线、沈普线、普陀之星航线和合兴货运码头前沿水域扫测，完成32只落海集装箱以及1艘救生艇残骸清除工作，消除辖区海上安全隐患。台风影响过后，沈家门港大量渔船相继出港，给客船复航带来一定影响，普陀山海事处利用CCTV和AIS电子巡航设备对客船和航道动态实时监控，提醒相关船舶注意避让渔船；联合渔政部门对普陀山客运码头前沿水域违规航行、锚泊渔船进行驱离，保证客运航线畅通。

【船舶管理】 2019年，普陀山辖区进出港口船舶125716艘次，其中客船123276艘次，国内货船2440艘次；货物吞吐量7.54万吨。现场检查船舶3645艘，发现缺陷129项。其中客船3207条，缺陷112项；货船及危险品船现场检查数438艘次，缺陷17项；船舶安检总数75艘次，缺陷418项。其中进港单船总数102艘，安检单船数44艘，单船平均缺陷为5.6项。开展安检后评估5艘次，对船检质量安全检查30艘次。根据“1+1”安检工作法要求，累计发放安全管理建议书46份，整改问题55项，教育和处理人员48人次。

【船员管理】 普陀山海事处开展船员服务资历真实性核查470艘次、964人次，未发现资历不符合情况。对船员适任能力现场检查75艘次、549人次，对大副、大管轮及以上职务船员适任能力检查全覆盖；跟踪检查见习/实习船员59人次。

【通航管理】 2019年，辖区水域发生险情2起，无人员伤亡。全年组织海上巡航296次，累计巡航时间397小时，参巡人员864人次，发现和纠正违章19起，纠正违章行为23个。拆解“三无”船舶6艘次。

【海事专项综合治理】 推进水路货运船舶安全综合治理工作。普陀山海事处持续保持对违法砂石运输船舶打击态势，有重点地对龙湾、洛桥等装卸点砂石运输船舶进行检查。联合普陀山边防、管委会、安监局开展联合执法行动86次，检查砂石船舶5艘次，查处违法砂石船舶3艘次；电子巡航发现船舶违规锚泊行为29起。开展国内船舶救生设备专项检查。根据上级专项整治行动工作部署，制订救生设备专项检查方案及目标船舶检查计划，做好救生设备专项检查工作内部培训，并将救生设备专项检查工作要求及相关文件精神向辖区客运企业进行宣传贯彻，要求企业做好自查工作；两次联合船检部门开展救生设备专项检查；累计开展救生设备专项检查32艘次，其中客船23艘次，货船9艘次，查纠涉救生设备类缺陷28项。做好平安护航新中国成立70周年大庆安保工作。开展辖区水上安全监督管理，做好船舶安全监督检查，组织实施突发事件综合应急演习。8月起，开展船舶安全检查14艘次，查处缺陷64项，开展现场检查船舶469艘次，纠违20次。

【海事服务宣传活动】 2019年，普陀山开展海事服务“进企业、进船舶、进香客、进校园、进社区”活动，并在“安全生产月”、重大节假日期间开展集中宣传活动，参与现场执法37次、110余人次，为船员提供安全知识培训5次，开展志愿服务活动7次。深化“青年文明号”品牌创建工作。先后开展“千份传单送香客，万声叮嘱促安全”主题宣传活动；开展水上安全知识进校园活动，给普陀山小学结对班级30余名学生送上水上安全知识课；参与地方政府“提高维权意识　助力创城行动”“3·15”消费者权益日宣传活动以及“弘扬雷锋精神，共建文明舟山”“禅行普陀”“普陀山之春”等特色志愿服务活动。

（撰稿：陈杨焕）

海事处执法人员上客船进行安全宣传 （普陀山海事处提供）

六横海事管理

【概况】 2019年，宁波—舟山港六横港区完成货物吞吐量7404.3万吨，旅客吞吐量202.73万人次，车辆吞吐量52万辆。六横海事处以水上安全监管为中心，确保辖区零事故、零伤亡、总体平稳的水上交通安全形势。是年，六横海事处通过交通运输部系统廉政文化示范单位复核验收，获舟山海事局船舶安全检查技能比武团体三等奖；方益军获“交通运输部系统优秀共产党员”荣誉称号。

【船舶监督管理】 2019年，六横海事辖区进出港船舶5.1万艘次，其中国际航行船舶1419艘次。实施船舶安检225艘次；查处缺陷总计1737项，平均缺陷7.72项/艘；滞留船舶8艘次，上报重大船检质量缺陷5艘次。开展PSC检查13艘次。

【通航管理】 2019年，六横海事处组织海上巡航308次，巡航里程7498海里，巡航时间1073小时。检查船舶256艘次，发现缺陷181项。发布预警信息78次、26732条。组织辖区客运船舶开展雾季海上船舶消防应急演练及大型客滚船消防弃船演习，提升水上客运应急

向船员宣传安全生产法规 （六横海事处提供）

反应水平。联合客运企业开展客船船员安全技能考试，提升船员船舶操作技能。以网格化管理为依托，推进“双进双反馈”工作常态化，搭建完善“海事、客企微信平台”，及时通报恶劣天气、重要监管事项等各类信息，在大风、能见度低天气下，及时启动现场“站高峰”制度。完成重大节假日、台风季、寒潮大风、开渔节、中华人民共和国成立70周年大庆、第七届世界军人运动会、第二届中国国际进口博览会等重要时间节点和特殊时段水上客运安全保障任务。

【客船监管】 2019年，六横海事辖区有2艘高速客船（六横之星1、六横之星2）、2艘客渡船（港渡5、六横8）、1艘企业自备船（鑫亚创新）下水并投入运营，新开通1条高速客船航线运行（长峙—大岙），客船更新率18.2%。秉承“心·渡”服务理念，服务六横客运产业健康发展，推进水上客运安全严格化监管。落实客船监管手册要求，强化客船及企业自备船安全监管，全年平均每天7.6艘次客船现场检查，每月7.2艘次客船安检，每季度联合客运企业与客运公司联合检查13.8艘次，发现和纠正605项各类缺陷。对客船违法行为采取“零容忍”，对11艘客渡船及企业自备交通船违法行立案13起，对责任船员记24分，处罚金额10.2万元，客船强制卸载1次，确保辖区无一起客运事故或险情。

【海事行政处罚】 2019年，六横海事处立案437起，结案470起，罚款278.5万元。发放违法行为整改告知书102份，责令离岗通知书55份。查处“两船”实施留滞61艘，其中留滞时间超过1个月6艘。查获超载案件并实施卸载39起，其中内河船3起，移送无证船员并处以拘留6人次、83天。立案处罚3艘外轮，罚款34000元。

【“两船”整治】 六横海事处持续深化监管多元共治格局，会同港航、安监、海警等部门联合开展水路货运船舶安全整治活动，开展海上黄沙非法过驳整治及“夜鹰行动”“晨昏蒙影”等错时执法，与宁波梅山海事处加强六横南部大小尖苍岛水域吸沙船信息互通

春运安全监管 （六横海事处提供）

开展海上联合执法检查 （六横海事处提供）

互报和联合打击。加大隐患排查力度，开展辖区砂石装卸作业船舶差异化管理，推行砂石船备案制，对于船舶证书齐全、主要船员齐全的备案船舶，降低检查频次；对于非备案或者违法行为多的船舶，加大检查频次。加强渣土出运点源头管理，联合六横管委会、安监、港航、海洋渔业、渣管办、渣土中转码头业主单位等，组织召开建筑渣土运输船舶安全管理专题会议，督促码头方加强源头管理，落实企业安全生产主体责任。2019 年，查处违法砂石船舶 96 艘次，查获内河船 4 艘，联合六横管委会拆解非法改建或“三无”船舶 3 艘，“三无”小船 39 艘，实施码头强制卸载 39 艘次（客船 1 艘次），采取留滞措施 61 艘次，其中坞内留滞 7 艘次，对相关涉事船员移交边防、海警 8 人次，拘留 6 人次、拘留时长 83 天。

【海上风电场监管】 六横海事处保障国电电力舟山海上风电场施工安全，探索海上风电监管“六横模式”。制定“安全三保”服务监管，落实主体责任。督促风电运维单位重视安全生产工作，建立健全安全管理体系，完善安全组织架构。把好现场安全监管关，采取不定期、突击检查方式，组织开展安全隐患排查，重点对风电运维船舶安全措施落实、人员值班情况等进行检查，及时排除各类安全隐患。做好应急防范工作。通过与气象部门工作联动，及时掌握、传递恶劣天气预警信息，督促风电业主单位落实专人密切关注气象、海况，早部署、早检查、早落实，提前选择避风安全水域。风电场运维期间，六横海事处累计开展施工船安全检查 10 余艘次，查处违法施工船 3 艘次。主动对接舟山海事局通航管理处，通过发放航行通告、LED 大屏幕等形式向社会公布全项目 63 台风机具体位置，并协调宁波航标处设置 8 座灯桩、2 座灯浮、4 座 AIS 航标和 1 座雷达应答器，为普陀 6 号海上风电场安全运营提供安全保障。

【修造船监管】 六横海事处立足六横临港经济发展实际，助力船

落实“最多跑一次”政务审批办理 （六横海事处提供）

安全监管条帚门外锚地保税油加注（六横海事处提供）

舶修造产业集群跨越式发展，加强市场变化和国家供给侧改革政策导向分析。2019年，开展船企走访、安全约谈28次，为船企在大客户拓展及高附加值船舶建造修理等方面提供海事专业服务和建议。持续开展"暖企行动"，紧跟行政审批"最多跑一次"改革，打造修造船舶进出口岸查验、试航报备等"一条龙"服务体系。加强安全管控，强化修理船舶涉污作业、进出坞、试航作业等环节监管力度，优化修造船厂9个临时锚泊点属地管理举措，全面布置辖区修造船企防抗台工作。推动修造船向高端市场出发，助推大型修造船企业尾气脱硫装置安装产业发展，六横各船舶修造厂家累计接到安装脱硫洗涤装置订单189艘，2家企业列入全球十大从事脱硫装置改装业务的船厂。助推世界五百强企业MAN公司落户六横，打造该公司在中国唯一定点维修服务中心。

【条帚门外锚地监管】 六横海事处创新举措保障条帚门外锚地保税油供应安全监管。12月10日，首艘外国籍船舶抵达条帚门外锚地开展保税油加注作业。六横海事处抓好"四个环节"保障保税油加注作业安全。抓好"船舶备案环节"。及时与辖区有保税油供油资质的单位沟通，核实资质备案情况，做好作业前安全监管。抓好"申报审批环节"。落实政务受理员与代理单位沟通，对受理过程中出现不符合要求的细节，通过电话告知代理单位出现问题及注意事项，缩短供油船起始作业时间。抓好"动态监管环节"。通过VHF、电话、微信群等途径提示进入辖区水域船舶必须提前向值班室报告作业情况，值班室通过AIS进行实时远程跟踪，并实时关注现场风力情况，确保作业安全。抓好"现场检查环节"。执法人员与船员沟通交流，要求作业船舶遵守《浙江海事局关于答复〈条帚门外锚地报税船用燃料油供应试运行方案〉意见的函》中相关要求，遵守相应安全和防污染操作规程，主动落实消防、救生、防污染各方面器材要求，确保作业现场安全。

（撰稿：裴峰）

普陀边防检查

【概况】 2019年1月1日，原舟山边防检查站监护一中队由现役编制转录为人民警察编制，更名

全民国家安全教育日，边检执勤民警组织普法宣传（边检执勤七队提供）

舟山出入境边防检查站执勤七队（简称边检执勤七队），正科级编制，隶属中华人民共和国舟山出入境边防检查站，由国家移民管理局垂直管理。主要担负舟山口岸2个执勤区域7个海岛、3个锚地、45个执勤点的原油中转、外锚地燃料油供应、外轮修造、境外观光邮轮、活水鱼出口、冰鲜鱼出口、远洋捕捞等出入境边防检查和监管任务。是年有民警职工39人。全年检查监管出入境（港）船舶5998艘次，检查船员120.12万人次，外派警力6470人次，查处各类违法违规人员案件23起23人次。边检执勤七队被国家移民管理局表彰为2017—2018年度全国青年文明号备选单位。

边检执勤民警与海事执法工作人员开展联合“登轮”执法 （边检执勤七队提供）

【边检执勤执法】 2019年，边检执勤七队为自贸区建设提供安全稳定口岸环境，建立“电子巡查、视频监控、快速处警”三结合立体监管模式，推动锚地管控常态化、制度化和规范化。以“捍卫2019”专项行动为抓手，开展口岸基础信息排查活动，建立口岸基础信息库，先后查处口岸违法违规案件23起，查获非法出境人员1人、冒用他人证件出境人员1人，完成“两会”、中华人民共和国成立70周年大庆、第二届中国国际进口博览会、澳门回归20周年庆典等系列安保任务，维护口岸安全稳定。

【边检口岸服务】 边检执勤七队贯彻国家移民管理局“放管服”改革工作部署，以“最多跑一次”改革为抓手，重点围绕远洋渔业、保税燃料油加注等业务重点，排查一线执勤执法工作中存在突出问题和薄弱环节，提升规范执法服务水平。深化海岛勤务“一体化”建设，组建一支2艘边检艇、12名警力的口岸机动队伍，对所辖水域锚地实行不间断、拉网式巡查，打击锚地船舶非法搭靠、擅自入境等违法违规行为，净化海上保税油供应环境，减少口岸突发案事件发生率。参与“海上平安”建设，与海关、海事等部门建立区域勤务合作机制，台风“米娜”影响期间，联合有关部门紧急撤离120余艘海上作业船舶，迅速处置1起无动力外轮求助和1名受伤船员紧急救助勤务，确保口岸安全有序。围绕口岸处突处置，日常加强业务培训和体能训练，注重苦练内功、增强技能，先后开展处突演练8次，调动人员260余人次，派出船艇20航次。

（撰稿：边检执勤七队）

六横边防检查

【概况】 2019年1月，原舟山边防检查站六横分站由现役编制转隶为人民警察编制，更名舟山出入境边防检查站执勤三队（简称边检执勤三队），隶属中华人民共和国舟山出入境边防检查站，由国家移民管理局垂直管理。2019年，边检执勤三队围绕国家移民管理体制改革任务和站党委工作部署，以服务地方经济发展为工作目标，深化勤务改革，打造“六横边检模式”，提升“六横边检速度”，服务保障六横临港产业发展。全年检查出入境（港）船舶1838艘次，出入境人员26878人次；人工接送船舶300余艘次；派遣巡查勤务1415批4245人次;检查船员换班2347批4129人次;开通绿色通道20余次,对重点船舶实施驻船监护9艘次27人次,处理口岸违法违规案件13起。边检执勤三队被浙江出入境边防检查总站授予集体三等功,边检执勤三队党支部被表彰为先进基层党组织。

【改革勤务模式】 边检执勤三队优化勤务组织提高查验效率。围绕服务保障六横外轮修造、海员服务基地、邮轮常态化维修等重点项目,以企业需求为中心提供服务,落实"放管服"改革工作要求,合理编排勤务分组,勤务工作一组负责入出境手续办理,勤务工作二组负责口岸现场监管及查验,实现勤务分工明确、勤务组织科学、勤务运行高效目标。

落实浙江省"最多跑一次"改革及国家移民管理局"只跑一次"工作要求,改善通关环境,在2018年舟山市鑫亚船舶修造有限公司和舟山中远海运重工有限公司开展企业自管试点基础之上,改进监管模式,缩短船舶手续办理时间,平均每条船手续办理时间从原4.5小时缩短至2小时,提高企业作业效率;针对卸货类码头企业,实行预检完即可卸货便利措施,使码头卸货时间提前3～4小时。

宣传国家移民管理局五项便民举措。推行行政许可一站式服务等机制,申请人员临时登轮证或搭靠证实现窗口5分钟内办结。设置中国船员专用通道,提升中国船员通关效率。根据浙江出入境边防检查总站关于试行宁波舟山港边检一体化服务监管措施,实行宁波舟山港区域边检备案登记手续简化、行政许可一证通、跨区域锚泊手续简化等新举措,获船方和涉外企业好评。

【创新口岸管控手段】 边检执勤三队针对六横辖区执勤点多、分散,部分涉外企业地处"岛外岛",办理边检手续不便,外轮修造企业属劳动密集型企业,用工成本高昂,企业对边检优化服务举措、提高通关效率愿望迫切的实际,深化"放管服""最多跑一次"改革,坚持服务窗口前移和诚信管理模式,多次深入辖区企业进行边检政策宣讲,指导企业自管;依托一线监控、黄埔系统、船讯网等平台,消除管控盲区,提高通关效率,为企业节省生产经营成本。贯彻"枫桥经验",按"片区化管理,联建式服务"思路,拟订边检民警驻企职责,确保每周开展"民警接待日"不少于半个工作日;与口岸联检单位(海关)签订协作机制,实现资源互补和信息共享。深化海岛"枫桥式"边检模式,加快立体化防控体系构建,推动"共建、共治、共享"口岸服务管理新格局。

【辖区口岸安保工作】 边检执勤三队聚焦"两会"、70周年大庆、第二届中国国际进口博览会等重大安保任务,落实"三个底线"和查船"五必问"等各项安保措施。科学调配警力,推进"捍卫2019"系列行动,先后部署开展口岸基础大排查、外国船员登陆大清查、口岸情报搜集等活动,对口岸40余家涉外企业开展风险评估。在重要时间节点组建专职处突力量,设计口岸各类突发情形,进行模拟处突演练,提高民警处置突发事件能力,确保口岸限定区域内部安全稳定。

(撰稿:边检执勤三队)

编辑:魏斌

为服务对象办理边检手续 (边检执勤三队提供)

开发建设

综述

浙江普陀经济开发区总用地面积93.54平方千米，整合形式为1+3空间布局，以六横虾峙区块为核心，辐射至沈家门、东港以及展茅各区块。2016年，普陀经济开发区重心转移至展茅区块，重点打造普陀海洋生态创新谷，成为普陀区重要经济产业平台。2019年，开发区深化科技创新服务、企业培育、项目招引、平台建设等工作，年底有规模以上工业企业124家，实现规模以上工业总产值216.91亿元，同比增长4.9%；规模以上工业增加值58.46亿元，同比增长8%；出口总额39.92亿美元，同比增长10.5%。实现财政收入34.16亿元，同比增长6.5%。

2019年，浙江普陀经济开发区管理委员会（简称经开区管委会）坚持招商引资“一号工程”，围绕海洋新兴产业、绿色修船装备制造、海洋生物肽等领域，引进优势企业。开拓绿色修船业务，各大船舶修理企业紧抓全球性船舶修理机遇开拓市场，承接压载水系统改装、脱硫装置安装等高难度、高标准业务，做长延伸绿色修船产业链。其中，舟山市龙山船厂有限公司与山东佩森环保科技有限公司合作，投资超1亿元，新建脱硫塔制造车间，项目竣工后可新增年产值超5亿元。舟山万邦永跃船舶修造有限公司利用德国哈莫尔曼机械制造有限公司先进技术，建设绿色修船装备全产业链基地，总投资3亿元，计划用地120亩（8公顷）。

开发区制定海洋生物肽专项扶持政策，谋划国际协同创新中心，以海洋生态创新谷、大健康产业园等为承载平台，构建生产、科研、销售产业体系。建设海洋肽产业为第一梯队，浙江荣和生物科技股份有限公司低聚肽项目基本完工，开始试生产；引进上市公司海欣食品股份有限公司，实施海洋肽研发生产项目，总投资1.3亿元；完成浙江肽链生物工程有限公司注册，为开发区海洋肽产业营销方。

建设小微企业园，引进第一个小微企业园万洋众创城项目，用地120亩（8公顷），总投资5.5亿元，建筑面积20万平方米，打造海洋生物科技、海洋电子信息、海洋装备制造、传统型成长性企业转型升级示范基地。舟山陆港现代物流中心、普陀海洋科创园、普陀区大健康产业园、普陀国际健康产业中心、普陀湾众创码头5家小微园通过省级认证。

2019年，围绕开发区修造船和水产品精深加工等主导产业，发展“精品”修船、“高端”造船。开发区修造船行业实现规模以上产值40.8亿元，同比增长30.1%。以舟山万邦永跃船舶修造有限公司、舟山中远海运重工有限公司2家市级绿色修船示范企业为引领，联动舟山市鑫亚船舶修造有限公司、舟山市龙山船厂有限公司等重点企业，构建绿色修船全产业链。引进豪华邮轮、超大型集装箱船等高难度修理业务，提升行业区域竞争力。发展海洋生物肽产业，促进水产行业转型升级。以远洋产品、海洋肽产品等为载体，引导水产加工企业自动化、智能化改造；浙江融创食品工业有限公司、浙江企润食品有限公司等企业新项目快速释能；推进浙江丰宇海洋生物制品有限公司、浙江荣和生物科技股份有限公司等企业海洋肽产品研发生产；全年实现精深加工率55%以上，自动化装备率60%以上。

科技创新推进28个重点项目技术改造，累计投入7.1亿元。开展全社会研发投入提升行动，加大政策引导和财政资金支持，规模以上工业企业研发机构全覆盖。培育创新主体，全年新增高新技术企业14家、省级科技型企业57家。

2019年，淘汰落后过剩产能，加快新旧动能转换。深化“亩均论英雄”改革，开展综合分类评价，倒逼落后过剩产能退出。完成77家规模以上和116家占地面积3亩（0.2公顷）以上、规模以下工业企业评价，实施用电、排污、税收、财政等方面差别化资源要素政策。整治低效厂房，成立专项行动领导小组，制订整治方案，开展多部门多轮联合执法，查封无照经营场所17家，立案查处环保问题企业19家，下达停产整治决定书1家，执行消防备案手续11家。加大数字企业招引力度，上海彩虹鱼（舟山）深海智能装备科技园开园，引进、培育深海智能化装备产业。谋划数字经济园区和海上应急安全产业园，助推数字化转型。以软件创新为抓手，提高行业智能化水平，浙江同博科技发展有限公司和舟山威信智能科技有限公司入选省软件创新能力产业化项目名单。浙江同博科技发展有限公司海洋大数据服务平台在全国1万余艘船舶上应用示范，舟山威信智能科技有限公司船舶修造管理系统在舟山万邦永跃船舶修造有限公司完成一期建设。

2019年，实施重大项目攻坚。开发区坚持以项目攻坚为主线，通过“三重”项目攻坚，推进省、市、区重点项目建设，投资超80亿元。六横国电舟山普陀6号海上风电场2区工程，使用海域面积50平方千米，建设63台单机容量4兆瓦海上风电机组，总装机容量252兆瓦，建设一座220千伏海上升压站，一座计量站，一座陆上集控中心，全部完工并投入使用。六横清洁能源生产项目，总用地50亩（3.33公顷），依托浙能煤炭中转基地堆场及码头，建设清洁能源生产基地，年加工能力250万吨，完成土地出让。六横港区LNG接收站项目、虾峙临港产业项目完成年度投资计划。彩虹鱼深海科技城一期项目开工；舟山欢乐海洋大世界建设项目办理G-01地块各项前期审批，已获规划二证及施工许可证，并开工建设；盛达保税燃料油中转加注基地项目已进场并开工建设。沈家门半升洞客运站场（码头）提升改造工程，完成码头部分招投标，并进场施工，完成站场部分招投标。

（撰稿：林晓）

普陀北部工业区块开发建设

【概况】 普陀北部工业区块位于展茅街道，由A区（鱿鱼市场）、B区、C区、茅洋畈一期（窑潭畈）、茅洋畈二期、晓辉畈、螺门六个区块组成，总面积11719亩（约781.27公顷）。B区、C区、茅洋畈一期（窑潭畈）已完成开发建设。建有5000吨/日综合污水处理厂1座。

2019年，实现规模以上工业产值28.75亿元，同比增长16%；规模以上利税1.79亿元，工业技改投资1.44亿元。

【晓辉畈建设】 占地面积585亩（39公顷），2012年开始建设，2018年建成普陀海洋科创园（二期）项目。2019年出让土地面积15亩（1公顷）。在建项目4个，其中，炜驰汽车零配件项目（一期），占地面积99亩（6.6公顷），全面竣工，完成投资1.26亿元。正山科技项目，占地面积30亩（2公顷），建设生产用房、办公楼，配套附属工程，完成总工程量60%，累计完成投资4066万元。舟山锦帆船舶配件制造有限公司、舟山聚能能源有限公司项目，占地面积30亩（2公顷），全面竣工，累计完成投资7000万元。

鱿鱼市场提升改造 （章霁阳摄）

【鱿鱼市场提升改造】 A区鱿鱼市场提升改造主要建设道路、电力设施及相应给排水、综合管线等配套设施，总占地面积760亩(约50.67公顷)，总投资5.1亿元(包括拆迁补偿费用)，工程按计划施工，累计完成投资4.8亿元。舟山裕丹食品有限公司等8家水产品精深加工企业完成土建施工；浙江裕珈林食品有限公司等3家完成主体工程90%，累计完成投资2.03亿元。浙江企润食品有限公司水产品精深加工项目总用地面积44亩(约2.93公顷)，总建筑面积30679平方米，用于冷库、车间、配套用房及新建生产设备购置，主要生产金枪鱼、虾仁系列产品，完成主体工程，累计完成投资7071万元。新奥集中供热项目为鱿鱼市场集中供热配套项目，占地面积4亩(0.27公顷)，项目完工，累计完成投资2000万元。

【螺门区块建设】 完成恒尊集团有限公司、舟山恒尊新型墙体材料有限公司、浙江锦帆船舶配件制造有限公司、舟山市华融水产食品有限公司4家企业政策处理；完成舟山第三海洋渔业有限公司区域测绘与评估工作。新建5000吨/日污水处理厂工程列入2019年重点项目库，完成规划选址、土地预审和工程可行性研究报告编制等工作。

（撰稿：钱令杰　叶芳芳）

东港新城开发建设

【概况】 东港新城围绕普陀区“自由贸易先行区、海上花园会客厅”两大定位，持续提升市政建设品质，优化城市生活配套服务功能，增添宜居魅力。

2019年，新建市政标准道路2.95万平方米，新建东港防护林和道路绿化面积3.9万平方米，建设首个城市健康产业中心项目——东大台。打造“东港之眼”，新增7套游乐设备，打造具有普陀特色的山海湾区旅居空间。

【市政建设】 新建东港市政标准道路2.95万平方米，一期路面4500平方米；新铺设电力、自来水管、雨污水等各类管线计3600米；新建东港防护林和道路绿化面积3.9万平方米。

【健康产业】 开工建设首个城市健康产业中心项目——东大台，规划打造集养生综合体、养生度假酒店、养生配套服务用房为一体的东港新地标，完成前期投资6050万元。

【山坡地开发】 东港《山坡地北片概念规划》等4个重要规划文本通过评审，首块拟出让土地完成控规公示，并获得市政府批复，围绕“东港城市建设3.0版”高品质要求，打造具有普陀特色山海湾区旅居空间。

【旅游服务业】 东港游乐园提升改造，摩天轮项目升级换代，打造“东港之眼”，新增7套游乐设备，完成园内沉降道路修复及构筑物翻新，完成投资800万元，提升园区整体美观度和游乐性。

（撰稿：张胤）

城北开发建设

【概况】 普陀城区北部片区(简称城北片区)位于东港街道内，东接东港，南连沈家门城区，西连浦西、临城。根据《舟山市普陀区北部片区控制性详细规划》，定位

首个城市健康产业中心项目——东大台　(东港集团提供)

打造宜居新城,规划高端住宅、酒店、办公商业综合体、果蔬批发市场、农贸市场、幼儿园、城北小学、普陀第二中学等。开发区域包括舵岙、新塘、大岭下、徐家、刘家湾、吴家岙、观碶头7个行政村。区域内总用地面积为3.83平方千米,可实施项目建设用地3.55平方千米,可供建设用地2.02平方千米。

2019年实施工程建设项目33个,其中开工建设20个、前期项目13个。建设主要工程项目包括3个安置小区、7个景观绿化工程、4条道路、4条河道、2个商业体。全年投资63453万元,其中工程建设投资47000万元。

沈芦公路绿化 (区城投集团提供)

【安置小区建设】 新塘安置小区位于城北小学东北侧,概算投资7.55亿元,建筑面积17万平方米。有高层16幢,各类户型1129套。城北A-05新塘吴家岙安置房建设工程全部结顶,完成南北区两个标段内外墙粉刷,外墙立面涂料。实施附属工程,推进空气源招标工作。全年完成投资1.8亿元,累计完成投资3.7亿元。

上戚家安置小区位于城北区四期保障房东侧,总用地面积3.74公顷,总建筑面积8.62万平方米,地下室建筑面积2.2万平方米,总投资5.1亿元。城北E-01-02上戚家安置房完成主体工程。全年完成投资9000万元,累计完成投资1.2亿元。

大岭下安置小区位于岭舵隧道出口,附属工程项目总投资2010万元,总建筑面积2000平方米。2019年计划投资700万元。完成自建房区域水、电、气、弱电等综合管线施工;完成道路回填、道路挡墙混凝土浇筑、沥青路面摊铺、消防通道涵洞施工等,小区内部附属工程全部完工,完成投资700万元。

新塘安置房 (区城投集团提供)

【道路景观绿化提升】 沈芦公路两侧景观绿化工程,完成东侧景观绿化;完成道路分隔带侧平石品质提升、起伏路面修复;完成"美的德信·翰城"小区东侧区域景观绿化,新塘安置房东、北侧区域基本完工。总投资2600万元,累计完成投资2500万元。

普陀长途客运中心东侧景观绿化工程,建设面积17292平方米,总投资1100万元。完成绿化、铺装部分。雕塑部分招标。完成投资 850 万元。

岭陀隧道北侧景观绿化工程，主要有景观铺装、仿古亭子、管理房、篮球场、水溪及绿化等，绿化景观面积 3.7 万平方米，总投资 1870 万元，年底完工验收。

海天大道沿线建筑景观亮化工程，主要建设普陀开元大酒店及东港街道办事处等 7 幢建筑物亮化项目，概算投资 1000 万元，2019 年 9 月完工。

海天大道绿化提升工程，完成板桥路、新池路、天吴线、岭陀线与海天大道接口，海天大道应家湾水库至板桥路段中分带侧分带绿化提升工程，年底工程验收，完成投资 1650 万元。

城北加油站—应家湾水库景观绿化改造提升工程，主要建设城北加油站—应家湾水库绿化种植、地形营造、雕塑小品及其它绿化提升配套工程，绿化面积 3.4 万平方米，项目概算 2000 万元，上半年完成前期立项，规划方案、初步设计方案概算审核，5 月底完成施工、监理招标工作，工程中标价 661 万元，完成工程投资 700 万元，年底完工验收。

城北区域景观提升工程，项目主要内容为城北道路树植、绿化修复整改，总投资 400 万元。年底完成兴北中路、炮台山路行道树种植，完成投资 45 万元。

【道路及配套设施建设】 兴北东路与城北匝道接线匝道完工，总投资 2100 万元，2019 年完成投资 100 万元，进入竣工验收。

城北炮台山路二期工程完工，完成投资 170 万元。

城北支八路建设工程，道路长 850 米，宽度 15 米。主要建设道路施工、路基铺设侧平、边坡治理综合管线配套设施等。年底完成招标工作。

城北吴家岙综合供能服务站工程，位于东港街道吴家岙村，总用地面积 6.79 亩(约 0.45 公顷)，主要建设站房、罩棚、洗车棚、埋地油罐区、化粪池及污水处理设施、隔油池以及卸油一体化设施。已委托设计。

普陀城北兴北东路(329 国道—舵岙路)道路提升改造工程，位于城北舵岙区域。预总投资 3950 万元，其中一期投资 2430 万元、二期投资 1520 万元，总建设工期 14 个月。年底办理工程前期工作。

普陀城北次一路道路建设工程，兴普大路—兴北中路，道路总长 1257.33 米，其中设置 1×5 箱涵、2×10 米桥梁、1×3 米桥梁各 1 座，城市次干道标准设计，车速 30 千米 / 小时，道路 24 米。年底办理工程前期工作。

普陀城北主四路延伸段(329 国道—次一路)道路、场地平整及边坡治理建设工程，项目位于城北区徐家村，西起嘴湾路，东至 329 国道。总长 505 米，设计车速 20 千米 / 时，道路 24 米。边坡治理长度 200 米，边坡高度 0 ~ 10 米，采用清表锚杆挂网覆绿手段对易发生滑坡等地质灾害隐患进行治理。年底办理工程前期工作。

普陀城北主一路道路南段建设工程，位于城北区域吴家岙，道路总长 200 米，设计车速 20 千米 / 小时，道路 24 米，总投资 300 万元。年底办理工程前期工作。

普陀城北中段路道路建设工程，位于东港街道吴岙村，长 565 米，宽度 24 米，其中人行道为 3×2 米，非机动车道 3.5×2 米行道，绿化隔离带 1.5×2 米，机动车道 7×2 米，总投资 800 万元。年底办理工程前期工作。

普陀城北碶湾塘路北段道路工程，南起兴北西路，北至城北 A-05 安置房西北侧，沿线主要为两侧地块出入服务，标准红线宽度 15 米，道路全长 198 米。总投资 450 万元。年底发布招标公告确定施工单位。

【河道湿地公园建设】 舵岙河主河道综合治理工程，2018 年 11 月开工，投资 1943.4 万元。年底全

兴北东路与城北匝道接线匝道 （区城投集团提供）

舵岙河一期工程（区城投集团提供）

部完工。

大岭下河治理、绿化工程，年底完工，完成投资160万元。

舵岙主干河一期二标段（新塘河段），主要整治舵岙河主干河1.5千米，包括进行清淤疏浚，新开河道、老河道回填及两侧绿化景观提升，拱桥、亲水栈桥及休闲游步道建设。总投资1500万元。12月底施工。

舟山群岛新区普陀本岛中小流域舵岙河综合治理（二期），城北区域整治河道50.3千米，主要建设配水工程，舵岙湿地公园、舵岙调蓄湿地公园景观示范节点（2处）。总投资8000万元。12月底施工。

【场地平整工程】 徐家龙头山场地平整二期工程，位于城北徐家村，用地面积190亩（约12.67公顷），项目匡算投资1亿元，总方量91万立方米。2019年进行政策处理、坟墓迁移、招标文件制订工作。

城北E-03地块场地平整工程，位于城北加油站，总用地面积22亩（1.47公顷），主要建设整地平场及边坡治理，总方量39万吨，采矿期2年，总投资2200万元。2019年进行政策处理、坟墓搬迁、招标文件制订工作。

【区域商业项目建设】 新北邻里中心地块商业体工程完工，总投资4500万元。2019年完成外部亮化工程和菜场内部装修，年底竣工验收。

城北商业水街建设，项目位于城北区域，总用地面积15.82公顷，总建筑面积50610平方米，计划总投资5亿元。分五块区域，包括风情商业区、休闲餐饮区、办公商贸综合区、湿地公园、精品民宿区。主要打造商业开发、餐饮娱乐、旅游观光等，形成普陀海岛文化地标特色商业综合体。年底完成工程前期工作。

城北水街新塘生态公园一期项目，总建筑面积3150平方米，建设包括创意工作室、艺术展厅、多功能厅、艺术工作室及配套设施，总投资900万元。年底办理施工许可证。

【其他零星工程】 城北片区完成大岭下自建房1—4批次边坡治理，完成投资200万元；完成新塘山嘴场地平整边坡治理，完成投资230万元；完成D-16、D-13地块耕植土剥离及大地绿化，完成投资70万元；完成舵岙花苑维修，完成投资45万元；完成沈芦公路、学运路复耕；完成大岭下王家堂、卢家堂旧房拆除；完成徐家、史家片区旧房拆除；完成徐家经济合作社卓家祖堂区域旧房拆除、断头路打通工作；完成星云宾馆外立面改造；完成大岭下拆迁区域临时围墙等建设工程。

（撰稿：王舟）

鲁家峙开发建设

【概况】 鲁家峙岛位于沈家门渔港南岸，陆域面积3.85平方千米。有企事业单位43家，厂房及附属设施建筑面积15.07万平方米，居、农（渔）民住户2018户，房屋建筑面积22万平方米。区城投集团承担鲁家峙整岛开发项目，明确为鲁家峙岛开发主体单位。

2019年，完成鲁港北岸景观提升改造（二期）、鲁家峙垃圾中转站建造。在建工程有鲁家峙东南涂景观提升、鲁家峙体育动力公园、鲁家峙4号河综合整治、鲁家峙5号河北段整治、鲁家峙安置小区房屋维护、鲁家峙河道两侧绿化提升改造工程。全年完成投资28000万元。

【鲁家峙体育动力公园】 位于鲁家峙豪布斯卡小区东侧地块，总用地面积3.78公顷，主要建设1幢建筑立面改造，新建半地下停车场、钢结构景观连廊，篮球场、足球场、门球场、园林绿化、游步道及配套管理用房、地下停车库，总投资8336万元。2019年完成2号地下室桩基础及主体施工，顶板土方回填，绿化土造坡及乔木种植70%。管理用房完成顶板浇筑及砖砌。完成1号地下室顶板防水及垫层施工，顶板上土方回填及泡沫混凝土浇筑，景观园路

鲁家峙体育动力公园工程 （区城投集团提供）

浇筑及乔木、灌木种植，完成投资10000万元。

【鲁港路建设】 项目北起鲁滨路，南至莲桥路，全长823米，道路宽度20米机（非）混行双向4车道，道路用地面积19亩（约1.27公顷）。主要建设鲁川路剩余190米（包含一座24米长桥梁）和鲁海路剩余300米（包含一座24米长桥梁）。2019年完成施工招投标、进场施工，完成桥梁基础试桩施工、桩基施工、雨污水管铺设，进行道路稳定层施工，完成投资400万元。

鲁家峙东南涂景观提升工程 （区城投集团提供）

【鲁家峙东南涂景观提升】 建设环岛绿道2.5千米、地面硬质铺装36181平方米，园林绿化5.16公顷，配套建设给排水、景观水体灯光及小品雕塑安装。占地面积9.29公顷，总投资10382万元。2019年完成下海堤铺装，下海堤栏杆安装，廊架、景观桥、景观平台建设，综合管线敷管，绿化种植；完成上海堤铺装和上海堤栏杆安装；完成投资8000万元。

【鲁家峙北岸景观提升改造】 项目是以创建沈家门渔港小镇、打造海上花园城市“一港两岸”景观带为目标的市蓝湾整治子工程。西起鲁家峙大桥东至海底隧道鲁家峙出口，全长1415米，总用地面积8.73公顷，总投资9000万元。已建成北岸线景观一期提升及鲁家峙文化创意园区，与在建鲁家峙体育动力公园对接，完成绿道环岛建设，重点打造鲁家峙岛滨海环岛健身绿道系统，一港两岸鲁家峙北岸夜间景观灯光展示带，布置景观照明轮廓灯5000盏。工程含吊机公园、彩色沥青路面、渔港文化广场、儿童游乐区块、海岛通道入口广场、停车场等内容。绿化工程面积1.95公顷，地面铺装新增部分2.8万平方米，以及其他相关配套管理用房建设，2019年9月，工程完工。二期工程阿鲁亚大酒店—海底隧道出口段，面积5公顷，投资6400万元，工程完工。

【鲁家峙垃圾中转站建设】 位于鲁家峙老虎山西侧地块，主要建设60吨/日垃圾处理站一座，建设内容包括给排水、绿化、垃圾处理设施等，总投资1566万元。2019年工程完工交付使用。全年完成投资750万元。

【河道整治】 鲁家峙4号河综合整治项目东起天堂街，西至5号

鲁家峙5号河北段整治工程 （区城投集团提供）

河道,全长410米,主要建设河道开挖、疏浚、驳坎、护岸、景观绿化及灯管照明工程。总投资400万元,2019年完成河道西段130米施工,完成临时河道开挖,完成投资30万元。

鲁家峙5号河北段整治项目位于鲁家峙北部,起始东二街,终于鲁家峙北塘,全长836.2米,河宽20～31.5米,主要建设河道开挖、疏浚、驳坎、护岸、景观绿化、灯管照明工程,总投资4560万元。2019年完成施工监理招投标,完成挡墙桩基础90%,河道挡墙施工90%,绿化土回填70%,完成投资1500万元。

【鲁家峙河道两侧绿化提升改造】 主要建设2号河改造,长260米,宽10米,驳岸宽度7～11米,改造绿化面积2861平方米;3号河改造,长870米,宽15米,驳岸宽度7～25米,改造绿化面积2.42公顷;5号河改造,长600米,宽15米,驳岸宽度8～24米,改造绿化面积1.65公顷。3条河道改造总长1730米,改造面积4.35公顷。建设河道两侧绿化景观及道路灯光提升改造工程,总投资400万元,2019年完成工程编制,概算审核,完成大部分绿化种植,完成投资200万元。

【鲁家峙北塘修复工程】 鲁家峙北塘(K2+340—K2+368)修复工程,主要修复一处28米长海堤连接段,修复后海堤长18米,堤型采用二级平台结构,总投资70万元。2019年完成桩基施工,完成投资20万元。

【鲁家峙安置小区房屋维护】 主要维修海城铭园、景海铭园、琪鲁家园490套安置可售房。维修海城铭园北苑7幢高层、30幢多层房屋外墙面,总投资约2000万元。2019年完成26、27幢外墙涂料施工。完成2、17、25、24幢外墙铲除及外墙粉刷,完成投资700万元。

(撰稿:林杰)

六横开发建设

【概况】 2019年,六横实现地区生产总值113.76亿元,比上年增长6.8%;完成固定资产投资27.1亿元,同比增长19.7%;财政总收入12.9亿元,增长0.5%;

实现规模以上工业产值95.2亿元,同比增长19.7%,规模以上工业增加值增速15%。全年完成船舶修理720艘,其中外轮567艘、交付新船11艘,实现船舶修造业产值48.4亿元,同比增长34.8%。浙能六横电厂、浙能光伏发电站保持平稳运行,全年总发电量108.7亿千瓦时,发电总产值39.3亿元。浙江浙能港口运营管理有限公司、浙江舟山武港码头有限公司等物流企业产能持续释放,全年实现港口吞吐量8113万吨。国电舟山普陀6号海上风电场、中远屋顶光伏项目相继建成并网发电;小郭巨二期围垦工程全面完工;舟山市龙山船厂有限公司佩森脱硫塔项目建成投产;投资20亿元省、市、县长项目盛达船用燃料油中转加注基地、麦哲伦油泥综合利用、悬山海洋牧场综合体等项目开工建设。全年到位市外资金12.26亿元,实际利用外资2057万美元。签约项目7个,浙能六横LNG接收站项目进入实体运行,投资200亿元中石化六横LNG接收站项目签订投资框架协议。

【悬山海洋牧场综合体项目】 六横台门悬山半边山88公顷海域,建设围栏式智能海洋牧场。2019年投放大黄鱼鱼苗100万尾,其他种类鱼苗5万尾。总投资13500万元,累计完成投资2190万元。

【国电舟山普陀6号海上风电场2区工程】 建设63台单机容量4兆瓦海上风电机组,总装机容量252兆瓦,建设一座220千伏海上升压站,通过11千米海缆输送风机电能至陆域;建设1座计量站,

海上风电 (六横管委会提供)

通过电网公司架空线路连接到六横岑山变电站接入省电网；建设1座陆上集控中心，运维管理海上风电场。配套建设1个2000吨级风机组装码头，用于风机组装和整体运输。总投资426857万元，累计完成投资120050万元。

【舟山中远海运重工19.9兆瓦屋顶分布式光伏发电项目】 利用舟山中远海运重工有限公司可利用屋面19.5万平方米铺设太阳能组件，建设分布式光伏发电系统，装机容量19.9兆瓦。总投资10050万元，项目完工。

中远海运重工屋顶光伏项目 （六横管委会提供）

【舟山麦哲伦环保科技油泥无害化处置项目】 主要建设油罐区、油泥预处理车间、油泥热解车间、废弃包装物处理车间、精馏车间、仓库、污水处理站、动力车间、办公、餐厅、门卫、事故应急池等及生产生活配套设施，建成后，可形成3条危险废物处理生产线（8蒸吨/时油泥处理线、4蒸吨/时油泥处理线、4蒸吨/时油漆桶处理线），总处理规模每年10万吨（废油泥9万吨/年、废油漆桶1万吨/年）。总投资18000万元，累计完成投资8500万元，完成主体工程40%。

【六横岛LNG综合利用项目】 建设六横峧头LNG-CNG汽车加气站周边燃气管网15千米；建设峧头LNG应急气化站，建设规模20立方米LNG储罐，气化能力3000标方/时气化调压撬等。总投资19600万元，累计完成投资1600万元。

【六横综合服务中心提升工程】 总投资2200万元，为全市首个融经济服务、社会治理、城市大脑于一体社会治理与政务服务中心，全国最早应用5G技术基层综合服务中心，拥有公共服务九大板块，做到“只进一扇门”“最多跑一次”。

【清洁能源生产项目】 总用地约89亩（约5.93公顷）依托浙能煤炭中转基地堆场及码头，建设清洁能源生产基地，年加工能力10万吨。其中一期用地50亩（约3.3公顷），建设产能250万吨/年。总投资25000万元，累计完成投资221万元，一期项目建成投产。

【六横商业综合体项目】 新建商业楼1栋，地上三层，地下一层，建筑面积37652平方米，其中地上建筑面积28974平方米、地下建筑8678平方米。总投资20000万元，累计完成投资10040万元，完成总工程量50%。

【六横悬山岛海钓休闲渔业项目】 建设海钓俱乐部五层大楼1幢，总建筑面积4317平方米，新建300吨级钢制浮码头1座，泊位2个，码头平面80米×12米。总投资6765万元，部分建设完工。

【六横无动力船舶防抗台安全避风池项目】 依托舟山市鑫亚船舶修造有限公司厂区部分土地，建设600米×90米防抗台安全避风池及相应设施设备。总投资30000万元，累计完成投资19582万元。

（撰稿：刘思思）

虾峙开发建设

【东白莲油品储运项目】 位于虾峙镇东白莲岛，由舟山华泰石油有限公司投资建设,计划总投资33.6亿元,建设450万立方米汽、柴、燃料油、原油储运基地,并具有油品调和功能及配套附属设施储油库区。列入省重大建设“十三五”规划油气项目,市、区“三重项目”。用地约1600亩(约106.67公顷),建造450万立方米油罐群和30万吨级、15万吨级、3万吨级、5000吨级油料装卸码头及1000吨级工作码头各1座。

2019年加速山体爆破开采,年开采量约1000万吨;完成750米海塘加固工程、山塘建设工程(生活生产用水);施工建设1000吨级工作船码头;完成跨海35千伏电力设施建设设计和政策处理;取得一期一阶段库区工程施工许可证。

【西白莲船舶修造项目】 由舟山亚泰船舶修造工程有限公司投资,位于虾峙镇西白莲岛,计划投资8.56亿元,建设20万吨级船舶修造基地。2012年4月,建设完工30万吨级、15万吨级修船坞、车间及综合办公大楼、35千伏变电站等一期主体工程。2014年6月,舟山亚泰船舶修造工程有限公司与舟山市鑫亚船舶修造有限公司签订生产经营战略合作协议。2019年实现产值3.07亿元,同比增长38.3%。

【虾峙岛临港产业基地项目】 位于虾峙岛西北端,计划总投资22亿元。建设临港物流、桥梁钢结构及装备制造产业,发展海洋平台等大型海洋工程装备制造。占地面积870亩(58公顷),使用岸线总长1795米。完成爆破区域部分山皮、山体开挖和项目规划两证办理。完成区域内两家企业建设和238座坟墓拆迁,妥善处置礁岙村群众集体信访历史遗留问题。企业进行二次招商。

【金钵盂临港产业基地项目】 由浙江丰顺船舶重工有限公司投资,位于虾峙镇金钵盂岛,计划投资12亿元,建设7万吨级修船坞、造船坞各1座,2万吨级造船船台1座,配套舾装码头2座,计5个泊位。累计完成投资8.2亿元。企业破产重组,计划通过二次招商盘活项目。

虾峙岛临港产业基地项目航拍 (虾峙镇提供)

(撰稿:袁骏超)

编辑:李群亚

城乡建设与生态环境保护

综　述

2019年,普陀城乡建设按《舟山市中心城区城市建设“十三五”规划》要求,以“自由贸易先行区、海上花园会客厅”为发展定位,出台《舟山市普陀区2019年海上花园城市建设攻坚行动实施方案》,实施海上花园城市建设十大行动20类43个工程,全年完成投资16亿元。

推进城市交通拥堵治理。推进百里滨海大道普陀段建设。完成东海西路及周边道路提升改造。新建纵一路、纬十二路2条城市道路4.9千米。完成法院路、安康街2条城区道路白改黑建设。完成75个公交电子站牌建设。新增舟山御府配套停车位1026个。新增海华路昌正街红绿灯1套,安装农村客运卫星定位终端装置。推进景观亮化美化工程。完成岭陀隧道北口、海天大道景观提升工程及城北汽车站东侧地块景观绿化工程,推进城北沈芦公路两侧绿化景观工程。打造美丽滨海景观夜景带,完成鲁家峙北岸线景观提升改造二期、鲁家峙东南涂景观及亮化提升工程。推进拆违攻坚。完成小城镇环境综合整治。结合国家园林城市创建,完成鲁家峙文化公园、江湾船厂公园一期建设和青龙山公园入口改造,推进鲁家峙红石体育公园、莲花洋公园、中央山体公园—南中山驿站建设。推进城乡“公厕革命”,完成鲁家峙北岸线二期、青龙山南入口星级厕所,改造提升城区20座厕所,完成渔农村公厕改造31座。是年,区住房和城乡建设局(简称区住建局)被市创建全国文明城市工作领导小组表彰为全国文明城市创建工作先进集体;普陀区被评为2019年度全省农村危房治理改造绩效评价优秀区。

区住建局是区政府工作部门,正科级,挂区人民防空办公室、区民防局牌子。内设办公室(挂政策法规科牌子)、计划财务科(挂内部审计科牌子)、建筑业管理科(挂安全管理办公室牌子)、规划建设科、征收与补偿科(挂区人民政府房屋征收管理办公室牌子)、行政审批科、住房保障科。

城乡人居环境改善

【“创城”工作】 2019年,落实居民小区、建筑工地专项整治,聚焦问题攻短板,开展物业小区环境整治工作,落实小区驻点人员,累计完成小区内道路修补1.6万平方米,草坪补种6万平方米;完成老旧居民楼私人电表整治2400余户;发放楼道灯温馨提示、公共晾晒点、建筑垃圾堆放点和公益广告牌等3400余块;对全区1567户违规经营和居住的车棚车库进行不定期联合执法和日常巡查。开展建筑工地文明施工专项整治,提升全区54个建筑工地和29个老旧住宅小区改造工程文明施工水平,新建或更换围挡设置24850平方米、公益广告宣传7575平方米,有26个规模及以上在建工地安装TSP自动监测、视频监控装置和雾炮,全面整治工地扬尘污染防控、工地环境卫生等。

【“三改一拆”工作】 普陀区全年拆除违法建筑14万平方米,完成年度目标任务141%;完成“三改”33万平方米,完成年度目标任务160%;整治“四边三化”83个问题点位。

【小城镇环境综合整治】 普陀区启动美丽城镇建设。完成展茅、东极、白沙、虾峙、桃花、蚂蚁等6个小城镇整治任务,并全部通过省级考核验收，其中蚂蚁岛管委会获省级样板小镇称号。开展美丽城镇建设工作，按“环境美、生活美、产业美、人文美、治理美”要求，打造海岛版本美丽城镇。完成美丽城镇建设行动方案，完成2020年美丽城镇建设样板(东极镇)申报工作。

【提升农村人居环境】 普陀区完成展茅街道翁家岙村、虾峙镇东晓社区美丽宜居示范村创建；完成桃花镇连治山村美丽宜居示范村创建项目编制。完成白沙港省级传统村落保护规划编制。开展农村“厕所革命”，完成渔农村公厕改造31座。完成渔农村生活污水治理专项规划编制，完成7个日处理能力30吨以上渔农村生活污水处理设施标准化运维工作。

青龙山公园入口夜景 (区住建局提供)

市政建设

【东海西路及周边道路提升改造】 为东海西路提升改造工程(一期)。改造道路长3686米，宽29～40米。主要涉及路面改造、绿化景观提升、照明工程、交通标志标线多杆合一、雨污水改造及综合管线落地等内容。工程投资约2373万元。2019年5月进场施工，11月底完工。

东海西路提升改造工程 (区住建局提供)

【海天大道(普陀段)绿化亮化提升工程】 西起板桥路，东至应家湾(除高架及其延伸段部分)，全长约4.5千米。建设内容为对中央隔离带、机非隔离带、道路南侧绿化带及板桥路、新驰路、天吴道、岭舵道4个道路交叉口进行绿化提升。提升面积约6.4万平方米。涉及原植物空间梳理、地形改造、亮化管线预埋、增加秋叶和观花乔木、花境布置、老化草皮翻新及两座绿雕布置。工程投资约1640万元。2018年10月开工，2019年9月底完工。

【青龙山公园入口改造工程】 建设内容为沈家门街道青龙山公园南入口改造工程，包括拆除原建筑，新建公园入口，改造周边民宅及相应附属设施，其中拆除原建筑面积4000平方米，新建公园入口1080平方米，改造周边民宅2190平方米，景观绿化面积1990

平方米。工程投资约 1000 万元。2018 年 12 月底进场施工,2019 年 10 月完工。

【普陀江湾滨海公园建设工程】 总用地面积约 25000 平方米。包括 5000 平方米水体、5000 平方米园路及广场、15000 平方米景观绿化,以及配套各公共厕所、管理用房、庭院灯具、休闲座椅、果壳箱、监控等附属设施。工程投资约 500 万元。2018 年 10 月底进场施工,2019 年 6 月完工。

东港瑞祥家园 (区住建局提供)

【鲁家峙文化公园工程】 主要内容为鲁家峙文化广场及绿化一期建设工程,包括绿化面积 24704 平方米、水景面积 7043 平方米、铺装面积 7584 平方米、配套用房建筑面积 271 平方米。工程投资约 4767 万元。2017 年 7 月底进场施工,2019 年 1 月完工。

鲁家峙文化公园工程 (区住建局提供)

城区住房建设和改造

【保障性住房建设】 2019 年,普陀区开工保障性住房(陈家后)800 套,基本完工(新塘)保障性安居住房 1100 套,竣工交付保障性安居住房(瑞祥家园)262 套,总建筑面积约 21.27 万平方米。

【老旧住宅小区改造】 普陀区实施老旧住宅小区改造三年行动计划,出台《普陀区既有住宅加装电梯工作实施意见》(试行),印制加装电梯宣传手册并推广。2019 年完成 29 个点位 180 幢老旧住宅改造,涉及改造居民 5604 户,建筑面积 38.33 万平方米,累计完成投资 1.21 亿元。

房地产管理

【房地产市场】 2019 年,全区销售商品房 3699 套,建筑面积 36 万平方米,比 2018 年下降 0.56%,其中销售面积同比下降 7.88%。办理商品房现售项目 4 件,批准现售套数 504 套,核准现售面积 5.57 万平方米;办理商品房预转现项目 8 件;办理增量商品房和存量二手房网签成交分别为 3173 套和 3667 套,其中住宅商品房交易套数 3134 套,面积 30.44 万平方米,交易均价 14289 元/平方米,存量二手房交易套数 3667 套,面积 28.19 万平方米,交易均价 8657 元/平方米;核准房地产资质证书 4 件;召开新开商品房项目格式买卖合同第三方专业律师会审 6 次。

【房地产市场管理】 普陀区落实各项房地产调控政策，规范房地产市场秩序，促进房地产业平稳健康发展。审批发放《商品房预售许可证》24 件，批准预售面积 33 万平方米，商品房 2815 套。开展房产中介机构乱象整治工作，规范中介机构信息发布，提高从业人员业务水平。

【房产交易】 普陀区启用舟山市智慧房产信息管理平台，落实商品房销售一房一价制，办理房产交易 4160 件，交易面积 36 万平方米，金额 31 亿元。办理商品房网签备案 4212 件，房屋交易和产权状况确认告知单 4621 件；办理预售商品房合同变更 65 件、退房 59 件；预售房查封 3 件，解封 1 件。

【物业管理】 2019 年年底，全区有物业服务企业 44 家，其中外来企业备案 8 家、注册定海与新城 12 家、注册普陀区 24 家；物业服务在管项目 97 个。累计收缴物业专项维修资金 2501.33 万元，物业保修金 2037.59 万元，支出物业专项维修资金 52 笔、567.82 万元。会同街道社区指导监督组建业委会等事项 25 件（包括首届业委会成立和换届选举）。印发《普陀区物业服务企业信用信息红黑榜制度评价体系（征求意见稿）》。

【保障性住房管理】 9 月 30 日起，推进申请公共租赁住房常态化，全区公共租赁住房中等偏下及低收入住房困难家庭 2032 户。其中，1123 户享受租金补贴，887 户享受实物配租，发放公共租赁住房租金补贴 484 万元，收取公共租赁住房租金 240 万元。全区有直管公房 817 处，2019 年收取直管公房租金 114.93 万元。零星维修直管公房、公租房 241 户，支付维修金 27.07 万元。

【白蚁防治】 2019 年，区住建局承接新建房屋白蚁预防工程 23 个，面积 51 万平方米，新建房屋白蚁预防工程完工面积 26.8 万平方米。承接个人家庭装修白蚁预防工程 379 户，面积 3.2 万平方米，完成家庭装修白蚁预防 388 户，面积 3.8 万平方米，白蚁勘察灭治 117 户。做好传统村落白蚁治理前期基础工作，对白沙和东极庙子湖白蚁危害情况进行实地调查取样。

建筑业管理

【概况】 2019 年，普陀区实现建筑业产值 88.7 亿元，全年平均从业人员 3 万人，工程项目一次验收合格率 100%。全区建设系统安全生产形势总体平稳，有 1 个项目被评为全市绿色建筑示范项目，有 3 项工程被评为区级文明施工标准化管理工程，有 2 个工地被评为市级安全文明施工标准化工地。完成可再生能源利用 23.1 万平方米，全年新开工新型建筑工业化项目 3 个，建筑面积 41.6 万平方米。

【建筑企业】 2019 年，全区新增建筑企业 9 家，获批新增三级资质 8 项。至年底，全区有建筑施工企业 64 家（一级企业 13 家，二级企业 31 家，三级企业 20 家）；监理企业 3 家；招标代理机构 5 家；勘察、设计企业 1 家。全区建筑业工程各类专业工程师以上技术人员 1200 余人，其中一级建造师 350 余人、二级建造师 700 余人、注册监理工程师 60 余人，高级工程师 160 余人。贯彻落实市、区出台《关于进一步促进建筑业加快发展的实施意见》，区属建筑业企业获市、区两级奖励资金 114 万元。

【建筑行业管理】 普陀区强化建筑工地用工和工资支付日常检查，重点检查民工实名制、农民工工资专户管理制度、维权信息告示牌等制度落实和农民工工资按时支付情况等，对发现问题，要求责任企业落实整改。开展浙江无欠薪根治工作。推行用工实名管理，实施智能化考勤项目 13 个，建筑用工实名制信息化管理覆盖率 100%；实施农民工工资分账管理制度，覆盖全区 100% 在建工程，在全市范围内率先推行建设工程保险制度，缓解建筑企业建筑工程纠纷和风险，有 3000 余名外来务工人员受益。

【建设工程质量安全监管】 普陀区贯彻落实《中华人民共和国建筑法》《建设工程质量管理条例》《住宅工程质量通病控制标准》等法律法规，对工程建设责任主体质量行为和工程实体质量进行强制性监督。督促施工单位落实质量责任，健全质量管理体系，全面落实五方主体项目负责人质量终身制，推行质量终身责任“两书一牌”制度。

开展安全生产月、全市建筑施工安全生产事故现场会等系列活动。开展春节节后复工、建筑工程质量安全综合执法检查等各类专项检查，重点检查全装修住宅工程装修原材料、保障性住房工程实体质量。累计检查150余次，签发限期整改通知书22份和停工整改通知书6份，发放文明工地匾牌35块。

【建筑节能】 普陀区实现绿色建筑全覆盖，民用建筑按一星级以上绿色建筑标准建设，政府投资公共建筑按二星级以上绿色建筑标准建设。半升洞片区02—03地块商住项目被评选为全市绿色建筑示范项目。完成可再生能源利用23万平方米。

（撰稿：金袁晨）

区住房公积金管理

【概况】 舟山市住房公积金管理中心普陀区分中心(简称区公积金分中心)根据市住房公积金管理中心授权，负责普陀区业务范围内住房公积金归集、支取、使用等管理工作。内设办公室、财务科、信贷归集科、业务科。

2019年，公积金业务收入4606.92万元，同比增长6.37%。业务支出2765.89万元，同比下降3.04%；增值收益1841.03万元。根据收益分配规定，提取公积金风险准备金1104.62万元，提取公积金管理费用420万元，提取廉租房住房补充资金316.41万元。

【住房公积金归集】 2019年，全区归集住房公积金6.23亿元，比上年增长22.81%，完成全年计划113.51%。新开户单位60家，新增缴存职工2833人，当年净增2610人。至年末，全区正常缴存住房公积金单位761家，职工28004人。住房公积金归集余额13.94亿元，历年累计归集总额42.96亿元。受委托办理公积金缴存业务银行9家。

【住房公积金支取】 2019年，全区支取住房公积金4.38亿元，比上年增长0.28%，完成全年计划99.63%。在提取金额中，住房消费提取占84.19%（购买、建造、翻建、大修自住住房占23.97%，偿还购房贷款本息占56.17%，租赁住房占4.05%）；非住房消费提取占15.81%（职工离退休支取占7.47%，户口迁出所在市及出国定居支取占1.92%，封存五年到期及其他原因支取占6.42%）。至年末，全区累计提取公积金29.03亿元。

【住房公积金贷款】 2019年，普陀区发放个人住房贷款580笔、1.97亿元，比上年减少2.46%。收回个人住房贷款1.71亿元。年末逾期贷款余额1.06万元，贷款逾期率0.0008%。至年末，累计放贷9154户。尚有存量贷款4913户，贷款余额13.33亿元，存贷比95.66%；尚有贴息贷款余额2.24亿元，总存贷比111.73%。

2019年公积金贷款额度延续2018年额度不变，即首次申请贷款家庭最高贷款额度为40万元，已结清公积金贷款第二次申请贷款额度为30万元，取消第三次及以上公积金贷款申请。受委托办理住房公积金个人住房贷款业务银行9家。

【住房公积金政策调整】 缴存政策调整：2019年度职工住房公积金月缴存工资基数上限为24600元(按2018年度全市职工月平均工资3倍计算)，最低缴存基数为3322元(按2018年度养老保险最低缴费基数计算)。住房公积金缴存比例下限为5%，上限为12%。提取政策调整：职工本人或配偶及子女在其户籍所在地或工作所在地购买自住住房，才可提取本人或配偶的住房公积金；取消提取住房公积金用于支付自住住房物业费；职工申请按月提取公积金偿还商业性住房贷款的，申请条件与职工按月提取偿还公积金贷款相同；单方申请提取的，申请人公积金缴存账户中存储余额为月应还贷款本息总额12倍；夫妻双方共同申请提取的，夫妻双方公积金缴存账户中存储余额各为月应还贷款本息总额6倍。贷款政策调整：调整异地贷款最高额度为15万元。

【便民服务】 区公积金分中心推进“多部门联办”，全部民生事项实现“一证通办”。依托舟山市数据共享平台，通过与房管、国土、社保、公安等11个部门22项材料数据共享，“一证通办”业务从上年11项增加到16项，“一证通办”实现率达到100%。继续打通服务群众办事“最后一公里”。2019年，普陀区域新增6家银行延伸网点至蚂蚁、虾峙、东极等偏远小岛。普陀区域有公积金延伸服务网点18家，基本实现乡镇网点全覆盖。升级浙江政务网和“浙里办”App办事体验，单位业务网上办理功能全面转移至浙江政务网和“浙里办”App，开通单位缴存开户在线办理功能，实现公积金业务线上办理全覆盖。提升“最多跑一次”改革惠及范围，通过再造审批流程、深化数据共享、增强部门协作，实现公务员全周期管理一件事、身后一件事和贷款一件事联办事项。

（撰稿：吴雪儿）

旧城区改造

【概况】 2019年3月，普陀区旧城改造管理办公室更名普陀区旧城改造中心，为区政府直属相当于正科级公益一类事业单位。主要职责：负责起草全区旧城改造、城中村改造中长期规划和近期规划，并承担具体工作落实；承担全区旧城改造、城中村改造相关政策起草工作，做好改造项目概念性规划方案设计等相关工作；协调相关街道开展旧城改造、城中村改造工作；协助有关部门做好房屋征收与补偿及危房解危工作；承担渔农村新型集聚小区规划建设的行政辅助工作；完成区委、区

沈家门大蒲湾社区城中村改造征迁签约现场 （区旧城改造中心提供）

察看沈家门陈家塘拆除现场 （区旧城改造中心提供）

政府交办的其他任务。区旧城改造中心内设办公室、政策法规科、业务一科、业务二科，核定事业编制12名。是年，统筹开展全区城中村改造各项工作，与各相关部门开展资金筹集、清零、安置房建设、拆后土地利用等相关工作；继续推进城乡危旧房改造工作。

【城中村改造】 2019年，普陀区完成东港瑞祥家园涉及7个地块253套安置房交付；完成永兴区块和陈家塘地块1200户被征收户房屋按时搬迁腾空和228户货币补偿户购房补贴审核发放；完成52户城中村改造被征收户的临时过渡房安排、简易修缮、清退及租

金收缴等日常管理；启动墩头、小蒲湾、茶湾、长地爿、教场等5个地块1000余户被征收户的第二轮临时过渡费发放，发放资金约2500万元；启动大蒲湾第一批89户模拟签约工作；攻坚城中村项目“清零清场”，完成43户。

【企业征收】 普陀区完成新天久海产有限公司（墩头）征收工作，征收土地21亩（1.4公顷）；受舟山市小干岛开发建设指挥部委托完成小干岛柏业水产、华兴水产及市污水处理有限公司3家企业征收工作，征收土地92.7亩（6.18公顷）；受北部实业投资开发有限公司委托完成恒尊集团土地、新型墙体公司（展茅）征收工作，征收土地331.5亩（22.1公顷）；受展茅街道委托完成华融水产（展茅）征收工作，征收土地11.4亩（0.76公顷）。累计完成企业征收8家，总用地458.6亩（约30.57公顷），征收补偿总额5.8亿元。

【城乡危房治理】 普陀区完成沈家门片区6户D级危房腾空解危；督促沈家门片区剩余6户D级危房及时解危；对新增131幢城镇C级危房实施监测解危，持续做好原有192幢C级危房实时监测工作；联合区建筑学会、沈家门街道完成22幢老城区疑似危房现场勘察，督促做好房屋安全措施；完成第二次城镇危旧房屋安全隐患排查中459幢、13073户数据校对录入工作；完成83户农村疑似危房等级鉴定，确定其中23户为C、D级危房，并在10月底前全部完成解危；完成17户渔农村困难群众住房救助工作，投入改造资金21.25万元。

（撰稿：严萍）

城市管理

【概况】 区综合行政执法局（挂区城市管理局牌子）是主管全区市政公用设施运行管理、市容环境卫生管理、园林绿化管理等相关工作以及综合行政执法和环境保护工作的区政府工作部门，为正科级。内设办公室（安全管理办公室）、政工科（督察队）、法规科、信息指挥中心、市政园林科、市容环境科、生态科、行政审批科。区综合行政执法局（综合行政执法大队）城乡联合执法中队，为正股级派出机构；区综合行政执法大队沈家门、东港、六横、桃花、东极、展茅、蚂蚁岛（登步）、白沙岛执法中队，均为股级派出机构，挂街道镇综合行政执法办公室牌子，以区综合行政执法局（区城市管理局）名义在辖区内行使行政执法权，实行局与街道镇双重领导，日常管理以街道镇为主。区综合行政执法局六横分局，与区综合行政执法局（区综合行政执法大队）六横执法中队合并运作，日常管理以六横管委会为主。2019年，区综合行政执法局围绕市、区中心工作，开展全国文明城市创建、城乡环境综合整治大会战、国家园林城市创建、垃圾分类行动等，实现城市管理水平提升。

【综合行政执法体制改革】 区综合行政执法局继续实施综合执法力量正式下沉街道镇，其中沈家门、东港、展茅区域执法力量实行整体下沉，桃花、虾峙、东极、蚂蚁、白沙等离岛镇、管委会，采用轮岗派驻形式下沉，并实行双重管理。各街道镇执法中队行使市容环境卫生、城市绿化、城乡规划等13个方面469项行政处罚权；区综合行政执法局保留建筑业管

在舟山国际水产城设卡检查水产运输车“抛洒滴漏”（区综合行政执法局）

理、燃气管理、旅游及物价管理等4个方面116项行政处罚权。根据《舟山市城市管理导则》分别制定市容、市政、园林、环卫精细化管理办法。拓展网格功能，将市政、园林、环卫纳入网格管理。根据所在社区、重点区域、违法发生频率重新划分网格，城区共划分为27个市容网格，81个路段（86名路长），形成“队员—路长—网格长—中队长—分管领导”层级网格管理结构。

【全国文明城市创建工作】 2019年，区综合行政执法局开展文明交通、全民清洁、进社区、党员夜巡等各类活动，全体机关干部实行AB岗制度，下沉一线充实执法力量。针对市场周边、户外广告、非机动车违停等难点问题，集中整治、系统推进。全年开展各类专项整治行动590次，查纠占道经营、乱设摊点等28000余起；拍摄人行道违停车辆13500余辆，拖离非机动车2100余辆。拆除破损门面、屋顶广告等328个。取消72家便民摊点。签订新“门前三包”责任书10000余份。推进城区基础设施提升。累计改造修复路面、绿地4万余平方米，更新维护隔离栏3100米，石墩、隔离柱1890个。完成50套人行道充电桩安装。完成26条背街小巷路面、路灯、空中管线等提升工作。对照创城标准，建立市容、市政、园林、环卫等创城长效管理机制，实行精细化管理，标准化考核，保持创建工作常态长效。道路清扫、垃圾日清等保洁率均达100%。配合居民小区、交通秩序、建筑工地等专项组做好相关整治工作，加强日常执法巡查，巩固治理成效。

【城乡环境整治大会战】 区综合行政执法局实施兴港大道、昌正街两条精品示范街34个提升点位，整改拆除破损、无主店招店牌，完成路牌标识、隔离栏、停车位、城市家具提升改造。结合“秋风行动”专项整治，对26条背街小巷进行问题排摸，有针对性制订整治方案，完成背街小巷路面、路灯维修和绿化提升等工程，完成空中管线整治任务100%。重新排查122家有照菜店，重新签订“门前三包”协议。明确鲁家峙大桥下、东河市场文化路为重点整治区块。规范东港片社区菜店54家，消减社区菜店25家，完成消减任务100%。完成鲁家峙垃圾中转站建设，占地面积3900平方米，总投资1500万元，日处理垃圾量60吨，投入运行。联合市监、环保等部门对全区36家洗车店进行排查摸底，制定城区洗车行业开设标准指导意见，明确整改范围。列入整改范围的16家全部整改到位，取缔1家，补办证件1家。制订人力车客运三轮车清退方案，415辆人力客运三轮车全部签订自愿终止承包协议书。开展犬类管理整治，全年抓捕流浪犬2030只、流浪猫18只，办理案件128起，罚款5.9万元，发放通告1万余份。启动小区车棚车库整治，经排摸有违规车棚

信息采集员清理户外小广告 （区综合行政执法局提供）

车库1567户，多部门联合整治清理违规经营、出租和住人1567户，完成整治任务100%。

【国家园林城市创建】 普陀区以生态提升、精细布绿为主体，开展国家园林城市创建。抓好台账资料收集、整理工作，完成普陀体育健身公园整改、鹤龄泉公园菜地整治航拍资料收集。完成江湾船厂公园建设、2018年新建居住区、建成区、城区等绿化台账收集和整理。完成滨港路垂直绿化、天吴道城北沈芦公路两侧景观绿化提升、江湾船厂公园二期2万平方米绿化等工程。开展鲁家峙中央公园省级优秀综合公园、昌正街省级街容示范街、麒麟街省级绿化美化示范路创建工作，评选2019年园林式单位和居住区。

【市容市貌整治】 2019年，区综合行政执法局联合公安、交警、市监、街道等相关单位开展"秋风行动"，推进沿街店铺专项整治工作。全年组织开展市容类整治380次，查处乱倾倒、乱晾晒等9500余起，清理"牛皮癣"、乱涂乱画、破损广告牌等16000余处，拆除户外水笼头500余只，暂扣人力三轮车55辆。

【违法建筑管理】 区综合行政执法局加大违法建筑查处，严控新违建，逐步拆除老违建。全年受理各类违法建设案件842起，拆除面积18000多平方米，罚款314.5万元。配合沈家门、东港街道强制拆除96户防盗窗等违法建筑。组织开展海岛乡镇"两违"整治行动，在东极、虾峙、登步等地拆除违建27处，拆除面积3380平方米。

【生态环境整治】 区综合行政执法局强化城区生态环境治理，查处油烟废水排放、噪声扰民、抛洒滴漏、建筑工地等案件433起，罚款92.9万元。加快推进排水许可证办理，强化与行业主管部门配合。累计办理医疗、教育、餐饮等排水许可证648本。

台风期间市政人员应急清理道路 （区综合行政执法局）

【智慧城管建设】 区综合行政执法局完成普陀区智慧城管建设方案制订，应急指挥、公共服务、决策分析三个平台投入运行。按国标要求开展城市部件数据建设，完成沿街店面、案件信息数据库初步整合。建立城市街面秩序智能预警系统，222个监控点位接入大数据分析服务器，全年通过智能预警系统处理城市管理案件5200余起。采集有效案件46138件，受理各类投诉咨询5617起。与"12345"、区基层治理四平台等部门间案件处置高效流转，全年处理转办案件1200起。与住建、通信、水电等部门协作，全年移交自来水、电信、电力等案件2300多起。

【城管执法年行动】 区综合行政执法局制订《执法行动年活动实施方案》，通过规范执法办案程序、强化案件审核、加大办案力度等措施，实现办案数量、办案质量、办案能力全方位提升。全年办理一般程序案件667件，结案652件，同比增长38.9%，处罚金额461万元。申请法院强制执行、行政诉讼、行政复议等12件。

【便民服务】 2019年，区综合行政执法局完成城区交通智能化、市政消火栓建设、店招店牌管控等关键小事，完成朱家尖至莲花

滨港路公共自行车一角 （区综合行政执法局）

洋生态绿道修复、城区道路退让部分提升改造、20座老旧公厕提升改造等民生工程，推进城区智慧停车系统建设。深化“三服务”活动，全年办结现场问题30起，部门办结8起，跨部门办结7起。通过精简流程、优化服务、推行“互联网+”等举措，简化审批流程，提高审批效率。实现审批事项网上申报受理，其中五星级审批事项54个、三星级审批事项4个，开通手机端审批事项58个。全年办理行政审批事项661件，城市建筑垃圾处置核准事项实现一窗受理办结。加强公共自行车管理，全年借出公共自行车54万余次，日均量1472辆次。加强对各站点运行情况排查，养护工作。全年维修公共自行站点150个、车桩1200个、公共自行车1500辆次，更换公共自行车芯片60辆，回收故障自行车70辆。抓好投诉信访工作。受理各类市民诉求1011件，结案率99.6%，接待来访人员5批次、11人次。市民诉求解决率、满意率100%。

【市政设施养护】 2019年，区综合行政执法局巡查和维护城区道路路面、海塘、雨污水井、路灯及侧石、道路标牌标线、护栏等附属设施。全年修复城区道路面积11240平方米，防汛墙154平方米，调换损坏窨井盖385个，修复警示柱683根，石墩子、警示柱覆膜1892个，更换侧石1145米，拆装修复护栏2846米；更新道路标线1200平方米，标牌增设及更换84块；更换路面主窨井老化防坠网2000只；维修灯具498盏，加固基础松动路灯杆167杆，街弄角落及无物业小区新安装路灯35盏，拆除旧城改造区域的路灯285盏；规范管理道路挖掘审批修复，挖掘修复项目29件。经常性开展设施安全大排查行动，保障设施安全正常运行，消除道路安全隐患。

加强城区排水设施管理，全年疏通、清理各类排水管网286千米，清理渠道1500米，清运淤泥492车，向临城5号污水泵站输送污水520.3万立方米。汛前全面清理容易堵塞、低洼地、积泥池等地段，落实闸门日检、定检、随检相结合维护制度，保证城区排水系统正常运行。

加强河道管理，提升河道水质。每天安排人员巡河，加大保洁力度，每月进行一次水质检测，随时掌握河道水质变化、排水口等情况，发现问题及时处置。邀请多家单位研究河道水质提升对策，其中3家在里西河、外西河做现场试验。

提高桥梁隧道管养水平，维护检查常态化。上半年，邀请专家组对城区桥梁护栏设施进行安全风险评估及检测；对城区25座桥梁、6座隧道安全隐患进行检测和防撞护栏专项评估检查，更新档案信息。定期清洗6座隧道，更换隧道内水带32卷，喷头37个，养护灭火器200套。落实电梯定期检修和专人管理。

做好城市防汛、防台工作。推进防内涝工作举措，健全应急预案。汛前开展防汛排涝设施设备大检修工作，确保设施100%完好，并对闸门排水口进行清理，组织防汛演练。每次高潮位、暴雨期间，实施24小时值班，碶闸开启及时准确，强排设施提前启动，应急措施有效布置，城区道路积水及时处置。

【市政工程建设】 2019年，普陀区开展15个建设、改造类项目，涉及创城、环境整治大会战、交通安全治理养护类项目等方面，总投资约1340万元。完工项目11个，在建项目4个。

完成泗湾路渠道抢修工程，

改造渠道50米，宽7米，投资25万元。完成天吴隧道供电双回路改造工程，隧道内单回路供电改为双回路供电，电缆敷设2300米、双投多电源动力箱6只，总投资120万元。完成住宅小区退让部分设施改造工程，改造7个住宅小区退让部分设施，改造面积约5400平方米，总投资150万元。完成背街小巷整治行动，总投资50万元。修复整治8条主干道及6个菜场周边24条背街小巷的市政设施，修复路面2500平方米。

开展精品示范街创建行动，总投资20万元。排摸市政设施存在问题，确定提升改造目标，完成61杆路灯翻新，31座井盖整平及护栏安装等工作，对示范街市政设施进行查漏补缺，修复路面245平方米。

开展市政消火栓建设维护，联合区消防大队、普陀自来水所，对市政消防栓进行摸底调查并修复，确定市政消火栓424只，把开放式和非市政道路48只消火栓纳入管理。完成日常巡查检测外包服务招投标，进入常态化管理。

开展道路交通安全综合治理，总投资约30万元。完成标识标线新增480平方米、机非隔离护栏安装1129米、警示柱新增144根。滨港路减速带拆除450米，新增震动标线203平方米；拆除调整安装路段护栏2700米。

完成海莲路A段亮化工程（兴普大道—昌正街），长500米，总投资50万元。完成滨港路中兴路路口木地板改造工程，面积约850平方米，总投资48万元。完成沈家门半升洞沿海路隔音屏安装工程，消除省级安全隐患项目，造价约18万元。完成2019年普陀创城——城区交通设施提升改造工程，投资126万元。城区非灯控路口安装中央隔离护栏531米，人行道隔离护栏988米，机非隔离护栏安装260米，中央隔离护栏166米，伸缩护栏748米，热熔标线500平方米，行人等候区（冷漆）460平方米，钢制警示柱安装384根，减速带拆除231米。

【园林绿化建设】 普陀区以创城、创园为契机，管养城区296万平方米绿地、公园、树木、草坪等。全年培育草花80万盆，补种各类花草、绿植约25万株，草坪约2.7万平方米。建立6个志愿者服务驿站。完成江湾公园建设、329国道普陀段绿化提升、莲花洋公园绿道修复等11项工程建设，完成投资9550万元。完成城北汽车站东侧绿化提升工程，总投资约1000万元。完成海天大道绿化提升工程，总投资约1650万元。完成329国道普陀段两侧绿化提升工程，总投资约2000万元。完成普陀江湾滨海公园建设工程，总投资约400万元。完成刺棚山青龙山园路建设工程，总投资约150万元。完成莲花洋公园绿道修复工程，总投资约350万元。完成昌正街、兴港大道精品街改造，做好山体公园复绿和建设工作，做好滨港路垂直绿化花草更换和补种。

【环卫保洁提升】 普陀区加大环卫保洁力度，完成城区314.3万平方米道路、社区日常保洁工作，道路清扫、垃圾日产日清、公厕清掏等保洁率均达100%，机械化清扫、洒水降尘率达84%以上。全年清运城区生活垃圾12.3万吨，海岛生活垃圾0.68万吨，清运处理污水4000吨，清运处理城区装修垃圾5.5万吨。完成488家餐饮行业餐厨垃圾机械化统一收集工作，清运厨余垃圾0.73万吨。对沈家门、东港区域25家小区退让部分实行“一把扫帚”保洁。

【开展垃圾分类】 普陀区以构建体系、示范创建为突破口，实施城镇生活垃圾分类工作。完善生活垃圾“分类投放、分类收集、分类运输、分类处置”体系，超额完成省市政府对普陀城区生活垃圾分类工作覆盖率任务指标要求，已完成总覆盖率98.3%。其中，行政企事业单位199家，完成覆盖率100%；住宅小区154个，完成覆盖率100%；中小学校12所，完成覆盖率100%。回收利用率达到38%以上，资源化利用率和无害化处置率达到100%。完成6个省级垃圾分类示范小区创建（山海华府、外滩华府、紫薇园、玉兰园、滨海新镜、和润金樽），鲁家峙垃圾压缩中转站提前建成并投入使用，垃圾日处理能力达60吨。投放各类分类垃圾桶393只及垃圾桶标志15000余套，分类发放餐厨垃圾袋206万只，各类宣传资料23500份、宣传画报470套、宣传牌300块。完成63辆生活垃圾分类运输车统一标志工作，并根据分类覆盖区域落实专线线路，将城区企业纳入年度城镇生活垃圾分类，完成对4043家企业调查摸底，对企业单位开展垃圾分类工作。

【"四害"防治】 2019年,普陀区做好城区"四害"防治工作,系统性培训57名"四害"防治人员,提高作业人员业务水平。在城区15.58平方千米内各公共外环境开展蚊、蝇防治,控制范围已基本覆盖城区居民聚集区。对城区内37000多米阴明沟、36000余口窨井、270条水池水渠、3250只垃圾桶(箱)及120座公厕等滋生地采取周期性查喷,根据不同防治对象和不同场所,选用不同施药方法灭杀。累计使用药物:BS生物制剂1960千克,灭蚊幼缓释剂(孑孓灵)2280千克,敌百虫150千克,菊酯类药物580千克,灭蝇菊酯类药物428千克,复配灭蝇药195千克。

(撰稿:胡静卫)

城区供水

【概况】 舟山市自来水有限公司普陀营业所(简称普陀自来水所)位于沈家门东海中路263号,承担普陀城区及近郊供水营销、社会承诺服务、管网管理等工作。

2019年,普陀自来水所供水服务管辖范围:东至朱家尖、东港、半升洞及普陀山,西至荷花浦,北至南岙、塘头,南至舟山本岛沿海及鲁家峙、马峙、小干、登步、蚂蚁等岛屿,供水区域包括沈家门街道、东港街道、勾山街道、朱家尖街道及普陀山、登步、蚂蚁等岛屿。供水面积35.9平方千米,供水人口20.28万人,辖区内水表计量结算户13.15万户,供水普及率100%,业务涵盖供水企业服务社会所有功能。

普陀自来水所城北地块新生产调度用房 (普陀自来水所提供)

是年,普陀自来水所配合舟山市自来水有限公司投资部及中标建设单位做好新生产调度用房建设工程相关协调工作,并提前做好告示和引导。5月,做好朱家尖营业部并购工作。

【管道敷设与改造】 2019年,普陀自来水所完成6个大修理技改项目和展茅DN1000口径管输水工程;完成房地产小区工程供水协议资料审核8个,完成供水协议签订24份;组织筹划工程方案及查勘28个,完成工程立项申请28个;完成营业所零星单位用户管线查勘及方案审核111份。8月,完成展茅区域供水管网并入市政整体供水管网工作,展茅区域实行供水"同网、同质"。10月,开展水价调研"同价"工作。

全年完成各类测量管网录入13.8千米,其中DN100口径以上管道9.2千米,完成水表录入450户。新增录入阀门335只,累计完成录入阀门15151只,已录入DN100口径以上管道约559.7千米,DN100口径以下约366.59千米;完成GIS系统中用户销户1574户,管道抢修数据录入212只,GIS用户信息覆盖率100%。

【营销服务】 2019年,普陀自来水所完成供水量3442万吨,比上年增加58万吨,增长1.69%;完成售水量3061万吨。完成各类承诺服务4727件。其中,水质投诉类80件,占总数1.69%;水压投诉类602件,占总数12.74%;水费投诉类743件,占总数15.72%;水表投诉类573件,占总数12.12%;管网设施类2631件,占总数55.66%;其他98件,占总数2.07%。全年抢修DN100以上管道315次。

是年,普陀自来水所结合

普陀自来水所开展“3·15”消费者权益日活动现场 （普陀自来水所提供）

“3·15”国际消费者权益日活动开展志愿者学雷锋活动，在中兴社区欣和菜场门口推出“和用户面对面、心贴心”活动，现场介绍宣传用水、用电、金融防诈骗小知识、小窍门，推广水费卡扣业务办理；5月、6月，联合定海海洋农商银行普陀支行和邮储银行普陀支行，到中国水产舟山海洋渔业有限公司“三供一业”改造区块设点推广卡扣业务，现场办理水费卡扣业务650多笔。

【供水水质】 普陀自来水所执行国家饮用水标准，实施ISO 9000质量认证体系，实行公司、水厂、班组三级检测制度。检测所获数据与经济利益挂钩，保证供水水质。2019年出厂水四大指标综合（浊度、游离余氯、细菌总数、总大肠菌）合格率100%，管网水四项综合指标（细菌总数、大肠菌群、游离余氯、浊度）合格率100%，水质标准达到国家饮用水标准。

（撰稿：卞洁）

管道燃气供应

【工程改造与管道铺设】 2019年，舟山市蓝焰燃气有限公司普陀销售分公司（简称蓝焰普陀燃气公司）实施天然气标准化燃气具改造12993户。完成东海西路、中国水产舟山海洋渔业有限公司宿舍等铸铁管改造合计4817米。完成展茅鱿鱼市场管道通气。在辖区内铺设PE管道9590米，其中低压6297米、中压3293米。管径300～400毫米管线272米，管径150～300毫米管线5652米，管径150毫米以下管线3666米。至年底，普陀城区建有调压站（箱）252座。

【供气与价格】 2019年，全区申请用户5767户，其中民用用户5707户，非民用用户60户，安装用户3305户，点火用户3305户。全区供气1940.79万立方米，其中居民用气802.85万立方米，占总用气量41.37%，公共福利用气51.87万立方米，占总用气量2.67%，营业用气1086.07万立方米，占总用气量55.96%．自2019年1月1日起，居民生活用管道天然气供气价格：第一阶梯（0～324立方米）民用气2.95元/立方米，第二阶梯（324～1800

燃气管道施工 （蓝焰普陀燃气公司提供）

立方米）民用气 3.5 元／立方米，第三阶梯（1800 立方米以上）民用气 4.5 元／立方米，执行居民气价非民用户 3.25 元／立方米。非民用气执行 2016 年价格，按年用气量累进分段阶梯计价：5 万立方米以下（不含 5 万立方米）5.3 元／立方米，5 万～15 万立方米（不含 15 万立方米）5.00 元／立方米，15 万～30 万立方米（不含 30 万立方米）4.70 元／立方米，30 万～50 万立方米（不含 50 万立方米）4.40 元／立方米，50 万～100 万立方米（不含 100 万立方米）4.20 元／立方米，100 万立方米以上 4.2 元／立方米。

【安全生产】 2019 年，蓝焰普陀燃气公司开展员工安全意识教育和隐患排查及安全技能比武等活动，实现预期安全目标。重大伤亡、重大设备、重大责任事故和重大责任停气事故以及车辆交通事故发生率继续保持零；内部隐患整改率 100%；全年接燃气报警电话 798 起，其中内线报警合计 483 次，其他问题报警处理 274 次，应急联动报警 35 次，外线地下管抢险 6 次。危险性较大的抢险抢修和带气作业施工等安全率 100%。

蓝焰普陀燃气公司安全负责人和安全员等参加舟山市蓝焰燃气有限公司安全生产例会 12 次。年初分别与下属 3 个科队签订《安全生产目标管理责任书》和《行风建设与服务工作目标责任书》。开展新员工、转岗员工三级安全教育 16 人次，全年不同类型安全检查 25 次，开展燃气安全宣传服务活动 8 次，社区设摊宣传 5 次，进学校、企事业单位安全讲座 3 次。全年开展应急抢险演练 4 次，开展技术比武 3 次。组织业务知识培训及安全知识教育 19 次。1—12 月，完成辖区民用户户内安全检查 55591 户，并对查出的隐患及时整改。燃气压力标准化技改 12993 户。做好重点设备维护保养，做到设备清洁、维护、检查、保养、检修验收、台账管理等各环节不脱空。做好隐患整改工作，全年进户管沉降整改 224 处，进户管锈蚀整改 35 处，立管锈蚀整改 91 根，架空管锈蚀整改 7 处，穿墙管锈蚀整改 8 处，中低压埋地管道泄漏抢修 6 处，随手拍 69 处，工商户以阀代盲 172 处，工商户停用封堵 55 处，调换计划到期表 6404 只，调换坏表 103 只，调换坏火嘴 239 只。加强泄漏点检测力度，消除中、低压管网泄漏点 1 处。制订和实施二级管网巡查制度，确保管网安全运行。采取回访、检查和服务并举，确保用户安全用气。

（撰稿：王毅）

安装进气管　（蓝焰普陀燃气公司提供）

自然资源和规划管理

【概况】 2019 年 1 月，舟山市自然资源和规划局普陀分局（简称区资规分局）挂牌成立，整合原市国土资源局普陀分局、市规划局普陀分局职能，划转原普陀区农林水利局林业管理职能和原普陀区海洋与渔业局海洋管理职能。受市自然资源和规划局委托，履行辖区内全民所有土地、矿产、森林、湿地、水、海洋等自然资源资产所有者职责和所有国土空间用途管制职责；负责辖区内自然资源调查监测评价与统一确权登记；负责辖区内自然资源资产有偿使用和合理开发利用；负责组织实施空间规划体系并做好有关监督；负责统筹辖区内国土空间生态修复；负责组织实施耕地保护制度；负责管理辖区内地质勘查行业和

1月16日，舟山市自然资源和规划局普陀分局挂牌成立 （区资规分局）

地质工作；负责落实综合防灾减灾规划有关要求；负责辖区内矿产资源管理；负责辖区内林业管理；指导森林公安；负责辖区内海洋事务综合协调管理；负责辖区内测绘与地理信息管理；推动自然资源领域科技发展等工作。区资规分局内设办公室（政策法规科）、国土空间规划科（国土空间用途管制科、行政许可服务科、测绘与地理信息科、耕地保护与生态修复科）、自然资源管理科（自然资源调查监测与确权登记科、自然资源开发利用科），下属市普陀区森林公安局及市普陀不动产登记中心、市自然资源监察支队普陀大队、市普陀规划管理中心、市普陀地质矿产管理中心、市普陀土地储备中心、市普陀林业服务中心、市普陀自然资源整治修复中心7家事业单位。受市自然资源和规划局委托对普陀沈家门中心所、六横中心所、桃花中心所、展茅国土所、虾峙国土所、东港国土所、东极国土所等7个（中心）国土所进行业务管理。

全年办理土地供应26宗。实行耕地保护补偿机制，及时发放补偿资金。全区耕地保护面积和基本农田保护面积达到省市下达的保护指标要求。征收土地99.11公顷，安置农业人口1002人。完成岸线生态修复工程12.28千米。完成新植珍贵树种10.5万株、平原绿化310亩（20.67公顷）、健康彩色森林建设5900亩（393.33公顷）、森林抚育1500亩（100公顷）。推进自然资源和规划审批事项“最多跑一次”改革，不动产统一登记提速增效，受理登记业务36663件，核发不动产权证书14469本、证明13702份。

【土地出让】 2019年，全区土地供应26宗，总面积764.4亩（50.96公顷）。其中，划拨7宗，面积251.4亩（16.76公顷）；出让19宗，面积513亩（34.2公顷），出让金25亿元。

有偿出让经营性用地10宗，面积284.4亩（18.96公顷），出让金24.2亿元。其中，住宅用地4宗，204.75亩（13.65公顷）；商服用地6宗，面积79.65亩（5.31公顷）。

有偿出让工业用地7宗，面积199.5亩（13.3公顷），总出让金6119.82万元，全部为其他工业用地。通用设备制造业，有偿出让土地2.65公顷，占企业总用地19.92%，出让金1469.18万元；金属制品业，有偿出让土地1公顷，占企业总用地的7.52%，出让金660.09万元；农副食品加工业，有偿出让土地4.02公顷，占企业总用地30.23%，出让金2232.62万元；食品制造业，有偿出让土地2.54公顷，占企业总用地19.1%，出让金1410.23万元；通信设备、计算机及其他电子设备制造业，有偿出让土地2.73公顷，占企业总用地20.53%，出让金151.77万元；工艺品及其他制造业，有偿出让土地0.35公顷，占企业总用地2.63%，出让金195.93万元。

【采矿权出让】 区资规分局落实采矿权“净矿”出让，禁止新设经营性露天矿山采矿权。完成自在盛达保税燃料油加注中转基地项目普陀区六横镇大岙村后沙洋建筑用石料（凝灰岩）矿采矿权挂牌出让工作，完成普陀区六横镇小郭巨普通建筑用石料矿延续登记工作，2019年收取采矿权出让收益10300万元。

【规划编制】 2019年，区资规分局编制完成《东港永兴村区块

7月2日，全国土地日徒步宣传活动 （区资规分局提供）

旧城改造控制性详细规划》《舟山市鲁家峙控制性详细规划（调整）》《桃花李家坳地块控制性详细规划》《东港二中地块控制性详细规划》《舟山市普陀区东港沿山单元ZS-PT-10-07-06等地块控制性详细规划》等5项控制性详细规划。编制完成《沈家门旧城更新规划研究和整体城市设计》《东港山坡地北片概念规划》《东港山坡地北片茶壶甩区块控规研究及城市设计》等3项规划研究。编制完成《普陀区东极镇黄兴“和美小岛”振兴规划》《桃花连治山村庄规划》2项村庄规划。

【规划获批】 2019年，《桃花风景名胜区总体规划》《舟山市普陀区半升洞片区01-02等地块控制性详细规划（调整）》《舟山市普陀区墩头单元DT-16、DT-25地块控制性详细规划（调整）》《舟山市普陀区山潭单元PT-15-03-08A等地块》《舟山市普陀区上戚家PT-08-01-21等地块控制性详细规划》均已获批。

【国土空间规划编制】 区资规分局按“多规合一，陆海统筹，一张蓝图”总体要求，开展普陀区域内国土空间规划编制前期各项工作，包括原有各部门规划基础数据整理、普陀陆海统筹前期课题研究、全区耕地等级调查、永久基本农田核实和永久基本农田储备区划定等专项工作，并于2019年10月启动普陀区国土空间规划编制工作，初步完成生态红线、城镇开发边界线、永久基本农田线三线划定。

【综合管线基础研究】 2019年，普陀区启动综合管线管理基础性工作。重新梳理和分析城区内原有地下管网，委托上海市政工程设计研究院完成前期资料收集整理和调研工作，并完成规划初步成果。

7月5日，省自然资源厅副厅长沈仁华一行赴普陀开展“三服务”调研活动 （区资规分局提供）

【旧城有机更新】 区资规分局委托深圳市城市规划设计研究院对沈家门片区城市有机更新规划研究，整理可利用土地，调整用地功能及布局，优化道路交通，研究旧城更新改造模式，对重点区块完成城市设计并对特色风貌分区指引，已完成成果稿。

【东港山坡地开发研究】 区资规分局推进普陀区东港山坡地开发建设，合理利用土地，从山坡地整体片区定位、片区功能分布及道路结构、城市重要绿化空间等角度出发，启动编制《东港山坡地北片概念规划》《东港山坡地北片茶壶甩区块控规研究及城市设计》和《东港山坡地北片茶壶甩区块近期出让地块控规》。

【第三次全国国土调查】 区资规分局做好第三次全国国土调查，内容包括土地利用现状调查、土地权属调查、专项用地调查与评价、土地利用数据库建设等。2019年，普陀区外业调查和内业建库工作全部完成，区"三调"成果完成区级自查、市级和省级核查，并上报自然资源部。根据自然资源部第一次核查，完成对反馈831个图斑的现场调查举证、核实与修改。

【基础测绘工作】 为保证基础测绘成果数据时效性，区资规分局对接市级做好普陀区域约100平方千米1:500基础测绘修补测成果。完成东极镇9平方千米1:500和1:2000数字地形图测绘外业数据采集工作；完成兴普大道（城北至应家湾段）1:500数字地形图修补测。在全区范围内开展房地产领域"问题地图"专项整治行动。

【宅基地及住房确权登记发证】 2019年，区资规分局累计完成普陀区农房确权外业测绘约25000户，入库约8000户，完成确权登记约4000户。年底，全区宅基地登记发证率为97%、住房登记发证率为88%。

【耕地保护】 区政府与各街道镇主要负责人签订耕地保护责任书，把耕地保护任务分解到各街道镇，并列为年度考核主要内容。街道办事处、镇政府与各村签订责任书，各村把耕地保护的责任落实到具体人员。实行耕地保护补偿机制，全面核查2018年度全区耕地补偿面积，将省、市、区耕地保护补偿资金338.33万元全部发放至各村，补偿面积4.94万亩（约3293.33公顷）。完成城北特色商业街、东港陈家后拆迁安置房、沈家门街道茶湾、长地爿区块等耕作层剥离竣工验收项目8个，剥离总面积198.42亩（约13.23公顷）。

【全域土地综合整治和生态修复】 探索具海岛特色的"山水林田海"全要素综合整治模式，开展展茅和六横2个全域土地综合整治和生态修复工程。完成《展茅街道上潘孙等六村全域土地整治和生态修复工程实施方案》和《六横镇龙山等十个村全域土地整治和生态修复工程实施方案》并报省自然资源厅备案。

【海岸线生态修复】 根据《浙江省海岸线生态修复三年行动计划（2018—2020）》，普陀需完成每年6.14千米的岸线修复任务。2018年和2019年累计完成12.28千米岸线生态修复工程并通过省自然资源厅验收。

3月12日义务植树活动 （区资规分局）

11 月 6 日，秋季绿化日活动　（区资规分局提供）

【国土绿化美化】　普陀区落实《浙江省高水平推进国土绿化美化行动计划（2018—2022 年）》，抓好生态林业建设。完成新植珍贵树种 10.5 万株、平原绿化 310 亩（约 20.67 公顷）、健康彩色森林建设 5900 亩（约 393.33 公顷）、森林抚育 1500 亩（100 公顷）；完成六横镇田岙村、东极镇东极村、虾峙镇东晓村 3 个“一村万树”示范村建设；完成六横镇张家塘、双塘村，桃花镇盐厂村、塔湾村，虾峙镇晨港村、灵和村，东极镇东极村，沈家门街道平阳浦村，白沙管委会白沙港村，登步管委会登步村 11 个推进村建设。全年累计投入各类绿化资金 5400 余万元。

【森林病虫害防治】　全区有林地面积 273439 亩（约 18229.27 公顷），林业有害生物发生面积逐年下降。2019 年，采用化学防治、生物防治及人工清理等手段，重点防治桃花塔湾黑松林，组织专业队对病木进行人工清理和烧毁处理。加强林业有害生物监测，严格林业植物检疫执法，做好产地检疫、调运检疫和复检工作。全年检查苗圃 11 家，面积 1200 亩（80 公顷），检疫各类绿化苗木 8 万株，调运检疫绿化苗木 2.4 万余株，复检绿化苗木 0.3 万株，未发现被感染森林植物及产品。开展“森林医生”活动，全年诊断苗木病虫害 5 次，义诊古树名木 4 次。

【废弃矿山治理】　根据《舟山市废弃矿山综合治理三年行动计划（2018—2020）》，普陀区三年需治理废弃矿山 21 处。2019 年新开工 7 处，累计完工 10 处。

【地质灾害防治】　普陀区实行地质灾害治理“即查即治”，加快推进地质灾害隐患点全面清零。2019 年普陀区地质灾害隐患点治理点位 4 处，均治理完毕。完成省民生实事项目涉及的 5 处地质灾害隐患点核销工作。

【“最多跑一次”改革】　2019 年，成立区资规分局深化“最多跑一次”改革优化营商环境工作领导小组，整合原国土、规划、林业、海洋等行政审批职能，组建行政许可服务科成建制进驻区审批办证服务中心，将原公共服务窗口和投资项目窗口服务事项统一纳入到投资项目审批窗口，并在窗口实现直接办理。基本实现“网上办”“掌上办”目标要求，列入“一证通办”事项 100％实现。政务服务事项（除涉密、敏感事项外）100％实现网上办理，90％以上实现掌上办理，60％以上实现即时办，95％以上实现跑零次，承诺时限压缩率 70％以上。推进“企业承诺制”改革，以普陀经济开发区展茅区块为试点，企业只需提交建筑施工图并签署规划备案承诺书后即可直接办理施工许可证。审批时间从原先分别办理建设用地规划许可证和建设工程规划许可证所需 10 个工作日，缩短至 1 个工作日（公示时间除外）。

【不动产登记】　区资规分局开启“60 分钟出证”服务模式，国有建设用地使用权首次登记（新增）、抵押权首次登记、预购商品房预告登记等 10 项不动产登记业务实现“60 分钟出证”，查封登记、抵押权注销登记等 4 项业务做到即来即办。实现抵押登记全过程“一次不用跑”，通过不动产登记系统与银行系统点对点数据互通，让企业和群众在银行网点办理抵押贷款申请同时完成不动产抵押登记，2019 年办理金融机构线上推送抵押登记“零跑腿”业务

626件，合作银行已增至7家。实施不动产登记服务向基层延伸，与街道镇对接，选择适合普陀实际情况的网点设置模式，虾峙、桃花实现非涉税不动产登记进驻镇办事服务大厅，登步、蚂蚁、白沙、东极等地通过上岛服务方式延伸服务。全年受理登记业务36663件，核发不动产权证书14469本、证明13702份。

【集体土地征收】 2019年，全区完成土地征收公告5个265.63亩（约17.71公顷），征地补偿安置方案公告37个1221.06亩（约81.4公顷），涉及征地四项补偿7254万元，安置农业人口1002人，保障劳动力774人。

【国土资源执法监察】 区资规分局对2018年度土地矿产卫片执法监督存疑地块进行摸底清查，判定违法图斑23个，涉及耕地19.7亩（约1.31公顷），涉及永久基本农田2亩（约0.13公顷）。立案查处10宗，非立案6宗，均处置到位。全区范围2018年度新增建设用地耕地违占2.07%，实现零约谈、零问责。做好“大棚房”专项整治工作，普陀区“大棚房”问题项目11个，涉及违法违规占用耕地面积16.28亩（1.09公顷，均为基本农田）全部整改到位，后期加强“大棚房”专项整治改后监管工作。

（撰稿：徐元杰）

生态环境保护

【概况】 2019年1月，撤销舟山市普陀区环境保护局，成立舟山市生态环境局普陀分局（简称区生态环境分局），作为市生态环境局派出机构。将原区环境保护局职责、区发展和改革局的应对气候变化和减排职责、市国土资源局普陀分局的监督防止地下水污染职责，区农林水利局的监督指导农业面源污染治理、编制水功能区划、排污口设置管理和流域水环境保护职责，区海洋与渔业局的海洋环境保护职责划入区生态环境分局。区生态环境分局内设办公室（挂政策法规科、自然生态保护科牌子）、环境管理科（挂行政许可服务科牌子）。是年，区生态环境分局以坚守生态环境底线、改善生态环境质量为主线，打好污染防治四大攻坚战，加快生态文明示范创建，加强督查整改，

1月15日，舟山市生态环境局普陀分局挂牌成立 （区生态环境分局提供）

11月16日，普陀区获第三批国家生态文明建设示范市县命名表彰 （区生态环境分局提供）

深化治水治气治土治废,为幸福普陀建设提供良好生态环境保障。普陀区被省政府命名为省级生态文明建设示范区,被生态环境部命名为第三批国家生态文明建设示范区。

【生态文明建设】 2019年,普陀区生态文明建设工作委员会成立,纳入区委区政府美丽普陀建设领导小组及其办公室、普陀区“五水共治”工作领导小组(河长制)及其办公室、生态环境保护督察办公室职能。区委、区政府印发《关于创建国家生态文明建设示范区工作的实施意见》,成立创建工作领导小组及其办公室,明确任务分工;修编普陀区《国家生态文明建设示范区规划》。10月,普陀区被省政府命名为省级生态文明建设示范区,11月被生态环境部命名为第三批国家生态文明建设示范区。三年创建计划实现当年完成。

【推进水污染防治】 舵岙河通过“美丽河湖”市级验收和省级复核。桃花沙角河,六横蛟头河、荷花河,东港舵岙河,登步大永河,展茅上葡萄河、史家河7条品质河道完成区级验收。完善环保基础设施,虾峙镇、蚂蚁岛管委会完成“污水零直排区”建设。东港街道宁兴上院等19个“污水零直排”小区通过区级验收。展茅工业园区B区雨水管网完成建设;勾山9000吨/日污水集中式预处理设施建成投运;推进普陀海洋生态创新谷污水处理厂5000吨/日工程建设。提升饮用水水源保障,完成东港南岙水库、桃花茅山水库等9个乡镇级以上饮用水水源地全域物理隔离,新增物理隔离栏7.7千米。

【深化大气污染防治】 普陀区推动修船行业绿色转型。在完成规模以下修船企业阶段性治理任务基础上,推广舟山万邦永跃船舶修造有限公司高压水除锈等技术,绿色修船模型作为全省仅有两个实物模型之一在联合国世界环境日浙江生态文明建设成就展中展出。舟山中远海运重工有限公司、舟山市龙山船厂有限公司、舟山市鑫亚船舶修造有限公司3家六横船企联盟提出修船业绿色制造标准,获省立项。实施臭气异味整治工作,完成舟山佳必可食品有限公司除臭加盖工程。

【深化治土治废】 区生态环境分局创新监管方式,探索建立固废企业物流、资金流监管手段,完成1家试点审计。开展危险废物“存量清零”行动,2019年全区备案危废管理计划132家次,转移联单777条,处置危险废物29643吨。推进土壤状况调查,第二批重点企业用地土壤详查前期数据采集入户调查及信息采集工作通过审核。舟山港海通客运有限责任公司、舟山万邦永跃船舶修造有限公司、舟山中远海运重工有限公司3家市级土壤重点排污单位完成自行检测。

【生态环境执法】 区生态环境分局开展“全景系列”、四季专项执法行动、“防风险保平安迎大庆”专题执法、饮用水源地专项巡查等专项执法行动,与公检法联动,对恶意偷排漏排、群众反映强烈的环境污染事件保持执法监管高压态势。全年累计出动执法人员

5月28日上午,普陀区召开企业环境保护精细化管理现场推广会 (区生态环境分局提供)

3000余人次，检查企业1200余家次，下达责改58份、限改27份、责停1份、监察意见书5份，查封扣押7起，移送公安3起，作出行政处罚一般程序案件数46件，罚款267.23万元。提高监管效能，新增3个清新空气站和2个小微气站，充实环境自动监测网络。首创“物联网+河长制”，依托现有河道视频监控，加入AI识别、智能分析等物联网技术，达到自主发现问题、自动向“河长报警”、自动生成考核文件、自动确认问题效果。

【创新环境监管机制】 区生态环境分局推进企业环境精细化管理，建立一企一档环境管理“绿通手册”，6家企业实施“绿通行动”。成立水产（食品）加工业分会、船舶修造业分会、机械加工业分会和化工行业分会4个分会，调动各行业企业积极性，推动企业环保规范发展。深化“最多跑一次”改革，实现建设项目环境准入管理“100%网上申报、100%网上审批、100%系统打通”，行政审批服务全部事项实现五星级办理，15个项目享受“区域环评+环境标准”改革红利。

【环境安全风险防控】 区生态环境分局处理各类投诉举报平台信访件72件，现场到位率100%，结案率100%。强化应急预案管理工作，推进环境安全隐患排查治理，完成33家企业应急预案备案。做好应急宣传和应急演练工作，参加全市甬舟一体化石化产业突发环境事件应急演练，提升应急处置能力。

【抓好各级督察迎检保障和问题整改工作】 2019年，区生态环境分局迎接省级生态环境保护督察、省级巩固城市黑臭水体治理成果专项排查、生态环境保护统筹强化监督（第一轮）、全国河长制湖长制总结评估、全省治水督查竞赛市际互帮互查、生态环境部华东督察局赴舟山调研、全省突出生态环境问题和侵占河湖岸线水域问题督导、全省突出生态环境问题和侵占河湖岸线水域问题督导、全市交叉检查等各类督察检查10余次。全局上下全员联动，抓好迎接和整改工作。推进第一轮中央生态环境保护督察整改工作，对问题整改实行清单制和“领导承办制”。各项整改任务均按期完成整改或者达到年度阶段性整改目标。全面排查突出环境问题，护航各级督察。对照中共中央、国务院和省委、省政府关于环境保护重大决策部署，组织开展多轮生态环境突出问题和环境隐患排查行动，对第一轮中央环保督察和省级生态环境保护督察反馈问题、举一反三问题、信访交办问题、环境领域突出问题和环境矛盾进行全面系统梳理，制定整改清单，明确整改目标、措施和时限以及责任单位，对发现问题的整改情况和整改质量进行现场核查，确保高质量做好第二轮中央生态环境保护督察迎检工作。

【生态环保主题宣传活动】 区生态环境分局围绕服务对象开展针对性宣教，依托企业家联谊会，发放自创《企业与环保》期刊200份；组织召开第五期企业环保高级研修班，为65家企业提供环保技术与知识培训；开展典型案例警示宣传，在《今日普陀》报、《企

6月30日晚，在市民广场举办“绿水青山就是金山银山”文艺宣传活动 （区生态环境分局提供）

业与环保》期刊上曝光本区典型环境违法案例，加强对企业违法排污行为监督。围绕社会公众开展普适性宣传。开展纪念“6·5”世界环境日现场宣传活动、“守护蓝天、绿色出行”主题倡议、“环保君带你生态文明游”、青少年环保“零距离”体验、灯谜竞猜等活动。编印《普陀区绿色化生活方式行为指南》《建设美丽普陀、你我同参与共行动》图文宣传册4.3万余份，引导公众践行绿色简约生活和低碳休闲模式。分两批向45.5万手机用户发放公益宣传短信91万条。采用车载广告、商场LED屏、手机短信、电视、报纸、微信公众号等“线上”渠道和网格走访、公益设摊等“线下”模式，拓宽宣传范围，提高生态环境公众知晓率和满意度。

【提高环境监测水平】 区生态环境分局定期监测空气质量、地表水和集中式饮用水源地水质、环境噪声、大气降水降尘、19条区级河道32个断面、区域环境噪声监测等环境质量；定期监督监测87家重点企业、7家重点陆源入海排污、3家直排海企业等各项污染源；受理环境执法监测和环境污染纠纷监测；对全区44个处理能力20吨以上的渔农村生活污水处理终端设施开展调查监测，全年出具各类监测数据1.7万余个。强化监测数据应用，编写2018年度普陀区环境质量状况公报和农村环境质量状况调查报告；实行监测数据信息公开，使公众及时了解全区生态环境质量动态变化。

（撰稿：朱赛霞）

编辑：魏斌

综合经济管理

财　政

【概况】 舟山市普陀区财政局是主管全区财政工作的政府工作部门,2019年1月加挂区政府国有资产监督管理办公室牌子。中共舟山市普陀区财政局(国有资产监督管理委员会办公室)委员会改称中共舟山市普陀区财政局委员会。3月9日,区委办、区政府发出《舟山市普陀区财政局职能配置、内设机构和人员编制规定》,区财政局内设办公室(行政审批科、政策法规科)、政工科(国企党建科)、预算局(债务管理科、经济建设科)、预算执行局(国库支付科)、行政事业科(政府采购管理科)、社会保障科、综合科(资产管理科)、农业科(基层财政管理科)、国企管理科、企业科、财政监督局(绩效管理科)、会计科12个科室。调整区财政局下属事业单位,区财务监管中心更名为区国有企业财务管理中心,区财政局信息中心更名为区数字财政管理中心,划入区政府非税收入管理中心承担的行政职能。

2019年,全区实现财政总收入36.77亿元,同比下降9.3%,

2019年度财政收入与财政支出情况

表38　　单位:万元

科　　目	2019年	2018年(同口径调整后数据)
一、财政总收入	367689	405515
一般公共预算收入	259305	277355
税收收入	204545	224543
非税收入	54760	52812
上划中央税收收入	108384	128160
二、财政总支出	662144	612715
一般公共服务	58094	53269
国防	532	482
公共安全	29898	28976
教育	67041	75376
科学技术	11828	11099
文化旅游体育与传媒	12436	13498
社会保障和就业	60144	58756
卫生健康	41188	38709
节能环保	11895	11208
城乡社区	90773	63704
农林水	177828	175204
交通运输	33847	22588
资源勘探信息等	7837	6704
商业服务业等	3451	2614
金融	125	138
援助其他地区	664	662
自然资源海洋气象等	5454	2583
住房保障	19239	25550
粮油物资储备	105	16
灾害防治及应急管理	4936	1862
债务付息支出	16656	13896
债务发行费用支出	87	43
其他支出	8086	5778

说明:根据政府收支分类科目要求,对部分科目相应进行同口径调整。

其中一般公共预算收入25.93亿元,同比下降6.5%;全区一般公共预算支出66.21亿元,同比增长8.1%,其中本级一般公共预算支出41.81亿元,同比增长12.2%。

【组织财政收入】 区财政局围绕年度收入目标分解落实责任,督促街道镇及经济产业平台落实税收任务,召开收入例会,掌握收入形势。坚持"亩产税收"导向,培植后续财源。规范非税收入征管,依托收缴电子化管理系统确保应收尽收,2019年实现非税收入5.48亿元,同比增长3.7%。

【保障重点项目建设】 区财政局全年拨付建设资金13.28亿元,同比增长26.8%,推进全国文明城市创建、陈家后等安置小区建设、老旧小区综合改造、百里滨海大道建设、污水零直排等重点工程。

【支持经济转型】 区财政局全年下达产业扶持资金1.49亿元,其中工业发展扶持资金5364万元,推动信息化技术、智能装备、现代管理模式工业应用。航运业扶持资金2374万元,惠及航运企业48家、单船及分公司187家。旅游扶持资金1921万元,推动海洋旅游产业发展。服务业发展扶持资金3179万元,促进开放型经济发展。实施数字经济"一号工程",下达政府投资信息化建设专项资金1200万元,支持数字海岛等建设。应对贸易摩擦,支持企业投保出口信用保险,扩大中小企业出口信用保险覆盖面,补助投保保费20%。服务招商引资,提高政策兑现效率,优化营商环境。加强产业引导基金管理,完成海上通产业基金和琅琨云雀1号浙江自贸区产业发展基金2个基金投资项目退出,开展霍普金斯健康产业、爱乔医疗等项目前期对接。落实减税降费政策,为企业减轻税费负担5.3亿元,向361家困难企业返回社保费2042万元,减免城市市政基础设施配套费521.5万元。做好政策性融资担保,新增担保9062万元,解决企业转贷资金26.84亿元。

医共体绩效考核 (区财政局提供)

【保障社会民生】 全年财政用于民生支出资金32.26亿元,同比增长10.2%,占财政支出77.16%。农林水支出17.78亿元,推进国家绿色渔业实验基地创新中心建设,省级渔业转型发展先行区、省级农业绿色发展先行县(区)创建,美丽乡村、田园综合体项目建设。教育支出6.70亿元,促进民办教育发展,义务教育优质均衡县区创建。2019年生均公用经费标准提高至小学930元/年、初中1230元/年。文化旅游体育与传媒支出1.24亿元,推动旅游业融合发展。卫生健康支出4.12亿元,建设区域医共体,完善药品采购管理机制,公立医院综合改革,建立基本经费财政直接保障、特定服务定项定额购买、基层医疗机构财政补偿机制。社会保障和就业支出6.01亿元,推动养老服务社会化,支持居家养老照料中心运营、示范型居家养老照料中心建设;社保、就业资金管理;捕捞渔民养老资金保障;退役军人优抚安置;残疾人兜底护理补贴,区残疾人托养中心建设。

【财政体制改革】 区财政局调整完善政府预算体系,测算分析2019年收入目标调整后财政收支平衡情况,编制完成2019年度预算调整方案。实行三年滚动财政规划编制，试点区人社局、区教育局编制主管部门汇总预算。关注市区财政管理体制调整，梳理、测算、分析相关数据。完善街道镇公共服务平台，省级规范化乡镇所创建100%。优化政府采购营商环境，完成网上超市“全省一张网”，入驻本地供应商342家。清退政府采购招投标保证金1360万元。启用政府采购招投标电子交易系统，会议培训、物业、车辆维修等定点采购项目驻网。全年“政采云”交易15143笔，2.01亿元，使用率100%。政府购买服务改革，启动公益二类事业单位政府购买服务试点，实施区委宣传部购买《今日普陀》报发行服务项目。全年33家预算单位执行购买服务事项102个，购买金额8371万元。

国有企业幼儿园改制成普惠性公办幼儿园 （区财政局提供）

【深化“最多跑一次”改革】 区财政局建设“数字财政”，推广应用各类“互联网+”平台。完善公共支付平台，新增渔业资源增值保护费、消防罚没收入、公共租赁房屋租金三项个人缴费业务，新增公共支付自助机智能POS刷卡支付全市通缴费功能。上线医疗收费电子票据系统，在虾峙镇中心卫生院开出全区首张医疗收费电子票据。提高上线行政事业单位房地产集中管理信息化平台管理效率。国库集中支付改革，开展国库库款拨款影像化试点，启动区会计核算中心审核在教育部门退出试点。部门间“最多跑一次”改革，34项事项中实现“最多跑一次”27项。

【资金监督管理】 区财政局规范公款竞争性存放，成立管理领导小组，制定议事规则，出台《关于进一步规范区级公款竞争性存放管理的通知》，扩大招标资金范围。区级招投标平台新纳入区法院、区公积金分中心和东港街道闲散资金，开展招投标4期，招标资金10.55亿元。编制乡镇级权责发生制政府财务报告，纳入范围7个街道镇、22家预算单位，实现政府财务报告编制区和街道镇两级全覆盖。规范专项资金管理，19项区级专项资金纳入财政专项资金管理清单，65个项目纳入预算绩效管理，全部实行预算绩效目标运行跟踪监控。探索涉农资金统筹整合长效机制，18个涉农专项资金整合为5个。政府投资项目管理，完善政府投资项目造价审核管理制度，完成造价审核572个，净核减3.50亿元，净核减率8.08%。压缩一般性支出，2019年政府性专项及单位预算专项在年初预算基础上再压缩5%，部门业务招待费预算压缩10%，全区“三公”经费压缩6.55%。财政结转结余资金管理，盘活存量资金1.53亿元，收回部门两年以上结余资金3441.8万元。

【国资国企管理】 区财政局完成国有企业人力资源绩效考核体系在区交投集团试点。完善国资监管体系，修订投资管理、担保管理、资产管理、非年薪制单位收入分配等制度。协助企业完成主营业务收入增长10%，实现国有资本经营预算收入1100万元，同比增长8.9%。鼓励国企通过融资租赁、发行债券、资产证券化、PPP等方式拓宽融资渠道，区交投集团通过PPP方式融资14亿元，到位8亿元。区城投集团获评AA级并取得发债30亿元指标。组建普陀区智创城西开发建设有限公司，助力城西区块开发。推动沈家门海鲜夜排档数字化升级，

沈家门海鲜夜排档获评市级诚信示范街 (区财政局提供)

完成方案拟订,获评市级诚信示范街。国有房地产移交集中管理,其中经营性房产移交99套,完成92.5%;住宅用房移交151套,完成85.3%;办公用房移交24套,业务用房移交165套,人才公寓移交291套。

【政府债务管理】 区财政局完善全口径债务预算管理,编制全区2019年债务计划。根据地方政府隐性债务五年化债计划,完成年度化债任务。向市级争取可偿债财力,调整部分区域市区土地出让金结算机制,降低债务率13.0%。争取新增债券7亿元,其中一般债券3亿元、专项债券4亿元,每年可降低区级融资成本1700万元。年底,区地方政府债务限额79.15亿元,债务余额77.08亿元,其中一般债务49.85亿元、专项债务27.23亿元。

【会计核算工作】 区财政局完善审核监管机制,提高财政办事效率,区会计核算中心获市级"文明示范窗口"称号。深化国库集中支付改革,实施教育系统审核试点。实施《政府会计准则制度》(2019年1月1日起施行),提升预算单位财务水平。2019年,会计核算中心有经费账116套、工会账81套、协会账33套,全年审核制单16.9万笔,涉及各类资金支付42.7亿元,退回各类不规范资金340万元。

(撰稿:唐伟)

区国资公司

【概况】 舟山市普陀区国有资产投资经营有限公司(简称区国资公司)是区政府授权投资机构,对授权范围内资产行使出资者所有权,主要以控股、参股方式从事资产经营活动,并对授权资产安全和增值负责。2019年有董事会成员5人,下设综合部(办公室)、财务融资部、投资管理部、资产管理部、项目建设部、资源开发部6个部门。公司围绕年度工作目标,承担公益性投资、建设性融资和政府性资产置换、处置等工作。年末,区国资公司本级总资产133.81亿元,总负债85.37亿元,所有者权益(净资产)48.44亿元,资产负债率63.8%。

【融资业务】 2019年,区国资公司拓宽融资渠道,统筹募集资金。完成二期企业债15亿发行。其中,1月发行7亿元,票面利率6.6%;3月发行8亿元,票面利率6.3%。完成2019年第一期"3+2"年期非公开发行公司债券10亿元,票面利率6.00%。11月完成2019非公开发行区国资公司债券第二期,发行规模14亿元,票面利率5.3%。10.99亿元过桥贷款授信并全额到位,其中绍兴银行2亿元、杭州银行6亿元、工商银行2.99亿元。按期完成各项债券及贷款本息兑付,涉及资金13亿元。深化资本市场融资,提高发行质量及控制发行成本。根据公司资金需求及资本市场情况,对接温州银行、绍兴银行、恒丰银行、杭州银行等各大投资人,多次沟通商谈主动营销,落实投资意向,确定利率区间,完成融资。开展年报信息披露工作。根据国家发展和改革委员会及证券交易所相关规定完成2018年度合并财务报告编制、报送和披露。完成14家企业债及19家企业债跟踪评级。

【安全管理】 区国资公司开展7次租赁房屋及人才公寓安全巡查,

吉林省扶余市国有资产管理中心领导到区国资办调研 (区财局提供)

对6处公司经营房屋、7处人才公寓内设施设备进行维修。执行租赁房屋及人才公寓日常安全巡查,完成大部分集中管理资产排查,及时修复房屋渗漏、水管老化、墙体剥落等问题。制订交通海运大厦消防整改施工方案、控制价预算方案,完成消防整改,并通过消防部门验收。根据《普陀区防汛防台抗旱应急预案》,做好日常租赁房屋和防台抗台相关工作。

【资产管理和企业帮扶】 2019年,区国资公司资金收入2673万元,公开招租17次,涉及房屋95处。规范经营性房地产集中管理,对接区行政事业单位房产集中管理平台开发公司,完成基本数据及房屋产权产籍信息、人才公寓租赁合同信息,完成部分房屋产权证扫描录入。完成11处剩余集中管理房屋移交,拟订剩余集中管理房屋移交方案。根据《普陀区低效闲置资产大整治行动实施方案》《普陀区闲置国有房屋资产盘活专项行动方案》,分类盘活列入任务清单国有房屋资产。完成13处闲置国有房屋资产盘活工作,完成率83%,年底盘活闲置国有房屋资产80%以上。

落实帮扶企业具体方案和措施,做好浙江永跃控股集团有限公司等民营企业帮扶工作、浙江欧华造船股份有限公司破产后相关处理工作。

【投资业务】 普陀区印发《舟山市普陀区产业发展引导基金投后管理办法(试行)》,3月1日起施行。完成海上通产业基金项目回购,为海上通(舟山)卫星通信有限公司引入上市公司股东、促进产业转型升级,为区产业基金投后退出提供范例。5月赴浙江自贸区锐赛生物医药科技有限公司开展"三服务"活动,协调解决企业跨部门交办问题,支持医疗健康产业发展。完成琅琨云雀1号浙江自贸区产业发展基金退出工作。

(撰稿:王瑜琼)

区融资担保公司

【概况】 2019年1月,舟山市普陀区信用担保有限公司更名舟山市普陀区融资担保有限公司(简称区融资担保公司),为国有政策性融资担保机构。实行董事会领导下总经理负责制,内设业务部、综合部,员工12人。注册资金1亿元。其中,区国资公司出资8800万元,占股88%;六横镇资产经营有限公司、沈家门街道资产经营有限责任公司、勾山经济发展总公司(2013年8月划归东港街道)各出资300万元,各占股3%;虾峙镇资产经营有限责任公司、朱家尖街道资产经营有限责任公司、展茅街道集体资产经营有限责任公司各出资100万元,各占股1%。

区融资担保公司主营融资性担保业务,兼营非融资性担保业务及与担保业务有关的财务顾问、咨询中介服务。2019年,公司实现营业收入549.25万元,支出198.97万元,缴纳各项税费29.98万元(其中缴纳增值税26.76万元),实现净利润325.06万元。是年,公司继续被杭州联合资信评估有限公司评为A级信用评级。

【公司业绩】 2019年,区融资担保公司加强中小微企业和"三农"扶持力度,开展担保和转贷业务。为24家企业新增、续增担保业务

29笔,担保金额9062万元;为37家企业解除担保业务44笔,解保金额10930万元。年底,有在保业务39笔,涉及企业34家,在保余额11002万元。是年,公司推出"助农担保贷""灾后重建担保贷"等个性化服务产品。公司为91家企业转贷283笔,转贷总额26.84亿元,转贷业务涉及市内各家银行。

在全区范围内推广"T+0"转贷项目,发挥银担协作,整合业务流程等,提高转贷效率,实现转贷业务"最多跑一次"。全年办理业务99笔,金额8.95亿元。

【制度及体系建设】 区政府出台《普陀区关于健全政策性融资担保体系建设的意见》,明确区融资担保公司为区级政策性融资担保公司,建立区政策性融资担保体系领导小组和区级风险补偿机制等。主要服务于小微企业和"三农",单户担保贷款总额度不超过500万元。年底,区融资担保公司与普陀农村商业银行、浙江民泰商业银行舟山市分行、定海海洋农商行东港支行、泰隆银行舟山市分行、温州银行舟山市分行、杭州银行舟山市分行和绍兴银行舟山市分行等签订合作框架协议,达成2:8风险分担机制。

(撰稿:缪敏阳)

区融资担保公司与普陀农村商业银行签订"T+0"转贷项目深化合作协议 (区财政局提供)

税务

【概况】 国家税务总局舟山市普陀区税务局(简称区税务局),内设办公室、人事教育股、纳税服务股、税源管理股、税源风险管理股、税政一股、税政二股、法制股、社会保险费和非税收入股、收入核算股、征管股11个职能科室,辖第一税务所、第二税务所、沈家门税务所、东港税务分局、六横税务分局5个派出机构,信息中心1个事业单位。负责六横、桃花、虾峙、东极4个镇,沈家门、东港、展茅3个街道的企业和个体户征管和服务工作,区税务局管辖纳税人约2.7万户。2019年有干部职工205人。办公地址在东港海洲路301号。六横税务分局党支部评为2019年全省税务系统"十佳基层党组织"。

2019年,实现地区生产总值444.49亿元,按可比价计算(下同),比上年增长6.6%。按产业分,第一产业实现增加值62.18亿元,增长5.0%;第二产业实现增加值127.11亿元,增长10.6%;第三产业实现增加值255.20亿元,增长5.0%。财政总收入36.77亿元,比上年下降9.3%,一般公共预算收入25.93亿元,比上年下降6.5。一般公共预算支出58.79亿元,比上年增长6.4%。区级财政用于民生支出32.26亿元,比上年增长10.2%。

【减税降费工作】 2019年,区税务局紧扣减税降费主线,完善税收管理体系,聚焦税费主业,统筹推进优化税收执法方式,保障税收征管和税收基层基础。是年累计新增减税降费5.30亿元。其中新增减税4.55亿元,新增社保费减费0.75亿元。从减税降费成效看:施行小微企业普惠性政策新增减税0.74亿元,占新增减税总额16%,惠及纳税人1.4万余户;深化增值税改革新增减税2.39亿元,个人所得税累计新增减税0.92亿元,惠及纳税人77675户,社会保险费减免政策累计新增减费 0.75 亿元。

【税收收入】 2019 年,区税务局税收收入 37.16 亿元,同比减收 4.22 亿元,减幅 10.21%。税收收入分税种结构:国内增值税占 47.58%,企业所得税占 12.06%,个人所得税占 5.56%,其他税种占 34.79%。办理出口退税 10.20 亿元,其中审核通过生产型企业退税额 82805.66 万元,外贸企业退税 2498.10 万元,审核通过免抵额 13238.44 万元。

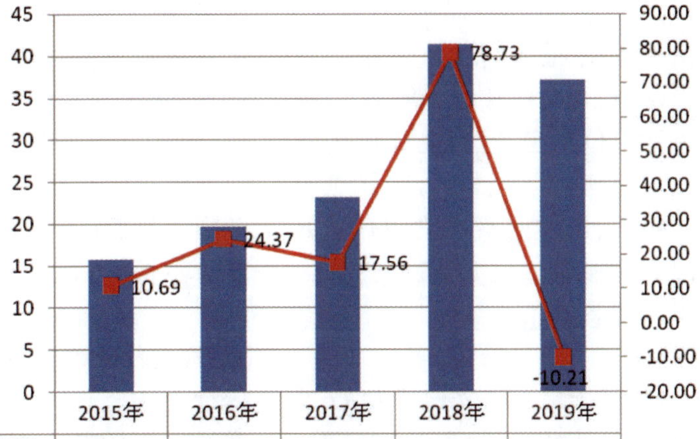

	2015年	2016年	2017年	2018年	2019年
税收（亿元）	15.84	19.7	23.16	41.39	37.16
增幅(%)	10.69	24.37	17.56	78.73	-10.21

图 9:2015—2019 年普陀区税务局税收收入情况

【社会保险费和非税收入】 2019 年,区税务局坚持“税费一体化”征管模式,加强和规范社会保险费征收,组织社会保险费收入,开展社会保险费缴费同城通办业务,完成城乡居民两费征管职责划转工作。实现社会保险费和非税收入(含职业年金)16.61 亿元,同比增收 3.9 亿元,增幅 30.68%。

【税收法治】 区税务局推行行政执法公示制度、执法全过程记录制度、重大执法决定法制审核制度,拟订“三项制度”工作任务分解表和时间节点,厘清各相关部门工作清单部门职责,召开推进工作会议和业务培训。推广应用内控辅助平台,规范税收执法行为,防范税收执法风险。2019 年产生预警过错数 170 条,其中自我纠错数 111 条;完成 10 批次人工风险筛查,核查疑点数据 1603 条并完成相应整改任务。率先在全市开展特殊风险应对工作,统筹推送 28 户风险应对企业,纳税辅导 23 户,纳税评估 5 户。舟山市哲南石料有限公司纳税评估案例入选省税务局优秀案例。

【纳税服务】 区税务局构建“掌上服务 + 实体服务”双线格局,推广电子税务局和“浙里办”App 应用,拓展宣传服务渠道。2019 年全区企业纳税次数缩减至 7 次,办税时间缩短至 100 小时 / 年内,网上业务办理渠道逐步成为办税主阵地。打造征纳沟通平台和纳税人学堂,通过网络云课堂与实体纳税人学堂相结合方式,提供一站式咨询、学习、查阅等服务。全区有 7462 名纳税人加入服务平台,一般纳税人激活率 100%,日均活跃度 30%。区税务局全年举办 6 次线上课堂培训,3 万余人在线收看培训课程。纳税服务向各街道镇便民服务中心延伸,为偏远海岛、乡镇居民提供“一站式”“不出岛”政务服务。7 个办税点入驻便民服务中心,每天办理近 100 笔涉税业务,与区农商银行合作建设“无人自助办税服务站”,在舟山岛实现 24 小时不间断服务。

【征收管理】 转变征管模式,健全纳税人分类分级管理制度,强化税源专业化管理,明确分局(所)、职能科室管理边界及前后台运行规则,实现征管模式平稳过渡,提升日常征管水平。强化欠税清理,集中力量核查历年欠税,摸清欠税基数,开展成因分析,建立欠税户责任到人制度,落实以欠抵退办法,做到一户一台账,2019 年区税务局合力追缴欠税 5002 万元。推行电子办税和实名采集,开通上线“企业开办一网通智能平台”,推广通用电子发票和实名办税,全年实名采集 30395 户,采集率 97.79%。

【政务管理】 区税务局建立健全各类规章制度,补充完善 6 大类 21 项管理办法,包含工作考核办法、公务接待管理办法、公务用车管理办法等。规范机构改革后机关管理,办公用房调整等工作。做好办公大楼维修及物业服务购买,理顺劳务派遣用工,临聘人员管理。维修改造基层税务分局、食堂、新公务员宿舍等,区税务局办公大楼2020年改造前期立项,旧城改造置换房产2处。

【绩效管理】 贯彻落实税务总局绩效管理工作会议精神,区税务局成立绩效管理暨数字人事领导小组,按照7.0版两次优化设置要求,修订完善绩效考评制度办法及指标体系,补充各项重点工作指标及部门配合项目,建立牵头部门责任制,形成牵头部门主办、协办部门落实的联合工作格局,发挥绩效合作导向作用,完成13项共性指标和100项个性考评指标,2019年区税务局在全市绩效考核中排名第二。

【服务地方中心工作】 2019年,区税务局构建涵盖全区20个单位税收征管保障机制和涉税信息共同传递机制,签订税收信息交流备忘录,构建制度严密、协同有效、信息充分、惩教相融税收综合治理社会协作网络。是年,区税务局与区住建局、区旧城改造中心等部门联合开展清算搬迁补偿收入行动,核查政策性搬迁相关企业54家,补缴企业所得税6330万元。

(撰稿:高晗)

审　计

【概况】 普陀区审计局是主管全区审计工作的区政府工作部门,内设办公室(区委审计委员会办公室秘书科)、法规科(固定资产投资审计科、整改督查科)、经济责任审计科、财政金融审计科、企事业审计科5个科室,下辖普陀区国家建设项目审计中心、普陀区内部审计指导中心2个事业单位。2019年1月成立区委议事协调机构区委审计委员会,办公室设在区审计局。5月,召开区委审计委员会第一次会议。区审计局全年完成审计项目20个,查出主要问题金额1.88亿元,其中违规金额278万元,发现非金额计量问题200个,提出审计建议84条,挽回各类直接经济损失277万元。提交审计报告、信息(专报)152篇,被批示、采用134篇,促进被审计单位制定、完善规章制度38项。移送问题线索8件(移送司法机关、纪检监察机关和有关部门处理事项2件)。向社会公告审计结果5篇。

【专业审计】 财政预算执行审查,关注支出预算、结构和绩效,此及重大政府投资项目资金、重点财政专项资金、国有资产资金和重点部门预算执行等情况,揭示28家单位28个问题,问题金额8816万元,促进出台6项制度办法,盘活资金1497万元。镇财政决算审计,分别揭示虾峙镇财政预算编制不完整、未及时收回拆迁项目财政垫付款等6个问题,涉及资金1763万元。

实施部分国有企业经营管理情况专项审计调查和区文化旅游集团有限公司资产负债损益情况审计,关注企业经营风险防范、重大经济决策程序。反映问题金额6070万元,揭示历史遗留、企业经营、内部管理等7方面26个问题,促进国企出台完善16项制度加强内部管理,移送违规套取现金发放补贴线索1件,1名相关负责人被党内严重警告并撤销职务、退回资金;推动解决资产低效闲置、房产产权不清、工程长期未决算等老大难问题。

投资审计做好遗留结算审核项目清理,实施普陀区职业教育中心迁建工程、城北刘家湾安置房工程预算执行情况审计和工程建设领域服务类合同管理情况专项审计调查3个项目,挽回直接经济损失252万元,揭示施工单位冒算消纳费、监理履职不力等30个问题,推动9家监理单位问题整改。开展鲁家峙至东港公路海底隧道工程跟踪审计,推动化解隧道施工安全隐患和开挖石渣运输环节潜在流失风险。

【经济责任审计】 领导干部权力运行制约监督,完成7名领导干部经济责任审计,重点关注权力运行责任落实、政策贯彻落实和"三公"经费支出等情况,查出管理不规范金额4412万元,揭示各类问题50个,收回资金2.12万元,推动相关单位出台各项制度12项、补发有关民生资金7.83万元。探索领导干部自然资源资产离任审计,通过虾峙镇领导干部自然资源资产审计,揭示非法占用生态公益林、向海洋违法倾倒废弃物等12个问题,移送问题线索1件。实施16名领导干部实离任交接审核。

【政策执行审计】 区审计局实施

扶贫专项审计、养老服务专项审计调查,关注三大攻坚战等重点工作。揭示19个扶贫领域问题,推动完善4项制度,移送4件骗取财政扶贫资金问题线索,收回扶贫资金36.65万元,5名相关人员受到党内严重警告、警告和诫勉谈话处分,5篇专报得到领导批示。揭示居家养老服务结算监管机制不规范、重复享受补贴等问题7个,提出完善养老保障制度建设、规范资金使用等4个审计建议。

【审计管理】 区审计局加强审计项目审计组织方式"两统筹",实行项目"双向选择"机制,实施"主审+协审科室"模式。建立"交叉+普查+点评"审计项目质量检查机制。制定审计项目复核审理办法,实行项目审理制,3个审计项目、报告、方案获市审计局表彰,7篇审计专报被区委、区政府领导批示。

围绕"数据采集、分析、落实"三个关键节点,实施大数据审计项目6个,提交疑点问题26个,上报大数据审计案例3篇。培养大数据人才,全局有2人获国家审计署、8人获省审计厅计算机中级证书,组建7人计算机审计攻关小组。做好数据采集报送,审计数据存储、网络安全化管理,开发应用经济责任审计对象管理软件。

审计成果运用,召开审计整改联席会议,形成"人大督促、政府推进、部门联动"三级促改链条,构建多层次审计整改联动机制。深化审计整改挂销号系统,加大审计结果公告力度,公告审计结果5篇。审计整改、内审工作情况纳入区综合考评和主体责任考核范围,建立"1+2"审计情况共享机制,为干部管理监督提供参考建议。出具审计决定4个,移送线索7件,推动有关单位出台38项制度办法。

实施内审督导,新增3家内审会员单位,组织各内审机构开展审计项目119个,促进增收节支1158.84万元,提出审计建议486条。召开内部审计与企业监管座谈会,推动17家单位完善内审工作机制。组织内审人员业务培训,制定6项内部审计通用要点。有3家内审机构、4名内审人员、6个内审项目、2篇内审论文案例获省市表彰,内审指导监督工作获评省市优胜。

清廉审计建设,开展警示教育月和审计机关集中整训月活动。实施党组与派驻纪检组同步督查审计现场工作机制。开展审计业务学习,加强复合型审计人才培养,1名干部获评全市审计机关先进工作者。

(撰稿:袁邦关　林军峰)

经济发展调控

【机构概况】 2019年1月,调整舟山市普陀区发展和改革局(简称区发改局)职责,加挂区政府金融工作办公室牌子,不再保留区物价局牌子。区发改局是主管全区国民经济和社会发展战略规划、总量平衡、结构调整、金融、能源、物价和指导推进和综合协调经济体制改革等工作的区政府工作部门。3月,区发改局内设办公室(挂政策法规科牌子)、国民经济综合科(挂发展规划科牌子)、固定资产投资科(挂重点项目建设办公室牌子)、行政审批科、体制改革科(挂区散装水泥和新型墙体材料改革办公室牌子)、金融科、能源科、价格科8个科室。辖有区金融发展中心(副科级事业单位)、区沈家门渔港发展中心(副科级事业单位)、区重点项目前期服务中心(正股级事业单位)、区价格认证中心(正股级事业单位)、区能源监察大队(正股级事业单位)5个下属事业单位。

【年度计划编制】 区发改局全面分析、预测全区经济形势,经综合平衡后编制年度计划草案,内容包括经济社会发展指导思想、调控预期目标、工作重点及对策措施。2019年度计划草案提出经济增长(GDP)计划目标,比上年增长6.5%,提交区十七届人大第三次会议审议,经批准后由区政府下达实施。实施后实现地区生产总值444.49亿元,按可比价计算比上年增长6.6%。第一产业实现增加值62.18亿元,增长5.0%;第二产业实现增加值127.11亿元,增长10.6%;第三产业实现增加值255.20亿元,增长5.0%。三次产业结构比例调整为14.0∶28.6∶57.4。

【经济运行监测】 区发改局做好全区经济运行监测、预测和预警。管理省经济运行监测网工业企业样本68家,服务业企业样本44家,分季直报经济运行监测信息,为省委、省政府决策提供参考。建立季度全区经济分析例会制度，与相关经济管理部门沟通与衔接，动态跟踪全区1500多家实体企业，分析预判经济社会发展宏观环境和发展趋势，形成以季度、半年度、年度经济社会运行综合分析为主干，行业、单项指标分析为补充经济监测、预测和预警分析报告体系，针对难点、问题提出对策思路，为区委、区政府工作决策提供参考和依据。主要经济指标管控，制订GDP、固定资产投资、服务业增加值等薄弱指标措施。

【国家战略项目】 区发改局实施清单化推进机制，排定全年作战图、路线图。聚焦融资租赁、船用低硫燃料油加注、外轮维修、组建加油船队、长三角一体化、数字经济、海洋肽产业培育、绿色修船等15项清单事项，分解落实到责任单位。优化部门联席会议制度，召开工作推进会7次，协调解决各类困难、问题10余个。全年融资租赁产业园新增注册企业267家，融资租赁合同余额43.8亿元。船用燃料油加注量255万吨，占全市65%。全年集聚大健康企业20家。普陀国际健康产业中心开园，浙江自贸区锐赛生物医药科技有限公司等5家企业营业。普陀湾众创码头入选全国第四批双创孵化基地。退役军人创业创新园累计集聚团队69家。实现数字经济核心产业增加值增长15%以上；签订"海陆普陀"协议，六横—梅山确定为甬舟一体化合作区。

【课题研究和规划编制】 区发改局完成《2018年普陀区民生发展》《普陀区与扶余市飞地经济发展调研》《关于加快普陀海岛大花园建设的思考》《多措并举聚焦项目 扩大有效投资增后劲》等12篇课题调研报告。其中《普陀融入长三角一体化发展的建议》《关于建设普陀莲花洋如意小镇的研究报告》《普陀区水产加工企业转型升级思路》《关于普陀海钓产业发展的几点思考》《以"九个一"为突破口 高质量推进甬舟一体化》《关于推进我区旅游业再升级的思考》获区委书记批示。编制印发《舟山市普陀区大健康产业发展规划(2018—2025)》《普陀城西产业及城市更新规划》《普陀区乡村振兴战略规划》《普陀东极岛旅游提升规划》等7项规划。启动"十四五"规划编制工作，成立以区委书记、区长为组长，常务副区长、普朱管委会、六横管委会分管领导为副组长的"十四五"规划编制领导小组。围绕重大产业、重大平台、重大工程、重大项目、重大政策、重大改革举措，梳理"十四五"规划工作具体事项。

【省市重点项目】 2019年，东白莲油品储运工程、东港街道陈家后村拆迁安置房建设项目、舟山东港健康养老综合体(山海大观)一期建设项目、普陀鲁家峙至东港公路工程、六横小郭巨二期围垦工程、国电海上风电场、浙江中奥能源油品储运扩建工程项目7个项目列入省重点建设计划，总投资139.04亿元，全年计划投资23.38亿元，完成投资25.29亿元。东白莲岛油品储运工程、展茅鱿鱼加工项目、展茅至东港公路改建工程、嵊泗至定海公路普陀鲁家峙至东港公路工程、百里滨海大道(普陀段)项目、舟山欢乐海洋大世界建设项目、半升洞高端休闲街区项目、普陀健康养老综合体项目、美丽海岛田园综合体项目、普陀城北特色商业水街项目、城北A-05新塘安置房建设工程、普陀标准渔港项目、彩虹鱼深海科技城一期项目、沈家门半升洞客运站场(码头)提升改造工程、朱家尖西岙客运中心项目、东港陈家后新农村改造项目、城北E-01-02上戚家地块安置房建设工程、普陀海洋生态创新谷展茅5000吨/日污水处理厂工程、鲁家峙体育动力公园建设工程、杉杉普陀天地商务大楼项目、东港养生文化园项目、东海西路提升改造工程、沈家门小蒲湾地块安置房建设工程、沈家门长地爿地块安置房建设工程24个项目(不包括朱家尖项目)列入市重点项目，总投资263.09亿元，全年计划投资36.69亿元，完成投资46.46亿元。

【区级重点项目】 2019年，区发改局梳理筛选国电舟山普陀6号海上风电场2区工程、六横头湾鑫亚加工基地及配套码头工程、舟山鑫亚船舶修造厂区提升工程、展茅鱿鱼加工项目、浙江炜驰机械集团有限公司新厂房建设项目、舟山六横中远船务屋顶分布式光伏发电项目、舟山市普陀企润水产品有限公司精深加工项目、舟山正山紧固件科技有限公司紧固件项目、舟山市正茂机械制造有限公司热加工及表面处理创新自动化改造项目、浙江巨能船舶设备制造有限公司厂房建设项目、浙江锦帆船舶配件制造有限公司展茅B-07地块厂房建设项目、新奥集中供热项目、龙山船厂提升改造工程、海华实业家具智能化制造技改项目、舟山中远海运重工生产设备及设施升级改造项目、万邦永跃船舶修造有限公司绿色修船技术改造项目、金润石油油库码头及综合楼工程、半升洞高端休闲街区项目、普陀健康养老综合体项目、杉杉普陀天地商务大楼项目、美丽海岛田园综合体项目、六横商业综合体项目、小郭巨二期围垦工程、远洋渔船更新改造项目、舟山群岛水系普陀区舵岙河流域综合治理工程、普陀标准渔港项目、全区山塘水库除险加固工程、普陀鲁家峙至东港公路工程、全区陆岛交通码头建设工程、展茅至东港公路改建工程、百里滨海大道(普陀段)项目、鲁家峙东南涂景观提升工程、东海西路提升改造工程、沈家门小学拆扩建工程、城北A-05新塘安置房建设工程、城北E-01-02上戚家地块安置房建设工程、老旧小区提升改造工程、虾峙岛临港产业基地项目、东白莲岛油品储运工程、六横中奥能源油品储运扩建工程、浙江泰莱展茅物流建设项目、悬山海洋牧场综合体、鲁家峙体育动力公园建设工程、东港陈家后新农村改造项目、彩虹鱼深海科技城一期项目、东奥舟山芦花地块(AI)小微企业科创园项目、六横清洁能源生产项目、盛达保税燃料油中转加注基地项目、舟山欢乐海洋大世界建设项目、葫芦岛海洋休闲养生文化村项目、塘头莲花洋养生度假项目、普陀城北特色商业水街项目、东港养生文化园项目、普陀东港商业邻里中心项目、桃花下石水岗开发项目、东港休闲船舶(艇)避风基地项目、沈家门半升洞客运站场(码头)提升改造工程、朱家尖西岙客运中心项目、半升洞智能停车库项目、中央山体公园建设工程、普陀海洋生态创新谷配套道路工程、螺门渔港配套桥梁工程、普陀海洋生态创新谷展茅5000吨/日污水处理厂工程、沈家门小蒲湾地块安置房建设工程、沈家门长地爿地块安置房建设工程65个列入全区实施类重点建设项目(不包括朱家尖项目),总投资450.30亿元,全年计划投资95.29亿元,完成投资93.50亿元。

【项目资金争取】 2019年,普陀区累计获中央、省专项补助资金6518万元。其中,普陀城北E-01-02地块安置房建设工程项目争取中央资金3100万元,沈家门、东港片区老旧小区改造等3个项目获中央资金补助600万元;鲁家峙至东港公路争取长江经济带绿色发展专项资金2320万元。东极镇海水淡化工程争取生态文明建设专项资金498万元。

【"和美小岛"建设】 "和美小岛"建设与普陀"幸福社区""美丽乡村"建设同步推进,从城市、乡村向偏远小岛延伸,实现"幸福细胞"全覆盖。解决部分偏远小岛民生问题,建设生态宜居和美家园,实现全面小康、共同富裕。2018年7月,确定东港街道葫芦岛、虾峙镇双山岛、东极镇黄兴岛、白沙岛管委会柴山岛为"和美小岛"试点。建设涉及交通码头、供水供电、医疗养老等一批民生项目,累计完成投入2223万元。2019年11月,"小岛的和美生活"入选全省十大县域高质量发展优秀案例,在"共享发展类"案例中排名第一。

【城西区块转型发展】 成立普陀城西区块转型发展工作领导小组,由区委书记、区长任组长,常务副区长任常务副组长,分管副区长任副组长,区属相关单位和有关街道主要负责人为成员。完成舟山市普陀区智创城西开发建设有限公司注册和章程制定,确定公司法人、执行董事、监事等人员选聘。制定2019年度工作推进清单,明确时间节点和责任单位。委托上海福睿智库编制转型发展产业规划。完成城西区块内土地、居民、基础设施、企业经营、用工等调查摸底。观碶头区块纳入城西开发总体方案,已搬离佰发木业、美达汽修厂2家企业。

【长三角一体化工作】 区发改局牵头组织"海陆普陀"战略合作活动,签订产业、商贸、惠民、人才、科技五大领域合作行动计划协议。启动上海飞地园区建设,打造融入长三角一体化开放创新实体平台,加快人才、资本、技术等创新要素培植协同。举办浙江·普陀融入长三角投资推介会,促进13个重大项目签约。参与筹备2019邂逅普陀——第二届东海蟹宴活动。提出普陀融入甬舟一体化"九个一"思路。

【大花园建设】 2019年1月,普陀区入围全省首批大花园典型示范建设单位,并被列入省政府激励事项名单。成立区大花园典型示范建设工作领导小组，书记、区长任组长。召开全区大花园典型示范建设动员会，开展专题宣传，浙江日报、浙江电视台经济生活频道等省级媒体相继宣传报道。印发《普陀区大花园典型示范建设实施方案》，下达2019年工作任务。采用"清单化"推进模式，将大花园典型示范建设工作纳入各部门年度综合评价体系。结合普陀实际，设定涉及生态环境、生产生活方式、资源高效清洁利用、人民生活幸福等28项重点指标，18个大花园示范建设重点支撑项目，完成投资28.2亿元。

【对口合作工作】 普陀区开展与四川省达州市万源市东西部扶贫协作；与吉林省松原市扶余市、前郭县对口合作；与金华市磐安县山海协作。开展产业合作、人才交流、劳务协作、捐资助困等。统筹安排3770万元东西部协作援助资金，重点支持草坝黑池坪、井溪猫坪茶叶基地建设等12个茶产业项目，建设9500亩高标准茶叶基地。引导4家企业到万源投资兴业，实际投资1.5亿元，吸纳贫困人口就业40人，利益联结机制脱贫266人。通过"真硒万源"直营店、电商销售、企业采购、商超销售、以购代捐等途径，实现消费扶贫1624万元，带动403名贫困人口增收。选派17名教师、医生等专业技术人才赴万源挂职帮扶。万源选派4名干部、11名专业技术人才到普陀挂职交流。培训万源市扶贫协作干部、基层干部和贫困村干部227人；培训万源教师、医务人员715名。累计培训万源农村贫困人口809人次、致富带头人422人次。帮助120名贫困劳动力赴浙江就业、494名贫困劳动力就近就业、334名贫困劳动力到其他地区就业。全区11家企业与万源28个贫困村签订28份村企结对帮扶协议，累计捐赠资金408万元参与村企共建；普陀第二中学与万源市第四中学校结对开展教学交流合作；普陀医院与万源市3家医院结对；虾峙镇与万源市竹峪镇、虾峙东晓村与万源市竹峪镇刘家坪村分别开展镇镇结对、村村结对。社会各界向万源捐款捐物累计897万元。2019年，新增结对前郭县。围绕两地产业协同发展、经济园区共建、体制机制创新等方面，签订对口合作框架协议。区委宣传部、发改、财政、商务、国资等单位赴扶余开展业务对接交流。举办普陀区首届"菜篮子"秋季供应会暨吉林特色农产品展销会。组织区食品加工、旅游、文化等10余户企业，参加扶余花生及杂粮杂豆产业博览会。实施"12345"工程。依托海洋文化节开展"磐安非遗一台戏""普陀磐安一家亲"专场文艺活动，实现两地文化共融；选派2名领导干部赴磐安挂职，加强两地互动交流；开展教育、医疗、旅游三个领域结对，两地卫健、教育、文广旅体局分别签订合作协议；依托国际海岛旅游博览会、普陀年货节、佛茶文化节、磐安药博会4个"窗口"开展产销对接；通过旅游推介会、疗休养活动、"诗画浙江·百县千碗——普陀味道"等活动，推动两地旅游市场交换。

【重点领域改革】 区发改局牵头制定涵盖全区17项重大改革创新事项工作清单，完成46项经济体制改革和14项社会事业领域改革任务。"海上枫桥"入选全国纪念"枫桥经验"50周年典型案例，入选商务部第三批自贸试验区"最佳实践案例"；社会综合治理服务模式获省委全面深化改革委员会办公室《领跑者》刊发，作为县域解纷模式样板在全省推广，受到省委书记车俊和最高人民法院院长周强肯定；推出全省渔业船舶交易、政府间投资项目"一件事"改革，办理首单"出生一件事"，首建"我来办"金牌专员队伍；成立首个小区"兼合式"党支部并在全市推广，香榭花园小区党支部被确认为全国第一个物业小区党支部；普陀水产品精深加工产业创新服务综合体列入第二批省级创建与培育试点名单，辅助生殖、医疗器械注册、外籍医师执业准入等助推健康产业发展。建立信用承诺机制和诚信宣传长效机制，社会信用代码制度"一照一码"覆盖企业100%。推进"码上识店"智慧监管，增设沈家门海鲜夜排档特色诚信示范街区，推出首个以志愿服务为主题"志愿贷"，推出"丰收农合通"贷款、"东海渔嫂"巾帼创业贷、东极渔户"银渔信"等产品。全市社会信用体系建设第三方督查中，普陀为县（区）、功能区管委会第一。

【优化营商环境】 区委、区政府印发《深化"最多跑一次"改革，进一步优化营商环境的若干意见》，区发改局发布《进一步优化营商环境任务清单（2019年度）》，拟订2.0升级版，打造"五最"（审批最少、流程最优、效率最高、服务最好、企业和群众获得感最强)县区,形成一批"首创性"特色制度创新成果。推进"我来办"金牌专员服务,提供服务2000余件;依托"1+X"项目协同会商机制首创航运企业跨省迁移"船舶不停运";实现企业水、电、气报装进驻行政服务中心"一站式"办理,节约时间30%以上;实施领导干部窗口坐班暨陪跑制度;推进常态化企业问题对接解决平台和"8718666"(帮企一把)服务专线、涉企行政执法检查备案制度、存量商品房交易登记"60分钟"发证,开展首张"首违不罚"清单、探索驻企巡回审判点、出口退税即报即审即退等,发布《普陀区损害营商环境行为问责办法》。

【行政审批制度改革】 普陀区深化浙江政务服务网投资项目在线审批监管平台3.0版,推广"一口受理、在线咨询、网上办理、快递送达"办理,以"数据跑"代替"企业跑",实现网上全省重点改革"三个100%"(申报率100%、网上审批率100%、办件回传率100%)指标任务。全年服务项目业主200个以上,减少企业跑次数800次,节省时间500天以上。推进企业投资项目审批改革,实现一般企业投资项目赋码备案至竣工验收审批"最多跑一次""最多80天"。企业"承诺制+标准地"审批平均用时20天,一般企业投资项目审批平均30天。全年出让"标准地"12宗。推进政府投资项目审批事项部门间"一件事""最多跑一次"改革,审批时限从126个工作日压减为60个工作日,压减幅度52%,申报材料从144份压减为61份,压减58%。

【能源综合保障】 区发改局牵头完成吴家岙、鲁家峙2座综合供能服务站主体工程建设。全年淘汰燃煤锅炉3台。制订展茅工业园区集中供热实施方案,建成后可减少煤炭使用量1.2万吨以上。完成能源"双控"(控制能源消费总量、能源消费强度)目标,单位GDP能耗同比下降4%。筛选区内重点用能企业6家(含六横),并接入国家用能实时监测平台。全年开展能源执法监察5次,涉及市场主体20余家。与中国华能集团有限公司、上海电气集团股份有限公司等企业对接,推进浙江(普陀)海上风电产业基地建设。

【创建特色小镇】 普陀区推进沈家门渔港省级特色小镇建设,对标AAAAA级旅游景区硬件标准完善旅游标识标牌、旅游星级厕所等基础设施建设和旅游配套服务;联动"渔港十景"景点景区建设,提升渔港"一港两岸"旅游设施及灯光夜景,丰富渔港夜游、海钓游艇等游玩线路和项目。协调半升洞区块项目建设,推进宝龙高端休闲街区、鲁家峙至东港海底隧道工程。完成小镇固定资产投资14.4亿元,引进企业203家,创税收4.26亿元,旅游接待人数643.57万人次。获全省特色小镇"亩均效益"领跑者称号。有序推进市级特色小镇,展茅海创小镇从培育升为创建。展茅海创小镇、东港海上小镇、六横深蓝小镇进入创建梯队,获全市年度考核优秀;沈家门渔港小镇获全省年度考核良好等级。

【金融监管】 区发改局建立民营经济高质量发展战略合作机制,走访区内银行、企业50余次,为企业解决各类融资难题30余个。根据企业条件和融资需求,建立融资"三张名单",其中需要帮扶纾困企业19家,需要支持优质企业179家,需要资金中小微企业561家。实施小微信贷"增氧"计划和"滴灌"工程,小微市场主体贷款余额完成年度目标167%;平均利率较年初下降0.71个百分点。推出"T+0"转贷模式,推广"无还本续贷"业务,涉及市场主体214个。制定《推进普陀金融小镇建设工作方案》《普陀区融资租赁公司监督管理暂行办法》《普陀区商业保理公司监督管理暂行办法》。引入全国性大宗商品金融服务创新中心服务基地。聘用省内外金融领域专家学者为小镇顾问,召开普陀金融小镇产业定位及发展研讨会。企业上市梯队10家。建立5家企业组成科创板后备企业库。新增省股权交易中心挂牌企业5家。配合区银监办开展不良贷款"清淤行动",全区不良率降至0.85%。承接融资租赁、担保等5类机构监管职能,落实地方金融风险网格化管理,清退24家重点关注互联网金融企业。

【价格管理】 区发改局定期对49种"菜篮子"价格,以及粮油、药品、食盐等342种重要民生商品价格进行采集、分析、公示、上报。全年编写《"菜篮子"价格监测》68期,商品、药品价格监测各12期。关注价格运行中苗头性、倾向性问题,掌握粮、油、猪肉等事关民生和经济发展农副产品价格变动情况。对全区涉企行政事业性收费、政府定价经营服务性收费实行目录清单管理,通过政务网向社会公示及动态更新,提高涉企收费透明度。核定和调整岛间客运、民办中小学学费、物业服务、停车服务等14项政府定价商品和服务价格。下浮六横至宁波客滚航线车辆运输费10%,调整和制定桃花镇自来水价格和污水处理费标准,协同推进农业用水价格改革。开展政府定价成本监审,先后开展民办教育、居民供水、旅游景点等11批次政府定价成本监审。受理完成涉案、涉纪及行政执法部门价格认定案件280件,价格认定总金额6880万元。

(撰稿:孙斌)

统计管理

【概况】 2019年1月,全区机构改革,区统计局调整为独立设置。3月,区统计局内设办公室、综合核算科、产业统计科、社会统计科(统计稽查室);辖有区社会经济调查队、区普查中心2个事业单位。统计业务包括综合、国民经济核算、统计名录库、渔农业、工业、批发零售、住宿餐饮、能源、服务业、劳动工资、建筑业、固定资产、房地产、科技、城乡一体化住户调查、粮食生产监测、扶贫统计监测、产业集聚区监测、规模以下工业抽样调查、限额以下商贸业抽样调查、限额以下服务业抽样调查、特色小镇统计监测、自贸区统计监测等23项专业统计。是年有干部职工29人。

【统计资料发布】 2019年,区统计局发布《舟山市普陀区2018年国民经济和社会发展统计公报》《舟山市普陀区2018年统计年鉴》。按月编印《普陀统计信息》,及时反映全区各行业生产运行、经济效益等情况及全市各县区主要经济指标横向比较情况,发送区、街道镇党政主要领导和主要部门,《普陀统计信息》月印数300本。编印《普陀统计手册》600册、《普陀统计年鉴》200本。撰写调研课题、统计分析、统计信息56篇,供各级领导和社会公众使用。

【统计业务培训】 2019年,区统计局利用统计年报会议、专业业务培训会议等"以会代训",统计人员从业资格培训,统计继续教育等形式,开展以街道镇、村(社区)、部门、企业统计调查人员为对象的统计业务知识培训,提高基层统计人员统计工作能力和服务水平,全年组织各类统计业务培训35期,参加培训人员1800余人次。

【统计执法监督】 2019年,区统计局加强统计法治建设。制定《2019年全区统计法治工作要点》。落实省委巡视组反馈的"经济指标统计上报数据不实"问题整改,开展全区范围内"整治统计造假、提升统计数据质量"专项行动、行政执法案卷自评检查和"统计数据质量整治提升专项行动"主题教育专项整治。加大统计执法检查和统计违法行为惩戒力度。推进统计执法案件"掌上化",开展"双随机"执法检查,稽查单位40家,发现问题单位6家,行政处罚4家。

【专项调查】 2019年,区统计局实施粮食生产、海洋产业集聚区、低收入农户、特色小镇、自贸区等统计监测,调查企业发展环境、农民工市民化进程、劳动力、党风廉政建设民意、城市公共交通分担率和城市交通满意度、平安浙江人民群众安全感满意率,开展平安乡镇(街道)人民群众安全感满意率调查等。全年开展9项调查,调查城乡居民家庭2015户、企业90家。

(撰稿:叶根杰)

编辑:李群亚

金　　融

综　述

2019年，普陀区金融机构围绕区委、区政府“自由贸易先行区、海上花园会客厅”发展定位，按照营商环境打造、新旧动能转换、城市有机更新三大任务，落实稳健货币政策，强化金融服务，推进经济结构调整和转型升级，支持普陀经济社会健康发展。是年末，全区人民币各项存款余额488.45亿元，比上年增加54.05亿元，增长12.44%；外币存款余额9591万美元，比上年增加987万美元，增长11.47%。人民币贷款余额510.97亿元，比上年增加44.73亿元，增长9.59%；外币贷款余额1193万美元，比上年增加922万美元，增长3.4倍。全区不良贷款余额2.48亿元，比年初减少0.06亿元，不良贷款率0.48%，比年初下降0.06个百分点，不良贷款实现“双降”。全区各金融机构通过诉讼、现金清收、资产转让等方式，全年累计清收和处置不良贷款3.91亿元，其中现金清收0.98亿元，呆账核销0.72亿元，资产转让2.14亿元。区工商银行对舟山陆港物流有限公司2.12亿元

2019年普陀金融机构信贷收支、保险、证券统计情况

表39　　单位：亿元

指标名称	2019年	2018年	比2018年增减(%)
一、人民币各项存款	488.45	434.40	12.44
其中：单位存款	186.56	179.49	3.94
个人存款	294.01	249.99	17.61
二、人民币各项贷款	510.97	466.24	9.59
其中：工业贷款	45.39	40.62	11.74
水产加工业	21.52	18.78	14.59
船舶修造业	10.76	11.12	−3.24
海运业	29.67	28.28	4.92
房地产建筑业	22.85	23.33	−2.06
旅游业	18.09	12.67	42.78
商贸业	53.51	45.68	17.14
渔业贷款	21.67	18.25	18.74
个人消费贷款	138.68	128.68	7.77
不良贷款	2.48	2.54	−2.36
不良率(%)	0.48	0.55	−12.73
三、外币存款(万美元)	9591	8604	11.47
外币贷款(万美元)	1193	271	340.22
四、保费收入	7.28	7.35	−0.95
其中：产险	2.52	2.41	4.56
寿险	4.76	4.94	−3.64
赔款支出	2.28	2.09	9.09
五、股票成交量	234.74	180.69	29.91

不良债权转让，占全区不良处置额54%。

全年保险公司保费收入7.28亿元，比上年下降1.0%。其中，财产保险费收入2.52亿元，增长4.5%；人身险保费收入4.76亿元，下降3.7%。保险公司赔款支出2.28亿元，增长9.1%；保险公司给付支出0.72亿元，增长10.0%。

区人民银行

【概况】 2019年，中国人民银行浙江省分行舟山市普陀区支行（简称区人民银行）贯彻执行稳健货币政策，加强对商业银行窗口指导，推进普惠金融建设，完善金融管理和服务，维护区域金融稳定。是年末，区人民银行内设办公室、信贷统计监测部、外汇管理部、金融业务管理部4个部门，有正式员工23人，办公地址在东港街道麒麟街233号南楼。

【货币信贷管理】 区人民银行制定出台《关于2019年金融支持普陀经济高质量发展的指导意见》，要求全区各银行业金融机构加大对实体经济金融支持力度，加快推进经济结构调整和转型升级，防范和化解金融风险，促进普陀经济发展。在区人民银行争取协调下，中国人民银行舟山市中心支行与区政府签订共同推动普陀区民营经济高质量发展的战略合作协议，通过“行府合作”共同实施五方面12项政策措施，落实“金融为民”。签约仪式上，区人民银行与普陀农村商业银行、普陀稠州村镇银行签订再贷款意向协议，推出全市首款运用支农再贷款专项信贷产品“央行支农小微贷”“央行乡村振兴贷”，专项发放用于涉农涉渔民营企业7000万元。增强法人机构信贷“支小”能力，发放“支小”再贷款6000万元。

【小微企业金融服务】 区人民银行以区政府筹建“普陀区企业公共服务平台”为契机，与相关单位讨论融资服务平台框架建设事宜，对金融产品展示、企业融资需求对接、服务信息反馈等内容作明确和细化。融资服务平台于2019年8月正式上线，至年末，线上有36家企业提出融资需求1.6亿元，通过线下对接为27家企业办理贷款约1.15亿元。与区工商联开展5项工作机制对接，推进民企“三服务”工作，建立金融机构“1+2”（1家重点民营企业和2家小微企业）对接服务机制。至年末，区人民银行各金融机构走访人数累计96人次，走访企业846家次，搜集问题231个，解决或部分解决问题203个，为企业解决融资金额3.07亿元。开展全省“万家民企评银行”活动，全区有220家企业参与，对全区各银行业金融机构金融服务作出客观评价。建立金融支持民营和小微企业监测机制，围绕贷款总额、利率、不良贷款等全方位进行监测。至年末，全区民营企业贷款余额125.41亿元，比年初增加10.78亿元。小微企业（包括个体工商户和小微企业主）贷款余额159.18亿元，比年初增加18.01亿元，其中授信1000万元（含）以下小微企业贷款余额69.76亿元，比年初增加18.95亿元。小微企业贷款加权平均利率从年初6.1448%下降为5.7198%。

【优化营商环境】 区人民银行推进企业融资便利度，根据舟山市《建设最优营商环境（获得信贷）行动方案》要求，引导金融机构争取信贷审批权限，扩大对基层机构信贷审批转授权。要求金融机构整合流程，按照能减则减、能合则合原则，在风险可控前提下精简信贷办理环节，运用移动互联网、大数据等信息技术全面获取客户信息，提高信贷审批效率。全区信贷办理时限压减至10个工作日以内占比99.22%，较前期上升0.27个百分点；申请材料压减至9份以内占比95.31%，较前期上升4.97个百分点；办理环节压减至4个以内占比82.55%，较前期上升22个百分点。推进还款方式创新，普陀农村商业银行与区信用担保公司合作推出“T+0”转贷业务，年末，为23家企业办理该项业务，金额约1.3亿元。推进“无还本续贷”业务，建立续贷提前沟通机制，满足企业资金周转需求，稳定企业预期。年末，有13家金融机构开办“无还本续贷”类似融资产品，其中9家金融机构合计累放8.06亿元，惠及贷户约200户。

【支付结算】 区人民银行按照全省移动支付受理环境建设总体部署，开展“移动支付应用示范县（区）”创建，召开辖内银行机构创建工作推进会，出台《2019年普陀区移动支付便民示范工程实施指导意见》，明确华之友、凯虹、海莲路等5个移动支付应用示范商圈(街区)创建目标。深化银行卡助农服务点与村级电子商务服务点合作共建,组织普陀农村商业银行、邮储银行普陀支行完善服务点综合服务功能,打造五星级助农服务点。结合区政府“移动支付之城”建设,2019年完成东港美乐汇、南沙停车场等“无感支付”场景打造、365阳光菜场智慧菜场建设。

【账户管理】 区人民银行落实上级人民银行关于取消企业银行账户许可改革工作要求,组织银行机构做好账户管理、内控合规、业务考核、责任追究等制度以及企业银行账户管理协议修订工作,组织人员对辖内银行机构开展现场核查、资料备案、事后核查等加强账户管理。建立通报机制,编辑1期《银行机构落实取消企业银行账户许可相关情况通报》,压实商业银行账户管理主体责任。是年,审核6148户备案类账户、核准类1218户,核查面达83%,退回不合规账户合计776户,其中备案类账户退回619户、核准类退回157户。开展法人机构个人Ⅱ、Ⅲ类户全面风险排查工作,督促辖内两家法人机构落实个人银行账户分类管理各项制度要求。

(撰稿:刘宽宏)

银行保险监管

【概况】 2019年5月10日,中国银行保险监督管理委员会舟山监管分局普陀监管组(简称区银保监组)挂牌成立,办公地址沈家门街道同济路118号建设银行大楼6楼。承担原中国银监会浙江银监局舟山监管分局普陀办事处所承担的银行监管职责,增加保险监管职责。年末,普陀区域内有银行业金融机构21家,营业网点118家,银行从业人员1702人;保险业金融机构17家。

【监管引领与金融服务】 2019年,区银保监组通过调研走访、召开专题会议、“政银企”三方会谈、完善报表体系等形式,督促辖内银行机构通过银团贷款等方式支持普陀重点项目建设,推动政策性金融、开发性金融与商业性金融相结合。全区银行业金融机构支持普陀重点项目49个,授信260.8亿元,贷款余额129.2亿元,同比增加6.58亿元,保障普陀重点项目融资需求。推动全区银行业机构践行“最多跑一次”和“两跑三降”等为民服务理念,降低服务门槛,下沉服务重心,创新服务品种,不断完善“小微金融”和“普惠金融”服务机制。指导督促普陀农村商业银行在强化流程控制和风险防范前提下与区信用融资担保公司合规开展“T+0”转贷业务合作,持续推进无缝对接循环贷、年审制等方式开展小微企业还款方式创新加大小微企业贷款支持力度。是年末,全区小微贷款余额166.18亿元,比年初增加33.19亿元;涉农贷款余额172.24亿元,比年初增加19.38亿元,贷款户数同比分别增加4543户和9644户。区银保监组推动企业帮扶工作,多次参加区政府组织浙江欧华造船股份有限公司、浙江扬帆集团股份有限公司、浙江永跃控股集团有限公司等困难企业帮扶协调会,召开普陀区大型银行企业帮扶情况通气会。协调贷款主办行帮扶企业缓解资金困难,力促银行机构为企业减负,帮扶企业共渡难关。

普陀区保险业机构监管工作座谈会　(区银保监组提供)

【风险监管与金融稳定】 2019年,区银保监组加强区域风险监测,建立完善普陀区银行机构账面不良、实际不良、不良处置、风险贷款、案件诉讼等一系列不良监测报表体系,建立风险预警报告、信用风险分析、案件风险信息等报告制度。多次召开企业风险处置协调会、监管专题会议和有关工作部署会,传导监管压力;向舟山银保监分局和区政府领导汇报普陀银行业主要风险情况和处置进度。全年组织召开风险防控专题会议3次、约见重点机构高管谈话5次,在区银保监组推动下,当年辖内银行业逾期90天以上贷款均纳入不良贷款。开展“清淤行动”专项督导,对辖内单户500万元以上存量不良贷款涉及机构开展督导,指导化解方案,督促化解进度。是年全区处置化解不良贷款4.20亿元。年末,全区不良贷款余额2.48亿元,不良率0.48%,分别比年初减少和下降0.06亿元和0.07个百分点。

【法人机构监督与管理】 2019年,区银保监组多次对普陀农村商业银行和普陀稠州村镇银行走访调研、三方会谈、审慎会谈、监管通报、非现场监管和参加工作例会,传导监管政策,指导工作方法,压实工作责任。督促做好流动性应急演练,切实防范流动性风险。配合舟山银保监分局开展对普陀稠州村镇银行监管联动,约见高管谈话,向舟山银保监分局和区政府领导报告普陀稠州村镇银行风险情况。开展辖内两家法人机构“治乱象 维秩序”工作督导,对组织推动、排查开展、整改问责、机制建设、监管要求等传导贯彻和治理成效实施现场评估。加强法人机构全口径不良贷款监测,督促做好不良贷款入账和增提拨备工作。至年末,普陀农村商业银行贷款不良率比年初下降0.06个百分点;普陀稠州村镇银行拨备覆盖率比年初提高157.87个百分点,不良率比年初下降1.39个百分点。

区银保监组召开国庆70周年安保工作会议 (区银保监组提供)

【现场检查与案件防控】 2019年6月,区银保监组配合舟山银保监分局对普陀稠州村镇银行开展重点业务常规检查暨重点领域风险排查。7—8月,配合分局对普陀农村商业银行开展农村银行“三重”交叉检查。落实扫黑除恶工作任务,开展非法集资风险排查和互联网金融风险专项整治工作。督促辖内银行业机构始终保持案防高压态势,落实人员,强化问责,开展演练,加强涉恐资金查控,全年“零案件”。督促机构按照监管部门要求,整治银行业各种乱象,加大违法违规处罚力度。是年,全区银行机构因违规被处理及责任追究701人次,其中警告20人次,给予告诫和通报批评等其他处分66人次。经济处罚621人次,处罚金额125万元。受理信访咨访服务2件。

【银行保险机构创城服务】 区银保监组带领辖内21家银行业金融机构和17家保险业机构参加舟山市和普陀区开展的文明城市创建“省测”“国测”模拟演练,创建全国文明城市“省测”“国测”迎检工作,完成普陀区银行保险机构迎接“省测”“国测”任务。

(撰稿:陈嘉豪)

区工商银行

【概况】 2019年年末,中国工商银行股份有限公司舟山普陀支行

(简称区工商银行)本外币各项存款余额 742274 万元,各项贷款余额 489283 万元,全年完成中间业务收入 5681 万元。区工商银行辖 9 家网点,其中舟山岛网点 6 个(本级营业部、沈家门支行、浦西支行、东港支行、水产城支行、港城支行)、其他岛屿网点 3 个(朱家尖支行、六横支行、普陀山支行),在编员工 140 人。

【经营效益】 年末,区工商银行实现拨备前利润 1.65 亿元,比上年末增 0.11 亿元。因中间业务收入品种变少、目标客户缩减,对区工商银行中间业务收入增长带来不利影响,区工商银行拓宽中间业务收入来源渠道,加大对基础类中间业务收入拓收增收力度。全年中间业务收入 5680.89 万元,其中基础类中间业务收入 954.4 万元。

【存款业务】 区工商银行按一户一策机制,做好“续”“转”“压”工作;以“新客户 + 新资金”为营销重点,做大金融资产蓄水池。针对重点客户,找准需求点,为其量身定制金融服务方案,加强重点客户日常维护。年末,区工商银行本外币各项存款余额 742274 万元,比年初增加 48826 万元,各项存款余额在区域内“四行”中占比第一、增量占比第二。其中,公司存款余额 99885 万元,比年初减少 29039 万元。储蓄存款余额 411532 万元,比年初增加 60807 万元。机构存款 230184 万元,比年初增加 17047 万元。同业存款 673 万元,比年初新增 11 万元。

【贷款业务】 2019 年年末,区工商银行本外币贷款合计 489283 万元,比年初减少 58121 万元。其中,受项目贷款到期归还、不良贷款清收处置、潜在风险贷款压降等不利影响,公司贷款余额 295020 万元,比年初减少 93763 万元;通过加强与楼盘合作,抢抓一手住房市场,竞争优质客户和楼盘项目,扭转上半年个人贷款增量出现红字局势,个人贷款余额 194263 万元,比年初新增 35642 万元。区工商银行以“e 抵快贷”等创新产品为抓手,推进普惠金融工作。年末,普惠贷款余额 29432 万元,比年初增 19492 万元。其中,纯小微企业 17 户、7713 万元,普惠型个体工商户和小微企业主贷款 177 户、21720 万元(其中“e 抵快贷”168 户 21283 万元)。

【风险管理】 2019 年,区工商银行清收和处置不良贷款 21964 万元,6 月一笔超 2 亿元贷款劣变后不良率上升到 3.74%,区工商银行确定在年内完成清收处置目标,于 12 月完成处置。年末区工商银行不良贷款余额 1829 万元,比年初增 305 万元,不良率 0.37%;潜在风险贷款余额 50351 元,比年初减 25536 万元。

【客户服务】 区工商银行围绕中国工商银行“客户为尊,服务如意;员工为本,诚信如一”服务文化核心理念和建设“客户满意银行”和“客户首选银行”目标,推进全行渠道建设和服务品质双提升。2019 年,为客户提供特事特办、急事急办特殊业务上门服务 250 余次,解决特殊客户金融服务需求。区工商银行营业部通过中国工商银行有限公司浙江省分行

区工商银行员工办理“e 抵快贷”业务 (区工商银行提供)

区工商银行员工上门为客户办理 ETC 业务 (区工商银行提供)

四星级网点复评,又获评中国工商银行五星级网点。

(撰稿:夏露)

区农业银行

【概况】 中国农业银行股份有限公司舟山普陀支行(简称区农业银行)是中国农业银行股份有限公司一级支行机构,隶属于中国农业银行股份有限公司舟山分行,下辖9家营业网点(舟山普陀支行营业室、舟山沈家门支行、舟山海力生支行、舟山渔都支行、舟山东港支行、舟山海中洲支行、舟山浦西支行、舟山北区支行和舟山六横支行),内设5个部室(综合管理部、风险管理部、运营财会部、公司业务部和个人金融部),员工171人。2019年年末,各项本外币存款余额599104万元,各项贷款余额775152万元,实现中间业务收入3826万元,实现净利润23015万元。

【核心业务】 2019年,区农业银行抓牢核心存款业务,加大信贷投放力度,支持地方经济建设。年末,存贷规模超137亿元,列区域内四行第一。各项本外币存款余额599104万元,比年初新增31653万元。其中,个人存款余额380623万元,比年初新增60990万元。全年新增贷款13.8亿元,贷款总量、增量跃居四行第一。配合支持区政府重点项目投资建设,全年8.77亿元信贷资金重点投向永兴村棚户区改造、嵊泗至定海公路、鲁家峙至东港公路工程PPP、国电普陀6号海上风电场2区工程、中电建水务10万吨海水淡化等工程项目。

【风险防控】 区农业银行紧盯大户风险化解和治理。实施大额不良资产行领导牵头处置机制,“一户一策”制定处置方案,运用多种处置方式,提升处置效能。紧盯“担保圈”风险防控。严控新增保证担保,采取增加抵押物、担保置换、贷款压降、担保圈切割等方式防控担保圈风险;关注圈内企业风险动向,及时应对。紧盯清收处置进度,制定重点清收处置项目,锁定目标、责任到人、层层推进。2019年年末,实现不良率0.12%。全年不良贷款清收处置11753万元,其中现金清收10556万元,商业化受托资产批量转让6560万元,呆账核销16万元,形态回调2019年新增26户、1563万元。

【支持民营和小微企业发展】 2019年,区农业银行再推服务民营和小微企业新举措。通过减环节、减时间、减材料等系列措施,提升企业获得信贷便利化;通过与区市场监管分局签订区小微企业培育库省级试点“政银企”合作协议,共同探索建立信用评估、风险控制、信息交流等小微企业服务机制,深化“政银企合作”促进金融“活水”普惠小微企业;通过“百名行长进民企”“征信助力小微企业与民营企业”等活动,摸排企业客户需求,构建续贷沟通工作机制,强化征信信息保护和征信监管等宣传,推进“用征信,促融资”良好信用环境建设。加大对民营和小微企业资金支持力度,2019年年末,小微企业贷款余额7.04亿元,比年初新增2.41亿元。

【惠农扶贫】 区农业银行推广村

民信贷档案系统，系统优化农村信用环境。创新贷款担保方式，推广农民住房财产权、土地经营权“两权”抵押贷款；扩大渔船、林权抵押范围，盘活渔农村资产；为渔农户提供“惠农e贷”“救灾贷”“农民安家贷”“农户中长期经营性贷款”等产品。加强与省农业再担保公司等合作，发放农户信用担保贷款合计1781万元。2019年年末，实现涉农贷款余额6.15亿元，比年初新增1.44亿元。通过与中国农业银行股份有限公司凉山喜德支行党建结对和扶贫结对、选派业务骨干到乡镇挂职、开展消费扶贫、与虾峙贫困户扶贫结对、送金融知识进村下乡等方式，做好金融扶贫宣传教育和慰问工作，为农村送去知识、信心和发展思路，释放金融赋能，助力脱贫攻坚。

【网点环境服务提升】 区农业银行加快网点智能化转型步伐，渔都支行、东港支行2家网点完成新址搬迁和智能化改造，六横支行等3家网点实施“软转”，其他网点智能化改造提上日程。加大金融科技改造力度，优化升级新一代超级柜台系统对公开户流程和功能，新上线个人贷款智能作业系统，实现“对公开户最多跑一次”和“个贷业务跑零次”，以科技力量提升金融服务效率。将窗口规范服务提升和文明行业、文明城市创建相结合，为行动不便者开辟“绿色通道”，实行专人服务进社区、进医院，上门服务解决客户之急，为客户提供高效、便捷、舒适金融服务。

区农业银行举办2019年健步走活动　（邵晓鸣摄）

区农业银行员工服务客户　（邵晓鸣摄）

【公益慈善】 区农业银行在金融知识宣传、防范电信诈骗、慈善募捐、义务献血、帮困扶贫、环境保护、交通劝导等领域开展各类活动，弘扬公益慈善文化。2019年，组织人员进村下乡、进企业、进商场、进社区等开展“3·15”金融消费者权益日、“6·14”信用记录关爱日、“普及金融知识，守住‘钱袋子’”金融知识普及月、“征信助力小微企业与民营企业”等专题宣传活动。做好创城工作，共同为舟山创城和美丽普陀建设加油助力。

（撰稿：冯笑笑）

区建设银行

【概况】 2019年年末,中国建设银行股份有限公司舟山普陀支行(简称区建设银行)人民币存款日均余额39.77亿元,各项贷款余额51.5亿元。区建行银行内设综合事务部(办公室)、公司客户部、个人银行部3个部室,下设营业部、六横支行、东港支行、东港新区支行、浦西支行、渔市支行6个营业网点,在编员工107人。

【存款业务】 2019年年底,区建设银行紧跟政策,抓好账户营销,关注招商引资方面信息,营销外来投资账户,推进营销工程质量保证金专户、农民工工资保证金专户,在巩固财政、城建等存款大户基础上,推进中小企业合作平台建设,拓展中小优质企业客户,通过业务创新,进军私募债业务,实现存款新增。组织柜员、客户经理深入社区、企事业单位,奔赴海岛、农村,借助"进区入户"活动和"裕农通"普惠金融,利用"聚财宝"、利率上浮、特色储蓄等产品优势开展产品组合营销和投资理财规划服务,主动拓展市场,吸引行外资金,同时推荐购买月末、季末能够到期理财产品,做到理财产品和核心存款良性循环,为核心存款时点新增提供支撑。是年,全行人民币存款日均余额39.77亿元。

走访东港街道南岙村"裕农通"普惠金融服务点 (区建设银行提供)

建设银行普陀支行金智惠民送金融服务到乡村 (区建设银行提供)

【负债业务】 区建设银行立足普陀实际,关注政府政策导向,支持重点项目。推进普惠金融战略,支持小微企业发展,以大数据信息为抓手,挖掘存量小企业金融需求,推广"小微快贷""税易贷""POS贷"等产品,拓展网点小微企业信贷业务。以"文明助农贷""好家庭信用贷"等产品为切入点,加大农村市场拓展力度,提升普惠金融品牌在农村市场影响力。个人贷款积极作为，走访房地产企业，加强与优质中介机构合作，推进个人“快贷”业务拓展。2019年发放个人贷款8625笔，金额5.07亿元。年末人民币各项贷款余额51.5亿元，不良贷款余额2311.48万元，不良率0.45%。

【普惠金融】 围绕中国建设银行“三大战略”和第二发展曲线工作部署，区建设银行通过公私联动、母子公司联动，推进与社会管理、民生服务机构系统对接。结合舟山区域特点，打造个人金融生态圈，建设智慧菜场项目、智慧旅游、无感停车、舟山国际水产城善融商务企业外联平台等项目，为居民提供智能化、数字化消费环境。与虾峙镇对接助力脱贫工作，组织党员干部进行爱心捐款，资助虾峙6户贫困家庭。营销工程项目开立农民工工资支付专用账户，上门为民工开立工资卡、手机银行，定期组织员工上门为农民工提供金融服务和宣教，打造“农民工普惠服务平台”，推出“民工惠”产品，解决农民工讨薪难的社会问题，保证农民工权益。利用大数据推进普惠金融活动，办理“文明助农贷”、全市首笔“好家庭信用贷”，推广“裕农通”，做到普陀辖内行政村全覆盖，运用大数据产品，为小微企业融资提供金融支持。

（撰稿：张晨）

区中国银行

【概况】 2019年，中国银行股份有限公司沈家门支行（简称区中国银行）围绕客户基础，做好客户拓展、存款争揽、贷款储备、不良管控、营收狠抓、内控案防、党建等重点工作，推动全行经营业绩持续发展。年末本外币各项存款余额30.26亿元，比2018年年末增加6.46亿元；本外币各项贷款余额27.45亿元，比2018年年末减少4.15亿元；不良贷款余额587万元，较2018年年末减少318万元，贷款不良率0.21%；实现营业收入1.03亿元；实现拨备前利润7616万元，净利润−382万元。区中国银行内设综合管理部、公司金融部、个人数字金融部3个职能部门；下辖营业部、东港支行、平阳浦支行、浦湾支行、海印路支行、六横支行6个对外营业部门；员工89人。区中国银行营业地址沈家门同济路85号。东港支行获评2018年度中国银行舟山市分行“中银卓越集体”；海印路支行获得2019年中国银行舟山市分行“先进基层党组织”称号。谢俊俊获总行级2019年中国银行“中行好党员”称号，12人获省行级、11人获市行级各项先进。

【负债业务】 区中国银行坚持时点存款、日均存款两手抓。树立“存款立行”经营理念，以抢占日均存款、市场份额为主要目标，结合绩效考核导向、各类竞赛活动，调动客户经理营销积极性和主动性。公司条线将客户基础拓展和对公普惠贷款作为业务发展重中之重，结合中国银行股份有限公司舟山市分行对公普惠贷款活动方案、对公客户基础拓展激励方案以及贸易金融业务条线客户拓展方案，发动全行员工挖掘自身人脉资源，营销基础新客户。至年末，新开立对公结算账户245

区中国银行员工进浙江扬帆船厂开展“3·15”金融消费者权益日宣传　（区中国银行提供）

户，其间新开立海警大队基本账户和浦西医院基本户，为后续行政事业单位账户拓展打下基础。

【资产业务】 区中国银行加大普惠金融推广，通过普惠金融贷款利率优惠等优势，争揽各类经营户。区中国银行个人金融业务条线普惠金融贷款投放 13247 万元，比年初新增 3915 万元，公司条线普惠贷款累计新增投放 1172 万元，普惠金融贷款叙做，提升网点基础客户群，带动存款、银行卡、手机银行、来聚财、商户收单等个金指标完成。加大新区建设重大优质项目支持力度，2019 年已批未放贷款主要为舟山海星轮船有限公司禅意小镇立体停车场项目、浙江舟山旅游集团有限公司和舟山交通投资集团有限公司的流贷。重点营销专业市场、行业协会、个体工商户、渔农家乐等重点目标客户群，拓展中国银行股份有限公司浙江省分行推出房贷 + 特色普惠加强个人经营贷款，加强与多家房产公司楼盘业务合作，支持个人客户自住型和改善型购房贷款。

【风险管理】 区中国银行把防范化解风险与服务实体经济结合起来，对重点客户采取“一户一策”防不良策略，执行贷款“四个必须”，坚持“零容忍”，保障授信资产安全。加强堵截三级关注类贷款，对于确实无法堵截的，及早启动诉讼等清收程序，推进诉讼进程。加大不良贷款清收化解力度，上半年完成公司贷款 444 万元不良核销工作。年末，不良贷款余额 587 万元，比年初减少 318 万元，不良率由年初 0.29% 下降到 0.21%。

【渠道管理】 区中国银行完善网点渠道管理布局，完成沈家门平阳浦支行选址及签订工作，启动沈家门支行营业大楼选址工作。推广智能柜台使用，提升柜面业务迁移率，12 月末，重点交易离柜率 86%，推动智能化网点改造和建设。落实中国银行股份有限公司“科技引领”和中国银行股份有限公司浙江省分行“手机银行是中国银行下阶段发展的重中之重”精神，加大手机银行推广和使用，扩大电子银行产品覆盖面，实现电子渠道交易规模提升，优化客户服务体验。年末，手机银行交易户月活 10023 户，目标任务完成率 104.94%，全市排名第一。

（撰稿：俞辉）

在海警大队举行金融知识讲座　（区中国银行提供）

区农发行

【概况】 中国农业发展银行舟山市普陀区支行（简称区农发行）内设办公室、信贷业务部、会计结算部 3 个职能部门，正式员工 17 人。2019 年，区农发行推进长江大保护项目贷款，审批 18.15 亿元，累放 7.43 亿元。年末贷款余额 62.83 亿元，比年初增 4.07 亿元，增幅 7%；日均贷款 60.54 亿元，比上年增 10.15 亿元；存款余额 16.19 亿元，较年初增 1.67 亿元；日均存款 16.28 亿元，比上年增 2.51 亿元。综合业绩排在全省系统 44 个支行第二位，内控评价一类 A 等行，被推荐参加总行文明单位评选。

【贷款业务】 2019 年，区农发行获批 18.15 亿元，发放 7.43 亿元。保障粮食安全，发放政策性粮食储备贷款 4659.4 万元，为充实普

区农发行员工参观军史馆　（区农发行提供）

陀地方粮食储备提供保障。发挥政策性银行优势，解决企业融资难融资贵问题，支持普陀鲁家峙至东港公路（海底隧道）工程项目银团授信4.5亿元，发放贷款2亿元，确保项目建设资金到位使工程顺利进行；支持普陀海洋生态创新谷建设，审批贷款1.15亿元，累放0.8亿元；支持城北综合治理，审批贷款2亿元，累放1亿元。支持小微企业发展，当年投放小微企业1家，金额100万元。打造“服务乡村振兴品牌银行”，加强与区政府及行业主管部门对接沟通，收集融资需求项目清单，定期编制信贷服务手册、项目融资方案及进度汇报。

【存款业务】 2019年，区农发行各项存款余额161896万元，比年初增16687万元，增幅11.49%；日均存款余额162790万元，比上年增25100万元，增幅18.23%。

【合规经营】 区农发行强化内控制度执行，按季开展内控评价工作，关注内控综合治理十大突出问题和深化整治市场乱象工作等八大方面内容，查找问题20个，全部完成整改。开展“巩固治乱象成果　促进合规建设”专项自查。执行银监会、上级行各项禁止性规定，执行各项规章制度，对所有风险进行有效识别、评估和应对，全年无重大差错和违规操作情况，确保业务合规开展。

（撰稿　郦珈萱）

邮储银行普陀支行

【概况】 2019年年末，中国邮政储蓄银行股份有限公司舟山市普陀区支行（简称邮储银行普陀支行）各项存款余额87964万元，各项贷款余额132080万元。

邮储银行普陀支行内设综合管理部、综合业务部2个部室，下辖支行营业部、新街支行、普东支

1月24日，邮储银行普陀支行举办迎新春客户书法联谊会　（邮储银行普陀支行提供）

行、台门支行及六横支行5个自营网点。有员工74人，机构地址沈家门街道兴建路358号。六横支行被评为2019年度市级青年文明号示范单位。

【存款业务】 2019年，邮储银行普陀支行做好扫码支付放款结算商户资产提升工作，确立注重价值、兼顾长远发展理念，拓展增量提高客户综合回报率和黏性，实现个人金融业务高质量发展。公司存款方面，通过深化政银合作、条线业务联动。年末，各项存款余额87964万元，其中公司存款余额23439万元。

【贷款业务】 2019年，邮储银行普陀支行营销绿色产业项目，为舟山市恒舟废品回收有限公司发放小企业贷款500万元。年末小企业贷款余额23769万元，比年初增3939万元。加强对生猪活体抵押农户贷款项目发放力度，辖区共计养猪经营户5家，授信3家。年末，邮储银行普陀支行各项贷款余额132080万元。

【中间业务】 2019年，邮储银行普陀支行通过方案宣传贯彻、走访营销、落实考核等途径，将公司理财、现金管理、代缴企业电费等业务融入交叉营销过程中，以多样化公司结算服务提高客户黏性，促进存款增长和客户关系维护。全年实现保险业务收入76.13万元，理财业务收入182.68万元，国债业务收入6.87万元，基金业务收入5.28万元，票据收入56.74万元。

7月12日下午，在退役军人创业园，邮储银行普陀区支行与区退役军人事务局签署拥军优抚战略合作协议。

（撰稿：徐哲聪）

自贸区交通银行

【概况】 交通银行股份有限公司浙江自贸区支行（简称自贸区交通银行）2018年7月12日起由交通银行股份有限公司舟山普陀支行更名而成，是普陀区境内第一家自贸区支行，营业地址在普陀区东港街道海洲路727号。有员工22人。2019年年末，本外币各项存款余额67243万元，本外币贷款余额89540万元，不良贷款余额为零。

【业务发展】 2019年，自贸区交通银行促成自贸区油品贸易企业授信落地，给予浙江浙石油燃料油销售有限公司授信额度1亿元，为企业在保税油加注业务上提供融资支持。联合交通银行澳门分行、香港分行和墨尔本分行，实现国内证福费廷资产转卖业务人民币8亿元。实现境外机构境内账户（NRA账户）不落地结汇业务。办理NRA账户不落地结汇业务共计人民币40余万元，便利NRA账户客户人民币资金支付需求。

2019年，自贸区交通银行通过担保买断方式，现金清收最后一笔存量不良贷款427万元，实现自贸区交通银行所有资产均无不良无逾期。针对部分风险企业坚持不抽贷、不压贷，为企业继续经营和存续提供机会，推动企业自救，提升企业发展信心，实现银

自贸区交通银行大楼 （自贸区交通银行提供）

企共赢。

【助推小微实体经济发展】 自贸区交通银行针对小微企业推出“快捷抵押贷”“鱿鱼质押贷”“远洋补贴质押融资”“线上抵押贷”等小微特色产品，满足小微企业多样化金融需求。为客户对接线上抵押贷和快捷抵押贷等产品，实现一次授信、循环使用，在授信期内按年审核，力求化繁为简，让客户省时省心，提升客户体验。

【提升服务】 自贸区交通银行推动网点“厅堂一体化”转型，延续客户分流、大堂巡查等举措，提升服务质量，并融入现代化服务理念，注重电子渠道、自助渠道协调发展，利用“智易通”“网银体验终端”“手持终端”等智能机具，塑造智能化、轻型化、场景化的智慧厅堂，为客户提供全天候、全流程、全功能一站式移动金融服务，提升客户服务体验。秉承“一个交行，一个客户”经营理念，按中国银行业协会《银行业营业网点文明规范服务评价体系和评分标准》，创立“温度、温情、温暖；真心、细心、贴心”服务理念，优化服务流程，提升服务水平，强化服务管理，建立规范化服务体系。获中国银行业协会四星级营业网点等荣誉称号。

（撰稿：郑一帆）

普陀农村商业银行

【概况】 2019年年末，浙江舟山普陀农村商业银行股份有限公司（简称普陀农村商业银行）各项存款余额154.69亿元；各项贷款余额107.88亿元，不良贷款余额1.05亿元，不良率0.97%；全年实现各项收入8.32亿元，实现净利润3.08亿元。是年获2019年度浙江省“民企最满意银行”、全省“三位一体”改革成绩突出集体奖、全省农信发展类（D类）考核一级（优胜）单位、全省农信纪委考核优秀行社、全市农信先进集体、2019年度市级“平安单位”等荣誉。

【存款业务】 2019年，普陀农村商业银行对接区海洋与渔业局做好远洋油补款和国内捕捞渔补款发放工作，参与市区两级政府财政性存款招投标工作，合理发行大额存单业务，加大理财产品发行期数和发行量，推出净值型理财产品，提高揽存吸储竞争力。强化企业代发工资拓展，推进商户资金入账，推动低成本存款账户增加。年末，各项存款余额154.69亿元，比年初增加20.65亿元，增幅15.41%。存款市场占有率31.24%，比年初提高0.8个百分点。存款总量、增量、市场占有率均实现全区第一。

【贷款业务】 2019年，普陀农村商业银行实施融资畅通工程，推进“三服务”活动，出台支持小微和民营经济发展工作意见，优先保障民营和小微企业信贷投放规模。加快金融产品创新，推出“融舟贷”，出台应收账款质押贷款管理办法，推广“企业循环贷”“浙里贷”等循环类纯信用类贷款产品，扩大授信额度、降低贷款利率。在“三张清单”“4+1”金融服务差异化工作基础上，出台“三服务”走访方案，加大企业、园区、商会等走访力度，实现精准营销。修订“T+0”业务处理流程，将客户对象放宽至小微企业、个体工商户、经营主和“三农”客户，实现“T+0”转贷业务服务小微企业全覆盖，结合“延贷通”“续贷通”两项产品，使转贷手续更加便利。年末，各项贷款余额107.88亿元，比年初增加17.01亿元，增幅18.72%，同比多增4.82亿元。

普陀农村商业银行开展浙江农信丰收驿站省级旗舰店“舟山月”普陀专场　（普陀农村商业银行提供）

贷款市场占有率21.08%，比年初提高1.6个百分点，贷款总量、增量、市场占有率均实现全区第一。

【服务乡村振兴】 普陀农村商业银行对接普陀区乡村振兴领导小组，获得乡村振兴主办银行资格发文命名。建立与街道镇党委、村党支部、创业党员三级党建联盟，与桃花、东港、六横镇（街道）政府（办事处）签订乡村振兴合作协议，推动村级集体经济消薄行动，实现全区村级经济授信全覆盖。推进乡村振兴十大行动计划，跟进展茅田园综合体建设项目，支持农业与乡村旅游业深度融合。运用"农乐贷""惠民贷"等信贷产品，支持渔农户创业增收。创新推出"志愿贷""拥军贷""先锋贷""东海渔嫂"巾帼创业贷款等产品，推动社会信用体系建设。

【助力"最多跑一次"改革】 普陀农村商业银行在原有代理业务基础上，与市不动产登记中心联合举办"舟山不动产抵押登记零次跑"主题活动，成为全市首批金融综合服务平台不动产线上登记试点银行。与税务、社保部门合作完成全区13万居民和近4万名学生医保征缴代扣，社银合作业务实现全覆盖。新增展茅、虾峙、东极、登步、桃花、白沙6个公积金业务代理网点，公积金业务代理网点达到9个。

【深化普惠金融建设】 普陀农村商业银行做实整村授信，做好授信情况查漏补缺，在渔农村面向留守老人、回乡创业者，开展走访建档授信。与城市社区对接，介入小区管理相关工作中；与区渔农民合作经济组织联合会、供销社、区融资担保有限公司联合推出"丰收农合通""助农担保贷"，破解农户担保融资难题。开展浙江农信丰收驿站省级旗舰店"舟山月"普陀专场活动，通过12场特色活动展示普陀海上花园城市人文情怀和全行普惠金融成果。活动期间，接待副处级以上领导20人次（其中副厅级以上10人次），接待乡贤400余人次，吸引客流近千人，获"舟山月"活动"突出贡献奖"。

【接轨数字化和大零售转型】 普陀农村商业银行利用数字营销平台，开展充话费送红包、船票满减、扫码随机红包、万元锦鲤等丰收互联业务营销六重"福利"及"一分钱"扫码抽大奖活动，促活互联网价值客户。探索"商户联盟"，出台商户优惠奖励政策，加速收单业务发展。组织开展ETC业务攻坚战，抢占ETC市场。推广校园学费、旅行社等各类缴费代理、配套奖励机制，完成72所学校近4万学生信息收集。联合六横中学打造舟山农信首家"云上校园"，在16所学校上线"智慧点餐"项目，完成朱家尖南沙3号停车场、朱家尖（大洞岙）停车场、香樹花园"智慧停车"改造技术方案，实现普陀青少年宫丰收互联线上报名功能。成立银行业首家"红领巾e站1013"，开展"我是小小银行家"主题活动，推进金融知识普及从娃娃抓起。

【贯彻合规经营理念】 普陀农村商业银行开展信用风险专项排查，加强贷款质量真实性管理，加强风险管理机制建设，开展"清非挖潜"专项行动，全年累计清收处置表内不良贷款8990万元，其中现金收回4177万元，核销4813万元。强化法人治理工作，完善"三层一会"治理组织体系，做好股

普陀农村商业银行开展"我是小小银行家"主题活动 （普陀农村商业银行提供）

权交易变更、质押、信息变更等工作。强化“治乱象”工作，开展合规提升和合规经营年活动，组织开展风险合规专项排查工作。加快网点新标改造，推进第六轮安全评估工作，开展安全生产隐患排查整治，夯实安防基础，2019年度被市公安局评为“平安单位”。

【企业文化建设】 普陀农村商业银行2019年，组建文学、摄影、篮球等8个俱乐部，丰富员工业余生活。配合省农信联社舟山办事处做好“中国梦　农信情”浙江农信第二届职工文艺汇巡演舟山站各项策划、接待工作，编排大型音舞诗《筑梦泽商》参与演出。筹办浙江农信第三届运动会气排球比赛，获赛事“最佳组织奖”，牵头组建舟山农信气排球和广播体操队。连续两年总冠名舟山群岛马拉松比赛，设立舟山籍“半马”奖项，组建400人大型企业跑团，提升企业形象。参加舟山银行业“庆祝新中国成立70周年”职工趣味运动会，获团体第一名。参加舟山银行业“我和我的祖国”书画/摄影比赛，多幅作品获一、二等奖。推进网点文明创建工作，普陀农村商业银行营业部获中国银行业协会五星级网点，东极分理处获中国银行业最佳社会责任特殊贡献网点奖。开展马路交通文明劝导、社区共建、“全民清洁日”等活动，助力全国文明城市创建。

（撰稿：赵小波）

普陀稠州村镇银行

【概况】 2019年，浙江舟山普陀稠州村镇银行有限公司（简称普陀稠州村镇银行）按“降风险、增效益、夯基础”经营策略，发展业务。年末，各项存款余额5.1亿元；各项贷款余额6.0亿元，不良贷款872.23万元、不良率1.45%；全年实现账面净利润1213.45万元。普陀稠州村镇银行内设办公室（安全保卫部）、综合运营部、风险管理部、营业部4个部室，下辖东港支行、沈家门支行、六横支行及朱家尖支行4家支行，在编员工75人。地址东港街道麒麟街233号（东港集团大厦南楼）。

【存款业务】 普陀稠州村镇银行落实年度存款目标计划，制定存款营销奖励办法，开展线上存款营销活动。2019年年末，各项存款余额51061.78万元，其中储蓄存款余额32538.1万元，比年初增加18523.68万元，增幅36.28%。

【贷款业务】 普陀稠州村镇银行主推“市民贷”“安心贷”“无还本续贷”“T+0”等产品，做好小微企业服务工作。2019年年末，各项贷款余额60040.81万元，比年初增加2004.43万元，增幅3.33%。全行“无还本续贷”业务累计发生25笔，金额3942万元。

【主要监管指标】 2019年年末，全行存贷比107.79%，资本充足率46.25%，核心资本充足率45.21%，单一集团客户授信集中度5.66%，单一客户贷款集中度5.66%，拨贷比5.47%，拨备覆盖率376.88%。

【金融服务】 普陀稠州村镇银行推出低利率支农贷款服务渔农村社区，支持渔农地区经济发展；开展服务实体经济工作，提升审批时效，响应政府号召，推行“无还本续贷”和“T+0”业务。推出“扫码付”活动，服务小微商圈，提升支付环境。开展金融知识万里行宣传活动，在渔农地区设立摊位，进行现场讲解。

（撰稿：苏昊旻）

地方性商业银行驻普陀机构

【浙商银行股份有限公司舟山普陀支行】 成立于2014年3月12日，是浙商银行舟山分行辖内首家支行。设有综合管理部、营业部、小企业业务一部、个人零售部、业务发展一部5个业务部门，员工18人。营业地址舟山市普陀区东港街道麒麟街211号东港财富中心A座。2019年，各项存款年末余额56321.39万元，其中对公存款余额19678.34万元、个人存款余额36643.05万元。运用渠道营销，营销国有企业、经济开发区流贷项目，发展集群项目核心客户，发挥小微设备按揭贷，配套使用信用通产品、线上签约提款，营销三年贷、十年贷等业务，优化小企业贷款平台。各项贷款年末余额68930.14万元（房屋类贷款10375.28万元，经营类贷款24316.75万元，流动资金类贷款16000万元，消费类贷款455.5万元）。其中，流动资金贷款16000万元，占总贷款额23.21%，小微企业贷款52535.1万元，占总贷款额76.21%。中间业务以手续费

浙商银行普陀支行营业大门（浙商银行普陀支行提供）

收入为主，包括结算业务、银行卡业务和担保承诺业务。全年发放银行卡884张，实现中间业务收入45023.07元，营业收入1898.56万元，应纳增值税190.3万元，实现净利润2075.95万元。

（撰稿：周迷娜）

【杭州银行股份有限公司舟山普陀支行】 2008年10月23日成立，是落户普陀区第一家城市商业银行。2019年以国企、央企和经营性物业贷营销投放为重点，迎合舟山旅游服务物业经营贷，构建以普陀山（佛教文化）、朱家尖（海岛文化）、普陀东港（海鲜餐饮文化）旅游黄金三角地带为营销区域，以油船、化工船及水产加工企业为突破点的贷款布局。是年，支行融资规模超50亿元。信贷投向在基础设施和政府棚改项目融资余额23.52亿元，占比64.81%；在住宿餐饮及旅游文化产业融资余额4.51亿元，占比12.45%。支行投放19.73亿元表内贷款，新增表内外投放达215330万元。

2019年完成舟山市国有资产投资经营有限公司发起的债券购买60000万元任务。通过借款保函形式为中国水产舟山海洋渔业有限公司发放融资8000万元；通过跨境直贷形式给中国水产舟山海洋渔业有限公司发放融资984万美元；办理旅游集团国际贸易公司信用证代付业务655万美元；办理瑞信石油国内证福费廷业务13770万元；办理电子银行承兑汇票质押开立国际信用证业务53万美元；为国际结算客户锁汇662万美元；为船务公司办理掉期存款200万美元等。

2019年年末，各项贷款余额35.66亿元，比年初增加16.81亿元。其中，公司贷款余额28.89亿元，比年初增加15.9亿元；小企业贷款余额4亿元，比年初增加0.82亿元；零售贷款余额2.76亿元，比年初增加0.41亿元。各项存款余额17.44亿元，比年初增加7亿元。其中，公司存款余额14.03亿元，比年初增加6.96亿元；小企业存款余额1.09亿元，比年初增加0.3亿元；零售存款余额2.33亿元，比年初减少0.25亿元。各项存款日均11.47亿元，比年初增加2.4亿元。其中，公司存款日均8.2亿元，比年初增加1.82亿元；小企业存款日均0.76亿元，比年初增加0.1亿元；零售存款日均2.51亿元，比年初增加0.48亿元。中间业务余额23.07亿元，比年初增加1.68亿元。其中，保函业务余额1.49亿元，比年初增加1.49亿元；承兑业务1.27亿元，比年初增加1.05亿元；委托业务10亿元，较年初无变化。新开立有效结算账户128户，其中基本账户79户、一般户44户、专用户5户。开立网银444个，发出借记卡2392张。

（撰稿：陈器）

【浙江民泰商业银行股份有限公司舟山普陀支行】 成立于2009年6月26日。2019年年末在普陀区域设有普陀、浦西、沈家门、朱家尖4家支行，各项存款余额14.96亿元，比年初增4.40亿元；各项贷款余额15.68亿元，比年初增2.48亿元。其中，小微企业贷款余额8.13亿元，在普陀区21家银行业金融机构中名列第四。民泰银行舟山普陀支行本级内设1个综合部、1个营业中心、5个业务部，有正式员工39人，营业地址东港街道山海街2号。支行经全新改造装修后，营业厅设有自

民泰银行员工介绍金融产品 （民泰银行普陀支行提供）

动存取款机2台、电子银行回单箱1台、智能综合柜台1个、非现智能柜台1个、现金柜3个，配有客户等候区等人性化服务功能分区，配备产品介绍等离子电视。“95343”电话银行等服务设施。全年新增贷款1310户，年末总户数2831户，其中小微企业贷款1404户。做好对海运业信贷支持，把海运业作为“一行一特色”特色来抓，全年净增海运业贷款余额0.85亿元，占比34.27%。落实区政府要求，做好2019年重点项目融资需求对接、个人所得税落地普陀缴纳、无还本续贷、文明城市创建等工作，办理无还本续贷业务81笔，周转金额7871万元。

（撰稿：黄巧蓉）

【台州银行股份有限公司舟山普陀支行】 成立于2012年4月17日，隶属于台州银行舟山分行。2019年，支行设有综合办公室、业务拓展一部、业务拓展二部、小额信贷拓展部、前台业务部5个部门，下辖勾山小微企业专营支行、东港小微企业专营支行、朱家尖社区支行。有正式员工65人，营业地址为沈家门街道滨港路142—153号。年末存款余额54202万元，比年初减8950万元。其中，对公存款7120万元，储蓄存款47082万元。贷款余额114162万元，较年初增长34637元。支行优化营商环境，提升小微企业服务质效。简化流程，提升企业开户效率，推进取消企业银行账户许可证核发工作，做到一站式服务，实现“最多跑一次”。线上办理不动产抵押登记，与市国土资源局签订不动产抵押登记类业务战略合作协议，将相关登记手续前置至支行营业网点，客户办理他项权证时间由原先3天缩短至半天甚至立等可取。全年通过线上办理不动产抵押登记300余笔。继续降低民营和小微企业贷款融资成本，年初制定降利率目标及行动方案，每月、每季度监测控制，通过贷款利率定价透明化、加快中长期贷款投放、坚

台州银行员工上街宣传反洗钱知识 （台州银行普陀支行提供）

持实施减费让利等措施，推进小微企业降成本工作。落实"三服务"行动，开展百名行长大走访、线下融资服务对接活动，走访对接辖内小微企业100余家。通过组织产品推介会、上门营销等活动，获取园区内客户需求，对接普陀区大健康产业园和普陀湾众创码头小微园区，服务入园企业13家。举办金融大讲堂、小小银行家、新春茶话会、赠送腊八粥、慰问孤寡老人、金融知识普及月等各类活动150余场次，普及群众金融知识，提升安全防范意识。

（撰稿：韩娜）

【浙江稠州商业银行股份有限公司舟山分行】 2014年3月17日成立。2019年内设有办公室、风险管理部、运营管理部、小微零售部、营业部，正式员工60人，营业地址为东港街道康腾路18号。主要经营业务范围：吸收公众存款，发放短期、中期和长期贷款，办理国内外结算，办理票据承兑与贴现，代理发行、代理兑付政府债券，从事同业拆借，从事银行卡业务，提供信用证服务及担保，代理收付款项及代理保险业务，经营总行在中国银监会批准业务范围内授权业务。围绕总行"支持小微、服务个私"市场定位，以"小微企业的成长伙伴、个体商户的创业朋友"为经营理念。年末各项存款余额80042万元，其中对公存款余额47367万元、个人存款余额32675万元。各项贷款年末余额47538万元、各项贷款中对公贷款31838万元，个人贷款15700万元，发放小微企业贷款36722万元，占总贷款额77.25%。全年营业净收入1004万元，上缴各项税金224万元。

（撰稿：乌诗怡）

稠州商业银行员工设点解答金融知识（稠州商业银行舟山支行提供）

【定海海洋农商银行普陀支行】 2013年11月21日成立，位于普陀区东港街道海印路831-835号，是定海海洋农商银行开设的第一家跨区域分支机构。普陀支行内设营业部和信贷部，在职员工22人。经营业务范围：吸收公众存款，发放短期、中期和长期贷款，办理国内结算，办理票据承兑与贴现，代理保险业务，经银行业监督管理机构批准其他结算业务。2019年，定海海洋农商银行普陀支行以农信系统"普惠金融年""合规经营年"主题活动为抓手，先后推出渔船贷、市民贷、浙里贷等信贷产品。年末，各项存款余额3.2706亿元，各项贷款余额10.2876亿元，利润4554.63万元。

（撰稿：宋悠悠）

【中信银行股份有限公司舟山普陀支行】 原名中信银行股份有限公司沈家门小微企业专营支行，成立于2015年10月21日，2018年6月27日升级更名为综合性支行，是中信银行股份有限公司舟山分行所辖唯一支行。营业地址在沈家门渔市一路95号海贸大厦一楼，内设营业部、业务部2个部门，正式员工13人。支行升级更名后坚持存、贷款核心地位，调整资产业务结构，加强运行管理，提升核算质量，强化绩效考核，增强风险防控能力，实现平稳发展。2019年年末各项存款余额3.82亿元，其中对公存款2.01亿元、个人存款1.81亿元；各项贷款余额13.38亿元，其中对公贷款3.07亿元、个人贷款10.31亿元；不良资产469.66万元，不良率

0.35%，全年营业收入 2201 万元。

（撰稿：陆晓琳）

【浙江泰隆商业银行股份有限公司舟山分行】 2016 年 3 月 30 日成立。位于东港街道海印路 841 号。坚持服务“两民”（农民、市民）市场定位，服务小微，服务大众，完善中小企业金融服务管理体系，探索小微企业信贷服务和风险控制技术。2019 年年底，内设有 4 个职能部门，下设 2 个业务部门、4 家支行，有员工 108 人，其中业务人员 44 人、柜员员工 22 人、职能部门员工 42 人。年末各项存款余额 86340.61 万元。其中，对公存款 51788.83 万元，占比 59.98%；个人储蓄存款 34551.78 万元，占比 40.02%。贷款余额 77121.93 万元，户均贷款 30.2 万元。其中，中长期贷款 4879.55 万元，短期贷款 67366.53 万元；对公贷款 24525.75 万元，个人贷款 52596.18 万元。小微及个人经营性贷款 66783.93 万元，占贷款总额 86.6%。不良贷款 31.29 万元，占比 0.04%。是年开展一元鸡蛋进社区、广场舞大赛、伏天送清凉、电影下乡、佛瓜义卖、“小小银行家”体验活动等进社区主题系列活动，塑造“有温度的银行”形象。

（撰稿：杨瀚哲）

【浦发银行舟山普陀和馨花园社区支行】 2016 年 8 月 19 日开业，是浦发银行舟山分行辖内第一家社区支行。办理个人结算、银行理财，发放个人贷款，从事银行卡业务，办理非现金代理业务，以及经银监会批准并经上级行授权其他业务。主要拓展银行理财、居民储蓄，拓展保险、基金等第三方代理业务，发展个人按揭贷款，营销信用卡等相关系列产品。2019 年，社区支行履行“改善社区金融服务，促进社区发展”社会责任，延伸金融服务至“最后一公里”。年末金融资产余额 19192 万元，存款余额 5990 余万元，贷款余额 11305 万元。

（撰稿：杜勤怡）

【绍兴银行股份有限公司舟山普陀小微企业专营支行】 2016 年 9 月 28 日正式开业，以“立足地方，服务新区”为经营理念，开展金融知识宣传，针对非法集资、反假币、反洗钱等与金融消费者密切相关金融知识专题宣传活动。营业地址位于东港街道海印路 219 号。2019 年设有行长室、综合管理部、公司业务部、个金部、营业部，有员工 27 人。年末各项存款余额 30865 万元，其中对公存款 22111 万元、个人储蓄存款 8754 万元。各项贷款余额 34276 万元，其中企业贷款余额 9650 万元、个人贷款余额 24626 万元。

（撰稿：厉娜）

【中国民生银行股份有限公司舟山普陀小微企业专营支行】 2017 年 3 月 22 日成立。2019 年年末各项存款余额 46453.54 万元，其中单位存款 33953.88 万元，个人存款 12499.66 万元，各项贷款 4926.35 万元。是年，支行围绕“民营企业的银行、科技金融的银行、综合服务的银行”三大战略定位，立足小微金融业务，强化专业化和精细化管理能力，财富管理经营模式及客户服务模式全新升级。开展公民金融知识普及、消费者权益保护等活动增强市民防骗意识和自我保护能力。

（撰稿：梁俊杰）

绍兴银行舟山普陀支行成立 3 周年庆（绍兴银行舟山普陀支行提供）

【华夏银行舟山普陀小微企业专营支行】 2018年7月5日成立,隶属于华夏银行舟山分行。2019年设有1个综合部、1个营业中心、1个业务部。有正式员工9人,营业地址为东港街道昌正街82号昌正大厦101-1室、201-1室。是年,开设“企业开户绿色通道”和“能量满满·邀约有礼”竞赛活动。年末贷款余额9438万元,其中不良贷款89万元。年末各项存款余额23212万元,比年初增长约195%,其中对公存款余额19707万元、对私存款3505万元。

(撰稿:张含笑)

小额贷款公司

【舟山市普陀区汇润小额贷款股份有限公司】 2009年3月27日成立,是舟山市首家小额贷款公司,注册资本1亿元,其中浙江浩顺商贸有限公司占股40%。实行董事会领导下总经理负责制,下设业务部、信贷管理部、综合部。2019年有员工12人,营业地址:沈家门街道滨港西路58-62号,主营中小微企业、个体工商户和个人小额贷款业务。秉承“诚信、便捷、创新、共赢”经营理念,坚持支农支小、小额分散市场定位,依法合规经营,服务“三农(渔)”小微企业。强化内部管理,严格控制风险,掌握客户信息、动向,跟踪客户的经营情况,做到贷前调查仔细、贷中严格审查、贷后跟踪到位。坚持“支农支小”市场定位和“小额、流动、分散”信贷定位,优化信贷结构,开拓和创新小贷业务。全年累计发放贷款2.25亿元,年末贷款余额1.59亿元,营业收入2042.35万元,实现税后利润41.14万元。是年,被省政府金融工作办公室评为2018年度浙江省A+级优秀小额贷款公司。

(撰稿:贺妙妙)

【舟山市普陀区东港小额贷款股份有限公司】 成立于2012年11月11日,注册资本1.5亿元。浙江欧华造船有限公司为主发起人,投资4500万元,占比30%;舟山强仁进出口有限公司、舟山震洋房地产开发有限公司各投资3000万元,各占比20%;舟山市海波物资有限公司、舟山市东日建筑有限公司、浙江天海置业发展有限公司3家普陀区龙头企业各投资1500万元,各占比10%。2019年,内设业务部和综合部,有员工8人,营业地址为东港麒麟街215号,主营小额贷款业务。年末各项贷款余额16299万元,营业收入1537万元,各项支出595万元,实现税后利润706万元。2012年11月开业至2019年年末累计发放各项贷款2384笔,贷款金额300594万元。

(撰稿:娄文红)

【舟山市普陀区汇龙小额贷款有限公司】 成立于2012年12月25日,注册资本人民币5000万元。由舟山市龙山船厂有限公司为主发起人,投资2000万元,占比40%,联合3名自然人各投资1000万元,各占比20%。实行董事会领导下总经理负责制,下设信贷部、风控部、综合部、财务部4个职能部门,2019年有员工6人。营业地址为六横镇六横路285号电信大楼四楼。年末各项贷款余额2182万元,其中公司业务200万元、个人业务1982万元;全年实现各项业务收入405万元,各项支出312万元,上缴各项税费45万元,实现净利润70万元。

(撰稿:蒋凤)

华宝证券普陀麒麟街证券营业大厅 (华宝证券普陀麒麟街证券营业部提供)

证　券

2019年2月，华宝证券有限责任公司舟山普陀东港兴普大道证券营业部搬迁至东港街道麒麟街东港财富中心一楼，更名为“华宝证券有限责任公司舟山普陀麒麟街证券营业部”，营业面积192平方米，由B类营业部转为C类营业部，不再向投资者提供现场交易服务。营业部代理证券交易品种，主要包括：沪深证券交易所A股、B股、证券投资基金（包括ETF、LOF）、国债、国债回购、可转换债券、企业债券等，并开展融资融券、股权质押、沪港通、深港通、股转系统交易、代销金融产品等业务，满足客户多样化投资理财需求。和中国银行、工商银行、农业银行、建设银行、交通银行、邮政储蓄、中信银行等多家银行开通客户资金第三方存管业务。

2019年年末，华宝证券有限责任公司舟山普陀麒麟街证券营业部客户资产120063.99万元，其中指定与托管证券市值106989.33万元，指定与托管限售流通证券市值1916.99万元，代办股份转让系统证券市值392.71万元，柜台客户交易结算资金余额10764.96万元。期末资金账户16562户，A股账户29424户，B股账户46户，基金账户446户。收益类金融产品销售额38667.84万元。全年各类经纪业务交易总额2347434.30万元。其中，A股1758058.44万元，B股125.49万元，基金12012.48万元，债券3261.26万元，债券融资券回购交易573504.90万元，其他证券471.73万元。

（撰稿：虞梅娜）

财产保险

【概况】 2019年，全区有财产保险公司9家：中国人民财产保险股份有限公司舟山市普陀支公司、中国太平洋财产保险股份有限公司舟山市普陀支公司、中国人寿财产保险股份有限公司普陀区支公司、中华联合财产保险股份有限公司舟山市普陀支公司、中国平安财产保险股份有限公司浙江分公司普陀支公司、阳光财产保险股份有限公司舟山市普陀区支公司、中国大地财产保险股份有限公司舟山市普陀支公司、安邦财产保险股份有限公司舟山中心支公司普陀区营销服务部、天安财产保险股份有限公司舟山中心支公司普陀区营销服务部。财产保险保费收入25162万元，比上年增长4.5%。

（撰稿：沈杰）

【中国人民财产保险股份有限公司舟山市普陀支公司】 2019年内设综合部、业管部、非车业务部、重要客户部、市场运营部、车

2019年普陀区各财产保险机构基本情况

表40

机构名称	地　址	主　要　业　务
中国人民财产保险股份有限公司舟山市普陀支公司	沈家门街道同济路327号	船舶保险、企业财产保险，机动车辆保险、农业保险、各类家庭财产保险、建筑安装工程保险、货运保险、人身意外伤害保险、责任保险、政银保、科银保、短期出口信用保险、短期健康保险、国内贸易信用保险，城乡居民在校学生人身伤害意外保险、非机动车第三者责任保险等
中国太平洋财产保险股份有限公司舟山市普陀支公司	东港财富中心A座3楼	机动车辆保险、船舶保险、财产保险、货运保险、工程保险、责任保险、人身意外伤害保险和短期健康保险
中国人寿财产保险股份有限公司普陀区支公司	沈家门街道中大街70弄3号	船舶保险、企业财产保险、机动车辆保险、各类家庭财产保险、责任保险、建筑安装工程保险和人身意外伤害保险、货物运输保险等
中华联合财产保险股份有限公司舟山市普陀支公司	东港街道香榭街83号	企业财产损失保险、家庭财产损失保险、建筑工程保险、安装工程保险、货运运输保险、机动车辆保险、船舶保险、能源保险、一般责任保险、保证保险、信用保险（出口信用险除外）、短期健康保险、意外伤害保险业务；经中国保监会批准的其他财产保险业务
中国平安财产保险股份有限公司浙江分公司普陀支公司	东港街道沙田路66号商会大厦3楼	财产损失保险、家庭财产损失保险、建筑工程保险、安装工程保险、货物运输保险、机动车辆保险、船舶保险、能源保险、法定责任保险、一般责任保险、保证保险、信用保险、短期健康保险、意外伤害保险等

续表 40

机构名称	地　址	主　要　业　务
阳光财产保险股份有限公司舟山市普陀区支公司	东港街道海印路821号海天大厦1201室	船舶保险、企业财产保险、机动车辆保险、各类家庭财产保险、责任保险、建筑安装工程保险、人身意外伤害保险、货物运输保险等
中国大地财产保险股份有限公司舟山市普陀支公司	东港街道海印路821号海天大厦3楼	船舶险、车险、各类责任保险、企业财产损失保险、家庭财产损失保险、意外伤害保险、建筑工程保险、货物运输保险等
安邦财产保险股份有限公司舟山中心支公司普陀区营销服务部	东港街道金城街78号	车辆保险、财产损失保险、责任保险、信用保险和保证保险、短期健康保险和意外伤害保险等
天安财产保险股份有限公司舟山中心支公司普陀区营销服务部	东港街道海华路67号	企业财产保险、机动车辆保险、船舶保险、家庭财产保险、建筑安装工程险、货运保险、人身意外伤害保险、责任险、锦程交通意外伤害保险、吉祥如意家财险、理财保险、船舶油污责任险、非机动车第三者责任险、学平险等

商部6个部门，下辖六横、桃花、虾峙、朱家尖、普陀山、展茅6个营销服务部；在编职工41人，其中总公司版A类员工21人，市公司版B类员工20人。主营船舶险、企业财产险机动车辆保险、各类家庭财产保险、建筑安装工程保险、货运险、人身意外伤害险、责任险、政银保、科银保短期出口信用保险、国内贸易信用保险，城乡居民在校学生人身伤害意外保险、非机动车第三者责任保险等险种。全年保费（储金）收入8602.17万元，比上年减少0.35%。市场份额占普陀保险市场34.2%。处理赔案

“利奇马”台风期间人保财险普陀支公司员工在展茅农田现场查勘（人保财险普陀支公司提供）

2019年人保财险普陀支公司重大赔案

表 41

年份	被保险人	险　种	出险原因	出险日期	赔款金额（万元）
2019	浙江浙能中煤舟山煤电有限责任公司	企业财产一切险（电厂项目）	台风	2019.10.1	103.3
2019	舟山普陀交通投资发展集团有限公司	企业财产综合险	台风	2018.7.11	153.97
2019	邵某某	建筑工程一切险	碰伤、撞伤	2018.12.20	110.9
2019	某船舶修造有限公司	企业财产一切险	爆炸	2017.10.21	190.14

7190 件，比上年略有增长；支付赔款金额 6564.88 万元，比上年增长 17.73%。

2019 年，人保财险普陀支公司以下属 6 个营销服务部为基础，在六横、桃花、朱家尖、普陀山、展茅、虾峙等地设立“三农”服务站 7 家，设立村级“三农”服务点 70 个，形成普陀区域内“三农”服务体系。全年为农户提供普陀区政策性种植业、养殖业和林木保险各类产品保障金额 19288.63 万元，收取保险费 250.4 万元，支付赔款 507.87 万元，赔付率 202.83%。政策性种植业主要是水稻、小麦、大棚西瓜、露地西瓜、大棚蔬菜和葡萄。参保面积 7306 亩（约 487.07 公顷），保障金额 4587.45 万元，收取保费 150.55 万元，支付赔款 394.54 万元，赔付率 262.07%。政策性养殖业主要是能繁母猪和生猪，参保头数 23352 头，保障金额 2840.1 万元，收取保费 81.9 万元，支付赔款 60.11 万元，赔付率 73.39%。公益性森林保险主要是公益性林木火灾、商品性林木综合。参保面积 272375 亩（约 18158.33 公顷），保障金额 11861.08 万元，收取保费 17.94 万元，支付赔款 53.22 万元，赔付率 296.57%。政策性农村住房保险全面完成，为农户提供住房保障 119187 万元（含勾山划出片），全区承保农户数 52972 户（普通参保农户数 51533 户，低保户参保数 1439 户），保费 52.97 万元，参保率 97%。其他政策性农村住房保险项目以“政府 + 慈善 + 保险”新扶贫模式，开展与区慈善总会第二年度合作，续保精准扶贫救助保险，为全区 3600 名贫困低保户提供 7000 万元风险保障；续保全区老年人、残疾人意外伤害保险；向区城市管理行政执法局提交市政道路“保险 + 服务”方案；与区公路管理局协商全区公路“保险 + 服务”；向区农业农村局（区水利局）提交全区的海堤保险；与区住房保障和房产管理局对接廉租、保障房“财产 + 综治”保险方案。

（撰稿：赵妍璐）

太保财险普陀支公司业务知识培训会 （太保财险普陀支公司提供）

【中国太平洋财产保险股份有限公司舟山市普陀支公司】 在普陀区东港财富中心 A 座 3 楼。2019 年，内设综合管理科、理赔科、业务部、车险业务部、渠道部 5 个部门，下辖六横 1 家营销服务部，在编正式员工 21 人。办理企业财产险，机动车辆险、意外险、责任险等险种，业务涉及汽车、机械、建筑、船舶以及高科技

2019 年太保财险普陀支公司部分重大赔案

表 42

被保险人	险种	出险原因	出险日期	赔款金额（万元）
周　某	车险	人伤	2019.2.14	12.84
洪　某	车险	人伤	2019.5.11	24.51
某渔业协会	雇主险	意外	2019.9.21	20.00
某物流公司	责任险	碰撞	2019.8.14	28.58
某海运公司	船舶险	碰撞	2019.8.18	79.06

产业等行业领域。是年，支公司以运行机制市场化、经营方式集约化、从业人员专业化为目标，相继召开各类车险、非车险业务、交叉联谊交流会等专题业务会议，强化合规经营管理，确保公司总体经营效益稳定。全年实现保费收入4007.18万元，同比上升25.46%，市场份额15.93%。其中，车险保费收入1861.97万元，同比上升12.57%；非车险业务保费收入2145.18万元，同比上升39.31%。

（撰稿：沈苗苗）

【中国人寿财产保险股份有限公司普陀区支公司】 2019年设有总经理室、副总经理室、综合部/业务部、理赔分中心/客服分中心、重客业务部/公司业务部、互动专营部、银行业务部、车行业务部8个职能部门，下辖六横1家营销服务部；有正式职工24人。主要经营险种：船舶保险、企业财产保险、机动车辆保险、各类家庭财产保险、责任保险、建筑安装工程保险和人身意外伤害保险、货物运输保险等。公司围绕"勇立潮头，激情2019"年度发展主题，推进"做优车险做大非车"，巩固车险业务发展成果，补齐非车险发展短板。效益贡献和优质业务发展并进。年末，承担保险金额3252577万元，同比减少6.61%；全年保费（储金）收入4230.76万元，同比减少6.9%。处理赔案2541件，同比增长26.86%；支付赔款金额4390.68万元，同比减少42.48%，综合赔付率89.96%。车险业务实现保费收入1765.39万元，同比增长2.88%。是年公司参与大项目招标7个，中标3个。

（撰稿：邱燕）

【中国平安财产保险股份有限公司浙江分公司普陀支公司】 2006年7月成立，2019年设有经理室、办公室、业务部、客服理赔部，在编员工13人。经营船舶险、车险、各类责任保险、企业财产损失保险、家庭财产损失保险、意外伤害保险、建筑工程保险、货物运输保险等财产保险业务，以及经中国银保监会批准其他业务。平安客户服务工作方面，开通全国统一服务热线95511，提供7×24小时服务，受理各类业务报案、产险业务咨询、查勘调度、事故救援、客户投诉、电话销售、电话回访等业务。是年，推出"暖宝保""小微""百万医""平安行""驾乘守护"系列等创新产品，全年实现保费收入5630.60万元。已决赔款3423.06万元，其中，某工程有限公司工程险赔款23.8万元、某股份有限公司企财险赔款9.5万元。

（撰稿：贺丽）

人寿保险

【概况】 2019年，普陀区境内有人寿保险公司8家：中国人寿保险股份有限公司舟山市普陀区支公司、中国太平洋人寿保险有限公司舟山市普陀支公司、中国人民人寿保险股份有限公司舟山市普陀支公司、阳光人寿保险有限公司舟山市普陀区支公司、泰康人寿保险股份有限公司舟山中心支公司普陀区营销服务部、富德生命人寿保险股份有限公司舟山中心支公司普陀营销服务部、中国平安人寿保险股份有限公司舟山中心支公司普陀营销服务部、华泰人寿保险股份有限公司浙江分公司普陀营销服务部。人寿保险保费收入51250万元，比上年增长7.6%。

人寿财险公司普陀支公司一角 （人寿财险公司普陀支公司提供）

2019 年普陀区各人寿保险机构基本情况

表 43

机构名称	地　址	主　要　业　务
中国人寿保险股份有限公司舟山市普陀区支公司	沈家门街道东河路 128 号	人寿保险、健康保险、意外伤害保险等人身保险业务
中国太平洋人寿保险有限公司舟山市普陀支公司	东港街道海洲路 721 号永跃大厦 6 ~ 7 层	人寿保险、健康保险、意外伤害保险等各类人身保险业务
中国人民人寿保险股份有限公司舟山市普陀支公司	沈家门街道东海中路 555 号邮政大楼 8 楼	人寿保险、健康保险、意外伤害保险等各类人身保险业务
阳光人寿保险股份有限公司舟山市普陀区支公司	东港街道麒麟街 211 号东港财富中心 B 座 5 楼	健康险、意外险、保障险、分红险和投资 5 大部分
泰康人寿保险股份有限公司舟山中心支公司普陀区营销服务部	普陀区东港街道沙田街 66 号 1101 室(商会大厦 11 楼)	人寿保险、健康保险、意外伤害保险,险种有个人意外伤害保险、两全保险、定期寿险、终身寿险、年金保险、短期健康保险及长期健康保险等
富德生命人寿保险股份有限公司舟山中心支公司普陀营销服务部	东港街道兴普大道 338 号舟山海中洲国际广场西楼	有个险、银保、团险 3 个系列,险种重大疾病保险、终身寿险、防癌疾病保险、两全保险、年金保险、费用补偿医疗保险等。
中国平安人寿保险股份有限公司舟山中心支公司普陀营销服务部	东港街道沙田街 66 号普陀商会大厦 3 楼	人寿保险、健康保险、年金保险、意外伤害保险、机动车辆保险、企业财产保险、家庭财产保险、货物运输保险、船舶保险、工程保险、责任保险、信用保险、保证保险等
华泰人寿保险股份有限公司浙江分公司普陀营销服务部	东港街道沙田街 66 号普陀商会大厦 501、502 室	保险业务(依法须经批准的项目,经相关部门批准后方可开展经营活动,具体经营项目以审批结果为准)

(撰稿:沈杰)

【中国人寿保险股份有限公司舟山市普陀区支公司】 2019 年,内设个险销售部、团体业务部、银行保险部、综合管理部、客户服务部 5 个职能部门,下设六横、浦西、东河路 3 个营销服务部,有正式员工 21 人、销售人员 170 人。营业地址:沈家门东河路 128 号。主要保险业务有非分红险、意外险、健康险、分红险四大业务,160 多个险种。是年新增国寿鑫福临门保险(分红型)、国寿鑫享至尊(分红型)、国寿福(庆典版)、国寿

中国人寿 700 健步行客户活动 (中国人寿普陀区支公司提供)

2019 年中国人寿普陀支公司重大赔案给付情况

表 44

被保险人（单位）	险种	出险日期	出险情况	赔款金额（万元）
翁某	国寿附加祥瑞提前给付重大疾病保险	2019.03.05	乳腺恶性肿瘤	30 万元
周某	国寿附加国寿福提前给付重大疾病保险（至尊版）	2019.07.06	甲状腺乳头状癌	30 万元
刘某	国寿附加国寿福提前给付重大疾病保险（至尊版）	2019.06.05	甲状腺乳头状微小癌	24 万元
卢某	国寿附加祥瑞提前给付重大疾病保险	2018.11.27	乳腺恶性肿瘤	15 万元
冯某	国寿康欣终身重大疾病保险	2019.03.04	甲状腺乳头状癌	15 万元

百万如意（庆典版）等 10 多个险种。全年实现保费（储金）收入 14905 万元。处理赔案 1437 件，支付赔款 2093 万元，简单赔付率 65.54%。

2019 年，公司努力打造“健康 + 金融”保险服务模式，优化对外服务流程，提高客户服务 e 化率。是年无纸化投保占比 95%，个人保全 e 化率 97.8%，微回访替代率 92.6%。继续做好“极速赔”“国寿 e 店”理赔服务，推进“重疾一日赔”“全流程智能化”作业项目。以“最多跑一次”改革为契机，在农村做好小额保险、城乡居民大病保险、两性安康保险等；继续办好“6·16”中国人寿客户服务节。开展“第九届少儿书画大赛”“国寿 e 店优惠券活动”“国寿 700 健步行”等系列活动和“圆梦微心愿”“孝行为善”“扶贫帮困”“慈善一日捐”“义务献血”等社会公益活动。获舟山市文明单位、省级卫生先进单位、舟山市巾帼文明岗等荣誉。

（撰稿：郑满君）

【中国太平洋人寿保险股份有限公司舟山市普陀支公司】 位于东港海洲路 721 号永跃大厦 6 ~ 7 层。2019 年设有后援部、团险业务部、个险营销部、营运部 4 个职能科室和六横营销服务部。公司开通移动“云柜面”，打通服务“最后一公里”。运用大数据和“互联网 +”平台，实现线上线下一个客户、多个产品、多个界面服务。打造出以“神行太保”和“中国太保”两大支柱智能保险生态系统，推进“闪赔”“秒赔”，提升客户满意度。是年，公司实现保费收入 2.23 亿元，同比减少 6%，普陀市场占比 46.8%。其中，个险新保期缴保费 2727.46 万元，续期保费 1.79 亿元；团险意外与健康短期险保费 1644.48 万元，银邮代理保费 81.24 万元。满期给付金额 1860.52 万元，赔付金额 2619 万元。

（撰稿：何琪）

【中国人民人寿保险股份有限公司舟山市普陀支公司】 成立于 2008 年 3 月 17 日。2019 年，设有个险部、续收部、银保部、团险部、互动部 5 个职能科室；营业地址在普陀区沈家门东海中路 555 号八楼。主要经营范围为人寿保险、健康保险、意外伤害保险等各类人身保险业务。2019 年推广自助服务，以客户办理业务“零上门”“不要跑”为目标。推进“e 动神州”“人保 e+”微信等电子化出单方式的应用。“中国人民人寿 e 服务”微公号、“人保寿险管家”等线上程序，在限额内客户可线上自助申请保全变更。全年实现保费收入 2406.84 万元，处理理赔案件 10 件，赔款支出 1.34 万元，死伤医疗 45.12 万元。

（撰稿：金奕汝）

编辑：陈莉

市场监督管理

综 述

舟山市市场监督管理局普陀分局(简称区市场监管分局)是舟山市市场监督管理局派出机构,为正科级,挂舟山市知识产权局普陀分局牌子。根据《舟山市市场监督管理局关于下发定海分局与普陀分局职能配置、内设机构和人员编制规定的通知》,普陀市场监管分局设15个内设机构:办公室、组织人事科、政策法规科、行政许可服务科(挂民营经济发展服务科、小微企业个体工商户专业市场党建工作办公室牌子)、信用监督管理科、网络交易监督管理科、市场合同广告监督管理科、消费者权益保护科(挂投诉举报处置中心牌子)、质量发展与标准计量科(挂食品安全抽检监测科牌子)、特种设备安全监察科、食品安全协调科、食品生产流通安全监督管理科、餐饮服务食品安全监督管理科、药品与医疗器械监督管理科、知识产权科。设1个监察室和1个工会。下设6个正股级派出机构:沈家门市场监督管理所(辖沈家门街道、登步岛、蚂蚁岛区域)、东港市场监督管理所(辖东港街道、东极镇、白沙岛区域)、桃花市场监督管理所(辖桃花镇区域)、虾峙市场监督管理所(辖虾峙镇区域)、展茅市场监督管理所(辖展茅街道区域)、国际水产城市场监督管理所(辖国际水产城及周边街区)。根据市机构编制委员会办公室和市深化机构改革协调小组办公室审核意见,设置3个事业机构:舟山市普陀区公共检验检测创新服务中心、普陀区消费者权益保护委员会、舟山市市场监督管理局普陀分局综合服务中心。

2019年,普陀市场监管分局围绕“打好五大会战、建设四个舟山”主题主线,开展“三服务”活动,推进开放幸福普陀建设。

工商行政管理

【信用监督管理】 2019年,区市场监管分局推进2018年度企业、个体工商户、农民专业合作社年度报告公示(以下简称“年报”)工作,辖区应年报企业数5996户,已年报5047户;应年报农民专业合作社110户,已年报93户;应年报个体工商户14210户,已年报8204户。对241家企业开展“双随机”抽查,清理长期停业未经营企业、个体户1521户,全年累计8444户市场主体被列入经营异常名录或被标记为经营异常;开展行政执法监管平台全市推广应用,实现执法人员全部使用全省统一行政执法监管平台,账号开通率100%、人员培训率100%、掌上执法检查率100%,至少使用2次人员占比100%;牵头开展汽车美容及洗车店行业整治工作并取得阶段性成效,全区24家需整改汽车美容行业经营户完成整改,通过评估验收;参与制定《社区菜店环境卫生管理办法》,提升改造64家社区菜店;做好市场清退工作,累计为1521户个体工商户依法办理依职权注销手续;完善企业信用工作,出具企业诚信证明16份,扶持3家企业申报2019年度“浙江省信用管理示范企业”;浙江飞鲸新材料科技股份有限公司被认定为2019年度“浙江省信用管理示范企业”。

【非公党建】 2019年,普陀区民营企业(个体劳动者)协会以个体工商户、商品交易市场和小微企业非公党建为抓手,以党建引领经营户文明、守法经营为目标,培育非公党建示范点3个,配合区委组织部考评 168 名个体工商户党员先锋指数。组织企业参加 2019 年浙江民企“双对接”、2019 年浙江省“世界标准日”活动。以全国文明城市创建为契机，加大政策法规普及力度，组织餐饮单位开展《中华人民共和国食品安全法》《文明城市创建餐饮实地考察内容》等培训，组织志愿活动，引导个私企业共同参与“创城”。至年底，普陀区个体劳动者协会有个体劳动者会员 18130 人，普陀区民营企业协会有会员企业 4864 家。普陀区个体劳动者（民营企业）协会秘书长阙松俊被授予“全国个私协会系统先进工作者”称号。

【行政许可服务】 1 月 1 日，《中华人民共和国电子商务法》正式实施，明确电子商务经营者依法办理市场主体登记相关规定。3 月 1 日，普陀区正式启用新版营业执照，同时推行“工位号备案注册”企业登记模式。在精简企业开办环节基础上，将常态化企业开办环节压缩至 4 个、提供材料缩减至 5 份、时间缩减至 4 个工作时以内，建立“一次提交、一窗受理、一日办结”常态化企业开办服务模式；通过企业开办一件事平台网上全流程申报 368 家、半流程申报 160 家、现场申报 47 家、完成印章刻制 177 枚、银行开户 7 家、申领税务发票 24 家，参加社会保险 324 家。5 月 1 日起，启动企业设立登记环节相关自然人身份查验工作；5 月 15 日起，启动企业变更登记环节身份验证工作。6 月 3 日起，推行“我来办”服务模式，最大限度减少企业和群众

普陀市场监管分局窗口推行“满意服务我承诺”机制 （周燕摄）

2019 年普陀区内资企业、个体工商户、农民专业合作社基本情况

表 45

项目			单位	在册总数	2019 年新设
内资企业		企业数	家	8853	1842
		注册资本（金）	万元	12411841	1894301
其中：私营企业		企业数	家	7973	1724
		注册资本（金）	万元	8750821	1519064
		从业人员数	人	50607	6847
个体工商户		户数	户	22052	4154
		资金数额	万元	290307	96312
		从业人员数	人	41844	7687
其中	台湾居民个体工商户	户数	户	5	0
		资金数额	万元	46	0
		从业人员数	人	17	0
	港澳居民个体工商户	户数	户	2	0
		资金数额	万元	20	0
		从业人员数	人	3	0
农民专业合作社		合作社数	家	168	8
		出资总额	万元	22943	2480
		成员总数	人	2194	297

说明：本表数据含六横。

2019年普陀区内资企业各行业登记情况

表46

行业分类	内资非私营企业		私营企业		个体工商户	
	在册总数	2019年新设数	在册总数	2019年新设数	在册总数	2019年新设数
合计	880	118	7973	1724	22052	4154
农、林、牧、渔业	15	0	140	12	255	23
采矿业	2	0	10	1	1	0
制造业	46	4	919	108	670	180
电力、热力、燃气及水生产和供应业	13	2	7	5	3	2
建筑业	32	6	624	117	619	303
批发和零售业	196	28	2405	559	11314	1676
交通运输、仓储和邮政业	68	6	505	76	1071	203
住宿和餐饮业	21	4	184	18	3462	875
信息传输、软件和信息技术服务业	24	5	339	85	181	47
金融业	124	1	33	1	0	0
房地产业	51	9	154	21	312	66
租赁和商务服务业	154	19	1175	233	1590	282
科学研究和技术服务业	67	20	710	294	66	29
水利、环境和公共设施管理业	18	1	88	14	14	8
居民服务、修理和其他服务业	14	2	258	31	2195	396
教育	2	0	49	11	41	1
卫生和社会工作	9	5	58	14	69	8
文化、体育和娱乐业	24	6	315	124	185	55
其他	0	0	0	0	0	0

说明：本表数据含六横。

跑腿次数，累计帮扶企业、个体工商户1200余家次。8月起，实行“满意服务我承诺”机制，在窗口醒目位置张贴“满意的告诉朋友、不满意的告诉局长”公告牌，全面接受社会监督。11月中旬，推动区政府召开“证照分离”改革全覆盖试点工作会议，普陀市场监管分局作为主要牵头单位做具体工作部署。11月下旬，在全市率先推出企业登记档案“容e查”系统，成为全省首个提供企业登记档案网上查询服务的县区，实现企业档案查询“零”次跑。

【“小微企业三年成长计划”工作】 2019年，普陀区获评2019年度“小微企业三年成长计划”工作优秀县区。开展的省小微企业培育库建设与管理创新试点工作作为先进典型在省市场监督管理局会议作创新试点成果介绍;瞄定融资难题,推出“T+0”转贷模式、推广“无还本续贷”业务,对库内企业进行资源倾斜,在贷款利率上最高可享受比库外企业优惠33%福利,三年将投入25亿元资金,每年让利800万元;开展“三服务”工作,被省政府办公厅《浙江信息》作为全省“三服务”活动月度10个典型之一刊登宣传;全年新增小微企业1338户,新增八大万亿产业小微企业378户,新增“个转企”80户。浙江冠素堂食品有限公司获评2019年度全省小微企业“成长之星”。

普陀区政银合作签约会 (李霞摄)

【合同管理】 2019年,区市场监管分局加强企业合同格式条款备案登记工作,全年办理合同备案21份。其中,商品房买卖合同格式条款备案14份,房屋买卖、租赁委托合同1份,有线电视合同3份,物业管理合同3份。加强合同监管,累计走访企业30家,查看企业合同55份。开展“守合同、重信用”申报工作,新申报省AAA级“守合同、重信用”企业0家,继续申报1家;新申报省AA级“守合同、重信用”企业4家,继续申报3家;新申报省A级“守合同、重信用”企业3家,继续申报2家。经各级市场监管部门认定,新公示省AAA级“守合同、重信用”企业0家,继续公示1家;新公示省AA级“守合同、重信用”企业4家、继续公示3家;新公示省A级“守合同、重信用”企业3家,继续公示2家。

【动产抵押登记】 2019年,区市场监管分局办理动产抵押登记47件,企业主债权172736.7万元;办理动产抵押注销登记6件,主债权金额1890万元;办理动产抵押变更登记2件,主债权金额64900万元。

【广告管理】 2019年,区市场监管分局加强媒介广告监管,开展不定期实时监测,累计监测电视广告14550条次。以17家互联网媒介为重点对象,结合医疗、药品、保健食品、医疗器械、房地产、金融投资理财等领域,严查各类互联网违法广告行为,累计收到涉嫌违法广告投诉18件,查处互联网违法广告案件4件,罚没款5万元。

【市场规范管理】 2019年,普陀区新建舟山港城二手车交易市场,总建筑面积6000平米,总投资100万元,设商位18个,2020年投入使用。至2019年底,全区有商品交易市场26家,市场建筑面积20.64万平方米,成交额245142.62万元。投入143万元完成6家渔农村农贸市场改造提升,其中创建省一星级、二星级、三星级农贸市场各1家、创建省级放心市场1家,改造集中交易点2家。2019年,舟山中国国际水产城被延续认定为“省五星级文明规范市场”;普陀区平阳浦农贸市场、普陀区展茅农贸市场被认定为“省三星级文明规范市场”,普陀区东港消费品综合市场、普陀昌正消费品综合市场被延续认定为“省三星级文明规范市场”;普陀区城北生活里农贸市场被认定为“省二星级文明规范市场”,普陀区乐业消费品综合市场被延续认定为“省二星级文明规范市场”;普陀区蚂蚁农贸市场被延续认定为“省一星级文明规范市场”。投入45万元创建“浙江省放心农贸市场”,普陀区城北生活里农贸市场、普陀区展茅农贸市场被认定为“浙江省放心农贸市场”,普陀区乐业消费品综合市场、普陀区金叶消费品综合市场被延续认定为“浙江省放心农贸市场”。

【网络经济服务与管理】 区市场监管分局发挥网络监管职能,以

2019年“网剑”专项行动为主线，运用网上巡查与实地巡查相结合、日常检查与专项行动相结合方式，实现线上线下一体化监管；通过向第三方购买服务方式，对网站、微信公众号开展旅游、水产品等行业定向监测。打击发布虚假广告、制售假冒伪劣商品、侵犯商标专用权等违法违规行为，累计立案查处网络市场违法案件21件，办结14件，罚没款64万余元。与杭州市余杭区市场监督管理局建立网络监管跨区域协作机制，强化网络违法案件查处和数据协查等方面合作，实现网络违法案件移送移交、数据协查、信息比对等工作在线化交流互动。

【消费维权】 2019年，区市场监管分局累计受理处置消费咨询投诉举报1391件，其中咨询59件、投诉844件、举报488件，为消费者挽回经济损失38.04万元。以“信用让消费更放心”消费维权年为主题，组织开展第37个国际消费者权益日活动。在桃花镇文化广场开展“送药下乡”服务，普及食品药品安全知识，累计接受咨询900余人次，发放宣传资料2300余份、小礼品1100余份，受益群众3000余人。落实“放心消费在浙江”创建活动，新增放心商店115家、放心市场4家、放心餐饮单位23家、放心工厂75家、放心景区1家、无理由退货单位70家。强化“诉转案”机制，打击各类欺诈消费者违法行为，全年完成“诉转案”8件。

质量技术监管

【质量强区】 2019年，区市场监管分局推进质量强区工作，落实2018年度“浙江制造”品牌建设专项资金120万元。牵头起草《浙江省舟山市普陀区人民政府质量奖管理办法(2019年修订)》，完成8家企业政府质量奖评审工作，其中3家获区政府质量奖、5家获区政府质量奖提名奖。帮扶浙江富丹旅游食品有限公司获2019年省级中小学生质量教育社会实践基地。引导和鼓励有条件企业开展“品字标”认证工作，其中浙江飞鲸新材料科技股份有限公司通过浙江制造“品字标”认证。首次举办全省卓越绩效模式导入及

省政府督查组到普陀督查质量监管工作 （区市场监管分局提供）

“3·15国际消费者权益日”现场宣传活动 （张禾涛摄）

“品字标”浙江制造认证大型公益培训，全省浙江制造、政府质量奖培育企业，以及规模以上工业、服务业等企业的150余人参加。

【标准化建设】 区市场监管分局推进“浙江制造”标准研制，2019年发布“浙江制造”标准2项；指导舟山市正源标准件有限公司申报2019年浙江省企业标准“领跑者”并成功入选；完成“文明农超市场建设与管理指南”舟山市地方标准规范制订；开展“最多跑一地”国家基本公共服务标准化试点项目申报，以区政府为承担单位，以“弱有所扶、劳有所得、病有所医”为专项试点的“舟山市普陀区基本公共服务标准化专项试点”被列入国家基本公共服务标准试点候选单位之一；联合省标准化研究院开展“普陀区水产品质量提升综合体”建设，着力搭建“四台一库”，即“标准化体系服务平台”“反贸易技术壁垒应对预警平台”“检验检测能力提升服务平台”“水产品原产地质量追溯平台”和“水产品加工行业帮扶专家库”；组织召开全区标准化统计监测培训会议，全面推进70家规模以上制造业企业完成标准化统计监测网上数据填报和审核；落实企业产品标准自我声明公开制度，全年有6家企业自我声明公开标准84项；至2019年年底，普陀区相关企业累计参与制（修）订国家标准43项、行业标准10项、团体标准1项、地方标准4项。

【特种设备安全监察】 加大特种设备日常监督检查力度，突出做好重点设备、重要场所、重要时段特种设备安全监察、事故隐患整改、安全宣传教育及专项整治等，完善特种设备使用安全管理分类评价体系，确保辖区未发生特种设备安全事故及重大负面影响事件。推动海岛观光车整治取得阶段性成果，白沙岛有10辆观光车通过舟山市特种设备检测院检验合格，指导东极岛19辆观光车取得检验报告，场车作业人员均取得特种设备安全作业人员证书。全年出动检查人员206人次，检查特种设备使用单位133家次，检查特种设备633套，落实整改隐患34个，发出监察指令书15份，立案6件，罚没款14.5万元。

区市场监管分局检查船舶修造企业特种设备运行情况　（邵渊摄）

食品药品监管

【食品安全工作责任机制建设】 2019年，普陀区研究制定《2019年普陀区食品安全工作要点》，召开全区食品安全工作会议，与各街道镇食品安全监管部门明确工作责任，将食品安全作为政府综合考评项目，实行一票否决；推进省级食品安全区创建工作；深化基层责任网络建设，对接“四个平台”建设，推进基层食品安全办公室、基层市场监管所规范化建设；构建完善“地方政府负总责、监管部门各负其责、企业是第一责任人”食品安全责任体系；印发《舟山市普陀区食品安全事故应急预案》，全年无重大食品安全事故发生。

【食品生产流通监管】 2019年，区市场监管分局初审食品生产企业31家，含新设9家、变更22家；指导办理食品经营许可证542份、食品生产经营登记证648份。至年底，辖区有食品流通经营户1410户，其中小食杂店1100户、食品生产企业107家。开展食品生产知识集中培训 2 次，完成辖区 90% 以上企业（停产除外）考试任务，合格率 100%；推进食品生产流通领域“双随机”任务，完成 12 个数据库建库和计划制订，完成辖区 4 家 A 级、83 家 B 级、20 家 C 级食品生产企业检查及一次 A 级、两次 B 级、三次 C 级企业“食品生产加工企业落实质量安全主体责任自查表”收缴。全年完成抽检 631 批次（不合格 13 批次），其中抽检食用农产品 250 批次、抽检食品生产企业 85 家。召回指导 5 家抽检不合格生产企业，完成不合格食品闭环处置。牵头召开全市食品生产企业履行食品安全主体责任现场推进会，以主题会议与现场观摩相结合方式促进企业交流。帮扶小作坊改造提升，打造“名特优”作坊和亮化达标小微企业 8 家；推动以蚂蚁岛为主的虾皮小作坊聚集地整体改造提升，开展培训 3 次，完成 58 家虾皮小作坊营业执照、食品生产经营登记证现场受理业务。指导舟山国际水产城通过全省农产品批发市场食品安全规范化建设考核验收。

【保健食品监管】 2019 年，区市场监管分局牵头印发《普陀区保健品市场乱象联合整治工作实施方案》和《关于进一步加强保健品市场乱象专项整治工作的通知》。通过排查发现普陀区有直销经营企业服务网点和直销加盟店 19 家，查获案件 14 件，其中违法标签声称案件 7 件、虚假宣传 4 件，办结 6 件，罚没款 64.3 万元。开展主题为“科学认知保健食品，明白理性放心消费”的保健品“进社区、进乡村、进网络、进校园、进商超”专项科普宣传活动 11 场次，受众人数 2026 人。

区市场监管分局开展保健品直销市场专项检查 （孙凯摄）

【餐饮食品监管】 2019 年，辖区内有餐饮服务经营单位、食堂 2049 家，其中餐饮经营单位 1889 家、食堂 160 家。完成 1607 家餐饮单位食品安全量化分级管理等级评定，其中 A 级 47 家、B 级 354 家、C 级 1206 家，其中学校食堂食品安全量化分级 A、B 等级达

区市场监管分局在第三届世界油商大会期间开展食品安全保障 （严培红摄）

96.30%。新建视频"阳光厨房"21家，累计建成"阳光厨房"128家，其中大型及大型以上餐饮单位、学校（含幼托机构）食堂104家，"阳光厨房"建设率100%。相继开展春节餐饮、开学学校食堂、餐饮环节"三防"设施，旅游景区，网络订餐净网行动，全国文明城市和省级食品安全区创建等各类食品安全专项整治。在全市率先推行"码上识店"智慧监管信息公示机制，完成对1500余家餐饮经营单位、2条示范街区企业二维码公示，其中大中型餐饮单位及学校食堂全面覆盖。运用浙江省智慧餐饮信息平台对230余家餐饮单位开展智慧监管，督促餐饮单位实施电子化食品安全管理。推进放心示范餐饮单位创建，新建省级放心消费示范餐饮单位23家、省级农村家宴放心厨房1家、"文明餐馆"700家。开展食品安全保障4起，保障期间无食物中毒等突发性食品安全事件发生。组织餐饮服务环节食品抽检149批次，合格149批次，合格率100%；抽检餐饮具309件，合格287件，合格率92.88%。组织餐饮服务食品安全监管人员培训2期、餐饮单位培训5期，培训400余人。

【食品安全专项工作】 2019年，全区（含普陀山、朱家尖、六横）检测食品87464批次，总体合格率99.99%；定量检测1209批次，检测量达4.92份/千人；行政立案查处食品（食品相关性产品）案件97件，移送公安部门6件，罚没款119万元。

【夏季食品安全监管】 2019年，区市场监管分局结合普陀夏季食品安全监管特点，根据职责分工，加强对学校（幼托机构）、建筑工地、养老机构、旅游景点、农（渔）家乐、农（渔）村集体聚餐、城乡接合部等重点区域的食品安全监管。出动执法人员3403人次，检查10611户次，责令整改592户，整改合格592户，查处违法行为26件，行政立案18件，罚没款20.50万元。

【"雷霆出击"食品安全大整治百日行动】 区市场监管分局结合省"防风险消隐患保食安"专项整治行动，按照"抓重点、破难点、除盲点、清死角"总要求，组织实施监督检查与网格梳理相结合的融合式排查、摸底。出动执法人员4245人次，排查重点风险隐患26个，整治重点风险隐患26个，责令整改694家，组织联合执法37次。

【整治食品安全问题联合行动】 区市场监管分局围绕食品生产经营环节违法违规行为、保健食品虚假宣传、校园食品安全及农产品质量安全等群众关切问题，开展整治食品安全问题联合行动。出动执法人员211人次，检查相关经营主体697户次，出租房、商业集聚区100户，中小学5所，行政约谈19人。

【食品安全宣传】 区市场监管分局通过《今日普陀》专栏、公交车载电视、公交车身广告、夜排档液晶电视、船载电视、城市电视、凯虹广场和墩头码头LED大屏、小区液晶屏、群岛通、科普宣传站、短信平台、海中洲隧道静态广告等多种载体，广泛宣传食品安全知识，2019年发布食品安全消费预警21期。新建区级科普宣传基地1个，宣传视频投放公交线

区长潘晓辉在欧尚超市调研省食品安全区创建工作　（邵玲玲摄）

食品安全宣传周之保健食品科普宣传进商超活动 （邵玲玲摄）

路2条、船载线路35条，累计播放公共视频8万余次，开展媒体宣传报道50余次。结合食品安全城市创建主题，先后开展以“尚德守法 食品安全让生活更美好”为主题的食品安全宣传周启动仪式暨集中宣传活动、食品安全知识竞赛、“食品安全进社区、进校园、进基地、进家庭”以及“四个你我”等系列活动，动员基层网格成员上门入户发放创建倡议书11万份，全区食品安全公众满意度从2017年的70.2提升至2019年的82.4。建成科普宣传站57个，其中区级科普宣传基地2个，宣传栏59个，线上科普专栏1个、媒体科普专栏1个。有社会监督员队伍10支、聘用社会监督员88人，常规性组织活动参与食品安全监管，营造全民共治共管共同参与食品安全工作局面。

【药品和医疗器械管理】 区市场监管分局完成2019年药品、医疗器械经营企业信用等级评定，评定药品零售连锁企业守信企业1家、基本守信企业1家，药品零售单体（门店）企业守信企业52家、基本守信企业45家、轻微失信企业1家。全年上报药品不良反应199例，其中新的或严重的117例；医疗器械不良事件51例，其中新的或严重的2例；监督抽样药品115批次，不合格6批次，已立案查处。开展中药饮片质量、药品经营过程药师虚挂行为、无菌和植入性医疗器械等专项整治行动，强化疫苗等冷链管理药品监管，重点检查批发企业、医疗机构冷链管理药品进货渠道、储存条件、运输、冷链等环节，确保药品全程不脱离冷链控制；结合换证工作，将GSP（药品经营质量管理规范）要求全面融入许可检查中，对照企业信用等级，抓好重点企业日常监管。累计检查药械经营单位175家次，医疗机构160家次，完成药品经营企业换证30家，责令整改17家，当场处罚16家，立案4起。结合“3·15”国际消费者权益日、全国安全用药月

省药品监督管理局局长徐润龙（左二）调研普陀区大健康产业 （窦雁摄）

等活动，组织药品经营企业、医疗机构开展《疫苗管理法》《药品管理法》集中培训和“两法”实施座谈会，邀请药师团到桃花镇、大干社区开展“药品安全知识大讲堂”活动。帮扶普陀大健康产业园区争取自贸区优惠政策，赴省药品监督管理局就浙江自贸区锐赛生物医疗科技有限公司医疗器械审批等政策突破相关工作进行对接。落实 2019 年省政府民生实事项目，超额完成 6 个送药上山进岛便民服务点建设任务，累计开展便民服务 3580 余次，完成偏远海岛代购配送 261 次。探索“互联网 + 电子处方”工作，与具备互联网医疗机构执业资质电子处方平台达成合作意向，计划在试点先行基础上，全面推行药品零售企业电子处方。至年底，辖区 23 家药品经营企业推行电子处方工作。

【化妆品管理】 2019 年，区市场监管分局以推进化妆品“百千万”美丽示范工程建设为重点，科所联动推进示范经营单位、示范商场及示范街建设，创建示范商场 7 家、示范经营单位 84 家，并录入浙江省民生实事智慧督查系统。对防晒类、祛痘 / 抗粉刺类化妆品及群众举报产品针对性抽样，完成抽样 20 批次，合格率 100%。以“3·15”国际消费者权益日、化妆品安全科普宣传周等活动为契机，普及化妆品相关知识，公布投诉举报电话，引导群众共同参与，从严打击违法违规行为，维护自身合法权益，累计发放相关宣传资料 1000 余份、护肤品 1000 余元。将普陀医院作为市级化妆品不良反应监测哨点医院，上报化妆品不良反应 7 例。

【检验检测能力建设】 2019 年，区公共检验检测创新服务中心通过调查问卷、上门调研等方式，开展“超市准入前食品检测”课题可行性研究。全年完成食品、室内空气质量、锅炉水质检测等 1460 批次，其中餐饮（含餐饮食品、餐饮具）抽检 356 批次、生产流通领域食品抽检 516 批次、室内空气质量检测 3 批次、锅炉水质检测 585 批次。完成检测能力验证测试 6 批次，完成市级抽样任务 174 批次。按照测量设备年度检定计划对设备进行检定（校准），全年检定（校准）仪器设备 76 批次。发挥快检中心公益检测服务职能，利用日常巡查和复核比对等定性检测基本功能，对农贸市场、社区菜店、展销会等开展食品安全定性检测，全年检测各类项目 7392 批次。

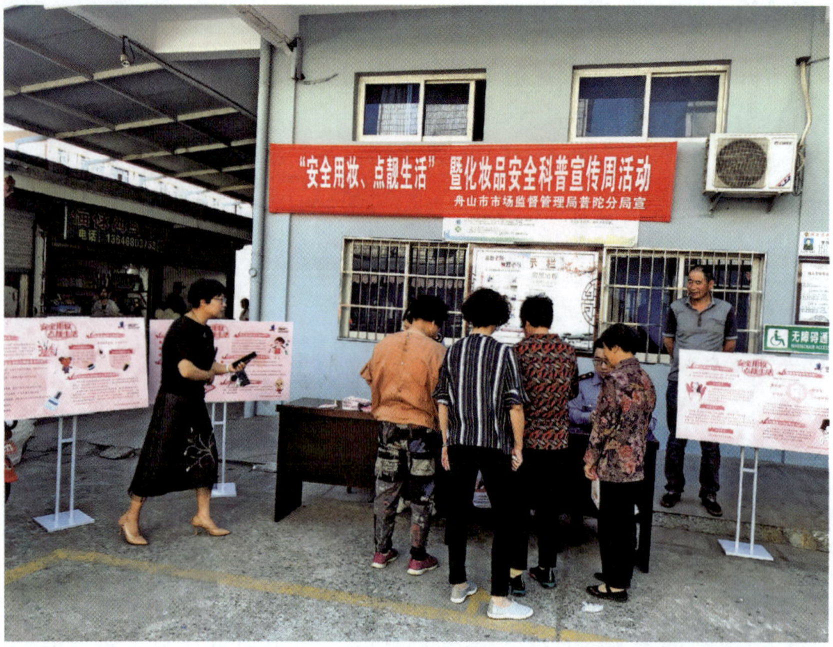

区市场监管分局在桃花镇开展化妆品安全科普宣传 （戎诗摄）

【违法行为查处】 2019 年，区市场监管分局围绕食品药品安全、特种设备安全、旅游市场整治、商业贿赂整治等重点领域开展执法工作，全年办结各类案件 188 件，其中大要案 66 件，罚没款总计 393.99 万元。案件种类包括反不正当竞争类 8 件、食品安全类 97 件、侵害消费者权益类 3 件、产商品质量类 18 件、商标广告类 20 件、合同类 1 件、医疗器械 1 件、特种设备类 6 件、认证认可类 14 件、药品类 4 件、传销类 2 件、无照经营类 6 件、其他类 8 件。

知识产权保护

【知识产权管理】 2019 年，区市场监管分局开展知识产权质押融资工作，推出商标、专利权质押贷款业务，推动做好银企对接、优化质押登记服务，为舟山市普陀华兴水产有限公司办理商标质押贷款7500万元，为浙江中科立德新材料有限公司成功办理专利质押贷款4000万元。加强企业品牌建设，浙江冠素堂食品有限公司获中国驰名商标扩大保护。开展"4·26"世界知识产权日宣传活动，发放《专利指南》《图说商标》等宣传资料百余份，并对欧尚超市、凯虹广场开展专利执法检查。召开知识产权（专利）业务知识培训会，辖区内高新技术企业、知识产权示范企业代表60余人参会。做好"三服务"工作，全年走访辖区企业40家次，了解专利、商标情况，指导3家企业获评市级专利示范企业。开展"百家代理机构服务千家企业"活动，帮扶浙江中科立德新材料有限公司完成省专利奖申报。指导扬帆集团完成《企业知识产权管理规范》贯标认证工作，指导舟山腾新食品有限公司做好《企业知识产权管理规范》贯标认证启动工作。开展"普陀佛茶""登步黄金瓜"等地理标志证明商标保护工作，检查经营单位30余家，发放整改函1份。全年累计授权专利275件，其中发明专利授权107件、实用新型授权149件、外观设计授权19件；全年累计申请商标注册1103件，核准907件，有效注册商标3276件。保护注册商标专用权，全年立案查处商标案件4件，结案4件，罚没款9.04万元。

【计量管理】 2019年，区市场监管分局开展计量领域"双随机"抽查，累计抽查定量包装商品30批次，抽查计量器具使用单位56家、能效标识使用单位15家、眼镜店9家、加油站7家。联合东港街道兴普社区开展"5·20"计量科普进社区活动，免费检定（校准）计量器具78台（件），受理投诉咨询5件，发放宣传资料500余份，服务群众近200人次。开展百家民企计量帮扶活动，走访企业25家，帮助企业解决计量测试技术难题，提升产品质量控制能力和质量水平。开展全面加强儿童青少年近视综合防控及眼镜制配场所计量专项监督检查，梳理辖区眼镜制配场所28家并登记造册。持续推进强制检定，在辖区21家集贸市场、5家超市、100家餐饮店、7家加油站、9家眼镜店，检定电子计价秤1349台、焦度计9台、验光仪9台、加油机28台，其中农贸市场内9台电子秤不合格，责令整改。

区市场监管分局开展"5·20"计量科普进社区活动 （严卓彦摄）

【合格评定监管】 2019年，辖区有检测机构13家，含事业单位5家、企业单位8家；全年检查检验检测机构2家次，开展检验检测机构能力比对2家次，参加检验检测机构扩项评审2家次。完成质量管理体系（ISO 9000）认证活动及结果合规性、有效性检查，检查获证企业2家。完成强制性产品认证、检验检测活动及结果的合规性、有效性检查，检查经营单位67家次，查封未通过CCC认证电动车7辆。完成有机认证专项执法检查，检查生产企业、商超、专卖店等12家，检查茶叶、大米、果蔬等30批次。在9月"有机宣传周"期间，面向生产企业、销售商和广大消费者印发有机认证宣传画200份。全年立案查处认证认可案件4件，罚没款3.52万元。

（撰稿：刘莎莉）

六横市场监督

【概况】 六横市场监管分局负责管理六横区域内市场监督管理工作。2019年年末,六横辖区有内资企业登记数1197户,资金数额143.89亿元,同比增长11.1%、-1.9%。其中非私营企业418户,注册资本(金)41.79亿元,同比分别增长205.1%、-61.1%;私营企业779户,注册资本(金)102.10亿元,同比分别增长-17.1%、161.1%。个体工商户3726户,资金数额4.94亿元,同比分别增长9.0%、23.8%。农民专业合作社登记数为41户,资金数额为4258万元,同比分别增长2.5%、2.4%。全年完成“个转企”12家,注册资本(金)6760万元,涉及医疗、食品、船舶修理、信息、五金加工等产业。

2019年六横内资企业、个体工商户、农民专业合作社基本情况

表47

项 目		单位	在册总数	其中:2019年新设	2019年比2018年增减(%)
内资企业	户 数	家	1197	117	11.1
	注册资本(金)	万元	1438900	122079	-1.9
其中:私营企业	户 数	家	779	154	-17.1
	注册资本(金)	万元	1020960	92466	161.1
个体工商户	户 数	户	3726	309	8.3
	资金数额	万元	49413	9503	19.2
农民专业合作社	户数	家	41	1	2.5
	出资总额	万元	4258	100	2.4

【行政审批制度改革】 2019年,六横市场监管分局围绕“最多跑一次”商事登记制度改革,开展“全程网上办理、企业简易注销、常态化企业开办”等工作。办理开业、变更、注销登记2822件,其中网上申报办理505家,证照联办登记301件,企业简易注销登记85件,前置改后置审批206户,容缺受理40件。办结食品经营许可证118件,其中新设42件、变更17件、延续1件、注销56件;办理食品生产经营登记证183件,其中登记135件、异常声明48件。办结第三类医疗器械备案1件、注销1件,第二类医疗器械备案登记11件,药品经营许可筹建、验收5件,药品经营许可变更8件、注销5件;单体药店GSP换证6件、注销1件。特种设备使用登记30份,特种作业人员考核到期复审47份。办结股权出质1件,股权金额1800万元,债权金额160万元;办结动产抵押2件,主债权金额4836万元,抵押物金额4836万元。

【违法行为查处】 2019年,六横市场监管分局查处办结各类违法案件38件(大要案9件),罚没款28.74万元。案件类型包括无证无照、食药安全、产品质量、违法广告、反不当竞争、商标侵权、特种设备等多个领域。

“水上乐园”设备检查 (虞丹丹摄)

【农贸市场工作】 2019年，六横市场监管分局制订工作方案，建立月度例会形式。帮扶峧头集贸市场创建成浙江省三星级文明规范市场，协助台门农贸市场续创浙江省放心农贸市场。对接管委会、海洋渔业、公安等部门，对辖内农贸市场区摊位、餐馆进行联合执法，开展“一打三整治”攻坚执法行动，开展多种形式的宣传教育，查获的违法渔货由海洋渔业部门予以查扣。开展硬件设施改造工程，配套完善停车、排水、座椅、垃圾清运和熟食卤味区防尘防蝇防鼠设施、紫外线消杀毒设备等硬件。市场进出口设置无障碍设施设备，在醒目位置设置咨询投诉窗口和投诉电话，确定投诉处理机制流畅高效。实时播放检测信息、价格信息、公益广告、社会主义核心价值观，助力文明城市创建工作。

【合同管理】 开展“守合同、重信用”单位延续工作。新申报AA级1家、续报AA级1家。走访4家企业开展宣传和行政指导。完成4家企业合同备案工作。办理6件动产抵押，主债权金额27829万元。

【商标管理】 2019年，六横镇创建浙江省商标品牌示范乡镇。全年新增国内商标注册申请177件，累计有效注册量258件；新申请国内商标24件，国际商标21件；新增有效发明专利授权3项，累计有效发明专利授权13项；走访农专社、企业13家次，对接知识产权业务。

【广告管理】 2019年，六横市场监管分局坚持线上线下监管。打击线上违法广告，强化监测已备案12家网站（一级域名）及19家网店（二级域名）联网广告。录制电视广告360小时，监测互联网广告165条次，查处互联网违法广告案件1起，罚款2万元。提升线下监管力度。排查辖区内实体广告，检查辖区内6家大型超市、1家批发超市、1家酒行。监管排查辖区烟草广告、户外广告、印刷品广告、电子显示屏广告等，对车站、码头、公交、景区、大型超市等人员聚集场所和公共区域加强巡查，出动执法人员48人次，检查户外广告140余条。查处店堂违法广告案件1起，罚款1万元。

农贸市场“一打三整治”宣传 （张震宇摄）

【消费维权】 2019年，六横市场监管分局接受消费咨询60次，受理消费投诉49起，其中调解成功45起、撤回投诉1起，调解成功率91.84%，为消费者挽回经济损失2.11万元。受理举报27起，立案查处2起。消费申诉主要为商品质量和服务质量。以“行业自律、社会监督、消费者参与”思想为指导，开展“3·15”食品安全专项抽检、金融消费者权益保护专项检查、不合格油专项检查，组织“信用让消费更放心”专题现场宣传及咨询活动等。2019年创建放心餐饮店2家，放心商店5家，放心网店2家，放心市场1家，放心化妆品商店13家，放心工厂16家，放心食品工厂4家，七日无理由退货单位10家，餐饮阳光厨房1家，品字标企业1家，“名特优”作坊及量化达标小微食品企业2家，绿色通道企业1家。

【特种设备监管】 2019年，六横市场监管分局强化事故防控力度，夯实安全监管基础。全年检查特种设备使用单位93家，出动行政执法人员213人次，检查特种设备数147台，排查一般隐患43项、重点隐患1项。组织特种设备从业人员安全教育170人次，对接区级挂牌隐患治理企业，落实整改目标、措施、时限、责任、资金，提升整改效率，及时销号，形成隐患闭环治理。辖区56家特种设备使用单位开展特种设备安全管理分类评价，6家单位应用特种设备风险排查日志，处置一般安全隐患3项、重大安全隐患1项，加强对特种设备风险隐患预防与闭环整治。构建电梯事故应急半小时响应区块。构建以龙山、峧头、台门为中心的3个电梯事故应急响应区块，指定电梯事故应急响应单位实施救援，提高电梯困人应急救援效率。对接市质检院，成立六横工作站，2019年为12家企业检测计量器具1660件，为企业节约设备运输成本3万余元，打通企业送检“最后一公里”。

【产品质量监管】 六横市场监管分局组织实施2019年度省级产品定期抽检计划，抽检10批次，合格8批次，合格率80%；组织实施2019年流通领域商品抽检计划，抽检40批次，合格32批次，合格率80%，并对不合格商品采取后续处置措施。开展“限塑令”专项整治工作，对5家经营户开展“塑料袋”专项抽检，抽检5批次，合格3批次，合格率60%。开展“电动自行车”车辆整治行动，严格实施超标电动车禁售规定，实时监控店铺内电动车保有量，向36家电动车经营户宣讲新规，实现过渡期内平稳过渡。强化压力仪表生产企业风险监测，联合市特检院巡查仪表生产企业16家，完成《2019年六横五金仪表行业带毛细管压力表产品质量对标方案》，抽检生产企业7家、带毛细管压力表产品8批次。

浙江省船舶修造业绿色制造标准化试点项目实地考察 （虞丹丹摄）

【标准计量管理】 六横市场监管分局发挥计量基础、标准引领作用，支持行业转型升级，推进船舶修造业绿色制造标准化试点项目建设。召开专家顾问组会议、联络员会议，向六横管委会争取项目工作经费90万元。2019年发布《标准化管理办法》《船舶修造业绿色制造标准体系》《船舶修造企业商用光伏系统技术和管理规范》《船舶修造企业优化用电技术与管理通则》等标准，项目工作取得实质性进展。对辖区内抽水马桶、大家电开展节水、节能认证产品检查，检查经营户23家，出动检查人员52人次。结合“电动自行车专项整治”“两节市场专项检查”等活动，检查CCC认证产品，发现1起销售未取得CCC认证产品案，移交稽查大队查处。指导辖区6家计量器具企业申请计量器具型式批准证书，其中3家有相关证书；邀请浙江省计量科学研究院热工所专家，指导浙江浙能中煤舟山煤电有限责任公司解决计量器具稳定性和计量器具检测范围覆盖的关键性技术难题，取得标准计量器具核准证书。开展计量惠民活动，邀请市质检院工程师对辖区内农贸市场、基层医疗机构等使用的电子秤、血压计开展免费检定活动，检定电子秤480台、血压计60台。

【质量管理】 六横市场监管分局发挥质量监管战略作用，帮扶企业提质增效，提升企业质量竞争力。制订“五金仪表行业质量提升行动”实施方案，加强六横仪表及其配件质量监管，管控区域性质量问题隐患，发挥计量、标准、认证认可、检验检测等质量基础作用，综合运用品牌培育、卓越绩效模式导入、行政执法、宣传教育等引导性方法，夯实六横仪表及其配件产业质量基础，促进产业高质量发展。组织开展先进质量管理模式培训和测量管理体系培训，24 家企业 30 人次参加；推广应用质量管理体系应用，新增 4 家 ISO 9000 质量管理体系认证企业。

【食品安全监管】 2019 年年底，六横辖区有食品主体 1050 家，其中涉及食品生产许可证 9 家、食品经营许可证 520 家(餐饮 219 家、食品流通 301 家)、小作坊许可证 13 家、“三小一摊”登记证 508 家。六横市场监管分局开展辖区食品生产企业、食品经营主体和“三小一摊”登记主体安全风险分级管理工作，餐饮服务单位量化分级覆盖率 100%。完成抽检任务 20 批次，自行组织食品抽检 122 批次，其中 6 批次不合格；完成自消毒餐饮具抽检 25 户 150 件，有 5 户 12 件不合格，均进行后续处理。开展学校食品安全各类专项检查 120 人次，检查经营户 250 余户次，查获过期食品经营案 5 起，并立案查处。组织入网食品经营者培训会、学校食品安全培训会等培训活动，全年培训人员 50 余人次。开展食品安全宣传工作，播放食品安全消费教育露天电影 100 场次；在各学校设立爱心雨衣点，分发 800 件印有食品安全宣传标语的雨衣；组织辖区 100 余人参加六横食品安全知识竞赛，2 名优胜者代表六横镇参加全市比赛获第二名。指导大型活动用餐、聚餐，无食品安全事故发生。开展“创城”工作，联合公安、城管集中治理峧头区域食杂店、小餐饮店食品安全，地毯式检查峧头沿街背巷食品经营主体，以市场周边、学校周边、医院周边小餐饮店为重点，检查许可证、健康证、文明就餐、一次性碗筷使用、消毒记录台账、控烟标志、厨房卫生等情况，对不符合规定的餐饮单位即时要求其按规定改正，出动检查人员 80 余人次，检查经营户 200 余户，帮助亮照 20 余户，张贴各类桌贴 5000 余张。开展非洲猪瘟防控工作，日常检查猪肉销售主体，要求各农贸市场、超市、配送中心把每日销售猪肉的动物检疫合格证明、肉品品质检验合格证通过微信群上传，定期检查猪肉经营单位。创新监管机制，全面使用“众食安”智慧监管系统，六横地区有 300 余家餐饮单位加入使用；引入第三方监管模式，由当地政府出资 20 万元购买技术监管服务，打造一批专业食品安全监管队伍。

浙江省民生工程——“送药上山进岛”佛渡站点 （虞丹丹摄）

【药品安全监管】 2019 年，六横市场监管分局完成药品抽检 40 批次，抽检合格率 97.5%。上报评价 ADR（药品不良反应）报表 51 例，MDR（多重耐药性）报表 12 例。办理第二类医疗器械经营企业备案 5 家，完成药品经营许可证变更 11 家，筹建 5 家，验收 5 家。完成医疗器械经营许可证注册 1 家，注销 1 家。在微博、微信等平台上发布安全用药小知识，扩大安全用药受众面。向佛渡社区、悬山社区 50 名老人赠送总价值 3000 元家庭小药箱和部分必备常用药。开展医疗器械违规使用专项检查、无菌和植

化妆品安全专项检查 (刘生国摄)

入性医疗器械检查、第二类精神药品经营环节专项检查、打假治劣“药剑”行动、打击药品经营过程执业药师虚挂行为专项行动、更新市局外网“药师查询”信息、药品经营企业交叉飞行检查、医疗器械经营企业交叉飞行检查、中药饮片专项整治、“送药上山进岛”、疫苗接种单位飞行检查。关注社会舆论,落实监管责任。开展富马酸喹平、狂犬病疫苗和“百白破”疫苗等药品检查,要求企业引起重视,强化自身管理,理顺责任。跟进深化GSP认证后续检查,对辖区21家药店实现循环检查全覆盖。

【化妆品监管】 2019年,六横市场监管分局以日常巡查和专项检查相结合模式,抽查化妆品经营户20户次,检查其经营产品生产标签、进货渠道、店堂宣传告示等。在“3·15”消费者保护日,开展化妆品安全工作宣传活动,发放化妆品宣传资料200余份。开展以“安全用妆、点靓生活”为主题的“5·25”全国护肤日宣传活动,设摊宣传并开展化妆品现场咨询活动,开展2019年化妆品“百千万”美丽消费示范工程建设工作。新增1家化妆品店、13家药店为化妆品经营示范单位。

(撰稿:虞丹丹)

编辑:陈莉

教　育

综　述

2019年，普陀区有幼儿园38所，在园幼儿8253人；义务教育学校20所，在校学生21875人；特殊教育班3个，在校学生13人。街道镇成人文化学校8所，电大普陀分校、区教师进修学校各1所。全区教职工3172人，其中专任教师2376人。区教育局获2018年度浙江省教育工作业绩考核优秀单位，在浙江省2018年教育质量综合评测中各项评价指数再居全省前列。

2019年1月组建区委教育工作领导小组，作为区委议事协调机构。区委教育工作领导小组秘书组设在区教育局。3月9日，区委办、区政府办印发《舟山市普陀区教育局职能配置、内设机构和人员编制规定》，区教育局内设办公室、组织人事科、教育科（挂行政审批科、安全管理办公室牌子）、政工科（挂法规科、内部审计科牌子）、财务基建科5个职能部门。

实施教育现代化战略。在全区教育大会中提出为“率先高水平实现教育现代化”目标努力。完成《舟山市普陀区2019—2030年中心城区学校（幼儿园）建设规划》编制工作。对照教育部《县域义务教育优质均衡发展督导评估办法》指标要求排摸各学校指标达标情况，建立《义务教育学校达到优质均衡目标整改清单》和《县区级政府达到优质均衡目标整改清单》，一校一策，落实整改措施，推进创建工作。推进“数字学校”建设，更新交互式一体机52套，完成各校实验室废物存储点建设和“互联网＋义务教育”3对结对学校同步课堂设备及平台建设安装工作，为“同步课堂”教学提供技术支持。开展“初中毕业生学业考试英语听说能力考试”机房建设调研工作，制订全区6所初中9个机房建设方案。7月，区教育局被定为浙江省区域整体推进智慧教育综合试点单位。

推进各类教育发展。开办公办普惠性幼儿园——平阳浦幼儿园，完成舟渔幼儿园转制和小天地幼儿园“改薄”（全面改善贫困地区义务教育薄弱学校基本办学条件）工作。推行学前教育服务区制度。按义务教育划片招生入学要求和新居民子弟积分入学办法做好招生工作，巩固“零择校”成果。实施“互联网＋义务教育”结对帮扶工作，完成东港中学与桃花中心学校等3对学校结对工作，开展“同步课堂”各项活动。推进“普陀微教育联盟”工作，持续深化农村中小学小班化教育教学改革。加强新居民子弟学校办学督导调研，提高民办教育资金扶持额度，加强新居民子弟学校和普惠性民办幼儿园实施年度预算管理，促进普惠性民办教育机构健康持续发展。开展千万农民素质提升培训，完善老年开放教育网络体系。2019年，展茅成校（成人文化技术学校简称成校）获评浙江省现代化成校，沈家门成校获评省社区教育优秀办学单位，东港街道“银龄时光，欢乐你我”培训项目获改革开放40周年“浙江省社区优秀教育工作品牌”，展茅成校“海岛新农村公民素养教育”获2019年浙江省终生学习品牌项目。

落实素质教育工程。2019年，完成并出版国内首本系统介绍中小学海洋教育的专著《中小学海洋教育理论与实践》，成立宁波大学海洋教育研究中心舟山研究所，启动普陀区海洋教育精品拓展课程编著工作，完成全区中小学学生的心理高危学生筛查和“浙江省2019年第一次儿童青少年近视调查工作测试”工作。制定出台《舟山市普陀区教育局关于全面推进中小学劳动实践教育的实施意见》等文件，选4家单位为普陀区首批中小学生研学实践基地。组织开展“弘扬家国情怀、培养核心素养”“扣好人生第一粒扣子”“缅怀革命先烈　传承红色基因”“争做时代好少年”等主题系列教育活动，参加“市文明细胞”创建活动。普陀小学获教育部关心下一代工作委员会“新时代好少年”主题教育读书活动“我为祖国点赞”示范学校，20所中小学获区“文明校园”称号，15所中小学获市级“文明校园”荣誉称号，沈家门小学、沈家门第一小学被推荐参与全国“文明校园”评选。2019年中考，全区学科总平均分继续居全市前列。

提升教师队伍素质。落实《舟山市普陀区教育局关于名师梯队培养的实施意见》，出台《区学科带头人带徒指导职责与评价办法》，评选区学科带头人96名，组织骨干教师开展“观名校、访名师、学理论、进课堂、展示课、作示范”等研训活动。深化“县管校聘”改革工作，完善海岛教师进城“积分制”和中小学教师编制管理和岗位设置管理。

9月5日，全区教育大会召开　（区教育局提供）

推行城区中小学招生试行网上报名和转学网上办理，推广“校内课后托管”，实现入学报名、转学“跑零次”，春季学期，全区小学、公办幼儿园有1272名学生参加放学后校内托管服务，秋季学期有3318名。

学前教育

【概况】 普陀区实施《舟山市普陀区发展学前教育第三轮行动计划（2017—2020）》。至2019年年底，全区有区中心幼儿园、区实验幼儿园、沈家门幼儿园、东港幼儿园等38所，在园幼儿8253人，教职工1318人。

2019学年全区幼儿园基本情况

表48

幼儿园名称	类别	等级	班级数（个）	在园幼儿数（人）	教职工数（人）	占地面积（平方米）	建筑面积（平方米）
区中心幼儿园	县级教育部门	省一级	18	524	81	8860	5398
区实验幼儿园	县级教育部门	省一级	15	395	64	5543	4950
沈家门幼儿园	县级教育部门	省二级	15	374	65	5420	4816
东港幼儿园	县级教育部门	省二级	28	796	116	14449	11115
城北幼儿园	县级教育部门	省二级	17	434	70	8502	6634
鲁家峙幼儿园	县级教育部门	省二级	12	333	58	8239	4991
平阳浦幼儿园	县级教育部门	省二级	12	311	50	5557	2902
展茅中心幼儿园	集体	省二级	9	237	41	5027	4375

续表 48

幼儿园名称	类别	等级	班级数（个）	在园幼儿数（人）	教职工数（人）	占地面积（平方米）	建筑面积（平方米）
朱家尖中心幼儿园	集体	省二级	16	449	75	10616	7323
六横中心幼儿园	集体	省一级	12	233	49	7464	5465
六横实验幼儿园	集体	省二级	23	620	100	14554	8486
桃花中心幼儿园	集体	省二级	3	60	17	2126	983
虾峙中心幼儿园	集体	省二级	2	15	9	1256	1031
螺门幼儿园	集体	省二级	5	128	24	1364	1569
龙山幼儿园	事业单位	省二级	5	94	22	5333	1852
双塘幼儿园	事业单位	省三级	3	33	11	501	381
城建幼儿园	民办	省二级	9	282	35	1917	870
北安幼儿园	民办	省二级	9	246	35	858	1127
向日葵幼儿园	民办	省二级	4	93	17	1200	1053
颐景幼儿园	民办	省二级	10	317	36	2500	1331
和润幼儿园	民办	省二级	8	200	30	1550	2020
蓝盾幼儿园	民办	省二级	8	246	31	1420	1322
三盛艺术幼儿园	民办	省二级	6	135	26	3500	2331
小荧星实验幼儿园	民办	省二级	10	216	42	3700	2807
小精灵幼儿园	民办	省三级	3	88	10	254	228
芦西幼儿园	民办	省三级	3	69	7	276	238
物资幼儿园	民办	省三级	3	65	13	667	441
小灵通幼儿园	民办	省三级	3	86	13	563	355
荷叶湾幼儿园	民办	省三级	7	161	27	1390	1476
小天地幼儿园	民办	省三级	12	167	39	2095	1265
新苗幼儿园	民办	省三级	6	210	22	1595	701
动动王国托幼中心	民办	省三级	6	143	21	979	702
和津苑幼儿园	民办	省三级	4	57	10	830	782
鸿宝幼儿园	民办	省三级	3	91	8	1456	490
朱家尖三八幼儿园	民办	省三级	5	153	20	2997	1320
六一幼儿园	民办		3	45	8	168	148
开心幼儿园	民办		3	73	8	328	152
小幸福幼儿园	民办		3	74	8	415	300

【学前教育管理】 普陀区推行学前教育服务区制度和等级幼儿园建设。2月，斥资1192万元收购舟山海洋渔业公司幼儿园，改制为公办普惠性幼儿园，更名为平阳浦幼儿园，成为沈家门城西片区第一所公办幼儿园。城北幼儿园、鲁家峙幼儿园海城铭园、六横实验幼儿园双屿港分园通过省二级幼儿园评定，鲁家峙幼儿园海城铭园分园完成产权移交。小荧星实验幼儿园由非普惠性民办转制成普惠性民办幼儿园。至年底，全区等级幼儿园比例92.86%，等级幼儿园在园幼儿覆盖率97.67%，二级以上幼儿园比例61.90%，二级以上幼儿园在园幼儿覆盖率81.64%。

【幼儿教养工作】 普陀区贯彻落实《3～6岁儿童学习与发展指南》，加强幼儿园教师队伍建设，做好各级各类幼儿园园长和教师培训，提升教师专业水平和实践能力。启动实施幼儿园课程改革，完成第二批13所幼儿园课程改革认定工作。以“一日生活皆课程”理念，坚持“游戏为基本活动”，挖掘幼儿园原本特色，完善幼儿园课程建设。以“科学做好入学准备”为主题，多种形式宣传幼儿发展规律和学习特点，关注幼儿身心全面发展。

六横中心幼儿园 （区教育局提供）

【东港幼儿园】 总部位于东港街道海珠北路131号，占地面积11137.18平方米，建筑面积8773.11平方米，有班级19个，在园幼儿558人。海洲一品教学点位于东港街道绿园街15号，总投资300余万元，占地面积5亩（约0.33公顷），建筑面积2565平方米。有教职员工116人，专任教师50人，大专及以上学历100%。2019年获“浙江省幼儿体育特色幼儿园”“浙江省足球特色幼儿园”称号，教师健身舞操获浙江省幼儿体育大会第一名。

【六横中心幼儿园】 位于六横镇台门台兴路176号，占地面积5328平方米，建筑面积4460平方米。有12个班级，在园幼儿228人，教职员工49人。2019年获“省家长学校”“市陶研学校”等荣誉。

【螺门幼儿园】 位于展茅街道螺门村幼儿园弄16号，占地面积1364平方米，建筑面积1569平方

螺门幼儿园 （区教育局提供）

米，运动场地面积650平方米，绿化面积191平方米。有5个班级，在园幼儿131人，教职工24人。2019年，推进“海韵”课程建设，整合本土资源的园本课程环境，创设富有“海味”特色的社会性区域。

义务教育

【概况】 普陀区继续推进义务教育资源均衡配置机制改革，加强标准化学校建设、教师交流、现代教育信息资源均衡配置工作，提高城乡教育一体化水平。按义务教育划片招生入学要求和新居民子弟积分入学办法做好招生工作，巩固“零择校”成果。深化农村中小学小班化教育教学改革，发挥“普陀微教育联盟”作用，加

2019学年全区义务教育学校基本情况

表49

校　　名	学制	班级数（个）	在校生数（人）	教职工数（人）	占地面积（平方米）	建筑面积（平方米）
普陀第二中学	3	34	1434	139	62048	24328
沈家门第一初级中学	3	31	1169	145	19464	14725
东港中学	3	40	1630	164	60236	28405
展茅中心学校初中部	3	15	452	39	33793	11135
朱家尖中学	3	12	455	55	28121	6739
峧头中学	3	21	862	77	45509	16994
台门学校初中部	3	2	40	10	38068	11817
中旭科创双语学校初中部	3	3	77	20	33615	18907
普陀小学	6	48	1997	138	36493	27599
沈家门小学	6	69	2858	199	43601	29390
沈家门第一小学	6	47	1881	152	29055	13546
沈家门第四小学	6	30	1182	95	20145	8204
城北小学	6	27	1107	89	27817	20582
舟渔学校	6	28	1030	80	16160	7555
展茅中心学校小学部	6	14	507	46		
朱家尖小学	6	26	1021	76	19029	7463
六横中心小学	6	36	1407	99	35327	15131
台门学校小学部	6	15	411	47		
桃花中心学校	6	6	141	17	14652	6050
虾峙学校	6	5	46	15	8816	2821
龙山小学	6	6	195	18	13275	3138
中旭科创双语学校小学部	6	17	504	42		
育才学校	6	34	1469	89	32440	8662

2019学年流动儿童少年在校就读情况

表50　　　　单位:人

流动儿童少年数(人)				流动儿童少年已入学人数(人)							流动儿童少年入学率	符合条件的学生公办学校接纳率
				合计			在公办学校就读		在民工子弟学校就读			
总数	县外	市外	省外	总数	小学	初中	小学	初中	小学	初中		
6669	1056	536	5077	6669	5230	1439	3562	1408	1668	31	100%	100%

强渔农村学校课堂教学实践指导,提升教育教学质量。至年底,全区有义务教育学校20所,其中初中8所(包括展茅中心学校、台门学校、中旭科创双语学校3所九年一贯制学校),小学12所。有在校学生21875人,教职工1851人,其中专任教师1718人。

【教学工作】 区教育局统筹教研室《"为理解而教"的课堂新样态及其实施策略研究》、普陀第二中学《指向高阶思维的初中PAD全景课堂的行动研究》、普陀小学《小学"单元综合学习设计"的实践研究》、沈家门小学《小学"实景学习"统整课程的实践研究》、沈家门第一小学《小学"整体性—结构化"课堂教学的实践研究》等课题,面向全区各中小学开展"真实性学习"教学实践研究,3篇STEAM教育论文获省三等奖,6篇综合实践案例入选省综合实践活动成果集。在2019年"一师一优课"活动中,获部级优课2节,省级优课4节。是年,有2名教师在省课堂教学比赛中分获一、二等奖,10名教师论文获省二、三等奖,沈家门小学语文、沈家门第一小学数学、普陀第二中学历史与社会3个教研组被评为省先进教研组,沈家门小学语文教研组研修案例入选省级教研组建设

4月29日,普陀区首次"互联网+义务教育"同步课堂教学交流活动以直播互动形式,在东港中学和桃花中心学校"同时异地"开展　(区教育局提供)

和研修优秀案例。《真实性学习的区域探索》被列为2019年度省教研重点课题和市首届新区教育品牌孵化培育项目。基于"互联网+义务教育",推进"城乡同步携手教学",组织开展城乡同步课堂教学活动,并向四川万源市帮扶学校同步开放。全年组织开展城乡同步课堂82节,远程专递课堂活动28次,上传学校网络空间资源188个,教师网络研修活动19次,师生参与"互联网+义务教育"活动4911人次。东港中学(桃花中心学校)、普陀小学(虾峙学校)分别承办同步课堂公开课教学研讨交流及同步课堂平台建设应用技术交流培训等活动。全区6个案例入选2019年浙江省"互联网+义务教育"典型案例,入选数量为全市最高。5月,普陀"互联网+义务教育"同步课堂工作分别在"浙江日报""今日普陀"等媒体平台进行报道。

【德育工作】 9月,普陀区新增市级文明校园10所,至年底,全区有市级"文明校园"15所学校,市级"文明校园"比例为75%,其中公办学校比例为83.3%;"美丽学校"达标校、优秀校比例均为95%,其中公办学校"美丽学校"达标校、优秀校均为100%。2019

1月10日，舟山市德育工作优秀成果展示活动在朱家尖小学举行 （区教育局提供）

年，普陀小学获全国生态文明教育特色学校、教育部关工委“新时代好少年”主题教育读书活动“我为祖国点赞”示范学校、浙江省生态环境厅第九批浙江省“生态文明教育基地”、舟山市绿色学校等称号；普陀第二中学、东港中学通过浙江省健康促进学校金牌校初评；沈家门第一小学通过浙江省健康促进学校金牌校复评；普陀第二中学创建首个市级“青春健康教育基地”。落实立德树人根本任务，德育工作成效逐步凸显。2019年，沈家门第一初级中学学生获2019年全省中小学生“我爱您，祖国”主题演讲比赛初中组二等奖，普陀小学《诗意中国》获省2019年经典诵读大赛三等奖，桃花中心学校《琵琶行节选》获优秀奖；沈家门小学教师《清平乐·村居》获省2019年“迦陵杯·诗教中国”教师诗词讲解大赛二等奖。区教育局与区司法局、区普法办联合建立“区青少年宫、区检察院、区消防队、城北小学、沈家门一初”5个全区青少年法治教育实践基地，开展“讲宪法学宪法”活动，全区2万多名学生争做“宪法小卫士”，普陀第二中学学生获市“学宪法讲宪法”初中组一等奖，并代表市初中组参加省级遴选赛。

义务教育学校选介

【普陀第二中学】 位于东港街道花树岙路111号，占地面积93亩（6.2公顷），由教学楼、科技楼、图书行政楼、学生公寓楼、食堂、体艺馆6幢建筑单体组成。2019年，有班级34个，学生1434人，教职工139人。4月，承办浙江省未来课堂建设推进会暨2019年创新教育分会学术年会。2019年，获浙江省教科研先进集体、浙江省中小学STEM教育项目培育学校、浙江省中小学劳动实践教育项目研学旅行试点学校、浙江省第六届海洋知识创新竞赛海洋知识类社会公众组优秀组织奖、浙江省健康促进学校（金牌）、浙江省教师发展学校（TDS）优秀等级等28项各级各类集体荣誉。

【沈家门第一初级中学】 位于沈家门街道长地丬路2号，占地面

沈家门第一初级中学 （区教育局提供）

积 19464 平方米，建筑面积 14725 平方米，有班级 31 个，学生 1147 人，教职工 151 人，其中高级教师 58 人，区学科带头人 4 人。2019 年，成为浙江省心理健康教育示范点学校，获市 5A 级平安校园、市级“文明校园”、区研学旅游区级试点学校、年度工作考核优秀单位等荣誉称号。

【沈家门小学】　位于东港街道晨晖街 35 号，分东、西校区，占地 77 亩（5.13 公顷），总建筑面积 22737 平方米。8 月，西校区拆扩建工程完工，新建建筑面积 12831 平方米。有教学班 69 个，学生 2858 人，教职工 209 人。2019 年，获浙江省教育科学研究工作先进学校、浙江省第五届青少年学生阳光体育运动会短式网球体育道德风尚奖、舟山市第十九届中小学生艺术节优秀组织奖、舟山市“寻红色印记　扬爱国情怀”主题宣传教育活动优秀组织奖、舟山市园林式单位、2017—2018 年度市教科研先进集体、舟山市研学旅行试点区域和先行示范学校、舟山市艺术教育先进学校、2019 年度教育科学研究工作先进学校等荣誉。学校主导课题《基于统整理念的“实景学习”的实践研究》获浙江省优秀教科研成果一等奖，语文教研大组被评为浙江省优秀教研组。7 月，选送的《台风来了》和《入学序曲》分获环球自然日 2019 全球总决赛表演组金奖和银奖。

【普陀小学】　位于东港街道半山街 135 号，总占地面积为 36942.83 平方米，建筑面积为 27599.13 平方米。有教学班 50 个，学生 1997 人，教职工 138 人。2019 年，获全国生态文明教育特色学校、浙江省 2017—2018 年度教科研先进集体、第九批浙江省生态文明教育基地、浙江省中小学心理辅导一级站、浙江省优秀平安学校、第二届全国中小学生现代海洋知识竞赛优秀组织单位、“新时代好少年”主题教育读书活动“我为祖国点赞”示范学校等。

普陀小学　（区教育局提供）

【沈家门第一小学】　位于沈家门街道东海东路 20 号，占地面积 26054 平方米，建筑面积 15860 平方米，有教学班 47 个，学生 1881 人，教职工 152 人。推进现代化教育，从“互联网 + 管理”“互联网 + 课堂”“互联网 + 科创”“互联网 + 德育”四个层次开展“5G 智慧校园新样态”研究。2019 年，学校获全国青少年人工智能特色单位、省中小学劳动实践教育项目试点学校、省青少年航海科普教育实验学校、市优秀少先队集体、市推进研学旅行先行示范校等称号。

【六横镇中心小学】　位于六横镇峧头街东海路 128 号，占地面积 35327 平方米，建筑面积 13088 平方米。有教学班 36 个，学生 1407 人，教职工 100 人。2019 年，被人力资源和社会保障部、教育部授予“全国教育系统先进集体”称号，获“浙江省示范家长学校”称号。

普通高中教育

【高考情况】　2019 年，普陀区境内有普陀中学、普陀第三中学、六横中学 3 所普通高中和 1 所职业高中（普陀区职业技术教育中心），皆归市教育局管辖。是年高考升学情况：报名数 1006 人，录取总计 991 人。其中，普通类 862 人（一段 192 人、二段 474 人、三段 196 人），艺术类 79 人，体育类 4 人，高职类 46 人。

【普陀中学】　2019 年有班级 31

个，学生1280人，教职工152人。完成教学楼厕所、行政楼、图书馆、体育馆屋面、单双杠场地、D车库、教学楼各教室多媒体教学终端、宿舍楼空气能设备、学校食堂吊顶改造、校史馆基建及校史馆布展工程，重新制定《普陀中学总务后勤编外人员考核办法》。4月，香港舟山新区青年联合会、香港屯门区校长团、香港钟声慈善社胡陈金枝中学师生一行40余人来到普陀中学进行教育文化交流活动。获浙江省文明单位、浙江省数字校园示范学校、教育部国防教育特色学校、舟山市示范家长学校等荣誉称号，班主任、班级调查满意度均在95%以上，3位班主任满意率100%。高考一段上线176人，上线率40.7%；一、二段累计上线417人，比例达96.5%。双一流学校录取70人。

【普陀第三中学】 2019年有班级30个，学生1270人，其中高三段402人、高一段448人。7月，建立“通报制度”，将通报与考核挂钩，并明确三次通报批评将作为交流对象，以底线管理淘汰出局，一学年内三次通报表扬认定优秀。建设学生劳动实践基地——开心农场，各班分配责任地，安排每两周一次劳动课时，学校层面获奖。高考成绩进入重点院校17人，本科上线率68%，专科上线率100%。

【六横中学】 2019年有班级12个，学生436人，其中高一学生145人、高二学生146人、高三学生145人。在编教师49人，借出2人，支教9人，招募优秀退休教师3人。制定《六横中学小微权力清单》，并作为样板在全市推广，以“自律、自强、自立”为主课程体系，打造“三园一导”育人模式。以学生为本、发展为先、体验为主的方式重新打造六中德育课堂，建设“法治六中”“美丽六中”“开放六中”。六横中学党支部被评为舟山市先进基层党组织，工会被评为先进基层工会组织，获“舟山市文明校园”称号，2019年度学校考核优秀。参加高考人数145人，二段上线52人，三段上线100%。

职业教育

【普陀区职业技术教育中心】 有专业12个，班级39个，学生1363人，教师136人。5月，举行2019年舟山市现代学徒制试点成果展示暨“深化校企合作，共建双赢之路”论坛和第五届“职业教育活动周”技能展示暨校园开放日活动。7月，开展名厨名家进校园系列活动，聘请国家技能鉴定中心专家委员会委员、高级考评员、中国名厨委常务副主席、浙江省餐饮行业协会执行会长、浙江省劳动模范、中国烹饪大师名人堂导师、优秀企业家李林生担任学校烹饪专业高级顾问。承办市第六届残疾人职业技能培训暨比赛活动市级赛区的各类项目，举行第五届职业教育活动周学生技能展示暨校园开放日活动。11月，舟山市冠素堂食品有限公司等3家公司举行中西面点专业现代学徒制合作单位签约仪式。12月，普职高佳庄商学院揭牌成立并开学。在全国旅游院校服务技能（饭店服务）大赛中获金牌，在全国电子商务运营技能竞赛（浙江省赛区）中获一等奖，课题《中职学生核心素养校本化课程体系建构的实践研究》经专家评审入选浙江省中职教育教学成果孵化项目，获评“建国70周年·浙江餐饮业”烹饪教育贡献奖。2019年，升学高三学生309人。

（撰稿：陈彦羽）

【浙江舟山群岛新区旅游与健康职业学院】 是由市政府主办、教育部备案的公办全日制普通高校，国内第一所以旅游与健康命名、培养旅游与健康融合型人才的高职院校，浙江省旅游协会海洋旅游分会会长单位。位于朱家尖街道学院路99号，占地面积157261平方米，建筑面积80733平方米。设旅游分院、健康分院、商务系、公共教学部、成人教育培训中心、继续教育学院（舟山电大），开设健康管理、护理（中韩合作，医疗美容方向）、助产、营养配餐、空中乘务、酒店管理、导游（国际导游方向）、休闲服务与管理（滨海休闲旅游方向）、会计、电子商务、国际经济与贸易等高职专业。2019年，学校招生1212人，毕业生563人。有79个班级，学生3046人，教职工231人。

在2019年全国高校教师教学创新大赛第五届外语微课堂大赛浙江省决赛中，1人获一等奖，1人获三等奖；全国总决赛中，1人获二等奖。学生参加全国技能竞赛获奖8项，省级技能竞赛获奖12项。导游证通过率96.97%，位居全省第一；护理专业执业护士资格考证通过率

97%以上。是年，省内招生人数一次性招满，在浙江录取的普通类考生投档分超过省控线91分，新生报到率94.5%。

结合文明校园建设，推进校园提升改造工作。开展“现代学徒制”试点工作。“全程双轮驱动双导师制人才培养模式的探索与实践”成功申报为浙江省教学改革优质案例。开展毕业生就业推介工作，92家企业提供就业岗位1800多个。2019届563名毕业生，年底就业率达到97.3%，其中舟山本地就业率31.08%。开展各类社会培训，全年培训380余人次。引进(柔性引进)、调入各类人才49人，其中高级职称9人；推荐入选舟山市优秀技能人才2人。继续实施教师素质与教学能力提升计划，全年选派教师参加各类培训102人次；开设“青年教师双休日课堂”，举办教师教学能力高级研修班、信息化能力系列培训班。3月，学校正式通过省综治委校园及周边治安综合治理专项组办公室“平安校园”考评，经省平安办、省公安厅同意，被授予“平安校园”称号。6月，学校通过省教育厅人才培养工作教学评估。

（撰稿：冯磊）

成人教育

【概况】 2019年，普陀区作为第三批“国家级农村职业教育和成人教育示范县”、首批“浙江省学习型城市”，完善终身教育体系建设，推进社区教育持续发展。全年接受社区教育服务对象224734人次，占常住人口59%。以市民素质提升教育(青少年课外教育)、渔农村劳动力技能培训教育、老年教育、家庭教育、学历教育和优秀传统文化教育等为主线的社区“六教”协同推进。东港成校“银龄时光，欢乐你我”培训项目获评改革开放40周年“浙江省社区优秀教育工作品牌”；展茅成校“海岛新农村公民素养教育”获评“浙江省终身学习品牌项目”；朱家尖成校《海岛精品民俗专业人才培育》获立省级课题；沈家门成校获评“浙江省社区教育优秀办学单位”；展茅成校获评“浙江省现代化成校”。

【市民素质教育】 普陀区依托“社区搭台、成校唱戏”，以“教育服务到基层，千名教师进社区新区市民素质提升工程”“学生假期综合实践活动”“全民终身学习活动周”“全国文明城市创建”“社区教育进农村文化礼堂”为平台，结合“传统节日”“普陀海洋文化”，联动区妇联，落实《普陀区“东海渔嫂”素质提升三年行动实施方案(2019—2022年)》，分层分类开展公民素质提升教育实践活动，构建“人人皆学、时时能学、处处可学”社会环境，打造全民终身学习城市普陀品牌。2019年，举办“市民素质提升工程”培训1486期，参加99731人次；举办寒暑期“学生综合实践活动”469期，参加36473人次；“2019年普陀区全民终身学习活动周”期间，举办教育培训活动138期，参与社区65个，参与19236人次；开展扫盲教育脱盲563人，其中完成青壮年残疾人扫盲28人；社区教育进农村文化礼堂48家，覆盖率81.4%，举办教育培训活动206场，参与学习村民18603人次。

【渔农村劳动力技能培训教育】 普陀区深化项目培训模式，开展特色化技能培训，分类实施渔农民转移就业培训、职业技能培训、岗位技能培训等。2019年，完成渔农民技能提升培训2804人。其中，实用人才培训2169人，转移就业培训497人，其他普及性

六横成校开展“识宗教　辨邪教”主题宣讲活动　（区教育局提供）

东港成校举办2019年创业能力(民宿)培训班　(区教育局提供)

培训138人。社会培训成果录入省学分银行信息库平台A类80979人,占常住人口21.2%。B类56591人次,普陀区和六横成校被评为省先进集体。实施成人"双证制"教育,提升渔农村劳动者素质,促进富余劳动力有序转移,全区"双证制"高中成人学历教育招生286人,完成计划142%,毕业292人。

【老年教育】 整合普陀老年开放大学、各街道镇老年开放教育学院教育培训资源,探索教育培训新模式,实施面向社会各类群体的老年教育。2019年,开设学习课程28门;深入"养教结合、送教入院"活动,全区开展送教入养老院活动23次,受教983人次;深化多元办班形式,出台《镇(街道)老年开放教育常规化办班指导意见》,全区开设老年教学班75个,学员3320人;60岁以上接受老年教育45154人次,占老年人口的56%。

展茅茅洋老年健康教育　(区教育局提供)

【家庭教育】 普陀区深化、细化"落地式家长学校"工作,探索"互联网+教育"背景下"落地式"家庭教育新模式,开展"线上线下"双线并进学习等活动。2019年,承办全国第111期(普陀第2期)家庭教育讲师班暨现代家校共育研讨活动,直接受益教师、家长5000余人次;全区开展家庭教育讲座485场,培训家长32000余人次;组建家长义工队615个,参加志愿服务5600人次;组织家长集中读书沙龙活动1080期,参与家长35000余人次;家长参加家长学校亲子活动等四类活动课程65000余人次。

【电大学历教育】 2019年是浙江广播电视大学普陀分校办学40周年,普陀电大举行以"砺行四十载　启航新时代"为主题的办学40周年恳谈会,区教育局、上级电大及市内县区电大、社区学院领导,普陀电大新老教师、学员代表共商发展。学校开设行政管理、会计学、法学等16个本(专)科专业,2019年招收开放教育新生191人,其中本科84人、专科107人,在校生近600人。2019年春季毕业138人,秋季毕业124人,全年毕业262人。2019年被省电大考核为B级单位,并获评浙江省电

普陀电大成立 40 周年恳谈会 （区教育局提供）

大系统思想政治教育先进集体。

【自学考试】 2019 年，全区有 247 名考生参加自学考试报名，报考课数 694 课次，3 名考生（均为本科）办理毕业并全部通过。继续组织非学历考试，有 213 人参加英语、幼儿园教师招聘录用（笔试）考试，报考 426 课次；有 269 人参加全国英语等级考试，取得合格证书 77 人，合格率 28.6%；有 415 人参加全国计算机等级考试，取得合格证书 271 人，合格率 65.3%。

其他教育

【特殊教育】 2019 年，普陀区推进特殊教育及轻度残障儿童少年随班就读工作，加强启智教育点建设，推进特殊教育向学前延伸。普陀区“三残”少年儿童以随班就读为主，少数就读于专门特殊教育学校，在沈家门第四小学设有 1 个启智班（特殊教育卫星班），接纳 13 名儿童就读，配备专职教师 3 人。全区有 9 所中小学校承担义务教育阶段 16 名重度残疾儿童上门送教任务。做好东港中学、沈家门第一初级中学、六横中心小学、舟渔学校、蚂头中学、台门学校、东港幼儿园随班就读资源教室和沈家门第四小学“卫星班”管理使用工作。10 月，完成普陀小学特殊教育资源教室建设工作。是年，舟渔学校被评为 2019 年市级示范性资源教室，沈家门第四小学被评为 2019 年市级送教上门工作示范点。特殊教育学生公用经费全年补助 40 多万元。义务教育阶段（6 ~ 14 周岁）“三残”儿童 49 人，入学率 100%。其中，视力残疾 1 人，听力语言残疾 8 人，智力障碍 22 人，综合残疾 18 人。

【民办培训教育机构】 2019 年，全区由区教育局审批的民办教育有民办学校 4 所、民办幼儿园 22 所、校外培训机构 12 所。推进校外培训机构规范化管理整治行动，全年出动执法人员 60 余人次，对全区校外培训机构及违规辅导无证机构进行全面排查（其中联合执法 5 次），发现问题 30 余个，下发意见书及责令改正通知书 10 余份。对区教育局审批的 9 家校外培训机构安全管理、教职工队伍建设、教育教学行动等内容进行 20 余次抽检，开展消防知识使用操作专题培训、规章制度及相

5 月，2019 年普陀区中小学生“五小星”比赛 （区教育局提供）

关内容上墙公示专题培训10余次，“百分百”配备安全及规范办学指导员，确保校外培训机构规范办学。

【青少年宫】 2019年，普陀区开展流动少年宫活动12次，服务青少年7894人次。举行队干部、新居民子女、公安子女等不同形式的公益夏令营活动，全年受益青少年99人次。与区教育局、普陀小学等合作举办“我和我的祖国”少先队成立70周年系列活动、全区中小学生“五小星”比赛等活动17场。利用法治教育基地、红十字体验基地等阵地开展公益活动，全年开放免费活动阵地100余次。开展“梦想展翅新时代”六一儿童节主题系列活动、“心系海岛·情牵你我”海岛少年交流活动、“我和我的祖国”2019暑期系列活动等。开展“红领巾学院假日驿站”76场，服务少先队员3592人次。区青少年宫被评为舟山市文明单位、舟山市园林式单位、浙江省首批中小学生劳动实践教育基地，“我和我的祖国”活动获浙江省青少年宫协会第七届“美丽浙江”青少年系列主题活动优秀设计奖，课题《新时代视阈下青少年宫“幸福少年”拓展课程的实践与研究》成功立项2019年校外教育课题并入选申报2020年浙江省教育科学规划课题。

学生素质教育

【学校体育】 2019年，普陀区完成对沈家门小学和桃花学校场地田径场地改建工程。4—12月，分别举行区中小学田径运动会、篮球、排球、乒乓球、足球等赛事和区小学生校园足球夏令营活动。全年获省、市级体育比赛团体奖117项，其中市团体第一名32项，沈家门第一小学获舟山市第六届中小学生阳光体育运动会田径比赛中小学组团体总分第一名，普陀第二中学获舟山市第六届中小学生阳光体育中学生篮球比赛第一名，沈家门小学获2019年中小学乒乓球比赛男子甲组第一名。全区各校获体育类省级比赛团体前八名16项，个人前八名47项，东港中学在2019年省青少年田径锦标赛、省阳光体育运动会田径比赛、省少年儿童田径冠军赛3项赛事中获6金9银7铜。沈家门小学在“2019年浙江省第五届青少年学生阳光体育运动会短式网球比赛”获女子甲组团体第二名。沈家门第一小学在2019年浙江省第五届青少年阳光体育运动会篮球比赛中获小学甲组第五名。东港中学、沈家门第一小学、沈家门小学3所学校成功申报舟山市竞技体育“市队校办”，沈家门第四小学和岐头中学2所学校成功申报2019—2022年舟山市体育传统项目阳光体育后备人才基地学校，沈家门第一小学通过市体育先进学校复评，全区3所幼儿园被评为浙江省足球特色幼儿园。

【艺术教育】 普陀区在2019年舟山市第十九届艺术节中获一等奖26个、二等奖49个、三等奖22个，在2019年浙江省中小学生艺术节中有14个合唱器乐节目分获省一、二、三等奖，在2019年浙江省中小学生艺术节美术类作品比赛中获一等奖19个、二等奖15个、三等奖4个。沈家门第一初级中学摄影作品《聚精会神》获全国第六届艺术展演活动二等奖，普陀小学在浙江省中小学教师美术（书法）教学科研论文比赛中获一等奖，沈家门第四小学学生获省第六届“兰亭奖”中小学生书法大赛低段组一等奖。5月，组织开展全区中小学生“五小星”

4月18—20日，普陀区2019年中小学生田径运动会 （区教育局提供）

艺术比赛，有700余名学生参加。

【科技教育】 普陀区在第三十三届浙江省青少年科创新大赛中获二等奖6个、三等奖3个，在第16届浙江省青少年电脑机器人竞赛中获三等奖3个。在第十六届浙江省中小学生智能机器人比赛中，沈家门第一小学获全省第一、四、五名，并被列入2019年度全国青少年人工智能活动特色单位。9—10月，区教育局组织科技辅导员参加全市科技教师培训和中旭科创教育节活动。11月，组织开展全区中小学科技创新大赛，并组队参加舟山市第十九届中小学科技节，获一等奖41个，二等奖66个，三等奖73个。其中14个师生科技创新项目被选送参加2020年第三十四届浙江省青少年科技创新大赛。

制定出台《关于全面推进普陀区中小学生研学旅行的实施意见》《关于公布普陀区研学旅行区级试点学校的通知》《关于全面推进中小学劳动实践教育的实施意见》和《关于公布区级劳动实践教育试点学校名单的通知》，推进全区中小学劳动实践教育和研学旅行，指导各中小学科学组织开展活动，打造省市级研学基地和劳动实践教育品牌。联合区文广旅体局出台《关于组织开展2019年普陀区中小学生研学实践教育基地和营地申报认定工作的函》，通过前期申报、实地考察、台账审评及安全测评，出台《关于公布普陀区首批中小学生研学实践基地名单的通知》，遴选出干施岙传统文化研学基地、蚂蚁岛红色教育研学基地、冠素堂食品安全研学基地、田园牧歌农业实践研学基地4家单位为普陀区首批中小学生研学实践基地，其中蚂蚁岛红色教育研学基地和冠素堂食品安全研学基地入选为市级研学实践教育基地。6月，普陀第二中学（研学旅行试点学校、）沈家门第一小学（拓宽校外劳动实践途径试点学校），展茅中心学校（校内实践活动试点学校）被列为省级劳动实践教育试点学校，12月，冠素堂食品安全研学基地入选第二批省级研学实践教育基地，普陀区青少年宫入选第一批浙江省中小学生劳动实践教育基

“虚拟机器人”获奖选手合影 （区教育局提供）

学生参加“五小星”书法比赛 （区教育局提供）

地名单。

【海洋教育】 2019年，区教育局完成国内首本系统介绍中小学海洋教育的专著《中小学海洋教育理论与实践》，由海洋出版社出版发行。启动普陀区海洋教育精品拓展课程编著工作，初步确定海洋艺术、海洋制作、海洋科创、海洋实践和海洋知识类5大领域18门课程的编著。2月11日，承办市品牌孵化项目“区域推进中小学海洋教育普陀样板的实践研究”阶段成果展示活动，获舟山市首批教育品牌孵化项目优秀成果。4月，组建普陀区“梦之蓝”海洋教育教师团队，赴宁波大学海洋教育研究中心开展第一期培训。8月，受邀参加在中国海洋大学举办的国家海洋教育学术研讨会和海峡两岸海洋教育教师工作会议，会上作主题发言，获亚洲海洋教育协会颁发的学术发言证书。完成国家社科“十二五”规划课题《区域推进现代海洋教育探索与实践》结题工作，获国家课题结题证书。

【心理健康教育】 10月，普陀小学通过浙江省中小学心理辅导一级站评估。全区有6所学校通过省心理辅导一级站评估，占舟山市通过评估学校的67%。教育部教师工作司委托“教师积极心理品质提升暨教师专业成长行动研究”课题子课题《舟山市普陀区教师积极心理品质发展现状调查及报告研究》结题，获舟山市教育调研课题一等奖。2019年完成1个心理健康教育示范点、1所心理健康教育标准化学校建设，总建成率分别达到30%、100%。开展浙江省心理健康教育教师C级资格证书培训，280名教师取得浙江省心理健康教育C级资格证书，全区持证教师2364人，中小学教师持证率90%。在2019年浙江省心理健康教育微课比赛中，全区有10名教师获奖，其中一等奖3个。

师资队伍

【概况】 2019年，普陀区招聘新教师62人，从区外学校调入4人，退休21人，病故2人，解除合同9人，调出学校9人。至年底，全区中小学教职工总数3172人。初中专任教师577人，小学专任教师1138人，幼儿园专任教师658人。

【专业培训】 2019年，普陀区在省平台参加培训的注册教师有2590人，人均完成89.5学时，其中自主选课人均64.6学时，自主选课参训率99.75%，评价完成率100%；90学时及以上集中培训完成558人，年均完成率21.5%；参加“国培”5人，参加省名师名校长培训3人，指令性培训完成率100%。继续实施“分层分类，研训合一，虚实相兼”培训策略，通过“学科带头人带徒”“青年教师研修社”“名师工作室”等研修平台，对新任教师、新苗教师、新秀教师、骨干名师实施分层培训，策划并启动“普陀区教育系统青年干部”和“普陀区名优教师”两项培养工程，组织举行首届“东海之滨·普陀教育论坛”活动，编写完成《普陀教学改革·新教师培训专刊》《普陀区教学现场会印记》《名优教师培训班第一期论文集》等，《信·雅·达——海岛教师专业发展新样态》入选浙江省“教师培训典型案例和经验成果”。9月，新教师培训工作经验在舟山市新

9月，区教育局举行老教师“回望初心”主题报告会 （区教育局提供）

教师培养工作会议上作大会交流。师干训工作研究报告《真实性学习——海岛教师专业发展培训》和《“四并重”营造区域教师发展新生态》分别在浙江省《教师教育理论与实践》2019年第一、第四期中刊登。全年所有培训数据超过省考核标准，在浙江省2019年教师专业发展绩效考核中得分99.97，居全省前列。

【教师城乡交流】 2019年，在全区18所义务教育阶段学校开展“县管校聘”工作，开展三轮聘任。首轮聘任后71人落聘，第二轮聘任后2人落聘，经统筹安排后2名落聘教师全部上岗，无待岗人员。教师、校长校际交流86人，其中骨干教师21人，交流总量达到义务教育阶段学校专任教师5.15%，骨干教师交流量占交流教师24.42%，超额完成省教育厅交流要求。每年安排不少于5%的专任教师参与海岛交流，其中骨干教师不少于15%，全年交流到海岛学校教师13人，提交进城申报表38人，通过积分公示录取21人。有1名教师参加支援新疆教育工作，有3名教师参加支援四川教育工作。

【骨干教师】 9月，启动“普陀区名优教师培养计划”，选拔100名中小学、幼儿园骨干教师进行为期三年的教育教学方面专业培训。10月、11月，分两批组织学员赴深圳举行第一次高级研修活动，选派3名校长分别到英国、澳大利亚、新加坡进行培训。依托10个名师工作室，组织举行4期骨干名师高端研修活动，200多名中小学骨干教师到杭州、上海等地“观名校、访名师、学理论、进课堂”。2018学年，有12位骨干教师在省、部级优课比赛中获奖。普陀第二中学王铁敏被评为全国优秀教师。至年底，有在职正高级教师1人、特级教师2人、全国优秀教师1人、省劳动模范1人、省农村教师突出贡献奖2人、省春蚕奖3人、省师德楷模1人、省中小学教坛新秀4人、市名师工作室导师22人；在全市“三名三坛”评选中获评市级名校长1人，名班主任2人，名师6人，有99名教师获评市级教坛新苗、教坛新秀和教坛中坚。继续形成区级“教学新苗—教坛新秀—学科带头人—名特教师”金字塔形名师培养梯队体系。

2019年全区学校、幼儿园专任教师情况

表51

类别			2019年
初中教师	专任教师总数		577
	专科毕业及以上（学历合格）	人数	577
		占总数%	100%
	专业技术职称（中学一级职称及以上）	人数	488
		占总数%	84.58%
	年龄结构（35岁及以下）	人数	106
		占总数%	18.37%
小学教师	专任教师总数		1138
	高中阶段毕业及以上（学历合格）	人数	1138
		占总数%	100%
	专业技术职称（小学高级职称及以上）	人数	704
		占总数%	61.86%
	年龄结构（35岁及以下）	人数	442
		占总数%	38.84%

续表 51

<table>
<tr><th colspan="3">类 别</th><th>2019 年</th></tr>
<tr><td rowspan="5">幼儿教师</td><td colspan="2">专任教师总数</td><td>658</td></tr>
<tr><td rowspan="2">高中阶段毕业及以上(学历合格)</td><td>人数</td><td>658</td></tr>
<tr><td>占总数%</td><td>100%</td></tr>
<tr><td rowspan="2">专业技术职称(小一职称及以上)</td><td>人数</td><td>453</td></tr>
<tr><td>占总数%</td><td>68.84%</td></tr>
</table>

教育保障

【教育经费与管理】 配合区发改局物价部门,完成新居民子弟学校近3年办学成本监审,适当提高新居民子弟学校学费政府指导价。2019年秋季学期起执行新的学费收费标准。2019年预算安排,公办幼儿园非在编教师人均工资58560元,非在编教师人均年收入达到上年本市全社会在岗职工平均水平。全区教育经费总投入8.02亿元,比上年下降7.82%。其中,财政性教育经费投入7.21亿元,占总投入89.9%。生均日常公用经费预算定额逐年提高。公办幼儿园一般公共预算教育事业费支出9118万元,其中公用经费4388万元;公办小学一般公共预算教育事业费支出31025万元,其中公用经费8620万元;公办初中一般公共预算教育事业费支出23469万元,其中公用经费7185万元。公办幼儿园教育生均教育经费19687元,生均公用经费3833元,生均日常公用经费预算定额930元;公办小学教育生均教育经费22820元,生均公用经费5156元,生均日常公用经费预算定额930元;公办初中教育生均教育经费32962元,生均公用经费5485元,生均日常公用经费预算定额1230元。民办幼儿园生均教育经费11432元,生均公用经费3415元,生均财政补助经费1800元;民办小学生均教育经费14825元,生均公用经费5346元,生均财政补助经费2200元。是年,政府性基金预算安排教育经费52万元(彩票公益金),社会捐集资63万元。

【学生资助】 根据上级政府关于学生资助的有关政策,普陀区建立涵盖从学前教育阶段保教费资助、义务教育阶段免费提供爱心营养餐及无学校海岛学生离岛就

2019 年学校主要基本建设完工项目一览

表 52

年度	基建项目	建筑面积(平方米)	投入资金(万元)	备注
2018 年	沈家门小学拆扩建工程	12567	4670	新建项目
	桃花中心学校田径场改造		172	维修改造项目
	平阳浦幼儿园改造工程	2902	1281	维修改造项目

说明:项目年度按完工时间计算,新建项目投入资金是指该项目历年投入资金。

2019 年年底全区中小学在用土地校舍面积统计

表 53 单位:平方米

类 别	学校占地面积	校舍总幢数	校舍建筑面积	生均占地面积	生均建筑面积
小 学	240466.6	87	132782.4	16.78	9.26
初 中	221474.1	44	91350.3	39.91	16.46
九年制	69001	13	20767.9	48.94	14.73

说明:2018 年起,高中段学校上划市管。

读补助的政府助学体系，资助范围扩至全区学校（含新居民子弟学校）就读的所有家庭经济困难学生。2019年，根据实际情况与物价上涨情况，与财政沟通协商，修订普陀区学生资助政策，其中将义务教育爱心营养餐资助标准提高至每生每年600元，并将虾峙镇小学生爱心营养餐资助范围扩展到全体学生。2019年资助学生3761人次，发放补助资金269.93万元。

【学校基本建设】 2019年，普陀区完成沈家门小学拆扩建工程基本建设项目1个，总投资约4670万元。实施并完成桃花中心学校田径场改造、东港中学教学楼局部维修工程、舟渔学校教室维修改造等近30个学校（幼儿园）暑假校舍设施维修改造项目。全区投入教育基本建设资金5483万元（均为区级及以上财政投入），投入中小学校舍设施维修资金1706.5万元。其中，区级及以上资金1054万元，街道镇资金395.4万元，社会捐赠资金134万元，学校自筹资金123.1万元。

【教育技术装备】 至年底，全区中小学教育技术装备总量达到12813.08万元（含图书，下同），生均5857.41元，其中小学生均5774.18元、初中生均6071.71元；全年教育技术装备经费投入2199.5万元，生均投入1005.49元，其中小学生均961.28元、初中生均1119.32元；不含图书全区教育技术装备总资产11514.05万元，全年投入2064.5万元，生均投入943.78元，其中小学生均896.09元、初中生均1066.59元。全区中小学有计算机8115台，2.7人/台；新增计算机675台，15所学校配备学生移动终端1806套，其中小学10所774套、初中5所1032套。全区中小学拥有各类多媒体1256套，其中交互式电子白板（一体机）771套，新增交互式多媒体一体机105套，多媒体进教室比例达到100%。普通教室中安装交互式多媒体一体机532套，占全部教室94%。全区中小学纸质图书装备总量1140393册，新增图书60043册，生均图书52.13册。2019年，全区中小学教育装备投入资金2036.25万元，全区中小学实验教师、信息技术教师、图书管理员分别为76人、66人、34人。专用教室652个，其中创新实验室31个，学科教室36个，各类功能教室373个。所有中小学实现万兆教育城域网，实现无线网络（Wi-Fi）全覆盖及统一认证，建成中小学安全监控平台和校园访客系统。所有学校建设（签约）有校外劳动实践基地，中小学幼儿园食堂均安装监控摄像并接入省统一平台，中小学幼儿园建有“智慧餐饮”点菜平台。3对学校建有“互联网+义务教育”同步课堂系统。7月，区教育局被认定为“浙江省区域整体推进智慧教育综合试点单位”。

8月，沈家门小学拆扩建工程竣工 （区教育局提供）

（撰稿：陈彦羽）

编辑：魏斌

科 学 技 术

综 述

2019年1月，撤销舟山市普陀区经济信息化和科学技术局，组建区经济和信息化局，为区政府工作部门，加挂区科学技术局牌子。

2019年，普陀区实施“创新舟山”行动，补齐科技创新短板，增强科技创新原动力、提升科技人才集聚力、激发创新创业新活力、强化科技进步贡献力，为普陀经济发展提供科技支撑。全区财政投入科技经费11828万元，比上年增长6.6%。实施科技项目169项，其中省级113项、市级14项、区级42项；全年科技成果数14项，申请专利955件，授权367件，其中发明专利授权量114件。国家高新技术企业46家，省级科技型企业279家。新培育国家高新技术企业14家，省级科技型企业57家，省级企业研究院1家，省级高新技术企业研发中心3家；新引进大院名校共建载体4个，新增市级以上科技企业孵化器(众创空间)3个，实施发明专利产业化项目15项，科技创新券使用额614万元。是年，普陀区在全市科技工作考核中位列第一名。

区政府与西湖大学协同战略协议签约 (区经信局提供)

科技项目与实施

【概况】 2019年，普陀区聚焦绿色修造船工艺提升、高端装备制造、海洋肽系列产品开发等重点领域技术攻关和成果转化，组织实施一批重点领域科技攻关项目，着力突破共性关键技术，推动产业和产品向价值链中高端跃升，区域自主创新能力得到提升。是年，普陀区组织实施科技项目169项，其中省级新产品试制计划113项、市级科技项目14项、区级科技项目42项；有14个项目通过专家鉴定验收，其中省级验收1项、市级验收3项、区级验收10项。

【金枪鱼蛋白抗痛风活性肽制备关键技术研究及产品开发】 由舟山市常青海洋食品有限公司承担的区级科技计划项目，以金枪鱼下脚料为原料，针对痛风症患者日趋普遍的情况，利用可控酶解技术制备具有良好抗痛风效果的生物活性肽，通过研究其食品的功能性、安全性及提纯技术等，

2019年普陀区省级科技项目

表 54

项 目 名 称	承 担 单 位	计划类别
液氨船	浙江东鹏船舶修造有限公司	新产品试制
新型实验室用刨冰设备	浙江海士德食品有限公司	新产品试制
新型水产加工车间用消毒水设备	浙江海士德食品有限公司	新产品试制
新型章鱼加工混料设备	浙江海士德食品有限公司	新产品试制
新型水产原料分选台	浙江海士德食品有限公司	新产品试制
新型章鱼黄金卵切片混料装置	浙江海士德食品有限公司	新产品试制
软土地基爆点空化强夯设备	浙江宏宇工程勘察设计有限公司	新产品试制
新型用于软土地基的沉降设备	浙江宏宇工程勘察设计有限公司	新产品试制
新型软土地基激振打井设备	浙江宏宇工程勘察设计有限公司	新产品试制
新型软土地基排水设备	浙江宏宇工程勘察设计有限公司	新产品试制
新型用于加固软土地基的设备	浙江宏宇工程勘察设计有限公司	新产品试制
新型自动灭火的智能电气设备	浙江华刚电气科技有限公司	新产品试制
新型教学用工程机械电气设备	浙江华刚电气科技有限公司	新产品试制
新型多点预置输入电气比例阀	浙江华刚电气科技有限公司	新产品试制
新型用于控制搅拌摩擦焊接变形的新装置	浙江华刚电气科技有限公司	新产品试制
安全型电动空气灌充装置	浙江华刚电气科技有限公司	新产品试制
1000 盖 /min 高速易拉盖不涂烘干机	浙江金鹰食品机械有限公司	新产品试制
可循环使用拼装式全钢基坑围护支撑系统	浙江省普陀地基基础工程有限公司	新产品试制
带液位监测的螺旋钻具	浙江省普陀地基基础工程有限公司	新产品试制
GP-25 型高效率钻机	浙江省普陀地基基础工程有限公司	新产品试制
无污染智能化植桩施工技术	浙江省普陀地基基础工程有限公司	新产品试制
双动力头全套管钻孔机自动调平扶正技术	浙江省普陀地基基础工程有限公司	新产品试制
高效五轴水泥土搅拌桩施工技术	浙江省普陀地基基础工程有限公司	新产品试制
新型智能多级制动卷扬机	浙江省普陀地基基础工程有限公司	新产品试制
汽车复杂冲压件智能化级进模具的设计制造技术	浙江炜驰机械集团股份有限公司	新产品试制
FMC 新能源车内板加强板成型模具	浙江炜驰机械集团股份有限公司	新产品试制
DGC1804 罐装封罐机	浙江炜驰轻工机械有限公司	新产品试制
TP-300 自动真空封罐机	浙江炜驰轻工机械有限公司	新产品试制
GK18（玉米）颗粒灌装机	浙江炜驰轻工机械有限公司	新产品试制
新型微生物高效发酵装置	舟山海康生物科技有限公司	新产品试制
含雪莲花提取物的亮肤组合物	舟山海康生物科技有限公司	新产品试制
具有皮肤修复功效的二步发酵物	舟山海康生物科技有限公司	新产品试制

续表 54

项 目 名 称	承 担 单 位	计划类别
新型预防骨质疏松的保健品	舟山海康生物科技有限公司	新产品试制
多功能水拉恩氏菌 MEM40	舟山海康生物科技有限公司	新产品试制
挖泥船泥泵在线监测系统	舟山泓润疏浚工程有限公司	新产品试制
两栖式挖泥船设备	舟山泓润疏浚工程有限公司	新产品试制
多平台跨领域智能化课程管控共享平台	舟山君耀科技发展有限公司	新产品试制
基于双向音视频传输的电梯安抚控制系统	舟山市南炜通力电梯工程有限公司	新产品试制
新型电梯状态监视系统	舟山市南炜通力电梯工程有限公司	新产品试制
新型电梯检修安全设备	舟山市南炜通力电梯工程有限公司	新产品试制
GY-10 压力传感器	舟山市庆丰铁路仪表有限公司	新产品试制
ZLS8/9a 单针网压表	舟山市庆丰铁路仪表有限公司	新产品试制
Y40 双金属温度计	舟山市庆丰铁路仪表有限公司	新产品试制
YTS-80Z 双针压力表	舟山市庆丰铁路仪表有限公司	新产品试制
YE65 膜盒压力表	舟山市庆丰铁路仪表有限公司	新产品试制
LZ-807 机械转速表	舟山市庆丰铁路仪表有限公司	新产品试制
石油化工用螺栓套管	舟山市正源标准件有限公司	新产品试制
风电用 M72 大六角螺栓	舟山市正源标准件有限公司	新产品试制
风能用智能型贴片六角螺栓	舟山市正源标准件有限公司	新产品试制
钢结构扭剪型螺栓联结用螺母	舟山市正源标准件有限公司	新产品试制
风能用智能型贴片叶片螺栓	舟山市正源标准件有限公司	新产品试制
国外发动机用六角法兰螺栓	舟山市正源标准件有限公司	新产品试制
带自适应气垫的地效翼船	舟山永航船舶设计有限公司	新产品试制
新型船用可闭式翻板阀	舟山永航船舶设计有限公司	新产品试制
尾部槽型开口的多功能海洋工程船	舟山永航船舶设计有限公司	新产品试制
全自动机械式智能测斜装置	舟山永航船舶设计有限公司	新产品试制
N808HU-FPSO 项目	舟山中远海运重工有限公司	新产品试制
81600 吨散货船	舟山中远海运重工有限公司	新产品试制
北斗 WiFi 盒子 CTBT-HT-W220	浙江同博科技发展有限公司	新产品试制
深水型水下网络摄像机 CTBT-HD-WT625D	浙江同博科技发展有限公司	新产品试制
远洋船舶示位仪 CTBT-BP-R36	浙江同博科技发展有限公司	新产品试制
北斗多卡数传终端 TB-BD-216	浙江同博科技发展有限公司	新产品试制
新型文化教育展示设备	舟山君耀科技发展有限公司	新产品试制
智能自检高速摆动数片机	舟山市图禹医疗科技有限公司	新产品试制
身份证阅读器高效读取	舟山市图禹医疗科技有限公司	新产品试制

续表 54

项 目 名 称	承 担 单 位	计划类别
实时性运维监控管理模块	舟山市图禹医疗科技有限公司	新产品试制
系统性高安全保障构架	舟山云讯无线信息技术有限公司	新产品试制
智能通道管理模块	舟山云讯无线信息技术有限公司	新产品试制
数据高效统计模块	舟山云讯无线信息技术有限公司	新产品试制
智慧精选教育培训短信信息	舟山云讯无线信息技术有限公司	新产品试制
海捕鱼肉罐头配料研制及自动化配料装罐技术	浙江融创食品工业有限公司	新产品试制
自动化喷淋雾化鱼肉保湿技术	浙江融创食品工业有限公司	新产品试制
不同海水鱼肉蒸煮控制技术	浙江融创食品工业有限公司	新产品试制
海捕鱼肉罐头自动化分级冷藏技术	浙江融创食品工业有限公司	新产品试制
J59R 高强度高冲次梁类自动化冷压模具	浙江炜驰机械集团股份有限公司	新产品试制
DS-16PC 高速电子数粒机	浙江舟山源驰制药设备有限公司	新产品试制
大型绞吸式挖泥船疏浚设备轴系设计关键技术	舟山泓润疏浚工程有限公司	新产品试制
绞吸式挖泥船设备	舟山泓润疏浚工程有限公司	新产品试制
高精度流延机	舟山市普陀伟达电器科技有限公司	新产品试制
高效地基加固注浆技术	浙江省普陀地基基础工程有限公司	新产品试制
防抱死钻机钻头关键技术	浙江省普陀地基基础工程有限公司	新产品试制
可调向多功能振动植桩技术	浙江省普陀地基基础工程有限公司	新产品试制
高效双套管地基清障关键技术	浙江省普陀地基基础工程有限公司	新产品试制
可视化智能超流态混凝土灌注桩施工技术	浙江省普陀地基基础工程有限公司	新产品试制
可减少挤土性的多轴互换式水泥土搅拌桩施工技术	浙江省普陀地基基础工程有限公司	新产品试制
装配式预制板桩及施工技术	浙江省普陀地基基础工程有限公司	新产品试制
沿海淤泥质软土地基水泥搅拌桩处理技术	浙江省普陀地基基础工程有限公司	新产品试制
前列腺癌尿液脱落肿瘤细胞采集纯化技术	浙江常春藤基因科技有限公司	新产品试制
乳腺癌 BRCA 基因 NGS 测序关键技术	浙江常春藤基因科技有限公司	新产品试制
高精准全外显子测序关键技术	浙江常春藤基因科技有限公司	新产品试制
鲜红斑痣基因多重 PCR 扩增技术	浙江常春藤基因科技有限公司	新产品试制
肿瘤用药基因液态活检二代测序技术	浙江常春藤基因科技有限公司	新产品试制
热启动 PCR 酶扩增效率提升技术	浙江常春藤基因科技有限公司	新产品试制
碱性脂肪酶脱脂关键技术	浙江荣舟海洋产业股份有限公司	新产品试制
耐磨阻燃网格布层制备	舟山市中展船舶耐火保温材料有限公司	新产品试制
耐久型硅酸铝纤维板配料制备	舟山市中展船舶耐火保温材料有限公司	新产品试制
金枪鱼鲜度关键技术	浙江荣舟海洋产业股份有限公司	新产品试制
天然复合抗氧化技术	浙江荣舟海洋产业股份有限公司	新产品试制

续表 54

项 目 名 称	承 担 单 位	计划类别
茶多酚抗氧化关键技术	浙江荣舟海洋产业股份有限公司	新产品试制
天然低温微冻抑菌技术	浙江荣舟海洋产业股份有限公司	新产品试制
金枪鱼安全组胺控制技术	浙江荣舟海洋产业股份有限公司	新产品试制
高保鲜冻生金枪鱼切片加工工艺	浙江荣舟海洋产业股份有限公司	新产品试制
天然高效抗冻保水技术	浙江荣舟海洋产业股份有限公司	新产品试制
海水鱼肉自然保鲜解冻技术	浙江融创食品工业有限公司	新产品试制
含组胺海水鱼肉零下恒温抑菌冷藏技术	浙江融创食品工业有限公司	新产品试制
高精度高速塞纸机	舟山市图禹医疗科技有限公司	新产品试制
高密封性自动化铝锚封口机	舟山市图禹医疗科技有限公司	新产品试制
高稳自动化高速塞干燥剂机	舟山市图禹医疗科技有限公司	新产品试制
大容量自调节高速旋盖机	舟山市图禹医疗科技有限公司	新产品试制
高产能高速低噪理瓶机	舟山市图禹医疗科技有限公司	新产品试制
纳米氧化锆烤瓷粉	舟山邦特科技有限公司	新产品试制
高耐久性硅酸铝纤维材料	舟山市中展船舶耐火保温材料有限公司	新产品试制
高强度抗压隔热绝缘材料	舟山市中展船舶耐火保温材料有限公司	新产品试制

2019 年普陀区市级科技项目

表 55

项 目 名 称	承担单位	计划类别
绿鳍马面鲀网箱养殖技术开发	舟山市金马水产养殖有限公司	科技特派员专项
塔湾特色农业观光园建设	普陀区桃花农业发展有限公司	科技特派员专项
梭子蟹高效养殖关键技术研究与示范	普陀区登步乡日升水产养殖专业合作社	科技特派员专项
桩基础竖向承载力的高应变检测方法应用研究	浙江宏宇工程勘察设计有限公司	科技计划项目
高速全自动气雾罐一体成型(组合)机研制开发	浙江金鹰食品机械有限公司	科技计划项目
海产预制品加工技术研究及产业化示范	舟山市海洲水产有限公司	科技计划项目
舟山市草莓立架栽培示范技术研究	舟山市田园牧歌生态农业专业合作社	科技计划项目
塑料毛细管压力表的研制与开发	舟山市佳尔灵仪表有限公司	科技计划项目
管子数字化测量设计制作新技术研发	舟山中远海运重工有限公司	科技计划项目
中药、针灸与手法对膝骨关节炎病患者关节液性质影响的差异研究	舟山市顾氏伲诚股骨头疾病研究所	公益类项目
UCAD 用于 HR 阴性转移性乳腺癌系统治疗疗效评价的探索研究	舟山市普陀区人民医院	公益类项目
血清胆碱酯酶在老年肺部感染患者预后评估中的研究	舟山市普陀区人民医院	公益类项目
重症心超在机械通气撤机的预判价值	舟山市普陀区人民医院	公益类项目
普陀区桃花镇中心学校校园网络视频安防监控系统的安装与应用	舟山市普陀区桃花镇中心学校	公益类项目

2019年科技成果鉴定（验收）情况

表56

项 目 名 称	承担单位	组织单位
环保型低表面能防除海洋生物污损涂层的研发	浙江飞鲸新材料科技股份有限公司	省级验收
美洲黑石斑网箱生态养殖与示范	舟山市普陀区优辰水产养殖专业合作社	市级验收
鱼粉生产废水中蛋白资源回收利用关键技术研究与示范	浙江丰宇海洋生物制品有限公司	市级验收
7800PCTC汽车滚装船设计及建造关键技术研究与示范	扬帆集团股份有限公司	市级验收
细点圆趾蟹调味型浓缩汁和超低温蟹肉制品产业化开发	舟山市常青海洋食品有限公司	区级验收
1000盖/min高速易拉盖补涂烘干机的研制	浙江金鹰食品机械有限公司	区级验收
即食裙带菜加工关键技术研究及产品开发	浙江海士德食品有限公司	区级验收
高浊度海水净化及其在海产品加工中的应用技术示范	舟山祥圣源水产食品有限公司	区级验收
褐菖鲉网箱海水养殖关键技术研究与示范	舟山市普陀区优辰水产养殖专业合作社	区级验收
叶菜新品种引种及沙培技术研究	舟山市田园牧歌生态农业专业合作社	区级验收
白枇杷温室大棚种植技术的研究与示范	舟山市六横海之蓝果品专业合作社	区级验收
酶解鱼溶浆在石斑鱼膨化饲料中的应用技术研发	浙江丰宇海洋生物制品有限公司	区级验收
冷冻调理鱿鱼制品研究与开发	舟山金星水产有限公司	区级验收
利用综合地球物理方法研究海岸工程场地的地质结构以及渗漏堤坝的快速无损探测技术	浙江宏宇工程勘察设计有限公司	区级验收

开发安全无毒、易于被大众接受的海洋鱼蛋白抗痛风活性肽食品，可提高舟山海产品精细化加工水平，使低值鱼肉创造更高经济价值，提升海洋资源利用率。

【高品质金枪鱼罐头加工与蒸煮液利用关键技术研究】 由浙江融创食品工业有限公司承担的区级科技计划项目，以金枪鱼肉及其副产物蒸煮液和挤压液为原料，通过开展蒸煮工艺、切割工艺和杀菌工艺，以及蒸煮液和挤压液的加工利用等方面技术研究，开发出高品质金枪鱼罐头产品和天然海鲜风味调味品。该项目利用金枪鱼丰富营养物质及活性物质（如肌肽、硒、牛磺酸），满足不同层次消费者需求。

【利用赤道鱿鱼加工高适口感鱿鱼丝的关键技术研究与应用】 由中国水产舟山海洋渔业制品有限公司承担的区级科技计划项目，以赤道鱿鱼为主要原料，通过分析其主要物理化学性质，基于其他品种鱿鱼丝加工工艺，开展产品配方、工艺参数和设备优化，在保证产品品质和风味前提下，生产出赤道鱿鱼丝产品。该项目提高赤道鱿鱼加工利用率和附加值，降低鱿鱼丝加工企业对鱿鱼品种依赖性，促进鱿鱼加工产业可持续发展。

科技型企业培育

2019年，普陀区开展科技企业“双倍增”行动，构建科技企业“微成长、小升高、高壮大”梯次培育机制，落实高新技术企业奖励、所得税减免等优惠扶持政策，引导传统企业向高新技术企业转型，推进规模以下高新技术企业、省级科技型企业“小微升规”工作。全区新培育国家高新技术企业14家：舟山市庆丰铁路仪表有限公司、舟山云讯无线信息技术有限公司、舟山瀚世达船舶工程有限公司、浙江省普陀地基基础工程有限公司、舟山市图禹医疗科技有限公司、浙江康宏检测有限公司、浙江中科立德新材料有限公司、舟山泓润疏浚工程有限公司、舟山市中展船舶耐火保温材料有限公司、舟山市福瑞达食品有限公司、浙江舟山源驰制药设备有限公司、舟山威尔曼机械科技有限公司、舟山市东欣仪表有限公司、舟山市昊金机械有限公司;省级科技型中小企业57家:舟山栋启徕自动化技术有限公司、舟山智享科技有限公司、舟山市乐佳美船舶装潢有限公司、浙江世韩食品有限公司、舟山市昊金机械有限公司、海上通(舟山)卫星通信有限公司、舟山商文机器人科技有限公司、舟山辉宇网络有限公司、舟山黄豆网络科技有限公司、舟山市普陀区凯升机械厂、舟山翁山文化发展有限公司、舟山市普陀恒通水产有限公司、舟山市普陀万国制冰有限公司、舟山万佳全景虚拟现实科技有限公司、舟山立新燃气器具有限公司、舟山腾宇航天新材料有限公司、舟山市冠海食品有限公司、舟山海誉食品科技有限公司、浙江吾鲜生食品有限公司、舟山海研食品科技有限公司、舟山牛力信息科技有限公司、浙江岑家木船文化发展有限公司、浙江鑫旺食品有限公司、舟山瀚世达船舶工程有限公司、舟山祺邦船舶工程有限公司、舟山毅灿文化用品有限公司、舟山云意信息科技有限公司、舟山市鸿杨安防科技有限公司、舟山市九众传媒有限公司、舟山市莲缘生物科技有限公司、舟山市境卫电子商务有限责任公司、舟山市忆海电子商务有限公司、舟山市源农电子商务有限公司、舟山市鹏龙科技有限公司、舟山市李先生服饰文化有限公司、舟山市广众电子科技有限公司、舟山市普陀钲浩制冰厂(普通合伙)、舟山达康科技有限公司、舟山苑之弃园艺发展有限公司、舟山舜喆和科技有限公司、舟山市中展船舶耐火保温材料有限公司、舟山市航鑫船舶设备有限公司、舟山市普陀晨阳铜业有限公司、舟山市普陀烨星仪表有限公司、舟山市鼎汇食品有限公司、舟山市龙欣水产有限公司、舟山市普陀星怡机械厂、舟山云讯无线信息技术有限公司、舟山宇伟食品机械有限责任公司、浙江自贸区锐赛生物医药科技有限公司、舟山弘扬包装有限公司、舟山逸涯文化发展有限公司、舟山市宏远网络科技有限公司、舟山海辉船舶工程有限公司、舟山市普陀金利达电子科技有限公司、舟山市博港船舶技术有限公司、浙江愚谷文化传媒有限公司;省级企业研究院1家:浙江省荣舟金枪鱼精深加工研究院;省级高新技术企业研发中心3家:海汇金枪鱼精深加工技术省级高新技术企业研发中心、和成船舶机械省级高新技术企业研究开发中心、昌国水产保鲜技术省级高新技术企业研发中心。

科技服务

【网上技术市场】 中国浙江网上技术市场是经科技部批准的全国首家网上技术市场,由浙江省政府、科技部和国家知识产权局共同举办,浙江省科技厅和全省各市、县政府共同承办,省电信公司协办,在全省各县区均设有分市场。网上技术市场发展成一个以政府为主导、企业为主体、市场化运作的技术交流、研发平台,其中水产品精深加工专业市场运作为普陀区水产企业加快引进新技术、开发新产品、攻克技术难题提供便利。

2019年,中国浙江网上技术市场普陀分市场发布大院名校专利等技术成果50项,发布各类企业技术难题46项,征集三项企业技术需求参加第四届中国挑战赛(浙江)暨张榜招贤活动。

【科技创新券】 省科技厅于2015年印发《关于推广应用创新券推动"大众创业、万众创新"的若干

2019年省级企业研发平台认定情况

表57

平台名称	依托单位	认定类别
浙江省荣舟金枪鱼精深加工研究院	浙江荣舟海洋产业股份有限公司	省级企业研究院
海汇金枪鱼精深加工技术省级高新技术企业研发中心	舟山市普陀海汇水产有限公司	省级高新技术企业研发中心
和成船舶机械省级高新技术企业研究开发中心	舟山和成机械有限公司	省级高新技术企业研发中心
昌国水产保鲜技术省级高新技术企业研发中心	舟山昌国食品有限公司	省级高新技术企业研发中心

区科学技术局联合杭州电子科技大学舟山同博海洋电子信息研究院举办海洋电子信息前沿论坛 （区经信局提供）

意见（试行）》，省、市、县联动推广应用创新券。普陀区出台《关于推广应用创新券促进公众创业创新的通知》，联合财政印发《舟山市普陀区创新券推广应用实施管理办法（试行）》，在年度区科技专项资金中安排资金用于创新券兑现，对科技创新载体根据开放共享实效进行补助。2017年，为扩大创新券支持范围，对《舟山市普陀区创新券推广应用实施管理办法（试行）》进行修订。2019年全区科技创新券使用额614万元。

科技创业园区

【普陀海洋高科技园区】 2001年3月始建，占地面积48.51亩（约3.23公顷），累计投入资金近3000万元，建成18182平方米的孵化厂房和综合办公实验楼。其中，标准厂房四幢约9650平方米，实验楼1874.23平方米，孵化企业办公楼1603.38平方米。2019年，园区在转型升级改造、推动科技创新、水产品精深加工产业创新服务综合体建设、产业培育、平台建设、招商引资、管理与服务等方面成功申报省级星创天地。引进科技企业5家，组织承担各级科技项目19项，其中省级新产品15项、区级项目4项。园区全年实现产值约3700万元，税收约160万元。

【普陀大健康产业园】 2016年9月开工建设，2017年5月28日开园，园区占地40亩（2.67公顷），建筑面积22600平方米，总投资1.6亿元，是舟山群岛新区第一个健康产业的集聚区和先行区。园区通过引进基因检测、互联网医疗、海洋生物保健、健康养老辅具、高端医疗器械、健康环保等大健康产业项目，集聚大健康领域院士、国家、省“千人计划”人才、海归创业创新人才等，打造一座集科研生产、产品体验、生活休闲、综合服务于一体的生命健康产业集聚的加速器平台。

园区已入驻浙江自贸区锐赛生物医药科技有限公司、舟山赛莱特海洋科技有限公司等健康产业企业15家，其中国家高新技术企业1家、省级科技型中小企业4家；集聚高端人才28人，其中加拿大院士1人，博士16人，硕士11人；拥有国家级海洋生物制品制备全技术链产业公共服务平

区科学技术局联合浙江海洋大学普陀水产品加工研究院举办海洋肽成果对接会 （区经信局提供）

台。2019 年,园区企业实现产值 4821.8 万元,税收 109.8 万元,其中浙江自贸区锐赛生物医药科技有限公司年销售超千万元。

(撰稿:缪岳洋)

气象服务与社会化管理

【预报预警与气象服务】 2019 年,普陀区气象局完成冬汛、梅汛、台汛期各类重大灾害性天气的监测、预报、预警和服务工作。配合全域旅游开展春节、"五一"、清明、端午、中秋、国庆等节假日专题气象服务。在佛茶文化节、东海蟹宴、海浪音乐节、海岛旅游博览会、舟山马拉松等重大社会活动期间,增加气象服务,为各级领导和活动组委会当好决策参谋。全年制作发布决策材料 177 期,其中重要天气报告、呈阅件 48 期,专题气象服务 160 期;渔农业气象专题 144 期;各类服务短信近 900 条;发布气象预警信号 144 条,联合自然资源和规划分局发布地质灾害预警 31 条。推进气象证明服务改革,依托全省气象证明服务系统,实现气象证明全程网上办理,全年办理气象证明 16 件。

【气象现代化】 区气象局实施"智慧气象"工程,依托省智慧气象服务平台研发普陀个性化气象服务,推出"普陀气象随你行"微信小程序,搭载"一部手机游普陀"平台;建设城市积涝监测系统,在东港、沈家门、展茅 3 个街道安装完成 9 个积涝监测点;推进观测自动化,完成观测场标准化改造,完成日照自动观测和降水多传感器("三温三雨")标准系统建设。

区气象台工作人员带小学生参观气象观测场 (区气象局提供)

区气象局业务人员为应对"利奇马"台风加固百叶箱 (黄滢摄)

【气象防灾减灾】 区气象局推进乡村气象防灾减灾标准化建设,完成塔湾、公前、东晓等 10 个气象防灾减灾标准化社区(村)建设;加强部门合作,提高基层气象防灾减灾水平。年内，与区政法委联合加强专职网格员气象预警信息传播工作，提高预警传播能力；与区文明办携手推进气象科普进文化礼堂，气象科普点融入文化礼堂建设整体布局，同步建设与验收，发挥文化礼堂气象科普教育作用。全省首创与应急、教育、住建、港航等单位合作制订气象安全重点单位选定标准，联合审定气象灾害防御重点单位名单。区安委办公布2019年气象灾害防御重点单位50家。坚持以服务促安全，将气象灾害防御重点单位根据易燃易爆、人员集中场所、港口码头等按敏感天气分类进行服务，提高企业气象灾害防御针对性。

【气象安全监管】 区气象局加强危化场所、旅游景区、重要场所防雷安全监管和建设工程审批许可，履行监管职责；发展融合式监管模式，通过与应急、港航、旅游等部门合作开展跨部门联合检查，共同减少对企业检查次数，切实减轻企业负担，优化营商环境；通过双随机与属地化检查相结合实现安全监管全覆盖。

（撰稿：金正婷）

编辑：陈莉

文化与体育

综　述

2019年1月，撤销舟山市普陀区文体广电新闻出版局，组建区文化和广电旅游体育局。3月，区文广旅体局内设办公室（法制科）、公共服务和艺术科、文化遗产科、广播电视科、体育科、产业发展科（行政审批科）、市场开发科、行业管理服务科。下辖1个副科级事业单位：区海岛旅游发展研究中心。7个股级事业单位：区体育中心、区文化馆（区非物质文化遗产保护中心）、区图书馆、区博物馆、区会展经济中心（区文化旅游产业服务中心）、区文化市场行政执法大队、区旅游质量监督管理所。

2019年，普陀区文化体育工作以服务“五大会战”“幸福普陀”“四个舟山”建设为引领，推进文化体育工作跨越式发展。省基层公共文化服务评估连续六年全市第一，“非遗”保护发展指数连续四年全市第一，文博事业发展水平评估指标全市第一。舞蹈《嬉莲图》获省政府文艺最高奖“群星奖”；歌曲《渔歌》入选“中国当代歌曲创作精品工程”推选名单。“舟马”获浙江省马拉松品牌赛事、中国田协金牌赛事称号，入选省体育产业发展资金项目库。桃花镇成为全市唯一入选的省首批文艺创作采风基地，并入选省级景区镇试点单位、入围省级文化强镇；东极镇入围省非遗主题小镇。杉杉普陀天地被授予省级文化创意街区称号。通过省基本公共文化服务标准（2015—2020）考核验收，跻身首批浙江省基本公共文化服务标准化县区，通过全省首批“五个百分百”建设考核验收，完成“浙江省民间文化艺术之乡”创建任务。推进沈家门大干、六横、桃花社区多功能运动场、沈家门游泳池等体育设施建设。做好社区、村室外健身路径日常养护及全区健身步道养护。继续推进学校体育设施向社会开放工作及落实一卡通管理。打造“欢乐海洋——最美海岸线”系列活动，开展“2019世界超级巨星普陀璀璨之夜暨CCAT国际标准舞全国城市联赛”舟山站、“越野东海——2019舟山群岛穿越之旅”、“最美海岸线”荧光夜跑、舟山群岛马拉松、“美丽舟山千里行”展茅站、“2019骑闯天路资格赛”舟山站、第二届“沈家门渔港”全国矶钓名人精英赛、2019年舟山群岛新区第三届华东区青少年击剑邀请赛暨浙江省协会杯青少年击剑公开赛等各类赛事活动45场。完成送戏85场次，送公益文体培训85场次，送书50135册次，受益群众17.2万人次。文化馆（站）免费开放场馆（站）服务19.79万人次，图书馆接待读者27万人次，博物馆和沈院接待游客20.98万人次，海洋系列（民间）博物馆接待游客8.4万人次。完成海滨影院城市书房项目，做好沈家门渔港博物馆和渔业气象博物馆建设前期谋划。东港、沈家门、展茅、六横、桃花等地综合文化站和基层综合文化服务中心对标完善设施设备、升级服务管理，5个街道镇综合文化站和4个综合性文化服务中心入选全市文化和广电旅游体育系统“文明细胞”创建单位。推进国际影视创新产业园建设。全年按比例筹集体育彩票公益金723.3万元。

文化团队与设施

【概况】 全区有文化馆1个，街道镇综合文化站7个，在职人员66人，设施面积29618平方米。全区建成57家渔农村文化礼堂。

有216名专业文化干部，各类业余文艺团队487支，文化志愿者队伍18支、3082人。

【文化团队】 2019年，普陀区有夕阳红艺术团、老干部艺术团、海沙沙艺术团等文化团队487支，成员14245人，35件作品在各类文艺比赛中获奖。夕阳红艺术团《跳蚤舞》在“非遗薪传”——浙江传统舞蹈展演展评获优秀展演奖；舞蹈《渔市·交响》获浙江省第五届乡镇（街道）艺术团队文艺汇演金奖；海之蓝排舞队在“中国梦·劳动美”浙江省职工排舞大赛中荣获规定曲目和自选曲目双金奖。

【文化设施】 2019年，普陀区成功创建省首批基本公共文化服务标准县区、省首批“五个百分百”建设县区、省民间文化艺术之乡。巩固提升六横镇苍洞中心村等6个社区（村）公共文化建设成果，完成桃花镇综合文化站建设，通过省“十百千”工程验收，桃花镇入围省级文化强镇。提升六横双屿港社区村等10家基层综合文化服务中心。新建海滨影院城市书房。

文化活动与交流

【概况】 2019年，全区送戏送讲座送展览113场次，11万余人次参与；举办第十一届中国国际普陀佛茶文化节、“幸福普陀 诗意生活”沈家门渔港诗会、“海·稻梦想 醉美田园”第二届中国舟山（普陀）农民丰收节等“最潮海洋风”活动144场次，10万余人次参与。举办人文大讲堂、百姓大舞台、文化大展厅、艺术大课堂四大公共文化服务品牌活动481场次，14万余人次参与。

【基层文化队伍建设和培训】 2019年，普陀区举办渔民画、书法、摄影、排舞、二胡、越剧等艺术大讲堂309节课，参与群众7135人次，对全区7个街道镇、3个管委会开展下基层培训辅导，举办排舞、音响扩声、录音技术、摄影、合唱等文化艺术公益培训85期，1万余人次参与。

“幸福普陀 诗意生活”沈家门渔港诗会 （区文广旅体局提供）

【送戏下乡和区域文化交流】 2019年，普陀区开展送戏下乡巡演85场次，吸引观众8万余人次。承办2019年浙江省群文书法业务干部专业技能大赛，与金华金东、杭州拱墅、嘉兴嘉善、绍兴新昌、金华磐安等地开展文化走亲活动，吸引7000余人次参与。

2019年各街道镇综合文化站基本情况

表58

文化站	建筑面积（平方米）	活动室面积（平方米）	藏书（册）	在编人员（个）
六横镇综合文化站	10568	10000	50000	2
桃花镇综合文化站	3500	3300	19800	1
虾峙镇综合文化站	2500	2300	78000	2
东极镇综合文化站	1000	800	6000	1
沈家门街道综合文化站	3050	2700	12500	1
东港街道综合文化站	2200	2000	10000	3
展茅街道综合文化站	2500	2300	20000	1

杭州拱墅文化走亲 （区文广旅体局提供）

【送讲座、展览活动】 2019 年，普陀区举办“‘最后的摇橹人’徐子荣水墨画人物作品展”“放歌新时代 文化进万家——2019 普陀区迎春画展”“进入新世纪的中国文学”“聆听国学魅力，弘扬传统文化”等展览、讲座活动 28 场次，吸引观众 42766 人次。

【庆祝中华人民共和国成立 70 周年主题文化活动】 普陀区围绕中华人民共和国成立 70 周年等重要时节，举办“我和我的祖国”普陀区庆祝中华人民共和国成立 70 周年大型主题文艺晚会、“欢歌迎华诞 共创文明城”主题文艺巡演普陀专场演出、“我和我的祖国”系列快闪等活动；推出沧桑巨变看普陀图片展、“光辉的历程”人民政协成立 70 周年书画展等系列展览；创作情景剧《红色蚂蚁岛》等 10 余个优秀文艺作品。

“我和我的祖国”普陀区庆祝中华人民共和国成立 70 周年大型主题文艺晚会 （区文广旅体局提供）

【全民阅读系列活动】 2019 年，普陀区组织开展“4·23”世界读书日、“城市书房·悦读悦美”、市民阅读推广等全民阅读系列活动 61 场次，吸引 16181 人次参与。加强 App、微信推广，发布“为你朗读”系列作品 30 期。

【文学艺术创作表演】 2019 年，普陀区创新、完善文艺创作监管机制，围绕庆祝中华人民共和国成立 70 周年、幸福普陀等重点题材，创作《渔歌》等一批文艺作品，14 个作品获省级以上奖项，27 个作品获市级以上奖项。桃花镇成为全市唯一入选的省首批文艺创作采风基地。

姜声慧《旅欧日记》（水粉）入选“浙江省第二届水彩、粉画写生作品展”；《龙游印象之一》《龙游印象之二》（油画）入选“诗画浙江 古韵龙游 2019 浙江省群文美术写生创作作品集”。42 幅渔民画作品赴德国非物质文化遗产画展、全国第十三届美展、新时代全国农民画展等展览。

吕红军作词，徐益男、陈志明作曲的《渔歌》获浙江省第十八届音乐新作演唱演奏大赛金奖并入选“中国当代歌曲创作精品工程”推选名单；吕红军的歌词《蓝色的梦》获浙江省“歌颂新时代”歌词大赛银奖；吴筱的歌词《桥事》获浙江省“歌颂新时代”歌词大赛铜奖。

吴筱文章《老骥伏枥 志在千里——忆留正铨先生》获九三学社中央“改革开放 40 年征文征集活动”入围奖；论文《教场鼓乐助推文化传承》获浙江省新时代

基层公共文化服务创新理论研讨会征文三等奖;郑晓艇论文《文化馆在全民艺术普及中的作用》获浙江省新时代基层公共文化服务创新理论研讨会征文三等奖;吕红军、金哲慧论文《文化志愿服务管理与创新》获浙江省第二十一届公共文化论坛论文三等奖。

孙岚编导的舞蹈《嬉莲图》、费佳凤编导的《船上的日子》获浙江省政府文艺最高奖"群星奖";缪心刚编导的《东海惊涛》、费佳凤编导的《海岛文化员》获全省群众舞蹈大赛金奖。

顾颖、金哲慧小品《叫家长》获浙江省第三十届戏剧小品邀请赛创作表演银奖。

(撰稿:贝芳宇)

文化娱乐市场管理

【概况】 2019年,全区有网吧31家,歌舞娱乐场所56家,游艺娱乐场所2家,演出场所6家,游泳场所22家。文化市场义务监督员32人,举办各类培训班4期,受训人员近300人。深化"最多跑一次"改革,全年办理各类文化市场审批业务64件,办结率100%。帮助企业和群众网络申报35家次,接受各类咨询约1837次。

【文化娱乐市场执法管理】 2019年,文化市场管理部门根据省、市统一部署,开展"护苗""清源""净网""秋风""固边"五大专项行动,开展校园周边、出版物市场、印刷企业等一系列专项整治工作,重点查缴政治性非法出版物、清缴整治低俗音像制品、整治非法报刊、教材教辅读物等。打击各类侵权盗版、黑网吧、非法出版物等违法行为,净化全区社会文化环境。组织开展文化市场领域"双随机"抽查26次,其中跨部门"双随机"抽查2次、本部门"双随机"24次。7月起,巡查检查、专项检查、双随机抽查三大项内容全部通过"浙政钉掌上执法"进行操作,详细记录检查情况,通过"浙政钉掌上执法"录入,对检查出的相关问题及时落实整改。做到"互联网+监管"平台入库人员账号开通率100%、清单事项监管覆盖率100%、执法信息公开率100%。全年出动检查执法人员952人次,检查经营单位1677家次,其中网吧1110家次、电子游戏场所28家次、歌舞娱乐场所287家次、印刷单位153家次,拆除地卫设施82个,收缴非法音像制品500余盘,立案查处违法违规行为12起,结案12起,其中查处歌舞娱乐场所接纳未成年人1起,罚款10000元;网吧接纳未成年人进入营业场所2起,其中1家吊销"网络文化经营许可证",1家罚款7000元。

【文化市场安全管理】 1月25日下午,文化市场管理部门组织召开全区文化市场经营单位安全生产工作会议,与80余名业主现场签订安全生产(消防)责任书,强化文化市场经营单位安全管理主体责任意识,要求各单位针对本单位特点,开展安全自查,排查安全隐患,为群众提供安全文化消费环境。通过部门联动检查、安全专项排查,对全区各网吧、娱乐场所等人员密集场所及印刷企业、文保单位等进行清查,检查经营单位防火措施、灭火预案、消防设施、疏散通道、火源管理等,发现有75家场所存在安全隐患,全部落实整改。

(撰稿:郭海红)

图书馆室

【概况】 区图书馆馆舍面积0.56万平方米(含共有面积),阅览座席0.03万个。2019年,公共图书馆投入经费558万元,文献总量27万册(件),累计发放有效借书证4.5万张,外借图书28万册,图书馆网站访问量3.1万人次,全年总流通27万人次,读者活动84次,参加12.02万人次。

【公共文化服务体系】 普陀区继续完善馆外图书流通服务网络,改变馆外图书流通点阅读单一模式,与企业合作新建海滨影院城市书房,采购、安装自助借还系统。实现馆藏文献采访1.5万余册,图书配送中心图书编目7185册次,其中计算机编目馆藏图书7330册次。征集地方文献60种153册。完成报纸105种,杂志380种的记到、上架工作。全年完成送书下乡50135册次,为村级图书室订阅报纸6种27份、杂志2种27份。

【基础设施建设】 普陀区已建街道镇万册图书分馆7家,建立村(社区)特色农家书屋23家、农家书屋93家,建立城区学校图书馆分馆2家,城市书房5家,驻军、残疾人康复中心等地图书流通站10家。推出“最多跑一次改革”事项11大项、18子项，覆盖率100%。

【读者服务】 普陀区图书馆全年办理新证1289张。实行365天12小时不间断开放，双休日、节假日、寒暑假不闭馆，周开放时间超过84小时，网上资源24小时对外开放。继续推行一站式服务模式、“一卡通”借阅等便捷特色服务，开展馆际互借服务，降低文献拒接率，加强对分馆业务管理。

【数字资源建设】 普陀区图书馆通过采购、自建、共建等方式，完善普陀数字图书馆建站。有超星、维普、万方等数字资源库50余个，近10T电子资源，约260万图书书目信息，1万余种电子期刊，2万余个视频，均免费供广大读者访问及下载。拓展微信公众平台，为读者推荐好书和预告活动，并专门定制开发“活动预约”“你点书我买单”两个栏目，读者可以结合自己所需实时点单。设置移动图书馆电子设备，提供超星电子图书2000册，每月更新200册，方便读者享受信息时代移动数字化阅读需求。

（撰稿：沈鑫）

文物保护

【概况】 2019年，全区有东亭山灯塔（浙东沿海灯塔群）、定海测候所旧址等文物保护单位27处，其中国家级1处、省级1处、市级3处、区级22处。有路下徐徐氏祖茔区级文物保护点7处。东极镇东福山村入选第七批省级历史文化村落。完成市级文物保护单位“翁氏宗祠”的记录档案编制。推荐“定海测候所旧址”申报第八批全国重点文物保护单位、“蚂蚁岛人民公社旧址”申报第九批市级文物保护单位。配合国家水下考古中心完成“里斯本丸号”沉船水下考古。

出台《舟山市普陀区非国有博物馆扶持办法》和《舟山市普陀区乡村振兴战略中的文物保护和利用行动计划（2019—2022）》。审核批复区级文物保护单位凝波庙修缮申请报告和方案。加强文物安全保障力度，做好文物安全巡查，重点开展“防风险保平安迎大庆”文物建筑消防安全和博物馆、文物建筑安全大检查“回头看”行动。

【普陀区博物馆】 2019年，普陀区博物馆（含沈院）免费接待游客20.98万人次；举办“渔都风情展”“沈清孝文化展”、“木秀渔港”——清代黄杨木雕高嵌艺术板迎春特展、“魔卡之镜”电话磁卡集展、徐正国馆藏沈家门老照片展等展览；新征藏品34件（套），现有藏品1491件（套），珍贵文物1件（套）。加强博物馆公共文化服务功能，“探索文博资源与旅游融合新途径”，改版普博之旅研学游活动内容和形式，举办“5·18”国际博物馆日、文博讲座、“流动博物馆——聆听藏品背后的故事”“普博之旅——文化遗产零距离体验活动”等相关公共文化服务主题活动40场次，受惠群众5万余人次。加强海洋系列（民间）博物馆免费开放和管理，展茅五匠馆、白沙渔俗馆、东极历史文化博物馆、六横里岙民俗风物馆、虾峙风情馆5家分馆接待游客8.42万人次。

非物质文化遗产保护

【概况】 2019年，全区有非物质文化遗产名录100项，其中国家级1项（普陀传统木船制造技艺）、省级12项、市级31项、区级56项；非物质文化遗产代表性传承人39人，其中国家级1人、省级6人、市级10人、区级22人；省优秀民间文艺人才30人，区优秀民间艺人21人；非物质文化遗产传承（教学）基地31个，其中省级2个、市级14个、区级15个。有国家级非物质文化遗产项目保护单位1个（浙江岑家木船文化发展有限公司）、市级非物质文化遗产生产保护性示范基地3个、省级非物质文化遗产宣传展示基地1个（展茅五匠馆）；有省级非物质文化遗产旅游景区—民俗文化旅游村2个（干施岙村、东极村）、非遗主题小镇1个（东极镇）。

出台《舟山市普陀区乡村振兴战略中的非物质文化遗产保护和传承发展行动计划（2019—2022）》。推进非遗融入全域旅游、乡村振兴发展，全区非遗融入乡村振兴工作经验在舟山市非遗融入乡村振兴工作现场会上交流。完成朱萍等5个市级以上非遗代表性传承人的抢救性记录工作。编印非遗系列丛书——《传统儿童游戏》。开展文化遗产活动，举办“文旅普陀　振兴乡村”非遗体验活动、“旅见普陀·多彩非遗”展示展演活动、“文化和自然遗产日”系列宣传活动、“服务传承人月”活动等“最浓海岛味”系列活动72场次，举行戏曲专场演出12场，开设非遗体验工坊15期，推动非遗展示体验。

【非物质文化遗产宣传展示】 4月19—22日，第九届中国（浙江）工艺美术博览会在杭州举行，普陀非遗项目应邀参加，获4项金奖（张斌恒木刻渔民画《捞》、翁晓云鱼拓画《舟山大黄鱼》、翁海星铜雕《中山王鼎之心经》、翁来英船板画《问鱼》），7项银奖和4项铜奖。

4月24日，省文旅厅公布首批浙江省优秀非遗旅游商品名单，普陀区“衍生产品精装船模系列”“渔民画衍生品”“德顺坊老酒”榜上有名。

4月27—30日，组织参加第十四届中国（义乌）文化产品交易会“浙江非遗生活馆”展览，非遗项目《船模艺术》获最佳展示奖。岑国和《船模——解剖船》获特别荣誉金奖。

6月11日，“根与魂——浙江省非物质文化遗产展演”活动在澳门开幕，区文化馆“渔工号子”《阿拉珂渔人》受邀参演。

6月26—28日，在丽水市景宁县参加2019年度“非遗薪传”浙江传统舞蹈展示展演活动，《跳蚤舞》获优秀展演奖。

9月10日下午（当地时间），由省文旅厅主办的绽放——“美丽中国·诗画浙江”文化旅游展开幕式在葡萄牙里斯本举行。蒋德叶《舟山带鱼汛》、郑红飞《启航》、李芝琴《开捕第一网》、杨素亚《海带丰收忙》4幅渔民画作品入选参加展览。

9月20—23日，首届长三角地区工艺美术创意设计博览会暨工艺美术创意设计大赛在嘉兴国际会展中心举行。普陀区参展船模《绿眉毛》和香砖《五福拱寿》获金奖。

9月，郑红飞渔民画《渔之歌》被评为第十三届全国美展进京作品。

（撰稿：陈凤阳）

体育组织

【普陀区体育中心】 区文广旅体局下属股级全额拨款事业单位，实施全区体育赛事活动计划，实施全区综合性运动会和全区各类专项体育比赛；开展社会群众体育活动，开展社会体育指导员培训工作；实施全区国民体质测试工作；实施上级单位交办的其他工作任务。为全民所有制事业单位。

【普陀区体育总会】 全区具有独立法人资格的团体会员（体育协会）19个；2019年开展赛事活动60余次，1万余人次参与。区武术协会、门球协会、瑜伽协会、游泳协会、篮球协会、普陀棋院、天华棋院7家体育社会组织通过AAA等级社会组织评估。

【普陀区老年体育协会】 会员68380人。5月，成功申报2019年公益创投项目“全民动员起来”；8月，举办全民健身日庆祝活动，18支团队200余名文体队员参加；9月，举办“迎国庆庆重阳”活动，20余支队伍400余名运动员参加。

【普陀区武术协会】 会员6136人。4月，举办全区太极拳比赛，吸引全区165名武术爱好者参加；6月，组队参加2019年省文化遗产传承项目——舟山船拳之观音梭武术套路培训；10月，举办全区健身气功交流赛，15支代表队165名运动员参加；12月，通过AAA等级社会组织评估。

【普陀区游泳协会】 会员84人。7月，举办“7·16”全民游泳健身周全国重点会场防溺水专场（舟山站），为育才学校学生进行12天游泳技能培训和防溺水安全知识教育；10月，组队参加浙江省第一届救生桨板大赛；10月，组队参加浙江省第九届救生锦标赛，获团体总分第八名；12月，组队参加浙江省第九届冬泳锦标赛，获4金、3银、3铜；12月，通过AAA等级社会组织评估。

【普陀区篮球协会】 会员212人。12月，承办2019年“舟山远洋渔业杯”篮球邀请赛，全市8支代表队80余人参加；举办2019年舟山市第二届“同茂杯”篮球俱乐部精英赛，全市16支代表队200余人参加；通过AAA等级社会组织评估。

【普陀区羽毛球协会】 会员200人。5月，承办普陀区“平太荣杯”第三届职工羽毛球比赛，全区19支代表队160余名干部职工参加；

8月，承办2019年普陀区“两新党建杯”羽毛球俱乐部联赛，13个羽毛球俱乐部和单位团体130余名运动员参加；11月，协办“富力特杯”2019年浙江省羽毛球业余联赛（总决赛），全省各地25支代表队近300名羽毛球爱好者参加；11月，承办2019年普陀区羽毛球三级裁判员培训班，32人参加。

【普陀区乒乓球协会】 会员50人。4月，举办舟山市首届东片区乒乓球精英赛，50余名运动员参加；7月，组队参加“商务杯”全市乒乓球比赛，普陀东进乒乓球俱乐部获冠军，普陀乒协获第四名。

【普陀区海钓协会】 会员180人。6月，协办2019年全国海钓（国家乙级）裁判员培训班，全国十多个省市及港澳台地区60余名海钓手参加；9月，举办舟山群岛新区第二届“沈家门渔港”全国矶钓名人精英赛，包括港、澳、台在内的全国26支团队52名选手参加。

【普陀区自行车协会】 会员72人。4月，组队参加2019年环蓬莱仙岛挑战赛；5月，参加2019年嵊泗县第四届全民骑游大会；11月，组队参加2019年第二十七届全国老年自行车骑联委暨浙江省第七届骑游联谊会，会长李国受邀分享普陀自行车运动和海岛体育运动+旅游发展思路。

【普陀区围棋协会】 会员50人。1月，承办“迎春杯”舟山市第三届县（区）围棋联谊赛；2月，承办2019年普陀区职工迎新春围棋邀请赛；5月，举办“庆五一”普陀区少儿围棋定段升级赛；10月，举办全区“庆十一”围棋等级赛。

【普陀区门球协会】 会员95人。3月，举办全区“庆三八”女子门球团体赛，有9支队伍参加；6—12月，举办全区门球团体联赛，累计有500人次参加；9月，组队参加2019年“量健杯”中国门球冠军赛浙江分区选拔赛，获第九名；12月，通过AAA等级社会组织评估。

【普陀区信鸽协会】 会员67人。5月，举办普陀区春季幼鸽特比环大奖赛；11月，举办普陀区秋季三关鸽王赛。

【普陀区网球协会】 会员50人。4月，组队参加2019年“宁波银行杯”网球俱乐部超级联赛。

【普陀区瑜伽协会】 会员150人。6月，选派教练员参加区“快乐健身人人练”体育公益培训（瑜伽）教学6课时，培训学员720余人次；12月，成立瑜伽协会社会义工团，助力“创城”；12月，通过AAA等级社会组织评估。

【普陀区气排球协会】 会员52人。1月，组队参加2019年舟山市第四届“迎春杯”气排球联赛，获女子组第一名；5月，协办第二届“新区杯”气排球全国邀请赛，21支队伍200余人参加；12月，举办普陀区第三届气排球比赛，6支代表队50余人参加。

【普陀区体育舞蹈协会】 会员56人。4月，组队参加2019年CCAT国际标准舞全国城市联赛，获一等奖14个，二等奖4个，三等奖3个；6月，组队参加2019年第十届浙江省青少年体育舞蹈锦标赛，获10金、21银、6铜。

【体育俱乐部】 2019年，全区新增省级老年体育活动中心俱乐部3个：六横镇东靖社区老年体育活动中心俱乐部、沈家门街道茶湾社区老年体育活动中心俱乐部、东港街道灵秀社区老年体育活动中心俱乐部。至年底，体育俱乐部108个、会员54267人。

（撰稿：王兴帆）

体育设施

【概况】 2019年，全区新增体育场地32个、4.8万平方米，比上年增5.1%，人均体育场地面积2.51平方米/人。其中，新建省级社区多功能运动场3个：沈家门大干社区、桃花镇社区、六横镇浦西社区；游泳池2个：东港文康社区（浙能蓝园）、小干东顺石油（区泳协）；健身路径12个点；篮球场3个。至年底，全区体育场地面积98.8万平方米。

【国民体质监测】 10—12月，全区组织完成1560人次国民体质监测任务，通过国民体质测试仪器对参与监测人员的身体形态、身体机能、身体素质三大方面进行监测，测试项目包括身高、体重、肺活量、握力、坐位体前屈、闭眼单脚站立、仰卧起坐、选择反应时、台阶测试等16项（针对按不同年龄段进行对应的8～11个项目

普陀区体育场地一览

表 59

街道镇	健身路径		篮球场(片)	乒乓台(片)		羽毛球场(片)	门球场(片)	网球场(片)	游泳池(馆)
	场地数	器材数		室内	室外				
沈家门	89	599	1	14	0	2	0	2	8
东港	124	851	19	20	2	28	3	6	8
六横	152	1482	39	15	3	4	2	0	0
桃花	63	426	4	3	1	1	0	1	0
虾峙	21	279	2	1	1	1	0	0	0
展茅	35	352	5	3	2	1	1	0	1
东极	3	30	0	1	0	0	0	0	0
白沙	3	20	0	1	0	0	0	0	0
蚂蚁	11	90	2	1	0	1	0	0	0
登步	15	73	1	1	0	0	0	0	0
合计	516	4202	73	60	9	38	6	9	17

说明:以上数据按各街道镇区域分布统计,包括街道镇、社区(村)、机关企事业单位,不包括学校体育场地。

学校体育场地汇总

表 60

场地类型	场地数量(个)	场地类型	场地数量(个)
体育场	1	羽毛球房(馆)	1
田径场(运动场)	26	棋牌房(室)	4
足球场	12	篮球场	54
室外游泳池	5	排球场	20
室内游泳池	1	室外网球场	6
篮球房(馆)	12	乒乓球场(房)	18
体操房(馆)	10	沙滩足球场	3
综合馆	5	合计	178

测试)进行监测,受测人群为3～6周岁幼儿620名、20～59周岁成年人940名,全区合格率93.2%。

【国家锻炼标准测试】 2月,全区组织完成202人次国家锻炼标准测试任务。对监测人员速度、耐力、力量、灵敏、柔韧5方面进行监测,测试项目包括25米×4往返跑、30秒跳绳、800米跑、一分钟仰卧起坐、立定跳远、绕杆跑、十字象限跳、坐位体前屈8项进行监测,受测人群为各体育协会会员,年龄段为20～69周岁,合格率100%、优秀率72%。

(撰稿:陈中耀)

学校体育

【概况】 2019年,普陀区竞技体育坚持“突出特色,强化重点,努力巩固原有重点项目,不断拓展新的优势项目”原则,抓好重点训练项目——田径、网球业余训练工作。全区青少年运动员在省、市各级运动会117个项目中获省级团体前八名16项,个人前八名47项,获市级团体第一名16项;在2019年舟山市中小学生田径运动会,有4所学校进入团体总分前六名,初中男子跳高破市纪录,获县区团体总分第二名。

(撰稿:缪冬)

2019年普陀区青少年参加省、市级比赛成绩

表61

赛事名称	项目	名次
2019年舟山市中小学生篮球比赛	篮球	初中女子团体第一名、初中男子团体第二名、小学男子团体第一名
2019年舟山市网球比赛(短式网球)	短式网球	男子甲组团体第二名、女子甲组团体第二名、女子甲组团体第三名、男子乙组团体第一名、女子乙组团体第一名
2019年浙江省第五届青少年学生阳光体育运动会短式网球比赛	短式网球	小学女子甲组团体第二名
2019年舟山市网球比赛(标网)	标网	男子甲组团体第一名、女子甲组团体第一名、男子乙组团体第二名、男子乙组团体第三名、女子乙组团体第一名、女子乙组团体第二名、女子丙组团体第一名、女子丙组团体第三名、男子丙组团体第一名、男子丙组团体第三名
舟山市中小学生乒乓球比赛	乒乓球	男子甲组团体第二名、女子甲组团体第二名、男子乙组团体第三名
舟山市女子排球比赛	排球	女子团体第一名、女子团体第二名、女子团体第三名
舟山市男子沙滩足球比赛	沙滩足球	团体第二名、团体第三名
舟山市第六届阳光体育运动会沙滩足球比赛	沙足	男子团体第一名、女子团体第三名
舟山市第六届中小学生阳光体育运动会	女子排球	团体第二名
舟山市第六届中小学生阳光体育运动会	女子沙滩足球	小学女子团体第一名、小学女子团体第二名、初中女团体第一名
浙江省青少年田径锦标赛	跳高、垒球	2金
舟山市中小学生田径运动会	田径	团体第二名
浙江省第五届青少年学生阳光体育运动会	田径	1金、1银
浙江省青少年儿童田径冠军赛	田径	4金、4银、4铜
国家级田径单项奥林匹克高水平后备人才基地短跨跳项目训练营暨基地锦标赛	田径	4金、2银、2铜
舟山市游泳比赛	游泳	团体第一名
舟山市健美操比赛	健美操	团体第一名、第二名
舟山市乒乓球比赛	乒乓球	男子团体第一名男子团体第三名

群众体育

【体育健身指导】 普陀区围绕“快乐健身人人练”主题，以集中培训、下乡培训为主要形式，常态化开展点单式体育公益培训，开展太极拳、可乐球、橡皮筋操、瑜伽、高尔夫、击剑、工间操、足球、羽毛球、健身腰鼓等14个项目培训58场次，受训人员5260余人次。

【社会体育指导员培训】 采取“走出去＋请进来”“复训＋新增”并举培训机制，派员参加全省健身排舞、健身气功、全市少儿足球操、攀岩等项目培训，邀请专业老师开展健身秧歌、健身气功等项目社会体育指导员复训。吸纳协会会员、业余团队骨干、学校体育教师成为社会体育指导员，举办社会体育指导员培训、复训8期，增加社会体育指导员210人。完

成200名体育组织会员参加国家体育锻炼标准达标检测。

（撰稿：周琼）

【体育活动】 2019年5月25日，市文化和广电旅游体育局（简称市文广旅体局）在展茅街道举办"中国体育彩票杯"美丽舟山千里行展茅站暨"舟山体彩"第五届公益慢跑活动，500人参加。是年，普陀区属单位、街道镇、体育团体举办2019"迎新春"全区羽毛球锦标赛、"最美海岸线"荧光夜跑活动等区级体育赛事、体育活动31次（不含普陀山、朱家尖），参与近6000人次。

【群众体育比赛成绩】 2019年，

2019年普陀区体育活动汇总

表62

名　　称	举办单位	地　点	时　间	参加人数（人）
2019"迎新春"全区羽毛球锦标赛	区体育总会	普陀全民健身中心羽毛球馆	1月5—6日	114
"迎新春"2019年普陀区围棋邀请赛	区围棋协会	灵秀街围棋协会	2月10日	86
全区中小学棋类比赛	区教育局、区文广旅体局	沈家门小学	4月2日	155
"大手牵小手，我们共成长"友好家园家庭日活动	沈家门街道茶湾社区	茶湾社区	4月10日	65
首届"健康泰隆杯"篮球比赛	区体育总会、泰隆银行舟山分行工会	普陀体育馆	4月11日	84
全民健身活动暨"莲安杯"春季登山健步活动	东港街道莲安社区	青龙山	4月12日	60
展茅街道篮球友谊赛	展茅街道	展茅中心小学	4月13—14日	60
2019年区中小学生田径运动会	区教育局、区文广旅体局	东港中学	4月19—20日	400
2019年普陀区太极拳比赛	区体育总会、区武术协会、区老年体协	普陀体育馆	4月27日	128
2019年普陀区庆"五一"少儿围棋定段升级赛	区体育总会	东港中学	5月1日	201
区第二届青少年跆拳道公开赛暨舟山道馆邀请赛	区体育总会	普陀体育馆	5月14日	300
普陀区"平太荣杯"第三届职工羽毛球比赛	区总工会、区文广旅体局	普陀全民健身中心	5月15—16日	160
"最美海岸线"荧光夜跑活动	区文广旅体局	东港莲花洋公园	5月17日	1000
"中国体育彩票杯"美丽舟山千里行展茅站暨"舟山体彩"第五届公益慢跑活动	市文广旅体局	展茅街道干施岙	5月25日	500
舟山市普陀区2019年中小学生篮球比赛	区教育局、区文广旅体局	普陀全民健身中心	6月13—23日	150
乒乓球友谊赛	沈家门街道大蒲湾社区	社区多功能活动中心	7月6日	51
2019年"7·16"全民游泳健身周全国重点会场防溺水专场	区游泳协会	浙江中油东顺石化有限公司	7月11日	192
"沙滩爱情甜蜜跑"活动	区文广旅体局	桃花岛塔湾金沙景区	7月20日	200
中昌社区健步走活动	东港街道中昌社区	东港	8月7日	100
2019年普陀区工间操骨干培训班暨三级社会体育指导员培训班	区文广旅体局	普陀全民健身中心	8月7—8日	100
"全民健身日"文体展示活动	区体育总会、区老年体协	普陀体育馆南广场	8月5日	200
2019年普陀区"两新党建杯"羽毛球俱乐部联赛	区羽毛球协会	区羽毛球协会	8月17日	130

续表 62

名　称	举办单位	地　点	时　间	参加人数（人）
2019 年普陀区中小学生乒乓球比赛	区教育局、区文广旅体局	普陀全民健身中心	9 月 13—15 日	101
2019 年舟山市老年人健身球操、健身秧歌、可乐球、柔力球（套路）展示活动	市老年体协、区老年体协	普陀体育馆	9 月 15—17 日	143
2019 年普陀区国庆少儿围棋等级赛	区体育总会	围棋协会、圣地亚酒店	10 月 4 日、10 月 7 日	190
“普陀天地杯”普陀区第二届国际象棋棋王棋后赛	区体育总会	杉杉广场	10 月 6 日	200
普陀区 2019 年中小学生足球联赛	区教育局、区文广旅体局	东港中学、沈家门小学、展茅中心学校	10 月 17—21 日	200
2019 年下半年度门球团体联赛	区体育总会、区门球协会	六横镇门球场	10 月 25 日	83
2019 年普陀区健身气功交流赛	区体育总会	普陀体育馆	10 月 30 日	126
普陀区老干部教育培训中心（老年大学）第十二届运动会	区体育总会、普陀老年大学	沈家门第一小学	11 月 5 日	568
2019 年普陀区老年人门球交流赛	区体育总会、区老年体协、区门球协会	东港体育馆门球场	11 月 19 日	85
“展幸福促健康”为主题的第十三届老年人趣味运动会	东港街道中昌社区	东港街道中昌社区	11 月 20 日	150
“向健康出发，为创城助力”2019 年健步走活动	农行普陀支行	东港	11 月 28 日	145

2019 年普陀区参加上级群众体育比赛成绩一览

表 63

日　期	比赛名称	获奖情况
6 月 14—15 日	舟山市老年人门球赛	团体第二名
6 月 19—20 日	舟山市第二届“全民体育生活节”门球争霸赛	女子单打第一名，男子团体第三名
6 月 23 日	舟山市第一届武林大会	4 金、1 银
9 月	浙江省第九届冬泳锦标赛	4 金、3 银、3 铜
9 月 26—27 日	舟山市门协庆祝“建国 70 周年”门球比赛	团体第三名
11 月 9—10 日	舟山市健身气功比赛	2 金

普陀区参加舟山市老年人门球赛、舟山市第二届“全民体育生活节”门球争霸赛等市级以上群众体育比赛，获团体第二名 1 个，团体第三名 2 个，个人获 11 金、4 银、3 铜。

（撰稿：缪冬）

体育赛事

【概况】 2019 年，普陀区承办市级以上体育赛事 20 次（不含普陀山、朱家尖），参与 2 万余人次。

【“普陀农商行杯”2019 舟山群岛马拉松】 由中国田径协会、省体育局、市政府主办，市文广旅体局、区政府、普朱管委会承办，省体育竞赛中心为赛事指导单位。以“潮涌东海·自在舟马”为主题，

2019年普陀区承办体育赛事汇总

表64

名　　称	举办单位	地点	时间	参加人数（人）
舟山市第二届国际象棋等级赛	市体育总会、区体育总会	普陀体育馆	1月1日	118
浪潮春天之2018Salomon越野跑舟山站年终总决赛	浪潮体育	东港	1月13日	100
Salomon越野跑（舟山站）2019第一期之越野东海测试赛	浪潮体育	东港	2月24日	100
OSPREY越野东海——2019舟山群岛穿越之旅	浪潮体育	东港、临城、定海	3月23日	800
2019世界超级巨星普陀璀璨之夜暨CCAT国际标准舞全国城市联赛	中国国际标准舞总会、区政府	普陀体育馆	4月19—20日	120
2019第二届“新区杯”舟山气排球邀请赛	市文广旅体局、市体育总会	普陀体育馆	5月10—12日	200
“中国体育彩票杯”美丽舟山千里行展茅站暨“舟山体彩”第五届公益慢跑活动	市文广旅体局	展茅街道干施岙	5月25日	500
“奕晟杯”舟山市首届国际象棋公开赛	市体育总会	东港中学	6月12日	132
2019VAUDE骑闯天路资格赛——舟山站	市文广旅体局、桃花镇政府、舟山九立体育文化有限公司	桃花岛	6月16日	500
2019年浙江省幼儿体育大会暨浙江省第四届幼儿教师健身舞操表演大赛	省体育局、区文广旅体局	普陀体育馆	7月3—4日	150
“六横·沃克森琦杯”抛竿钓鱼锦标赛	省体育竞赛中心、六横管委会	六横平地水库	7月20日	100
2019中国体育彩票全国象棋业余棋王赛浙江赛区舟山普陀区棋先生第九届业余棋王选拔赛	省棋类协会、区文广旅体局	普陀体育馆	8月18日	130
2019舟山群岛新区首届两岸三地青少年击剑邀请赛	省击剑运动协会、市文广旅体局	普陀体育馆	8月24日	500
舟山群岛新区第二届“沈家门渔港”全国矶钓名人精英赛	中国休闲垂钓协会矶钓分会	普陀	9月6—8日	82
2019年羽毛球俱乐部精英赛	市羽毛球协会、区体育总会	普陀全民健身中心羽毛球馆	9月14日	100
浙江农信第三届职工运动会“普陀农行杯”气排球比赛	省农信社、区政府	普陀体育馆	10月27—29日	150
“富力特杯”2019年浙江省羽毛球业余联赛总决赛	省体育总会、省羽毛球协会	全民健身中心	11月9日	300
“自游宝杯”2019首届舟山群岛帆船跳岛拉力赛	市帆船帆板运动协会	舟山群岛南部海域	11月9—10日	170
“普陀农商行杯”2019舟山群岛马拉松	中国田径协会、市政府	舟山	11月17	16000
2019年舟山市第二届“同茂杯”篮球俱乐部精英赛	市篮球协会、区体育总会	普陀体育馆	12月17—28日	192

11月17日在普陀区举行。设置马拉松、半程马拉松、健身跑、家庭跑4个项目,13254名运动员参赛。男、女全程马拉松和半程马拉松冠军均被肯尼亚选手获得。(详见“专记”)

【“碧桂园杯”全国沙滩藤球锦标赛暨2019年亚洲沙滩藤球锦标赛选拔赛】 6月24日在朱家尖南沙景区举办,由国家体育总局小球运动管理中心、中国藤球协会、省体育局及市人民政府主办,吸引全国共12支代表队、120多名运动员参赛。桃渚青少年俱乐部代表队获得三人赛男子组、女子组和单组赛女子组冠军,鹰龙藤球俱乐部获得男子单组赛冠军,舟山保罗体育代表队获得男子组的三人赛和单组赛两个季军。本次比赛获得冠军的桃渚青少年俱乐部和鹰龙藤球俱乐部代表中国参加于7月7—13日在青岛举行的2019年亚洲沙滩藤球锦标赛。

文化体育产业

【普陀大剧院】 2019年,普陀大剧院完成演出、活动115场,全年接待观众5万余人,观众满意度99.1%,引进VITAS个人演唱会“20”、李玉刚主演诗意歌舞剧《昭君出塞》、开心麻花爆笑舞台剧《牢友记》、“周蕙不被遗忘的时光音乐会”、“德云社德云三宝相声专场演出”等。因北京保利剧院管理有限公司对普陀大剧院的运营管理合同于2019年12月31日到期,普陀大剧院2020—2024年运营权通过公开招投标,由深圳市聚橙网络技术有限公司中标获得。

(撰稿:唐华)

【体育场馆】 2019年,普陀全民健身中心和普陀体育馆累计接待体育健身132200人次,举办浙江省幼儿体育大会暨浙江省第四届幼儿教师健身舞操表演大赛、2019年舟山市第十一届体育舞蹈锦标赛等体育赛事活动22场次,举办其他体育、文化等活动17场次,其中免费举办体育讲座、展览等4场次。体育健身技能培训1500人次,运动健身指导3500人次,其中免费国民体质测试2400人次。

(撰稿:陈中耀)

【舟山普陀文化旅游集团有限公司】 区属法人独资公司,原名舟山市普陀文化传媒有限公司,由区政府国有资产监督管理办公室全额出资,2013年9月成立,2017年9月更名为“舟山普陀文化旅游集团有限公司”(简称区文旅集团),注册资金1000万元。区文旅集团设董事会、监事会、经营管理层班子和内设机构,实行董事会领导下的总经理负责制。内设办公室、党群部(人力资源部)、计划财务部、投资管理部、文旅产业部(文体管理部、影视产业部、旅游管理部),地址在普陀区东港街道海印路426号(普陀广播电视大楼6～7层)。下属核心企业4家:舟山普陀文化发展有限公司、舟山普陀体育发展有限公司、舟山市普陀区桃花岛旅游开发投资有限公司和舟山市普陀区白沙岛海洋牧场有限责任公司,有员工150人。持有舟山市东海极地旅游开发有限公司、舟山市普陀区蚂蚁岛红帆文化发展有限公司等下属公司和浙江自贸区普拓影视传媒有限公司相关股份,自主经营管理沈家门海滨电影院、“观自在”游艇、朱家尖星海湾别墅,管理普陀体育馆、普陀大剧院及普陀全民健身中心、普陀国际影视创新产业园、普陀国际健康产业

2月25日,沈家门海滨电影院提升改造工程竣工,开始试营业 (区文旅集团提供)

中心等相关产业。

2019年，区文旅集团按“文化+、旅游+、体育+”战略部署，以提升旅、文、体融合发展为主线，围绕“全景普陀”“全域旅游”发展格局，在会展活动、影视产业、体育健康产业、旅游景区管理等方面取得经济效益和社会效益。营业收入2480万元。

推进景区提升改造建设，启动桃花安期峰索道滑道、水上旅游项目规划设计，完成下石水岗项目选择认证报告、可行性研究报告、初步设计方案。推进东极岛电瓶车管理运行和黄兴岛“和美小岛”建设，完成东极电瓶车道改造，并于6月启动电瓶车运行。完成东极岛电影院、蔬菜市场设计改造方案及合作洽谈，深化黄兴岛旧房改造方案。探索现代海洋牧场发展新模式，完成白沙岛旅游观光电瓶车提升改造工作，8月正式对外运营。打造红色品牌，筹划蚂蚁岛红色教育体验路线等合作项目。

筹办中国普陀佛事文化旅游用品博览会、2019世界超级巨星普陀璀璨之夜暨CCAT国际标准舞全国城市联赛舟山站、2019中国（舟山群岛）国际游艇展等活动；配合完成“2019年海岛旅游博览会”“我和我的祖国70周年主题文艺晚会”、2019舟山“菜篮子”普陀年货供应会等10余场会展活动。承办普陀区“平太荣”杯第三届职工羽毛球比赛、区中小学生篮球比赛、市第二届国际象棋等级赛、太极拳比赛等10余场赛事活动，并举办普陀区“快乐健身人人练”体育公益（足球）培训、健身排舞、气功等培训班。配合做好普陀国际健康产业中心日常管理及服务等工作。

培育发展影视产业，做好影视文化产业园招商引资工作。至12月底，普陀国际影视创新产业园累计引进影视企业90家，累计实到市外注册资金1807万元；累计完成投资约1200万元，引进《迷城之蛇行鼠道》《夺命魔蛛》《里斯本丸沉没》《河豚》《如果时光还记得》《糖果少女》6部影视剧在普陀取景拍摄，并完成小型影片放映厅建设工作。2月5日，沈家门海滨电影院提升改造工程竣工，开始试营业。

（撰稿：林玉炜）

4月19—20日，2019世界超级巨星普陀璀璨之夜暨CCAT国际标准舞全国城市联赛舟山站活动在普陀体育馆举行（区文旅集团提供）

广电监管及服务

【广电安全监管】 普陀区加强安全播出监管手段和监管体系建设，督促广播电视播出机构、网络传输机构落实安全播出保障职责，完成元旦、春节等重大节日安全播出保障，完成“两会”、互联网大会、“一带一路”国际合作高峰论坛等重要保障期的安全播出保障工作。开展广电行业安全大检查。完成省、市部署的非法卫星电视接收设施整治，完成3家涉外酒店的境外电视节目接收许可换证，出动检查人员39人次，联合检查8次，发放宣传通知书100余份，检查酒店、电器店等19家次。

【广电惠民服务】 普陀区保障全区渔农村应急广播（村村响）系统正常运行维护管理，为渔农村做好广播服务。完成东极镇庙子湖岛、青滨岛、东福山岛的有线电视网络全光纤改造，实现东极镇有线电视的光纤全覆盖。落实“广电低保”数字化工程，全区2508户低保户3393人免费观看有线数字电视基本节目。

（撰稿：吴广）

编辑：魏斌

新闻传媒与信息产业

综 述

2019年1月，设立舟山市普陀区融媒体中心(区广播电视台)，为区委直属正科级事业单位，委托区委宣传部管理。负责“两微一端”、新兴媒体、广播电视、报纸、网站等媒体融合运行，设办公室、策划部(挂总编室牌子)、采访部、编发部、新媒体运维部、节目活动部、技术部、广告部、融媒体服务部9个部门。有两个播出机构：普陀人民广播电台和普陀电视台。是年有在职职工172人，其中高级职称5人、中级职称29人。区融媒体中心(区广播电视台)各媒体组织重点宣传报道活动15次，播出电视新闻3000余条，电视(社教节目)专题150余档；广播节目2800余档，广播新闻3000余条；《今日普陀》开设专栏30多档，刊登新闻2600多条，累计刊出250期，每期印发量16000余份；“普陀新闻网”刊发新闻9986条，其中本地新闻6625条；“中国舟山普陀”微信公众号推送180期；“掌上普陀”客户端刊发各类新闻资讯8528条。

5月10日，普陀区融媒体中心成立揭牌仪式 (区融媒体中心提供)

广播电视

【普陀人民广播电台】 全天播音时间为16小时50分钟，周一至周五直播节目时间达到7个小时，通过调频FM93.3频率传输。自办5档新闻类节目，包括《新闻早八点》《普陀新闻》《新闻观察》《下班路上》及《渔农时空》。开设《音乐随身听》《933娱乐在线》《天天933》《乐活杂志》《成长在线》等专题栏目。全年播出广播节目2800余档。

3月2日，做好一年一度浙江之声组织的活动“朵朵鲜花送雷锋”宣传报道。与浙江之声现场直播连线。做好本台新闻录音报道，在当天《普陀新闻》中使用。选取3个雷锋式人物进行公益类广告策划与录制，倡导文明。

【普陀电视台】 全天播出时间16小时30分钟，每天一档15分钟《普陀新闻》和一档15分钟社教节目。社教栏目有《平安渔都》《幸福普陀》《阿法讲大道》《渔港会客厅》4档，节目类型涉及新闻访

2019年普陀人民广播电台城市频率节目时间

表65

<table>
<tr><th colspan="2">周一至周五</th><th>周六</th><th>周日</th></tr>
<tr><td>6:10</td><td colspan="3">开始曲</td></tr>
<tr><td>6:15—6:30</td><td colspan="3">转播舟山气象</td></tr>
<tr><td>6:30—8:00</td><td colspan="3">转播中央台新闻和报纸摘要、中央台新闻纵横</td></tr>
<tr><td>8:00—9:00</td><td>新闻早八点</td><td>新闻观察</td><td>理财宝典、品读十分</td></tr>
<tr><td>9:00—10:00</td><td colspan="3">乐活杂志</td></tr>
<tr><td>10:00—11:30</td><td>音乐随身听(10:00普广快讯)</td><td>电影音乐时光、我们说电影、长书短读</td><td>电影音乐时光、我们说电影、长书短读</td></tr>
<tr><td>11:30—12:00</td><td>听世界</td><td colspan="2">天下奇谈</td></tr>
<tr><td>12:00—12:30</td><td colspan="3">转播中央台新闻三十分</td></tr>
<tr><td>12:30—13:00</td><td colspan="3">空中书苑</td></tr>
<tr><td>13:00—14:30</td><td>天天933(14:00普广快讯)</td><td colspan="2">成长在线
儿童剧场</td></tr>
<tr><td>14:30—15:00</td><td colspan="3">文化中国　魅力中国</td></tr>
<tr><td>15:00—16:30</td><td>933娱乐在线</td><td>电影音乐时光、我们说电影、长书短读(重播)</td><td>电影音乐时光、我们说电影、长书短读(重播)</td></tr>
<tr><td>16:30—17:00</td><td colspan="3">音乐加块糖</td></tr>
<tr><td>17:00—18:00</td><td>下班路上</td><td colspan="2">品味书香</td></tr>
<tr><td>18:00—18:30</td><td>普陀新闻、普陀气象</td><td>天下奇谈、普陀气象(5分钟)</td><td>天下奇谈(重播)</td></tr>
<tr><td>18:30—19:00</td><td colspan="3">转播中央台全国新闻联播</td></tr>
<tr><td>19:00—19:30</td><td colspan="3">品读十分</td></tr>
<tr><td>19:30—20:00</td><td colspan="3">渔农时空(周一、三、五)、时光音像店(周二、四、六、日)</td></tr>
<tr><td>20:00—20:30</td><td>听世界(重播)</td><td colspan="2">只听好歌不说话</td></tr>
<tr><td>20:30—21:00</td><td colspan="3">文化中国　魅力中国(重播)</td></tr>
<tr><td>21:00—21:30</td><td colspan="3">我们一起听电影</td></tr>
<tr><td>21:30—22:00</td><td colspan="3">音乐加块糖(重播)</td></tr>
<tr><td>22:00—22:30</td><td colspan="3">乐光宝盒</td></tr>
<tr><td>22:30—23:00</td><td colspan="3">空中书苑(重播)</td></tr>
</table>

说明:1. 每周二下午13:00—16:00机修;每日直播节目整点、半点插播气象;
2. 农村调频播出时间6:10—12:00,17:00—20:00。

谈类、法制类、对农类、方言类、生活服务类和少儿类。全年播出电视新闻3000余条，社教节目150余档。

2019年，电视新闻《阿宝在现场》栏目和《今日普陀》报《渔都聚焦》专栏以“引导舆论、服务民生”为主旨，围绕创建全国文明城市、“一打三整治”及民生问题等政府部门聚力攻坚、老百姓热切关注的问题，以现场报道、记者暗访、跟踪报道等多种形式开展舆论监督。《这些拆迁区块该好好清一清了》《是违禁销售还是虚假宣传？》等稿件引起相关部门重视，有关问题得到妥善解决。

栏目注重与读者观众互动，《城北应家湾水库设置铁隔离栏，是阻了春色还是护了水源？》《车管所缴纳罚款不收现金？此举完全合法！》等多篇稿件信息来源均为热心市民，栏目记者现场采访，及时刊发，全年刊播舆论监督报道300多篇。

2019年普陀电视台新闻综合频道节目时间

表66

时间段	节 目 内 容
8:00	节目预告(白天)
8:01	广告(4分钟)
8:05	白天电视剧1
8:50	广告与文艺(广告8分钟)
9:00	周二至周日重播普陀新闻　周一重播外购节目《喜闻乐见》
9:20	广告(10分钟)
9:30	白天电视剧2
10:15	广告(10分钟)
10:25	白天电视剧3
11:10	广告(10分钟)
11:20	少儿剧场
11:45	广告(15分钟)
12:00	周二至周日重播普陀新闻　周一重播外购节目《喜闻乐见》
12:20	广告(1分30秒)
12:21	重播社教节目
12:35	广告(5分钟)
13:30	广告(10分钟)
13:40	电视剧1(重播)
14:25	广告(5分钟)

续表 66

时间段	节 目 内 容
14:30	电视剧 2（重播）
15:15	广告（5 分钟）
15:20	电视剧 3（重播）
16:05	广告（5 分钟）
16:10	电视剧 4（重播）
16:55	广告（5 分钟）
17:00	电视连续剧（重播）
17:45	广告（15 分钟）
18:00	节目预告（晚上）
18:01	外购节目《有话直说》
18:50	广告（10 分钟）
19:00	转播中央台新闻联播
19:30	周一至周六普陀新闻（周六为一周要览，新闻中插 1 分 30 秒广告） 周日播出外购节目《喜闻乐见》
19:50	广告（1 分 30 秒）
19:52	气象
19:55	广告（5 分钟）
20:00	社教节目
20:15	广告（5 分钟）
20:20	电视剧 1
21:05	广告（5 分钟）
21:10	电视剧 2
21:55	广告（5 分钟）
22:00	周一至周六重播普陀新闻 周日重播社教节目
22:20	广告（2 分钟）
22:22	电视剧 3
23:07	广告（3 分钟）

续表 66

时间段	节　目　内　容
23:10	电视剧 4
23:55	广告(5 分钟)
00:00	周一至周六重播普陀新闻　周日重播外购节目《喜闻乐见》
00:20	广告(1 分 30 秒)
00:21	重播社教节目
00:35	全天节目结束

说明:社教节目安排:周一《阿法讲大道》重播上周,周二《渔港会客厅》重播上周,周三《幸福普陀》每周一期,周四《阿法讲大道》每周一期,周五《平安渔都》两周一期;周六《渔港会客厅》两周一期;周日《幸福普陀》重播周三。

报刊与网络平台

【《今日普陀》报】 周五刊,每刊 4 版,其中第一、二版为时政综合版和综合新闻版,三版为民生专题版,包括社会关注、平安普陀、公众服务、理论探索及新闻专版,四版以生活艺术类专版为主。2019 年,《今日普陀》报累计刊出 250 期,每期印发量 16000 余份,刊登新闻稿件 2600 余篇次。

1 月 8 日起,《今日普陀》报每周推出"金融 @ 角"专版,报道金融部门扶持民营经济发展,相关银行开展系列社区活动等。10 月 28 日起,三版新增《一周辟谣》专版,关注专业辟谣平台,汇集事关群众切身利益信息,为群众提供辨识谣言途径。

4 月,《今日普陀》报推出短评栏目"日月谈",聚焦时政和民生的热点和话题,主要有《美哉普陀,幸哉普陀》《城市治理就得有"绣花功夫"》《唯奋斗才青春》等短评。

"日月谈"专栏、"海天语思"专栏、"小井笔谈"栏目,成为《今日普陀》报特色鲜明,互为补充的评论品牌栏目,全年 3 个评论专栏推出各类评论 300 余篇。

重新设计、调整《渔都聚焦》《清廉普陀》等栏目报花,在一版开辟"导读",链接二版、三版重要新闻报道,增强版面之间互动性。

【普陀新闻网】 区委区政府新闻办主办,委托区广播电视台运维管理。2019 年刊发新闻 9986 条,其中本地新闻 6625 条,区内站点 7 个,推荐站点 21 个,浙江网媒 72 个,首页日平均浏览数 2500 人次,网页日平均点击量 6000 人次;普陀新闻网有 3113 条新闻稿件被浙江在线录用。浙江在线新闻网普陀支站获浙江在线新闻网站 2019 年度先进支站。

2019 年,普陀新闻网策划制作《开展扫黑除恶　建设平安普陀》《优化营商环境》《我们的节日》《凡星》《壮丽 70 年　奋斗新时代》《创城,我们一直都在》《精神的力量初心在身边》《不忘初心　牢记使命》等近 20 个专题,并在第一时间推出主题报道。

【"掌上普陀"App】 完善掌上普陀 App3.0 版,打造"新闻 + 政务 + 服务"新平台。坚持"移动优先"原则,将热点新闻第一时间发送到移动端。开设政务服务功能,为市民提供 10 余项涵盖诸多领域的政务服务;开设问政栏目,构建政府与百姓之间即时网络互动平台;开设资讯栏目,以"嗨客"为载体,打造本地一站式吃、喝、玩、乐、购资讯平台。

【"中国舟山普陀"微信公众号】 2019 年,"中国舟山普陀"微信公众号继续主打"原创"品牌,配合创城宣传、优化营商环境、新中国成立 70 周年、老旧住宅小区改造及"不忘初心、牢记使命"主题教育等,用图文、短视频、H5、小游戏、原创漫画等形式,推出高频度高密度宣传报道。

4月15日推文《全球首发!全新城市形象片〈望山见海　幸福普陀〉震撼来袭丨千山万水,只为幸福而来》一文登上当日"浙江政务微信影响力榜单""浙江政务微信热门文章TOP10"榜首,文章7天阅读量15万+,点赞量796人次,创"中国舟山普陀"微信公众号阅读量历史新高。

新闻宣传报道

【概况】 2019年,普陀区融媒体中心(区广播电视台)围绕中央和省、市、区委重大决策部署、重要会议活动,结合区党代会确定的目标任务,把握重点、深度策划,利用全媒体大平台,通过全景式、多层次、多角度宣传报道,各媒体组织党代会和"两会"、"不忘初心、牢记使命"主题教育、新中国成立70周年主题、"幸福普陀"建设等重点宣传报道活动15次。

【党代会和"两会"宣传报道】 各媒体提前谋划,结合普陀实际制订总体报道计划,根据采写内容调整报道计划。《今日普陀》报、普陀电视台《普陀新闻》在区党代会前开设专栏《喜迎党代会》,报道"党代表风采""提案回头看"和高质量发展、高品质生活和党建方面3篇总结性报道。区"两会"前开设《喜迎两会·向人民报告》《喜迎两会·重点项目》《喜迎两会·关键小事》等专栏,报道2018年度十大民生实事项目、部分重点项目、14项关键小事完成情况等内容,通过海采,征集市民对区"两会"期待及民情民意。会中开设《数字说两会》《名词解释》等专栏,报道区党代会、区"两会"盛况及代表们讨论情况。会后报道全区各部门组织学习贯彻区党代会、区"两会"精神。

《今日普陀》报针对政府工作报告,推出普陀高光时刻图片专版,展现普陀建设成就;推出各代表团、各讨论组分组审议、讨论专版,各代表、委员发言。

广播节目策划制作宣传片头、片花,在直播节目和新闻节目里循环播出。会后设置解读政府报告相关内容。政协、人大开幕式实行新闻现场连线。

"中国舟山普陀"公众微信号上运用动画、H5、短视频等手段,推出《2019政府工作报告电子书》,将每一部分报告以长图形式展现;其中《秒懂2018两会》H5是用一张手绘长图方式呈现,回顾2018年普陀发展成就,展示普陀发展变化。

【学习贯彻落实党代会和"两会"精神宣传报道】《今日普陀》报、普陀电视台《普陀新闻》继续推出《一把手访谈》专栏,相继采访区发改局、区农业农村局、白沙岛管委会、区交通运输局、东极镇等单位一把手,刊播《以畅达交通赋能新旧动能转换》《以工匠精神推动城市有机更新》等报道10多篇。电视专题《渔港会客厅》栏目同步推出"一把手系列访谈",邀请区发改局、区住建局负责人分别就优化营商环境及城市有机更新内容进行分析。

在"中国舟山普陀"、普陀新闻网、"掌上普陀"App推出原创专栏,围绕"促开放、抓改革、稳增长、优环境、强基础、惠民生"和"加强政府自身建设"的工作要求和重点项目重要工作贯彻落实情况,推出相关报道10余篇。

【"不忘初心、牢记使命"主题教育宣传报道】《今日普陀》报、广播电视新闻推出《不忘初心　牢记使命》专栏报道,宣传主题教育中推进学习教育、调查研究、检视问题、整改落实等各项工作具体做法及成效。重点报道各地、各部门在主题教育中,开展"三服务"活动,解决企业、群众实际问题,累计刊播稿件198篇次。

记者跟随区四套班子领导赴蚂蚁岛开展初心之行,对接各部门主题教育下一步具体实施方案,先后采写《守初心、担使命!东港街道攻克"卡脖子"难题》等多篇稿件。

【新中国成立70周年主题宣传报道】 在新中国成立70周年到来之际,《今日普陀》报、广播电视新闻陆续推出《壮丽70年,奋斗新时代》专栏。报道各地各部门坚持稳中求进工作总基调,紧扣自由贸易先行区、海上花园会客厅发展定位,突出稳企业、增动能、保平安,统筹推进促开放、抓改革、稳增长、优环境、强基础、惠民生工作。9月18日,在该栏目下推出《坐标》子栏目,将笔尖、镜头对准普陀历史长河中的标志性建筑、标志性时间点、标志性事件等,通过这些建筑、时间和事件的展现,反映70年来普陀经济社会跨越发展。各媒体刊播稿件263条。

《幸福普陀》栏目推出《国庆怎么玩　展茅乡村等你来》专

题，渲染国庆喜庆氛围。广播在“十一”期间每日推出“十一”文艺专题节目，内容涉及“新中国成立70周年”主题报道、“十月红歌”、“十一”出游提示等31档节目。制作完成播出7条新中国成立70周年片头片花和公益广告。

【“幸福普陀”建设宣传报道】 围绕“推动高质量发展创造高品质生活，奋力把开放活力的幸福普陀建设推向前进”主题，电视广播《普陀新闻》开设《幸福普陀谱新篇》专栏。围绕城市建设、幸福社区打造等，报道全区干部群众携手共建共享幸福普陀，累计播发稿件近20篇。《渔港会客厅》栏目就普陀区儿童早教，采访海归人员王诗雨；就社会资本进入医疗领域现象，邀请普陀仁济医院投资人郭跃走进演播室，探讨海岛医疗接轨大城市医疗资源及社会办医优势和特色等问题。《幸福普陀》栏目介绍普陀和四川省万源市东西部扶贫协作工作情况，走进普陀供销社农兴公司对万源市特色农产品进行介绍。

【全国文明城市创建宣传报道】《今日普陀》报、《普陀新闻》继续开设《创建文明城市　建设美好家园》专栏，累计刊登聚焦创城重点、难点、热点等各类稿件110多篇，公益广告百余条。《阿法讲大道》栏目继续办好“文明多棱镜”版块，报道一系列贴近民生、有代表性创城工作。

联合区委组织部、区精神文明建设指导中心、团区委等单位，先后策划推出“普陀有你　越来越好——共建共享文明市场”“党建引领”“志愿服务”等创城主题月活动。通过开展“我是党员我先行　模范带头助创城”、党员认领创城道路、社区党员“志愿满城先锋行”、十佳“楼道红管家”评选等主题活动和志愿服务活动，各媒体刊播创城主题宣传月相关报道70多篇。

“中国舟山普陀”微信公众号持续推出《原创漫画说创城》专栏，新推出《原创V视》创城系列篇，围绕每月创城主题，策划制作原创短视频，创城随手拍2.0版上线。

【“三服务”及优化营商环境宣传报道】 策划开展“服务企业、服务群众、服务基层”系列新闻采访活动。3月11日，在展茅率先启动“幸福普陀新跨越”——党媒基层行新闻采访活动，通过“每月一岛一基层”采写方式，挖掘基层新闻素材，进行集中宣传报道。相继走访展茅、桃花岛、蚂蚁岛等，在《今日普陀》报、广播电视《普陀新闻》节目中开设《幸福普陀新跨越·党媒基层行》专栏，推出《普陀蓝色经济发展再蓄新动能　精深加工让“一条鱼”身价倍增》等相关报道30多篇。

《普陀新闻》《今日普陀》报开设《三服务解难题》专栏，报道全区各地、各部门改变工作作风，主动进企业协调解决实际困难。累计报道《区人才办深入企业走访调研人才需求》《区税务局：进企业宣传增值税改革政策》等相关稿件40多篇。

【“最多跑一次改革”宣传报道】《今日普陀》报、广播电视新闻继续开设《关注“最多跑一次”》专栏，在稿件主题导向中注重凸显新速度，如《普陀不动产登记跑出新速度，60分钟出证》。《渔港会客厅》栏目就区人大常委会主办的“最多跑一次”专题询问会做现场录制特别节目。各媒体刊播稿件50多篇次。

《阿法讲大道》创城“道地会”（区融媒体中心提供）

【城市有机更新宣传报道】 对普陀区全面启动老旧住宅小区改造工作，全媒体联动推进，通过消息、特写、综述、系列报道、专版专题、漫画、短视频等媒体表现形式，设计宣传报道作品，形成融媒体报道声势。《今日普陀》报、广播电视新闻开设专栏《推进旧城改造 加快城市有机更新》，连续推出3篇系列报道，对老旧小区改造的背景、意义、各项政策，以及对怎么改造、改造后居民将如何受益、改造进度等多角度报道，累计播发稿件15篇。

【扫黑除恶宣传报道】《普陀新闻》开设“扫黑除恶进行时”专栏，报道全区各部门通过各种形式宣传扫黑除恶知识及重大意义。《今日普陀》报以消息、评论、公告、公益广告等形式刊登扫黑除恶相关稿件11篇，推出“以案说法”栏目，公布“惩治涉黑涉恶腐败”和“保护伞”问题线索举报方式。

在“中国舟山普陀”微信公众号、微博、客户端，宣传扫黑除恶专项斗争应知应会知识，报道扫黑除恶专项斗争重要举措、工作成效及典型案例，并通过“视频+漫画”等新媒体呈现方式，推送《舟山市扫黑除恶专项斗争督导公告》《扫黑除恶进行时丨校园也是战场！》等报道17篇。在普陀新闻网开设《扫黑除恶进行时》集成新闻专题。

电视专题《阿法讲大道》栏目报道《我市首例“套路贷”案件宣判》，对“套路贷”案件宣判进行详细解剖。

广播电台根据公安系统提供的案件笔录撰写防诈骗广播短剧《公安小机灵》，每剧集2～3分钟，策划录制10集。

【佛茶文化节和普陀佛博会宣传报道】 4月16日，第十一届中国国际普陀佛茶文化节开幕。各媒体在开幕式当天做好宣传工作，电视专题和技术中心配合完成开幕式前踩点和录制工作，“中国舟山普陀”微信公众号对开幕式进行图文直播，并在微信公众号推送《普陀发出邀请！明天，这场佛茶飘香的直播约吗？》等报道。《普陀新闻》对开幕式、文艺演出以及招商推荐会等进行详细报道，播发稿件8篇；在普陀佛事文化旅游用品博览会（4月19—22日在普陀东港全民健身中心会展中心举行）前后报道准备工作情况、商家展览以及佛博会结束后总体情况，播发稿件6篇。《今日普陀》报刊登相关稿件10篇，展示佛茶文化节活动，挖掘佛茶文化产业、展会产业的普陀特色。

广播专题节目《乐活杂志》在“旅游版块”介绍关于旅游文化、茶文化内容。其他专题节目在佛茶文化节前配合报道。普陀新闻网、掌上App做好相关活动宣传报道工作。

【禁渔期宣传报道】 各媒体做好禁渔期宣传报道，《普陀新闻》与《今日普陀》报《海天语思》栏目针对伏季休渔推出《愿休渔成本越来越低》等评论稿。“中国舟山普陀”微信公众号运用“视频+长图”表现形式，做好伏季休渔政策解读及宣传，制作推出《就在明天！@没海鲜不吃饭的普陀人，伏季休渔，有些事情你可能还不知道！》《今天起，这8种海鲜禁售！检查普陀的市场后发现……》等推文。电视专题《阿法讲大道》栏目在节目中选取上年案例5位渔民在10天内捕捞小黄鱼等鱼类违法事件，进行曝光和解析。广播在新闻和专题节目《渔农时空》加强禁渔期政策及禁渔期检查等相关内

第十一届中国国际普陀佛茶文化节开幕 （区融媒体中心提供）

容宣传报道。

【电视问政】 6月27日晚，由区人大常委会、区纪委区监委、区委宣传部主办，区融媒体中心（区广播电视台）承办的2019年首场“电视问政”在普陀大剧院举行。聚焦“创建全国文明城市”中薄弱与短板，8名市、区两级人大代表与责任单位面对面，为普陀区创城工作如何补短板及走向长效化管理集思广益。

3月起，市、区两级人大代表，区融媒体中心记者及相关负责人展开调研，问题涉及群众衣食住行等方面。新闻中心播音员、制作人员先后多次参与视频配音制作，将发现的问题专门剪辑制作《餐饮店铺门前环境让人忧》《空中“蛛网”何时休》《居民小区长效管理不能停在口头上》等10个问政短片。电视节目中心多次挑选勘查问政直播场地、召开问政代表协商会议，主持人与问政代表做好线下沟通和交流。

问政当晚电视节目中心设置多路机位，全程电视直播。普陀人民广播电台、普陀新闻网、“掌上普陀”App、“中国舟山普陀”微信公众号等多媒体平台同步进行直播，其中网络直播吸引5万+人次收看，留言评论近200条。问政结束后，《今日普陀》报安排记者和编辑连夜加班撰稿、排版，第二天推出《创建全国文明城市电视问政昨晚举行》消息稿，在报纸三版整版推出《2019年普陀区电视问政为创城升温加压　直面沉疴痼疾　贵在持之以恒》专版报道。

【短视频内容生产和传播】 2019年，区融媒体中心拍摄制作庆祝新中国成立70周年系列短视频《我和我的祖国》《普陀地标》《我和祖国共奋进》等，普陀创城主题宣传短视频《我是志愿者》《菜市场情缘》等20余条次。试水短视频工作室模式，打造《蟹蟹收看》品牌。《蟹蟹收看》于8月在微信公众号“hello普陀”上推出后，受到市委网信办及业内人士肯定，6期节目在各平台累计阅读量8万+。“嗨普陀”官方抖音号，成为政务传播新阵地，运维近4个月，发布80条抖音短视频，阅读量296.7万人次，点赞量超6.3万次。

【网络直播】 2019年，区融媒体中心与新华社“现场云”合作，在网站、微信、客户端等平台开设直播版块，完成普陀区庆祝中华人民共和国成立70周年大型主题文艺晚会“我和我的祖国”、“海稻梦想　醉美田园”第二届中国舟山（普陀）农民丰收节、普陀论健、创建全国文明城市电视问政等近10场现场直播。其中，普陀区庆祝中华人民共和国成立70周年大型主题文艺晚会“我和我的祖国”网络直播有近7万人在线观看，点赞数723条。

6月27日晚，“创建全国文明城市”电视问政（区融媒体中心提供）

【专题片拍摄制作及现场直播录播】 2019年，区融媒体中心相继完成“最多跑一次”专题询问会、朱家尖南沙摊位直播摇号、双休日课堂、“请你来协商”新时代普陀教育改革与发展协商会、“普陀论健”论坛等电视直播网络直播11场，录播48场；完成区纪委“作风建设警示片”、全区安全生产警示片、海洋与渔业局宣传片、白沙党建视频“红色领跑”、普陀区政协70周年汇报片等45部宣传片和视频短片拍摄制作。

【公益广告宣传及制作】 2019年，区级媒体刊登和播出关于开展舟山市普陀区第四次全国经济普查、2019年度普陀区计划生育特别扶助金申请、春节、元宵节、中秋、国庆节期间消防安全提示、防控流感温馨提示、食品安全、扫黑除恶、反恐、安全生产、“加强野生动植物保护　维护自然生态平衡”、全民国家安全教育日、第十一个全国防灾减灾日、第十六个“世界献血者日”、第十一个世界海洋日、食品安全、生态环境、司法创城等公益广告和宣传标语。保持普陀电视台公益广告播出量平均每天200条次左右，公益广告播出时间占普陀电视台全部广告时间80%左右。普陀人民广播电台安排播出的公益广告平均每天70条次左右，《今日普陀》报每天保持2篇以上公益广告刊登量。以“掌上普陀”App开机页面、普陀新闻网首页、“中国舟山普陀”微信公众号文章显著位置为载体，刊出创城、未成年人保护等各类公益广告近百篇次，链接公益专题20余条次。

6月，组织相关媒体做好2019年度舟山市“讲文明树新风”公益广告征集评选活动，报送影视类、广播类、平面类等12件公益广告作品参加评选。

【对外宣传报道】 2019年，各媒体围绕全区重大主题报道内容和重大新闻事件，提早谋划、策划选题，做好外宣工作，提升对外宣传影响力，提高普陀美誉度和知名度。加强与市内外媒体联系，努力拓展报送渠道。电视新闻被舟山电视台录用293条、被浙江电视台录用27条；电视专题被舟山电视台录用16条，被浙江电视台录用1条；广播新闻被舟山人民广播电台录用60条，被浙江之声录用28条；报纸新闻被《舟山日报》《舟山晚报》录用83篇，被浙江新闻客户端录用138篇；“中国舟山普陀”微信公众号稿件被新华社客户端录用79条，浙江新闻客户端录用240条，搜狐新闻客户端36条；普陀新闻网有2901条新闻稿件被浙江在线录用。

传媒业务管理

【编委会及通联工作】 2019年，区融媒体中心（区广播电视台）定期召开编委会，商讨全台宣传报道工作，安排月度宣传报道重点。每周五上午组织各媒体中层负责人举行一次编前会，讨论下周宣传报道重点，互通部门信息，明确各部门对记者的采访要求。遇到突发性重大主题或重大事件报道，及时组织各部门召开协调会议，制订宣传报道计划。全年录用通讯员稿件：广播2212条，电视2084条，《今日普陀》报3348条。

【技术维护工作】 2019年，按技术维护计划，做好各类设备检修维护工作，通过技术巡查，发现各类安全隐患，及时排除隐患，确保各类设备安全运行；在深入论证基础上，有计划、有重点推进技术项目改造，适应新媒体、新业务、新技术发展需求，提升现有广电网络安全保障体系，探索完善互联网条件下安全播出和网络安全运维管理制度体系。多次对接省广电集团新媒体技术中心，完成融媒体中心建设装修方案、技术方案制订等工作。

【获奖作品】 李飞荷、林继明、陈勤、蒲晨希、方益琼创作的《小岛的和美生活》，获2019年度浙江省广播电视对农节目奖广播对农节目三等奖；王梦倩、叶森、黄科润、虞娜、蒋裕娜、邱勇创作的《这个视频要火！看普陀人rap说唱文明交通》，获2019年度舟山新闻奖（融合创新）一等奖，2019年度浙江省广播电视新媒体奖非新闻性短视（音）频三等奖；陈勤、蒲晨希创作的《烟头：我想有个家》，获2019年度浙江省广播电视公益广告作品奖广播类三等奖；缪喆、王祖达、孙行、李金楠创作的《文明从生活点滴做起》，获2019年度浙江省广播电视公益广告作品奖电视类三等奖；王哲莹、倪立刚、林继明、吴林峰、钟伟娜创作的《最高院院长点赞多元解纷“普陀模式”》，获2019年度舟山新闻奖（电视）（消息）一等奖；陈璐瑶、诸葛晓明采写与陈超赟编辑的《小岛居民下订单　隔海飘来新鲜菜》，王哲莹采写与陈超赟编辑的《建议推广多元解纷的“普陀模式”》，杨翼荣、陈逸麟采写与陈超赟编辑的《为法国巨轮装上中国“小脑”》，分获2019年度浙江省县市新闻奖（今日系列报刊类、综合类）（消息）一、二、三等奖。

丁琪蜜采写与陈超赟编辑的《普陀首创航运企业跨省迁移船舶不停运》，翁瑜霞、陈璐瑶采写与陈超赟编辑的《国内首单锚地综合海事服务业务在舟成功开展》，俞怡至采写与陈超赟编辑的《组建全省首个远洋渔船“综合法律体检”工作平台》，获2019年度浙江省县市新闻奖(今日系列报刊类、综合类)(通讯与深度报道)三等奖。

虞娜、项超燕、傅旭东创作与虞娜编辑的《不忘初心为民解忧 普陀“最多跑一地”》,虞娜、蒋裕娜、项超燕、傅旭东创作与虞娜、蒋裕娜编辑的《纪念“里斯本丸”77周年》,获2019年度浙江省县市新闻奖新媒体类(新闻专题)一等奖。

翁诗卉、陈筱玥、丁琪蜜创作与虞娜、蒋裕娜编辑的《如果幸福有画像,那一定是普陀的模样!》,虞娜、竺凌筱创作与虞娜编辑的《全球首发!全心城市形象片〈望山见海 幸福普陀〉震撼来袭|千山万水,只为幸福而来》,分获2019年度浙江省县市新闻奖新媒体类(文字消息)二、三等奖;

杨翼荣、郭碧述、庄佳维、陈筱玥、陈冬立、诸葛晓明、陈逸麟创作与杨翼荣、郭碧述编辑的《我不要你觉得,我要蟹蟹觉得!梭子蟹到底蘸什么酱好吃呢?》,王梦倩、叶森、黄科润创作与蒋裕娜、虞娜编辑的《这个视频要火!看普陀人rap说唱文明交通》,分获2019年度浙江省县市新闻奖新媒体类二、三等奖。

(撰稿:梅瑛 朱孔阳)

普陀电信公司

【概况】 中国电信股份有限公司舟山普陀区分公司(简称普陀电信公司)内设综合部、市场部、政企部、网络部4个职能部门,下辖沈家门(桃花、蚂蚁、登步)、东港、城北(展茅)、六横(虾峙)、朱家尖、普陀山6个支局。2019年业务收入1.15亿元,移动电话新增3.3万户,宽带新增1.29万户,天翼高清新增0.97万户,智慧家庭新增0.4万户。至年底,全区移动电话用户12.5万户,有线宽带用户10.25万户,固定电话用户6.4万户。

1月22日,启用东港昌正街168号电信办公大楼(商务中心南门对面),升级营业厅功能,配套停车位等相关辅助设施,为全区电信用户提供优质、便捷服务。

东港电信办公大楼 (普陀电信公司提供)

【网络建设】 2019年,普陀电信公司安装开通LTE800M站点5个,累计283个,基本具备VoLTE覆盖能力。安装开通21个点位的C网和4G室分(C网7个RRU+26个直放站、4G共40个RRU+18个直放站),改善室内信号覆盖。

普陀首个5G商用基站于7月5日正式开通,7月8日现场测试舟山中远海运重工有限公司内5G+应用(船舱毒害气体检测、船体车间行车远程操控、数控切割机远程操控)。安装开通普陀沈家门电信大楼营业厅、普陀电信大楼、普陀东港电信大楼等基站,推进普陀5G商用。

【优化网络质量】 2019年,普陀电信公司完成全区设备华为OTN安装,机房设备升级,提升设备稳定性和网络承载力。置换电力光缆开通东极岛网络借道岱山的第二路由,解决长期困扰东极通信网带宽不足不稳定状况。全年完成73个点位无线网络上联从SDH设备割接到IPRAN设备,提升带宽能力,节省机房空间资源,促进节能减排。

【网运保障】 普陀电信公司完成

2019 年舟山海岛旅游大会、东海音乐节、朱家尖沙雕节、舟山群岛马拉松、“东海寻欢在‘浙’里”自驾游活动等政府各类重大活动网络支撑和通信保障工作。完成 1800 多个普陀公安治安监控、400 多个公安物联网日常维护，助力“平安普陀”建设。按市政府要求，完成全区 54 家政府单位视联网安装维护工作。

【政务支撑】 4 月 16 日，省委书记车俊调研舟山，肯定普陀区社会治理综合服务平台。普陀区社会治理综合服务中心通过由中国电信承建的社会治理综合信息指挥平台和多部门力量实行实体化运作，实现矛盾纠纷化解的时效率、解决率和群众满意率三提升。

【推进海洋信息化服务】 2019 年，普陀电信公司向省、市公司争取资源，发展海洋宽带 600 余条，为全区渔船、商船、休闲船等提供信息化服务，将服务网络延伸至全国沿海城市，推动海洋信息化发展。

【推进小城镇改造】 配合市政府完成普陀城区 190 余幢老旧小区线路改造，跟踪 329 国道、东海西路、310 省道、支线Ⅰ、支线Ⅱ、观音文化园区、航空产业园区等政府重点工程，随时做好线路迁改和新建工作。定期巡检重点线路、管道，消除安全隐患。维护管理办法得到上级公司认可并在全市推广。是年，网络部 1 名员工被评为浙江省小城镇环境综合整治行动突出贡献个人。

（撰稿：李玲）

普陀移动公司

【概况】 中国移动通信集团浙江有限公司普陀分公司（简称普陀移动公司）内设综合部、市场经营部、政企客户部、网络部；下辖沈家门、东港、勾山、朱家尖、六横、桃花 6 个区域经营部，自办营业厅 12 家，授权专营店 109 家，全年完成主营业务收入 27451 万元，年宽带竣工量 26300 户，年累计终端销量 45019 台，4G 活跃用户数 267779 户。

2019 年，普陀移动公司获评“舟山市第十四次消费者信得过单位”，连续 14 年获区、市、省级文明单位称号。公司网络部被市总工会命名为“舟山市工人先锋号”。

【市场业务发展】 2019 年，普陀移动公司围绕“平衡发展、充分发展、协同发展”工作原则，推进多场景营销，在人流集中区域、交通要道、聚集地等安排多渠道布点，开展触点前移和多频率营销。各区域抓准关键点位，通过工地进驻、超市合作、码头驻点、宿舍排摸、商超进驻累计放号 3 万余户；创新特色场景营销模式，开展电影下乡 40 余场，联合派出所心防宣传 50 余场，义诊进社区 10 余场。

加快推进海岛宽带覆盖，普陀移动公司与蚂蚁岛管委会携手，共同打造信息化数字第一村“蚂蚁岛村”，启动小度音箱进村户户通活动，实现“小事不出门，大事不出岛”惠民工程，并通过宽带电视个性化界面宣传当地特色—红色蚂蚁教育、扫黑除恶、党建工作等内容，以打造“数字蚂蚁

普陀移动公司与蚂蚁岛管委会举行“中国移动数字蚂蚁岛建设村”授牌仪式 （普陀移动公司提供）

信息村”为蓝图,安装小度音箱500台,新装宽带300条,全面实施宽带及宽带电视进户工作。

至12月31日,普陀移动通话用户316113户,累计个人放号11.4万户;年度宽带出账客户总数92178户,年宽带竣工量26300户,年宽带电视新增20654户;手机上网DOU达8400M,同比增幅28.9%,年流量累计增幅91.1%。

【集团信息化拓展】 2019年,普陀移动公司重点聚焦创新产品,推进5G+应用,助力产业升级,政企收入提升。至12月底,集团单位产品收入累计1972.71万元,同比增幅15%以上。

借助扫黑除恶专项斗争开展智慧精选业务,签约30万条“幸福购”;完成东港街道、六横管委会、普朱管委会云视讯业务,助力区政府网格化管理;拓展物联网业务,签约沈家门、东港、展茅等街道及各行业904套智能烟感。开展5G行业应用,加快与政府5G战略合作,围绕普陀数字经济计划,打造5G试点,重点推进普朱雪亮工程一期项目、普朱禅意小镇项目、普朱综合管控平台项目。

普陀移动公司网络部完成“米娜”台风期间通信保障 (普陀移动公司提供)

【增强网络支撑力】

2019年,普陀移动公司完成LTE七期一阶段宏站、楼宇室分、FDD覆盖扩容叠加等建设项目;攻克航线覆盖弱项,完成10艘船舶信号覆盖施工;完成白沙岛、登步岛等重要海岛驻地网建设任务,全年新增覆盖户数6792户。

储备5G资源方面,完成LTE七期一阶段建设项目,七期二阶段33个站点,规划建成率100%。开展节点机房建设,储备5G节点资源。落实节点机房8个,开通普陀六横坦岙、舟山中远海运重工有限公司、佛渡健康小屋、展茅竺家4个5G站点。

普陀移动公司与普陀区政府、华为公司签订5G三方战略合作协议 (普陀移动公司提供)

【重大项目通信保障】 2019年,普陀移动公司综合运用应急队伍调用、海岛支撑等多举措支撑方式,通过增强装维人员规范意识,加强施工工艺、合规性现场检查力度,完成各类重大项目通信保障支撑工作。累计完成国际海岛旅游大会、朱家尖东海音乐节、舟山群岛马拉松等网络通信保障活动23次,保障用户8万余人;完成质差整治2374户,通过通信保障,确保各类节假日及会议活动通信安全。

【企业安全生产】 2019年，普陀移动公司落实安全生产责任制，开展“安全生产月”、安全生产大检查、安全宣传教育培训等重要活动。下发安全生产文件10余份，建立健全安全生产制度，依法依规开展安全管理工作；开展各类安全培训200余次，各种应急救援和演练活动5次，提高员工安全防范意识，提升事故应对能力；定期召开季度安全例会和临时性安全工作会议10余次，防范各类事故发生；强化安全检查整治工作，每月一次对营业厅、办公楼、基站等排查隐患，全年开展安全生产各种检查40余次，排查出安全隐患100余条，并全面完成整改，全年无重大安全生产责任事故。

（撰稿：邵天赐）

普陀联通公司

【概况】 中国联合网络通信有限公司舟山市普陀区分公司（简称普陀联通公司）有员工70人，下设城区、勾山、朱家尖、六横4个区域中心，综合部、网络部、政企部3个部门，5家自办营业厅，21家核心渠道。2019年，推进三大攻坚战、网络强国战略、提速降费、携号转网等重点工作落实，完成主营业务收入0.46亿元，全年手机出账用户数近4万户，宽带出账用户0.65万户。

【网络建设】 2019年，普陀联通公司聚焦重点区域、重点场景，前后台联动，通过建维一体化协同，提升网络保障能力，建立网络建设快速支撑响应机制，打造“匠心网络”。全年新建21个基站，7个商务楼宇室分、2个住宅小区、1条隧道，完成大网扩容6个站点；新建管道13沟千米，主干光缆11皮长千米、接入层光缆40皮长千米；新建分组传输设备5端、微波1跳，完成普陀本地100G波分的全程调测开通；新建小区固网接入4个，重点完成普陀交投公司等集客项目接入工作。10月29日，普陀联通公司在位于舟山群岛东北方向42海里处浪岗山基站开通4G信号，完成全区4G广覆盖。

【经营业务】 普陀联通公司以产品互联网化为核心，创新场景运营，全年累计发展手机用户2.36万户；聚焦家庭互联网，坚持宽带融合发展，线上线下一体化运营，全量宽带融合渗透率62.1%。聚焦重点行业，紧抓百万级大项目、百县千家大项目和5G项目拓展。在医疗、教育、政法等行业创新业务云方面取得突破。金融大数据三合一验证项目取得实质性进展。

（撰稿：吴芬娜）

普陀华数公司

【概况】 2019年，舟山普陀华数广电网络有限公司（简称普陀华数公司）实施“智慧广电”和数字经济发展战略，围绕提升广电网络业务能力、服务能力建设，完成年度各项经营管理目标和工作任务。至年底，公司资产总额1.92亿元，其中固定资产净额1.44亿元；全年固定资产投入1485万元。实现经营收入5766万元，其中完成数字电视视听费收入2680

网络施工 （普陀联通公司提供）

万元。大众数字电视出账主终端 9.54 万户，出账副终端 1.32 万户；互动 45610 个，宽带 24019 条；集团用户数字电视主终端 2.16 万户，互动 11591 个，宽带 1511 条。大网传输基本包标清节目 70 套，基本高清节目 10 套，标清付费节目 46 套，高清付费节目 21 套，境外节目 23 套，广播节目 12 套。

是年，戴红斌获华数集团"最美华数人"暨 2019 年度优秀员工；刘哲超获"2019 全省广播电视技术能手竞赛"装维劳动技能二等奖。

普陀华数公司便民服务 （普陀华数公司提供）

【市场营销】 2019 年，普陀华数公司加强基础用户维系拓展工作，实现网格精准化运营。相继开展"春耕行动""精耕行动"等竞赛，以竞赛促业务。加大精准营销力度，提高用户 ARPU 值，改善用户体验，提高互动用户点播率。加大数字电视"高清整转"力度，全年高清整转 58 场；推广 TVOS 智能终端，发展 4K 超高清业务。

推进小区网络改造升级，制订存量用户提速计划，加快宽带提速工作落实，加大 50M 及以上宽带市场推广力度；发展智慧化业务，针对新应用市场，推进融合业务发展。

实施"智慧广电 +"转型升级和媒体深度融合两大核心发展战略，拓展商业客户和行业客户两大市场，优化完善集客营销体系，提升基础管理，拓展集客市场规模。根据《2019 年全省集客营销服务指导意见》，落实集客组织体系优化工作。

是年，开展各类市场营销活动 19 次，完成设摊 58 场，在微信公众号推文 74 篇。接听电话 69558 起，转单 31686 起，在线解决 37872 起，在线解决率 54.45%，全年接听及时率 99.7%，接通率 88.73%。全年用户报停 9272 个主终端，罚停 18165 户。

【提升网络传输能力】 普陀华数公司加强机房设施建设。完善网络拨测系统和网络运营管理系统，加强网络监测和管理，通过开展网络质量分析诊断、发布网络运行质量月报，为网络优化和改造提供建设依据。加强机房和网络设备的监测和预警能力建设，

网络升级改造 （普陀华数公司提供）

普陀华数公司2019年度营业人员技能比武大赛 （普陀华数公司提供）

实现机房动环监测系统全面覆盖，为播出安全提供保障。

加强城域网络建设。完成核心机房—六横连岛光缆的桃花—六横段第二路由的建设工作，形成城域网络双路由全覆盖，确保传输物理链路安全；完成城域网络的传输带宽扩容工作，OTN骨干传输、核心交换机和汇聚交换机全面具备万兆传输交换能力；开展EPON扩容工作，EPON局端设备下沉至汇聚机房，扩容PON达到200口以上，满足EOC局端带宽要求和部分区域光纤接入需求。

加强接入网络光纤化改造。2019年渔农村网络改造完成42个立项工程，用户改造12957户，城网网络改造完成20个立项工程，用户改造35501户，完成投资547万元。

加强网络基础资源建设。全年新建综合管道工程12.4千米，完成投资61万元。组织开展对现有管道检修保养，加强管网基础信息管理，提升管网资源利用水平。按照光纤同轴双线入户要求，完成住宅小区预埋3272套，完成投资123万元。

【提高服务质量】 2019年，开展“优质服务行动年”活动。推行网格安装、维修、营销人员“四必进”“七步法”服务，规范网格人员上门服务；优化客服考核方案和办法，加强考核监督，通过多渠道跟踪反馈、执行，做好服务体验机制；围绕行风建设工作，优化业务办理流程，深化“最多跑一次”工作，解决用户办事难点。

提升网格安装、维修、营销员工和营业厅员工服务技能和服务水平，强化职工教育培训，组织开展网格人员安装维修技能考试、营业人员技能比武大赛，全年开展各类培训36次，培训616人次，参加省公司各类培训28次。强调并优化对外七项服务承诺标准，按浙江华数客户服务质量考核办法V4.0进行考核，营业员、呼叫中心话务员、网格安装、维修、营销等员工严格执行各项服务规范。

实现用户维系流程智能化。强化网格掌上营销App系统录

安全播出应急演练 （普陀华数公司提供）

入，提高系统操作精准性；确保按用户星级评定考核的维修及时率；引导用户拨打"96371"客服热线。

用户有投诉及时处理、解决、上报。全年受理投诉71起，投诉量较上年下降31%。投诉解决率100%，投诉解决满意率95%以上。

【安全播出和安全生产】 普陀华数公司健全安全制度、完善安全机制、落实安全责任，提高安全生产、安全播出工作的规范和管理水平。强化机房、干线网络巡查制度，增加巡查维护频率，对检查发现的问题及时整改。加强重要部位重要节点安全监测和各重要保障期间安全值班制度，开展机房及网络安全监测，严格执行安全相关制度和重要保障期措施，突出重要保障期重点部位防范。强化安全生产教育和培训，开展应急演练活动，提升员工安全素养和应急处置能力。实现安全生产和安全播出零事故。

（撰稿：虞碧英）

普陀铁塔办事处

【概况】 中国铁塔股份有限公司舟山市分公司普陀区办事处（简称普陀铁塔办事处）成立于2017年。负责普陀区移动、联通、电信3家运营商铁塔建设、维护、运营；基站机房、电源、空调配套设施和室内分布系统建设、维护、运营及基站设备维护工作。办公地址：东港街道海印路821号海天国际大厦407室。有合同制员工及代维人员31人。

2019年，普陀区铁塔基础建设投资550余万元，新建及改造基站88个，其中5G基站15个。全年完成运营收入1800万元。至年底，普陀区域有通信基站696个，其中铁塔自建站105个、运营商移交站点591个。外岛站点占全部站点43.39%。有油机数33台，用于通信站点应急抢险及故障处理。

【抗台抢险】 8月，超强台风"利奇马"影响普陀，普陀铁塔办事处提前部署，做好人员、车辆、油、防汛物资调度储备。对年份较久、城区密集区域的铁塔、低洼站点开展专项排摸整改，查漏补缺，紧急布防。提前和运营商分别开展专项联合应急演练。事先做好对接沟通，获取重要保障站点清单，建立3个联合微信群。9日晚，启动市县二级联合值班机制，建立和运营商密切联系。10日凌晨，台风登陆，普陀出现超强风雨，大面积停电。上午10点以后雨势稍小，普陀铁塔办事处根据保障优先级、续航动态组织油机发电，并关注供电抢修进度。管理层带领各部门负责人主抓数据分析、协调指挥、资源调度；和运营商做好协同沟通、现场查看、协调问题，及时作出动态响应。累计出动抢险人员52次，抢险车辆6辆，油机6台，累计发电时长32小时。为全区通信基站安全畅通提供保障。

5G施工 （普陀铁塔办事处提供）

【偏远海岛地区网络维护】 落实农村网络维护保障专项整治工作,着重解决偏远海岛基站电池油机老化等问题。组建专项工作组,实施维护整治工作,制订维护方案。“三无”海岛(无人、无航班、无生活用水电)需高价租赁渔船前往。工作组自10月9日起连续一周,利用夜间组织相关专家和代维单位,分析海域环境情况,考量人员身体状况、过敏及急性疾病、设备及耗材、抢修进度时间安排、后备干粮等多因素,反复论证修改,确定现场施工方案和应急抢修抢救方案,做好维护整治物资、应急抢救物资、安全抢修等准备。为降低维护成本,工作组结合海水涨潮规律,选定最佳靠岸时间。上岸后,工作组成员放弃休息,实施安全高效抢修。经两天两夜奋战,完成整治任务,确保海岛基站及航道通信稳定顺畅。

【大型活动通信保障】 普陀铁塔办事处联合3家运营商成立应急保障小组,详细安排值班计划,与区政府和组委会沟通汇报,通过多项举措保障大型活动期间网络通信畅通。制定应急预案流程,梳理活动附近基站,并划分保障等级。提前排摸检查活动附近基站。联合运营商对市电故障等一系列突发状况需要重点保障的基站进行应急演练。加强外部协作,通过与电力公司和组委会等相关单位多方联动共同保障活动顺利举行。全年完成“舟马”、东海音乐节、海浪音乐节等大型活动通信保障。

(撰稿:胡柯迪)

编辑:魏斌

卫 生 健 康

综 述

2019年1月，普陀区机构改革，将舟山市普陀区卫生和计划生育局、区深化医药卫生体制改革领导小组办公室的职责，区老龄工作委员会办公室的职责，区安全生产监督管理局的职业安全健康监督管理职责，区人力资源和社会保障局的医疗保险、生育保险职责，区民政局的医疗救助职责，区发展和改革局的药品和医疗服务价格管理职责等整合，组建舟山市普陀区卫生健康局，作为区政府工作部门，加挂医疗保障局牌子。撤销区卫生和计划生育局、区深化医药卫生体制改革领导小组办公室；保留区老龄工作委员会，日常工作由区卫生健康局承担。3月，区卫生健康局（普陀区医疗保障局）内设办公室（挂财务审计科牌子）、组织人事科、政策法规科、医疗保障综合科、公共卫生科（挂卫生应急办公室、职业安全健康监督管理科牌子）、基层卫生与妇幼健康服务科、医政科教科（挂行政审批科、中医药管理科牌子）、人口监测与家庭发展科（挂老龄健康办公室牌子）、健康普陀建设办公室（挂区爱国卫生运动委员会办公室牌子）9个科室。调整下属相关事业单位：设立区医疗保险服务中心，为区卫生健康局管理的相当于副科级公益一类事业单位；区流动人口计划生育与公共卫生服务管理办公室更名为区流动人口计划生育与公共卫生服务中心；区卫生进修学校更名为区健康教育所；保留区红十字会、区计划生育协会、区卫生监督所、区疾病预防控制中心、区妇幼保健与计划生育服务中心；撤销区新型渔农村合作医疗制度领导小组办公室。

2019年，普陀区有各类医疗卫生机构256家。其中，公立医院4家：普陀医院（含区中医院）、普陀医院六横分院、浦西医院；公共卫生单位4家：区卫生监督所、区疾病预防控制中心、区妇幼保健与计划生育服务中心、区健康教育所；基层医疗卫生机构106家，其中中心卫生院7家（六横镇、桃花镇、虾峙镇、东极镇、蚂蚁岛、白沙岛、登步岛），社区卫生服务中心4家（沈家门街道、东港街道、朱家尖街道、展茅街道），村卫生室81家、社区卫生服务站14家；民营医院7家：普陀仁济医院、普陀广华医院、舟山顾鹤传骨伤医院、舟山健达中医骨伤医院、普陀同济口腔医院、普陀康久医院、普陀立德医院；个体诊所89家；其他医疗机构52家。有三级乙等综合性医院、二级甲等中医院、二级甲等中医骨伤医院、二级乙等综合性医院各1家。全区有卫生技术人员2929人，其中在编正高职称53人、副高职称156人、中级职称609人、初级职称778人。执业（助理）医师1218人，注册护士1017人。核定医疗床位数1904张，其中医院床位数1864张。

全年普陀区出生人口1701人，其中“一孩”1106人、“二孩”576人、“多孩”19人，计生率97.82%，出生率5.74‰，人口自然增长率−2.11‰。年度出生人口男女性别比107.59 ∶ 100。全区孕产妇死亡率0/10万，围产儿死亡率1.88‰，婴儿死亡率3.14‰，5岁以下儿童死亡率4.40‰；孕产妇系统管理率93.97%，3岁以下儿童系统管理率96.60%；婚前医学检查率90.05%，国家免费孕前优生健康检查率82.86%，出生缺陷率8.42‰。全年报告法定传染病17种3711例，报告发病率930.88/10万，同比上升45.82%。无甲类传染病报告；乙类传染病

1月15日，普陀区卫生健康局挂牌成立 （区卫生健康局提供）

1101例，报告发病率276.18/10万，同比上升6.38%；丙类传染病2610例，报告发病率654.70/10万，同比上升72.85%。未发生疫情扩散蔓延和突发公共卫生事件危害扩大的情况。连续22年无霍乱疫情。城乡居民人均预期寿命提高到80.13岁，其中男性77.88岁、女性82.51岁。

健康产业

【企业招引】 2019年，普陀区招引健康类企业30家，实到市外注册资金1.37亿元，实现产值5115万元，在全区十大经济平台考核中位居首位。谋划落地生命健康科技标志性项目——普律东海细胞工程。

【普陀国际健康产业中心开园】 9月2日，普陀国际健康产业中心开园暨科创领军人才项目启动仪式隆重举行，省政协副主席、邵逸夫医院院长蔡秀军，省卫健委副主任苏长聪，区委书记张立军，区委副书记、区长潘晓辉等领导出席。

【2019普陀论健——智能健康产业高峰论坛】 9月2日，2019普陀论健——智能健康产业高峰论坛召开，吸引哈佛医学院麻省总医院脂类医学与技术研究院、联合国生态产业发展组织中国代表处、浙江大学、中国人民解放军海军军医大学等国内外知名科研院校、机构11家，广宇集团、树兰集团、理实国际健康产业集团、北京商帅商学院等健康类企业145家，天津南开大学人民医院、浙江省人民医院等医疗机构21家，银杏谷资本等金融投资机构10家，以及省、市、区相关部门负责人等350余人参加。省卫健委副主任苏长聪、副市长方维出席并致辞。区委书记张立军致欢迎辞。

医疗卫生体制改革

【医共体建设】 2019年，普陀区医共体门急诊人次同比增长4.76%，其中基层增幅6.11%；区域就诊率87.50%，基层就诊率62.03%。出台12项医共体相关

9月2日，2019普陀论健——智能健康产业高峰论坛在舟山希尔顿酒店举行 （区卫生健康局提供）

5 月 21 日，省卫生健康委员会主任张平（前中）调研舟山市县域医共体建设 （区卫生健康局提供）

政策文件，完成 55 条省级重点任务清单。扎实推进六大中心规范化建设，统筹打造临床检验、区域影像、心电会诊等医疗资源池。有序实施 28 个远程医疗服务点标准化建设，精准开展区级医院大型设备检查基层预约服务。全面实行医共体内临床科室垂直化管理、医务人员模块化培训，具体落实业务骨干帮扶、海岛城区岗位互援、全—专科联合门诊建设等分类调配，全年安排骨干长期驻岛蹲点 48 人，派遣专家轮岗坐诊 2772 人次；完成网络医院医疗服务 44000 余人次。

【医疗卫生服务领域“最多跑一次”改革】 2019 年，普陀区区级医院高峰期现场排队时间压缩至 2.75 分钟，门诊智慧结算率 72.13%，病房智慧结算率 63.33%，检查智慧预约率 100%。创新整合出生、身后、用血服务等“一件事”，普陀医院完成全市首单出生“一件事”一站式联办。启动“互联网 + 护理服务”工作。普陀医院“两卡融合”、舟山顾鹤传骨伤医院“床边结算 + 床位订餐”便民套餐服务在全市率先推开。拟订共享药房与药品配送实施方案，确定共享药房目录和 2 家试点单位。建立健全海岛药品配送和代购机制，在虾峙镇等 8 个海岛设置“送药上山进岛便民服务点”。

【医疗资源配置】 普陀区优化城区公立医院医疗资源配置，成立普陀区浦西医院，为普陀区卫生健康局下属差额事业单位，由普陀医院管理运行。加大鼓励社会办医力度，普陀立德专科门诊部提档升级为综合民营医院，命名普陀立德医院。推进新一轮基层医疗卫生机构标准化建设，虾峙镇中心卫生院建成海岛首家全科住院部，农村村卫生室标准化建设率提高到 54.55%。完成 9 个悬水小岛健康小屋建设，其中 3 家获评市级五星级海岛健康小屋。

5 月 21 日，浙江省民生实事项目“送药上山进岛”便民服务座谈会在虾峙镇中心卫生院举行 （区卫生健康局提供）

9月1日，虾峙　中心卫生院建成全区海岛卫生院首家全科住院部（区卫生健康局提供）

【医疗基层能力提升】普陀区加快推进基层医疗卫生机构补偿机制改革，相关配套文件制定工作走在全市前列。完善基层首席全科医生培养机制。在桃花镇、虾峙镇相继启动慢性病精细化管理工作。制定200种常见慢性病防治药品目录，医共体内常见病、慢性病药品吻合率达88%。强化长处方医保用药量管理，明确家庭医生开具25种特殊（慢性病）病种长处方的条件和步骤。

医院选介

【普陀医院】2019年，普陀医院新招录、引进各类卫技人员19人，其中硕士2人、本科15人。有职工1127人，其中卫技人员920人。在编992人中，其中正高职称51人、副高职称115人、中级职称419人。本科及以上740人。购置10万元以上设备15台，其中50万元以上设备7台，大型设备包括16排螺旋CT、口腔CT等。

是年，普陀医院完成门（急）诊1170538人次，同比增加47564人次，增幅4.24%。其中，东港院区完成770537人次，同比增加46086人次，增幅6.36%；沈家门门诊部完成400001人次，同比增加1478人次，增幅0.37%。完成出院31373人次，同比增加2035人次，增幅6.94%。开展手术10365例，同比增加877例，增幅9.24%，其中一类手术2279例、二类手术4296例、三类手术2049例、四类手术1723例、特类18例。完成健康体检53128人次，同比增加20267人次，增幅61.67%。全年业务收入50373万元，同比增加3277万元，增幅6.96%。其中，医疗收入30595万元，同比增加3379万元，增幅12.42%；药品收入19778万元，同比减少102万元，减幅0.51%。药占比39.26%，同比减少2.95个百分点。不含中草药的药品占比34.68%，同比减少2.65个百分点。

1月8日，普陀医院完成全省县级医院首次直升机飞行救助演练（区卫生健康局提供）

推进等级医院创建。启动三级乙等综合性医院评审，按照时间节点，推进等级医院二类技术指标分解和等级医院数据上传等工作。强化海岛急救水平。1月8日，启用直升机停机坪，完成全省县级医院首次直升机飞行救助演练。12月28日，停机坪首次投入使用，接诊首例海上平台直升机转运患者。提升学术合作能力。国家心血管中心、中国医学科学院阜外医院——浙江普陀医院心血管病预防和队列研究基地，国家标准化代谢性疾病管理中心先后落地。续签浙江大学医学院附属邵逸夫医院普陀分院帮扶项目和蔡秀军专家普陀工作站。

【六横镇中心卫生院】 下设一体化管理村卫生室31家。卫生院医疗业务用房2500余平方米，设有内科、外科、中医科、口腔科、全科门诊、肠道、发热门诊等临床科室和辅助科室。有职工137人，在编67人，其中副高职称1人、中级职称18人。大专及以上学历74人。全年门(急)诊43.05万人次，医疗收入2839.98万元。

打造海岛健康小屋。分别于7月、10月在佛渡、悬山两个海岛建设健康小屋并投入使用，配备全新AED(自动除颤仪)等急救设备，会诊、心电等远程医疗设备，身高、体重、三围测量仪器，血压、血糖等自助检测设备，制氧、雾化泵等医疗设备。12月17日，佛渡岛海岛健康小屋获评市级五星级海岛健康小屋。推进中医药服务。完成督脉熏蒸中医门诊建设，打造集预防保健、养生康复为一体的中医药特色服务，全方位发挥中医药防治慢性病作用。

【蚂蚁岛卫生院】 占地面积1133平方米，总建筑面积1888平方米。大楼共三层，其中一、二层为医疗康复部，三层为预防保健部和行政部。现有病床12张。开设全科医疗、骨伤专科、防保科、妇保科、儿保科等临床科室及检验科、放射科、B超室、心电图室等辅助科室。拥有DR放射机、全自动生化分析仪、尿液分析仪、血液分析仪、彩色B超机、心电监护仪、心电图机等医疗仪器。在职员工24人，其中卫生(专业)技术人员21人。中级及以上职称5人。

2019年，医院完成门(急)诊3.4万人次，业务收入208万元。辖区常住人口3831人，建立电子健康档案3323份。家庭医生规范签约1556人，规范签约率46.83%；有效签约634人，有效签约率16.83%。纳入高血压管理603人，规范管理450人；纳入糖尿病管理134人，规范管理92人。在册严重精神障碍患者25人。5月8日，陆国平家庭医生签约团队被浙江省基层卫生协会评为2019年度省优秀家庭医生团队。

六横佛渡岛“海岛健康小屋”（区卫生健康局提供）

【普陀康久医院】 2018年6月11日，普陀社会福利院(普陀天颐老人之家)投入运营，作为福利院配套建设的普陀康久医院同期开办。医院位于东港街道兴北东路8号，总建筑面积3360余平方米，核定床位30张，是由杭州康久医疗投资管理有限公司投资并经营管理、以二级标准建设的综合性民营医疗机构，是市、区医保及工伤保险定点单位。门诊设有预防保健科、内科、外科、妇科、儿科、急诊医学科、临终关怀科、医学检验科、医学影像科、中医科、中西医结合科等科室，配备开立彩色多普勒、骨密度检测仪、数字化X

普陀康久医院 （区卫生健康局提供）

射线成像系统（DR）、十二导联心电图仪等设备。综合病房按照五星级宾馆式标准配备，设置单人、双人、三人间以及后ICU病区，满足不同层次特别是老年人群的服务需求。创新搭建医养一体化服务云平台，将老年用户群体与养老医疗服务端高效连接，实现医生、子女、养老机构端对老年用户端的远程实时健康监护，建立长效健康管理机制。在职员工39人，其中卫生（专业）技术人员31人。中级及以上职称9人。2019年医疗收入165.43万元。

【普陀立德医院】 前身为2015年11月批准成立的普陀立德专科门诊。2019年3月18日，普陀立德医院成立，位于沈家门街道明珠路21号，占地面积730平方米，总建筑面积2140平方米，是由舟山市普陀区立德医疗有限公司投资的综合营利性未定级民营医疗机构。开放住院病床35张。设有内科／外科、骨科专业、血液专业、X诊断专业、CT诊断专业、超声专断专业等科室。配备16排螺旋CT机、DR机、日本奥林巴斯电子胃／肠镜、迈瑞全自动生化仪、红光治疗仪等先进设备，可以开展一、二级手术。在职员工52人，其中卫生（专业）技术人员34人。中级及以上职称12人，专科及以上学历30人。全年门（急）诊3万人次，同比增长15%。2019年医疗收入372万元。

3月29日，普陀立德医院举办开业庆典 （区卫生健康局提供）

医疗事业

【医教科研】 2019年，普陀区参加住院医师规范化培训68人，其中助理全科13人；新增参加规范化培训29人，其中助理全科8人。参加省级岗位培训114人次，市级培训143人次；举办市、区级培训班和业务学习课32期，培训医务人员6549人次；开展临床技能培训89期，培训医务人员8342人次。各级医院派出医务人员到省、市级医院进修12人次，各卫生院（社区卫生服务中心）到市、区级医院进修14人次。全年正在实施科研课题19项，新立项10项，其中浙江省卫健委创新人才项目1项（PTEN基因通过PI3K-AKT信号通路调控Ezrin蛋白对肝癌细胞增殖迁移凋亡影响的机制研究）、市科技局3项、区科技局6项。

【医疗业务及急救】 全年医疗机构完成各类医疗保障和应急救援任务57起，出动救护车26车次，出动医务人员147人次。完成2019舟山群岛马拉松医疗保障任务，设置沿途道路医疗急救站（点）34个、医疗巡逻摩托车28组、终点AED医疗保障组17组，抽调医疗救护车18辆、医务人员300人、医疗志愿者400人参与医疗保障，成功抢救1名突发心脏骤停运动员。

【基层医疗设备增添】 普陀区全年投入280万元用于新增或更新基层医疗卫生机构仪器设备，包括彩色B超仪、DR、心电监护仪、除颤仪等，基层设备标准化、急救设备配置分别提高到99.28%、100%。

卫生监督与执法

【“双随机”监督检查】 2019年，普陀区抽取国家“双随机”任务单位698家、省级“双随机”任务单位76家，跨部门联合抽取任务单位12家，均按时间节点完成监督检查任务。通过“双随机”监督检查，全年立案查处违法案件200余件。

区卫生监督所开展游泳场所卫生监督检查专项行动 （区卫生健康局提供）

11月17日，完成2019舟山群岛马拉松医疗保障工作 （区卫生健康局提供）

【职业安全健康监管】 普陀区接收职业安全健康监督管理职责，区卫生监督所新组建职业卫生科，科室成员3人。开展职业病危害现状调查摸底工作，全区有接触职业病危害因素劳动者约17580人，职业健康体检机构2家，存在医疗放射危害的医疗机构27家；无职业卫生与放射卫生服务机构。开展第十七个《职业病防治法》宣传周主题宣传活动。完成监测34家用人单位职业病危害因素的年度任务。

【公共场所监督】 全区有公共场所经营单位2039家,其中住宿场所1612家、游泳场所27家、美容美发场所265家、沐浴场所62家、其他场所73家。全年查处各类公共场所违法案件268件。对正常营业的26家游泳场所开展水质监督抽检,采集水样356份,其中不合格10份。根据2018年制定的《普陀区卫生监督所打击美容场所非法医疗美容专项行动工作方案》,继续对177家美容场所开展专项监督检查,至10月底,监督覆盖率100%;累计查处无证行医5家,立案6件,责令整改5家,警告6家,罚款6户,罚款金额18.25万元。

【学校卫生监督】 针对春秋开学季,普陀区在26所学校开展校园卫生安全健康行动。对全部学校开展综合监督评价,评价结果:优秀25所,合格1所。

【饮用水卫生监督】 普陀区对6家集中式供水单位开展常规水质(水源水、出厂水、管网水)两轮监督抽检。其中,第一轮抽检水样43份,合格43份;第二轮抽检水样34份,合格31份。推动实施渔农村饮用水达标提标工程,完成16家渔农村饮用水摸底和基本信息调查工作。

【餐饮具集中消毒管理】 普陀区对1家餐饮具集中消毒服务单位开展监督抽检,监督抽检样品5批次,监督抽检样品100件,合格率100%;对该单位未随出厂检验合格证明行为,行政处罚警告1次。

【依法行政】 区卫生健康局全年受理投诉举报53件,办结53件,办结率100%。其中,涉及公共场所32件,非法行医20件,生活饮用水卫生1件。办结各类卫生行政处罚案件343件,其中结案334件,移送司法机关追究刑事责任3件;罚款313件,罚没款金额97.79万元。343件行政处罚案件中,涉及公共场所268件、医疗卫生48件、传染病卫生3件、放射卫生7件、学校卫生4件、计划生育1件、消毒卫生4件、职业卫生4件、饮用水卫生1件、移送公安3件。

疾病防控

【传染病防控】 2019年,普陀区发布疫情简报12期,日常风险评估4期,专题风险评估4期。新报告HIV/AIDS病例22例,其中HIV感染者16例、AIDS病人6例;新增抗病毒治疗27例。累计报告HIV/AIDS病例237例,其中HIV感染者130例、AIDS病人107例;死亡48例。抗病毒治疗覆盖率提高到94.3%。全年报告输入性登革热病例2例、输入性间日疟病例1例、学校和托幼机构传染病聚集性疫情19起。及时有效处置六横中学结核病聚集性疫情和麻疹暴发疫情,探索建立疫情舆情应对预案。

【免疫规划】 2019年,普陀区本地儿童卡介苗接种率99.78%,脊灰疫苗接种率99.79%,百白破疫苗接种率99.46%,麻风疫苗接种率98.84%,乙肝疫苗接种率99.52%,流动儿童卡介苗接种率99.62%,脊灰疫苗接种率99.39%,百白破疫苗接种率99.33%,麻风疫苗接种率99.29%,乙肝疫苗接种率98.83%。完成2018—2019第二轮麻疹脊灰疫苗集中式查漏补种工作以及2019—2020第一轮麻疹脊灰疫苗集中式查漏补种工作。展茅街道社区卫生服务中心试点省级预防接种智慧化新系统。

【基层慢性病与地方病管理】 2019年,全区报告户籍新发糖尿病846例,发病率264.37/10万;报告户籍新发冠心病急性事件95例,发病率29.68/10万;报告户籍新发脑卒中899例,发病率208.93/10万;报告户籍新发恶性肿瘤1485例,发病率464.06/10万;报告新发伤害卡片2811张。全年报告户籍死亡个案2316例,粗死亡率7.23‰。开展碘缺乏病监测,结果显示为:学生尿碘中位数165.52μg/L,学生家庭碘盐覆盖率97.62%,碘盐合格率93.66%,合格碘盐食用率91.43%;孕妇尿碘中位数102.64μg/L,孕妇家庭碘盐覆盖率98.10%,碘盐合格率95.15%,合格碘盐食用率93.33%。

【健康危害因素监测与评价】 区卫生健康局对14家医疗机构进行消毒质量监测,采集空气、手指、物表、高压灭菌指示剂、污水等184份,合格率90.2%。对10家托幼机构进行消毒质量监测,采集空气、玩具、手指、消毒液、餐

区疾控中心开展台风“利奇马”灾后防病消杀指导工作 （区卫生健康局提供）

具等171份，合格率92.4%。对20个镇饮用水监测点、20个城市饮用水监测点进行枯水期、丰水期水质卫生监测采样，采集样品80份，其中城市监测点采样40份，合格率100%；镇采样40份，合格率92.5%。对12家村级水厂进行水质情况调查，采集样品48份，其中水源水合格率100%、出厂水合格率66.7%、管网水合格率62.5%。对5个街道镇、10个行政村进行农村环境卫生监测，共采集土壤样品20份，其中2份样品镉超标。组织开展2019年儿童青少年近视调查工作，调查4549名学生，近视率65.34%。

【食品安全风险监测】 普陀区加强实验室能力建设，投入20万元新购置一批仪器设备，普陀区疾控中心食品安全风险监测仪器设备配置率达80%以上。制订全区食品安全风险监测工作实施方案，在大型超市、农贸市场、餐饮服务业以及网店等居民主要购买点进行食品微生物及其致病因子、化学污染物和有害因素监测，采集检测相关样品366件。

【身后事“最多跑一次”改革】 9月起，身后事“最多跑一次”改革全面启动，全年通过信息平台办理854人。居民死亡后，逝者家属拨打“96345”，直接经接线员推送、工作人员调查后将信息上传至身后事联办平台，由平台通过数据归集、自动流转、识别抓取，将所涉死因调查、户口注销、待遇停发等手续全部整合成“一件事”。

妇幼健康

【母婴工程】 普陀区重新调整危重孕产妇抢救领导工作小组和专家小组，健全完善全区危重孕产妇和危重新生儿抢救预案，全年成功救治危重症孕产妇34例。

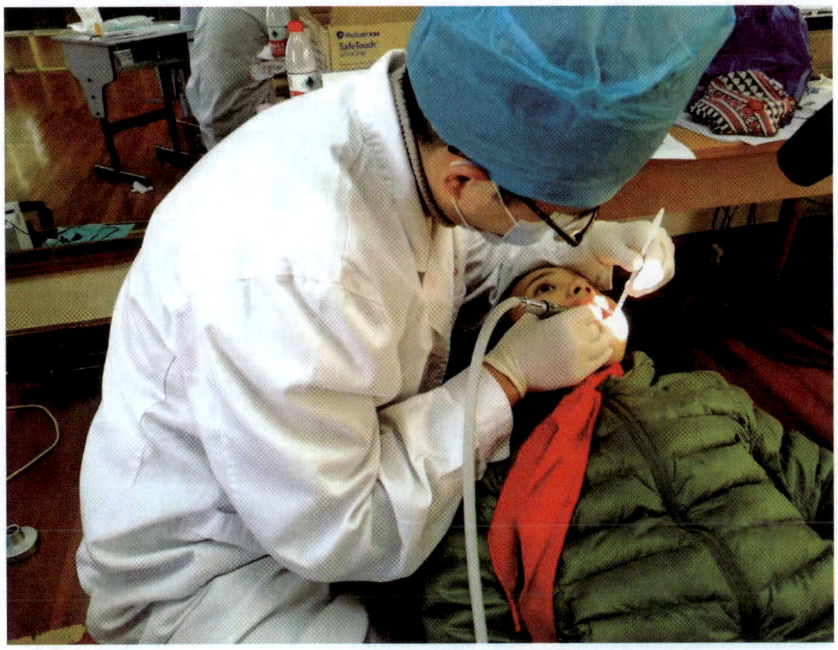

区妇计中心开展新入托入园儿童牙齿氟化泡沫防龋护齿工作 （区卫生健康局提供）

实施出生缺陷综合防治工程和高龄孕产妇特殊补助政策。普陀医院推出足月孕产妇无痛分娩，普陀医院六横分院制订剖宫产率控制方案。

【儿童保健】 普陀区按浙江省基本公共卫生儿童保健服务项目，规范开展0～6岁儿童健康服务管理。完成新入托入园儿童牙齿氟化泡沫防龋护齿任务。2019年，全区0～3岁儿童发育监测6176人，发育监测率98.75%；发育筛查4974人，发育筛查率94.47%，筛查出可疑或异常869人，已进行个体早期干预和随诊。

【重大公卫妇幼项目】 普陀区完成2019年度城乡适龄妇女"两癌"检查，其中宫颈癌检查7071人、乳腺癌检查7240人，确诊宫颈癌2例、乳腺癌6例，及时治疗。做好预防艾滋病、梅毒和乙肝母婴传播项目工作，增补叶酸人数662人，叶酸依从率90.42%、服从率93.30%，孕期接受艾滋病、梅毒、乙肝检测1526人，检测率99.74%。

其他公共卫生

【健康教育】 2019年，全区居民健康素养水平提高到28.24%。部署推进健康浙江考核任务，自评得分率达到97.42%。联合市卫健委举行健康浙江行动启动仪式，实现省、市、区三级同步联动。重组区级健康教育专家库、科普资源库和讲师团，全省率先完成公民健康素养大讲堂专家授课任务。启动健康素养进渔农村文化礼堂三年行动。加速健康细胞培育，全年创建健康家庭500户，健康社区、健康单位、健康促进学校等26家。5月17日，普陀区被省委、省政府健康浙江建设领导小组办公室评为2018年度健康浙江建设试考核优秀县（区）。

【精神卫生】 2019年，全区在册严重精神障碍患者1513人，在册管理率94.84%，规范管理率94.71%。持续推进社会心理服务体系建设，11个街道镇社会心理服务站全部建成，90个村（社区）心理咨询室挂牌成立。区级社会心理服务指导中心以购买服务形式创新开展心理咨询、健康讲座、上街宣传等各类心理健康服务。12月24—25日，2019年省精神卫生工作例会第四季度会议在普陀区举办。

12月16日，2019年普陀区海岛突发公共事件紧急医学救援演练在六横镇举办 （区卫生健康局提供）

【爱国卫生】 2019年，全区城区生活垃圾分类总覆盖率98.3%，回收利用率在38%以上，资源化利用率和无害化处置率100%。桃花镇沙岙村完成2019年度省级高标准农村生活垃圾分类处理示范村创建。全区卫生厕所普及率99.79%，无害化卫生厕所普及率98.56%。完成城区20座公厕提升改造工程。

【卫生应急】 12月16日，在六横镇举办2019年海岛突发公共事件紧急医学救援演练，通过模拟海岛突发公共事件时区级应急救援力量无法第一时间到达现场，六横镇政府、公安、消防、卫生健康等基层部门迅速开展初步救援的场景，检验海岛应对突发公共事件的组织体系、应急响应、现场处置以及各部门协同作战等能力,做到平战结合、有备无患。

人口家庭发展

【计划生育】 普陀区全面推广生育登记服务手机APP和网上办理,全年办理生育登记1642例,其中"一孩"1127例、"二孩"515例;办理再生育审批35例。牵头起草《舟山市普陀区完善全面两孩政策配套措施 提倡群众生育二孩的实施办法(暂行)》。继续落实奖特扶、公益金、计生并发症补助政策,全年发放奖特扶资金806万元、公益金补助29.5万元、计生并发症补助30.78万元。全面排摸辖区计生家庭特扶对象,做好补申请工作,符合资格对象153人,发放特别扶助金231.72万元。

【医养结合】 普陀区探索医疗机构与养老机构合作新模式,鼓励更多医疗卫生资源进入养老服务机构。开展"社区卫生服务中心+社区居家养老服务照料中心""家庭医生+居家照料"特色工作,建立居家养老医疗巡诊制度,加快推进医养深度融合。实施省级医养结合服务能力提升项目,确定桃花镇中心卫生院为试点单位。启动老年人心理关爱项目,确定桃花镇盐厂村为全国第一批试点单位。

12月,国家健康老龄化"十三五"规划重点项目——老年人心理关爱项目正式启动 (区卫生健康局提供)

【流动人口管理】 普陀区继续实施流动人口居住证积分制管理,做好积分免费体检、积分入学申请、廉租房申请等计划生育审核工作。加强流动人口现居地与户籍地流动的信息沟通和资源共享,实现流动人口户籍地与现居住地双向信息交换。以流动人口春节回乡为契机,开展以"均等服务,关注健康"为主题的流动人口宣传服务月活动。

(撰稿:张琦琪)

医疗保障

【职工基本医疗保险】 根据市医疗保障局、市卫生健康委员会、市场监督管理局《关于完善基本医疗保险慢性病门诊保障制度的通知》,2019年7月1日起,高血压病、糖尿病等12种慢性病纳入门诊保障制度。

至年底,全区参加职工基本医疗保险单位4120家,参保人数95808人,其中在职职工70646人、离退休人员25162人。全年基本医疗保险基金收入29303万元,基金支出27360万元。

【生育保险】 至年底,全区参加生育保险单位4041家,参保人数52332人,全年享受生育待遇1572人次。全年生育保险基金收入1147万元,基金支出1104万元。

【城乡居民基本医疗保险】 根据市人力资源和社会保障局、市财政局《关于调整城乡居民基本医疗保险筹资标准等有关问题的通知》(舟人社发〔2018〕129号),全区城乡居民基本医疗保险筹资标准调整为:成年人每人1500元,其中个人缴费520元,各级财政补助980元;未成年人每人1100元,其中个人缴费380元,各级财政补助720元。上述筹资标准含大病保险筹资。2019年1月1日起，全区城乡居民基本医疗保险年度调整为自然年度。

继续实施城乡居民大病医疗保险制度，即一个医保年度内，城乡参保居民发生的医疗费用，按城乡居民基本医疗保险政策规定报销后，其个人累计负担的医疗费用超过大病保险起付标准（由3.26万元降至3万元）以上至12万元（含）部分，报销60%；12万元以上部分，报销65%。里葆多等11种特殊药品纳入大病保险报销范围，其年度起付标准为8000元，起付标准以上的部分报销由50%提高到60%。

至年底，全区参加城乡居民基本医疗保险181176人，享受医疗保险待遇1873134人次。

（撰稿：崔跃辉）

编辑：魏斌

人力资源和社会保障

综 述

2019年，普陀区人力资源和社会保障局（简称区人力社保局）设办公室、就业促进和失业保险科、事业单位人事管理科、劳动关系科、养老和工伤保险科、职业能力建设科、人才开发科（专业技术人员管理科）。下辖区社会保险事业管理服务中心、区就业管理服务中心、区人才市场开发管理中心、区劳动监察大队、区劳动人事争议仲裁院、区人事考试中心、区人才储备中心、普陀湾众创码头服务中心、区退休干部活动室9个事业单位。区退休干部管理委员会办公室（简称区退管办）挂靠区人力社保局。

是年，区人力社保局加强人才引进和培育，完善社会保障体系建设，推进人事制度改革，努力构建和谐劳动关系。开展劳动监察与仲裁，受理劳动监察案件24件，受理劳动争议案件267件。做好社会保险工作，全区参加城镇职工基本养老保险单位3931家，参保人数149606人；参加工伤保险单位4122家，参保人数93985人；参加失业保险参保单位4270家，参保人数59061人；参加机关事业单位养老保险单位301家，参保人数10782人，区人力资源市场组织各类招聘会参与单位579家次，提供就业岗位10933个。有3341人参加各类技能培训，引进高校毕业生2314人。

普陀湾众创码头获评“全国创业孵化示范基地”，区劳动保障监察大队获全省创建和谐劳动关系暨双爱活动先进组织称号，区劳动人事争议仲裁院获评2019年度全省劳动人事争议“互联网+调解仲裁”成绩突出仲裁院。

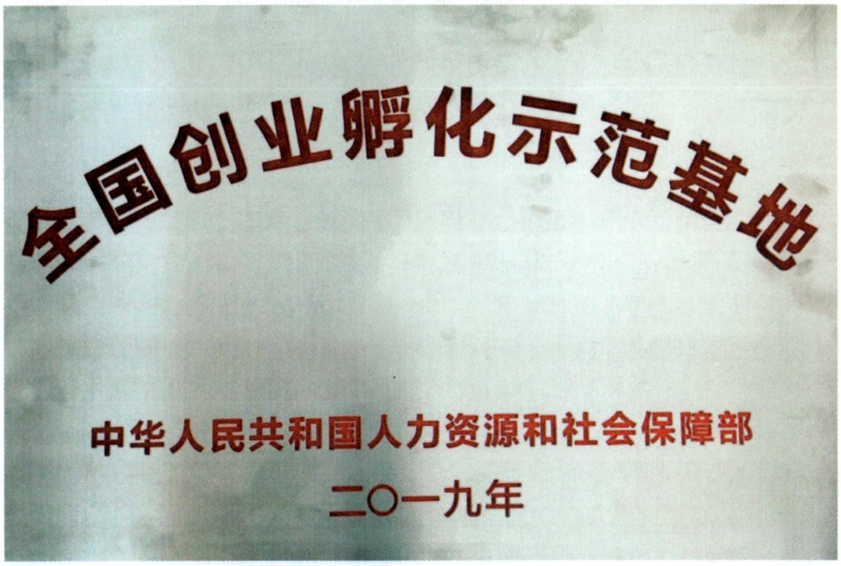

全国创业孵化示范基地奖牌 （区人力社保局提供）

事业单位管理

【事业单位岗位招聘及管理】 2019年，区人力社保局完成事业单位工作人员招聘总计116人，其中教育系统62人、卫生系统37人、电视台2人、统一招聘15人。

完成事业单位岗位设置审批18家，事业人员岗位变动审批1343人，转正定级160人。

办理事业单位工作人员退休73人，改企人员退休9人。

【事业单位人员年度考核】 2019

年1月,区人力社保局做好2018年度事业单位工作人员考核结果审核工作,有4729人参加考核。其中,优秀737人,合格3851人,不合格1人,不定等次140人。

【工资福利】 2019年,区人力社保局做好事业单位工作人员薪级工资正常晋升工作,累计完成4780人次;办理因调动、职务变动、岗位变动、退休等工资变动1800余人次;完成新录用人员连续工龄认定62人次。

办理机关事业单位工作人员死亡后遗属生活困难补助费标准调整183人,计划外长期临时工晚年生活困难补助费标准调整13人,精简退职人员生活困难补助费标准调整24人。

完成庆祝中华人民共和国成立70周年纪念章颁发对象统计及发放,全区机关事业单位中19名新中国成立前参加革命工作的健在老人获庆祝中华人民共和国成立70周年纪念章。

【退休干部管理】 2019年,区退休干部管理活动室结合"一月一课"学习计划,传达学习习近平在改革开放40周年庆祝大会上的讲话,上新春廉政第一课,传达普陀区"两会"精神、全国"两会"精神,学习《中国共产党支部工作条例(试行)》等。深化"两学一做"学习教育,在建党98周年,开展庆"七一"系列活动。开展"国庆重阳双节共度"联欢会活动。退休干部摄影协会组织一次春季摄影采风活动,举办一期"发展中的东极"摄影展;钓鱼协会组织多名钓鱼爱好者参加区老年垂钓比赛,组织开展2次垂钓活动;参加全区门球协会举办的"迎春杯"门球团体赛、参加区迎"三八"门球团体赛、参加市迎"五一"团体赛等;"夕阳红"艺术团参加元宵七天乐文艺演出,至11月底,参加各类文艺比赛演出64次,其中下乡下海岛(社区)演出20场次。重点对高龄和生活困难退休干部在生活上给予关心和照顾,走访慰问退休干部100余人。6月,为全区机关事业年满70、80、90周岁退休干部赠送263份生日蛋糕卡。9月,组织直属退休干部241人年度健康体检。11月,举行普陀区第十二届退休干部趣味运动会,参赛人员829人。

年底,区退管办所管退休干部4047人(含直管243人)、其中机关单位退休1331人、事业单位退休2716人。

退休干部"国庆重阳双节共度"联欢会活动 (区人力社保局提供)

就业管理与服务

【人力资源市场】 2019年,区人力资源市场举办"春风行动"新春人力资源招聘会、浙川东西部就业扶贫协作招聘会等人力资源综合招聘会19场,有579家用人单位进场设摊,提供就业岗位10933个,进场交流3595人次,其中求职登记1207人次,达成就业意向493人次。通过"群岛新区公共招聘网"累计发布人力资源招聘信息1453条,求职登记515条。开展东西部扶贫劳务协作,普陀、万源联合举办"浙川东西部就业扶贫协作招聘会",签订意向协议236份,有意向赴舟山就业有68人。

【职业技能培训】 2019年,区人

2019 年普陀区春风行动人力资源招聘大会 （区人力社保局提供）

力社保局发放就业技能培训补贴、岗位技能提升培训补贴、市外来舟务工人员培训补贴、退役士兵培训补贴等各类培训补贴127.54 万元，累计培训 1241 人次。全年完成创业培训 873 人次，其中电商培训 499 人次。

【落实就业创业扶持政策】 2019 年，区人力社保局重点围绕“4050”等困难人员和高校毕业生等群体开展就业援助和创业帮扶。全年为 1151 名灵活就业人员发放补贴 469.62 万元。发放用人单位吸纳就业困难人员社保补贴 25.25 万元，惠及就业困难人员 50 人；发放公益性岗位补贴 305.6 万元、社保补贴 107.56 万元，惠及高校毕业生、就业困难人员 133 人。全年累计受理创业者社保补贴 297 笔，发放补贴 91.27 万元；一次性创业奖励 46 笔，发放资金 31.6 万元；个人创业担保贷款贴息 99 笔，发放资金 128.56 万元，实现创业带动就业 2055 人。

【基层劳动保障平台建设】 区人力社保局加快服务“下沉”，推进“最多跑一次”业务“就近办”。在前期服务下沉工作基础上，按“整体推进、分类考核、突出重点、社区延伸、提质增量”原则，精选少量事项下沉至社区统办，构建 20 分钟就近办事圈。对来自各街道镇、社区的 109 名劳动保障协管员进行下沉业务培训。

【普陀湾众创码头】 由东港园区、鲁家峙园区和普陀退役军人创业园 3 个园区组成，使用面积 3.1 万平方米，累计入驻全国 19 个省（市、区）269 个创业团队，集聚创业者 900 人，累计提供就业岗位 2900 多个，已孵化企业 93 家，在园孵化企业 176 家。2019 年园区新引进创业团队 72 家（包括大学生创业团队 33 家），其中市外企业 30 家，新增大学生就业 380 人。实际引进资金 4000.98 万元，其中市外资金 2102 万元；实现年产值 2.6 亿元，纳税约 400 万元；新培育国家级高新企业 1 家，省高成长科技型中小企业 2 家，省科技型中小企业 12 家。园区累计培育省级以上科技型企业

2019 年普陀区创新创业大赛 （区人力社保局提供）

55 家，其中国家级高新技术企业 4 家。4 月，普陀湾众创码头获评“全国创业孵化示范基地”。

劳动监察与仲裁

【劳动保障监察】 2019 年，区人力社保局受理劳动监察案件 24 件，录入省监察系统简易调处案件 17 件，涉及劳动者 19 人，为劳动者追回工资 9.46 万元；立案处理 7 件，其中案件撤销 3 件，行政处罚 4 件，处罚金额 11.35 万元。

【劳动争议仲裁】 2019 年，区人力社保局受理劳动人事争议仲裁案件 267 件，比上年同期下降 29.4%，其中裁决 67 件，调解 166 件，裁定 34 件，调解率 75%；案件涉及人数 300 人，其中外来务工人员 137 人，占仲裁案件 45.7%；涉案金额 2179.9 万元，结案金额 1014.53 万元。

【农民工工资支付情况专项检查】 2019 年，区人力社保局实地检查企业 337 家，在建工程项目 38 家，涉及农民工人数 1.2 万人。发现重大欠薪隐患企业 12 家，涉及人数 811 人，工资款金额约 754 万元。发现问题及时挂牌督办，化解欠薪隐患。

开展农民工工资情况月报备工作。区劳动监察大队根据每月工资报备金额、人数、及时度等信息综合研判，对可能存在问题的建设项目施工单位及时检查督促，全年报备农民工 4.7 万人次，累计报备工资约 3.3 亿元。

“根治欠薪夏季行动”专项检查行动 （区人力社保局提供）

【“根治欠薪夏季行动”专项检查行动】 结合保障农民工工资支付工作考核和“浙江无欠薪”行动要求，组织开展工程建设领域落实用工实名制管理等 6 项长效机制联合检查。针对政府投资工程项目、国有企业作为建设单位或施工总承包企业的工程项目，按文件要求展开专项行动，落实“两清零”要求，解决工程款拖欠问题。2019 年检查在建工程项目 56 个，其中政府投资项目 8 个，国企项目 14 个。对 244 家用人单位进行现场检查，涉及劳动者近 7000 人。督促 10 家用人单位为 285 名劳动者补签劳动合同；督促 2 家用人单位为 30 名劳动者发放 1.8 万元高温补贴。

人才工作

【人才引进】 2019 年，区人力社保局先后赴杭州、上海、北京、宁波等地招聘人才，发布《2019 年紧缺专业人才开发目录（调整）》和引才招聘计划、紧缺专业引进人才公告，重点推出 15 家事业单位 24 个高层次紧缺专业岗位。全年引进大专以上学历各类人才 2314 人，按学历分：博士 14 人，硕士 35 人，本科 892 人，专科 1373 人；按引进单位分：行政机关 37 人，事业单位 119 人，企业 1856 人，自主创业 302 人。

【接收高校毕业生】 完善未就业高校毕业生实名登记及帮扶机制。2019 年，普陀区接收高校毕业生档案 1192 人（回原籍毕业生数 1021 人），其中博士 1 人，硕士 55 人（回原籍毕业生数 40 人），本科 590 人（回原籍毕业生数 481 人），专科 546 人（回原籍毕业生数 500 人）。根据《人才市场管理规定》和《流动人员人事档案管理暂行规定》，人才工作目标责任制年度考核中人事档案管理目标要求，对中心现存人事档案进行规范化和信息化建设。

【技术等级评审及技能比武】 区人力社保局开展职业培训与职业技能鉴定工作，推进高技能人才队伍建设。2019年，全区有3341人参加各类技能培训，其中2296人参加职业技能鉴定，合格2085人(高级工908人，中级工286人，初级工891人)。举办全区建筑行业技能比武、六横总工会“鑫亚杯”职工技能比武、区交通局道路养护比武、舟山中远海运重工企业职工大比武和浙江海中洲集团企业职工大比武活动。对10家普陀区技能大师工作室通过现场勘察、翻阅档案文件等方式进行2018年度综合考评，考核合格的补贴5000元工作经费。

2019年，浙江冠素堂食品有限公司被评为市级技能人才自主评价引领企业；浙江海中洲集团被评为省级技能人才自主评价引领企业。推荐省级“领军技能人才”1人，入选2019年度“拔尖技能人才”培养人选2人，入选2019年度“优秀技能人才”培养人选25人。全区有6人获舟山市第五届技能大师称号，8人获舟山市第五届技术能手称号。评选普陀区第四届技能大师和技术能手各10人。

是年，全区有532人获初级专业技术资格。

社会保障

【城镇职工基本养老保险】 根据《2019年调整退休人员基本养老金的通知》(浙人社发〔2019〕38号)，全省2018年12月31日前按国家和省有关规定办理退休退职手续人员，可按规定调整基本养老金。全区有51079名退休退职人员提高养老金，月增资额594.5万元，人均月增资116.39元。根据市政府《关于加快推进海洋捕捞渔民养老保障工作的指导意见》(舟政发〔2016〕33号)，全区渔民31808人，领取补贴16993人，补贴金额381.34万元。

根据市政府办公室《关于进一步提高传统海洋捕捞渔民养老保障水平的通知》(舟政办发〔2019〕101号)，提高原集体捕捞渔民生活补贴标准，发放标准由原10元/月提至16.7元/月，并提高原集体捕捞年限账户养老金标准。

至年底，全区参加城镇职工基本养老保险单位3931家，参保人数149606人。全年基金收入100887万元，基金支出162974万元。

【工伤保险】 2019年，全区申报工伤案件1380件，办结1263件，其中包括普通程序工伤认定1102件、简易程序工伤认定139件、不予认定工伤7件、不予受理15件，期限内结案率100%。职工丧失劳动能力鉴定483人次。

至年底，全区参加工伤保险单位4122家，参保人数93985人。全年享受工伤待遇1591人次。全年基金收入1510万元，基金支出3649万元。

【失业保险】 至年底，全区有失业保险参保单位4270家，参保人数59061人。全年新增失业保险金申领1401人，发放失业保险金1716.05万元；对4—12月领金人员发放价格补贴57.32万元。是年，失业职工失业保险发放标准为每人每月1440元。全区新增城镇就业人数3808人，失业登记率1.79%。

【城乡居民社会养老保险】 根据市人力资源和社会保障局、市财政局《关于调整城乡居民社会养老保险基础养老金标准的通知》，2019年起，全市城乡居民社会养老保险基础养老金标准由每人每月180元调整为每人每月190元；根据《舟山市被征地农民养老保障实施意见》，提高参加A、B、C、D档的被征地农民养老保障标准：A档620元/月、B档560元/月、C档480元/月、D档400元/月；调整城乡居民和被征地农民一次性丧葬费补助标准为3800元；根据《舟山市被征地农民基本养老保障实施办法的通知》(舟政发〔2003〕54号)，参加生活补助类的被征地农民，在年满60周岁的次月起，每月生活补助费标准调整为270元(包含城乡居民基本养老保险的基础养老金待遇)。2019年1月1日以后新增参保的被征地农民直接按当年全市最低生活保障线标准(2019年为720元)的72个月缴费，达到待遇领取条件时按全市最低生活保障线标准领取。

至年底，全区参加城乡居民社会养老保险人数70975人，其中享受待遇人数33585人；全年基金收入10503万元，基金支出10236万元。

【机关事业养老保险】 根据省人力资源和社会保障厅、省财政厅《关于2019年调整退休人员基本养老金的通知》,2019年1月1日调整退休(职)人员基本养老金。调整范围为全省2018年12月31日前已按国家和省有关规定办理退休、退职手续人员。此次调整采取定额调整、挂钩调整和适当倾斜相结合的办法。全区有3790名退休(职)人员养老金待遇提高,月增资额99.7万余元,人均月增资263元。

至年底,全区参加机关事业养老保险单位301家,参保人数10782人,其中在职人员6891人、退休(职)人员3891人。全年基金收入27303万元,基金支出27679万元。

【被征地农民社会养老保障】 至年底,全区被征地农民基本养老保障累计参保人数5473人,其中生活类(不缴费)2806人。保障类(缴费)2667人。享受待遇人数3098人。

(撰稿:钱俊辰)

编辑:魏斌

民　政

综　述

2019年，舟山市普陀区民政局内设办公室（政策法规科）、社会救助科（区水库移民工作领导小组办公室）、社会福利和养老服务科、社会事务科（行政审批科）、基层政权和社会组织管理科5个职能科室。下属事业单位撤销区社会福利有奖募捐委员会办公室，划出区双拥办、区军休所（划归区退役军人事务局），更名区区划地名管理服务中心、区低收入核定中心（区社会捐赠管理服务中心）。民政局下属事业单位由10个调整为7个：区区划地名管理服务中心、区社会组织培育服务中心、区低收入核定中心（挂区社会捐赠管理服务中心牌子）、区婚姻登记管理服务中心、普陀区救助管理站（挂区流浪未成年人救助保护中心牌子）、区殡葬管理所（区殡仪服务中心）、区社会福利院（挂社会养老服务中心牌子）。

2019年，推进养老服务社会化改革，助餐服务覆盖面70%以上。新增机构床位290张，普陀养老综合体（山海大观）完成项目主体工程建设，登步托老所改造后投入运营。完善新型社会救助体系，实行低保城乡标准一体化，每人每月提高至720元，发放各类救助资金4598.4万元。年底，全区有登记注册社会组织336家，新培育注册社会组织12家；应检322家，实检314家，参检率98%。调整渔农村社区村体制机制，69个社区村调整为74个村，实现一村一经济合作社。全年命名住宅小区10个、道路4条，编制门楼牌号2521个，安装门牌525块，维修路牌52块，印发门牌证1490本。第二次全国地名普查工作通过国家级验收，启动资料整理归档，编写《国家标准地名志》《中华人民共和国标准地名词典》《浙江省标准地名词典》《舟山市标准地名词典》普陀部分。

普陀区省级城乡社区治理和服务创新实验区暨幸福社区创建全覆盖推进会　（区民政局提供）

社会救助

【城乡最低生活保障与特困供养】

2019年，区民政局开展城乡低保专项治理“五大行动”，集中整治“人情保”“关系保”“错保”，堵住“漏保”缺口，查处低保工作

救助管理和托养机构开放日活动 （区民政局提供）

中存在的作风和问题，推动街道、镇、管委会履行兜底扶贫责任。全区有最低生活保障对象2894户、3575人，其中新增255户、303人，注销507户、688人。全年发放底保金额3307.7万元。

2019年，全区有特困供养人员228人，其中168人实行集中供养，集中供养率73.68%。

【医疗救助】 2019年，财政预算安排医疗救助资金1000万元，人均筹资额19元，省补资金384.19万元。1—4月，全区医疗救助84596人次，支出医疗救助资金827.08万元。其中，住院救助1486人次，支出医疗救助资金405.19万元；门诊救助83110人次，支出医疗救助资金421.89万元。5月，医疗救助相关职能移交区卫生健康局。

【社会救助家庭经济状况核对】 2019年，区民政局落实《浙江省社会救助家庭经济状况认定办法》，做好低保、支出型贫困家庭、低保边缘家庭、困难残疾人生活补贴对象、公共租赁住房申请家庭经济状况核对。全区核对公共租赁住房申请家庭889户、1383人，不符合申请条件159户、249人。核对复核低保家庭11855户、14773人，不符合条件570户、806人。核对复核低保边缘家庭3733户、7145人，不符合条件333户、633人。核对困难残疾人生活补贴对象751人，不符合条件119人。3月，救灾避灾相关业务移交至区应急管理局。6月，救灾物资储备仓库移交区商务局。

在舟山市普陀救助管理站走访慰问 （区民政局提供）

【助学】 2019年，普陀区根据市政府办公室《关于建立舟山市社会救助工作联席会议制度的通知》，明确低保家庭、低保边缘家庭、重点优抚对象家庭、特困职工家庭、特困残疾人家庭为五类助学救助重点对象。助学标准：入学新生第一年资助6000元，第二年起每年5000元。是年，区资助困难大学生127人、68.3万元，局资助45人、25.8万元。

社会福利

【机构养老】 2019年，全区有各类养老服务机构21所。其中，区

区长潘晓辉等在重阳节走访慰问天颐老人之家　（区民政局提供）

直属1所，街道镇敬老院(养老服务中心)7所，社区办托老所8所(其中1所与镇养老服务中心合署)，民办3所，公建民营2所。全区有养老机构床位2547张，入住老人1318人。

【居家养老】 2019年，全区新建居家养老服务照料中心1家，新建街道镇示范型居家养老服务中心3家。年底，全区有街道镇示范型居家养老服务中心4家，社区居家养老服务照料中心90家。其中，城市27家，渔农村67家。年服务老年人6万余人次。

【儿童福利】 2019年，区孤儿基本生活费标准为福利机构养育孤儿每人每月1691元，社会散居孤儿每人每月1353元。全区在册困境儿童139人，孤儿5人，其中福利院集中供养3人、散居儿2人，发放保障金122.79万元。

【福利企业】 2019年，全区有福利企业10家，全年实现工业总产值12879.59万元，完成产品销售收入13089.17万元，纳税总额1090.56万元，实际退减增值税665.5万元，赢利总额1556.4万元。全区福利企业在职职工374人，安置残疾职工128人。

【社会福利院】 区社会福利院以老人、孩子为中心，做好城镇“三无”对象集中供养和孤弃儿童保障工作。有“三无”老人9人，其中普通护理5人、特级护理4人。孤弃儿童3人，其中在宁波恩美儿童福利院接受康复治疗2人、家庭寄养1人。区社会福利院公建民营养老机构——普陀天颐老人之家休养老人180人，床位利用率51%，其中护理型118人、自理型62人。普陀天颐老人之家配套建设有普陀康久医院资源，医疗、康复、护理全面融合到养老服务中，实现医养护结合全方位健康管理养老服务模式。

2019年全区残疾人集中就业企业基本情况

表67

企业名称	职工总数（人）	其中残疾职工（人）	销售收入（万元）	利润（万元）	纳税总额（万元）
舟山市普陀腾尔达仪表有限公司	31	10	543.6	29.9	23.2
舟山市普陀区通源电线电缆厂	35	15	316	−25.1	77.9
浙江柏润机械有限公司	51	15	1921	315	123
舟山市引纸包装有限公司	36	11	1056.6	84.4	51.1
舟山市普陀晨阳铜业有限公司	30	12	795.8	29.8	78.9
浙江桓润机械设备制造有限公司	22	10	182.5	−37.8	20.1
舟山市吉祥工艺香品有限公司	38	15	2348.47	993.9	417.16
舟山市庆丰铁路仪表有限公司	70	20	4161.2	54.6	175.5
舟山市大通包装彩印有限公司	36	10	1307.4	81.7	65.7
舟山市普陀元昌制衣有限公司	25	10	456.6	30	58
合计	374	128	13089.17	1556.4	1090.56

【老年福利】 2019年，全区有养老服务补贴对象544人，发放补贴资金132万余元。其中，一类补贴对象45人，二类补贴对象132人，三类补贴对象56人，四类补贴对象311人。发放老年人意外保险总额34.13万元，享受老年人11377人。发放高龄老人长寿保健补助金131.93万元，其中90～99周岁老年人1314人，100周岁以上（含100周岁）老年人11人。根据《普陀区留守老人关爱服务项目实施方案》，发放相关资金20万元，全年制作老年优待证3737张。

六横天颐老人之家　（区民政局提供）

社会事务

【区划地名管理】 2019年，区民政局补充完善国家地名信息库政务管理平台数据工作，等待市级、省级和部级数据审核。补充完成2015—2018年新生地名53条，拍摄新生地名照片106张，数据库地名条目总数4978条，涉及11大类83个小类。

完成《国家标准地名志》普陀部分，收录地名6条，地名目录和初稿通过省级审核。《中华人民共和国标准地名词典》普陀部分编写收录目录25条，完成国家级第一部分词条编写，通过省、市级审核，启动《浙江省标准地名词典》普陀部分词条编写。省级词条收录目录113条，词条目录和初稿通过省、市级审核。启动《舟山市标准地名词典》普陀部分词条编写，收录词条目录312条。

命名新地名14条，其中住宅小区10个、道路4条。编制门牌号2521个，制作安装门牌525块，幢牌109块，弄牌2块，维修路牌52块，印发门牌证1490本。更换沈家门老城区路牌36块，清理整顿不规范地名5处。完成“定普线”年度联合勘界工作。

【殡葬管理】 按市政府《关于规范丧事活动提倡文明治丧的通告》要求，全区提倡文明办丧，三级联动宣传，发放文明治丧倡议书，推进城区集中办丧，引导生态安葬。2019年，城区死亡868人，其中集中办丧800户，集中办丧率92%。推广生态海葬业务，全年接待骨灰撒海228例，其中普陀6例、定海10例。遗体火化2492具，火化率100%。

集体海葬仪式　（区民政局提供）

推行"身后一件事"联办，8月10日启动由民政部门牵头，社区代办员上门，变多头办理为"最多跑一次"，有342家丧户通过联办平台实现身后事联办。

完成全区殡葬设施专项规划编制相关工作，根据市殡改办《关于要求做好全市殡葬设施专项规划编制相关工作的通知》文件精神，联系街道镇实际，完成全区拟建公益性公墓和骨灰存放设施布点，全区拟扩建公墓10处，骨灰堂扩建1处、新建4处。

【婚姻登记】 区民政局开展"离婚劝和"服务，为离婚当事人提供心理疏导服务，全年为62对离婚当事人"离婚劝和"，成功劝和55对。推进群众结婚生育户口"一件事"联办，居民结婚登记时，同步办理户口登记信息婚姻状况变更，登记窗口告知并按本人申请，即时提供生育登记服务卡、符合条件夫妻投靠落户"一件事"联办服务。10月16日启动，联办60件。全年结婚登记1805对，复婚330对，再婚940人，补办登记手续9对，离婚932对，出具未婚证明11份。

【弃婴收养登记】 2019年，区民政局办理收养登记7起，其中夫妇共同收养7人，被收养7人均为社会福利机构抚养弃婴儿童。

【民间组织管理】 2019年，区民政局开展社会组织年检，应检社会组织322家，参检314家，参检率98%，合格297家，注销17家。双随机抽查社会组织30家，合格率100%。3月，向社会公开征集区级公益创投项目，入选项目29个。新登记社团3家，其中学术性社团1家，专业性社团1家，联合性社团1家，注销8家。新登记民办非企业单位9家，注销9家。年末，全区有注册登记社会组织336家。其中，社会团体169家(区级105家，街道镇级64家)，民办非企业单位166家(教育类34家，文化类16家，体育类22家，其他类94家)，基金会1家。备案社区社会组织1052家。

"520"婚姻登记 （区民政局提供）

基层群众自治组织

【社区建设】 普陀区开展市、区两级幸福社区创建，其中市级11个社区，区级12个社区。组织参与市、区幸福社区创建培训，指导两级幸福社区实施49项和82项特色项目，实现城市幸福社区全覆盖。启动省级城乡社区治理和服务创新实验区创建。组织赴湖州、杭州学习考察社区治理先进经验，举办省级城乡社区治理和服务创新实验区培训。重点打造全市首批社区社会组织培育孵化中心——大干社区社会组织服务中心。结合公益创投等工作，培育枢纽型、支持型社区社会组织参与全区社会治理共同体建设。按照示范型、完善型、提升型三个标准开展渔农村社区规范化建设，申报省级示范型渔农村社区6个。加强城乡社区服务设施建设，改造社区服务中心项目12个。3名社区干部获省级城乡社区治理突出贡献奖。开展社区减负工作，排摸梳理各职能部门涉村(社区)工作事项。

【基层政权建设】 区民政局完成渔农村社区村体制机制调整工作。参与起草社区村体制调整工作指南，赴温州学习"村改居"经验，指导、培训街道镇社改更名和撤村建村，完成批复、出证、挂牌、归档、建章立制等工作，参与社改回头看。渔农村由69个社区村调整为74个村，实现一村一经济合作社目标。配合做好扫黑除恶、乡村振兴、扫黄打非、民主法治村建设。2019年区管基层政权（群众自治组织）情况：街道3个，镇4个；居民委员会30个，主任30人，委员172人，居民小组991个；村民委员会74个，主任69人，委员391人，村民小组1231个。

【社会工作】 区民政局制定《舟山市普陀区城市专职社区工作者管理办法（试行）》《舟山市普陀区城市专职社区工作者绩效考核办法（试行）》《舟山市普陀区城市社区专职工作者配置方案》，核定城市专职社区工作职数。开展社会工作国家职业资格考试宣传、动员、报名、培训等，考试通过人数62人。开展社会工作者专题培训，组织国际社工日主题宣传周活动。落实社会工作激励政策，发放奖励经费10万元。推荐1名省级社工督导人才。培育专业社工机构，指导成立爱心桥社工服务中心、启创社会服务中心、幸福生活社会服务中心3家社工机构。组织参与全市优秀社会工作实训基地评估，美丽心灵工作室、海蓝社会服务中心2家专业社工机构入选舟山市优秀社会工作实训基地。

海纳社工服务室组织志愿者开展创城志愿服务活动 （区民政局提供）

（撰稿：何玲俐）

编辑：李群亚

社会生活

城乡居民生活

【概况】 2019年,全区经济持续平稳发展,城乡居民生活继续改善。全区地区生产总值为444.49亿元,按可比价格计算,比2018年增长6.6%;按户籍人口计算,人均GDP14.04万元,约2.04万美元;按常住人口计算,人均GDP11.31万元,约1.64万美元。城乡居民个人存款余额295.82亿元,比2018年增长18.3%。全体居民人均可支配收入52196元,比2018年增长8.7%;人均生活消费支出29099元,比2018年增长7.7%。

【城镇常住居民生活】 根据抽样调查,2019年城镇常住居民人均可支配收入为60128元,比2018年增长8.5%。从四大类收入来源看:人均工资性收入35355元,比2018年增长8.6%,对可支配收入增长贡献率59.5%,是城镇常住居民收入主要来源和增长点;人均转移净收入13855元,比2018年增长10.1%,对可支配收入增长贡献率27.2%,是城镇常住居民收入第二大来源;人均经营净收入8369元,比2018年增长5.1%,对可支配收入增长贡献率8.7%;人均财产净收入2549元,比2018年增长9.3%,对可支配收入增长贡献率4.6%。

居民收入持续提高,促进消费水平稳步提升。根据抽样调查,2019年城镇常住居民人均生活消费支出31241元,比2018年增长7.8%。从八大类消费支出看,均有不同程度增长。其中,交通通信、医疗保健消费支出保持较快增长,分别比2018年增长11.0%和10.1%;教育文化娱乐、居住、生活用品及服务、其他用品和服务消费支出稳定增长,分别比2018年增长9.8%、8.8%、8.86%和7.9%;食品烟酒、衣着消费支出增长相对缓慢,分别比2018年增长5.2%和6.6%。食品支出占

2019年城镇常住居民收入和支出情况

表68 单位:元

收入项目	2019年	比2018年增长%	支出项目	2019年	比2018年增长%
人均可支配收入	60128	8.5	人均生活消费支出	31241	7.8
工资性收入	35355	8.6	食品烟酒	10481	5.2
经营净收入	8369	5.1	衣着	2943	6.6
财产净收入	2549	9.3	居住	3681	8.8
转移净收入	13855	10.1	生活用品及服务	1486	8.6
			交通和通信	3884	11.0
			教育文化娱乐	3699	9.8
			医疗保健	3063	10.1
			其他用品和服务	2004	7.9

生活消费总支出比重(恩格尔系数)为33.6%,比2018年下降0.8个百分点。

居民家庭居住条件继续改善,2019年城镇常住居民人均住房建筑面积37.9平方米,比2018年增加1.2平方米。城镇常住居民家庭主要耐用消费品每百户拥有量:洗衣机92台,电冰箱110台,彩色电视机193台,空调178台,家用电脑98台,移动电话218部。

【渔农村常住居民生活】 根据住户抽样调查,2019年渔农村常住居民人均可支配收入为36310元,比2018年增长8.8%,增幅高于城镇常住居民可支配收入0.3个百分点,城乡居民收入差距继续缩小,城乡居民收入比由2018年1.66:1缩小为1.65:1。

从四大项收入来源看:工资性收入稳定增长,仍是渔农村常住居民收入主要来源。2019年渔农村常住居民人均工资性收入17910元,比2018年增长7.9%,对可支配收入增长贡献率44.6%;经营净收入快速增长,成为渔农村常住居民收入新增长点。2019年渔农村常住居民人均经营净收入10871元,比2018年增长10.3%,对可支配收入增长贡献率34.5%;转移净收入和财产净收入平稳增长,是渔农村常住居民收入增长重要补充。2019年渔农村常住居民人均转移净收入5504元,比2018年增长9.2%,对可支配收入增长贡献率15.8%。2019年渔农村常住居民人均财产净收入2025元,比2018年增长8.1%,对可支配收入增长贡献率5.1%。

收入稳定增长,带动渔农村常住居民生活消费水平持续提高。据住户抽样调查,2019年渔农村常住居民人均生活消费支出24808元,比2018年增长7.2%。从八大类消费支出看,食品消费比重有所减少,恩格尔系数继续下降。食品消费支出占生活消费总支出比重(恩格尔系数)由2018年32.2%下降到2019年31.7%;交通和通信、生活用品及服务消费支出增长较快,分别比2018年增长11.6%和10.5%;教育文化娱乐、医疗保健、其他用品和服务消费支出保持稳定增长,分别比2018年增长8.4%、8.1%和7.6%;衣着、居住消费支出增长相对缓慢,分别比2018年增长6.1%和6.3%。

居民家庭居住条件继续改善,2019年渔农村常住居民人均住房建筑面积56平方米,比2018年增加1.6平方米。渔农村常住居民家庭主要耐用消费品每百户拥有量:洗衣机50台,电冰箱113台,彩色电视机190台,空调115台,家用电脑62台,移动电话218部。

(撰稿:叶根杰)

物　价

【价格指数】 2019年,普陀区市场物价总体稳定,居民消费价格总指数(以上年为100)为102.3,比上年上涨2.3%。其中,服务项目价格上涨1.6%,消费品价格上涨2.8%。八大类商品中,居住类价格下降0.1%,医疗保健类价格上涨2.8%,食品烟酒类价格上涨4.4%。商品零售价格上涨2.1%。

2019年渔农村常住居民收入和支出情况

表69　　单位:元

收入项目	2019年	比2018年增长%	支出项目	2019年	比2018年增长%
人均可支配收入合计	36310	8.8	人均生活消费支出	24808	7.2
工资性收入	17910	7.9	食品	7868	5.5
经营净收入	10871	10.3	衣着	1433	6.1
财产净收入	2025	8.1	居住	5150	6.3
转移净收入	5504	9.2	生活用品及服务	1204	10.5
			交通和通讯	2350	11.6
			教育文化娱乐	1895	8.4
			医疗保健	3330	8.1
			其他用品和服务	1578	7.6

2019 年居民消费价格指数(以上年价格为 100)

表 70

居民消费价格总指数	102.8
服务项目价格指数	101.6
消费品价格指数	102.8
一、食品烟酒	104.4
粮食	100.4
鲜菜	106.1
畜肉类	121.0
水产品	99.9
二、衣着	100.5
三、居住	99.9
四、生活用品及服务	104.4
五、交通和通信	100.7
六、教育文化和娱乐	103.0
七、医疗保健	102.8
八、其他用品和服务	103.7
商品零售价格指数	102.1

2019 年 1—12 月普陀城区粮食采集平均价

表 71 单位:元 /500 克

名 称	规 格	零售价格
普通晚灿米	二级	2.36
普通晚粳米	江苏二级	2.32
精制晚粳米	江苏	2.61
精制晚粳米	东北	2.87
江苏普通面粉	特一粉	2.3
江苏普通面粉	特二粉	1.93

【价格监测】 2019 年,区发改局贯彻落实《浙江省重要商品和服务价格监测报告制度》要求和市、区价格监测工作总体目标任务,扩大价格监测频次和范围,及时、准确报送价格监测报表、监测信息和分析材料,发挥价格监测服务政府宏观调控、服务民生作用。定期上 30 个价格监测点监察,采集汇总 401 种居民日常生活用品、药品、“菜篮子”价格,编写《“菜篮子”价格监测信息》36 期,每月三期在“今日普陀”、普陀电视台、区政务网公示;编写《部分常用药品价格监测信息》和《民生商品价格监测信息》各 12 期,每月一期在区政务网站公示,并上报市发展和改革委员会。

2019 年 1—12 月普陀城区“菜篮子”采集平均价

表 72 单位:元 /500 克

名称	规 格	零售价格	名称	规 格	零售价格
猪肉	精瘦肉	22.70	西红柿	中等	5.00
猪肉	新鲜条肉	24.60	豆角	扁豆 荷兰豆	10.90
猪肉	新鲜后腿	20.70	土豆	中等	3.20
猪肉	小排	29.90	胡萝卜	中等	3.40
牛肉	新鲜	46.20	青圆椒	中等	6.20
牛肉	牛腩肉	42.70	尖椒	中等	5.50
羊肉	新鲜	44.20	包心菜	兰州包心	2.50
鸡肉	开膛上等	18.40	蒜苗	中等	7.50
鸡蛋	新鲜完整	6.30	韭菜	中等	5.30
带鱼	新鲜 250 克左右	27.40	花菜	白花菜	4.60
黄鱼	500 克左右	23.70	西兰花	中等	6.40
大虾	对虾体长 10 厘米左右	43.00	洋葱	中等	2.80

续表 72

名称	规　　格	零售价格	名称	规　　格	零售价格
海蟹	活白蟹 250 克以下	36.60	冬瓜	切块零售	2.20
海蟹	活膏蟹 250 克以下	111.20	莴笋	带皮	4.30
海蟹	活白蟹 250 克以上	64.30	青南瓜	中等	3.60
海蟹	活膏蟹 250 克以上	150.40	香菜	中等	9.70
草鱼	1 千克左右	12.20	小葱	中等	5.20
鲤鱼	500 克左右	13.20	生菜	中等	5.10
鲢鱼	白鲢 500 ~ 1000 克	7.60	毛山药	中等	8.30
鳙鱼	花鲢 1000 ~ 1500 克	12.60	绿豆芽	中等	2.90
鲫鱼	250 克左右	14.50	毛豆	带壳	6.90
芹菜	中等	5.20	豆腐	中豆腐散装	2.50
大白菜	中等	1.80	橙子	国产一级	8.0
青菜	上海青	3.40	苹果	红富士一级	11.00
黄瓜	平板黄瓜	5.00	香蕉	国产一级	4.60
萝卜	长萝卜	2.00	梨	鸭梨一级	7.50
茄子	新鲜红茄	6.50	西瓜	普通瓜	3.80

2019 年 1—12 月普陀城区民生商品采集平均价

表 73

品　　种	计量规格	计量单位	价　　格		
			欧尚	台客隆	华之友
一、食用油类					
金龙鱼深海鱼油调和油	5 升	元 / 瓶	89.90		87.00
金龙鱼精炼一级大豆油	5 升	元 / 瓶	42.63	43.20	43.20
金龙鱼玉米油	5 升	元 / 瓶	73.33	72.9	72.90
金龙鱼阳光葵花籽油	5 升	元 / 瓶	71.36	74.90	74.90
欧丽薇特级初榨橄榄油	750 毫升	元 / 瓶	98.00	109.00	110.00
鲁花坚果调和油	5 升	元 / 瓶	98.95	99.80	99.90
多力葵花籽调和油	5 升	元 / 瓶	76.00	83.90	83.90
二、粮食制品类					
康师傅红烧牛肉面	105 克	元 / 桶	4.97	5.00	5.00
统一来一桶老坛酸菜鱼面	116 克	元 / 桶	4.00	4.00	
日清红油辣肉炒面	103 克	元 / 桶	4.60		4.30
日清炒面葱油肉丝风味	103 克	元 / 桶	4.20	4.30	4.30
五丰鲜肉包（12 只装）	420 克	元 / 包	13.95	17.10	17.73
五丰豆沙包（15 只装）	510 克	元 / 包	11.52	11.20	12.57

续表 73

品　　种	计量规格	计量单位	价　格		
			欧尚	台客隆	华之友
五丰花卷(18只装)	420克	元/包	9.94	9.20	10.67
五丰刀切馒头(18只装)	450克	元/包	9.04	9.00	10.23
湾仔码头手工三鲜水饺(40只)	800克	元/包	25.60		31.00
巨树麻油白腐乳	380克	元/瓶	11.41	12.80	13.90
金味营养麦片(原味)	600克(20小袋)	元/包	24.05	31.80	32.50
南方黑芝麻糊	600克(20小袋)	元/包	31.10		27.50
三、乳制品类					
光明鲜牛奶	500毫升	元/盒	8.03	8.90	7.97
光明莫斯利安酸牛奶(原味)	100克 ×18	元/箱	51.20		72.00
伊利纯牛奶	250毫升	元/盒	2.79		3.05
蒙牛纯牛奶	250毫升	元/盒	2.51	2.90	2.90
贝因美冠军宝贝宝宝成长配方奶粉	908克	元/罐	172.90		205.20
贝因美冠军宝贝健儿成长奶粉	908克	元/罐	158.00		168.20
伊利金装幼儿配方奶粉	900克	元/罐	158.00	158.00	158.00
伊利金装儿童配方奶粉	900克	元/罐	135.00	136.00	136.00
伊利中老年奶粉	900克	元/罐	79.74	92.00	92.00
四、肉制品类					
双汇王中王优级火腿肠	40克	元/根		1.40	1.40
唯新猪肉脯	50克	元/包	13.03	12.80	12.80
唯新猪肉丝	50克	元/包	12.75		12.80
绿盛牛肉粒	201克	元/包	42.53	41.00	43.97
母亲牛肉棒辣味	22克	元/条	8.75	8.50	8.50
五、调味品					
裕大味鲜美酱油	1.4升	元/瓶	16.66	15.60	15.60
双桥味精(特小晶)	500克	元/包	11.19	10.20	10.20
裕大酿造香醋	500毫升	元/瓶	5.38	5.10	5.00
裕大白醋	500毫升	元/瓶		3.00	3.00
六、酒类					
52度小糊涂仙酒	500毫升	元/瓶	159.00	150.00	150.00
38度泸州老窖特曲	500毫升	元/瓶		278.00	278.00
52度洋河海之蓝	480毫升	元/瓶	225.00	198.00	198.00
52度洋河天之蓝	480毫升	元/瓶	526.75	468.00	464.00
52度五粮液酒	500毫升	元/瓶	1162.00	1193.50	1199.00

续表 73

品　　种	计量规格	计量单位	价　格		
			欧尚	台客隆	华之友
威龙赤霞珠干红	750 毫升	元 / 瓶	56..53	52.00	58.00
五星舟山老酒	358 毫升	元 / 瓶	25.66	24.50	24.50
青岛啤酒(8 度)	600 毫升	元 / 瓶	4.90	4.40	4.40
8 度淡爽型青岛啤酒(听装)	330 毫升	元 / 听	3.90	3.80	3.80
佛顶山 11 度三星舟山老酒	500 毫升	元 / 瓶	16.59	14.80	15.00
佛顶山源酒三年陈	730 毫升	元 / 瓶		10.80	10.80
佛顶山米酒	450 毫升	元 / 袋		3.00	3.00
七、饮料					
康师傅矿物质水	550 毫升	元 / 瓶	1.20	1.50	1.80
农夫山泉饮用天然水	550 毫升	元 / 瓶	1.60	1.80	1.80
娃哈哈营养快线(原味)	500 毫升	元 / 瓶	4.00	4.00	4.00
娃哈哈苹果汁	1.5 升	元 / 瓶	6.50	6.00	6.00
美汁源果粒橙	1.25 升	元 / 瓶	6.93	6.90	6.93
康师傅冰红茶	490 毫升	元 / 瓶	2.50	3.20	3.00
农夫果园 30%混合果蔬饮料	500 毫升	元 / 瓶	3.90	4.00	4.00
椰树牌椰子汁	245 毫升	元 / 听	3.87	4.20	4.20
王老吉	310 毫升	元 / 听	3.63	3.50	3.50
雪碧汽水	1.25 升	元 / 瓶	5.36	5.40	5.40
可口可乐汽水	330 毫升	元 / 听		2.30	2.30
津威酸奶	95 毫升 ×4	元 /4 瓶	3.97	4.80	4.80
娃哈哈爽歪歪	200 毫升	元 / 瓶		2.10	2.50
蒙牛酸酸乳(原味)	250 毫升	元 / 盒	1.66	1.70	1.80
伊利优酸乳(原味)	250 毫升	元 / 盒	1.89		2.05
八、日用消费品					
潘婷丝质顺滑洗发露	400 毫升	元/瓶	37.27	38.00	38.00
海飞丝新生去屑洗发露	400 毫升	元 / 瓶	48.74	52.50	52.50
飘柔滋润去屑洗发露	400 毫升	元 / 瓶	29.48	32.90	32.90
六神清新滋润芦荟沐浴乳	450 毫升	元 / 瓶	18.86		21.60
黑人超白矿物盐(含氟)牙膏	140 克	元 / 支	12.18	12.60	13.20
佳洁士双效炫白清爽薄荷香型牙膏	120 克	元 / 支	10.75	10.60	11.00
中华全效亮白牙膏	130 克	元 / 支	9.50		8.40
雕牌高效洗洁精	2 千克	元 / 瓶	12.42	20.50	20.60
白猫洗洁精	500 毫升	元 / 瓶	4.50	5.50	5.40
超能天然皂粉	680 克	元 / 袋	12.60	11.60	12.87

续表 73

品　　种	计量规格	计量单位	价　格		
			欧尚	台客隆	华之友
奥妙全自动洗衣粉(新升级)	560 克	元/包	6.60		6.50
雕牌超效加酶无磷洗衣粉	818 克	元/包	8.10		6.70
奥妙新升级 99 超效洗衣皂	226 克	元/块	5.16	5.50	5.50
威洁士领洁抗菌洗衣液	2 千克	元/袋	35.00	37.50	37.50
蓝月亮芦荟抑菌洗手液	500 克	元/瓶	13.60	13.50	13.50
威猛先生洁厕液	600 克	元/瓶	5.68	6.95	6.53
帮宝适超薄干爽婴儿纸尿裤	M 号 28 片	元/袋	53.00		52.50
妈咪宝贝纸尿裤	L 号 20 片	元/袋	40.00		39.90
雷达杀虫气雾剂(无香)	600 毫升	元/瓶	20.39	26.04	25.23
雷达电热蚊香片(无香)	30 片	元/盒	10.19	14.33	15.58
洁云面纸	200 抽 ×2 层	元/包	3.50	3.50	3.90
清风清香型纸手帕	10×3×10	元/条	6.50	5.70	6.50
心相印纸手帕(茶语系列)	10×3×10	元/条	6.31	8.20	7.53
洁伴平板卫生纸	460 克	元/包	4.27	5.70	5.10
双熊猫皱纹卫生纸	400 克	元/包		5.80	5.80
九、保健品					
金日美国洋参丸(金装)	12 粒 ×12 盒	元/条	195.00	206.80	206.80
森山牌铁皮枫斗胶囊	0.4 克 ×12×6	元/盒	248.00	262.00	262.00
养生堂龟鳖丸	6 克 ×4	元/盒	160.90		
青春宝美容胶囊	30 粒 ×5 瓶	元/盒	180.00	175.00	175.00
青春宝抗衰老片	80 片 ×5 瓶	元/盒	191.00	191.00	191.00
黄金搭档组合维生素片(中老年礼盒)	1000 毫克 ×100 片	元/盒	158.00	158.00	158.00
黄金搭档组合维生素片(女士礼盒)	1000 毫克 ×100 片	元/盒	150.00	158.00	158.00
脑白金礼盒	250 毫克 20 粒 2 盒	元/盒	158.00	258.00	258.00

【管理职责变动】 根据《舟山市普陀区机构改革方案》要求，2019 年 3 月，价格监督检查与反垄断相关职责划入市市场监管局普陀分局，药品和医疗服务价格管理相关职责划入区卫生健康局。

【价费管理】 普陀区深化重点领域价格改革。健全用水价格形成机制，调整桃花镇自来水价格，建立居民阶梯水价制度；召开全区污水处理收费评估会议，建立定期评估机制，按照覆盖污水处理和污泥处置成本并合理盈利价格机制要求，评估区污水处理收费；农业用水价格综合改革，印发《普陀区农业水价格综合改革超定额累进加价制度(试行)》，提高群众节水意识，实现农业"节水减排"；生活垃圾收费方式改革，实行城区餐厨垃圾计量收费。先后核定和调整"六横之星"高速客轮票价、朱家尖至白沙客运票价、小学校内托管费、民办中小学学费、新建住宅小区物业服务收费、停车服务收费等 14 项实行政府定价项目。贯彻落实国家、省、市有关清费减负政策，优化全区实体经济发展环境，下浮六横至宁波客滚航线车辆运输费，减轻企业物流成本。全区涉企行政事业性收费、政府定价经营服务性收费实行目录清单管理，通过政务网向社会公示及动态更新，提高涉企收费透明度。

【成本监审】 区发改局按"准确核定成本，科学加强监管"要求做好重点领域和关键环节成本监审，全年开展成本监审和调查11件，审核成本总金额1.62亿元，核减不应计入定价成本费用4108.54万元，涉及客运航线、供水及污水处理、民办中小学教育、生态公墓、旅游景区等领域，引入信誉好、专业性强第三方共同参与审核，提升成本监审结论质量和公信力。

【价格评估鉴定】 2019年，区价格认证中心坚持质量和效率并重，严格遵守价格认定工作程序，及时、优质完成全区涉纪、涉案财物价格认定工作。全年完成涉案财物价格鉴定案件320件(公安315件、行政执法部门5件)，价格认定总金额6880万元。

（撰稿：虞金波）

居民服务及其他服务业

【概况】 2019年年底，在区市场监管分局登记注册的居民服务企业156家(在市市场监管局六横分局、普陀山分局注册数未计，下同)。其中，汽车修理和维护企业29家，清洁服务企业45家，美发美容及养生服务企业25家，旅游休闲服务业12家，家政服务企业11家，其他服务业企业34家。156家企业中，2017—2019年新增91家。

【汽车维修服务企业】 家用汽车逐渐普及，汽车维修、车身清洁维护保养、汽车装潢、汽车中介、汽车代驾、汽车配件工艺品销售等服务业快速发展。2019年年底，在区市场监管分局登记注册的汽车维修服务业29家，其中2017—2019年新增汽车维修服务企业14家。

2017—2019年新增汽车维修服务企业

表74

企业名称	成立日期	经营范围	经营地址
舟山科迪汽车维修有限公司	2017-05-04	机动车维修，汽车及配件零售，二手车买卖中介等	东港街道新驰路32号
舟山市同辉汽车服务有限公司	2017-05-18	代办汽车年检、保养、保险手续，汽车代驾服务，机动车维修等	沈家门街道大干发达路1号
舟山市捷达拖车服务有限公司	2017-06-07	汽车拖车、道路救援服务等	东港街道小蒲岙路59号
车遇见(舟山)汽车服务有限公司	2017-09-04	机动车维修服务，从事汽车专业领域内的技术开发、汽车及零配件加工、设计等	沈家门街道食品厂路78号219室。
舟山市联创汽车快修有限公司	2018-07-02	机动车维修，汽车配件销售等	东港街道文康街12-14、16号
舟山市普陀区东港杰恩汽车服务中心海印路店	2018-01-17	机动车维修，汽车用品、配件及工艺品销售等	东港街道沙田街27号
舟山吉志汽车服务有限公司	2018-05-28	机动车维修，汽车租赁，汽车文化交流组织策划，二手车中介等	东港街道海洲路615号
舟山和煦诺汽车零部件服务有限公司	2018-06-13	汽车、维修、组装，电子、五金产品检测、包装	东港街道沙田街66号普陀商会大厦1501-232室。
舟山森祥汽车服务有限公司	2018-11-19	汽车修理、零部件制造、租赁，汽车、摩托车配件销售、中介等	东港街道塔岭下村邵岙路258号

续表 74

企业名称	成立日期	经营范围	经营地址
舟山市普陀区莱卡汽车美容店	2019-03-12	汽车修理与维护,汽车用品零售	沈家门街道滨港西路 112 号
舟山市普陀区名道汽车美容服务中心	2019-04-29	汽车保养服务,轮胎销售	东港街道金城街 223、225 号网点
义乌市腾飞汽车代驾服务有限公司舟山分公司	2019-07-25	以总公司名义承接业务	东港街道新惠路 128 号舟山陆港物流中心 2 号楼舟山远洋馆 275 室
大咖(浙江舟山群岛新区)汽车服务有限公司	2019-10-23	汽车租赁、销售、维修,代办保险、年检,广告策划,道路清障、商务信息咨询,餐饮服务	沈家门街道舟渔公司 5 号楼一楼东侧
舟山市美亿汽车维修有限公司	2019-12-31	机动车修理、汽车维护、救援、清障服务等	东港街道新惠路 128 号舟山陆港物流中心 1 号楼综合楼北面一层

【清洁服务企业】 因城市化进程加快,人们对清洁服务业需求渐增。清洁保养、空调清洗、绿化养护、生活垃圾和建筑垃圾清运、管道清洗、室内装修气体检测、污染物清除、有害生物防治等,成为优化环境必需,促进清洁服务企业快速发展。2019 年年底,在区市场监管分局登记注册的清洁服务企业 45 家,其中 2017—2019 年新增 34 家。

2017—2019 年清洁服务企业

表 75

企业名称	成立日期	经营范围	经营地址
舟山联缘保洁服务有限公司	2017-03-30	船舶清洗,高空建筑维修、安装,防水堵漏,电缆整治、防火封堵等	东港街道舵岙花苑 76 幢 204 室
舟山市康馨保洁有限公司	2017-09-07	城市生活垃圾清扫、收集、运输、处理服务	沈家门街道东河路 139 号佛国商城 809 室
舟山众合清运服务有限公司	2017-09-07	建筑垃圾、生活垃圾清扫、收集、运输及处理,保洁服务	东港街道海印路 821 号海天大厦 501 室
舟山市祥和清运服务有限公司	2017-09-13	生活垃圾、建筑垃圾、工业垃圾清扫、收集、运输及处理	沈家门街道鲁滨路 87 号
舟山市聚力清洁服务有限公司	2017-09-13	清洁服务	东港街道华宇路 8 号华宇大厦 115 室
舟山市朝军清运服务有限公司	2017-09-22	生活垃圾、建筑垃圾、工业垃圾清运,汽车租赁、销售、中介,货物运输,市政、土石方工程	东港街道贸易城 2 幢 232 号网点
舟山市智付清运服务有限公司	2017-09-27	生活、建筑、工业垃圾清运,汽车租赁、销售、维修、中介,道路货物运输,市政、土石方工程	家门街道大干发达路 1 号
舟山市普陀区江鑫保洁有限公司	2017-10-13	保洁服务,土石方挖掘、围填,场地平整,绿化养护,河道疏浚,建筑工程施工	沈家门街道兴海路 106 弄 64 幢 407 室

续表 75

企业名称	成立日期	经营范围	经营地址
舟山市广源清舱有限公司	2017-10-26	舟山港域内从事船舶污染物（除生活垃圾）接收，船舶清洗舱服务，围油栏作业	沈家门街道东海中路 71 号沈家门大酒店 8102 室
舟山一诺清运服务有限公司	2017-12-13	生活、建筑、工业垃圾清扫运输，道路货物运输，市政、园林绿化、土石方工程施工，机动车维修等	东港街道东港贸易城 209 号网点
舟山福佳清运服务有限公司	2017-12-12	生活、建筑、工业垃圾清运，道路货物运输，市政、园林绿化、土石方工程施工，机动车维修等	东港街道东港贸易城 207 号网点
舟山欧旺清洗工程有限公司	2018-03-13	大型商业保洁，环保清洗，高空拆装，室内外装饰装修，园林绿化，空气净化，船舶清洗等	东港街道麒麟街 188 号天悦大厦 1415 室
舟山金铭清运服务有限公司	2018-04-04	生活、建筑、工业垃圾清运，道路货物运输，市政，土石方施工，保洁服务，园林养护，机动车维修	沈家门街道健民路 98 号
舟山力升清运服务有限公司	2018-04-20	生活、建筑、工业清扫，水产品收购、配送、销售，码头管理，货物搬运，市政，土石方工程	沈家门街道兴建 2 弄 2 号楼 601 室
舟山市春蕾清洁服务有限公司	2018-04-24	清洁，绿化养护，卫生消杀，物业管理，车辆管理，生活垃圾、建筑垃圾经营性清扫、处理服务	沈家门街道中洲路 198 号 302 室
舟山林林空气净化工程有限公司	2018-05-14	室内空气净化工程设计、安装，销售、维修、检测，通风工程设计、安装、销售、维修、检测	东港街道灵秀街 155 号外滩华府 5 幢 501 室
舟山洁泰清运服务有限公司	2018-05-10	生活、建筑、工业垃圾清扫、收集、运输及处理，保洁服务	东港街道芦花社区施家岙村施家岙路 74 号
舟山市保达清运服务有限公司	2018-05-16	生活、建筑、工业垃圾清扫、处理，花木种植，公共厕所管理，港口经营，货物搬运、运输	展茅街道横街村娄家井潭 26 号
舟山市普陀区洁顺保洁服务有限公司	2018-06-15	生活垃圾清扫、收集、处理，建筑、工业垃圾清扫、处理，化粪池清理，打捞，园林绿化等	东港街道芦花小湾岭车站北面
舟山嘉盛环境服务有限公司	2018-06-15	有害生物防治，检测，清洁，室内空气检测治理，外墙翻新，污水治理，生活清扫、物业托管，餐饮，园林绿化服务	东港街道香榭街 47 号香榭花园 18 幢 406 室
舟山市洁达清运服务有限公司	2018-06-19	生活、建筑、工业垃圾清扫、处理，道路清扫、洒水，化粪池清理，打捞，园林绿化、除草服务	沈家门街道沿塘路 16 号
舟山洁宇保洁服务有限公司	2018-10-16	家政服务，垃圾、道路清扫，园林绿化，场地平整，河道疏浚，室内外装饰装修，房屋拆迁等	东港街道海莲路 203 弄 30 号 -2
舟山市浩大清运服务有限公司	2018-10-22	生活、建筑、工业垃圾清扫、处理服务，工业飞灰及炉渣处理	展茅街道横街村仲山路 12 号西边
舟山正顺清运服务有限公司	2018-11-12	垃圾清运，道路货物运输，市政、园林绿化，土石方工程，保洁等	东港街道东港贸易城旅游品市场 82 号网点
舟山星晨清运服务有限公司	2018-11-12	垃圾清运，道路货物运输，市政、园林绿化，土石方工程，保洁等	沈家门街道船厂路 114 号网点
舟山鼎博清运服务有限公司	2018-11-12	垃圾清运，道路货物运输，市政、园林绿化，土石方工程，保洁等	东港街道东港贸易城旅游品市场 82 号网点 -2

续表 75

企业名称	成立日期	经营范围	经营地址
舟山支顺清运服务有限公司	2018-11-12	垃圾清运,道路货物运输,市政、园林绿化、土石方,保洁等	沈家门街道泗湾路131-1号网点
舟山艺皓清运服务有限公司	2018-11-29	生活、建筑、工业垃圾清扫、收集、运输、处理服务	展茅街道螺门村高沙场2弄22号
舟山市羽霖清洁服务有限公司	2019-02-18	清洁服务	东港街道沙田街66号普陀商会大厦1501-1016室
舟山市君科清洁服务有限公司	2019-09-04	船舶、运输设备、厨房设备清洗	东港街道海印路901号
舟山市兴运清运服务有限公司	2019-10-21	生活、建筑、工业垃圾清扫、处理,货物装卸,道路货物运输	沈家门街道鲁家峙景海铭园3幢402室
舟山市得恩泽福清运服务有限公司	2019-11-15	生活、建筑、工业垃圾清扫、处理,道路运输,市政、园林绿化	东港街道芦花街芦花村18号
舟山市海诚清洗有限公司	2019-12-09	专业保洁、清洗、消毒服务,专用设备修理	沈家门街道新街48号4层025
舟山市洋波清洗有限公司	2019-12-30	专业保洁、清洗、消毒服务	东港街道麒麟街211号东港财富中心B座融资租赁产业园区1002-101室

【旅游休闲服务企业】 2019年年底,在区市场监管分局登记注册的旅游休闲服务企业12家,其中2017—2019年新增6家。

【美容美发和养生保健服务企业】 2019年年底,在区市场监管分局登记注册的美容美发和养生保健服务企业25家,其中美发美容服务业16家、养生保健服务业6家、洗浴服务3家。25家企业中,

2017—2019年新增旅游休闲服务企业

表 76

企业名称	成立日期	经营范围	经营地址
舟山市普陀区新农村投资开发有限公司	2017-07-26	渔农村基础设施建设、房屋租赁、项目投资开发、土地承包经营权流转、水产品种苗培育销售,花卉、水果、苗木种植销售等。	东港街道昌正街169号2号楼1216室
舟山市捷盛休闲渔业有限公司	2017-12-08	休闲渔业观光服务,旅游项目开发,海钓服务。	东港街道海印路68号夹层
舟山市普陀区展茅乡村振兴投资发展有限公司	2018-04-10	农业项目投资和开发,渔农村基础设施投资、房屋租赁、住宿、餐饮,旅游项目开发及服务等。	东港街道昌正街169号2幢1214室
舟山长鹰飞行俱乐部有限公司	2018-04-11	飞机出租及管理,航天、航空、通航装备及材料销售及维修,直升飞机引航作业和国内通用航空客货运输,机场建设项目投资。	东港街道海印路821号海天大厦703室-1
舟山市千屿休闲旅游有限公司	2018-07-23	休闲渔业观光服务,海钓服务。	桃花镇塔湾社区龙头坑路83号
舟山市穗丰植保技术服务有限公司	2019-04-03	植物保护技术推广、技术咨询、服务;农业器具、机械用具销售。	东港街道芦花街225号二楼

2017—2019 年新增美容美发和养生保健服务企业

表 77

企业名称	成立日期	经营范围	经营地址
舟山许恒颛意美容服务有限公司	2017-12-20	美容美体,健康信息咨询,美容仪器、化妆品、电子产品、日用百货销售,食品经营	东港街道宁兴街 122-6 号
舟山市易轩养生服务有限公司	2017-02-27	美容美体服务,养生信息咨询,化妆品零售	东港街道海洲路 777 号 1 幢 1 楼
舟山妮呐美容服务有限公司	2018-08-23	美容服务,化妆品销售	东港街道昌正街 82 号昌正大厦 1807 室
舟山霖佑俊美容服务有限公司	2018-10-23	美容美体服务,会务服务,健康信息咨询,美容仪器、化妆品、电子产品、日用百货销售,食品经营	东港街道兴普大道 298 号港汇广场 515
舟山颐轩美容服务有限公司	2018-12-25	美容、保健按摩、棋牌服务	东港街道海洲路 711 号 4 层
舟山宥莱美容服务有限公司	2019-03-14	美容、美体、美甲服务	东港街道海印路 765 号海景时代广场 4 幢 302 室
舟山澜悦美容养生有限公司	2019-07-09	美容美体,养生信息咨询,健康管理咨询,美甲,化妆服务	东港街道海印路 765 号海景时代广场 3 幢 1007 室
舟山市乐或美容有限公司	2019-09-09	美容美体美甲,化妆,养生信息咨询,健康管理咨询	东港街道海莲路 528 号万宇大厦 1701 室
舟山益佳美容有限公司	2019-09-05	美容服务,化妆品销售	沈家门街道新街 48 号 4 层 015
舟山十悦美容美体有限公司	2019-10-15	美容、美体、美甲服务,养生信息咨询,健康管理咨询	东港街道海印路 765 号海景时代广场 2 幢 1210 室
舟山市慕素美容服务有限公司	2019-11-25	美容服务,护肤品、化妆品销售	东港街道海景时代广场 1 幢 1002 室
金娥(舟山市)美容纤体有限公司	2019-12-06	美容美体服务,化妆品销售	东港街道海印路 765 号海景时代广场 3 幢 208 室
舟山龙济母婴健康管理有限公司	2017-05-27	母婴健康管理、健康养生管理、母婴护理,养生信息咨询,家政服务,化妆品、美容美体用品、健身器材、服装、保健用品销售	朱家尖街道白沙岛后沙头 53 号
浙江舟山东大文化旅游发展有限公司浪里白沙休闲养生文化园	2018-10-18	海洋旅游项目开发,健身服务,保健品销售	东极镇庙子湖村庙坑
舟山市润脉堂保健服务有限公司	2019-07-05	健康管理,保健按摩,健康信息咨询服务	东港街道兴普大道 338 号舟山海中洲国际广场中楼 2108 室

2017—2019 年新增 15 家。

【家政及托育服务企业】 2019 年年底,在区市场监管分局登记注册的家政服务企业 8 家、托育服务企业 3 家,其中 2017—2019 年分别新增 5 家、3 家。

【其他服务企业】 2019 年年底,

2017—2019 年新增家政及托育服务企业

表 78

企业名称	成立日期	经营范围	经营地址
舟山市强哥家政服务有限公司	2019-05-10	家政服务	东港街道海印路 765 号海景时代广场 1 幢 1010 室
舟山市普陀兴悦家政服务有限公司	2018-06-12	家政服务，老年人养护服务，老幼病人护理，非医疗性母婴护理服务，物业管理	沈家门街道鲁川路 47 号海城铭园 20 幢 601 室
舟山安逸家政有限公司	2019-04-15	家政、保洁、搬家、搬运、清洗、家电维修服务，物业管理，建筑装饰装修、市政工程、管道疏通	东港街道麒麟街 211 号东港财富中心 B 座 1001-498 室
舟山市庆洁家政服务有限公司	2018-12-26	家政服务，保洁服务，家电清洗服务，室内、车内空气检测及治理	东港街道沙田街 66 号普陀商会大厦 1601 室 -5
舟山南创家政服务有限公司	2019-09-30	家政服务，家电维修，物业管理，酒店管理，室内环境检测治理	东港街道海印路 765 号海景时代广场 1 幢 918 室
舟山市麦多托育服务有限公司	2017-02-22	托育服务	东港街道海印路 698 号碧海莲缘小区会所 2 楼
舟山市因乐托育服务有限公司	2018-05-14	托育服务，教育咨询服务	东港街道海印路 850 号杉杉普陀天地 B5-B8 二楼
舟山市普陀区蒙特梭利托育服务有限公司	2018-12-03	托育服务，母婴生活护理，教育咨询，健康咨询，电影摄制，餐饮服务	东港街道海印路 1055 号 2 号综合馆一层朝南服务用房

2017—2019 年新增其他服务企业

表 79

企业名称	成立日期	经营范围	经营地址
舟山妮呐婚庆服务有限公司	2017-07-05	婚庆服务，化妆服务，婚纱、礼服租赁，服装、化妆品销售	东港街道海印路 765 号海景时代广场 2 幢 916-917 室
浙江舟山芊寻婚庆有限公司	2018-03-22	婚庆礼仪、摄影摄像、化妆服务，会务会展，广告策划，组织、策划户外拓展活动	东港街道海洲路 819 号春天广场 1 层 48 号商铺
舟山市和风暖通设备有限公司	2019-09-11	暖通设备及配件、家用电器的销售、安装、维修、保养	沈家门街道兴海路 1 号舟渔公司渔轮厂船体车间 45 号
舟山美橙商务创意有限公司	2017-07-14	商务策划，文化艺术交流、公关活动策划，会务会展、礼仪服务，舞台设计，摄影服务，企业营销、形象、体育赛事策划，室内外装饰设计、施工等	东港街道海印路 765 号海景时代广场 2 幢 813 室
舟山乐享文化艺术有限公司	2017-11-13	文化艺术交流活动、企业形象、品牌策划、管理，市场营销，企业管理咨询，艺术培训，图文、网页、平面设计，礼仪服务等	东港街道海洲路 819 号春天广场一层 11 号

续表 79

企业名称	成立日期	经营范围	经营地址
舟山市普陀金宇成船员信息服务有限公司	2018-04-23	船舶、船员信息服务，证书代办，劳务派遣业务	东港街道兴普大道298号港汇广场520室
舟山尊皓船务服务有限公司	2017-01-06	海洋环境服务，国际国内船舶管理，修理、船舶销售，专业保洁，技术开发、咨询、交流、转让、推广，船员、引航员培训等	东港街道中昌街118号-2
舟山汇盈船务有限公司	2017-01-05	为船员代办申请培训、考试及发证手续，企业管理咨询，为船舶提供物资供应，船员信息咨询服务	沈家门街道东海中路918号和润金樽花园1幢207室

在区市场监管分局登记注册的其他服务类企业34家。其中，摄影扩影服务业5家，婚姻服务4家，洗染服务3家，日用电器服务7家，文化传媒服务5家，台胞接待服务1家，殡葬服务1家，船员服务8家。34家企业中，2017—2019年新增8家。

（撰稿：刘莎莉）

民族与宗教

【概况】 普陀是汉族聚居区，汉族占98.39%，有少数民族常住人口5119人（有普陀户籍少数民族1204人），占1.61%。有少数民族35个，人口超过1000人以上有苗族、土家族；人口超过100人以上有回族、彝族、瑶族、侗族、满族、壮族和佤族。少数民族居住在沈家门占90%以上，其余散居东港、勾山、朱家尖、桃花、虾峙、登步等地。普陀区是全市民族宗教工作重点县（区），有佛教、天主教和基督教三大宗教，有区佛教协会、区基督教三自爱国会、区基督教协会和区天主教爱国会4个爱国宗教团体。普陀山佛教协会和普陀区佛教协会分别由市、区管辖。佛教胜地普陀山，佛教信徒相对较多。

全区有依法登记备案宗教活动场所43处。其中，佛教活动场所24处，常住僧尼280人，教职资格人员101人；基督教活动场所8处，教职人员22人（牧师1人、长老3人、传道18人），受洗信徒2500余人，私设聚会点19处，信教群众1000余人；天主教活动场所11处，教职人员2人（神父），信教群众近3000人。全区登记编号民间信仰活动场所106处。

2019年印发《普陀区基督教聚会点以堂（会）带点和管理规范》，聚会点纳入网格管理，落实巡查制度，防范境外宗教渗透和邪教入侵。签订《普陀区基督教聚会点以堂（会）带点驻村三方协议》，治理13处，其中取缔2处、纳入政府管理8处、纳入基督教两会管理3处，完成治理率68.4%。民间信仰活动场所规范化管理，全区42处宗教活动场所开展国旗国歌、宪法和法律法规、社会主义核心价值观、平安创建以及优秀传统文化“五进”宗教活动场所，制作法律宣传展板、宣传画报、《宗教事务条例》宣传2000余份。抓好第二批民间信仰活动场所规范化管理规范点创建活动，完成全区106处民间信仰活动场所“一庙一故事”编撰工作。全区有5处市级民间信仰活动场所文化示范点。在全区宗教界开展“三教同行、合力创城”工作。做好“最多跑一次”，3项网上申报事项授权综合窗口业务办理。由区民宗局牵头，联合住建、国土、消防、安监等部门和各街道镇开展宗教（民间信仰）活动场所安全隐患联合排查整治行动，并落实督查整改。在六横镇试点“红黄牌”动态管理办法，97.6%场所安装视频监控。2019年安装5台“智慧用电”电气安全在线监测装置，累计安装35台。做好各宗教团体、三教各1处宗教场所第三方财务审计。实行“三人驻点小组”机制，在六横、虾峙、桃花、沈家门、东港、展茅6个街道镇建立民宗所。

【区少数民族联谊会】 2019年3

庆祝中华人民共和国成立70周年联欢会 （区委统战部提供）

月3日，区少数民族联谊会组织少数民族青年志愿者、联谊会理事开展学雷锋活动，赴普陀天颐老人福利院慰问义演。8月，参加市委统战部举办的创城宣传、公益活动和“中华民族一家亲、共心共筑中国梦”活动。9月7日，区少数民族联谊会举行庆祝中华人民共和国成立70周年联欢活动。区少数民族联谊会参与全国文明城市创建和社区服务活动，共同建设幸福普陀。9月，少数民族联谊会会长郭定刚被授予2019年全国民族团结进步工作模范个人称号。

【区佛教协会】 2019年6月4日，区佛教协会举办第八届讲经交流会，沈家门接待禅寺法师礼果获一等奖。6月4—5日，区佛教协会举行第七期监院培训班，24处寺院负责人参加。7月1—5日，全市佛教界举办中青年骨干培训班，重点学习习近平新时代中国特色社会主义思想，普陀佛教界参加4人。9月17—27日，区佛协开展寺院财务检查。10月10日，全区佛教界举办第四届书法比赛，虾峙净土庵释有苗获一等奖。推选优秀作品参加“宗教界庆祝建国70周年书画摄影作品展”。2019年，全区佛教界开展扶贫济困、捐资助学、爱老慰孤、资病助残等活动捐款35万余元。

【区基督教两会】 2019年11月2日，区基督教三自爱国运动委员会、区基督教协会举行第六次代表大会，选举产生普陀区基督教两会第六届委员会委员及新一届领导班子，其中委员17名、常务委员9名，周爱萍当选区基督教三自爱国会第六届委员会主任。6月10—14日，市基督教界为加强中青年骨干爱国主义思想教育，举办中青年骨干培训班，区基督教界8名中青年骨干参训。11月5日，六横峧头基督教新堂落成。全年各基督教堂点都开展各类布道聚会，提高教牧同工素养。2019年，全区基督教界开展社会服务、慰问困难信众、资助患病信徒等公益慈善活动捐款10

佛教界中青年骨干培训班 （区委统战部提供）

区基督教第六次代表大会　（区委统战部提供）

万余元。

【区天主教爱国会】 2019年5月22—23日，区天主教爱国会组织300余名天主教信众，分两批次赴上海佘山朝圣。6月25—26日，在沈家门天主堂举办亲子教育，两位修女主讲。9月23—25日，组织信众学习病人探访与临终关怀讲习会。11月18—22日，市天主教爱国会举办天主教骨干培训班，普陀天主教骨干参加13人。12月15—25日，全区天主教各堂点举行圣诞庆祝活动。2019年，全区天主教界参与慈善助学、帮困、献爱心等社会公益活动，捐款10万余元。

（撰稿：马玲）

普陀山佛教

【概况】 普陀山是中国四大佛教名山之一，岛上寺院众多，有僧尼1800余人。道慈为普陀山佛教协会第六届理事会会长、中国佛教协会副会长、浙江佛教协会名誉会长、舟山市政协副主席、中国佛学院普陀山学院院长、普济寺方丈。普陀山佛教协会第六届理事会副会长有惟航、净旻、信光、智宗、门肃（兼秘书长）、会闲、定明。普陀山佛教协会有佛教文化研究所、印顺图书馆、佛教博物馆、国际观音文化研究中心、佛教书画院等机构，整理研究佛教文化、佛教典籍。

【主要佛事活动】 2019年8月15日（农历七月十五）佛教“盂兰盆节”，普济禅寺举行传供法会，普陀山佛教协会、普济禅寺僧众及香游客900余人参加。9月21日，普陀山佛教协会在普济禅寺圆通宝殿举行庆祝中华人民共和国成立70周年祈福法会。法雨禅寺、慧济禅寺、宝陀讲寺等全山各寺院庵堂均举行法会，为新中国祈福祈愿。11月28日，由普朱管委会、普陀山佛教协会共同主办的“慈悲喜舍　同愿同行”2019普陀山－泉州千人斋宴在福建省石狮市举行。道慈和普朱管委会党委书记、主任干松章，普朱管委会副主任张晖等出席，各界嘉宾信众2000余人参加。10月27日，第十七届中国普陀山南海观音文化节在普陀山开幕。文化节期间，举行“佛顶顶佛”朝拜法会、“弘法利生”讲经法会、对望千年——汉传观音造像艺术展开幕式、新时代佛教中国化方向（普陀山）论坛等系列活动。道慈，干松章，市文化广电新闻出版局（体育局）局长陆深海，中国社科院学部委员、中国社科院佛教研究中心主任魏道儒，中国人民大学佛教与宗教学理论研究所教授温金玉，中国佛教协会副秘书长、安徽省佛教协会副会长、九华山佛教协会会长慧庆，中国佛教协会副秘书长、省佛教协会会长怡藏，山西省佛教协会副会长、五台山佛教协会会长昌善，四川省佛教协会副会长、峨眉山佛教协会副会长满霖，峨眉山佛教协会副会长果正，普朱管委会常务副主任刘明永，以及海内外各界500余人参加。

【联谊交流】 2019年1月9日，蒙古国赛音诺门寺住持纳尔贵赛布彦一行11人在省外侨办亚非处处长施华忠、市外办主任陈利文陪同下参访普陀山，道慈接待。4月15日，美国佛教联合会会长明予、名誉会长瑞法一行参访普陀山，道慈接待。4月17日，台湾大台南佛教会理事长明光一行参访普陀山，道慈介绍普陀山观音文化底蕴、全山寺院、佛协“三统一”“三三制”管理制度及理念、

蒙古国赛音诺门寺住持纳尔贵赛布彦一行参访普陀山 （普朱管委会提供）

僧才培养、观音法界建设等情况。4月25日至5月3日，道慈率普陀山佛教协会副秘书长等一行6人赴菲律宾弘法。5月12—14日，第十六届联合国卫塞节在越南河南省金榜县三祝寺举行，卫塞节主题为“佛教对全球领导的态度和对可持续社会的共同责任”。全球112个国家和地区参加，道慈率中国佛教代表团赴越南参加联合国卫塞节。联合国副秘书长、6国国家元首、政府首脑出席开幕式并致辞。部分国家佛教界领袖、泰国摩诃朱拉隆功佛教大学校长等作主旨演讲，世界各地佛教高僧和佛教教派代表、文化学者、佛教研究者1650人参加。6月25日，日本中国观音灵场会米田良中一行20余人参访普陀山，道慈接待参访团并进行友好交谈。9月23日，台湾新北佛教会惟悟一行参访普陀山，道慈接待。10月30日，道慈应邀出席世界佛教僧伽会第十届第一次会议开幕典礼暨供僧法会。

【佛教文化调研】 2019年4月16日，全国政协委员、民族和宗教委员会副主任、党组副书记杨小波，全国政协委员、民族和宗教委员会副主任、国家民族事务委员会原副主任罗黎明，全国政协委员、中央政法委副秘书长樊绪银等全国政协民宗委调研组一行到普陀山专题调研“依法加强和创新寺观教堂管理”。道慈接待，在方丈殿交流座谈。

【佛教论坛】 2019年10月12日，“2019中美加三国佛教论坛”在美国纽约联合国总部召开。受美国佛教联合会、中国佛教协会邀请，道慈、惟航随中国佛教代表团赴美国参加“中美加三国佛教论坛”。

10月27日，首届新时代佛教中国化方向（普陀山）论坛开幕式暨2019中国佛教名山名寺法治化管理研讨会在普陀山宝陀讲寺举行。国家、省、市有关领导，名山名寺住持长老，佛学专业研究专家，法律法规顾问，普陀山僧众代表共话新时代中国佛教健康发展道路。省委统战部副部长、省民宗委主任楼炳文，中央统战部有关部门负责人，中国风景名胜区协会副会长、普朱管委会党委书记、主任干松章，中国佛教协会副秘书长卢浔，省政协委员、省律

全国政协委员、民族和宗教委员会副主任杨小波在普陀山调研 （普朱管委会提供）

首届新时代佛教中国化方向（普陀山）论坛　（普朱管委会提供）

师协会会长郑金都，省委统战部民宗处处长毛秋红，省民宗委宗教一处处长楼剑涛等，中国佛教协会副秘书长、安徽省佛教协会副会长、九华山佛教协会会长慧庆，中国佛教协会副秘书长、浙江省佛教协会会长怡藏，山西省佛教协会副会长、五台山佛教协会会长昌善，四川省佛教协会副会长、峨眉山佛教协会副会长满霖，峨眉山佛教协会副会长果正，南京市佛教协会副秘书长、栖霞寺监院净善，灵隐寺监院觉恒，普陀山佛教协会道慈等出席。

（撰稿：张豪）

编辑：李群亚

街道镇综情

东港街道

【概况】 东港街道位于普陀区中部偏西北，东濒莲花洋与朱家尖大桥相连，南邻沈家门街道，西接新区新城管委会临城街道和千岛街道，北与展茅街道接壤。东北越普陀山至葫芦诸岛礁。包括舟山岛东一部分和1个有居民海岛（葫芦岛）、22个无居民海岛。东港街道陆域总面积62.38平方千米，实际管辖陆域面积49.88平方千米。2019年年底，东港街道辖安康、莲安、中昌、灵秀、兴普、和津、文康7个城市社区居民委员会，葫芦、塘头、红旗、南岙、芦花、永兴、陈家后7个渔农村村民委员会，8个股份经济合作社，有户籍人口23191户、65819人。常住人口12.56万人，流动人口2.7万人。街道办事处驻和津社区康腾路36号。

东港街道是普陀区行政中心、陆上交通枢纽、舟山市海上旅游金三角核心区域。集行政、文化、体育、商贸、旅游服务于一体，具有现代化、生态化及海岛特色多功能品质新城。辖区内有大型商贸综合体、酒店宾馆、娱乐场所、银行服务业、图书馆、档案馆、体育馆、公园、保利大剧院、普陀长途客运中心等公共设施，浙江普陀医院、健达骨伤医院、普陀中学、普陀第二中学、普陀小学、普陀幼儿园、沈家门中心小学、普陀中心幼儿园、城北小学、城北幼儿园等一批公共服务机构和设施。

东港街道以“四个舟山”和“开放活力的幸福普陀”建设为主线，围绕产业转型升级、社会治理、民生实事保障等工作，推进土地违法“清零”、全国文明城市创建、社区村体制改革、老旧小区改造。全年招商引资，引进企业339家，实际到位市外资金6.16亿元。实现固定资产投资51.69亿元，工业总产值39.51亿元，利税总额1.03亿元，渔农业总产值58885万元，比上年增长79.34%，一般公共预算收入4.85亿元。

2019年3月12日，东港街道便民服务中心被市精神文明建设委员会评为“2017—2018年度舟山市文明示范窗口”。

【社会治安综合治理】 2019年，东港街道探索社会治理领域“最

俯瞰东港 （东港街道提供）

多跑一次”改革。整合“四个平台”综合信息指挥室、综治办、便民服务中心等资源，建立街道社会治理综合服务中心，集民生服务、办证办事、信访接待、纠纷化解于一体，实现一站式受理诉求、处置问题、化解矛盾，全年接待来访群众110批次、554人，调处各类矛盾626起，办理各类信访案件41起。在南岙社区建立社会治理综合服务站试点，推进全街道村（社区）建设，形成便民服务、矛盾化解、治安防控、心理咨询、网格服务一体化运行模式，实现源头管控。

【老旧小区改造】 2019年，东港街道老旧住宅小区改造涉及4个城市社区、18个住宅小区、92幢住宅、2284户居民。街道成立改造工作领导小组，社区组成工作组，打破8小时工作制，日夜上门签约，签约率100%。年底，92幢老旧住宅全部施工，其中主体完工48幢。

【工业】 2019年，东港街道有工业企业412家，其中产值2000万元以上规模企业35家。街道鼓励企业技改创新，拓展海洋蛋白肽生物、保健品等产业精深加工。全年实现工业总产值39.51亿元，利税1.03亿元，招商引资6.16亿元。扶持企业奖励项目34项，兑现工业奖励资金110万元。年底，有基层工会146家，会员5344人，其中独立基层工会141家，区域性、行业性工会5家，覆盖企业110余家。街道总工会获市级示范乡镇（街道）总工会称号。

【农业】 2019年，东港街道有耕地面积3623亩（241.53公顷）。实施质量兴农、品牌立农、特色强农政策，发展特色农业、精品农业、绿色农业，宣传推广普陀佛茶、勾山葡萄、南岙青饼等特色农产品，全年实现农业产值6365万元。完成舵岙河中颞段品质河道、8个污水零直排小区改造、芦花和施家岙自来水管网升级改造。做好抗击台风“丹娜丝”“利奇马”“玲玲”“米娜”等救灾处理工作。完成辖区内渔农民低收入户建档，落实十大帮扶救助措施，春节、劳动节假期走访慰问160户次，发放慰问金2.8万元。

【渔业】 2019年，东港街道有渔船管理服务站1个。年末有机动渔船173艘，总吨位56418吨，总功率75319千瓦，有远洋渔业公司3家，渔船43艘，国内生产渔船130艘，辅助渔船43艘，钢质渔船134艘，250马力（184千瓦）以上钢质渔船91艘。全年水产品产量61930吨，其中水产养殖产量130吨，实现渔业产值52520万元，其中水产养殖250万元、苗种收入470万元。

开展渔业安全生产教育管理，生产船只和渔业辅助船舶安全生产检查，全年开展各类渔业安全生产检查12次。召开渔民老大安全会议2次、安全编组长老大座谈会4次。伏季休渔期举办各类培训班2期，渔民老大面对面安全教育3期，培训人员250人。提高渔船、渔民安全保险意识，参保率100%。

【旅游与交通】 东港街道依托普陀湾众创码头、大健康产业园平台，培育发展现代物流、文化旅游、金融服务、健康养生产业。配合做好普陀佛茶文化节、国际海岛旅游大会、舟山群岛马拉松等重大节庆活动，发展节庆

内湖举行比赛 （东港街道提供）

经济、会展经济。全年接待国内游客360.86万人次，同比增长10.31%；旅游收入3.1亿元，同比增长11.98%。

2019年，完成工业园区道路改造竣工验收和资料审核，完成康腾路路面修复和新晨路南侧部分绿化带改造，治理道路隐患11处。整治外地拖拉机15辆，本地拖拉机12辆。完成人力三轮车整治，清退出租三轮车89辆，个人三轮车9辆。

【文明城市创建工作】 2019年，东港街道全民动员推进全国文明城市创建，完成“省测”“国测”迎检工作。街道班子成员点对点联系社区创城，落实170个创城点位责任制。推进居民小区环境整治，集中整治车棚车库、车辆停放秩序管理、道路修复、绿化补种等工作，新增停车位4850个、非机动车位划线2120余处，补种绿化10.55万平方米，采购垃圾桶4500只、垃圾袋5.5万只。整治流动设摊、越门经营、乱堆乱放、车辆乱停、污水乱倒等动态环境。街道城管中队出动城管力量29000余人次，累计拆除楼宇广告171处，700平方米。清理小广告和店外乱张贴500余处，3000余张。处理占道越门经营2000起次，清理非机动车乱停放500余辆，处罚机动车占道7908单，查处流动摊贩100余起。治理灯光、噪音污染232起，清理卫生死角300余处。

【“三改一拆”工作】 2019年，东港街道推进“三改一拆”专项行动，重点处置农庄违章建筑和329国道、海天大道两侧违章建筑。配合做好海天大道精品示范道路创建，实施海天大道绿化景观和亮化夜景照明工程，绿化面积11.75万平方米。全年拆违3.73万平方米，实施“三改”13.4万平方米，拆后土地利用3.56万平方米，利用率100%。推进陈家后、新塘、上戚家地块安置房建设，其中新塘安置房完成主体工程。推进城北区块、茶壶甩区块、永兴区块、蒲东村区块“清零”，完成签约3户，达成意向1户。

东港街道“最美创城人”颁奖仪式 （东港街道提供）

【“平安东港”建设】 2019年，东港街道深化网格暨“一体两翼”试点工作，推进“平安东港”建设。完善信访代办和网格员重大（紧急）信息直报制度，全年上报录入工单25549条。做好全国两会、新中国成立70周年、国际海岛旅游大会期间信访工作。全年信访接待110批次、554人。

开展扫黑除恶专项斗争，扩大群众知晓率、参与率。围绕“防风险、除隐患、遏事故”“安全生产月”活动，加强宣传教育、培训演练，组织宝马4S店、史记水产、海洲一品小区等应急逃生演练。抓好节假日专项检查、八大领域整治、重点企业隐患排查、沿街商铺消防安全整治等，累计组织安全大检查10次，排查单位510余家。

【文化体育】 2019年，东港街道统筹推进“文明细胞”创建，创建8个文明村、社区，5个文明小区和866个文明楼道。加强基层文化阵地建设和特色文化活动（项目）扶持，扶持业余文体团队67支，举办2019年街道新春茶话会，开展“共建美好家园三下乡活动”，为群众写春联、送福字，举办元宵猜灯谜活动。4月，举办第十一届普陀佛茶文化节开幕式。7月，举办城乡结对文化礼堂“文化走亲”演出活动。8月，举办庆祝中华人民共和国成立70周年暨第六届群众文化艺术节。8—

10月,组织开展3台庆祝中华人民共和国成立70周年文艺晚会、《盛世华诞》送戏进养老院。坚守渔农村文化礼堂主阵地,因地制宜打造学童启蒙仪式、婚俗文化等特色品牌,一村一品、一堂一色推进文化礼堂建、管、用,全年投入资金110万元。完成各业余团队星级考评,其中三星级10个、二星级7个、一星级3个。完成基层文化资金及文化服务中心建设资金申报。做好图书分馆服务质量提升、文化市场管理、扫黄打非、非遗传承人和传承基地申报、文物安全巡查、非遗剪纸培训等工作。街道有文体团队66支,成员3000多人。全年文体骨干参加省、市、区各类培训11次,组织敬老院慰问演出13次。组织文体团队参加省、市、区各类比赛,康乐联谊会获省气功比赛第三名、市健身气功比赛第一名。

【成人教育】 2019年,东港成校围绕"重服务、求创新、提质量"目标,注重扩面,打造特色,加强服务。全年举办"市民大课堂"285期,参加31421人次。学生社会实践92期,参与3613人。老年大学有20个班,15个专业,学员571名,全年授课20870人次。新招收2019级成人"双证制"学员37人,扫盲64人,扫盲完成率101%。完成农村劳动力培训9期,261人。完成渔农民实用人才培养167人,渔农民富余劳动力转移培训30人。中昌街社区学院培训基地落成,居民接受"家门口"教育。1月,"银龄时光,欢乐你我"获改革开放40周年"浙江省社区教育优秀工作品牌"称号。

【教育卫生】 2019年年底,辖区有幼儿园(所)10家,在园幼儿3068人,专任教师238人。小学3所,在校学生5962人,专任教师409人。初级中学2所,在校学生3064人,专任教师269人。普通高中1所,在校学生1260人,专任教师126人。协助区教育局做好高考和中考期间环境卫生和噪音管理工作。完成2019年度困难大学新生救助、中小学贫困学生助学申报工作和11名离岛学生政府补贴申报。

街道有社区卫生服务中心1家、卫生服务站8家、村卫生服务室4家,均达到市级规范标准。围绕"健康普陀"体系建设,构建新型生育环境,加强全面两孩政策宣传。全年发放生育服务卡158张,审核平台上App生育服务登记卡139人次,早孕建卡率93.12%,产后随访率98.41%,孕产妇系统管理率93.12%。3岁以下儿童健康管理率99.55%,新生儿访视率100%。申请审核上报及录入2019年计划生育奖扶特扶新增人员197人,退出人员111人。完成四项手术费用报销168人次,金额3.58万元。开展第三十二个世界无烟日、春季灭鼠、秋季灭蟑工作,做好应急救护培训及各类传染病防控,儿童疫苗接种9409人,成人接种1734人。全年贫困重症精神病人社区服药255人次,救助2.83万元;重症精神病人住院医疗救助28人次,救助11.33万元;其他精神病人服药补助130人次,救助2.04万元。有4208名65周岁以上老人参加健康体检,体检率72.68%。完成无偿献血任务56000毫升。6月,街道获市计划生育协会工作先进集体。

第十一届普陀佛茶文化节 (东港街道提供)

【社会保障】 东港街道完善社会

救助、城乡低保、养老服务、残疾人服务、优抚服务等社会保障体系。春节走访慰问困难家庭64户，发放慰问金6.4万元。开展慈善救助3批，发放救助金23.45万元，救助困难家庭78户。调整发放2018年度免费医疗助医卡23本，助残日送12名残疾人慰问金2万元。

做好省救助平台低保、低保边缘(简称低边)家庭资料补录、数据信息系统校对。全年办理低保26户、低边7户，调整及注销低保、低边家庭126户。核查低保低边及五保家庭592户，做好民政部门反馈52户家庭解释核实注销工作。

拓宽养老服务渠道，打造居家养老服务照料中心7个，实现城乡居家养老服务照料中心全覆盖。完成辖区113名90周岁以上老人高龄补贴发放工作，发放补贴12.56万元。做好65周岁以上老年人健康体检项目，为老年人建立健康档案、康复指导、测量血压、心理慰藉等服务。做好老年人意外保险和高龄补贴工作，为1242名特困老人、低保老人、失独老人、重点优抚对象老人、高龄老人办理保险，每人每年30元。

开展残疾人辅助设施申报及发放工作，全年申报无障碍设施10户，申请辅助器具75户，发放辅助器具36人，其中助听器23人、轮椅9人、床垫4人。全面排查困难残疾人收入状况，核查1200余名残疾人信息系统，符合单独施保政策残疾人330人。完成残疾人两项补贴调整，年底，在发护理补贴635人，发放金额162.26万元；在发困难补贴374人，发放金额92.63万元。

建立街道退役士兵服务站，完成1309名退伍军人及优抚对象信息采集录入，悬挂光荣牌1230块。开展95名现役军人、重点优抚对象、烈属家庭上门服务。开展13名重点优抚对象及3名烈属子女健康体检，发放抚恤金17.31万元。发放现役军人家庭优待金114万元，发放2018年经济补助金88.46万元，发放6名立功受奖士兵奖励金0.3万元，发放128名退役士兵老年生活补助金22.81万元，发放40名退役军人“八一”慰问金3.6万元，发放13名困难优抚对象“八一”慰问金0.78万元，增发补助金450元。街道获2019年度全市退役军人工作先进集体。

(撰稿：徐琳)

沈家门街道

【概况】 沈家门街道东与朱家尖街道隔港相望，南与桃花镇相邻，西与定海区临城街道交界，北、东北与东港街道相连。街道以舟山岛东南区域为主，包括鲁家峙、小干2个有居民海岛和21个无居民海岛，街道陆域总面积26.67平方千米。2019年年底辖东大、荷东、荷外、泗湾、新街、中大、西大、教场、西河、小蒲湾、大蒲湾、中州、海星、墩头、茶湾、大干、中兴、鲁家峙18个城市社区居民委员会，泗湾、教场、蒲湾、鲁家峙、马峙、大干、平阳浦、中弄、东岙、大山10个村民委员会，荷外、鲁家峙、新港、墩头、大干5个经济合作社，1个便民服务中心分站。户籍人口35175户(包括蚂蚁岛1190户、登步岛1947户)，总人口87699人(包括蚂蚁岛3711人、登步岛5715人)，流动人口45431人。街道办事处驻茶湾社区北渔市大街8号。境内沈家门渔港与挪威卑尔根港和秘鲁卡亚俄港并称世界三大群众渔港。

2019年，沈家门街道完成固定资产投资31.69亿元，同比增长59.5%；一般公共预算收入1.01亿元。

2019年，沈家门街道被市委、市政府评为2018年度全国文明城市创建工作先进集体，2018年度全市维护稳定工作突出贡献集体，建设平安舟山2018年度平安街道；被区委、区政府评为2018年度全区信访工作突出贡献集体，2018年度全区组织系统宣传信息工作先进集体；被市人大常委会评为2018年度先进人大代表联络站；被区人大常委会评为2018年度优秀(街道)人大代表联络站；提高议案建议解决率“53753”沈家门模式获省人大常委会办公厅“浙江人大工作与时俱进奖优秀奖”。

【工业】 2019年，沈家门街道有工业企业及个体户712家，其中规模以上企业31家(船舶修造企业4家，水产企业20家，机械加工企业4家，远洋企业3家)，实现规模上工业总产值45.06亿元。引进市外及自贸区企业106家，实际到位市外资金47610万元，完成市外企业新增税收3238.4万元。鼓励企业技改，重点完成正茂热加工及表面处理创新自动化改造项目，投资2000万元；舟山万邦永跃船舶修造有限公司绿色修船技术改造项目，投资2500万元。协助企业做好各类项目申报补助工作。完成舟山市南海新润商贸有限公司原南海市场地块、原大干友谊汽车公司地块、中燃小干地块闲置土地销号工作；盘活欧华闲置厂房，长宏国际接手并开展船厂复产工作，有两艘在建船舶复工。

【渔农业和海运业】 2019年，沈家门街道辖2个渔船管理服务站、10家远洋渔业企业，有渔业船舶413艘。其中，国内渔业捕捞船舶99艘，远洋渔业捕捞船舶177艘，渔业辅助船舶109艘，60马力以下小型渔船28艘。有海运企业39家，海运船舶221艘，总运力84万吨。实现渔业总产量13.82万吨，总产值17.20亿元。远洋企业数、远洋船只数约占全区一半，实现产量12.62万吨，产值15.64亿元。

【旅游业】 2019年，沈家门街道发展旅游经济，创建国家全域旅游示范区。完善景区基础设施，提升旅游环境，推进小镇外部交通指示牌设置，整修重点涉旅道路，推进半升洞高端街区项目，改造半升洞码头，打造新型沈家门渔港，提升城市品位。建设“渔港十景”景点景区，开展青龙山公园环境提升调研，南入口工程完工；宣传“渔港十景”，印制出版沈家门“渔港十景”宣传册及纪念书签，推出公众号一景一期宣传系列；注重旅游开发纵深发展，联合中国休闲垂钓协会矶钓分会举办“沈家门渔港小镇杯”静水鱼拓全国总决赛、2019年舟山群岛新区第二届“沈家门渔港”全国矶钓名人精英赛等全国性特色赛事。全年旅游接待849.82万人次（包括蚂蚁岛18.48万人次），同比增长9.8%。

【城乡建设】 2019年，推进“三改一拆”工作，拆除各类违法建筑2.94万平方米，拆后利用2.4万平方米，旧住宅区改造8.71万平方米。“五水共治”完成平阳浦河、芦西河范围内3千米河道护栏更新改造；完成大干河雨水口节制闸工程。落实创城工作，重点启动楼道破旧窗户更换、非物业小区破损破面修复、部分背街小巷管线整治等，整改楼道破损电力设施、车棚车库居住。专项整治农贸市场、居民小区、背街小巷等重点、难点区域，全面提升老城区面貌。完成车棚车库集中整治，整治经营15户、出租72户、自住589户、其他21户。创建65个小区文明楼道，配备楼道长724个，阵地建设945个；完成37幢楼及1个小区塑钢窗换新，完成69幢楼道刷白，路面硬化2处；安装城乡电瓶车充电桩165套，整改楼道破损电力设施2192户；更换垃圾桶标识725个；安装声光控灯楼道672个；集中整治背街小巷弱电管线，消除背街小巷、居民小区内“城市蜘蛛网”视觉污染及管线安全隐患。2019年列入改造计划老旧房屋101幢，涉及12个点位，其中9个点位一般类改造、2个点位示范类改造、1个点位一般类和示范类相结合，改造户数3320户；签订申请书3305户，签约率99.5%；签订防盗窗协议2600户，签约率96.2%，完工9个项目。抓好无物业小区管理，完成滨港花园、锦绣、锦前、锦程、和馨花园5个小区成立新业主委员会，引入新物业公司。

【社会事业】 2019年，沈家门街道抓好“最多跑一次”改革，优化调整窗口设置，推动“一件事情”审批服务事项纳入综合窗口，实

沈家门老旧住宅小区改造 （翁盈昌摄）

现综合窗口向社区延伸，覆盖率100%。全年办理各类事项2817项，办结率100%，完成网上办件916件。建设“四个平台”，实行“基层治理四平台”与“统一政务咨询投诉举报平台”两大平台双向推送。全年受理1008件，按期受理率、按期答复率100%，收到来电表扬件13件，满意率91.5%以上。创建幸福社区全覆盖，完成2019年9个区级和7个市级幸福社区创建提质扩面申报工作。落实慈善救助，发放各类救助资金45.88万元。建设社区慈善工作站，拓展救助渠道。做好残疾人两项补贴工作，为360名困难残疾人发放生活补助金8万余元，1270名重度护理残疾人发放补助金35万余元。为58户96名市特困残疾人申请每月200元生活补助。发放基本医疗保险补助资金23人、53590元，发放职工基本养老保险补助资金80人、21万元。建设残疾人之家，结合创建省四星残疾人之家契机，残疾人小康阳光庇护中心硬件设施项目列入街道民生实事项目，9月20日开工，10月20日完工。严把公租房审核关，收到申请资料368份。推进居家养老服务，落实养老服务补贴政策，提升社会化服务水平，街道、社区居家养老服务照料中心、民营照料机构（馨悦）签订三方协议，通过政府购买服务方式向享受居家养老照料补贴老人提供照料服务，全街道享受养老服务补贴人数88人。

宣传扫黑除恶专项斗争 （翁盈昌摄）

【平安创建】 2019年，沈家门街道加强社会稳定建设，全年调处各类矛盾纠纷1259起，涉及金额1296.39万元，调处成功率100%。受理信访件68件，接待反映问题群众925人次，办结率和书面答复率100%。完成全国、省、市、区“两会”和新中国成立70周年等重大事项维稳安保任务。加强隐患排查和联动执法力度，重大活动、重要场所、重点领域，全年开展检查76家次，排查隐患206条，发出责令限期整改指令书14份、复查整改指令书14份。

【渔港小镇建设】 2019年，沈家门街道围绕省级特色小镇三年创建目标，立足渔港资源、渔城景观、渔业文化等特色优势，突出旅

沈家门渔港夕照 （翁盈昌摄）

游产业主导。1月，做好第三批省级特色小镇验收命名申报工作，列入省特色小镇第一批亩均效益领跑者名单。半升洞区块高端休闲街区项目列入渔港小镇重点建设项目之一，完成整体进度33%，完成商业地块地下室结构95%，完成住宅地块75%。半升洞客运站场项目完成招标，开始施工图纸设计，并准备前期报建各项手续所需资料，完成现场临建布置方案、施工组织安排以及周边项目协调等工作。完成沈家门海鲜夜排挡提升改造方案。

【旧城改造】 2019年，里墩头旧城改造区块签约率和搬迁腾空率100%。沈家门城区城中村改造区块，完成未签约户11户、未腾空户15户，剩余未签约户9户(鲁家峙9户)。推进鲁家峙岛清零工作，完成红山路1户住宅房屋签约及搬迁腾空，完成11户签约(包括祖堂8户)搬迁腾空工作。道路及河道地块剩余4户集体土地上房屋，启动强制征收程序。

【鲁家峙开发建设】 沈家门街道做好鲁家峙岛基础建设，推进鲁家峙体育动力公园、文体公园、北岸线工程、东南涂海塘景观提升工程等项目，做好鲁家峙至东港公路工程、璞园南区、豪布斯卡三期开发建设。完成鲁家峙至东港公路工程74%。完成鲁家峙侧明挖暗埋段及工作井主体结构施工，完成鲁家峙码头拔桩施工；东港侧山岭隧道累计完成总工程量70%；累计完成沈家门侧工作井总工程量50%。

（撰稿人：李羽）

展茅街道

【概况】 展茅街道位于舟山本岛东北部。三面环山、北面临海。东以大展湾岗、雷火地、老虎岩岗与东港街道塘头北区相邻，南以风水岭、塔岭(顶梁尖山)与东港街道南岙村接壤；西以响岩岗、老虎山、黄杨尖、鹅鼻岭和蛏子湾海塘中段，分别与东港街道西北部和定海区洞岙、北蝉、小展毗邻。以舟山岛东北部为主体，有8个无居民小岛及16个岩礁，陆域总面积34.84平方千米。

2019年完成社区、村体制改革，由原来6个社区、16个股份经济合作社，调整为茅洋、螺门、沙井、黄杨尖、横街、大展、晓晖、梁横8个村民委员会(螺门、晓辉、梁横3村从原螺门社区村分设)，沙井1个居民委员会，16个经济合作社，260个村民小组。年底总户籍人口7505户，21625人。

境内有多处名胜古迹，有建于清康熙年间的柴家走马楼，光绪年间的翁氏宗祠、龙宫，抗日战争和解放战争时期的舟山革命武装力量根据地和活动地。

展茅街道傍山临海，有丰富山水生态资源。西部有舟山本岛第一高峰——黄杨尖，高503.6米。西南部干施岙村以人文景观闻名全市。2019年，结合创建全国文明城市，综合整治小城镇环境、建设美丽乡村，推进农旅融合发展，提升干施岙国家级美丽宜居示范村，投资7000余万元，完成普陀田园综合体一期工程，向市内外游客开放。2019年投资2亿元，推进二期工程项目，建设景观水系，千亩玫瑰园、综合服务大楼相继完工。完成鱿鱼市场提升改造工程，完善晓晖工业片区基础设施。

境内交通便捷，4条高等级公路分别通往舟山各地，连接跨海大桥，2019年建成东港至展茅舟山最美沿海公路。

展茅街道庙后村口 （展茅街道提供）

展茅街道素有“五匠之乡”和“鱿鱼干之乡”美誉，经济以海洋捕捞、水产食品加工、海洋生物、船舶修造、精细化工、饲料加工、物流运储、集装箱运输、果木种植、建筑装修为主体。2019年规模以上工业总产值26.9亿元，同比增长6.0%。全年接待游客41.48万人次，同比增加89%。实现旅游业总收入4815万元，同比增加60.5%。实现一般公共预算收入8249万元，同比减少19.6%。实现固定资产投资6.49亿元，同比增长17.7%。展茅街道干施岙村是省AAA级景区村庄。

【工业与建筑业】 2019年，展茅街道有工业企业67家，从业人员9125人，实现规模以上工业产值26.9亿元，同比增长6%。富丹、丰裕、融创、佳必可、嘉誉、荣舟6家企业年产值超亿。街道推动产业转型升级，引导企业加大技术创新和新产品研究、开发力度，重点抓产业节能增收，提高经济效益，解决企业生产经营中实际问题，相继启动日处理3000吨污水应急处理系统和日处理5000吨污水处理工程。裕丹食品等8家企业落户鱿鱼市场，完成土建施工。荣和、好达等企业相继投产。浙江泰莱展茅物流建设项目完成投资4551万元。有序推进高新工业园区建设项目，完善各项设施，工业园区整体布局和规模初具雏形。全年招商引资3064万元，引进企业37家。

建筑业是展茅街道传统产业，以恒尊集团有限公司为龙头，2019年建筑业总产值24.54亿元。

【农旅融合发展】 2019年，展茅街道加快农旅融合发展，完成投资2亿元，建设普陀美丽海岛田园综合体二期项目，完成河道清淤、护岸修建等景观水系工程和千亩玫瑰园、综合服务中心大楼建设项目。9月，在普陀美丽海岛田园综合体举办全市第二届农民丰收节，增加全市乡村旅游景观亮点。

普陀田园综合体迎纳游客 （展茅街道提供）

启动闲置民房盘活工作，加快特色民宿、农家乐发展，完成干施岙、田公岙、翁家岙、上潘孙等8家特色民宿建设。建设上潘孙A级村庄景区，创建茅洋省、市级精品村，打造农旅融合发展和“五美”目标，结合创建全国文明城市，改善村容村貌和民风民俗，提升展茅渔农小镇品位。

鱿鱼市场加工车间 （展茅街道提供）

投资2000万元，完成大展河道防洪排涝水系治理工程，完成河流调蓄、水利管理、护岸修护等品质河道建设，完成农特产品“展茅欣”商标注册。建设东港“昌正店”和网店配套设施，完善农业主体产业向集聚化、专业化生产销售发展，扩展和提升特色农产品供销渠道和经济效益。全年实现农林牧业产值4775万元，同比增长1.3%，粮食总产量1464吨，蔬菜产量3637吨，水果产量946吨，肉类产量128.3吨。

2019年，街道通过省、市级农业特色强镇考核、验收，获省补助资金500万元。

【渔业】 全街道有渔业机动船只151艘，总吨位22964吨，总功率34249千瓦。2019年调整渔业产业结构，落实渔业生产责任制，开展安全生产宣传教育，集中检查151艘捕捞及渔运船只安全状况。9月，完成59艘渔业船舶职务证书考、换和船员“六小证”培训等工作。12月，完成渔业生产“一打三整治”及“三战”行动。完成2018年度渔业生产成本补贴渔港渔船迁移补偿资金申报、发放工作。长峙山强排泵站等重点工程相继开工。全年实现捕捞产量26500吨，渔业产值27020万元，同比增长0.1%。

【教育】 2019年，展茅街道有全日制学校3所，在校学生1659人，其中外地学生898人；初中生452人，专任教师136人，其中中学教师53人；幼儿园2所，在园幼儿371人。修订完善《加快推进展茅街道教育工作和若干意见》，整合教学资源，优化教育工作考评机制和激励机制，提高一线骨干教师奖励力度，稳定农村优秀教师队伍。街道投资55万元，完成螺门幼儿园教学楼顶层和外围墙维修。投资25万元，完成展茅中心学校党建文化室扩建。2019年，展茅中心幼儿园获全国生态文明特色学校和浙江省足球特色幼儿园称号；展茅中心学校在全市等级平安校园建设考评中被评为AAAAA级平安校园，在第二届全国中小学现代海洋知识竞赛中获组织奖。

街道成人教育扎实开展渔农民实用技能培训，开设种植、养殖、五匠、家政、农家乐等培训13期，受训人员370人。成人教育学校配合区教育局举办全民终身学习周活动，其中“海岛新农村公民孝善教育”获省终身学习品牌项目。启动“幸福起航，关爱少年”单亲家庭在校儿童关爱项目，开展志愿者结对服务走访、交流、心理疏导、研学教育等活动16次，惠及500人次。

【文化体育】 2019年，展茅街道以干施岙“礼孝学堂”为平台，加强青少年传统文化和国学礼仪教育。投资20万元，完成黄杨尖村、庙后文化礼堂装修工程，文化礼堂增至9家。围绕中共十九大精神，培育和践行社会主义核心价值观，以公民素质讲习所和各村文化礼堂为平台，结合新中国成立70周年各项庆典活动，开展宣讲教育。开展“东海渔嫂”最美家风、家训、家规故事宣讲会等形式，开展“培育好家风，传承好家风”活动。开展“亲近国学，与爱同行”和“走进革命老区，探寻红色足迹”等活动。9月22日，在普陀田园综合体举办中国舟山（普陀）第二届农民丰收节，以“海稻梦想，醉美田园”为主题，展现70年海岛美丽乡村巨大变化。展茅中心学校在2019年7月舟山市第六届中小学生阳光体育运动

展茅中心幼儿园 （展茅街道提供）

会中分别获初中女子排球第二名和小学女子排球第三名。

【环境卫生】 2019年,展茅街道投入300万元,整修辖区内主要交通道路、街区、村口墙面,改造升级污水管道,完成15个公厕改建。投资140万元,完成展茅街道社区卫生服务中心改扩建。其中,新建182平方米,改建300平方米,外立墙面防水加固处理1000平方米。加大食品安全监管力度。做好新形势下优生优育工作。2019年,街道被评为舟山市“洁美杯”考评优胜单位。

街道有卫生服务机构10家,病床20张,执业医师24名。垃圾中转处理站1个。街道社区卫生服务中心置有X光透视、心电图检测、B超等基本医疗设备,完善“一中心,一所,八室”渔农村医疗卫生服务体系。

【社会保障与人民生活】 2019年,展茅街道加大村容、村貌建设和管理力度,完成污水处理厂升级改造、上潘孙饮用水品质提升和沙井小区外墙立面改造工程。完成街道示范型居家养老中心升级改造。完成加油站至大使岙、上潘孙、柴家、田公岙等道路整修。投资800万元,完成绿化和公厕改造工程。

完善社会救助体系,发放低边救助金384.6万元,残疾人补助款145.9万元,各类临时救助资金89.7万元,实现困难群众救助全覆盖。开展“关爱夕阳,为老服务”系列活动。开展“最多跑一次”、街道综合服务窗口“无差别全科受理”等服务。

全街道建有文化礼堂9家,为广大群众开展经常性学习交流、文体活动提供场地保障。

2019年,在企业从业人数9125人,城乡居民医疗参保人数13658人。街道内金融机构年末各项存款余额13.40亿元,同比增长16.4%,其中居民储蓄存款余额11.22亿元,同比增长15.6%。

展茅街道示范型养老服务中心 (展茅街道提供)

【道路与交通】 展茅街道交通以陆路为主,通往定海、沈家门两地交通便捷。境内有三条公交主干线,一条向南过塔岭后分三路到沈家门和东港,一条向西分别经黄杨尖隧道和鹅鼻岭隧道通往临城新区和北蝉、定海两地。2019年,建设完工沿港观光公路由螺门过晓辉岗沿舟山本岛东海岸线经塘头到东港,被称为舟山最美沿海观光公路。往定海方向分别有39路、15路、310路、315路和61路公交车,往沈家门、东港方向分别有5路、11路、12路、13路、15路和310路(兼运)。

2019年,开展美丽乡镇和小城镇综合治理,完成螺门鱿鱼市场6000米路面沥青铺设和龙门路拓展工程。完成加油站至大使岙、上潘村、柴家等村道和田公岙海防公路整修提升和周边绿化建设,改善辖区内交通环境。

(撰稿:柴国定)

朱家尖街道

【概况】 朱家尖街道位于普陀区中部偏东,东、东南、南濒临东海,西南、西与桃花镇、登步岛隔海相望,西北临普沈水道与沈家门街道、东港街道隔海为邻,北、东北与普陀山镇隔海相眺,大桥连接东港街道通舟山岛。与海天佛国普陀山、世界渔港沈家门构成普陀旅游金三角。陆域总面积72平方千米。朱家尖岛东部28.8平方千米与普陀山同属普陀山国家级重点风景名胜区。

2019年,朱家尖街道实施社

区(村)体制改革。年底辖中欣、西岙、莲兴、莲花、南沙、三和、莲和、新桉、沙湾、大洞岙、顺母新村11个村社,福兴1个社区居委会。户籍总户数9713户,总人口29321人。街道办事处驻福兴路1号。

全年实现一般公共预算收入1.95亿元(含白沙岛),同比增长18%;实现限额以上住宿餐饮业营业额2.86亿元,同比增长25.79%;实现限额以上批发业销售额7.35亿元,同比增长106.6%;实现限额以上零售业销售额830.7万元,同比减少5.78%。旅游接待1096.74万人次(其中白沙岛52.5万人次),同比增长18.96%;旅游收入78.96亿元,同比增长19%。其中,5个景区接待游客237.14万人次,同比下降3.44%;景区门票收入1.1亿元,同比下降1.11%。固定资产投资同比减少23.7%。

【社区村体制改革完善新村成立大会】 8月19日,朱家尖街道举行社区村体制改革完善新村成立大会,街道班子领导、机关中层干部、新成立的村社班子成员共200余人参加。大会对11个新成立的村级党组织和村(居)委会进行授牌。

【农林牧渔业】 2019年,朱家尖街道实现农林牧渔总产值16.73亿元,同比增长6.7%。其中,渔业总产值15.81亿元,比上年增加7%;农业总产值6179万元,同比增长2.17%;林业总产值197万元,同比减少1.5%;牧业总产值318万元,同比减少2.75%;农林牧渔服务业总产值2459万元,同比增长0.37%。

全年农作物总播种面积12174亩(811.6公顷),比上年减少4.49%,其中粮食作物播种面积3696亩(246.4公顷),同比减少3.7%;粮食产量1042.46吨,同比减少2.24%;蔬菜产量2119.1吨,同比减少13.46%;水果产量4563.45吨,同比增长4.89%。

全年肉类总产量58.3吨,同比减少29.9%。其中,羊肉产量2.05吨,同比减少70.29%。禽肉产量56.25吨,同比减少26.3%。禽蛋产量5.3吨,同比增长116.3%。年末羊存栏量12头,出栏134头。

全年水产品总产量55260吨,同比减少9.39%。其中,捕捞产量52224吨,同比减少10.34%;海水养殖面积2880亩(192公顷),养殖产量3036吨,同比增加10.88%。

年末有机动渔船336艘,总吨位52992吨,总功率85869千瓦,其中捕捞渔船270艘,捕捞船总吨位42753吨,总功率63604千瓦,辅助渔船65艘,辅助船总吨位10220吨,总功率22199千瓦。

【工业】 朱家尖街道有工业企业29家,其中规模以上工业企业7家。全年实现规模以上工业总产值8.81亿元,同比减少15.01%;实现规模以上工业增加值1.32亿元,同比增长5%。水产品精深加工企业实现产值9.13亿元,同比减少20.68%;实现工业利税4842.4万元。全年实现工业出口交货值5.88亿元,同比增加5.38%;水产品加工产量41931吨。

【旅游服务业】 2019年,朱家尖街道推进朱家尖休闲旅游产业提质升级,完成大青山景区观景平台、游步道、无障碍卫生间等提升改造,建设房车露营基地,举办“熊来了亲子嘉年华”活动,升级线上支付系统,提升景区基础设

中国佛学院普陀山学院 (诸葛晓明摄)

朱家尖南沙 （沈磊摄）

施和游客满意度。做优民宿特色产业，全岛1400余家民宿接待游客108.5万人次，实现经营收入4.24亿元；培育渔农家精品民宿20家，其中1家获评市级最美民宿。开展旅游环境综合整治，专项检查治理环境卫生、服务质量、旅游安全、拉客宰客等，改善景区周边环境。

2019年朱家尖旅游接待人数1096.74万人次，同比增长18.96%；旅游收入78.96亿元，增长18.96%。其中，南沙景区接待游客103.67万人次，同比减少11.4%；白山景区接待游客21.34万人次，同比减少18.84%；乌石塘景区接待游客31.67万人次，同比减少7.24%；大青山景区接待游客44.84万人次，同比增长25.56%；名流陶艺（特产城）接待游客10.25万人次，同比增长11.61%；舟山旅游集散中心（慈航广场）接待游客138.39万人次，同比增长14.88%。

【文化教育卫生事业】 2019年，朱家尖街道完成朱家尖中小学、幼儿园和卫生院设施提升改造。开展“幸福年味”、全民特色运动会、庆祝新中国成立70周年、“学最美文化，做文明细胞”等各类群众性文体活动和公益培训27场次、开展文化礼堂活动40场，参与群众3万余人次。

街道有学校4所，幼儿园2所。其中，大中专院校1所，在校学生3046人，专职教师113人；中小学校3所，在校学生1472人，专职教师94人。

街道有医疗卫生机构12个。其中，社区卫生服务中心1家，社区卫生服务站7家，村级卫生室4家。有卫生技术人员73人，其中助理医师以上职称有33人。2019年公共卫生服务体系建设，创建市级学前教育示范乡镇及省级示范卫生服务中心。

【社会保障和人民生活】 2019年，朱家尖街道有4383人参加城乡居民基本养老保险，17547人参加城乡居民基本医疗保险，参保率99%；失地农民养老保险转轨1333人。全年困难结对131户，其中街道干部结对26户，送去慰问金和实物，合计现金51272元；街道慈善分会开展助困、助学、助医，发放慈善款10.1万元；市慈善总会开展关爱尿毒症患者救助11

6月，朱家尖北塘村文化礼堂建设完工 （普朱管委会提供）

人，10.8万元；重度残疾人护理补贴417人，发放补贴121.62万元，困难残疾人生活补贴178人，发放补贴52.88万元；民政、残联、红十字会、慈善机构等开展春节困难慰问，慰问困难家庭92户，发放慰问金17.28万元。年末有低保户175户，219人，低保边缘户39户，78人，五保户13户，14人，发放最低生活保障金249.27万元。

（撰稿：丁璐）

六横镇

【概况】 六横镇位于普陀区南部，东濒东海，南、西南临磨盘洋、牛鼻山水道与宁波市象山县涂茨镇、贤庠镇隔海相望，西、西北濒汀子门水道、佛渡水道与宁波市北仑区梅山街道水域相连，北、西北傍佛渡水道与宁波市北仑区、白峰镇隔海为邻水域相连，东北隔条帚门与虾峙隔海相邻。由六横、佛渡、悬山、凉潭、大蚊虫、对面山、砚瓦山、笔架山、野佛渡、汀子山、牛山、外青山、大铜盘13个有居民海岛和90个无居民海岛组成，陆域面积139平方千米（含小郭巨围垦区20平方千米），镇政府驻峧头三八路101号，距普陀城区24.8平方千米。

2019年7月，改革渔农村（社区）体制。至年底，六横镇辖30个村民委员会（原27个渔农村社区，其中龙山中心社区村分为龙山新村和沙浦新村，峧头社区村分为洋山新村和峧头新村，双塘社区村分为双塘新村和张家塘新村），5个城市社区居委会（不变），35个股份经济合作社，年底户籍总户数19020户，总人口62817人，常住人口约10万人。

全年实现地区生产总值113.76亿元，比上年增长6.8%；财政总收入12.9亿元，增长0.5%，其中一般公共预算收入9.57亿元，增长8.0%；完成固定资产投资27.1亿元，增长19.7%；渔农民人均可支配收入41386元，增长10.2%。

2019年10月，六横镇入选“2019年度全国综合实力千强镇”。

六横市民广场 （六横管委会提供）

【重大项目】 六横镇2019年建成国电舟山普陀6号海上风电场；建成中远屋顶光伏项目并网发电；完成小郭巨二期围垦项目总工程量99%；完成龙山船厂脱硫塔项目并投产；开工建设盛达船用燃料油中转加注基地项目。投资20亿元，开工建设省市县长项目盛达船用燃料油中转加注基地、麦哲伦油泥综合利用、悬山海洋牧场综合体。

【招商引资】 六横镇引进浙能六横LNG接收站项目，投资160亿元；中石化LNG综合利用项目，投资200亿元。引进自在盛达船用燃料油中转加注基地项目、投资20亿元；油品综合利用项目，投资5.5亿元；清洁能源项目，投资5亿元；蓝色海湾文旅开发项目，投资20亿元；海洋牧场综合体项目以及中科舟山海工智能装备等项目，投资5亿元。全年签约项目7个，实际到位市外资金12.26亿元，实际利用外资2057万美元。

【临港工业】 六横镇实施绿色制造标准化省级试点项目，制定省级绿色修造船标准体系。完成鑫亚厂区扩建工程，召开国际绿色修造船岛新闻发布会。全年完成船舶修理720艘，其中外轮567艘，交付新船11艘，实现船舶修造业产值48.4亿元，同比增长34.8%。全面推进省级新能源示范镇创建，浙能六横电厂、浙能光伏发电站保持平稳运行，全年总发电量108.7亿千瓦时，实现发电总产值39.1亿元。引进中科睿启、万洋集团新建小微园区，推进庆丰铁路标准化新厂区建设，实施小微企业三年整治提升计划。

【临港服务业】 大宗商品储运中转项目，武港铁矿砂中转码头和浙能煤炭中转码头，全年完成港口货物吞吐量8112.7万吨，其中煤炭年进出口2100.2万吨、铁矿砂3124.1万吨、油品478.9万吨。商贸业限额以上批发业实现销售额68.3亿元，同比增长12.6%；限额以上零售业实现销售额1105万元，同比增长15.1%。旅游产业稳步发展，启动海岸带保护修复，全年旅游业接待游客300.4万人次，均同比增长15%。

【渔农业】 2019年，六横镇实现渔业产值10.9亿元，渔业产量65703吨。农业产量28185吨，产值1.17亿元。晨源养猪场等3家单位创建市级“菜篮子”基地。加快渔农产品品牌创建推广，新增六横佰鑫家庭农场“宏鹰”商标，注册渔农业商标达到10个。完成红卫盐场造地项目，新增耕地800亩(约53.33公顷)，完成高标准农田建设和“旱改水”耕地质量提升项目。开展小型农田水利建设，完成山塘综合整治8座。做好动物疫病防控管理，完成“春季防疫”及“秋季防疫”工作，累计完成猪免疫45398头，口蹄疫免疫45398头，蓝耳病免疫1717头，禽流感免疫58514只，羊瘟、羊小反刍、羊口蹄免疫1462头。

【小城市建设】 六横镇完成佛渡环岛公路拓宽、六横路延伸至煤电门口、葛田北路改造等项目。投资6200余万元新建3艘客船，

六横荷花小区电梯加装工程 （六横管委会提供）

六横至宁波汽渡实行摆渡模式，开通大岙至长峙高速客船，完成沙岙码头候渡区扩建工程，改建大岙码头候船厅大楼。推进天合广场、华谊家园项目，启用城市供燃。完成8幢城镇危房动态监测和226户渔农村危房改造，完成12幢老旧小区房屋改造，完成荷花小区电梯加装。

【新农村建设】 六横镇投资3000万元，实施“五彩六横”美丽乡村提升工程，完成田岙村省级美丽乡村精品村和青山村仰天市级美丽乡村精品村创建。总投资280万元，建设双珠植物公园。完成6

田岙省级美丽精品村 （六横管委会提供）

座渔农村生活污水标准化治理终端建设，完成《六横镇农村生活污水治理专项规划》编制。完成16个村集体经济发展项目，全面消除集体经济薄弱村，其中购买店面房14个，改造虾塘1个，改造农贸市场1个，股份经济合作社年收入10万元以上，并通过市区验收。

【生态环境建设】 六横镇巩固“五水共治”建设成果，创建峧头河、荷花河品质河道，打造美丽河湖，完成”污水零直排区”创建，修复生活小区污水管网32幢，排摸峧头、台门、龙山雨污水管道，总长41.9千米。推进渔农村垃圾分类，实现生活垃圾清运出岛。完成21座渔农村公厕改造。获2018年度浙江省美丽乡村示范乡镇和舟山市创建国家森林城市先进集体。获市“品质河道”“污水零直排区”建设工作先进集体。

【行政审批服务】 六横管委会优化营商环境，梳理公布“浙里办”掌上办事261项，梳理“一件事”事项79项，梳理部门间“最多跑一次”事项46项。全年办结“最多跑一次”事项50737件，办结率100%。全市首个融经济服务、社会治理、城市大脑于一体社会治理和政务服务中心投入运行，成为全国最早应用5G技术基层综合服务中心，拥有公共服务9大板块。推进一般企业投资项目审批“最多80天”改革，实现率100%。791项政务服务事项网上办事实现率100%，128项民生事项全部实现“一证通办”。应用投资项目在线审批监管平台3.0版，完成项目赋码41个，实现网上办、掌上办、即办率、跑零次、压缩比5个100%。

【改革创新】 六横镇完成社区体制改革，融合率100%，其中4个社区村实现直接合并，获市社区村体制改革完善工作先进单位。实施“标准地”承诺制改革，出让“标准地”6块。完成2018年度“亩均论英雄”企业综合评价工作。小郭巨临港产业园入选国家第四批增量配电业务改革试点。

【为民办实事】 2019年，六横镇推进为民实事项目10项。扶持社区村集体经济发展，16个村集体经济年收入均10万元以上。完成公共码头、综合服务中心提升改造。完成六横中学改扩建主体工程。完成19辆环岛汽车公交车更新和2座港湾式候车厅建设工程量80%。完成六横岛台门水系综合治理总工程量72%。完成六横小湖外黄沙海塘、大鱼厂海塘加固工程。完成小筲箕海塘加固总工程量70%。双塘街道立面改造，完成强弱电施工总工程量40%。大岙码头候船大厅建设，完成临时场地建设并开始基础施工，完成总工程量10%。六横殡仪服务中心项目完成施工招投标工作。

【社会民生】 提升教育质量，峧头中学中考总平均分为全区第三，六横中学高考本科率36.6%，专科率100%。六横中心小学被评为全国教育系统先进集体。全市加强海岛教育工作现场推进会在六横召开。公共医疗卫生体系综合管理改革，新建六横中心卫生院三优门诊业务用房，完成佛渡、悬山健康小屋建设，建成基层医疗服务站32家。完善养老体系，建成敬老院1家，示范性居家养

六横社会治理综合服务中心 （六横管委会提供）

老中心1家，托老所4家，居家养老照料中心17家。城乡居民养老保险和基本医疗保险参保率分别为99%和98.5%。全年实现就业4600余人。

【精神文明建设】 六横镇启用六横文化中心，举办纪念建党98周年表彰大会暨“不忘初心 牢记使命”主题文艺晚会、“书香六横·广场书市”百姓文化集市等文体活动，开展文艺下乡巡演28场次，新建双屿港文化礼堂，五星文化礼堂获省五星级文化礼堂。开展宗教、计生、就业、慈善、残疾人、优抚等工作。

【平安六横】 2019年，六横镇未发生重大安全生产事故。完成全国“两会”、“一带一路”国际合作高峰论坛、新中国成立70周年期间安保工作。创建杜庄村“省级善治示范村”和东靖社区“市级民主法治村”。建设智慧控制岛，六横应急联动指挥中心高效运行，刑事治安案件立案量同比下降16.9%。深化扫黑除恶专项斗争，整改落实市督导组提出的5个问题。建设基层治理“四个平台”，接收群众来电、来信19191件，派单流转处理781件，时效内对接率和办件率100%。推进“七五”普法和“六五”依法治理工作。

（撰稿：张家玮）

桃花镇

【概况】 桃花镇位于舟山群岛东南海域，包括桃花、悬鹁鸪山2个有居民海岛和40个无居民海岛，陆域总面积45.20平方千米。东北与登步岛、西北与蚂蚁岛合围成桃花国家一级群众渔港，西南隔虾峙门水道（国际航道）与虾峙岛相邻，东南临东海洋鞍渔场。

2019年，桃花镇完成社区村体制改革工作，全镇7个村全部实现“一村一社”。年底辖青龙、茅山、盐厂、对峙、公前、沙岙、塔湾7个村社和公前1个居委会。全镇户籍人口5492户、16129人，常住3861户，常住人口10410人。镇政府驻公前村公前街1号，距普陀城区13.5千米。

桃花镇经济“以旅游为主导产业，海洋运输为支撑，渔农为基础”。2019年全镇社会生产总值24.1亿元，同比增长7.6%。其中，渔业总产值5.38亿元；农业总产值0.67亿元；规模以上工业总产值2.45亿元，同比增长26.8%；旅游收入6061.8万元。一般公共预算收入6313万元。渔农民人均纯收入2.87万元，同比增长8%。固定资产投资2亿元。

桃花镇是国家AAAA级景区，国家级特色景观旅游名镇，省级风景名胜区、生态示范区，首个海岛影视拍摄基地，省旅游强镇，省生态强镇。被评为2018年度全区乡村振兴工作先进单位、2018年度全市平安建设优秀乡镇、全市先进团组织，2019年通过国家卫生乡镇创建复评。

【网格综治】 2019年，桃花镇网格管理中心与综治工作实行综治、司法、网格管理“三位一体”，资源共享，承担网格走访、民情收集、巡逻维稳、信息汇总、综合研判、流转督办等基础工作。制定网格化管理系列制度、实施方案和网格员考核细则，明确网格化管理各项工作任务。全镇划分9个网格，每个网格配备1支网格服务团队，专职网格员承担信息收集、矛盾纠纷化解、安全隐患排查、流动人口协管、重点人群帮扶、社会治安巡防、民生服务代办、法律政策宣传、社情民意联络

第四届“桃花力量”合照 （桃花镇提供）

等职责。构建“人在网中走、事在格中办”基层管理格局。全年累计走访群众16671人,其中流动人口207人、重点人员96人,重点场所54个,事件处理1885条。建立健全综合治理机构,整合群防群治队伍,完善维稳机制,构筑社会治安防控体系。年初与各企事业单位、村、居委会签订社会治安综合治理责任书55份,信访工作目标责任书7份,禁毒工作目标责任书7份。社会治安综合治理与普法教育相结合,开展“平安综治双月宣传”活动,综治、禁毒、扫黑除恶法制宣传教育等,悬挂横幅150条,发放宣传单3000余份,张贴普法、反邪教宣传图片8套24张,发放禁毒宣传资料600余份。以“建国70周年”安保工作为重点,贯彻“打防结合、预防为主、标本兼治、重在治本”方针,成立统筹协调工作小组,组织召开工作部署会,落实安保措施。

【旅游】 2019年,桃花岛风景名胜区接待游客346.27万人次,同比增长10%,旅游及相关产业收入23.54亿元。建设旅游项目,完成射雕城景区金庸文化园改造和玫瑰园打造,完成塔湾金沙景区外小商品店改造,景区安期峰观景平台和外围上山游步道建设,大深水湿地公园建设,完成环对峙山绿道景观节点打造。完善旅游交通基础设施,完成沙乌线通景区道路白改黑、乌石子段道路提升、上船跳接线公路路基等交通工程,新建港湾式候车厅6座。《桃花岛风景名胜区总体规划(2018—2035年)》通过省政府批复。加强悬鹁鸪岛、李家岙、下石水岗等地块招商推介,与中铁建达成整岛旅游综合开发意向协议,完成一期投资方案编制。整改提升AAAA级景区,推动公交整治、升级旅游服务中心、更新标识标牌系统、规范购物场所、培训旅游从业人员等。举办第三届海浪音乐节暨2019侠侣爱情文化节等活动,吸引1万余名游客参与。连续四年举办骑闯天路资格赛,全国400余名骑手参赛。举办桃花岛首届金庸文化节爱心公益行活动,全国各地200多名金庸迷参与。举办“金庸笔下桃花岛——2019江苏旅游推介会”,开通江苏—桃花岛旅游直通车,引入游客1万余人次。

海浪音乐节 (桃花镇提供)

【渔业】 桃花镇有渔船管理服务站3个,休闲渔业公司1家,渔业生产村1个,有渔业户2204户,渔业人口6827人,渔业劳动力2748人,其中捕捞劳动力2137人,养殖劳动力113人,外市捕捞劳动力261人。全镇有各类渔船218艘,其中近外海大中型渔船143艘,60马力以下小型渔船74艘、休闲渔船1艘,总吨位23867吨,总功率37318千瓦。水产养殖面积5180亩(约345.33公顷)。渔业创水产品产量815吨,产值53830万元,渔民人均收入29950元。2019年,完善渔业基础设施,更新建造高科技装备新型捕捞渔船2艘,改造标准化围塘170亩(约11.33公顷)。申报国家级海洋牧场建设项目,做好省级海洋牧场后期人工鱼礁投放。开展渔业领域“三战”联合执法行动,建设渔业安全生产状态化管理与长效机制。浅海养殖户与海上休闲特色旅游有机结合,打造桃花浅海养殖与浅海休闲新亮点。培植水产养殖经济主体、巩固提高20户科技示范户,实施工厂化大棚精养高效技术与海产品精深加工生产线，建设渔船保鲜提质和节能增效提升工程，促进渔民群众增效增收。

【农业】 全镇有耕地6399亩（426.6公顷），山林面积47530亩（约3168.67公顷），其中国家级重点公益林面积40909亩（约2727.27公顷），果园3500亩（约233.33公顷），以农业增效、农民增收为目标，引进先进农业生产技术，改善农产品品种结构。全镇有家庭农场16家，农业龙头企业2家，各类农业专业合作社18家，农业联合社1家，入股农户480户，实现年产值960万元。全镇有柑橘种植面积3200亩（约213.33公顷），产量8600吨，产值1600万元；大棚草莓、大棚葡萄、大棚甜瓜、大棚柑橘等种植面积20亩（约1.33公顷）；大棚小白瓜（甜瓜）面积150亩（10公顷），大棚柑橘（红美人）30亩（2公顷）。茶园面积1080亩（72公顷），其中有机茶园780亩（52公顷）。有桃园面积450亩（30公顷）。水仙花种植面积200亩（约13.33公顷），年产水仙花商品球50万只。2019年投入560万元，建设蚂蟥坑水库除险加固工程；投入300万元，综合整治塔湾沙角河，建成桃花第二条生态河道。报废农用车12辆，拆解外地牌照农用车2辆。牛家村家庭农场投资20万元，引进桃花第一条果园单轨运输机，建设机器换人乡镇。推进浙江省桃花瓜果特色农业强镇建设项目、市级重点农业乡镇建设项目和省级农业绿色发展先行区3个农业建设项目，全面改善桃花农业基础设施，全年农业生产直接投资680万元。

【工业】 2019年，全镇有工业企业74家，其中产值在500万元及以上2家、产值在500万元以下72家。有集体企业4家，股份合作企业3家，有限责任公司2家，私营企业8家，个体独资企业2家，其他企业55家。工业总产值38740.1万元。海运（海洋工程）企业注册实际运营企业37家，分公司67家，个体单船38艘。全镇海运企业和单船总船只206艘，总运力117万载重吨。其中，油船134艘，总载重吨运力413783吨；化学品船43艘，总载重吨运力103784吨；货船26艘，总载重吨运力646753吨。全年海运行业创各类税收4289万元。

【教育文化】 2019年年末，桃花镇有中心学校1所。其小学部有教学班6个，在校学生142人，教职工17人。初中部隶属东港中学桃花分部，有教学班3个，在校学生78人，教职工14人。2019年，桃花镇中心学校被评为舟山市“美丽学校”优秀校。镇中心幼儿园1所，教学班4个，在园幼儿60人，教职工15人。镇成人文化技术学校1所，专职教师3人，兼职教师15人，村（居）教育干事17人，社区教育义工20人，社区教育志愿者42人。建有校外实训基地6个，开展居民素质提升教育活动67次，4733人次。其中，实用技能培训10期，培训423人；垃圾分类处理教育培训13次，696人次；老年教育活动34次，2392人次。“垃圾分类从我做起”市级校本课程结项。

桃花镇有文体业余团队18支，其中女子舞龙队2支，健美健身队12支，舞蹈队1支、民乐队1支，腰鼓队1支，女子茶艺队1支，各类业余文艺教练32名，文体骨干300余人。全年开展节庆和群众文体活动38场次。投资160万元，完成安期生休闲文化广场工程，占地面积10000平方

后沙头文化礼堂 （桃花镇提供）

米，设有露天中心舞台、健身(路径）器材、健身广场、门球场、健身游步道、安期生雕塑、文化走廊、休闲凉亭、儿童游乐区等配套设施。综合文体大楼建筑面积2183平方米，总投资500万元，内设图书借阅室、电子阅览室、体育活动室、健身室、排练厅、多功能培训厅等各类功能室。一楼有海防主题馆、桃花先锋馆、党群超市和公前村文化礼堂；二楼有图书室和电子阅览室，图书量25000多册，全年接待图书借阅人员1300多人次，借阅图书2600多册；三楼有综合多功能室，分别设有排练厅、乡贤馆、书画室、乐高室、桌游室、棋类室、茶艺室等。全镇7个行政村建有文体活动室和室外文体广场、健身路径432件，室内外乒乓球桌18台。镇图书馆和各村农家书屋，设有“红色加油站”。改建茅山村文化礼堂，客浦村微型多功能文化礼堂投入使用。投资85万元，完成后沙头文化礼堂改造。投资80万元，改建文化站露天灯光篮球场、电信大楼前面灯光篮球场场地及围网等，形成镇、村、股份经济合作社三级文体服务体系。镇政府与浙江海洋大学结成联盟，成立“民盟同心”专家工作站、“校地合作”桃花基地。2019年5月20日，桃花镇被省文化和旅游厅评为浙江文艺创作采风基地。

【医疗卫生】 桃花镇中心卫生院隶属普陀区卫计局管辖，为居民医疗保险定点单位。医院科室齐全，设内科、外科、放射科、口腔科等，有飞利浦彩超、飞利浦除颤监护仪、DR等设备。辖4家联合村卫生室和2家村卫生室。服务网络覆盖整个桃花镇，构建“二十分钟服务圈”。健康电子档案建档率83.66％，健康电子档案合格率92％，高血压患者管理率49.43％，糖尿病管理率43.34％，管理人群血糖控制率65％。精神病患者管理率97.62％，严重精神障碍患者规范管理率97.62％，病情稳定率97.62％。辖区内适龄儿童建卡率100％，“五苗”接种率100％，早孕建卡率98.08％，孕产妇健康管理率98.08％，产后访视率98.08％。7岁以下儿童管理率99.21％，0～3岁儿童系管率97.74％。高危儿及营养性疾病儿童管理率100％。2019年新出生52人，其中二孩28人。

【基础设施】 2019年全镇拆除违法建筑6处，拆除违章建筑2018.5平方米，占地面积1455.5平方米，拆后利用率100％。地质灾害治理，推进后沙头村桃渔路团涂山云海船厂后废弃宕口边坡治理、青龙村后地质灾害治理及茅草屋鑫兴鱼粉厂后边坡地质灾害勘察与治理工程，工程总造价906万元。投资90余万元，开展连治山村美丽宜居示范村建设，规划村庄编制、外立面改造、景观小品建设等打造美丽宜居新样板。贯彻《全省小城镇环境综合整治行动2019年工作要点》，探索小城镇长效整治机制，综合整治小城镇环境。完成桃花镇塔湾污水处理系统提标改造工程，完善建筑物和污水处理设备。投资150余万元，建设“污水零直排区”，完成桃林新村和桃林苑两个零直排小区建设，修复管道缺陷278处，整改地面涉水问题81处。调整镇、村级河长制，完成公前垃圾渗滤液预处理。完成茅山水库综合整治，新建水库隔离防护栏600米，铺设污水管道600米。完成稻蓬、胡家塘村地质灾害隐患排除和乌石子边坡应急抢险工程。《桃花岛风景名胜区总体规划》2019年3月27日获区政府批复。

2019年投入170万元建设的桃花镇殡仪服务中心投入使用。社会养老服务中心有70周岁以上居住老年人14位，开展送餐服务老人28人。2019年投入1500万元，完成沙乌线10千米道路路面“白改黑”；投入70万元，完成上船跳200米接线公路建设；投入170万元，完成对峙龙洞700米道路建设。桃花镇公路全长59.496千米。其中，县道2条，15.641千米；乡道5条，27.373千米；村道15条，14.682千米。自来水厂1座，铺设干线水管65千米，生产能力5000吨／日，年工业用水6.92万吨、旅游产业用水9.1万吨、生活用水25.3万吨，居民自来水普及率99.8％。污水处理厂1座，设计日污水处理能力2000吨，日处理污水为1500吨；污水处理站1个，设计日污水处理能力500吨，日处理污水200吨。35千伏及以上变电所1座，主变压器2台，总容量30兆伏安，高压输电线路2条，总长度22.5千米，用电负荷6000千瓦。年供电量3750万千瓦时，年销售电量累计完成3610万千瓦时，综合电压合格率99.8％，供电可靠率99.9％。农村商业银行桃花支行1家，年存款47089万元，贷款36221万元，存贷比76.92％。全镇公议授信户1984户，授信金额28620万元，一码通用户536户，水电煤签约2845户。自助机具4台，ATM机2台，PS机9台，年营业收入2408万元。邮政支局营业厅1个，邮政储蓄所1家，投递路线单程总长度71千米，乡村通邮率100%，邮政年业务收入192万元。电信企业1家，服务网点1个，固定电话装机容量4200门，固定电话用户1636户，电信宽带接入用户1055户，全年电信业务收入118万元。移动企业1家，服务网点3个，移动电话用户6720户，移动宽带接入用户930户，移动基站23个，年营业收入456万元。华数广播网络桃花虾峙分公司1家，设华数桃花营业厅。数字电视用户3614户，华数宽带用户1281户，互动终端1773户。

（撰稿：史久斌）

虾峙镇

【概况】 虾峙镇位于普陀区中南部，东濒东海，南、西南临笤帚门与六横镇隔海相望，西北濒峙头洋与宁波北仑区白峰镇隔海相眺，北、东北隔虾峙水道与桃花镇为邻。陆域总面积23.59平方千米，包括虾峙本岛、湖泥山、东白莲、西白莲、大双山5个有居民海岛和79个无居民海岛。2019年辖晨港、兴港、灵和、东晓、黄石、湖泥6个渔农村村民委员会，灵和1个居民委员会，17个经济合作社。年末户籍人口7053户，21601人。镇政府驻灵和社区大岙一区20号，距普陀城区21.5千米。

2019年，镇党委、政府坚持“渔业稳镇、临港强镇、服务兴镇”战略，围绕建设开放活力的幸福普陀总目标，聚焦临港产业重镇和宜居宜游小镇两大定位，持续打好“五大会战”，全面推进和美海岛建设。实现规模以上工业产值46.16亿元，同比增长26.8%；完成全社会固定资产投资6.3亿元；一般公共预算收入5735万元，同比增长11.3%；渔农民人均纯收入41673元，同比增长10%。

虾峙以渔为主，山多地少，种植番薯等少量旱粮农作物，大涂面、沙蛟地块零散种植有大棚蔬菜。沟头井土猪是虾峙名优农特产品。林地面积23746亩（约1583.07公顷），全镇植被以杉木和乔木为主，森林覆盖率69%。

河泥漕景区 （虾峙镇提供）

【渔业】 渔业是虾峙镇基础产业，素有“舟山渔业看普陀，普陀渔业看虾峙”说法。远洋鱿钓是虾峙渔民转产转业后新兴行业，是全国最大群众远洋渔业基地，远洋鱿钓船只占全区三分之一，有“鱿钓之乡”美誉。2019年，更新改造远洋渔业船只19艘，实现渔业总产量21.8万吨，同比增长11.8%；总产值22.5亿元，增长14.6%。

【工业】 2019年，虾峙镇有规模以上工业企业3家，港商投资企业1家，规上工业产值同比增长26.8%。西白莲亚泰船舶继续与鑫亚船厂合作，发挥亚泰船坞容能力和鑫亚船厂管理优势，产能释放，2019年实现产值同比增长22.6%。东白莲成品油储运项目稳步推进，虾峙岛临港产业基地项目、金钵盂及西白莲油库群招商态势良好。全年接洽客商80余批次，引进企业32家，实际利用市外资金2.3亿元。

虾峙镇有海上运输企业12家，海上工程企业6家，从事油运、货运、化学品、工程船等各类船只110艘，总运力31万吨。全年实现营业收入3.6亿元，实现税收805万元。

【旅游服务业】 2019年，河泥漕旅游业持续发展，完成游客服务中心、湿地公园等节点建设，改造后导航台成为新晋打卡点。有9

大河线环境 （虾峙镇提供）

家民宿投入运营，可同时接待游客400余人，暑期和国庆节迎来高峰期，全年游客接待量翻一番，旅游收入同比增长70%。

【环境建设】 虾峙镇开展“创城”和小城镇环境综合整治工作。完成“三改一拆”4800多平方米。码头、集镇区等重点区域实行常态化管理，缓解乱停车、乱设摊等系列问题。发挥志愿服务作用，相关基层站所、村社干部组成志愿者队伍，开展“全民清洁日”活动12次，参加志愿服务活动546人次，全镇环境面貌显著改善。

【教育文化】 虾峙镇有小学1所，设5个班，学生46人。有幼儿园1所，入园幼儿15人，专任教师7人，其中有教师资格证5人。镇成人文化技术学校1所，专任教师2人，兼职教师12人，设成人高教自考工作站1个。2019年举办各类培训班42期，其中长班15期，培训312人次；短班27期，受训人数2530人次，科教基地8个，村成校6所。文化站、广电站各1个，村（社）文化网络点18个，图书室5个，图书箱200只，村村设老年活动中心。

2019年，组织群众性文艺演出37场，参与群众演员5000余人次，观看群众13000余人次。举办第二届“虾峙力量”评选表彰大会，传播道德模范榜样作用，全区文化礼堂联合会巡演在虾峙举行。

【社会民生】 全年开设各类职业培训10次，新增就业120人次。城乡居民基本医疗保险参保率99%。首次发放女性渔民生活补贴，计2074万元。完成示范型居家养老服务中心和凉湖居家养老照料服务中心建设，全镇养老机构入住率82%；博爱家园全年受惠人群近2000人。投入100余万元，落实老年人公交补助和急救病人送沈（家门）基金等。

2019年年底，虾峙镇有中心卫生院1所，卫生服务站3个（栅棚、黄石、湖泥），卫生服务室5个（庙湾、凉湖、河泥漕、双山、岙口），卫生从业人员80余名，初级卫生保健网覆盖全镇6个行政村，开设视频诊疗。实施虾峙籍老年群体公交优惠政策，建立急救病人出岛送沈基金。全年降低、免除收取城乡医保体检费、殡葬服务费等5万余元，发放城乡居民医疗保险补贴80余万元。推进“平安虾峙”创建，获“一星”平安金鼎。

【基础设施建设】 提升海岛综合交通工程，投入2000万元，完成栅棚、双山码头泊位建设；美化、绿化最美示范线，沿途增设2个景观节点；完成凉湖村道改造提升工程；更新公交大巴车4辆，新

虾峙中心卫生院 （虾峙镇提供）

大河线最美海岛公路 （虾峙镇提供）

增停车位20个。全年投资6000余万元，完成虾峙一级渔港码头建设、防波堤拆建以及部分区域清淤工作。完成湖泥河、凉湖山塘等清淤和庙湾南边山嘴、河泥漕等区域地质灾害点治理，试点建设污水零直排区。办理东晓村民宿特种经营许可证，完善晨港村农贸市场配套设施、兴港村路灯增设等，通过“一村一月一事”制度妥善解决。

（撰稿：袁骏超）

东极镇

【概况】 东极镇位于普陀区东北部，东、东南濒临东海，西南临黄大洋与朱家尖街道、普陀山镇、展茅街道隔海相望，西滨岱衢洋与岱山县长涂镇隔海为邻，北濒岱衢洋与嵊泗县嵊山镇隔洋相眺。由庙子湖、青浜、黄兴、东福山、西福山5个有居民海岛和48个无居民海岛组成。陆域总面积11.72平方千米。镇政府驻庙子湖岛，距普陀城区45.5千米。东极镇设浙江普陀中街山列岛海洋特别保护区管理局，内设综合办公室、执法中队、海域资源保护科，在编人员2个，运行资金列入普陀区财政预算。

2019年，东极镇完成社区村体制改革，年底辖东极村1个村民委员会，1个股份经济合作社，渔业实行股份合作制。在沈家门有东青、庙子湖、黄兴渔业专业合作社（渔船管理服务站）。年末户籍人口2326户、5646人，实际常住人口1736人，其余在沈家门、东港街道居住。

2019年，全镇实现工、农、渔业总产值11.9亿元，增长8.3%。其中，渔业产值9.1亿元，增长6%；工业产值1600万元。一般公共预算收入3986万元，增长18.1%。渔农民年人均纯收入3.69万元，增长8%。完成固定资产投资7900万元。

【渔业】 渔业是东极镇基础产业，拖、溜、涨、捕、钓、养多种作业并存。2019年，全镇有渔业船舶591艘，总功率109232千瓦。其中，捕捞渔船456艘，辅助渔船59艘，休闲渔船76艘。60马力以上渔船450艘，60马力以下141艘。

学习贯彻省委书记车俊在东极调研时讲话精神 （东极镇提供）

有三润、东福、东极列岛、老梁海钓4家休闲渔船公司。全年渔业总产量6.13万吨，同比下降5%；总产值7.19亿元，同比上升3%。

2019年，东极镇被列为舟山国家绿色渔业实验基地渔业管理体制改革试点镇，完成辖区内捕捞生产、海钓、休闲渔业发展情况调查摸底，完成渔业捕捞权制度和海钓管理两项改革任务。渔业产业科技创新，出台《东极镇浅海养殖用海发承包暂行管理办法（试行）》，所有拖虾渔船上安装海上冷藏设备，部分渔船引进液氮技术，从拖虾作业渔船保鲜设备应用拓展到其他作业渔船。渔船管理信息化，完成所有渔船北斗固定式示位仪安装，鼓励渔船配备卫星电话。建立渔船老大微信群，拓宽与海上生产渔船联系途径，及时准确掌握渔船、渔场动态信息。建立海上网格化管理，全镇渔船划分为3个海上网格、53个海上网格小组、8艘党员先锋号渔船。渔船编组长兼任海上渔船管理网格长，统一调度处理渔业生产、安全管理、海上治安、纠纷处理等事项。完善渔业安全生产管理制度，重点排查捕捞渔船和休闲渔船隐患，落实"定人联船""一船一档"、随机点验等各项安全生产制度。开展登船安全检查，发现事故隐患36处，逐一落实整改。开展渔民技能及安全培训，渔民伏休回港期间，组织职务船员培训，实现捕捞渔船、渔业辅助船各类证书持证率100%，职务船员持证率100%，"六小证"持证率93%。开展船东、船长安全"面对面"教育3期，职务船员培训6期。整治小型休闲船艇，联合区小型休闲船艇专项整治组，重点整治辖区内小型休闲船艇，查处非法载客等违法行为，全年组织专项执法行动24次，出动联合执法检查人员122人次，执法船艇58航次。

【旅游业】 2019年，东极镇为促进旅游产业发展，投入11万元，添置救生圈、完善警戒带、警示牌等安全设施。青浜岛（二村2A）旅游厕所零星工程8月完成，并投入使用。修建庙子湖、青浜、东福山三岛旅游自助服务点和旅游标识标牌。投入16万元，深化微信公众号，完善平台功能、界面等程序，年底交付运营。利用岛际交通船、官方微信公众号及微博平台，及时发布旅游资讯和与游客互动。引导海岛民宿协会做好协会自治组织管理，协同各级部门做好海岛民宿证照办理、民宿评选工作，办理和变更100户民宿"三证一照"，潘多拉、北纬30度等7户民宿被评为市级"岛居舟山"最美民宿。挖掘渔民画资源，渔民画文化与民宿融合，指导14家试点民宿合作线下推广东极渔民画衍生产品。印制2万份旅游安全须知，在"四岛"民宿和旅游自助服务点投放。结合普陀区"渔（农）家乐安全生产月"活动，各岛分别召开5次旅游安全会议，组织全镇民宿业主消防知识教育培训2次。协同区公安、食监等部门开展旅游安全生产大检查，发现并消除事故隐患5处，配齐"四岛"18名旅游安全管理员。完善非经营性沙滩管理制度，配备80套安全设备。多举措防范"玲玲""米娜"等台风工作，签订旅游安全承诺书等。全年旅游接待26.11万人次，同比增长11.3%。

【资源保护】 2019年，东极岛推进海洋牧场及碳汇渔业示范区建设、海岛整治修复及保护、浙江普陀中街山列岛海洋特别保护区建设、普陀国家级海洋公园（浙江普陀中街山列岛海洋特别保护区）总体规划项目。开发与保护并重，申报东福山历史文化村落保护利用项目。通过重点适宜种类人工增殖放流，恢复区域内经济鱼类、贝类等种群数量和种类显著提高。2019年年底，东极海域放流曼氏无针乌贼受精卵1446.12万粒、厚壳贻贝苗种5750.37万粒、鲷类538.04万尾、黄姑鱼319.47万尾。通过社会调查、东极海域渔民渔获量分析，曼氏无针乌贼4月和11月站位出现率分别为47.1%、20.6%，平均生物量分别为往年同期3.68倍、2.2倍，在区域内主要保护鱼类以及黑鲷、褐菖鲉、石斑鱼等恋礁性鱼类资源丰富，尾数密度为往年的1.61倍，种类增加18种。

【设施建设】 东极镇设计打造美丽村口景点。投资540万元，完成庙子湖、青浜、黄兴美丽村口建设工程。改善交通设施。投资75万元，完成东福山大时罗条石路、黄兴候船室建设等工程。投资320万元，完成庙子湖环岛海防执勤道路设计，11月进场施工。加强供水安全。投资300万元，完成东福山海水淡化项目，并投入使用。投资500万元，完成庙子湖海水淡化项目设备采购和厂房招投标。投资93万元，完成东福

东极镇团委2019端午节敬老院送温暖 （东极镇提供）

山大岙村480吨蓄水池和山塘管网工程。投资80万元，完成青浜、黄兴饮用水净化设备采购及厂房建设部分工程。投资450万元，庙子湖后岙山塘新建工程完成总工程量50%。公共设施管护。投资725万元，完成青浜南岙海塘加固工程。投资25万元，完成庙子湖沿港路栏杆刷漆、应急抢险等工程。投资20万元，完成黄兴原冷库场地平整及庙岙石滩栏杆安装。累计投资700万元，庙子湖渔农村污水治理工程完成一期庙坑段，完成二期龙桥下、东极埠头段工程量35%。

【海岛交通】 2019年，投资3800万元的“舟山群岛·繁荣轮”建造完工，5月投入运营，载客量690人。旅游旺季与“舟山群岛·东极轮”(载客量498人)、“舟山群岛·幸福轮”（载客量498人）交替调配。4—11月，固定航船每天1班往返沈家门半升洞码头，旅游旺季、节假日期间，每天2～5班；12月至次年3月乘客较少，由“舟山群岛·东极轮”接替，航船每天1班。“舟山群岛·东福轮”、普民交21号作为岛际交通船往返于庙子湖与青浜、东福山、黄兴三岛。

【社会事业】 2019年，全镇社会民生事业，完善省救助系统，规范城乡低保、低保边缘、特困人员申请审批、资金发放程序，全年发放各类救助金11.35万元。完成“慈善一日捐”工作，全年募集善款32万元。组建“东极镇银龄互助服务队”，重点上门服务179位留守老人。协同区属有关单位开展“送医下乡”等活动2次。敬老院规范化管理，投入20万元，提升敬老院品质、设施设备。投入8.5万元，绿化遮挡庙子湖沿环岛路周边墓地。投入26万元，完成黄兴“健康小屋”主体结构建造。实行“小箱进大箱”方式，解决四岛医疗废物垃圾处置问题。推行医保线上代缴，参保率90%。开展计生集中服务活动和流动人口卫生计生公共服务均等化。举办“里斯本丸”历史文化节、消防安全知识等各类大小培训、文体活动10余场次。全面深化“平安东极”“四个平台”建设，排查化解

东极镇庆祝建国70周年·专场演出 （东极镇提供）

各类矛盾纠纷18件,受理办结群众来信来访28件。建设社会治安防控体系,依法打击和惩治各类违法犯罪行为,完成新中国70周年大庆安保工作。全面推进"最多跑一次"改革,完成便民服务中心改造及制度上墙,梳理并公示区级行政审批事项135项。全年办理城乡医保、生育服务登记证等服务事项500余件。落实安全生产党政同责。定期排查旅游观光车、休闲渔船安全隐患,专项整治涉旅行业消防隐患,遏制安全事故发生。

【军民共建】 投入180万元,修建1条东福山海军观通站长3千米海防执勤道路;投入17万元,帮助东福山海军观通站建设蔬菜大棚及冷藏室和战史室;争取资金30万元,新建庙子湖海防营塑胶篮球场1个;补助东极边防派出所办案经费10万元。每逢节日镇党政领导走访慰问部队、军烈属、病残复退军人家庭,全年慰问金23.95万元。有70名退伍战士获"东极镇荣誉镇民"称号,累计426名退伍战士获此称号,并规定"东极镇荣誉镇民"凡到东极旅游观光,每年可享受一天免费住宿,向镇政府报销一次沈家门至东极船票优惠政策。镇党委、政府组织开展文化拥军、科技拥军、法律拥军等活动。定期举行拔河、游泳、赛跑、篮球联谊赛,组织军民同乐庆"迎新兵、送老兵""爱在深秋"等文艺慰问。部队海防营和观通站士兵参加镇网格义工服务,为驻地群众修理电器210余台,理发120人次,义诊145人次,建设军警民生态林,植树2000余棵。

【环境整治】 2019年,东极镇集中力量提升20项环境整治工程。开展中街山特色街综合整治(二期)工程,完成农商银行、电力公司两处节点改造。建立夜排档集中区,完成修改设计和招投标。启动外立面改造,完成庙子湖部分地块民宿民房外立面设计,考察庙子湖各节点,重新设计网红打卡地。环岛路及水源地周围坟墓完成绿化遮挡。协同区属职能部门整顿市场秩序,开展旅游旺季联合执法监管。建立涉旅投诉应急机制,处理投诉件30起,满意率100%。全年整治各类环境50余次,清运各类垃圾1000余吨,清理"僵尸车"50余辆次,整治房前屋后构筑物、乱堆乱放、各类管线等70余处,清除乱张贴小广告300余张、乱拉乱挂横幅20余条,整顿占道经营、乱摆乱卖摊贩60余次。以政府购买服务形式,通过第三方服务公司垃圾外运1600余吨。协同区城管、公安等部门联合执法,拆除东福山、庙子湖违法章建筑面积1600平方米。清查整治各类违建20多处,发放违章建筑停工令、限期改正违法行为通知书58份,整治面积1900平方米,涉及土地1800平方米,拆后土地利用率88.8%。

(撰稿:王建立)

常务副省长冯飞(左五)在东极镇调研 (东极镇提供)

普陀山镇

【概况】 普陀山镇位于普陀区中部偏北,东濒东海,东南与白沙岛隔海为邻,南临普沈水道与朱家尖街道隔海相眺,西南、西隔莲花洋与东港街道隔海相眺,北滨黄大洋与岱山县长涂镇隔海相望,东北与东极镇隔黄大洋海水相连。由普陀山、洛迦山2个有居民海岛和13个无居民海岛组成,陆域总面积17.8平方千米。普陀山管理服务局与镇政府合署办公,镇政府驻梅山路119号。2019年8月,普陀山镇实施社区

普陀山风光 （蒲斌军摄）

村体制改革，年底辖龙沙、白华、中山、合兴4个社区。全镇户籍人口2127户、5134人。

普陀山是中国四大佛教名山之一，素有“海天佛国”“南海圣境”之称，是著名海岛风景旅游胜地、国家AAAAA级风景名胜区。2019年，全镇实现渔农村经济总收入2721万元，比上年增长1.3%；一般公共预算收入1341万元，同比减少91.3%。

【社区村体制改革完善新村成立大会】 8月29日，普陀山镇举行社区村体制改革完善新社区成立大会，镇班子成员、机关中层干部、新成立社区班子成员及驻山相关单位负责人共100余人参加，大会对3个新成立的社区党组织及社区居委会进行授牌。

【旅游服务业】 旅游经济是普陀山镇经济主体，产业结构、就业结构、经济收入基本依靠旅游业。居民以经营家庭旅馆、家庭饭店、销售旅游工艺品、提供导游服务为主要就业形式。2019年，普陀山有四星级酒店1家，主题酒店（金鼎）3家，客房数633间，床位1290张；有工商登记在册酒店34家，床位5025张。全年接待香游客979.61万人次，实现旅游经济收入82.16亿元，同比分别增长7.1%和8.9%。通过资产整合、服务提升和队伍建设，经济运行呈多元发展格局。普陀山有“世界佛教论坛”“普陀山之春”“南海观音文化节”“国际佛教用品博览会”等节庆活动。

【教育文化】 普陀山镇初中部实行异地委托办学。普陀山学校保留小学部，设6个教学班，2019年有学生138名（本乡镇就读21人），在编教职工23名。实行普陀山镇籍优秀学生奖励政策，全年奖励学生30名，发放奖励金11.1万元；完成2018—2019学年教育教学成果奖励工作，奖励17人、1.94万元；完成2018—2019学年优秀教师和先进教育工作者评选工作，奖励7人、0.96万元；投入25.96万元举办“普陀山之春”系列活动。普陀山镇有幼儿园、成人学校、老年大学各1所。有图书室6个，建筑面积125平方米，图书7500余册，文体活动场所7个。

【医疗卫生】 2019年，全镇有社区卫生服务中心（普济医院）1家，社区卫生服务站1家，村卫生室1家，实行紧密型一体化管理；核定床位30张（未开设住院服务）；固定资产总值808万元，专业卫技人员59名，其中中医类别6人、西医类别20人、护士18人。完成2019年城乡居民医保筹资缴费工作，参保1775人，参保率

第十七届中国普陀山南海观音文化节 （普陀山镇提供）

100%；老年人福利统筹金每月发放620元。计划生育率100%。

【基础设施建设】 2019年，镇基础设施建设按普陀山风景名胜区总体规划实施，实施项目10个，计划总投资3450万元，累计完成投资3000万元。其中，投入560万元用于三摩地至旃檀岭、法雨寺至飞沙岙二段游步道提升改造工程；投入资金291万元用于普陀山污水处理厂改造工程；投入资金214万元用于司基畈长河环境提升工程；投入资金76万元用于白华园公厕拆建工程；投入资金115万元用于普陀山梅岑路经龙沙2号隧道至龙兴路西端污水压力管道工程；投入资金32万元用于洛迦山100吨海水沉淀池工程。

（撰稿：冯琳郁）

蚂蚁岛管委会

【概况】 蚂蚁岛管委会辖区位于舟山群岛东南部海域，东与登步岛、南与桃花岛隔港相邻，西濒岵头洋，北连与沈家门渔港海域，距沈家门8.5千米。由蚂蚁岛1个有居民岛和小蚂蚁岛、点灯山、老鼠山3个无居民岛组成。蚂蚁岛呈长方形，东西走向，西部稍宽，形如蚂蚁而得名。陆域面积2.9平方千米，森林面积1760亩（约117.33公顷），覆盖率70%。2019年8月1日，蚂蚁岛完成社区村体制改革后，辖1个村民委员会、1个经济合作社。年底总户数1190户，总人口3711人，流动人口2063人。

全年实现工、农、渔业总产值70436万元，实现固定资产投资1000万元。一般公共财政收入1249万元。渔农民人均收入30874元。

2019年，小城镇环境综合整治获省级样板小镇、AAA级浙江省景区村庄。2019年5月，承办“浙江省红色故事会”走进舟山活动，选送情景故事剧《红色蚂蚁岛》代表市级参加全省大赛，获“最佳创意奖”。

【渔业】 2019年，蚂蚁岛有各类渔船108艘，其中大型钢质渔船86艘；总吨位11699吨，总功率17961千瓦。作业方式有灯光围网、帆张网、拖虾、单拖及传统作业近洋定置张网、小抛网、蟹笼等。2019年完善渔业股份合作制，优化作业结构，增加渔业投入，更新改造渔船，发展外海捕捞业。全年水产品产量32120吨，同比下降2.45%，产值29723万元，同比提增4.07%。完善渔业配套设施，制冰厂、网厂、水产品加工厂、渔船修造厂、渔具及石油供应站等满足生产需要。发展海水养殖业，从资金、承包费等方面给予优惠和倾斜，并延长承包期，鼓励养殖户增加对养殖业投入。2019年，全乡海水养殖面积15公顷，主要养殖梭子蟹、日本对虾、南美白对虾等品种，年产量120吨，产值720万元。

【工业】 2019年，全岛有工业企业14家，总产值40713万元，其中规模以上工业产值增长5.8%，实现固定资产投资1000万元，招商引资引进市外资金1004.3万元。东海岸船业克服船市低迷、资金短缺、交船困难等局面，寻求政府、银行支持，扶持资金陆续到位，生产经营情况稳定。全年交付船只5艘，其中散货船2艘、集装箱船2艘、滚装船1艘。

【社会事业】 2019年，蚂蚁岛推进“四个平台”建设，完善“最多跑一次”服务。完善便民服务中

蚂蚁岛虾皮加工业小区全景图 （蚂蚁岛管委会提供）

蚂蚁岛创业纪念室 （蚂蚁岛管委会提供）

心功能，在窗口公示涉及计生、救助、劳动保障等134个服务项目。城乡医疗保险参保2528人，参保率98%。建设蚂蚁岛村居家养老服务照料中心，向80余位老人提供送餐、洗衣被等服务。做好低收入渔农户脱贫帮扶工作，2019年有低收入渔农户13户，全年为村内低保、低边、80周岁以上老人办理意外伤害保险212人。全年累计发放低保金、慰问金、困难救助金等6.55万元。

【基础设施建设】 2019年总投资500万元，完成省级美丽乡村项目，提升蚂蚁岛人文景观环境。总投资300万元，完成“污水零直排区”建设项，实现建成区污水全收集，管网全覆盖，雨污全分流。总投资133.7万元，完成蚂蚁岛（后岙、长沙塘、穿山岙）地质灾害治理工程。总投资20万元，完成内塘整治工程，恢复海塘旧址原貌。总投资300万元，新建垃圾中转站工程，完成总工程量80%。概算总投资872.84万元，建设海防执勤码头工程，完成总工程量80%。总投资265万元，建设蚂蚁岛外小山海塘加固工程，完成总工程量50%。总投资100万元，建设数字蚂蚁岛项目，完成总工程量20%。总投资90万元，改建蚂蚁岛海防执勤道路工程，完成方案设计。创建“无违社区”，推进“三改一拆”，拆除违章建筑面积2000平方米，拆后利用面积1300平方米，主要用于绿化铺设、新建停车场及广场。

（撰稿：周雨晖）

白沙岛管委会

【概况】 白沙岛管委会辖区位于舟山群岛东部海域，四面环海，西距朱家尖岛2.2千米，西北与普陀山隔海相望，北与洛迦山相邻。由白沙岛、柴山岛、外洋鞍3个有居民海岛和24个无居民海岛组成，陆域面积2.88平方千米，海域面积51.3平方千米。2019年辖白沙港1个渔农村村民委员会、1个股份经济合作社，年末户籍人口889户、2593人。管委会驻白沙后沙头68号，距普陀城区4.2千米。

2019年，渔业总产值25079万元；渔业总产量38537吨；旅游人数52.5万人次，同比增长3.1%；实现旅游经济收入7310万元。一般公共预算收入861万元。渔民人均纯收入2.66万元。

白沙岛由传统渔业捕捞向观光与海钓转型，延伸产业链。是国家AAA级景区、国家级生态乡、国家级海钓培训基地、国家级休闲渔业基地、全国精品休闲渔业示范基地（休闲渔业主题公园）、省级旅游特色村。2019年，白沙岛管委会探索“海岛度假＋休闲渔业＋佛教文化”精品海岛旅游模式，做大全国精品休闲渔业示范基地。

【渔业】 白沙岛渔业经济发展平稳，有渔业船舶46艘。其中，帆涨网7艘，流刺网11艘，单拖1艘，围网1艘，拖虾1艘，渔运1艘，油运2艘，近海小型渔船8艘（1艘闲置），休闲渔船14艘（2艘闲置）。渔民278人。规范休闲渔船运营，强化安全管理。严格渔船编组生产，实行6小时一点验和渔业值班制度，开展渔业安全生产大检查和渔船防台避风工作，组建“平安渔嫂护渔队”。抓好职务船员证书和船员“四小证”培训和船只换证工作。开展伏季休渔和“一打三整治”。完成国内渔业生产成本补贴。16艘重点渔船实现“以奖代补”形式，安装“海上通”无线接收设备，及时掌握信息,安全出海生产。鼓励渔民转产转业,加快休闲渔业发展,休闲渔船功能向观光与海钓转型,延伸产业链。依托出海捕鱼、钓场钓鱼、渔家厨房等项目,做大全国精品休闲渔业示范基地。

【旅游业】 白沙岛探索“海岛度假 + 休闲渔业 + 佛教文化”精品海岛旅游模式,尝试海上观光、海上礼佛、海上放生等项目。有各类旅游业经营户 20 家,其中 AAA 星级经营户 2 家,总床位数 383 张,从事旅游业 39 人。多元化融合产业,大众钓场一期、二期全面建成,种植果树、覆盆子,凸显“野趣”。挖掘皮划艇、帆船等海上运动旅游文化元素。引进高品位企业项目,协助本地民宿蓝海岸居转型升级,完成陌领·佑舍、浪里白沙等高端民宿、酒店落地,新增慕舍、花开半夏两家民宿。搭建营销平台,完成“普陀白沙旅游”微信公众号推广。编撰完成《白沙故事》书,拍摄《最美的白沙》文化旅游宣传视频并在轮渡滚动播放,定制白沙特色文创布袋。促进海洋渔业可持续发展,建设人工鱼礁、增殖放流鱼苗,修复海洋生态环境,带动海岛旅游、海上运动等相关产业发展。

【海岛交通】 2019 年,白沙岛设有 2 条海上交通航线,朱家尖樟州至白沙普客航线,全天正常运营航班 4 次,交通轮由区交投公司运营。朱家尖蜈蚣峙至白沙快艇航线全天航班 2 次,旅游旺季航班 4 次,快艇由蜈蚣峙新海华公司运营,基本解决白沙岛际交通问题。

【“最多跑一次”服务】 白沙岛实施 131 项便民服务事项全程代跑,梳理“最多跑一次”常办服务事项 15 项,深化船带式“漂流便民箱”便民服务,全面开展“无差别全科受理”,特殊服务项目“零次跑”。全年办理便民事项 233 件,实现岛内居民办事不出岛,岛外居民办事不回岛。

白沙岛渔民运动会 (白沙岛管委会提供)

【基础设施建设】 推进和美海岛建设,完成柴山岛应急供水管道铺设工程、蓄水能力提升到 1 万立方米,缓解旱季柴山淡水资源紧缺现状。完成海塘修复、渔用仓库整治修缮工程,配套柴山岛整体环境。完成边坡治理,解决小型滑坡安全隐患。推进托老所前山塘清淤加固工程,解决梅雨季节河道堵塞。配合做好农村宅基地确权测量,推进白沙大沙头码头和白沙客运站以及柴山陆岛交通码头建设工程。启动柴山岛海防执勤道路建设。实施电商进万村,引入邮政服务,专人对接快递、包裹、信件通信往来。建成港里 A 级厕所 1 个,完成白沙本岛 3 个公厕改造。

【社会事业】 白沙岛实施菜篮子工程,每星期两次订单式入岛配送,保障岛上老年群众生活。探索“以房养老”模式,构建以居家为基础、村为依托、机构为支撑的养老服务体系。新建党群文化中心 1 座、文化礼堂 1 座,衔接电影、戏曲双下乡活动。连续 2 年举办渔哥渔嫂运动会、最美白沙人评选活动、广场舞教学等。完成 3 个健身休闲点位建设,串联北部体育小公园及各个景点,丰富群众文体生活。开展绿化志愿服务,种植树苗、花草 3000 余棵,完成全岛春秋两季花草播种及病媒体防治。整治环境卫生,全年运送压缩垃圾 170 吨,其他垃圾 250 吨,餐厨垃圾 26.95 吨。驳运港里垃圾 20 船次。

(撰稿:鲍佳乐)

登步岛管委会

【概况】 登步岛管委会辖区位于舟山群岛东南部海域，由登步、西闪2个有居民海岛和一批无居民海岛组成，陆域总面积17.53平方千米。位于普陀旅游“金三角”和桃花岛之间，北距沈家门10.2千米，南距桃花岛1.5千米，东北为朱家尖和普陀山。

2019年，社区村体制改革，调整为沙头、大岙、竹东3个行政村，实现“一村一社”模式。年底有户籍人口1947户、5715人，常住人口2700余人。全年实现社会产值20734万元，其中渔农业产值14118万元，工业产值6616万元。一般公共预算收入2058万元。

【渔业】 2019年，登步岛有各类渔船50艘，其中大型钢质渔船10艘。作业方式有流刺网、帆张网、拖虾、定置张网、蟹笼等。全年渔业捕捞产量5000吨，产值2335万元。

围塘养殖是登步岛支柱产业，素有“蓝色牧场”之名，主要养殖三疣梭子蟹、南美白对虾等品种。2012年，全人工育苗梭子养殖试验成功，通过省“梭子蟹标准化养殖技术项目”验收。实施土池育苗、混合饲料技术提高养殖科技含量。梭子蟹养殖产量和品质逐年提高，效益增长。2019年，全岛有围塘4000亩(约266.67公顷)，其中高标准塘2940亩(196公顷)。年产量3000吨，同比增长0.87%，年产值10236万元，同比增长0.98%。

【农业】 登步岛农业种植有黄金瓜和杨梅两大特色产品。登步黄金瓜种植历史悠久，以色泽深黄、外表光滑、香气浓郁、味甜鲜口而闻名。2009年，“登步”牌黄金瓜被认证为国家地理标志证明商标。登步瓜农秉持科技种植、诚信销售理念，采取黄金瓜品种提纯复壮及标准化栽培，施有机肥及病虫害生物防治等技术，打造黄金瓜品牌产业。在全市拥有最大黄金瓜连片大棚种植基地，黄金瓜种植棚1300余棚，2019年实现产值1170万元。

2009年，浙江仙璟梅林果业有限公司落户登步岛，建立千亩杨梅基地，注册资金500万元，种植东魁杨梅3万株。杨梅基地坚持绿色无污染，施有机肥、生物肥，部分杨梅树罩上白色“蒙古包”，降低蚊虫、风雨等自然灾害。2019年，杨梅产量300吨，产值350余万元。

登步岛黄金瓜连片大棚种植基地 （登步岛管委会提供）

【工业】 登步岛有工业企业11家，其中规模以上工业企业1家。2019年争取上级资金支持，协助舟山市普陀骏海水产有限公司与舟山市天元船舶修造有限公司完成“专精特新”中小微企业入库；完成舟山市恒海矿业有限公司“小升规”奖励资金、舟山市天元船舶修造有限公司生产设备技术改造补助等区级工业发展扶持资金申报及发放工作。做好闲置厂房排查和用地情况核查，开展低效厂房整治行动，完成工业企业综合评价，深化“亩产论英雄”改革。管委会联合多部门开展企业安全检查，督促企业落实安全生产责任。

【民生服务】 登步岛落实各项惠民救助政策，全年累计发放各类扶持补助资金236.81万元，惠及群众590余人次。根据岛际交通难问题,管委会对接区交通运输局,开通朱家尖至登步岛汽渡航线,结束登步岛物资进出靠客船驳运历史。实现公交车服务减费提质,全岛公交车票价统一降至3元。为方便群众出行,新增和改造公交车候车亭12个。解决一批农田灌溉设施修缮等民生问题。制订《2019年度环境卫生管理及考核细则》,拨付卫生经费35万元,专项整治村容村貌。全年开展"全民清洁日"活动12次,累计参与250余人次,外运垃圾400吨。实施大岙村美丽精品村建设,整治农田100亩(约6.67公顷),打造美丽庭院255户。投入11万元开展岛内秋季绿化,种植花木10000株。完成垃圾压缩站污水处理,推进大岙村污水处理设施标准化运行管理,分类垃圾桶安装率100%。完成大永河品质河道建设,拆除大永河两侧违法大棚管理房650平方米。开展扫黑除恶整治行动,利用文化礼堂、广播网络系统及微信公众号平台,法制宣传教育6次。全年调解矛盾纠纷10起,涉及金额60余万元。开展各类文体活动10次,惠及群众800余人次。评选《浏阳河》民乐演奏和《我和我的祖国》红色舞蹈2个优质节目,参与区委宣传部"欢歌迎华诞,共建幸福城"活动。

【基础设施建设】 启动登步岛竹山前沙头公路提升改造,完成总工程量85%。推进石弄塘渔用码头扩建,六份头—流水岩海防道路改建等工程。启动登步岛沙头村休闲广场建设,完成总工程量90%。推进鸡冠、蛏子港2个片区6处边坡地质灾害点治理,完成西岙水库加固工程70%。投入30万元,完成登步岛养老服务中心消防改造,增配空调等设备,改善老年人居住环境,惠及老人32人。建设村级便民服务站点,完成沙头村便民服务中心建设工程80%,启动竹东村便民服务中心和文化礼堂设计工作。

(撰稿:胡梦莎)

编辑:李群亚

人物与先进集体

中国科学院院士

【张东辉】 普陀人。1967年1月出生于展茅螺门。1989年复旦大学物理系毕业后到美国纽约大学物理系攻读博士学位,1994年获博士学位。先后在纽约大学、芝加哥大学从事博士后研究。1997年应聘到新加坡国立大学计算科学系任教,2000年升为副教授,并获新加坡杰出青年科学家奖。2003年获国家自然科学基金海外及港澳青年学者合作研究基金资助,同年获新加坡国家科学奖。2004年回国受聘于中国科学院大连化学物理研究所。2006年获国家杰出青年科学基金资助。主要从事化学反应动力学理论研究。2015年1月获国家自然科学奖二等奖。2017年11月28日,当选中国科学院院士。

中国科学院院士张东辉 (区档案馆提供)

11月1日,中国科学院院士张东辉出席世界舟山人大会 (沈磊摄)

【孙斌勇】 普陀六横人。1976年11出生。1999年浙江大学数学系毕业。2004年获香港科技大学哲学博士学位。2005年在瑞士联邦理工学院做博士后研究。2005年年底起入中国科学院数学与系统科学研究院,历任助理研究员、副研究员、研究员(2011年晋升)。致力于典型群表示论中重大问题研究。2012年入选中组部首届“青

1月,孙斌勇获国家自然科学奖二等奖 (区档案馆提供)

年拔尖人才计划”。2014 年获陈嘉庚青年科学奖。2016 年获中国优秀青年科技人才奖。2018 年完成成果“典型群表示论”，与人合作完成（第二完成人）“向量最优化问题的理论研究”。2019 年 1 月 8 日，孙斌勇的“典型群表示论”“向量最优化问题的理论研究”项目，分获 2018 年度国家自然科学奖二等奖。2019 年 11 月 22 日，当选中国科学院院士。

先进集体

【浙江省工人先锋号获得者】 2019 年 4 月，浙江省总工会表彰：

沈家门渔港小镇创建指挥部创建项目组

【舟山市五一劳动奖状获得者】 2019 年 4 月，舟山市总工会表彰：

舟山市普陀远洋渔业有限公司
恒尊集团有限公司

【舟山市工人先锋号获得者】 2019 年 4 月，舟山市总工会表彰：

普陀农村商业银行东港支行营业部
舟山市龙山船厂有限公司轮钳班
舟山市普陀山环卫管理服务有限公司紫竹林南海观音清扫班组
新区航空产业园管理委员会波音项目组
舟山中远海运重工有限公司造船项目管理组
中国移动通信浙江有限公司普陀分公司网络部

【浙江省防台救灾先进集体】 2019 年 11 月 29 日，省委组织部、省委宣传部、省政府防汛防台指挥部联合表彰：

区海洋与渔业局中国渔政 33022 船

【市级先进基层党组织】 2019 年 7 月 1 日，中共舟山市委表彰：

六横镇佛渡中心社区党总支
虾峙镇远洋渔业党总支
沈家门街道茶湾社区党委
东港街道灵秀社区党委
蚂蚁岛管委会蚂蚁岛社区村党总支
区公安分局展茅派出所党支部
东港投资发展集团有限公司第三党支部
浙江飞鲸新材料科技股份有限公司党总支
普朱管委会朱家尖街道福兴社区党总支
普朱管委会政务中心党支部

劳动模范

【全国五一劳动奖章获得者】 2019 年 4 月 23 日，中华全国总工会表彰：

徐君江　舟山海中洲国际大酒店中餐厨师长

【浙江省劳动模范】 2019 年 4 月表彰：

吉淑平（女）　舟山中远海运重工有限公司服务工区铲运工段工段长
孙素文　恒尊集团有限公司技术项目负责人
沈明杰　浙江飞鲸新材料科技股份有限公司副总经理、工会主席
贺娜珍（女）　普陀区妇幼保健与计划生育服务中心主任医师
王沛国　朱家尖街道莲花社区村樟州股份经济合作社党支部书记

【2017—2018 年度舟山市五一劳动奖章获得者】 2019 年 4 月，市总工会表彰：

严建平　浙江宏宇工程勘察设计有限公司副总工程师
陈雪芬　区公安分局展茅派出所所长

优秀党员及公务员

【第四届浙江省人民满意公务员】 2019 年 9 月 26 日，省委、省政府表彰：

陈雪芬　区公安分局党委委员、政治处主任、展茅街道党工委委员

【浙江省担当作为好支书】 2019 年 12 月 13 日，省委组织部表彰：

朱永士　虾峙镇东晓村党总支书记
周永成　普陀物业小区联合会党委书记、东港街道香榭花园小区“兼合式”党总支书记

【浙江省防台救灾优秀党员干部】 2019年11月29日，省委组织部、省委宣传部、省政府防汛防台指挥部联合表彰：

郑雷飞　六横镇杜庄村党总支书记
项程铭　舟山市消防救援支队普陀区中队指挥员

【市级优秀共产党员】 2019年7月1日，舟山市委表彰：

俞良红　六横镇龙山中心社区党总支书记
史晓琴　桃花镇公前居委会党支部书记
周松平　虾峙镇湖泥村党总支书记
张全兵　东极镇黄兴渔船管理服务站编组长、浙普渔68288号船船长
乐雷军　沈家门街道机关党委委员、执法中队中队长
张剑英　沈家门街道荷东社区党委书记
张善学　东港街道南岙社区党委书记、村委会主任
刘淑妙　东港街道文康社区党总支书记、居委会主任
乔　波　展茅街道办事处副主任
张　明　展茅街道大展社区村田公岙股份经济合作社党支部书记
金幸君　白沙岛管委会综合办副主任
王静波　登步岛管委会竹东社区村党总支副书记
李盛姿　区农业农村局法规科科长
芮丽君　区审批服务与招投标办公室行政服务督查科科长
唐莞芬　沈家门第一小学党总支书记
丁　琼　普陀医院普外科主任
徐增军　舟山东海极地旅游开发有限公司总经理
傅对红　舟山港福开发建设有限公司综合财务部副部长
王建华　舟山普陀供销贸易中心党支部书记、董事长、总经理
王元波　舟山鑫亚船舶修造有限公司生产部机电工区主任助理
徐友良　普陀山镇党委委员、副镇长
缪文明　市城市管理局普陀山分局副局长、机动中队中队长
周安达　舟山港海通客运有限公司副总经理，普陀山客运站党支部书记、站长

【市级优秀党务工作者】 2019年7月1日，舟山市委表彰：

刘红雷　六横管委会两新组织党工委副书记、社会发展局副局长
丁飞军　桃花镇沙岙社区党支部书记
张加海　虾峙镇灵和村南岙党支部书记
刘哲言　东极镇党委组织干事
金　贞　沈家门街道中洲社区党委书记
赵幼玲　东港街道兴普社区党委书记、居委会主任
李作昌　展茅街道横街社区党总支书记、村委会主任
王忠挺　白沙岛管委会党工委副书记、纪工委书记、副主任
徐军安　蚂蚁岛管委会党工委书记、主任
王成军　区经济和信息化局机关党支部书记、经济运行科（政策法规科）科长，宁兴金色海岸“兼合式”党支部书记
叶祖良　普陀山镇中山社区党支部书记
沈姗姗　普朱管委会普陀山户产管理中心党支部书记、主任

见义勇为人员

丁鑫军（1987—2019），男，1987年7月15日出生，江苏省如皋市如城街道皋南新村居民，生前系舟山市普陀区六横某船厂员工。2019年5月6日凌晨，江苏人沈文想因感情纠纷产生轻生念头，跳入六横海山路旁水库。丁鑫军等3人跳入水库中施救，成功救起落

丁鑫军　（区档案馆提供）

水人员，丁鑫军在救援过程中不幸溺水身亡。7月18日，普陀区政府发出《关于对见义勇为人员丁鑫军等三人进行嘉奖的决定》，给予丁鑫军记三等功一次，给予吴梁、刘连香各记个人嘉奖一次。并向市政府申报丁鑫军记个人二等功。

（资料提供：区政府办 区委组织部）

编辑：李群亚

索　引

说明：

1、本索引分主题索引、随文照片索引和图表索引。主题索引首字按数字、字母和汉字排列(不计标点)。其中数字按0～9升序排列，英文字母按国际字母表升序排列，汉字按拼音(同音字按声调)排列，首字相同，按第二字排列，依次类推。

2、索引搜索范围为正文及随文照片、图表。主题索引搜索范围包括类目及以下的分目、条目，类目、分目标题以黑体标注。特载、专文不列入主题索引检索范围。

3、标引词后的阿拉伯数字表示页码，数字后的字母(a、b、c)表示自左向右的栏别，没有字母表示在通栏内(类目或分目)。

4、条目省略的主题词，在主题索引中加以补充调整。

主题索引

0～9

A

B

C

D

E

F

G

H

J

K

L

M

N

P

Q

R

S

T

W

X

Y

Z

随文照片索引

图表索引

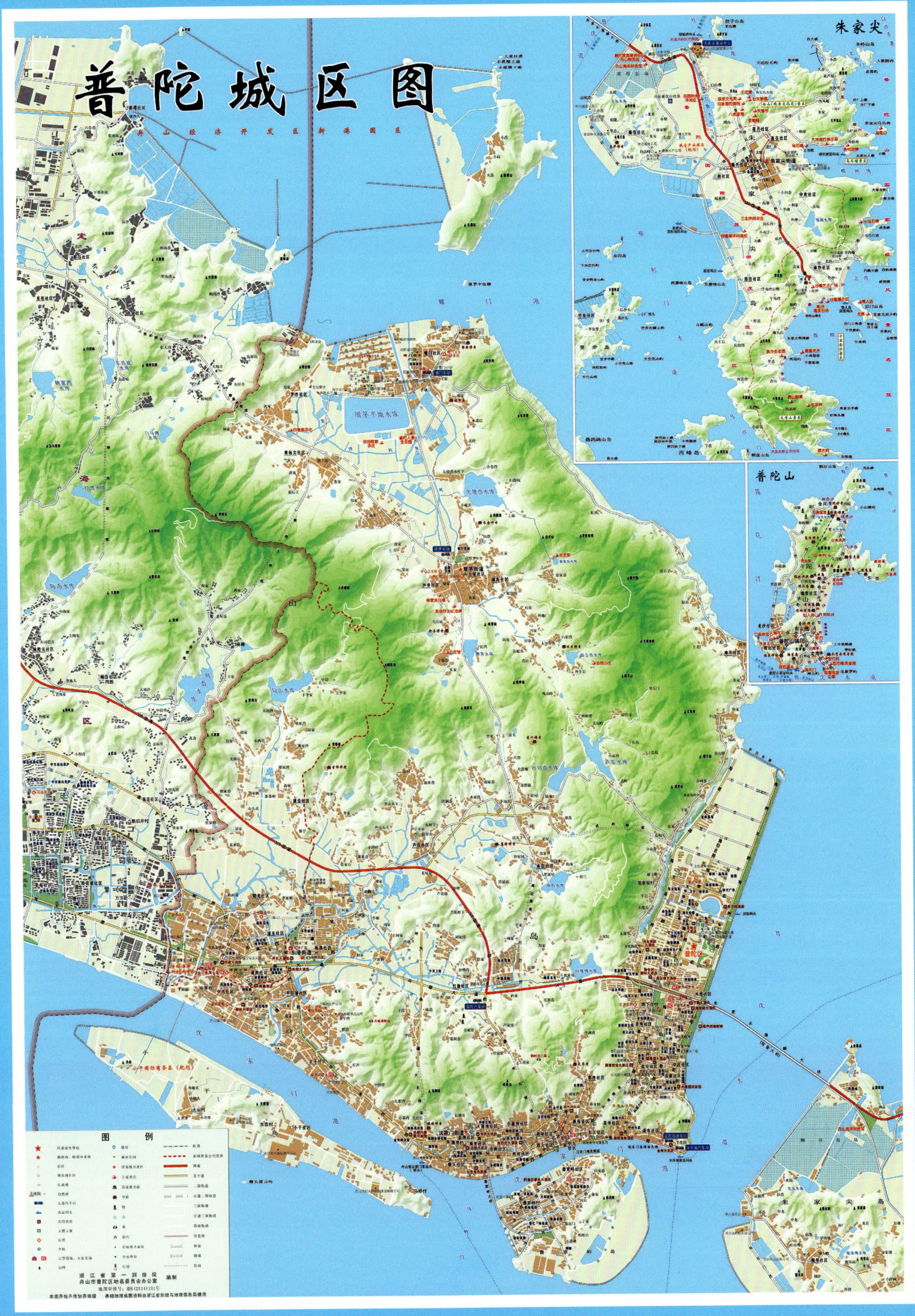

说明：本图为普陀区地名办公室提供的2014年城区图

沈家门
小干马峙岛
鲁家峙岛
沈家门港
青龙山公园
沈家门海底隧道

东港
普陀区
应家湾水库
朱家尖海峡大桥
普陀医院
东港灯具城
普陀旅游车站

舟山普陀山机场
顺母盐场
顺母社区
东闪岛
西寨峰山岛
登步岛
竹东社区
福利门水道
朱家尖国际邮轮码头
西峰岛